D1828664

Kapitalmarkt in Theorie und Praxis

Kapitalmarkt in Theorie und Praxis

Festschrift

zum 50-jährigen Jubiläum der DVFA

Herausgegeben von

Fritz H. Rau und Peter Merk

Fritz Knapp Verlag · Frankfurt am Main

Besuchen Sie uns im Internet:

www.knapp-verlag.de

ISBN 978-3-8314-0838-2

© 2010 by Fritz Knapp Verlag GmbH, Frankfurt am Main

Gestaltung: Service & Agentur H. Nöbel, Hofheim
Satz: Multimedia & Preprint R. Sitte, Tautenhain
Druck- und Bindearbeiten: A. Hellendoorn KG, Bad Bentheim

Printed in Germany

Vorwort der Herausgeber

Die Gründung der DVFA im Jahre 1960 geht zurück auf die persönliche Initiative engagierter Einzelpersonen, die sich beruflich mit Fragen der Wertpapieranalyse und Anlageberatung befassten. Es hieße, Eulen nach Athen zu tragen, hier im Detail zu erläutern, in welchem atemberaubenden Tempo und in welcher Radikalität sich seit einem halben Jahrhundert das Geschehen auf den Kapitalmärkten und in der Folge auch die entsprechenden Berufsbilder geändert haben. Diese Veränderungen spiegeln sich selbstverständlich unmittelbar in der Geschichte und in der Tätigkeit der DVFA wider. Um so mehr gilt es allerdings festzuhalten, dass das erfolgreiche Wirken der DVFA im Interesse eines effizienten und integeren Kapitalmarktes sowie professioneller Rahmenbedingungen für die Berufsangehörigen nach wie vor in hohem Maße vom ehrenamtlichen und freiwilligen Engagement der persönlichen Mitglieder abhängt.

Die DVFA hat sich als berufständische Vereinigung von persönlichen Mitgliedern, die als Selbständige oder Angestellte im Alltag miteinander im Wettbewerb stehen, längst einen festen Platz in der deutschen Finanzindustrie erarbeitet. Von Anfang an richtete die DVFA ihren Blick auch über die Landesgrenzen und gehörte im Jahre 1962 zu den Gründern des europäischen Dachverbandes EFFAS (European Federation of Financial Analysts Societies). Ihre Unabhängigkeit von einzelnen Interessengruppen, ihr breites Angebot fachlicher Qualifikation und Weiterbildung sowie nicht zuletzt ihr Einsatz für ein anspruchsvolles Berufsethos aller Kapitalmarktteilnehmer sind wesentliche Gründe für die breite Akzeptanz und den bisherigen Erfolg der DVFA. Auch ein fünfzigster Geburtstag kann jedoch kein Anlass sein, sich auf den Lorbeeren (der Vorgänger) auszuruhen. Die Komplexität und Veränderungsdynamik an den Kapitalmärkten sowie nicht zuletzt die aus der Finanzkrise erwachsenen Herausforderungen verlangen auch von einem Berufsverband wie der DVFA überzeugende Antworten auf neue Fragen.

Eine Festschrift aus Anlass der 50-jährigen Geschichte der DVFA hat daher zahlreiche Facetten. Sie bietet interessante Rückblicke, die nicht nur zeigen, woher wir kommen, sondern vielleicht auch erahnen lassen, wohin die Reise geht. Falsch verstandene Nostalgie war jedoch nie die Sache der DVFA – auch nicht beim eigenen Jubiläum. Vielmehr wollen wir mit dieser Festschrift vornehmlich Antworten auf aktuelle Themen und zukünftige Fragen geben. Die Beiträge reflektieren dabei das breite Betätigungsfeld der DVFA und ihrer Mitglieder. Das Spektrum reicht von Antworten auf neue Herausforderungen im Asset Management, in der Unternehmensanalyse, in der Rechnungslegung, im Sektor Fixed Income, in der Risikoanalyse bis zu den Themen Corporate Governance, Finanzmarktkommunikation, Ethik und Regulierung. Dabei wird auch deutlich, dass sich die Arbeit der DVFA seit ihren Anfängen an der interessanten Nahtstelle zwischen Theorie und Praxis der Kapitalmärkte bewegt. In den Beiträgen dieser Festschrift spiegelt sich daher nicht zuletzt die Vielfalt der grundlegenden Themen wider, die in Research und Asset Management, in Regulierung und Bilanzierung, im Tagesgeschäft der Kapitalmarktexperten ebenso wie in der Kapitalmarktforschung von wesentlicher Bedeutung sind.

Darüber hinaus sieht sich die DVFA – neben vielen anderen Organisationen – auch in der Pflicht, das Verständnis der Öffentlichkeit für die Funktion der Kapitalmärkte zu verbessern und das Vertrauen in sie zu stärken. Die größte Finanzkrise seit der Großen Depression in den 30er Jahren des letzten Jahrhunderts und die aktuelle Krise um die europäische Gemeinschaftswährung haben die Kapitalmärkte selbst und vor allem die Akteure auf den Kapitalmärkten, zu denen auch die Mitglieder der DVFA zählen, erneut in das Zwielicht von Spekulation und Spielkasino gerückt. Es ist selbstverständlich, dass fragwürdige oder gar gesetzeswidrige Vorkommnisse, die es wohl immer geben wird, nicht nur, wenn es um viel Geld geht, mit aller Entschiedenheit verfolgt werden müssen. Davon zu unterscheiden sind aber die vielerorts vernehmbaren populistischen Vorwürfe, mit denen gerne pauschal die sogenannten Spekulanten für Krisen verantwortlich gemacht werden. Dies verhindert leider eine überzeugende Ursachenanalyse und darauf aufbauend ernsthafte Sanierungsbemühungen. Im Grunde geht es darum, das Verständnis der breiten Öffentlichkeit über die Wirkungsmechanismen der Finanzmärkte und über die elementare Bedeutung der Kapitalmärkte für unser Wirtschaftssystem zu verbessern. Nur wer eine Sache versteht, kann auch Vertrauen in sie haben.

Privates Eigentum am Produktivkapital, Freiheit, Wettbewerb und Chancengleichheit sind tragende Grundpfeiler unseres marktwirtschaftlichen Systems. Die Wertpapierbörsen sind die zentralen Märkte für die möglichst optimale Allokation des knappen Produktionsfaktors Kapital. Die dort ermittelten Preise und Konditionen wirken indirekt über das Bankensystem auf die gesamte Wirtschaft. Investitionen und deren Finanzierung werden hier maßgeblich entschieden. Wirtschaftswachstum, Beschäftigung, sozialer Frieden und materieller Wohlstand hängen unmittelbar damit zusammen. Vor diesem Hintergrund ist die Funktionsfähigkeit der Märkte und deren Verständnis durch breite Bevölkerungsschichten eine langfristig unabdingbare Voraussetzung für die positive Weiterentwicklung unserer freiheitlichen Gesellschaftsordnung.

Transparenz und Kommunikation, Qualifikation und Integrität sind die „Sekundärtugenden", die nicht nur, aber in ganz besonderem Maße für die Akteure an den Finanzmärkten unabdingbar sind. Die Mitglieder der DVFA haben diese Form der Eigenverantwortung von Anfang an als Verpflichtung wahrgenommen. Davon zeugen viele Initiativen, Kodices und Standards unseres Verbandes. Die DVFA-Mitglieder sind keine Interessenvertreter einer gewinnorientierten Organisation, sie wollen mit ihrem persönlichen Einsatz einen Beitrag zur Pflege und stetigen Verbesserung der Rahmenbedingungen auf den Kapitalmärkten leisten. Die DVFA hat ein Interesse daran, die Wettbewerbsfähigkeit des Berufsstandes am Finanzplatz Deutschland im globalen Konzert der Kapitalmärkte zu erhalten und zu verbessern. Zugleich gilt es, das Primat des Anlegerschutzes zu sichern und das eigene Handeln stets am Interesse der Kunden zu orientieren.

Dieses Buch ist nur mit Hilfe des hohen Engagements von Förderern, Freunden und Mitgliedern der DVFA entstanden. Wir danken allen, die mit ihren Beiträgen geholfen haben, ein facettenreiches Bild des Berufsverbandes zu zeichnen. Unseren Lesern wünschen wir eine gewinnbringende Lektüre.

Fritz H. Rau *Peter Merk*

Inhaltsverzeichnis

Kapitel 3: Der Rentenmarkt im Wandel

Kapitel 4: Rechnungslegung und Bilanzanalyse

Kapitel 5: Asset Management – Antworten auf neue Herausforderungen

Kapitel 6: Modellierung der Risiken und Risiken der Modellierung

Kapitel 7: Ethik und Regulierung

Kapitel 8: Corporate Governance

Kapitel 9: Finanzmarktkommunikation

Grußwort der Ehrenmitglieder

Die Verfasser dieses Vorwortes waren Teilnehmer der Gründungsversammlung der DVFA. Michael Hauck, damals Partner bei Georg Hauck & Sohn in Frankfurt am Main, war der Initiator und Ideenspender. Peter Maurer war ausgewiesener Analyst, damals bei Brinkmann, Wirtz & Co. in Hamburg, Carsten P. Claussen war ein aktienrechtlicher Publizitätsexperte. Bei der Gründung der DVFA ging es nicht ohne gewisse Konflikte ab. Denn damals herrschte bei den Finanzvorständen, aber nicht nur bei diesen, die Grundsatzüberlegung, dass man über Zahlen im Unternehmen nie mehr berichtet als gesetzlich unbedingt vorgeschrieben. Da auch der Gesetzgeber nicht aus Analysten oder anderen Betriebswirten bestand, sondern aus konservativen, auf Vorsicht bedachten Juristen, war das Grundanliegen der DVFA in diesen Anfangsjahren, mehr Publizität herzustellen und über die Umsatzerlöse und deren Bekanntmachung hinausgehend auch Auskunft über die wirkliche Ertragslage der Unternehmen zu erfahren, kein allgemein akzeptierter Ansatz. Da die DVFA überdies das Ziel hatte, den Berufsstand der speziell ausgebildeten Analysten zu fördern, war auch dies eine neue und nicht allseits als angenehm empfundene Idee. So konnte die Gründungsversammlung der DVFA keineswegs im Hause einer der deutschen Großbanken in Frankfurt stattfinden, sondern auf neutralem Boden, nämlich in einem Hörsaal der Johann Wolfgang Goethe-Universität. Unter den Teilnehmern dieser Gründungsversammlung überwog die Zahl der jugendlichen Bankkaufleute, der Wertpapier- vornehmlich der Aktienhändler und der Anlageberater. Auch Studenten waren anwesend. Für die Nachwelt ist es wichtig, festzuhalten, dass Dr. Volkmar Muthesius, Herausgeber der Zeitschrift für das gesamte Kreditwesen, der mit Herrn Hauck zusammen eine Veranstaltung zum Thema „Bewertung von Aktien" organisiert hatte, die zur Gründung der DVFA führte, anwesend war und auch das Wort ergriff. Vorstandsmitglieder von Frankfurter Großbanken sah man nicht.

Doch diese Zurückhaltung konnte die Anfangsbegeisterung unter den Teilnehmern und ersten Mitgliedern der DVFA nicht nachhaltig bremsen. Denn die, vor allem in den anglo-amerikanischen Ländern, schon weit entwickelte Wertpapieranalyse war nun auch in Deutschland entdeckt und auf dem Vormarsch. Mit maßgeblich waren auch die Besuche englischer und amerikanischer Analysten bei deutschen Gesellschaften. Die noch Zögernden wurden mit der Zeit immer weniger und immer schweigsamer. Die generelle Entwicklung zur Offenheit im politischen und wirtschaftlichen Leben half der DVFA mit ihrem Ansatz, diesen Trend in ein besseres Verständnis des Wertpapierwesens im weitesten Sinne, die Sichtbarmachung der Ertragskraft der einzelnen Aktiengesellschaft und den Vergleich mit anderen Aktiengesellschaften im speziellen in die Tat umzusetzen. Die Banken schwenkten dann auch in diese Entwicklung mit ein, denn sie mussten einsehen, dass ohne die Arbeit der Analysten Geschäfte mit ausländischen, insbesondere anglo-amerikanischen Institutionen auf die Dauer kaum mehr möglich gewesen wären. Für alle börsennotierten Gesellschaften galt Ähnliches, sofern sie Interesse hatten, in den Portfolios ausländischer Institutionen zu erscheinen.

Dies mag an alten Erinnerungen und Gründungsgeschichten genügen. Denn inzwischen hat sich in 50 Jahren die Welt verändert und folglich auch die DVFA und ihre Sinngebung. Für die Unterzeichnenden bleibt, mit Freude und Genugtuung auf ihre Gründung zu sehen, an der sie einmal am Anfang mitgewirkt haben.

Heute ist die DVFA die einzige deutsche Analysten-Vereinigung. Sie ist ein Berufsverband, der allgemeine Aufgaben ebenso zu lösen hat wie berufsständische Fragen. Deshalb hat sie auch heute viele Mitglieder. DVFA verfügt über ein ausgereiftes Geschäftsmodell, das sich auffächert in viele Arbeitsgruppen, die mit gleichmäßiger Einspeisung von wissenschaftlichem Grundwissen und praktischem Know-how ihre Pflichten erfüllen, nämlich mit neuen Ideen und Verbesserungen die alten Ideen sachgerecht aufzubereiten und, wenn möglich, in die praktische Arbeit der Analysten, aber auch in die Politik, wenn dahin der Auftrag geht, einzuspeisen. Von Anfang an spielte auch das Einhalten von Spielregeln oder die Ethik für den neuen Berufsstand eine bedeutsame Rolle.

Die DVFA verfügt trotz Banken- und Finanzkrise über ein solides finanzielles Fundament, so dass wir hoffen dürfen, dass sie auch künftigen Stürmen standhalten wird. Besonders hervorzuheben ist das von dem Verband sorgfältig aufgebaute und intensiv ausgebaute Bildungswesen, in dem sie aus jungen Betriebswirten oder Bankkaufleuten ausgereifte Analysten macht, die sodann in ihrem Spezialberuf ihren beruflichen Weg gehen können. Dieser Berufsstand der Analysten ist durch die Krisen der vergangenen Jahre nicht größer geworden, aber durch die Qualität der Ausbildung und durch die allgemeine Akzeptanz der von der DVFA verliehenen Testate haben es die DVFA-Analysten leichter, sich am Markt durchzusetzten.

Das Schicksal der DVFA verlief in den 50 Jahren nicht immer gradlinig und war nicht immer eine Success-Story. Allein in diesem Jahrhundert bescherten uns die Märkte zwei Finanzkrisen. Die erste Finanzkrise im 21. Jahrhundert erlebten wir im Jahr 2000 bis 2001 mit der veritablen Auswirkung, nämlich dem Todesurteil für den Neuen Markt, der mit großem Aplomb 1997 in Frankfurt installiert wurde und dem NASDAQ-Markt das Fürchten lehren wollte, aber 2001 sein Lebenslicht auslöschte. Die nächste Finanzkrise trat mit dem Jahr 2007 ein und rast seitdem über die Welt. Diese Finanzkrise verursachte Vermögensschäden bei Anlegern in der Höhe von ca. 150 Billionen Dollar. Das ist die Zahl mit 15 Ziffern, ein nicht begreifbares Volumen. In der Suche nach den Schuldigen für diese Finanzkrisen wurden auch die Analysten genannt, ebenso wie sie als Schuldige für die Neue-Marktkrise sieben Jahre zuvor angesprochen wurden. In beiden Fällen hätten sie ihre Warnpflicht nicht wahrgenommen, zu wenige Analysten hätten vor 2001 vor Engagements in Neuen-Marktwerten gewarnt. Der gleiche Vorhalt kam ab 2007: Zu wenige Analysten hätten vor deutschen, amerikanischen oder englischen Aktienwerten, insbesondere Finanzwerten gewarnt, sondern hätten zu Engagements geraten.

Diese Vorwürfe sind unhistorisch und zugleich unfair. Denn in beiden Fällen handelt es sich um Kollektiv-Verschulden, das alle am Kapitalmarktgeschehen engagierten Kreise gleichermaßen getroffen hat. Die Kollektivschuld trifft nicht nur die am Kapitalmarkt arbeitenden Kreise wie Banken und Analysten, sondern trifft alle beteiligten Kreise – nämlich den Staat als Überwachungsinstanz über den Kapitalmarkt, die Notenbanken, die Wissenschaft als Vordenker der Praxis, die Bankenpraxis als Exekutionsorgan in allen Fällen – sie alle trifft gleichmäßiges, mindestens gleichrangiges Verschulden, wenn es denn ein Verschulden über das Ausbrechen eines Hurrikans gibt. Jetzt sind alle gemeinsam verpflichtet, die Wunden abzuarbeiten und Wiederholungen auszuschließen.

Aber dies ist eine Festschrift zu einem runden Geburtstag der Non-Profit-Organisation DVFA, und aus diesem Anlass erinnert man sich lieber der glücklichen Tage. Aber damit ist es nicht getan, schließlich ist die DVFA eine Organisation von privatrechtlichem Zuschnitt und damit vom Staat ungeschützt, sie lebt auch in einer von der Finanzkrise bedrängten Umwelt. Dass dieser privatrechtliche Berufsverband DVFA in den nächsten 50 Jahren weiterhin Prosperität, intellektuellen Erfolg, öffentliche Akzeptanz in Würde erleben möge, wie es dies in den letzen 50 Jahren der Fall war und für uns Anlass zur Freude und Dankbarkeit ist – das ist unsere Hoffnung. Darum schließen wir mit dem Wunsch: Ad multos annos.

Michael Hauck
Dr. Peter Maurer
Prof. Dr. Carsten Peter Claussen (†)

EFFAS and DVFA: Our common values

Intro

It is with a great sense of pleasure and gratitude that I am writing these words on the occasion of the 50th Anniversary of the German Society of Investment Professionals, DVFA. DVFA has been from the very onset a partner of the highest importance for EFFAS: we were both "born" in the early 60s and since then we have shared the same values.

We have both promoted the development and dissemination of international professional standards in the fields of qualifications and ethics, contributing towards high levels of quality in the professional practice of investment professionals.

We have both aimed at establishing our organisations as standard-setters, in terms of investment professional requirements, helping to create mutual trust between corporate issuers and investors.

Competence

The qualification of investment professionals has always been a top priority on both the EFFAS and the DVFA agendas. With almost 14,000 capital market experts who have earned the professionally-recognised CEFA Diploma, EFFAS and its member societies have given a major impulse in that direction during the past decades.

Moreover, EFFAS and DVFA were founding members of the global association ACIIA and launched the training and examining which lead to the award of the CIIA - Certified International Investment Analyst - designation in Europe. The CIIA provides a tailor-made professional qualification by offering global as well as local market knowledge within its examination structure.

This diploma fully embodies the genuine EFFAS spirit of recognising and respecting regional market characteristics and different cultures.

Its successful launch and development represent a major example of effective cooperation between EFFAS and its member societies, with DVFA active in the forefront.

Professional integrity

Skills alone are not enough. We are convinced that every investment professional is defined by two main features: first, professional qualification and second, professional integrity. Skills and ethics are the two dimensions by which every investment professional should be measured. After all, potential investors must be able to trust the integrated European financial market and its major actors.

Therefore, EFFAS promotes the development and dissemination of an international Code of Ethics and professional conduct. DVFA was often a first-mover in this field, adopting high professional standards for its members and proposing advanced governance models to corporate issuers.

Transparency

Professional associations of financial analysts play a crucial role in helping define the level of information to be included in financial statements and required by investment professionals to carry out a reasonable and effective investment strategy. At EFFAS we believe that sustainable progress in corporate communication can only be achieved through a clear alignment of the interests of companies, required to provide more and better information to the outside, and of investment professionals, who will use such information within their valuation frameworks. During the course of its history, DVFA has made several far-reaching proposals in order to align the interests of corporates and investors, some of which have become EFFAS standards, such as the recent KPIs for ESG reporting.

Responsibilities towards our members

Professional associations of investment professionals fulfil a number of important functions in the capital markets: on the basis of high quality training and qualification models, as well as of widely accepted codes of professional conduct, our organisations can build on a solid foundation of ethical behaviour, competence and technical skills in financial markets. In the long run therefore, we work for the benefit of the whole capital market.

Standing out of the crowd in time of crisis

Nowadays, EFFAS and its member societies are confronted with the consequences of the deepest economic and financial crisis since the Great Depression. At this stage, a clear must for professional associations is, on the one hand, to help to rebuild confidence in financial markets and, on the other hand, to contribute towards reshaping the rules for a proper functioning of financial markets. Both EFFAS and DVFA are fully committed to that task, and ready to contribute through the expertise of their working groups and expert commissions.

Walking together for the next 50 years

We have walked together since the early '60s during our first 50 years, and we have reciprocally benefited from our strengths and achievements. The German society DVFA has constantly played a fundamental and proactive role within EFFAS, showing a strong commitment to the development of our European network. Our gratitude is due to the many persons who, over the years, have dedicated time, energy and passion to EFFAS. My special personal thanks go to Fritz H. Rau, DVFA Chairman, from whom I took the baton as EFFAS Chairman in 2008 and from whom I have learned my way through EFFAS.

We at EFFAS regard the DVFA as an essential pillar of our Federation and count on walking together with the German society for the next 50 years.

Happy Anniversary, DVFA!

Giampaolo Trasi
EFFAS Chairman

Congratulatory Message from ASIF Chairman to DVFA

On behalf of the Asian Securities and Investments Federation (ASIF) member societies, I, as ASIF Chairman, would like to convey my sincere congratulations to the Deutsche Vereinigung für Finanzanalyse und Asset Management (DVFA, Society of Investment Professionals in Germany) on the occasion of its 50th anniversary, and to say a few words about DVFA's substantial contribution to the development of not only European, but also international securities markets, particularly in the field of enhancing techniques and know-how relating to investment analysis and management, not to mention educational programmes. Needless to say, everyone in the investment community has a high regard for the DVFA's many years of work since its establishment in 1960.

In Asia and Oceania, 13 securities analyst societies are members of ASIF, whose principal objectives are to promote the interests of the investment community in Asia and Oceania and to encourage and assist the development of the profession of investment analyst through the interchange of ideas and the coordination of policy among member societies.

ASIF, originally established as ASAC in 1979, and subsequently renamed ASAF in 1995, has operated under its present title since December 2008. With a more than 30-year history, the organization has constantly exerted every effort to attain its objectives to whatever extent possible. Nevertheless, a lot of countries still do not have a financial analysts society or any educational programmes in place. Moreover, it is not easy to imbue a sense of solidarity among ASIF members because of the significant ethnic, linguistic, and religious differences, etc. Thus, currently, the most important challenges for ASIF are to widen its membership and deepen its functions by learning from the experiences of EFFAS in the development of knowledge within financial markets and the dissemination of standards of professional practice by promoting ethical standards.

ASIF's counterpart in Europe is EFFAS (European Federation of Financial Analysts Societies), in which DVFA has played an important role since its establishment by providing the chair for a considerable period and a secretariat office.

It is quite natural that ASIF and EFFAS have mutual objectives, one of the most important being the promotion of the Certified International Investment Analyst (CIIA®) designation throughout the world. In 2000, major societies from Asia and Europe gathered to set up a truly international designation for investment analysts, the CIIA, and to this end established the Association of Certified International Investment Analysts (ACIIA®) to manage and operate the CIIA programme/exam. The ACIIA, registered in Switzerland, now boasts two federation members (ASIF and EFFAS) and 31 member societies throughout the world.

DVFA is a founding member society and has been a major member since ACIIA's establishment. For example, Mr. Fritz H. Rau, Chairman of DVFA, is also Chairman of ACIIA. Furthermore, DVFA is the third largest society in terms of number of CIIA holders.

In addition, DVFA has earned a reputation for significantly contributing to establishing best practice and guidelines for many years, in such areas as code of conduct, effective communication between investors and companies, company ratings, corporate governance, and investment performance standards, i.e., GIPS (Global Investment Performance Standards). Noteworthy is that DVFA and EFFAS continue to pursue the establishment of standards for intellectual capital valuation including ESG (environmental, social, and governance) factors, which will be valuable in the development of capital markets and the advancement of financial analysts.

In conclusion, I highly estimate DVFA's efforts to develop knowledge within financial markets by fostering educational programmes/examinations, particularly the CIIA exam, and to raise standards of professional practice by promoting ethical standards, as well as improved methods of investment analysis throughout the world.

I wish the DVFA continuing prosperity!

Kiyoto Hagiwara

Chairman
ASIF (Asian Securities and Investments Federation)

Abkürzungsverzeichnis

ABS	Asset Backed Securities
ACIIA®	Association of Certified International Investment Analysts
AIBD	Alliance of Independent Broker-Dealers
AIMR	Association for Investment Management and Research
ASIF	Asian Securities and Investments Federation
BilMoG	Bilanzrechtsmodernisierungsgesetz
BiRiLiG	Bilanzrichtliniengesetz
BIZ	Bank für Internationalen Zahlungsausgleich
CCrA®	Certified Credit Analyst
CEFA®	Certified European Financial Analyst
CeFM®	Certified Financial Manager
CESR	Committee of European Securities Regulators
CFA®	Chartered Financial Analyst
CIIA®	Certified International Investment Analyst
CIWM®	Certified International Wealth Manager
CPPI	Constant Proportion Portfolio Insurance
CRD	Capital Requirements Directive
CREA®	Certified Real Estate Investment Analyst
CRM®	Certified Risk Manager
CRUF	Corporate Reporting Users' Forum
CSR	Corporate Social Responsibility
DPR	Deutsche Prüfstelle für Rechnungslegung
DRSC	Deutsches Rechnungslegungs Standards Committee e.V.
EBA	Europäische Bankenaufsichtsbehörden
EFA	European Financial Advisor
EFFAS	European Federation of Financial Analysts Societies
EFPA	European Financial Planning Association
EGHGB	Einführungsgesetz zum HGB
ESFS	European System of Financial Supervisors
ESG	Environmental, Social & Governance Issues
ESRB	European Systemic Risk Board
EWU	Europäische Währungsunion
EZB	Europäische Zentralbank
FAF	Financial Analysts Federation
FASB	Financial Accounting Standards Board
FinAnV	Finanzanalyseverordnung
FSAP	Financial Services Action Plan
FSB	Financial Stability Board
GAMSC	German Asset Management Standards Committee
GIPS®	Global Investment Performance Standards
GoF	Geschäfts- oder Firmenwert
HGB	Handelsgesetzbuch
I/B/E/S	Institutional Brokers' Estimate System
IAS	International Accounting Standards
IASB	International Accounting Standards Board

ICIA	International Council of Investment Associations
IFRS	International Financial Reporting Standards
IOSCO	International Organization of Securities Commissions
IPS	Investment Performance Standards
IR	Investor Relations
ISSP®	Investment Spezialist für strukturierte Produkte
KPI	Key Performance Indicators
KWG	Gesetz über das Kreditwesen
MiFID	Markets in Financial Instruments Directive
MSFR	Mindeststandards für Finanz-Research
NGO	Non-Governmental Organization
NRSRO	Nationally Recognised Statistical Rating Organization
PPS®	Performance Presentation Standards
REIT	Real Estate Investment Trust
SEC	Securities and Exchange Commission
SPPI	Synthetic Put Portfolio Insurance
US GAAP	US Generally Accepted Accounting Principles
VAG	Gesetz über die Beaufsichtigung von Versicherungsunternehmen
VorstAG	Gesetz zur Angemessenheit der Vorstandsvergütung
WpDVerOV	Wertpapierdienstleistungs-Verhaltens- und Organisationsverordnung
WpHG	Wertpapierhandelsgesetz

Kapitel 1:

Geschichte und Grundlagen der DFVA

Die DVFA seit 50 Jahren – Aufgaben, Entwicklungen, Ausblick

von Fritz H. Rau

1 Ansporn und Inhalte
2 Standards und andere Meilensteine
3 Gründung und Umfeld
4 Verwegene Zielsetzung
5 Analysten und die Deutschland AG
6 Interessenkonflikte und ihre Folgen
7 Ethik
8 Verein und GmbH
9 Ausbildung und Qualifizierung
10 Kapitalmarktkommunikation – Ziel erreicht?
11 Internationales Netzwerk
12 Was bleibt zu tun?

1 Ansporn und Inhalte

Auf nationalen und internationalen Kapitalmärkten tummeln sich zahlreiche Spieler, die jeweils für unterschiedliche Interessenlagen stehen: Kapital nachfragende Unternehmen, die Staaten selbst und Nichtregierungsorganisationen (NGO´s), Banken und Investmentbanken für Transaktionen und auf der Anlegerseite Fondsgesellschaften, Pensionskassen, Stiftungen, private Equity bis hin zu den Anlegern kleiner und großer Privatvermögen. Börsen sind die Markplätze für Nachfrage und Angebot von Kapital. Ausgestattet mit einem öffentlich rechtlichen Mandat, üben sie eine Schiedsrichterfunktion für geregelte und faire Abwicklung von Geschäften aus. Diese kommt auch in letzter Instanz dem Gesetzgeber zu, vielfach unterstützt durch freiwillige Kodices oder Selbstbeschränkungen der verschiedenen Interessengruppen.

Funktionierende Kapitalmärkte haben eine hohe volkswirtschaftliche Bedeutung für eine effiziente Allokation von Kapital, die Finanzierung von Unternehmen, Wachstum und Fortschritt, aber auch für Wohlstand in der Bevölkerung und Sicherung der Altersvorsorge.

Asymmetrisch verteilte Informationen und unterschiedliche Interessen an den Börsen sind unvermeidlich. Die Märkte müssen daher Regeln und Konventionen unterworfen sein, die ihre Funktionsfähigkeit gewährleisten. Daran mitzugestalten hat sich die DVFA zum Ziel gesetzt.

Die DVFA ist ein Zusammenschluss von persönlichen Mitgliedern, die selbständig oder angestellt bei unterschiedlichen Spielern am Kapitalmarkt im täglichen Berufsleben als Wettbewerber auftreten. Ohne in Konflikt mit den eigenen Mitgliedern zu kommen, kann der Verband daher eine Interessensvertretung nicht wahrnehmen. Er soll es auch nicht.

Unabhängigkeit von einzelnen Interessengruppen, finanziell und in der Sache, ist die Basis der DVFA überhaupt.

Die Aufgabe der DVFA ist es, die Rahmenbedingungen so zu beeinflussen, dass die Berufsangehörigen am Finanzplatz in funktionsfähigen Märkten arbeiten können und im internationalen Konzert wettbewerbsfähig sind. Die Arbeitsbedingungen der Mitglieder sind transparent zu gestalten und Unschärfen bei der Anwendung von Methoden möglichst zu eliminieren. Das setzt die Erarbeitung von sachgerechten Definitionen voraus, die allgemein anerkannt sind und in der Breite der Profession Verwendung finden.

Dazu ist der Verband aufgerufen, aus dem Wissen seiner Mitglieder heraus, Standards zu entwickeln, zu setzen und auch durchzusetzen. Insbesondere die Durchsetzung von Standards verbunden mit notwendigen Sanktionsmöglichkeiten überfordert oftmals die Reichweite privater Organisationen, die auf freiwilliger Basis operieren. Durchsetzung von Standards heißt daher immer auch, für gute Ideen zu werben durch Überzeugungsarbeit bei den Marktteilnehmern, beim Gesetzgeber, den Regulierern und bei den Standardsetzern für die Rechnungslegung, und zwar nicht nur im Heimatmarkt, sondern global. Dazu dient der DVFA ihre internationale Verflechtung.

In weiten Teilen ihrer Mission fördert die DVFA damit ein öffentliches Gut. Es wird von dem ehrenamtlichen Einsatz der Mitglieder, ihren Beiträgen und teilweise von Förderern aus dem Kapitalmarktumfeld finanziert. Die DVFA GmbH leistet einen wichtigen Beitrag und sichert die Unabhängigkeit des Verbandes ab.

Funktionsfähige Märkte schaffen Arbeitsplätze für die Berufsangehörigen. Das ist der entscheidende Vorteil für jedes einzelne Mitglied. Vor diesem Hintergrund ist eine Auflistung der Vorzüge einer DVFA Mitgliedschaft für den Einzelnen eigentlich belanglos. Dennoch, die DVFA hat eine Übersicht über die „Vorteile einer Mitgliedschaft" verfügbar. Neben Details ist die persönliche Vernetzung der Mitglieder, auch international, wichtig sowie die mannigfachen Möglichkeiten der Diskussion über und Beeinflussung von Sachthemen der täglichen Arbeit. Einen wichtigeren Grund als das Arbeitsplatz Argument gibt es aber nicht.

Die Aufgaben der DVFA als unabhängiger Berufsverband sind:

- Ethisch einwandfreies Verhalten (der Mitglieder) zu fordern
- Damit einen Standard zu setzen, der ethisches Verhalten am Markt fördert
- Qualifikation der Marktteilnehmer zu fördern
- Standards setzen aus dem Wissen der Mitglieder um best practice Anwendungen, die transparente und nachhaltige Beratung ermöglichen

Die Positionierung der DVFA und ihr Selbstverständnis erfolgte im Laufe der letzten 50 Jahre gemäß den Anforderungen für einen selbstregulierenden Berufsverband. Ethische Grundsätze regeln die Berufsausübung, festgeschrieben im DVFA – Verhaltenskodex. Die DVFA Satzung schreibt überprüfbare, professionelle Standards für die Vollmitgliedschaft vor. Mit der Einrichtung einer eigenen Vereinsgerichtsbarkeit sind die Voraussetzungen einer effektiven Selbstkontrolle eingeführt.

2 Standards und andere Meilensteine

1960	Gründung als „Deutsche Vereinigung für Finanzanalyse und Anlageberatung"
1961	Einführung von regionalen Kreisen
1962	Mitgründer eines europäischen Dachverbandes – EFFAS
1963	Formulierung satzungsgemäßer Vereinsziele
1964	Einführung der Schriftenreihe „Beiträge zur Finanzanalyse", ab 1986 „Beiträge zur Wertpapieranalyse"
1968	EFFAS-Kongress in Wiesbaden
1968	Standard: Gewinn je Aktie nach der DVFA-Formel – überarbeitet 1975, 1978
1974	Alternativvorschlag zur Vermögensbildung in Arbeitnehmerhand
1982	EFFAS-Kongress in Mainz
1982	Eintragung ins Handelsregister
1987	Beginn der Ausbildung zum „Investment Analyst/DVFA"
1990	Standard: Ergebnis je Aktie nach DVFA/SG – erste gemeinsame Empfehlung mit der Schmalenbachgesellschaft
1991	Gründung der DVFA GmbH

1993	Akkreditierung der DVFA für den CEFA® durch den europäischen Dachverband EFFAS
1995	Verabschiedung des Verhaltenskodex durch die Mitgliederversammlung
1996	„Investment Analyst/DVFA" erhält Anerkennung für CFA® Level 1 – 1998 erfolgt Aufkündigung durch US-Verband
1997	Umbenennung in „Deutsche Vereinigung für Finanzanalyse und Asset Management"
1999	Standard: Performance Presentation Standards (PPS®) (später übergegangen in GIPS®)
1999	Standard: DVFA Standards für Researchberichte am neuen Markt
1999	Standard: DVFA Reporting Standards
2000	Neufassung der Satzung mit eigener Vereinsgerichtsbarkeit
2000	Mitgründer eines globalen Ausbildungsinstituts für Berufsangehörige: die ACIIA® (Association of Certified International Investment Analysts)
2001	Gründungsmitglied von XBRL e.V. Deutschland
2001	Standard: DVFA Rating Standards
2001	Standard: DVFA Validierungs Standards
2001	Standard: DVFA Score Card für Corporate Governance
2002	Standard: DVFA Biotech Reporting Standards
2003	Start der Ausbildung zum CIIA® (Certified International Investment Analyst)
2003	Anpassung des Verhaltenskodex an den Zeitgeist: „DVFA Kodex für Finanzanalyse"
2003	Die DVFA unterstützt den Standard ISFA (Information System for Analysts) des schweizerischen Schwesterverbandes SFAA, der sich mit der Performance Messung von Anlageempfehlungen und Gewinnschätzungen von Analysten befasst
2004	Standard: DVFA Standards für Researchberichte
2005	Mitglied bei DPR Deutsche Prüfstelle für Rechnungslegung
2005	Mitgründer eines globalen Instituts für die Erstellung gemeinsamer Lernmittel – ILPIP (International Learning Platform for Investment Professionals)
2005	Gründung des Fixed Income Forum
2005	GIPS® country sponsor durch Gründung von GAMSC (German Asset Management Standards Committee) mit BVI und dem deutschen CFA®-Chapter
2006	Standard: DVFA Grundsätze für effektive Finanzkommunikation
2006	Einführung der Schriftenreihe „DVFA Finanzschriften"
2006	Deutsche Grundsätze für Finanzresearch (von BaFin als „best practice" anerkannt)
2006	Gründung von CRUF – DE – Corporate Reporting User Forum

2007	Standard: Bewertung von Kreditderivaten
2007	Standard: Grundsätze für Fairness Opinions
2007	Standard: Mezzanine Finanzierungsformen und Bilanzierung
2007	Ausrichtung der Jahreshauptversammlungen von EFFAS und ACIIA® in Berlin im „Haus der Commerzbank"
2007	Anerkennung des CIIA® durch die FSA in Großbritannien
2007	Einführung des Formats: DVFA Club
2008	Gründung des Asset Management Forum
2009	Standard: Key Performance Indicators (KPI) for ESG
2009	Akkreditierung des CeFM® (Certified Financial Manager), der DVFA Qualifizierung Vermögensmanagement, durch die European Financial Planning Organisation (EFPA)
2009	Mitglied von Frankfurt Main Finance
2009	Gründung einer Alumni-Organisation für Absolventen und Tutoren der CIIA® und CEFA® Ausbildungsprogramme

3 Gründung und Umfeld

Am 23./24. Oktober 1959 fand auf Initiative des Privatbankiers Michael Hauck und von Herausgeber Dr. Volkmar Muthesius eine von der „Zeitschrift für das gesamte Kreditwesen" organisierte Aussprache für die Anlageberater der Kreditinstitute unter dem Thema „Unternehmensbewertung und Anlageberatung" in Frankfurt am Main statt. Am Abend des zweiten Tages wurde dabei angeregt, ähnlich wie in Amerika einen Zusammenschluss der mit den Fragen der Wertpapieranalyse befassten Kreise zu vollziehen.

So wurde die *Deutsche Vereinigung für Finanzanalyse und Anlageberatung (DVFA)* Anfang 1960 in Frankfurt am Main gegründet. Den Gründungsbeschluss mitgetragen haben Dr. Georg Büchner, Prof. Dr. Carsten P. Claussen, Michael Hauck, Dr. Peter Maurer sowie Heinz Thierbach.

Am 20. Februar 1960 wurde ein Rundschreiben an die Teilnehmer der „Zeitschrift für das gesamte Kreditwesen" Aussprache versandt, in dem um die Mitgliedschaft geworben wurde. Darin stand, dass nur diejenigen Mitglied werden sollten, „die sich bereits mit der Effektenanalyse und der Anlageberatung praktisch befasst haben." Darauf folgte ein Satz, der im Rückblick auf die Situation in den frühen 60-er Jahren verständlich ist, in das heutige Selbstverständnis der DVFA jedoch nicht mehr passt: „Es kann nicht die Aufgabe der Vereinigung sein, Analytiker auszubilden." Heute ist die Aus- und Weiterbildung ein Kernstück in der Arbeit der Vereinigung.

Damals, in den frühen 1960er Jahren, überflutete eine Welle US-amerikanischen Geldes den deutschen Aktienmarkt. Die in diesem Zusammenhang aus den USA kommenden Nachfragen nach professioneller Wertpapieranalyse stießen jedoch ins Leere. Einzelne am Aktienmarkt und seiner Bedeutung für Volkswirtschaft und Altersversorgung Interessierte fühlten sich herausgefordert und haben reagiert. Ein neuer Berufszweig entstand. Übrigens nicht nur in Deutschland, sondern auch in anderen Ländern Europas. Analystenvereinigungen entstanden in Belgien (1958), England (1955), Frankreich (1959), den Niederlanden (1961) und der Schweiz (1962).

Vorbild dazu war sicherlich die Situation in den USA, wo die Aktienanalyse schon weit entwickelt, wissenschaftlich fundiert, in ihrer volkswirtschaftlichen Relevanz und als individueller Service bei den Akteuren am Aktienmarkt anerkannt war. Bereits in den 20er Jahren schlossen sich dort Analysten zu Verbänden zusammen. Investment- und Geschäftsbanken unterhielten bereits große Analyse-Abteilungen. Deren Spezialisten, die sich nicht nur aus Wirtschaftswissenschaftlern rekrutierten, sondern auch aus Berufsangehörigen der entsprechenden Unternehmen und Branchen, tauschten sich regelmäßig mit den börsennotierten Gesellschaft aus.

Demgegenüber galt es in Deutschland oftmals noch in den späten 90iger Jahren als exotisch – und bedurfte großer Überzeugungsarbeit bei den Personalverwaltern der Banken – berufsbezogene Spezialisten wie zum Beispiel Biotechnologen, Pharmazeuten, Chemiker oder Ingenieure wirtschaftswissenschaftlich ausgebildeten Kandidaten als Finanzanalyst vorzuziehen. Erst spät setzte sich bei uns die Erkenntnis durch, dass die Analyse der Jahresabschlüsse nur die Basis finanzanalytischer Tätigkeit bildet. Darüber hinaus muss ein Finanzanalyst die Geschäftsmodelle der Unternehmen, deren technologische Bewertung und deren Wettbewerbssituation begreifen und beurteilen, um eine professionelle Aussage zur Zukunftsfähigkeit einer Aktie machen zu können. Das gilt heute für alle Investment Professionals.

Anfänglich wurde der Aktienanalyst häufig als „number cruncher" historischer Daten verstanden und glich damit eher dem Berufsbild eines klassischen Kreditsachbearbeiters, allerdings ohne den direkten Zugang zum Unternehmen. Im Laufe der Zeit und unter aktiver Mitarbeit der DVFA erfolgte eine Präzisierung des Berufsbildes hin zu einem Spezialisten, der das Unternehmen als Ganzes begreift und bewertet. Diesem Trend folgten auch die Kreditspezialisten, sodass heute neben dem Aktien-Research auch Kredit-Research zukunftbezogen und mit vergleichbarem Instrumentarium betrieben wird, jedoch mit unterschiedlichem Fokus: Statt Gewinnwachstum zu schätzen (Aktie) wird die Wahrscheinlichkeit der Kreditrückführung beurteilt.

4 Verwegene Zielsetzung

Die satzungsgemäßen Ziele der Vereinigung wurden wie folgt festgelegt:

Die Technik der Finanz- oder Effektenanalyse zu verbessern und Einrichtungen anzuregen und zu unterstützen, die diesen Zwecken dienen.
Heute: Die Berufsausübung auf einem qualitativ hohen, international anerkannten Niveau mittels professioneller Standards zu gewährleisten.

Das Verständnis der Öffentlichkeit für die Bedeutung und Funktion der Finanz- oder Effektenanalyse, der Anlageberatung und für die Technik der Effektenbörse zu fördern.
Heute: Das Verständnis der Öffentlichkeit für die Bedeutung und Funktion der Finanzanalyse sowie für das Asset Management zu fördern und an der Meinungsbildung aktiv mitzuarbeiten.

Die Zusammenarbeit mit ausländischen Vereinigungen gleicher Zielsetzung zu pflegen.
Heute: Die Interessen der Mitglieder durch Mitarbeit in anderen internationalen Berufsverbänden zu fördern.

Wie an den *kursiv* geschriebenen, derzeit gültigen satzungsgemäßen Zielen festgestellt werden kann, haben die ursprünglichen Grundsätze auch heute noch Gültigkeit. Im Laufe der Zeit wurden sie aber um das Ziel der Qualifikation von Berufsangehörigen sowie die Sicherstellung ethisch einwandfreien Verhaltens erweitert:

Heute: Durch Information, Veröffentlichungen und Aus- und Weiterbildung die berufliche Qualifikation ihrer Mitglieder zu fördern.
Heute: Das Vertrauen nationaler und internationaler Anleger in die Kapitalmärkte zu stärken und damit deren Attraktivität zu fördern.

Vor dem historischen Hintergrund der Rechnungslegung, der Kapitalmarktgesetzgebung (soweit existent) und dem allgemeinen Selbstverständnis der Akteure an den Kapitalmärkten war anfangs die Formulierung dieser Ziele schon als „verwegen" einzustufen.

Das Aktiengesetz von 1937, das den Eigentümern, den Aktionären, kaum Kontrolle und Mitsprache bei der Unternehmensführung zubilligte, sondern ihnen eher den Status von verwaltungsbestimmten Dividendenbeziehern zuwies, wurde gerade mit der Aktienrechtsreform von 1959 durch einen zaghaften Zwischenschritt zu etwas mehr Transparenz im Rechnungswesen abgelöst. Ein weiterer Schritt zu mehr Transparenz inkl. Konzernrechnungslegung und mehr Aktionärsrechten erfolgte dann mit der Aktienrechtsreform 1965. Auch diese brachte aber keinen Bruch mit der Vergangenheit, insbesondere dem Gläubigerschutzprinzip als Primat der Rechnungslegung.

Ob dies unbedingt nachteilig war für die Aktienkultur in Deutschland ist, nach den bisherigen Erfahrungen mit der shareholder- orientierten Rechnungslegung nach US-GAAP oder dann IFRS, zumindest zweifelhaft. Die durch die shareholder -orientierte Rechnungslegung erhoffte größere Transparenz für den externen Betrachter bleibt auf der Strecke einer unglaublichen Informationsflut, die zu punktueller Informationsaufnahme verleitet. Zudem gibt es auch hier Bewertungsspielräume und zahlreiche Möglichkeiten der (Fehl-) Interpretation für externe Analysten – nur eben andere als bei HGB. Die Nachteile der HGB Bilanzierung wurden, was die Bewertungskriterien für Aktienkurse betrifft, im Zeitablauf und mit einer zuletzt breiten Akzeptanz der DVFA Gewinnformel kompensiert: die vorwiegend vom Vorsichtsprinzip gekennzeichnete Unterzeichnung der ausgewiesenen Jahresgewinne wurde durch entsprechende Adjustierungen zumindest teilweise kompensiert und so mit dem höheren Niveau angelsächsischer Gewinnausweise eher vergleichbar gemacht.

Heute, bei IRFS ist, an das Gleichnis vom Turmbau zu Babel erinnernd, ein vielfältiges Stimmengewirr zu verzeichnen, dem nur eines gemeinsam ist: die gute Absicht, im Sinne des Aktionärs transparent zu bilanzieren. Tatsächlich werden die von zahlreichen außergewöhnlichen und aperiodischen Faktoren geprägten „bottom line earnings" vielfältig adjustiert, um zu vergleichbaren und vor allem zu prognostizierbaren Gewinnen zu kommen, die für die Aktienbewertung tauglich sind.

Nur, es gibt keinen Standard für die Adjustierung. Die babylonische Sprachverwirrung lässt sich ohne gemeinsamen Standard nicht überwinden. Sie wird durch die individuell oftmals nachvollziehbaren Ansätze lediglich auf eine andere Ebene transformiert.

Die DVFA hat 2007 den Ansatz von „value based earnings" vorgestellt, einer Gewinngröße aus IFRS Abschlüssen ableitbar, die vergleichbar und prognostizierbar sein sollte. Da in Zeiten der Globalisierung eine solche Konvention nicht auf nationaler Ebene vorangetrieben werden kann, ist EFFAS gefragt. Eine ernsthafte Auseinandersetzung mit dem Thema blieb bis heute aus.

5 Analysten und die Deutschland AG

Gestützt vom legislativen und geistigen Umfeld stand zur Gründungszeit der DVFA die Deutschland AG in voller Blüte. Die Aktiengesellschaften „gehörten" dem Vorstand und die Vorstände der wichtigsten Aktiengesellschaften kontrollierten sich gegenseitig.

Der Aktionär erhielt keine verlässlichen Angaben über die Ertragsentwicklung seiner Gesellschaft und die von vorsichtigen Verwaltungen festgesetzten Dividenden auf niedrigem Niveau hatten das Kursniveau niedrig gehalten. Die aus den USA übernommene Erkenntnis, dass der gesamte Ertrag und nicht nur sein ausgeschütteter Teil den Wert einer Aktie besser bestimmt, stellte Analysten und Anlageberater in Deutschland vor große Probleme.

Nicht nur, dass eine Konzernrechnungslegung vor 1965 nicht zwingend vorgeschrieben war und das Legen stiller Reserven von den Rechnungslegungsvorschriften begünstigt wurde, es bestand kaum Bereitschaft zur „Offenlegung der Buchhaltung", ein Ausspruch der eine Haltung charakterisierte, die sich noch lange Zeit, bis in die 80er Jahre hinein, als roter Faden durch die Informationspolitik vieler Gesellschaften zog. Sicherlich gab es Ausnahmen davon, die als Pioniere höherer Transparenz und Vorreiter von Investor Relations gelten können. Neben Siemens, den Farben (BASF, Bayer, Höchst) waren das aber vielfach geringer kapitalisierte Gesellschaften wie Girmes, Pfaff oder Schubert & Salzer, bei denen sich intensive Hintergrundgespräche mit den Analysten entwickelten. Zunächst aber war die Steuerposition in den veröffentlichten Abschlüssen das verlässlichste Indiz zur Abschätzung des erzielten Periodenertrags einer Aktiengesellschaft. Die „Ermittlung des Reingewinns anhand der Dividenden und der ausweispflichtigen Steuern" war noch lange nach der Aktienrechtsreform 1965 als adäquates Mittel der Gewinnbestimmung in Verwendung.

Die Akzeptanz der neuen Methode Aktien mit dem gesamten Ertragspotenzial zu bewerten, war auch bei den Banken selbst nur gering ausgeprägt. So kommentiert Michael Hauck die Gründung der DVFA sinngemäß:[1]

Die Unterstützung durch die so genannten markttragenden Kräfte war eher schwach. Die Notwendigkeit einer Analystenvereinigung wurde in Frage gestellt, da man doch über ein großes Netz von Aufsichtsratspositionen ausreichende Informationsquellen über die Entwicklung von börsenorientierten Gesellschaften habe. Nach den Aufsichtsratsitzungen gebe man seinen Börsenleuten regelmäßig und ausführliche Informationen.

Dementsprechend war die stärkste Unterstützung für die neue Vereinigung seitens der Privatbanken zu verzeichnen. Bis 1974 waren im Vorstand des Verbandes nur Mitarbeiter von Privatbanken vertreten und erstmals 1998 wurde die Usance durchbrochen, dass sich der Vorsitzende der DVFA aus den Reihen der Privatbanken Mitarbeiter rekrutierte. Im Handelsregister wurde die DVFA erst 1982 eingetragen. Die heutige Übung, einen geschäftsführenden Vorstand, Vorsitzenden und stellvertretenden Vorsitzenden zu wählen, entfiel in den ersten 22 Jahren. Sie war zunächst der Eintragung ins Handelsregister zu danken.

Fairerweise sollte aber hier vermerkt werden, dass die Großbanken die Geschicke des Verbandes sehr wohl unterstützt haben in Vorstand, Beirat und mehr noch durch das Engagement ihrer Mitarbeiter in den Arbeitskreisen und Kommissionen. Insbesondere bei der Ausbildung zum „Investment Analyst / DVFA" haben die Großbanken mit festen Buchungen für Kandidaten tatkräftige Starthilfe gegeben und diese Unterstützung über eine lange Zeit aufrechterhalten. Wenn auch die Notwendigkeit eines Berufsverbandes nur zögerlich Akzeptanz fand, so ist sie heute vorhanden mit einem breiten Engagement aller relevanten Institute.

6 Interessenkonflikte und ihre Folgen

Der Kampf um eine unabhängige Meinungsbildung und Meinungsäußerung der Analysten und der Kampf um eine Kundenberatung ohne Konflikte mit den Interessen der arbeitgebenden Häuser bestand schon in der Gründungsphase der DVFA. Er hat sich durch die Geschichte der letzten 50 Jahre gezogen. Gesetzliche Bestimmungen, denen Verhaltenskodizes der Berufsverbände vorangingen, regeln heute Interessenkonflikte oder legen diese offen.

Dies und natürlich der sich in den letzten 10 bis 15 Jahren grundlegend gewandelte Zeitgeist waren geeignet zu unterbinden was anfänglich Übung war: Aufsichtsräte börsennotierter Gesellschaften, die gleichzeitig Bankvorstand waren, zensierten Research Studien vor deren Weitergabe an Kunden. Insbesondere das Platzen der dot.com Blase um die Jahrtausendwende hat die Erkenntnis gefestigt, dass Kundeninteressen ein

1 Michael Hauck; Kompost ,1997 S. 35 ff.

Aktivum an sich sind, wenn man das Wertpapiergeschäft nachhaltig betreiben will. Der lange dominierende Anspruch, dass die pay roll die Aussagen von Analysten und Anlageberatern wesentlich beeinflusst, ist nicht nur überholt – er ist illegal.

Die früher nicht zu leugnende Verflechtung von Interessen der beratenden Institute insbesondere mit dem dominierenden Kreditgeschäft beschränkte die Analysten lange Zeit in einer kundenorientierten Meinungsäußerung. Mehr noch waren Analysten als Angestellte von deutschen Universalbanken eingeschränkt in der Art und Weise wie sie den informierenden Unternehmen entgegentreten konnten: Allzu bohrende oder gar forsche Nachfragen konnten zu Rückmeldungen und Rückwirkungen im eigenen Haus führen und wurde daher oft vermieden. Amerikanischen und englischen Analysten der dortigen Brokerhäuser hingegen war die von Interessenkollision ungetrübte Art, Antworten auf wichtige Fragen zu erhalten, vorbehalten. Das wurde auch akzeptiert von Management und Aufsichtsräten deutscher Unternehmen und für professionell gut befunden. Leider galt dies lange Zeit nicht für deutsche Analysten. Die interessengesteuerte Gängelung stempelte sie ab als „wenig professionell" und „zahm", und zwar ausgerechnet bei jenen, die gerne ihre Beziehungen in der Deutschland AG nutzten, um genehme Meinungsäußerungen über die Aktien und Unternehmen ihrer Interessensphäre herbeizuführen. Als Konsequenz veranstalteten große deutsche Gesellschaften ihre Analystenkonferenzen in London oder New York (und pflegen dies heute noch), da dort aus deren Sicht die sachkundigen Mittler für angebotenes Kapital anzutreffen sind. Eine Hypothek, die nur allmählich abgebaut werden kann.

7 Ethik

„Nach lebhafter Diskussion über Fragen der Insiderregelungen setzte sich die Meinung durch, dass die DVFA – insbesondere auch die Unternehmensbesuche – davon nicht betroffen ist. Die DVFA sollte sich davor hüten, eine Meinung zu präjudizieren. Bevor es überhaupt zu einem konkreten Fall gekommen sei, solle man sich möglichst jeder Stellungnahme enthalten. Sollte ein DVFA-Mitglied einmal von den Insiderregelungen in einer Weise betroffen werden, die den Aufgaben und Zielen der DVFA widersprechen, werde die DVFA unverzüglich ihre Meinung äußern".[2]

Soweit aus dem Protokoll der Mitgliederversammlung von 1971. Es zeigt eine Etappe in der Entwicklung der DVFA auf. Sie hat im Rahmen eines Beitrages wie diesem sicher ihren Platz, auch wenn der Inhalt auf den ersten Blick ziemlich kontraproduktiv klingt gemessen am heute gültigen Selbstverständnis des Verbandes. Verständlich wird die Haltung der Mitglieder unter Berücksichtigung der damals geltenden Usancen und Regelungen und des Zeitgeistes. Es gab in den Banken und auf dem Parkett feste Vorstellungen darüber „was man tun durfte und was nicht", eine allgemeine Werteskala. Verstöße wurden intern geahndet – wenn auch unterschiedlich von Haus zu Haus. Insiderprobleme hatten eher andere Marktteilnehmer, weniger die Analysten. Sie waren normalerweise nicht so nahe an den Informationsquellen der Unternehmen, und auch noch nicht so akzeptiert in den Banken, dass ihr Wissen insider- oder marktrelevant gewesen wäre. Die Zeit war offensichtlich noch nicht reif für ein regelgerechtes und vorsorgendes Engagement der DVFA.

2 28. Juni 1971, aus dem Protokoll der Mitgliederversammlung.

Dennoch, wenn auch in der Gründerphase der DVFA Prioritäten bei Kommunikation und Transparenz von Unternehmensinformationen gesetzt wurden – und dies für eine ziemlich lange Zeit und aus gutem Grund –, so war doch grundsätzlich die Forderung nach ethisch einwandfreiem Verhalten präsent, wie von Michael Hauck in einem Vortrag 1961 dokumentiert:

„Je abstrakter die Dinge werden, das heißt, je stärker sie sich von dem ursprünglichen in ein verfeinertes System verwandeln, um so größer ist die Gefahr, dass die ursächlichen Zusammenhänge übersehen werden. Gerade bei der doch nicht sehr weitgehenden wirtschaftlichen Bildung des kleinen Mannes, der Aktionär wird, können hier schwerwiegende Fehlurteile entstehen. Wir müssen (...) beim ‚kleinen Mann' rechnen mit einer gewissen Beeinflussbarkeit. Gerade im Börsenwesen ist diese Beeinflussbarkeit außerordentlich gefährlich. Die Tipdienste spielen z. Zt. eine Rolle, die gar nicht negativ genug angesehen werden kann. In Amerika hat man sehr konkrete Maßnahmen gegen die Beeinflussbarkeit der Börsenkurse, durch wen auch immer, getroffen. In England hat man den Inhaber eines Börsendienstes, der gleichzeitig Nutzen aus diesem Einfluss zog, zu einer Gefängnisstrafe verurteilt.

Welche Maßnahmen kann man gegen diese Beeinflussbarkeit treffen? Die Publizität muss eine gute Bewertbarkeit ermöglichen. Daneben müssen Banken und Wirtschaftspresse Fachleute ausbilden, die die publizierten Zahlen auswerten können, und der Anleger muss mehr und mehr sich daran gewöhnen, nur fundierten Ratschlägen zu folgen.

Das Börsengesetz stammt aus dem Jahre 1898. Sollten wir nicht, ohne vom Parlament gedrängt zu werden, von der Börse aus eine Überprüfung vornehmen? Das Aktiengesetz ist bereits in der Diskussion. Aber hier hat sich m. E. gezeigt, dass ein Widerstand gegen neue Kräfte seitens der Wirtschaft übertriebene Reformbestrebungen seitens der Gesetzgeber auslöste. Die Dinge sind – wie selten wohl – in Bewegung geraten. Gerade auf dem Gebiet der freien Kapitalbildung und des freien Kapitaleinsatzes unterscheidet sich die freie Welt von dem Kommunismus. Um so wichtiger erscheint es, dass man die Strömung der Zeit zu erkennen versucht und nicht in ihrem Wirbel untergeht".[3]

Hier werden zwei wesentliche Eckpfeiler für funktionierende Finanzmärkte genannt: die Qualifikation der Teilnehmer und deren Integrität.

„Wissen ohne Integrität ist gefährlich und kann schädlich sein" sagte der Engländer Samuel Johnson bereits im 18. Jahrhundert. Er fügt dem hinzu: „Integrität ohne Wissen ist schwach und unbrauchbar."

Daher verlangt die DVFA von ihren Mitgliedern die Anerkennung und Befolgung der Standesrichtlinien. Gleiches tut ACIIA® mit den „Principles of Ethical Conduct" vergleichbaren Inhaltes von den CIIA®-Absolventen. ACIIA® fordert qualifizierte CIIA®-Absolventen an Ethik-Standards zu binden und dies auch von Dritten nachvollziehbar zu dokumentieren. Dies und eine möglichst weitgehende Überprüfbarkeit und Sanktionierung ist der wesentliche Beweggrund, die Vergabe des CIIA®-Titels an die Mitgliedschaft in einer lokalen Vereinigung zu knüpfen. Für Kunden und Kontrahenten werden damit Qualifikation und Integrität transparent und nachvollziehbar.

„Behandle andere so, wie du von ihnen behandelt werden willst". Das ist die goldene Regel, die wir aus unserer Kindheit kennen. Sie wird oftmals in ethischen, philosophi-

3 Michael Hauck, Kompost, 1997, S. 87.

schen und religiösen Abhandlungen als geeignete Geisteshaltung genannt, den zerstörerischen Instinkt und grenzenlosen Egoismus des Menschen zu neutralisieren. Die Regel ist die Basis der Zivilisation. Menschen wissen, dass sie soziale Wesen sind und dass die Zerstörung anderer letztlich zur Selbstzerstörung führt. Das dahinter stehende Konzept kann mit Treu und Glauben sowie Vertrauensbildung umschrieben werden. Diese Begriffe durchdringen die Gesetzgebung, Regulierung und auch die Verhaltenskodizes der Berufsverbände. Aber, um es zu wiederholen, sie müssen auf profunde Qualifikation gegründet sein.

Ethisch einwandfreies Verhalten sollte nicht primär auf von außen verfügten Gesetzen und Sanktionen basieren, sondern sollte aus der intellektuellen Einsicht und persönlichen Überzeugung der Kapitalmarktexperten/Analysten resultieren. Gemeinsame Wertevorstellungen der Kapitalmarktteilnehmer, ausgedrückt in freiwilligen Selbstverpflichtungen bilden den Rahmen für ethisches Verhalten. Auch gesetzgeberische Bestimmungen basieren auf ethischen Prinzipien. Sie erzwingen Anlegerschutz und sind geeignet in den Kapitalmärkten Treu und Glauben zu gewährleisten, sowie Vertrauensbildung zu schaffen. Gesetze und Verordnungen können die professionellen Verhaltenskodizes bis zu einem gewissen Grad abbilden. In diesem Falle dupliziert der Verhaltenskodex die gleichen Ziele wie die gesetzgeberischen Aktionen, allerdings mit weniger Durchsetzungskraft und Autorität.

In eine solche Situation geriet der erste DVFA-Kodex von 1995, mehr noch, dessen Weiterentwicklung verabschiedet in einer kontroversen Diskussion durch die Hauptversammlung 2003. Bei weitem nicht alle Mitglieder wollten sich den dort geforderten Einschränkungen unterwerfen. Aber, insbesondere die damals strittigen Passagen zum Verhalten bei Eigeninvestments von Analysten in Aktien, die sie betreuen, wurde von der Gesetzgebung, Regulierung und der ausgeübten Praxis von Compliance in den Wertpapierhäusern später bestätigt.

Die Implementierung des WpHG, die Entwicklung der Kapitalmarktgesetzgebung, ausgehend von der Europäischen Union mit MAD (Market Abuse Directive), ISD (Investment Services Directive), später ersetzt durch MIFID (Markets in Financial Instruments Directive) sowie den nationalen Umsetzungsverordnungen, erlaubten dann letztendlich die Formulierung eines sehr prinzipienorientierten „DVFA-Verhaltenskodex“ in 2007 der mit 10 Geboten auskommt. Zugegebenermaßen werden die von der BaFin als best practice anerkannten umfangreichen „Deutsche Grundsätze für Finanzresearch“ als ausgelagerter Teil zum Verhaltenskodex gezählt. Noch in der Kodexvariante von 2003, die unter dem Druck der massiven Kritik an Analysten entstand, waren sie integraler Bestandteil. Sie regeln sehr detailliert Aufbau von Unternehmens-Studien, die darin getätigten Aussagen und das Verhalten von Finanzanalysten.

Die Entwicklung der DVFA-Kodex Varianten und der Kapitalmarktgesetzgebung seit 1995 zeigt aber, dass es Lücken gab, die in der Regulierung zunächst nicht berücksichtigt wurden. Der Gesetzgeber reagiert normalerweise auf aktuelle Notwendigkeiten. Er verfolgt in der Regel einen bottom-up-Ansatz, der oft nicht klar erkennbare Entwicklungen vernachlässigt. Gesetzgebung und Regulierung bedürfen daher der Einlassung professioneller Organisationen wie der DVFA – vor und nach Verabschiedung von Gesetzen. Die Legislative baut auf dem Verständnis der Berufsethik auf, wie es sich in den Verhaltenkodizes ausdrückt. Die Legislative handhabt vornehmlich Interessenkonflikte. Die professionellen Verbände decken in ihren Kodizes das deutlich weitere Feld der Berufsethik ab. Der DVFA Verhaltenskodex ist daher nicht verzichtbar.

Um zusammenzufassen:

- Finanzmärkte leiden unter missbräuchlichem Verhalten Einzelner, solange gehandelt wird.
- Eine Industrie, die Verantwortung für ethisches Verhalten in ihren Geschäftsusancen übernimmt, wird nie ein reines Objekt gesetzgeberischer Regulierung sein.
- Ein Vergleich der Verhaltenskodizes der Investmentprofessionals weltweit zeigt inzwischen kaum mehr signifikante Unterschiede. Jeder Verband braucht einen Kodex, keiner kann sich mehr einer überlegenen ethischen Lösung rühmen.
- Mit ihrem Verhaltenskodex trägt die DVFA zu ethisch einwandfreiem Verhalten ihrer Mitglieder bei. Zum Wohle des Finanzplatzes im allgemeinen und der Anleger im Speziellen gemäß der goldenen Regel: „Behandle andere so, wie du von ihnen behandelt werden willst".

8 Verein und GmbH

Mit den ersten Ausbildungskursen einher ging ein Programm, den Anregungen der Mitgliederversammlungen in 1989 und 1990 folgend, das eine weitere Aktivierung der Tätigkeiten des Verbandes in der Aus- und Weiterbildung und der Öffentlichkeitsarbeit vorsah. Eine erfolgreiche Realisierung der geplanten, deutlich erweiterten Aktivitäten war im Rahmen der bisher ausschließlich ehrenamtlichen Tätigkeit der DVFA-Mitglieder nicht zu gewährleisten.

Die DVFA hatte sich daher zu einem unternehmerisch ausgerichteten Konzept entschlossen, das in der außerordentlichen Mitgliederversammlung im November1990 mit Mehrheit akzeptiert wurde. Es war der Geburtstag der DVFA GmbH, die fortan eine Trennung von nicht gewinnorientiertem Verein und kommerziellen Aktivitäten festschreibt. Seither fungiert die GmbH als Dienstleister für den Verein, der von professioneller Betreuung profitiert, wie auch die Mitgliederzahlen zeigen.

Abbildung 1: Mitglieder

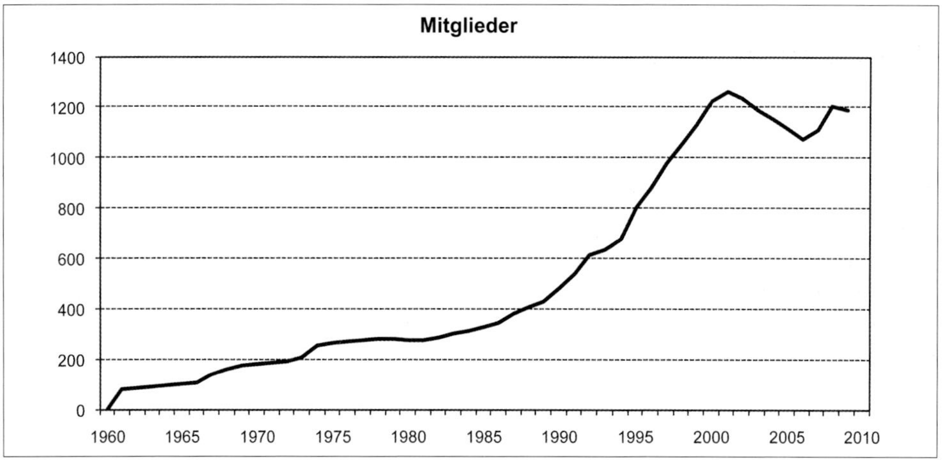

Der ehrenamtliche Einsatz von Mitgliedern kann sich auf Sachthemen konzentrieren, ein Vorteil der sich mit Blick auf die Standards, die Entwicklung und Fortschreibung eines Verhaltenkodex, die heute erreichte Breite des Ausbildungsangebots und die Präsenz der Marke DVFA im Markt auszahlt.

Der Schritt, 1991 nach über 30 jährigem Bestehen der DVFA erstmals eine hauptberuflich tätige Geschäftsführung zu berufen, war nicht unumstritten. Dem Zeitgeist entsprechend und den knappen DVFA-Finanzen geschuldet wurde die erste Geschäftsführerin, Frau Ulrike Diehl, während ihrer Tätigkeit am Kapital der GmbH beteiligt. Heute hält der DVFA e.V. alle Anteile an der GmbH, womit, wiederum dem Zeitgeist folgend, Interessenkonflikte vermieden werden. Es ist aber nicht zu widerlegen, dass der unternehmerische Ansatz bei Gründung hohe Motivation erzeugte und den Start der DVFA GmbH beflügelt hat.

Jedenfalls sind die damals gehegten Erwartungen übertroffen:

- Die DVFA GmbH ist ein rentables Unternehmen mit 2 Geschäftsführern und 20 Mitarbeitern. Konferenzen und Schulungen werden in eigenen Räumen zentral in Frankfurt organisiert.
- Die Finanzakademie als ein Profit Center der DVFA GmbH bietet eine breite Palette an postgraduierten Ausbildung an. Sie ist Partner von renommierten deutschen Hochschulen, kooperiert mit der Deutsche Börse AG, dem Verband unabhängiger Vermögensverwalter (VuV), dem ZEW und fördert den Finanzplatz auch im Rahmen von Frankfurt Main Finance.
- Das zweite Standbein, das Profit Center Konferenzen und Foren, pflegt die Kommunikation in den Kapitalmarkt und fördert den Bekanntheitsgrad der Marke.

Die Erwartung mit dem höchsten Gewicht konnte nicht übertroffen werden, sie ist schlicht eingetroffen.

- Der Verband ist mit der DVFA GmbH unabhängig finanziert und so in der Lage, die Belange seiner Mitglieder zu vertreten, ohne Rücksichten auf Interessen Dritter.

9 Ausbildung und Qualifizierung

Zwar sind Berufsverbände wie die DVFA nur ein Mosaikstück im Bild der Finanzmärkte. Ihre besondere Fähigkeit ist es jedoch, die Berufsangehörigen zu qualifizieren, ergänzt durch eine solide Tradition ethischer Prinzipien bei der Berufsausübung.

Die DVFA unterstützt mit diesen Funktionen die Wettbewerbsfähigkeit des Finanzplatzes. Eingebettet in EFFAS und die CIIA®-Organisation mit mehr als 50 000 persönlichen Mitgliedern weltweit. Seit 1987 hat die DVFA 3900 Berufsangehörige qualifiziert und so Wissens- und Informationslücken bei Anlageentscheidungen kompensieren helfen.

Abbildung 2: Absolventen

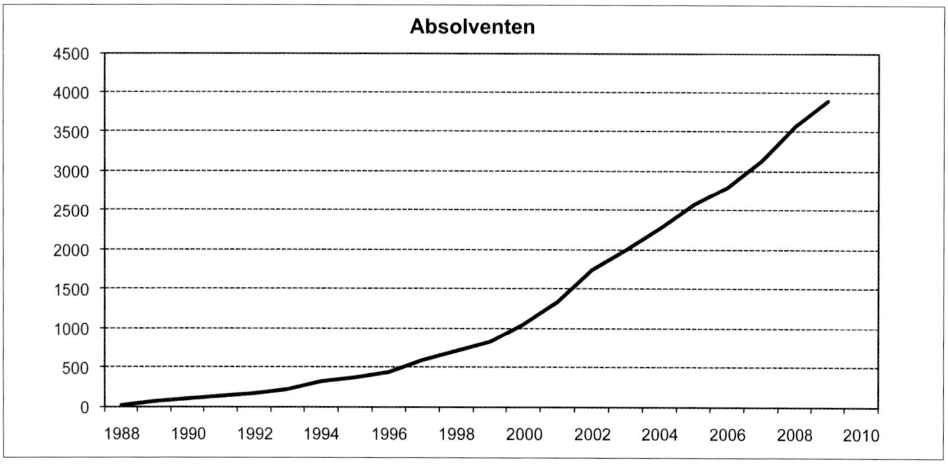

Ausschließlich wissenschaftliche Methodik und rationale Bewertung vermögen in dem von Emotionen überlagerten Marktgeschehen objektivierte Entscheidungsgrundlagen anzubieten.

Die Investmentanalyse erfüllt die marktwirtschaftlich wichtige Aufgabe des Anlegerschutzes. Die Preisbildung an den Börsen wird durch die Finanzanalyse transparent und für den qualifiziert beratenen Investor nachvollziehbar.

Im Interesse funktionierender Finanzmärkte wollte der Verband sicher stellen, dass dem Markt eine ausreichende Anzahl an ausgebildeten Analysten zur Verfügung steht. Daher wurden erstmals im Herbst 1987 an der TH Darmstadt unter Leitung von Professor Dr. Udo Hielscher Post-Graduate-Seminare zur Aus- und Weiterbildung von Investmentanalysten mit dem Abschluss eines „Investment Analyst / DVFA“ angeboten. Dieses von der Praxis positiv angenommene Bildungsangebot entsprach von Beginn an internationalem Standard.

Im Hinblick auf die EU-Harmonisierung 1992 reifte der Wunsch, unter Wahrung der nationalen Besonderheiten in den verschiedenen Ländern Europas ein gleichwertiges, international hohes Ausbildungsniveau und die gegenseitige Anerkennung der Abschlüsse zu etablieren. Unter der wissenschaftlichen Leitung von Professor Dr. Otto Loistl wurde in kurzer Frist ein erweitertes, anspruchsvolles Programm für die Akkreditierung durch EFFAS erstellt. Diese erfolgte bereits 1993, womit der Schulung und Vergabe des CEFA® (Certified European Financial Analyst)- Titels nichts mehr im Wege stand. Der CEFA® ist ein gemeinsam von den europäischen Verbänden getragener und gegenseitig anerkannter Titel, der einem gemeinsamen Syllabus folgt aber über kein zentrales Examen verfügt. 1996 hatten die Absolventen der DFVA zusätzlich die Möglichkeit, sich zum CFA® Examen des US-Verbandes AIMR (heute CFA Institute) ohne Prüfung für Level 1 anzumelden. Die Nachfrage nach einem global anerkannten Diplom war für die DVFA Grund genug, die Anerkennung des eigenen Diploms für CFA® Level 1 zu suchen, verbunden mit der Absicht einer tieferen Kooperation mit den US-Verband. Lediglich der englische und japanische Verband hatten noch eine solche Vereinbarung mit AIMR. Allerdings kündigte AIMR ziemlich überraschend und kurzfristig das Abkommen mit allen. Ein Einstieg für die DVFA in das CFA®-Programm wäre danach nur noch als unselbstständige Filiale (Chapter) des US-Verbandes möglich gewesen (Anmerkung am Rande: Die starke britische IIMR und der irische Verband gingen diesen Weg der Selbstaufgabe) und so keine Alternative. Diese fand sich im Jahr 2000 mit einer Teilnahme am CIIA® (Certified International Investment Analyst), eine globale Weiterentwicklung des CEFA® und des japanischen CMA® mit gemeinsamem, zentral gesteuertem Examen. Das Fenster für eine gemeinsam mit den Amerikanern durchgeführte Qualifizierung der Investment Professionals weltweit war geschlossen. Aber vielleicht ist das nicht allzu bedauerlich, denn Wettbewerb fördert bekanntlich die Produktqualität, was unter dem Ausschließlichkeitsanspruch von CFA Institute sicher schwierig geworden wäre, für alle anderen als Juniorpartner angesehenen Verbände weltweit.

In der Zwischenzeit ist die anfängliche Dominanz des CIIA® und seiner Vorgänger im Post-Graduate-Angebot der DVFA gebrochen. Für Kreditanalysten, Fixed Income Spezialisten und Kreditrisikomanager wird der CCrA® (Certified Credit Analyst) angeboten. Mit der WHU – Otto Beisheim School of Management als Partner vermittelt der CRM® (Certified Risk Manager) Inhalte, die im Risikomanagement von Banken gefragt sind. Immobilienanalysten, -investoren und Finanzierer könne auf den mit der IRE / BS Immobilienakademie der Universität Regensburg angebotenen CREA® (Certified Real Estate Investment Analyst) zurückgreifen. Im stark wachsenden Segment der privaten Vermögensverwaltung, heute Private Wealth Mangement genannt, bietet die DVFA den CeFM® (Certified Financial Manager) an und den europaweit verbreiteten EFPA European Financial Advisor, ebenso den CIWM® (Certified International Wealth Manager). Der in Kooperation mit der Deutsche Börse angebotene ISSP® (Investment Spezialist für Strukturierte Produkte), Seminare und Inhouse Training runden das Angebot ab.

10 Kapitalmarktkommunikation – Ziel erreicht?

Es war ein langer Weg, bis sich heute gültige Vorstellungen durchsetzten, angefangen bei der Transparenz und Aussage der Rechnungslegung, Investor Relations, Unabhängigkeit der Wertpapierberatung vom Eigeninteresse der Institute und Personen, ethischem Verhalten überhaupt bis hin zu einer adäquaten Qualifikation der Kapitalmarktexperten.

Damals, nach der Gründung der DVFA, standen Transparenz der Rechnungslegung und Kontakt zu den Unternehmen (heute Investor Relations) ganz oben auf der Prioritätenliste.

Entsprechend war neben der Entwicklung eines Standards für die Gewinnermittlung (DVFA-Gewinn je Aktie), die Organisation von Unternehmensbesuchen vorrangig. Bereits im Protokoll der Mitgliederversammlung von 1961 wurde über die „Firmenbesuche“[4] in 1960 bei BASF, Hoesch und Farbwerke Hoechst berichtet. „70-90 %“ der Mitglieder nahmen an den Besuchen teil. Natürlich hat diese Zahl heute keine Zielrelevanz mehr. Spezialisierung der Analysten, eine deutlich höhere Anzahl an Veranstaltungen, vor allem aber der Wunsch der gastgebenden Unternehmen nach sachkundigen Teilnehmern mit Orderpotenzial für die Aktie haben Priorität.

Die anfänglich oftmals dokumentierten Gespräche mit dem Management dienten vorrangig dem besseren Verständnis der Zusammenhänge in den Unternehmen und der Unternehmenspolitik, um daraus Gewinnprognosen ableiten zu können. Aus den Pro-

4 Aus dem Protokoll vom 7.12.1961.

tokollen der Besuche geht hervor, dass die heute übliche „guidance“ nicht stattfand. Vielmehr wurden Varianten der Kosten –und Erlösentwicklung diskutiert. Die Schlussfolgerung einer Gewinnschätzung war die eigentliche Aufgabe und das Risiko des Analysten. Eine Klage über „falsche guidance des Unternehmens“ war nicht möglich.

Der Prognosezeitraum war gegenüber der heutigen Übung sehr begrenzt: Noch in den späten 70igern wurde nur ein Jahr vorausgeschätzt, oftmals erst nach Vorlage des Abschlusses des vorangegangenen Jahres. Nur allmählich verlängerten sich die Prognosezeiträume, was nicht zuletzt vom Aufkommen theoretisch fundierter Modellansätze zur Bewertung von Aktien wie den Free Cash Flow Modellen und dem CAPM begünstigt wurde.

Treffsicherer sind die Prognosen damit nicht immer geworden. Eine intensivere Beschäftigung mit dem Modell erlaubt aber dem kundigen Anleger, die Stellschrauben für das Bewertungsergebnis besser zu beurteilen und sie gegebenenfalls auch in seinem Sinne zu verändern. Transparenter sind die Prognosen damit geworden – wenn man sich der Mühe unterzieht, sie zu hinterfragen.

Inzwischen sind die Unternehmenskontakte mehr zu Präsentationen mutiert, mit Schwerpunkt auf einer gewollten, positiven Darstellung des Unternehmens. Aber auch die Modellanforderungen langer zukünftiger Zeitreihen werden bedient. Raum für Individualität bleibt kaum mehr in einer Zeit von Powerpoint Folien und Internetverbreitung. Dazu sind schon Einzelgespräche (one-on-ones) notwendig.

Bis zur Zeit der Blüte des Neuen Marktes um die Jahrtausendwende hat die DVFA als neutraler Mittler zwischen Unternehmen und Kapitalmarktexperten fungieren können. Die DVFA galt für eine unabhängige und möglichst breite Streuung von unternehmensspezifischen Informationen und Perspektiven als Plattform erster Wahl. Neben Analystenkonferenzen einzelner Unternehmen entwickelte der Verband in den letzten 15 Jahren auch themenorientierte Konferenzen wie zum Beispiel die Biotech-Konferenz oder die German Mid Cap Conference (GMCC), erstmals im Herbst 1995. Dieses erfolgreiche Format wurde später ersetzt vom ähnlich strukturierten, in der gleichen Jahreszeit ohne Gebühren für die teilnehmenden Unternehmen angebotenen Eigenkapitalforum der privatisierten Deutsche Börse AG.

Abbildung 3: Unternehmensbesuche

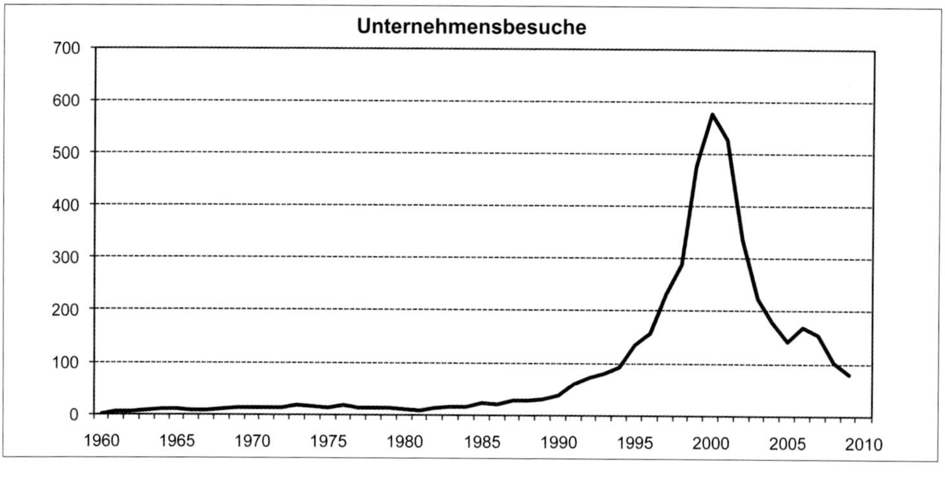

Unternehmensbesuche werden inzwischen mehrheitlich von Banken und Brokern organisiert, die ihren Kunden exklusiven Zugang zum Management der Unternehmen bieten wollen, um sich einen Vorteil im Wettbewerb um Provisionen zu verschaffen. Damit wird zwar nur eine selektive Öffentlichkeit hergestellt, der kostengünstige Rahmen und die erhoffte Nachfrage nach ihren Aktien machen aber die Veranstaltungen attraktiv für die Unternehmen. Kritisch zu hinterfragen bleibt, ob die vom veranstaltenden Institut präsentierten Research Studien regelmäßig mit Kauf- Empfehlungen ausgestattet sein müssen.

Größere Unternehmen organisieren ihre Informationsveranstaltungen selbst. Kapitalmarktkommunikation ist zum Allgemeingut aufgestiegen – ein Ziel, das sich die Gründer des Verbandes gesetzt hatten. In dieser Situation hat die DVFA das historische Feld der Analystenkonferenzen zwar nicht verlassen, aber neue Inhalte der Kommunikation erschlossen und andere Prioritäten gesetzt.

Die Finanzberichterstattung wird zunehmend über XBRL (eXtensible Business Reporting Language) vermittelt und ist damit schneller und typisiert bei Analysten und Nutzern. XBRL ist eine frei verfügbare Programmiersprache für den standardisierten Austausch von Informationen der Geschäftsberichterstattung. Ziel von XBRL ist es, Ineffizienzen im Prozess des Datenaustauschs zu reduzieren sowie die Analyse und Vergleichbarkeit von Informationen zu erleichtern. Die DFVA ist präsent bei XBRL.

Schon lange war es allgemeiner Konsens, dass neben Zahlen auch andere Kriterien in die Beurteilung von Aktien einfließen. Bereits 1959 hat Michael Hauck das Thema aufgegriffen und unter der Überschrift „Grundsätzliches zur Anlageberatung" wie folgt formuliert: „Bei der Beurteilung von Gesellschaften ist ein Gesichtspunkt von hervorragender Bedeutung, nämlich die Zusammensetzung und Qualität der Verwaltung. Die unternehmerische Fähigkeit ist das, was die Gesellschaft wirklich leistungsfähig macht und bei der Beurteilung von Bilanzen und Zahlenmaterial sollte das nie vergessen werden."[5] Nur, Versuche die Wertung dieser Faktoren operabel zu gestalten, zu objektivieren und damit der persönlichen Betroffenheit und Kritik des Managements der beurteilten Unternehmen zu entziehen, gibt es erst in jüngerer Zeit.

Eine erhöhte Aufmerksamkeit für die sogenannten weichen Faktoren der Kapitalmarktkommunikation wie Corporate Governance, Intellectual Capital, ESG (Environmental Social Governance) erlaubt zusätzliche Einsichten und damit besseres Verständnis. Mit dem Engagement für diese Erweiterungen der Kapitalmarktkommunikation, deren Nutzbarmachung für Analysezwecke ergeben sich praktikable Handlungsanweisungen für Analysten und Unternehmen. Beispiele sind die von der DVFA angebotenen Perception Profiles, die den Unternehmen Antworten auf Fragen der Wirksamkeit ihrer IR-Maßnahmen geben durch Umfragen bei DVFA Mitgliedern. In die gleiche Richtung gehen branchenspezifische Transparenzanforderungen, zum Beispiel für Life Science oder Reporting Standards für small caps.

Das Konzept ist klar vorgezeichnet: die professionellen Anforderungen der Anwender von Unternehmensinformationen transportieren, transparent machen und den Unternehmen Feedback zu geben über die Effizienz ihrer Investorenpflege durch die Nutzer am Kapitalmarkt. Die Mittlerstellung der DVFA Mitglieder macht es möglich.

---

5 Michael Hauck, Kompost, 1997, S.48.

11 Internationales Netzwerk

EFFAS

Von Anfang an war es das Besteben der jungen DVFA, „die Zusammenarbeit mit ausländischen Vereinigungen gleicher Zielsetzung zu pflegen“.[6]

Bereits 1962 wurde unter Mitwirkung der DVFA, der europäische Dachverband EFFAS (European Federation of Financial Analysts Societies) gegründet.

Die Gründerväter der DVFA waren sich bewusst, dass die grenzübergreifende Vergleichbarkeit der Werkzeuge und Methoden zur Beurteilung von Wertpapieren sowie die Flexibilität eines freien Kapitalverkehrs den Blick über die nationale Grenze hinweg unausweichlich macht. Im damaligen Umfeld machte es auch Mut, sich gegenseitig zu bestätigen. Gemeinsame Gesetzmäßigkeiten riefen nach gemeinsamen Regeln zur Beurteilung von Wertpapieranlagen und gemeinsamen Standards für die Berufsangehörigen.

Die tatsächliche Entwicklung verlief dann deutlich rasanter und profilierter. Die Globalisierung und ihre Konsequenzen waren mit dieser Wucht aus damaliger Sicht kaum zu erwarten. Befördert wurde das Zusammenwachsen zunächst durch die fortschreitende Diversifizierung der großen Anlagevermögen, insbesondere der US-Pensionsfonds sowie dem Auftreten neuer Anlegergruppen wie der Ölförderländer. Auch die unglaubliche Geschwindigkeit mit der sich Informationssysteme entwickelten, mit Wechselwirkung auf Asset Management Werkzeuge, getrieben wiederum von neuen Erkenntnissen der Kapitalmarkttheorie und entsprechenden Umsetzungsmöglichkeiten wirkten als Katalysatoren. Letztlich waren die Schaffung der Europäischen Union einschließlich der Eurozone sowie die fortschreitende Akzeptanz konvergierender Rechnungslegungssysteme, um nur einige Faktoren zu nennen, maßgeblich für die Anwendbarkeit global geltender Regeln und Standards bei der Wertpapieranlage.

Gleichwohl, die Einschätzung selbst, war und ist ohne Abstriche richtig: internationale, weltumspannende Zusammenarbeit der nationalen, organisierten Berufsverbände ist ohne Alternative.

Aus dieser Überzeugung heraus war die DVFA neben Belgien, England, Frankreich, den Niederlanden und der Schweiz eines der Gründungsmitglieder von EFFAS, der europäischen Dachorganisation, im Mai 1962. Anfänglich wurden als wichtigste Aufgaben von EFFAS die Durchführung von Kongressen angesehen, bei denen gemeinsam interessierende Themen diskutiert und die Ergebnisse supranationaler Kommissionsarbeit präsentiert werden konnten. Zudem, aus damaliger Sicht von unschätzbarem Wert, es bestand die Möglichkeit des internationalen Gedankenaustausches und der Kontaktpflege.

Im Gegensatz zur Entwicklung in den USA bleiben aber die europäischen Vereinigungen selbständig und organisieren sich in einem Dachverband, der zentrale Aufgaben nur da übernimmt, wo gleich gerichtete Interessen der Mitglieder erkennbar Vertretung wünschen oder wo ein nationaler Verband alleine geringere Akzeptanz ge-

6 Lt. Satzung.

nießt als alle zusammen. Das gilt vor allem für die Interessenvertretung bei den Organen der Europäischen Union, z. B. in Fragen der Regulierung, Qualifikationsanforderungen, Ethik oder Rechnungslegung.

Mit Respekt für die unterschiedlichen europäischen Kulturen und des Subsidiaritätsprinzips setzt EFFAS Standards für Investment Professionals auf den Feldern Kommunikation, Qualifikation und Integrität. EFFAS als Plattform schafft für die nationalen Verbände Synergien, indem verhindert werden soll, dass gleiche Ideen und Aktivitäten parallel in jedem Verband für sich entwickelt werden. Als gutes Beispiel dafür, dass das Rad nicht von jedem EFFAS Verband neu erfunden werden muss, steht eine Gemeinschaftsgründung in der Schweiz, die ILPIP (International Learning Platform for Investment Professionals). ILPIP produziert, angestoßen vom Schweizer Verband und aus Mitgliedsbeiträgen finanziert, Lernmaterialien zur Vorbereitung auf die Abschlussexamen für den CIIA®.

Nicht mehr jeder Verband setzt seine Finanzmittel ein, um Lernmaterialien ausschließlich für seinen Zweck zu produzieren. Es setzte sich die Erkenntnis durch, dass das gemeinsam propagierte CIIA® – Examen auch gemeinsam produzierte Lernmittel möglich macht, ja sogar danach ruft. Die Aggregation der Ausgaben mehrer Verbände in Lernmittel für das gleiche Examen, führt zu einer Stärkung der Finanzkraft aller. Darüber hinaus wird durch den Austausch von Erfahrungen und Einsichten der Beteiligten das Produkt selbst einem permanenten Prozess der Qualitätskontrolle und -Verbesserung unterzogen. ILPIP Manuals sind ein erstes positives Beispiel auf dem Weg zu mehr Gemeinsamkeit unter europäischen Berufsverbänden. ILPIP Mitglieder sind inzwischen auch außereuropäische Verbände, die den CIIA® anbieten. Die Vorzüge des Konzepts überzeugen.

Leider ist eine so intensive Kooperation eher selten. Oftmals wegen Informationsdefiziten aber auch aufgrund von Einzelinteressen, die selbst dann überwiegen, wenn der partielle Verzicht auf nationale Selbstbestimmung am Ende zu einer Stärkung der Position des nationalen Verbandes und des Dachverbandes führen würde.

Im Zeitalter supranationaler Unternehmen haben die Analystenverbände in Europa noch nicht verinnerlicht, dass die Abgabe von Funktionen und Aufgaben an ein europaweites, gemeinschaftliches Management alle stärken würde. Das gilt sowohl für eine breitere und damit verbesserte finanzielle Schlagkraft nach ILPIP Muster, die Basis für neue Aktivitäten sein könnte, als auch das Stimmgewicht der europäischen Kapitalmarktexperten in der Öffentlichkeit.

Bei der Ausbildung wurde mit dem CIIA® zwar ein gemeinsamer Weg beschritten, Kompetenzen an ACIIA® abgegeben, allerdings eher halbherzig. Die Beibehaltung des CEFA® als Vorstufe zum CIIA® dient vordergründig dem Einkommen von EFFAS über Lizenzeinnahmen und der Freiheit der nationalen Verbände, Examensqualität und Examensführung in Eigenregie zu betreiben. In Wirklichkeit schwächt es die Wettbewerbsposition aller gegenüber dem CFA®, der mit einer einheitlichen Marke auftritt.

Eine nachhaltige Stärkung der EFFAS würde voraussetzten, dass sich die nationalen Verbände endlich als europäische Vertreter in ihren Heimatmärkten verstehen und Teile ihrer Kompetenzen an ein Zentralorgan abgeben. Die Organisation der EU könnte dabei in vielerlei Hinsicht Pate stehen. Erst dann würde EFFAS zusätzliche finanzielle Mittel benötigen. Sichtung, Bewertung und Kommunikation aller marktrelevanten Vorgänge aus Legislative, Regulierung und Rechnungslegung ist personalintensiv und kostet Geld. Die derzeitige Plattformstruktur erlaubt hingegen die Beibehaltung einer schlanken Organisation. Ein Paradigmenwechsel ist nicht in Sicht. Auch wenn EFFAS aus dem europäischen Kulturverständnis heraus kein zentral geleiteter Verband nach dem Vorbild von CFA Institute werden wird, Veränderungen in Richtung zu mehr Verantwortung und Kompetenz für EFFAS sind angesagt – Kleinstaaterei war vorgestern.

ACIIA®

Die Vernetzung der globalen Kapitalmärkte begünstigt standardisierte, global anerkannte Qualifikationsnachweise der Berufsangehörigen. Der 1992 von EFFAS aus der Taufe gehobene zertifizierte Ausbildungsgang mit dem gemeinsam anerkannten Diplom CEFA® (Certified European Financial Analyst) beschränkte sich regional auf Europa, weshalb der CEFA® in 2000 vom CIIA® (Certified International Investment Analyst), einem Titel mit globalem Anspruch abgelöst wurde. Die legale Einheit hinter dem CIIA® ist die Association of Certified International Investment Analysts (ACIIA®), die von Partnern in Asien, Lateinamerika und Europa gegründet wurde und auf deren langjährigen Erfahrungen mit Ausbildung und Qualifizierung von Investment Professionals aufbaut. Die DVFA ist Gründungsmitglied.

Wie der US-amerikanische CFA® vermittelt der CIIA® Wissen, das weltweit als notwendige Voraussetzung für eine qualifizierte Berufsausübung anzusehen ist und fragt dieses Wissen in zentralen Examen ab. Der CIIA® bietet darüber hinaus:

- einen zusätzlichen, auf jedes Mitgliedsland zugeschnittenen lokalen Lerninhalt;
- die Möglichkeit das Examen in 11 verschiedenen Sprachen zu absolvieren;
- von zahlreichen Mitgliedern eingereichte Examensfragen sichern die globale Vielfalt relevanter Themen;
- eine schnelle Bewältigung der Doppelbelastung der Kandidaten von Beruf und Lernen: die DVFA-Kandidaten können den CIIA® in 7 Monaten absolviert haben.
- Die britische Regulierungsbehörde FSA erkennt den Abschluss an.

Der Nachprüfbarkeit der Integrität der CIIA® Absolventen durch andere Marktteilnehmer, über den Nachweis der Qualifikation hinaus, dienen die "Principles of Ethical Conduct" und die geforderte Mitgliedschaft der Absolventen in einem lokalen Mitgliedsverband der ACIIA®.

Bis Ende 2009 hat die DVFA rund 650 CIIA®-Absolventen ausgebildet. Seit 2000 haben weltweit 4960 Kandidaten aus 29 Mitgliedsländern den CIIA® erworben.

ICIA

Der International Council of Investment Associations ist ein 1974 gegründeter, loser Zusammenschluss der Dachorganisationen aus Asien, den Amerikas, Europa und Südafrika. Ziel ist es Rahmenbedingungen für gemeinsam zu lösende Fragestellungen zu diskutieren und zu entwickeln. Einen wichtigen Beitrag hatte ICIA mit der Veröffentlichung des „International Code of Ethics and Standards of Professional Conduct" im Jahr 1998 geleistet: Harmonisierte Standards sollen die Kredibilität der Investment

Professionals weltweit verbessern helfen und als Richtlinien für detaillierte Umsetzungen in die Verhaltenskodices der nationalen Vereinigungen dienen. Auf Implementierungs- und Durchsetzungskriterien verzichtete man bewusst, um den Empfehlungscharakter der Standards nicht zu gefährden. Die Ethikgrundsätze für CIIA®-Absolventen orientieren sich am ICIA-Papier ebenso wie der von der DVFA formulierte Verhaltenskodex.

Danach fehlte ICIA leider ein gemeinsames Thema oder man konnte sich auf keines der vielen bei Gründung vorgezeichneten einigen. Das strukturelle Ungleichgewicht – auf einer Seite dezentral organisierte Dachorganisationen mit teilweise zeitaufwändiger Willensbildung, auf der anderen Seite ein zentral geführtes Unternehmen, dem CFA Institute – brach im Laufe der Jahre immer mehr auf. Als Konsequenz kündigte das CFA Institute 2009 die Mitarbeit in ICIA auf. Die verbleibenden Verbände, unter Federführung von ASIF (asiatischer Dachverband) und EFFAS, suchen ein gemeinsames Thema, da der globale Dialog an sich schon wertvoll ist und nicht abreißen sollte. Als gemeinsame Aufgabe bietet sich die Definition eines Rahmes für einen weltweit vergleichbaren und prognostizierbaren Gewinnbegriff an. Ein Standard, der bei zunehmender Konvergenz von IFRS und US-GAAP mehr Transparenz bei der Aktienbewertung schaffen und der nur supranational gelöst werden kann.

12 Was bleibt zu tun?

Begeisterung wecken fürs Ehrenamt …

Die vorstehend beschriebenen Aktivitäten des Verbandes zu Integrität der Marktteilnehmer wird künftig ebenso Aufgabe bleiben wie die Anpassung von Qualifikation an veränderte Rahmenbedingungen.

Definitionen professioneller Methoden die Standards setzen können, bedürfen des Engagements der Mitglieder. Dafür zu begeistern und erfolgreiche Überzeugungsarbeit zu leisten, kann sich künftig als deutlich schwieriger herausstellen als in der Vergangenheit. Bereits in den letzten Jahren war festzustellen, dass der hohe Wettbewerbsdruck im täglichen Berufsleben zusätzliche ehrenamtliche Betätigungen eher verhindert. Das liegt in der Mehrzahl der Fälle nicht am mangelnden Wollen der potenziell Mitarbeitenden, sondern an der verfügbaren Zeit. Die höhere Hemmschwelle für ein zusätzliches Ehrenamt ruft mehr denn je nach persönlichem Nutzen.

Es wird daher eine wichtige Aufgabe der Zukunft sein, attraktive Themen zur rechten Zeit zu finden. Begeisterung wecken können dabei zeitlich begrenzte Projekte, die ein praktikables Ergebnis erwarten lassen. Wahrscheinlich wird der Verband vermehrt bezahlte Kräfte einsetzen müssen, die zeitintensive Vor- und Nacharbeiten aufbereiten und so die ehrenamtliche Tätigkeit auf das wesentliche, den professionellen Input begrenzen.

… und / oder bezahlen

Meinungsbildend sollte der Verband im legislativen und regulatorischen Umfeld Deutschlands und Europas tätig sein. Dazu wird juristischer Beistand unverzichtbar sein, weshalb in der DVFA GmbH auch entsprechende Voraussetzungen geschaffen wurden.

Die Praktikabilität von Rechnungslegungsstandards aus Sicht externer Anwender ist für die tägliche Arbeit der Mitglieder der DFVA von grundlegender Bedeutung. Daher ist die Mitwirkung von Analysten bei den Standardsetzern ausgesprochen wichtig, auch wenn sie zeitintensiv ist und Rechnungslegung nur einen Bruchteil der Aufgaben von Kapitalmarktexperten abbildet. Die DVFA-Repräsentanten beim DRSC und bei EFRAG werden dies bestätigen. Auch auf diesem Betätigungsfeld wird der Verband andere Wege als bisher gehen und wahrscheinlich bezahlte Lösungen suchen müssen, da ein berufsbegleitendes Ehrenamt die beruflichen Anforderungen überdehnt.

Vereinsleben und Mitgliederservice weiterentwickeln …

Auch wenn anfänglich die Schaffung eines kompetitiven Umfeldes für die Berufsangehörigen am Finanzplatz als überragende Aufgabe des Verbandes genannt ist, bleibt dieses öffentliche Gut regelmäßig wenig greifbar für das einzelne Mitglied. Es gilt die Vorteile einer Mitgliedschaft sichtbar zu machen, Nutzen für die tägliche Arbeit zu generieren. Das Format „DVFA-Club", das sich aktuellen Themen des Kapitalmarktes widmet, sich aber vor allem auch als „Networking-Veranstaltung" versteht, muss ausgebaut werden.

Daneben soll der Verband für die Mitglieder, die nicht in Frankfurt sitzen, durch verstärkte Bemühungen um gemeinsame Veranstaltungen erfahrbar werden. Die früher gepflegten Regionalkreise geben die Vorlage, ihre Einstellung allerdings auch den Hinweis, dass ein solches Format der Unterstützung und Teilnahmebereitschaft der dort ansässigen Mitglieder bedarf. Ein für die Mitglieder heutzutage akzeptables Angebot muss wahrscheinlich weniger eigenes Engagement nachfragen als früher und wie beim „DVFA-Club" sich aktuellen Themen des Kapitalmarktes widmen.

Insbesondere die Möglichkeit sich gemeinsam mit anderen fachlich relevanten Themen zu widmen, bleibt ein wesentliches Betätigungsfeld für Mitglieder. Dazu kann die DVFA den organisatorischen Rahmen stellen. Angesichts der bereits genannten beruflichen Belastung sind Themenauswahl, Definition des angestrebten Ergebnisses und zeitliche Begrenzung der Aufgabe wichtiger als früher bei der Entscheidung zur Mitarbeit.

Insbesondere sollten wir uns als Investment Professionals vermehrt als Vertreter des europäischen Berufsstandes in Deutschland begreifen, denn als Vertreter des deutschen Berufsstandes in Europa. Konkret heißt dies, dass, wenn immer es geht die Mitarbeit von Mitgliedern anderer europäischer Verbände gesucht wird. Die technischen Möglichkeiten, dies Reisezeit sparend über Internet Foren zu organisieren, sind entwickelt. Dann würde das Gewicht der Arbeitsergebnisse und die Chance Standards zu setzen höher, und damit auch die Attraktivität einer Mitarbeit für Mitglieder.

… ebenso wie die junge Alumni-Organisation

Mit dem 2009 gegründeten Alumni-Netzwerk für CIIA® und CEFA® Absolventen setzt sich der Gedanke durch, dass neben der fachlichen Qualifikation auch das soziale Netzwerk wichtig für den beruflichen Erfolg ist. Diesem Gedanken folgend stehen bei Alumni neben dem fachlichen Austausch vor allem die sozialen Kontakte im Vordergrund. Die sich selbst verwaltende Organisation, die überwiegend Absolventen, das heißt junge DVFA-Mitglieder, anspricht, bietet neben dem vielseitigen Netzwerk ein

Angebot an Veranstaltungen, interessanten Vorträgen sowie ansprechenden Anschlussaktivitäten.

Mehr grenzüberschreitende Kooperationen

Abgabe von Funktionen und Aufgaben an ein europaweites, gemeinschaftliches Management zur besseren Repräsentation aller europäischen Verbände in Brüssel sowie der Stärkung deren Reputation im Markt. Prüfung von bilateralen Gemeinschaftsprojekten mit Schwesterverbänden

Kontinuierliche Weiterbildung

Die einmal erreichte Qualifizierung von Berufsangehörigen bedarf einer regelmäßigen Auffrischung, um sich Fortentwicklungen von Kapitalmarktinstrumenten und neuen kapitalmarkttheoretischen Ansätzen anzupassen. Im Sinne eines nachvollziehbaren Anlegerschutzes sollte dies nach außen dokumentierbar sein, das heißt, eine lediglich private Weiterbildung ist nicht ausreichend, um Vertrauen bei den Kunden herzustellen.

Offizielle Anerkennung der Berufsdiplome

Was in einigen Ländern, in denen Partnerverbände der DVFA tätig sind, bereits Realität ist, möchte der Verband auch in Deutschland durchsetzen: die Anerkennung der Berufsdiplome durch die Aufsichtsbehörden, um eine standardisierte berufliche Mindestqualifikation zu garantieren und den Nachweis für die Berufsangehörigen zu erleichtern. Die Ausbildungen werden sowohl regionale als auch globale Inhalte umfassen müssen. Der von der DVFA angebotene CIIA® ist das zur Zeit einzige Berufsdiplom weltweit, das diese Anforderungen erfüllt

Europäischer Pass für Berufsangehörige

Während Qualifikationsnachweise von der britischen Regulierungsbehörde FSA gefordert werden – wie auch von anderen angelsächsisch geprägten Regulierern weltweit –, sind sie an den meisten kontinentalen Marktplätzen kein Thema. Auch die EU-Direktiven verlangen keine entsprechende Qualifikation, um als Investment Professional tätig zu werden.

Gemeinsam mit ihren Partnerverbänden in Europa fordert die DVFA daher die Einführung eines europäischen Passes für Investment Professionals, um von Beginn an kompatible Standards für die berufliche Qualifikation und die Integrität innerhalb der EU zu etablieren.

Mit einem europäischen Pass könnte gewährleistet werden, dass unterschiedliche nationale Regelungen nicht erneut zu bürokratischen und wirtschaftlichen Hürden für grenzüberschreitende Wertpapierberatung führen.

Die Harmonisierung der Rahmenbedingungen für die Berufsausübung in Europa würde zudem die Verhandlungsposition der EU Kommission stärken bei Bemühungen um eine Konvergenz der Rahmenbedingungen in allen entwickelten Märkten der Welt, auch in den USA.

Berufshaftpflicht-Versicherung

Seit Einführung der EU-Marktmissbrauchsrichtlinie stiegen die persönlichen Rechtsrisiken bei Verletzungen beruflicher Pflichten im Kapitalmarktgeschäft erheblich. Wissens- und Ausbildungsdefizite, Verstöße gegen gesetzliche Vorschriften sowie das Erbringen von Wertpapieranalysen ohne Sachkenntnis, Sorgfalt und Gewissenhaftigkeit begründen hohe Haftungsrisiken.

Die Beachtung und Befolgung professioneller Mindeststandards muss daher integraler Bestandteil der Berufsausübung und des Risikomanagements sein – nicht nur für Wertpapierunternehmen oder Arbeitgeber, sondern auch für den einzelnen Berufsangehörigen.

Um solche Haftungsrisiken zu begrenzen oder im Haftungsfall finanziell abzusichern, setzt sich die DVFA für die Etablierung einer Berufshaftpflichtversicherung in Europa ein. Voraussetzung dafür ist allerdings die Skalierbarkeit der Risiken durch die Versicherer. Dazu bedarf es eines Berufsbildes mit fixen Anforderungen zu Qualifikation und Integrität.

Es gibt noch viel zu tun

Ein Verein wie die DVFA lebt vom Engagement seiner Mitglieder. Der Vorstand, die Kommissionsvorsitzenden und initiative, einzelne Mitglieder können Anstöße geben und Ziele formulieren.

In den vergangenen 50 Jahren haben sich Mitglieder der DVFA mit Herzblut eingebracht, daran mitzuwirken, eine zunächst kaum vorhandene Wertpapierkultur zu pflegen und großzuziehen. Über lange Zeit eine wahre Pionieraufgabe, die Idealismus, Standfestigkeit und Geduld abverlangte – was auch heute noch gefragt ist. Der Verein für Finanzanalysten hat sich erweitert zum Verband der Investment Professionals. Zahlreiche Entwicklungen wurden angestoßen und befördert, die Rahmenbedingungen am Finanzplatz schaffen, angemessen der Bedeutung der Kapitalmärkte für die deutsche Volkswirtschaft. Sicher eine Erfolgsstory für einen Verein persönlicher Mitglieder, an der viele Einzelne mitwirkten.

Die Betätigungsfelder der DVFA sind mit dem Erreichten aber nicht erschöpft. Neue Instrumente am Kapitalmarkt, die Entwicklung wissenschaftlicher Methoden, Gesetzgeber und Regulierung und vor allem die Prioritäten, die ein sich wandelnder Zeitgeist setzt, werden immer die Zielkoordinaten eines Berufsverbandes bestimmen. Die bisherige Aufzählung dessen, was zu tun bleibt, ist daher wie ein Tageskurs an der Börse schon jetzt historisch. Aber auch historische Kurse haben Orientierungswert.

Das Fazit „Es gibt noch viel zu tun" mag wie eine Flucht vor konkreter Festlegung klingen, es sagt aber dreierlei:

- Die Erfolge der letzen 50 Jahre sind der DVFA kein Ruhekissen.
- Die DVFA als Berufsverband muss flexibel und unabhängig die Belange ihrer Mitglieder vertreten.
- Ohne das Engagement der Mitglieder geht das nicht – die DVFA lebt davon.

Konstruktives Miteinander von Journalisten und Analysten – Anleger und Unternehmen sollten davon profitieren

von Bruno Hidding

1 Vorwort

Finanzanalyse ist in Deutschland noch eine relativ junge Disziplin. Eigentlich begann es erst ab den frühen 60er Jahren. Startdatum für eine planvolle, organisierte Weiterentwicklung war die Gründung der berufsständischen Vereinigung der Finanzanalysten, der Deutschen Vereinigung für Finanzanalyse und Anlageberatung (DVFA) im Jahr 1960. Bereits 1964 startete die Vereinigung ihre Publikationsreihe „Beiträge zur Aktienanalyse", und bereits 1968 organisierte die DVFA – heute „Deutsche Vereinigung für Finanzanalyse und Asset Management e.V. – dann im Rahmen der Europäischen Analysten-Vereinigung EFFAS den ersten deutschen Analysten-Kongress in Wiesbaden. Bei diesem hatte ich das Vergnügen, als Jungredakteur und Berichterstatter der Zeitschrift „Wertpapier" vertreten zu sein. Auf Grund der gewonnenen Eindrücke kam ich zu dem Entschluss, dort Mitglied zu werden und mich an der weiteren Entwicklung der Finanzanalyse aktiv zu beteiligen. Einige Zahlen vorab: 1985 hatte die DVFA gut 200 Mitglieder, im Jahre 2000 waren es über 1100 Mitglieder, heute sind es ca. 1200 Mitglieder.

Am Anfang war der *Journalist*, in dem hier gemeinten Kontext speziell der *Börsenjournalist*. Lange hatte er das Feld der Informationsaufbereitung, Einordnung, Selektion und Weitergabe an die „Financial Community" im Wesentlichen für sich. Mit der zunehmenden Bedeutung von Wirtschaft, Börse und Kapitalmarkt, sowohl für die Unternehmensfinanzierung als auch im Rahmen der Geldanlage, kam – mit einer gewissen Verzögerung wieder zu den angelsächsischen Ländern von sicher zehn Jahren – der Finanzanalyst hinzu. Das ging nicht von heute auf morgen, vielmehr war dies ein langsamer, langwieriger und manchmal nicht von Friktionen freier Prozess; auch im Verhältnis von *Journalist* zu *Analyst*.

2 Erste wissenschaftliche Arbeiten in den 60ern

Die sechziger Jahre waren auch die Zeit, in der erste wissenschaftliche Arbeiten an deutschen Universitäten zu diesem Themenkreis geschrieben wurden. Unvergessen die ersten guten und umfassenderen Literaturbeiträge zu diesem Thema, zum Beispiel von Dr. Hans E. Büschgen, damals Assistent am Bankseminar der Universität Köln mit dem Thema „Aktienanalyse und Aktienbewertung nach der Ertragskraft" (Gabler Verlag, Wiesbaden 1962) und auch das allgemein verständliche Buch von Helmut Schlembach mit dem Titel „Die Bewertung von Aktien", Verlag Moderne Industrie. An dieser Stelle sei erwähnt, dass der Autor dieses Beitrages durch sein Studium in Köln und seine Diplomarbeit im Bankseminar von Professor Rittershausen (später Professor Büschgen) schon frühzeitig mit diesem finanzanalytischen Gedankengut in Berührung kam.

Am Rande sei angemerkt, dass eine Reihe deutscher Privatbanken überwiegend aus Kostengründen keine eigene Analyseabteilung aufbauen wollten, zumal der Nutzen einer solchen Aktivität damals noch als fraglich angesehen wurde. Deshalb gründeten sie gemeinschaftlich ein Institut für Investmentdokumentation, angesiedelt beim Hoppenstedt Verlag in Darmstadt. Dieses bestand lange Jahre; die Arbeiten dieses Instituts dienten den angeschlossenen Häusern als Basis-Research, auf dem sie dann ihre weiteren Arbeiten aufbauten.

3 Analyst als Gesprächspartner des Journalisten

Mehr und mehr wurde der Finanzanalyst in den Folgejahren auch ein Gesprächspartner für den Journalisten. Das finanzanalytische Gedankengut kam dabei vorwiegend aus der angelsächsischen Welt, deutsche Literatur war für die spezifischen Fachthemen nicht verfügbar. Wer damals, wie der Autor dieser Zeilen, z.B. eine Diplomarbeit über ein finanzanalytisches Thema schrieb, der hatte schon seine Probleme.

Dabei ging es nicht um die Probleme, die jeder mit seiner Diplomarbeit hat, bevor er weiß, wo es langgeht, sondern darum, dass er damals im Grunde ein Exot war, der keinerlei Hilfen und Ansprechpartner fand, weder in Bibliotheken noch bei Assistenten und Professoren. Einschlägige Fachliteratur gab es an den deutschen Hochschulen nicht, weder in deutscher noch in englischer Sprache. Lediglich einige Vorreiter der Finanzanalyse in Deutschland waren in der Lage, mit einigen amerikanischen Werken, unter anderem dem Standardwerk von Dodd/Cottle („Security Analysis", erstmals erschienen 1934), auszuhelfen, mir zum Beispiel seitens I. D. Herstatt in Köln. Das inzwischen in vielen Auflagen erschienene Standardwerk von Dodd/Cottle war dann seit 1992 bei Hoppenstedt auch in deutscher Sprache verfügbar. Übrigens ein Werk, das jedem, der es nicht nur in die Hand nimmt, sondern auch liest und studiert, immer wieder den wohltuenden Unterschied zwischen der pragmatischen, direkten und verständlichen Sprache amerikanischer Professoren und ihren deutschen Gegenparts offenbart.

4 Verständnisprobleme auf allen Seiten

Die Finanzanalyse lag also bei zunehmendem Interesse für wirtschaftliche und Kapitalmarkt-Fragen voll im Trend, wobei Trends damals noch wesentlich länger dauerten, als dies nun im virtuellen Internet-Zeitalter der Fall ist. Ein kurzes Zwischenfazit: Das finanzanalytische Gedankengut hatte es schwer, sich Bahn zu brechen. Und das nicht nur bei dem neu entstehenden Berufsstand der Finanzanalysten, sondern auch bei den Finanz- und Börsenjournalisten, die an diesem neuen Gedankengut natürlich genauso wenig vorbeikamen. Auch Professoren hatten mit dieser neuen Materie offensichtlich gelegentlich gewisse Schwierigkeiten. Der Autor erinnert sich noch an seine eigene Diplomarbeit mit dem Titel „Die Sache der Bezugsrechtabschläge. Ein Gewinn für den Aktionär oder eine Verwässerung seiner Aktie" im Bankseminar von Professor Rittershausen an der Universität zu Köln. Prof. Büschgen, damals dort Assistent, hatte als einer der Vorreiter für dieses Finanzanalyse-Gedankengut die Arbeit betreut und offensichtlich mit einer sehr guten Note vorzensiert, die dann später von Prof. Rittershausen etwas heruntergenommen wurde. Ein Tatbestand, der anlässlich einer gesellschaftlichen Abschlussveranstaltung nach dem Examen Büschgen zu der Bemerkung veranlasste: „Hidding, das hat ‚der Alte' nicht verstanden."

Grundsätzlich hatte es also der für diese Region neue finanzanalytische Denkansatz schwer, sich durchzusetzen, sich Gehör zu verschaffen und akzeptiert zu werden. Die meisten Journalisten nahmen ihn erst kaum zur Kenntnis. Die Analysten hockten in Hinterzimmern – sie waren damals wirkliche „backbencher" – und bemühten sich intensiv darum, ernst genommen und gehört zu werden. Heutzutage erscheint dies fast unglaubhaft, zumal in Diskussionen und Fernsehsendungen inzwischen immer häufiger die Frage nach der möglicherweise zu großen Macht bzw. einem zu großen Einfluss der Analysten an der Tagesordnung ist.

Aber zurück zum „Nichtgehörtwerden". Woran lag's? Waren die Anleger, waren die Journalisten, war die Finanzöffentlichkeit denn so ignorant, diese wichtigen neuen Erkenntnisse nicht zur Kenntnis zu nehmen? Sicher nicht. Die Arbeiten und Erkenntnisse der Analysten waren sicher aber auch noch nicht derart, dass sie Aufsehen erregten und die Verwertung ihrer Arbeiten umgehend und nachprüfbar sofort zu besseren Portfolioergebnissen geführt hätte. Das hatte verschiedene Ursachen. Altgediente Analysten verweisen darauf, dass damals, anders als in den angelsächsischen Häusern, deutsche Institutionen bei weitem nicht bereit waren, umfangreiche Mittel für den Aufbau solcher Finanzanalyseabteilungen zur Verfügung zu stellen. Der Nutzen einer qualifizierten Finanzanalyse wurde auch in Bezug auf die Portfolioergebnisse hierzulande also wesentlich später erkannt als z. B. in den USA und Großbritannien. Kein Wunder, denn erst musste die Qualität noch wachsen. Wobei allerdings auch erwähnt werden muss, dass die Publizität deutscher Unternehmen im internationalen Vergleich hinterherhinkte.

5 Die Suche nach dem einarmigen Analysten

Ferner waren die Gremien, die hierzulande über die Anlagepolitik entschieden, den Umgang mit den Ergebnissen der Finanzanalyse nicht gewohnt. Auch waren Publikationen über die Arbeit der Analysten noch dürftig, was sicher an einer gewissen Scheu der Analysten lag, wirklich klare Aussagen zu tätigen, also nicht nach dem abwägenden Strickmuster „einerseits und andererseits", englisch „on the one hand, on the other hand". Was zuvor schon in dem Analyse-Vorreiterland USA zu dem Analystenwitz geführt hatte, dass ein großes Finanzhaus einen einarmigen Analysten gesucht habe.

Andererseits fehlte diesem neuen finanzanalytischen Gedankengut möglicherweise die Multiplikation dieser Aussagen, da auch Journalisten in der Mehrzahl noch nicht so weit waren, hier nützliche weitere und neue Erkenntnisse für die eigene Leserschaft zu erkennen, entsprechend aufzubereiten und zu vermitteln. Nicht vergessen werden darf, was Journalisten ja immer wieder beklagt hatten, dass damals die Publizität der Unternehmen noch wesentlich dürftiger war als heute und von den Bewertungsvarianten nach Handelsrecht je nach Situation von den Unternehmen kräftig Gebrauch gemacht wurde. Das galt natürlich ganz besonders bis zum Platzgreifen des neuen Aktienrechts 1965, bis dahin galt schließlich noch das Aktienrecht aus dem Jahre 1937. Und auch dann war es noch ein langsamer und mühsamer Weg für Analysten und Journalisten, zu besseren Erkenntnissen zu gelangen und die Unternehmen im Wettbewerb um Kapital gemeinschaftlich zu einer besseren Publizität zu veranlassen.

6 Going-Public-Welle erst ab 1982/1983

In diesem Zusammenhang eine kleine Arabeske am Rande. Meine erste Hauptversammlung besuchte ich als stolzer Inhaber einer Aktie 1960 oder 1961 bei der Accumulatoren-Fabrik Aktiengesellschaft in Hagen, Vorläufer der Varta AG, also einem Unternehmen der Quandt-Gruppe. Da von 1958 bis 1960 die Aktienkurse das

Nachkriegswirtschaftswunder in einer bemerkenswerten Aufwärtsentwicklung honoriert hatten und Accu Hagen damals über eine erstaunlich hohe Wertpapierposition verfügte, wollte der junge Banklehrling von dem Sitzungsleiter, einem Vertreter der Familie Quandt, wissen, wie viele Aktien denn bitte in diesem Wertpapierbestand enthalten seien. Hintergrund war natürlich, hier möglicherweise hohe stille Reserven ausfindig zu machen, die sich irgendwann positiv auf den Kurs von Accu Hagen hätten auswirken können. Die Antwort vom Podium war: „Junger Mann, wie viele Aktien vertreten Sie denn?" Damit war – nach der Antwort „eine Aktie" und breitem Gelächter der ganzen Versammlung – die Frage erledigt; der junge Aktionärseleve trat mit hochrotem Kopf die Heimreise an (per Fahrrad); doch hatte er sich damals schon geschworen, es dabei nicht bewenden zu lassen.

Die Finanzanalyse und die Finanzanalysten hatten es also mit ihrem Vordringen – eigentlich ähnlich der Situation beim progressiven Börsenjournalisten – hierzulande nicht einfach. Das ist sicher verständlich, zumal es eben um Wissensvermittlung, also um Lernprozesse, geht; und das dauert erfahrungsgemäß immer etwas länger, vor allem wenn dabei die gesamte Financial Community betroffen ist. Natürlich gab es in diesem Prozess hier und da Anfeindungen und Konkurrenzdenken zwischen diesen Berufsständen. Wirkliche Probleme hat es jedoch meines Erachtens bei den Börsen- und Kapitalmarktjournalisten am wenigsten gegeben. Allerdings muss auch konstatiert werden, dass es diese Spezies damals in Reinkultur nicht gerade in großer Zahl gab. Denn es genügt ein Blick auf einschlägige Statistiken, sei es in der Vermögensbildung oder bei den Börsenumsätzen, um zu zeigen, dass eben Börse und Kapitalmarkt damals, in den 60er und auch noch in den 70er Jahren, keine großen Themen waren. Die Statistik der Kapitalerhöhungen ist bescheiden, und die Going-Public-Welle („Wella-Welle") startete erst 1982/1983.

7 Gewinn je Aktie als Schlüsselgröße

Insofern verlief die Entwicklung, wenn man so will, eigentlich parallel; der Analyst trieb die Entwicklungen voran, entwickelte neue Erkenntnisse mit Kennziffern- und Kennzahlen-Modellen und Vergleichen und kam immer mehr zu konkreten Wertungen. Börsenjournalisten waren um das Nachempfinden dieser neuen Erkenntnisse bemüht, der eine mehr, der andere weniger. Ich selbst, vorbelastet durch die Diplomarbeit mit finanzanalytischem Ansatz, hatte mit großem Interesse all diese Entwicklungen verfolgt und aufgenommen und hier und da auch in – manchen Journalistenkollegen sicher gelegentlich zu detaillierte – Fragestellungen umgesetzt.

Ich entsinne mich einiger etwas ungehaltener Anmerkungen von Kollegen, wenn ich als Redakteur der Zeitschrift „Wertpapier" in der zweiten Hälfte der 60er Jahre bei dem einen oder anderen Unternehmen, das anfing, einen Gewinn pro Aktie zu nennen, nachbohrte, wie dieser denn bitte schön errechnet worden sei. Denn schließlich wurden damals fröhlich Äpfel und Birnen in einen Topf geworfen, das heißt„ die Gewinne je Aktie nicht nur bei den verschiedenen Unternehmen äußerst unterschiedlich berechnet, sondern auch bei den einzelnen Unternehmen von Jahr zu Jahr nach eigenem Gusto immer auf unterschiedliche Art zurechtgezimmert. Ein Tatbestand, den man auch heute sicher noch nicht ganz wegschieben kann, doch sind die Publizitätsanforderungen heute wesentlich schärfer. Hier sei daran erinnert, dass damals die

Finanzanalysten den Gewinn je Aktie teilweise über eine Rückrechnung der Ertragsteuerposition in der Gewinn- und Verlustrechnung ableiteten, was dann regelmäßig zu den Fragestellungen führte, ob die Steuerposition periodenecht sei usw. Hier hielt also sukzessive finanzanalytisches Gedankengut Eingang in die Denke der Finanzjournalisten.

8 Gewinnschätzungen über Rückrechnung der Steuerposition als Hilfsmittel

Wie heißt es damals dazu in einer Untersuchung der Zeitschrift Capital über die 100 größten Unternehmen und ihre Gewinne in der Ausgabe vom September 1964:

„Es ist natürlich problematisch, extern den echten Gewinn zu ermitteln. Aber die Banken haben Formeln entwickelt, die seit etwa drei Jahren vor allem in ihren Analyseabteilungen immer beliebter werden. Zwar entsprechen auch die aus den Steuerpositionen errechneten Gewinne nicht auf Heller und Pfennig den wirklich erwirtschafteten (darum spricht man ja auch von geschätzten Gewinnen). Aber der Fehler dürfte im allgemeinen nicht größer als 5 % sein. Wenn man bedenkt, dass der geschätzte Gewinn oft um mehr als 40 % über dem ausgewiesenen Gewinn liegt, ist der mögliche Schätzfehler das kleinere Übel. Berücksichtigt man alle Einwände gegen die Steuerformel, dann bleibt doch das Ergebnis: Bei etwa zwei Drittel der Firmen in unserer Rangliste können die Gewinne mit der Formel geschätzt werden. Damit hat der Anleger ein sehr wichtiges Hilfsmittel, um die Ertragskraft der wichtigsten bundesdeutschen Gesellschaften zu beurteilen. Das ist das entscheidende Argument. Außerdem wird mit diesen geschätzten Gewinnen der internationale Vergleich richtiger." Das war mein Fazit damals, als ich als bankmäßig vorbelastete Hilfskraft bei der Zeitschrift Capital in Zusammenarbeit mit den Analysten vom Bankhaus I.D. Herstatt diese Gewinnschätzungen vorgenommen und mit deren Kommentierung dann meine ersten finanzjournalistischen Gehversuche gemacht hatte. Rückblickend bin ich allerdings nicht mehr so sicher, ob meine damaligen Schätzfehler wirklich immer weniger als 5 % neben dem echten Gewinn lagen, wenn man diesen überhaupt definieren und greifen kann.

Zum „richtigen Gewinn" beziehungsweise zum nicht nur damals viel diskutierten Gewinn je Aktie noch ein Hinweis auf ein Diskussionsforum in der Zeitschrift Wertpapier im Jahre 1966 aus Anlass des neuen Aktienrechtes von 1965. Hieran beteiligten sich mit eigenen Beiträgen die Vorstandsvorsitzenden von Daimler Benz (Joachim Zahn), Veba (Heinz P. Kemper) und VW (Friedrich Thomée) sowie Professor Hans Egon Büschgen. Fazit: „Die Industrie will den Gewinn je Aktie als nach dem neuen Aktienrecht ermittelten Jahresüberschuss verstanden wissen, der zusammen mit einigen zusätzlichen Erläuterungen Aktionäre, Anlageberater und Wertpapieranalytiker ausreichend über den tatsächlichen Gewinn informieren soll. Wenn auch die praktischen Erfahrungen mit den neuen Bilanzierungsvorschriften noch fehlen, so ist jedoch schon jetzt erkennbar, dass dieser Jahresüberschuss häufig kein richtiges Bild über die Ertragskraft der Gesellschaft vermittelt". Ein wirklicher Durchbruch in Sachen Gewinnpublizität wurde hier also nicht erzielt.

9 Schwerpunkt Aus- und Weiterbildung

Auch die damaligen Diskussionen mit ausländischen Journalisten-Kollegen oder auch Analysten sind nicht vergessen, die immer wieder fragten, weshalb denn in Deutschland Gewinne geschätzt werden müssten und nicht in den Ertragsrechnungen der Unternehmen stünden. Erscheinungen, die sich später, unter anderem durch den Übergang auf IAS und GAAP, weitgehend erledigten. Heute ist die Situation derart, dass der eine den anderen benötigt, also der Journalist den Analysten und umgekehrt. Die Finanzanalyse ist hierzulande inzwischen etabliert, anerkannt und, sicher ausschlaggebend, auch wesentlich besser geworden. Das war auch notwendig, denn ohne Qualität wäre eine derartige Akzeptanz finanzanalytischer Denkschemata kaum zu erreichen gewesen. Deshalb ist es ganz sicher richtig und wichtig, dass eine der Hauptaktivitäten der DVFA heute auf dem Gebiet der Ausbildung liegt. Wie schrieb der DVFA-Vorsitzende Fritz H. Rau dazu im DVFA Newsletter vom Dezember 2009: „Die DVFA steht für qualitativ hochwertige Aus- und Weiterbildung, veranstaltet beachtete Kapitalmarktkonferenzen und ist ein anerkannter Standardsetter im Bereich der Finanzmarktregulierung – und dies seit 50 Jahren".

Mit der völlig anderen Rangstellung von Kapitalmarkt und Börse heutzutage hat sich damit für Journalisten und Analysten die Welt gründlich verändert. Beide Berufsstände ergänzen sich inzwischen fast zwangsläufig hervorragend, der eine kann kaum ohne den anderen auskommen. Der (gute) Analyst ist ein gesuchter Gesprächspartner des Journalisten, auch außerhalb von veröffentlichten Studien. Dabei geht es zum Beispiel um eine schnelle Beurteilung von neuen Situationen, von Vorgängen wie etwa Mannesmann/Vodafone oder VW/Suzuki. In einer globalen Welt sind die Zusammenhänge immer komplexer geworden, es bedarf also der einen und der anderen Disziplin, um zu vernünftigen Aussagen und Wertungen zu gelangen.

10 Die Aufgabenstellungen bleiben unterschiedlich

Inzwischen ist die Situation derart, dass auch der Finanz- und Börsenjournalist über immer mehr analytisches Know-how verfügt, verfügen muss, um überhaupt noch qualifiziert schreiben zu können; andererseits aber auch der Analyst gelernt hat, sich auszudrücken. Die Studien sind aussagekräftiger und lesbarer geworden. All dies täuscht nicht darüber hinweg, dass die Aufgabenstellungen unterschiedlich waren und unterschiedlich bleiben. Der Journalist ist mehr wiedergebend und beschreibend einordnend tätig, er ist breiter angelegt und letztlich nicht, wie der Analyst, auf konkrete (Anlage-)Empfehlungen ausgerichtet. Die ruft er dann beim qualifizierten Analysten ab, nicht um nicht selbst ein Urteil abzugeben, sondern um den Spezialisten zu Worte kommen zu lassen. Letzteres zwingt den Analysten, sehr tief in die Unternehmens- und Branchenproblematik einzutauchen. Schließlich muss er zu einer Meinung, zu einer Prognose, zu einem Werturteil kommen für das Verhalten des Anlegers, den er betreut. Dabei geht es aber nicht immer nur um das Primitivszenario Kaufen, Halten, Verkaufen. Eine derart klare deutliche Sprache mit eindeutigen Werturteilen und Verhaltensweisen war aber offensichtlich auch in den USA erst nach längeren Lernprozessen zustande gekommen. Denn sonst hätte dort nicht die fast bösartige Definition eines chief analyst entstehen können: „He knows 25 ways of love, but he has no girl".

Der Journalist selektiert und bereitet seine Botschaft auf, zielgruppengerecht. Das sieht dann in einer BZ wie „Börsen-Zeitung" völlig anders aus als in einer BZ wie „Bildzeitung". Aber auch dort haben, und das ist wichtig zu konstatieren, Börsenthemen ihren Eingang gefunden, weil eben Börsenthemen in breiten Kreisen der Bevölkerung inzwischen auf Interesse stoßen, nach der jüngsten Krise aber sicher auch oft auf Ablehnung. Doch macht das insgesamt gestiegene Interesse für Kapitalmarkt und Börse den ganzen, den riesigen Unterschied. Das ist die große Herausforderung und bringt den Bedeutungszuwachs für beide, Analysten und Journalisten. Die Anforderungen an beide sind durch die Komplexität nicht nur schwieriger, sondern auch wesentlich umfangreicher geworden und kaum noch zu bewältigen. Es geht um Umfang, Breite, Tiefe, Verständlichkeit, Aktualität usw., ein riesiges Aufgabengebiet.

11 Von der Ohnmacht zur Macht?

Von der Macht der Journalisten war schon häufig die Rede, von der Macht der Analysten ist erst in den letzten Jahren, zumindest hierzulande, die Rede. Doch scheinen die Begriffe in beiden Fällen etwas hoch gewählt. Von Einfluss zu reden wäre sicher sachgerechter. Beim Börsenjournalisten ist die Diskussion über seinen Einfluss schon über 100 Jahre alt, Kodexfragen spielten schon im alten Berlin im ausgehenden 19. Jahrhundert eine Rolle. Nachzulesen in der alten Berliner Börsen-Zeitung und aufgegriffen in meinem Beitrag „Der Börsenjournalist" in „Wirtschaftsjournalismus heute, Festschrift zum 60. Geburtstag von Bernd Baehring", Verlag Börsen-Zeitung, 1981. Heutzutage bedarf die Financial Community qualifizierter Informanten, Ratgeber und Partner auf diesem Gebiet. Bedürfnisse, die beiden Berufssparten zugute kommen, aber auch fordern. Dementsprechend ist eine zunehmende Qualifikation nicht nur bei den Analysten, sondern auch bei den Journalisten festzustellen. Die Analysten mögen den Vorteil haben, dass sie in einer straffen Berufsorganisation DVFA besser geführt werden und diese Berufsorganisation auch hervorragende Ausbildungsprogramme mit einem international vergleichbaren Abschluss anbietet. Der Analyst profitiert darüber hinaus von dem zunehmenden Bewusstsein im Portfoliomanagement, dass unter der Beachtung der Erkenntnisse guter Finanzanalysen die Anlageergebnisse doch deutlich verbessert werden können.

Das ist einer der vorläufigen Endpunkte auf der Entwicklungsleiter; dies führt letztlich zu der immer stärker zu beobachtenden Akzeptanz mit der Übersteigerung in Form der Frage nach der Macht. Wer vor einigen Jahren die rührige Geschäftsführerin der DVFA GmbH, Ulrike Diehl, nach dem Hauptunterschied zwischen Analyst und Journalist fragte, der bekam spontan die Antwort, dass der Analyst dem Wertpapierhandelsgesetz unterliege, der Journalist hingegen nicht. Der Analyst muss einen straffen Ehrenkodex unterschreiben, was es bei den Journalisten expressis verbis nicht gibt, was aber nicht heißt, dass ein solcher Verhaltenskodex bei den Einzelnen und den führenden Finanzpublikationen nicht vorhanden ist. Es gibt für die Analysten Standesrichtlinien, die jedes DVFA-Mitglied unterschreiben muss. Die berufsständische Vereinigung grenzt sich hier nicht gegenüber den Journalisten ab, sondern gegenüber allen, die ihre Standesrichtlinien nicht anerkannt haben. Ferner gibt es auch für die Investment Professionals Grundsätze ordnungsgemäßer Analyse und Anlageberatung. Danach sind die Mitglieder verpflichtet, bei ihren Empfehlungen eine deutliche Differenzierung vorzunehmen zwischen Fakten und Meinungen (DVFA Standesrichtlinien Ziffer 1. f) und keine Anlageempfehlung aus Eigeninteresse auszusprechen bzw. zu veröffentlichen (Ziffer. 3. c).

12 Kritisches von der Deutschen Bundesbank

Unerwartete Zweifel und Kritik an der Arbeitsweise von Analysten übte jüngst die Deutsche Bundesbank in ihrem Monatsbericht Juli 2009. Zwar zeigt dies einerseits, dass die Bundesbank die Bedeutung der Analysten für so hoch ansieht, dass sie sich intensiv mit deren Arbeiten beschäftigt. Nur fällt ihr Fazit nicht gerade positiv aus, da sie den Analysten eine gewisse Trägheit bei der Anpassung ihrer Gewinnschätzungen vorwirft, besonders wenn die Zeiten schlechter werden. Stärker noch wiegt jedoch ihr Vorwurf eines möglichen Interessenkonfliktes. Danach versuchten einige Analysten bewusst, negative Gewinnprognosen zu vermeiden, um bestehende gute Geschäftsbeziehungen zu Unternehmen nicht zu gefährden. Vehement widersprach umgehend der DVFA-Vorsitzende Rau dieser Argumentation. Sein Fazit: Die von der Bundesbank verwendete I.B.E.S-Statistik hinkt hinterher, nicht die Analysten (Details vergleiche WirtschaftsEcho Dezember 2009, Seite 19).

An dieser Stelle möchte der Börsenjournalist Hidding, der gelegentlich auf beiden Hochzeiten tanzt und seit mehr als 35 Jahren auch Mitglied der DVFA ist, anmerken, dass sich der Journalist nicht im kodex- bzw. kontrollfreien Raum bewegt. Das, was er tut, wird tagtäglich hautnah beobachtet, nachgelesen und damit kontrolliert. In jedem seriösen Blatt schreibt er sich nur einmal in die Tasche bzw. macht den Versuch hierzu, dann schreibt er nämlich nicht mehr (Zitat nach einem früheren Vorsitzenden einer Insider-Prüfungskommission). Außerdem treffen Wirtschafts- und Börsenjournalisten in der Regel keine Anlageentscheidungen und legen solche auch nicht nahe; aber sie greifen Empfehlungen von Analysen auf und berichten darüber, oft in kurzer, knapper Form. Allein das reicht vielen Juraprofessoren schon aus, um auch Börsenjournalisten unter die Bestimmungen des Kapitalmarktrechtes zu stellen, zumal ihnen die Selbstkontrolle durch den Deutschen Presserat nicht ausreicht.

13 Zunehmende Akzeptanz – zunehmende Freiräume

Daneben steht hier – ausgehend vom Kodex – die Frage nach der geistigen Unabhängigkeit beider Berufsgruppen im Raume. Ich erinnere mich eines gemeinsamen Tele-Börse-Auftritts zusammen mit dem Analysten einer Großbank Ende der 80er Jahre. Beide waren wir der Meinung, dass der Markt derzeit eher skeptisch zu beurteilen sei, die Anleger sich also noch zurückhalten sollten. Wenige Tage später hörte ich, dass der Analyst, kaum zurück in der Bank, zum Vorstandschef gerufen wurde und einen starken Rüffel für diese geschäftsschädigenden Äußerungen bekam.

Nun mag es solche Fälle auch im Journalismus gegeben haben. Für die Gilde der Finanzanalysten sollte dieser Vorfall heute aber nicht mehr typisch sein. Dieser Berufsstand hat an Bedeutung, an Reputation und damit auch an Selbstbewusstsein und auch an Freiräumen gewonnen. Außerdem ist die Ansiedlung der Analyseabteilungen in den Häusern inzwischen geändert worden, nicht zu verschweigen, dass Buy-side- und Sell-side-Analysten meist völlig getrennt geführt werden. Es gibt also gar nicht mehr eine Hausmeinung zu einer Aktie oder zur Entwicklung eines Marktes. Die Freiräume für Meinungsäußerungen nach außen sind größer geworden, allerdings in von den Häusern meist genau festgelegten Bahnen bzw. für dazu bestimmte Mitarbeiter. Eine sicher verständliche Vorkehrung. Schließlich soll gute Arbeit bewusst und qualifiziert von dem jeweiligen Fachmann nach draußen kommuniziert werden. Auch das gehört zu einem reifen Finanzplatz. Und der Journalist tut dann gut daran, wie immer bei Recherchen, für bestimmte Fragestellungen die Meinungen verschiedener Analystenteams einzuholen, womit dann auch wieder die zu starke Gewichtung einer einzelnen Analystenaussage zurückgeführt bzw. bei gegensätzlichen Meinungen eventuell sogar aufgehoben wird.

Eine Ausnahmestellung nehmen in diesem Zusammenhang sicher die Schreiber von Börsenbriefen ein. Diese sind in meinen Augen keine Journalisten, zumindest nicht mehr. Sie schreiben nicht zur optimalen Information der Leser, sondern mit Blick auf eine optimale Auflage bzw. auf eine optimale Performance in den geführten Musterdepots. Nicht jeder, der (viel) schreibt, ist damit also gleich Journalist.

Ich erinnere mich der Bitte eines Börsenbrief-Herausgebers, der mich ca. 1970, als ich mich intensiv publizistisch mit den Aktien der damals wesentlich zahlreicheren privaten Hypothekenbanken beschäftigt und darüber publiziert hatte, um eine kurze Stellungnahme zu den Aktien dieser Branche bat. Das habe ich damals als Herausforderung empfunden und umgehend eine kurze Zusammenfassung geliefert. Nur musste ich dann bei einem Nachlesen feststellen, dass aus meiner eher in Richtung Verkauf tendierenden Meinung durch Änderung einiger Argumentationsvorzeichen eine Kaufempfehlung geworden war, die sich natürlich in einem Börsenbrief immer besser ausmacht. Nur hat dies seitdem meine Mitarbeit an Börsenbriefen beendet.

14 Neuer Partner IR-Manager

Im Beziehungsgeflecht zwischen Unternehmen und Anlegern agieren inzwischen nicht mehr nur Journalisten und Analysten. Mit Blick auf möglichst gute Beziehungen zu den Adressen im organisierten Kapitalmarkt und damit auch zu den Anlegern jeglicher Couleur haben die Unternehmen inzwischen meist noch eine Investor-Relations-Stelle, einen IR-Manager ein- beziehungsweise besser zwischengeschaltet. Dieser IR-Manager fühlt sich für die gute, im Sinne von umfassend, dauerhaft und „true and fair" angelegte Information der Financial Community zuständig; beziehungsweise sollte er dies tun. Er ist damit also primär sicher mehr für den Analysten, aber auch für den Journalisten da. Doch selbst hier verwischen sich die Grenzen. Je mehr der Journalist sich auch um eine Abdeckung der Kapitalmarkt- und Börsenseite der Unternehmen bemüht, was heutzutage in jeder Finanzzeitung eine Pflichtübung darstellt, umso mehr hat er neben dem PR- auch mit dem IR-Manager der Unternehmen zu tun bzw. mit dessen Themen. Wie die Unternehmen dann diesen Dualismus lösen, ist wieder eine völlig andere Frage.

Bleibt zu summieren, dass mit steigender Bedeutung von Wirtschaft und Kapitalmarkt die Berufsbilder Finanzanalyst und Finanzjournalist gleichermaßen einen Bedeutungszuwachs erfahren. Der Journalist verliert keineswegs durch das Hinzutreten der neuen Spezies Analyst. Ganz im Gegenteil. Er erhält einen neuen Gesprächspartner, einen Interpretationshelfer für die immer diffiziler werdenden Fragen im Bereich Kapitalmarkt und Börse, Aktienbewertung und Zinsprognose, um nur einige Bereiche anzusprechen. Der Analyst wiederum findet in dem Finanzjournalisten einen Gesprächspartner und Multiplikator, um seine Botschaft an den Mann zu bringen. Je enger dabei das Zusammenspiel, umso besser wird die Transparenz und damit automatisch auch die Kontrolle hinsichtlich von möglichem „Machtmissbrauch“, auf welcher Seite auch immer.

Allerdings gibt es zu diesem Bedeutungszuwachs der Analysten auch immer wieder einmal nachdenkliche Stellungnahmen. So schrieb mir der scheidende Chefredakteur der Börsen-Zeitung, Hans K. Herdt, vor einigen Jahren zu einem Beitrag von mir über das Spannungsverhältnis von Analyst und Journalist: “Solange es bei Wechselwirkungen zwischen Journalismus und Analysten bleibt, entsteht daraus in der Tat eine fruchtbare Symbiose. Es ist aber festzustellen, dass sich immer mehr Wirtschaftsjournalisten auf das Urteil von Analysten stützen und auf diese Weise ihre Position als selbständiger, als autonomer Faktor aufgeben. Das ist bequemer, unterhöhlt aber das finanzjournalistische Selbstverständnis. Ein weites Feld.“

15 Transparenz als gemeinsame Aufgabe

Doch wäre dies dann eine Sache des Journalisten, mit welchem Abstand und wie (kritisch) er mit den Aussagen der Analysten umgeht. Inzwischen jedenfalls ist auch hierzulande das aus den USA stereotyp angemerkte „analysts say“ gang und gebe. Tagtäglich bringen die großen Finanzzeitungen schlagwortartig die Quintessenz aus neu veröffentlichten Unternehmensanalysen, oft mit durchaus gegensätzlichen Einschätzungen zu einzelnen Werten. Und im Internet kann sich jeder Anleger bei manchen Portalen die jüngsten Analystenschätzungen zu seinen Werten abrufen, oft tabellarisch aufgeteilt in Kaufen, Halten und Verkaufen. Gerade die oft unterschiedlichen Einschätzungen unterstreichen einmal mehr, dass Anleger und natürlich auch die Journalisten trotz aller von den Analysten geschaffenen Transparenz sich ihre eigene Meinung bilden und eigenständige Entscheidungen treffen müssen. Dann aber auf einem wesentlich höheren – und damit hoffentlich auf einem erfolgversprechenderen – Informations- und Transparenzniveau.

Dazu sei abschließend Mitgründer und Ehrenmitglied der DVFA, Prof. Dr. Carsten Peter Claussen, aus dem Vorwort zu einer Ausgabe der Zeitschrift Going Public zitiert:“ Die Schlagworte sind Transparenz, originäre Informationen und Kohärenz. Nicht nur in Ausnahme- oder Notfällen, sondern permanent. Was ein globales Überwachungssystem für die Gesamtwirtschaft darstellt, das ist ein Geschäftsbericht für das einzelne Unternehmen. Wie sagte einst Richter Louis Brandeis vom Supreme Court in den USA: Nothing kills bacteria better than sunlight“. Also: *Transparenz, Transparenz, Transparenz – eine Gemeinschaftsaufgabe für Analysten und Journalisten.*

Ausbildung für den Finanzmarkt

von Peter König

1 Finanzqualifikation als Investition in Humankapital

In der politischen Diskussion wird sehr häufig von der grossen Bedeutung der Bildung gesprochen. In langen Linien gedacht ist Bildung auch wichtig für eine entwickelte Gesellschaft. Für die wirtschaftliche Leistungsfähigkeit ist Bildung aber eher ein guter Nährboden, sie stellt gewissermaßen die geistige Infrastruktur dar. Die Leistungssteigerung von Menschen in der Wirtschaft erfolgt konkret über Ausbildung oder Qualifikation.

In der Finanzwirtschaft spielt die Qualifikation der Mitarbeiter eine ganz besondere Rolle. Es besteht nämlich ein wesentlicher Unterschied zwischen den Produkten der Finanzwirtschaft und denen der Realwirtschaft dergestalt, dass die Finanzwirtschaft sogenannte ‚intangible' Produkte herstellt. Zur Beurteilung der Eigenschaften solcher intangiblen Produkte sind besondere Methodenkenntnisse und analytische Fähigkeiten notwendig. Diese müssen wiederum durch Aus- und Weiterbildung – also durch Investitionen in das Humankapital der Mitarbeiter – erworben werden.

Die relativ hohe Bedeutung dieses Know-hows in der Finanzwirtschaft hat seit Anfang der neunziger Jahre des 20. Jahrhunderts auch noch stark zugenommen. Zunächst einmal erfolgte eine Verlagerung von traditionellen Finanzierungsformen hin zum Kapitalmarkt. Die Kapitalmärkte wiederum sind stark globalisiert und unterliegen aufgrund der niedrigen Transaktionskosten und der hohen Transaktionsgeschwindigkeiten einer starken Dynamik. Die dort gehandelten Instrumente sind vor allem durch den Einsatz von Derivaten stärker auf spezifische einzelne Finanzierungszwecke oder Anlageanforderungen zugeschnitten und weisen zunehmende Komplexität auf. Alle drei Entwicklungen – Orientierung an einem globalen Kapitalmarkt, hohe zeitliche Dynamik und Komplexität der Produkte - zusammen genommen stellen enorme Anforderungen an die betroffenen Unternehmen und damit auch an die Mitarbeiter in Unternehmen in- und außerhalb der Finanzbranche.

Bis in die achtziger Jahre des 20. Jahrhunderts war die Qualifizierung in der Finanzbranche im wesentlichen auf die Berufsausbildung zu Bankkaufmann/-frau einerseits und auf akademische Ausbildungen in Wirtschafts- oder Rechtswissenschaften andererseits beschränkt. Dazu war die Branche aufgrund der vorherrschenden Kreditfinanzierung der Wirtschaft eher traditionell hierarchisch organisiert. Weiterbildung fand im Grunde ‚on the job' statt, Qualifikation ergab sich im Wesentlichen aus Erfahrung und mit zunehmender Verantwortung im Zeitablauf. Der moderne Finanzmarkt stellt hingegen andere Anforderungen an Qualifizierung: Konzeption wie auch Umgang mit komplexen Produkten erfordern spezielle Fachkenntnisse in Mathematik und Statistik, Finanzierungstechniken und Portfoliotheorie. Komplexität und Globalisierung verlangen eine hohe Anpassungsfähigkeit an neue Entwicklungen, internationale Ausrichtung und entsprechende Sprachkenntnisse. Neben die klassischen Hierarchien traten flache Strukturen mit speziellem Expertentum. Eine ganz wesentliche Anforderung ergibt sich auch daraus, dass die Lebenszyklen der Produkte stark verkürzt sind. Detailwissen über Produkte ist zwar kurzfristig unabdingbar, verliert aber im Zeitablauf aufgrund der sich schnell ändernden Rahmenbedingungen seine jeweilige Relevanz. Dauerhafte Qualifikation kann dementsprechend nur durch fundiertes Konzeptwissen aufrecht erhalten werden, und dieses muß durch entsprechende Weiterbildung immer wieder aktualisiert werden.

In einer global im Wettbewerb stehenden Branche müssen die einzelnen Unternehmen und Mitarbeiter darüber hinaus auch stark innovativ tätig sein. Dies macht die Aus- und Weiterbildung in der Finanzbranche als Investition in Humankapital zu einem sehr dynamischen und anspruchsvollen Prozeß. In diesem Prozeß besteht in Deutschland nach wie vor großer Aufholbedarf. Der wesentliche Grund hierfür ist weniger die im Vergleich zu den traditionell kapitalmarktorientierten Ländern später erfolgte Umstellung von Unternehmen und Finanzinstituten von Kreditfinanzierung auf Kapitalmarktprodukte. Maßgeblich ist vielmehr, dass die Ausbildung in Deutschland viel zu wenig auf Ökonomie und speziell auf Finanzierung ausgerichtet ist. Ökonomische Grundkenntnisse in der breiten Bevölkerung wie auch spezielle Fachkenntnisse in Finanzierung sind für eine hoch entwickelte Wirtschaft aber von zentraler Bedeutung. Dies gilt für die Finanzierung aller Arten von Unternehmen, wie natürlich in besonderem Maße für die Finanzbranche selbst.

Die Verstärkung der Ausbildung in Ökonomie in der Breite ist auch vor dem Hintergrund der Entwicklungen am Arbeitsmarkt hin zu mehr selbstständigen unternehmerischen Tätigkeiten notwendig. Gleiches gilt bei der Neuorientierung der Altersversorgung auf Kapitalanlageprodukte. Die entsprechende Umstellung von Schulausbildung und Universitätsstudien wird nur mittel- und langfristig wirksam werden. Kurzfristig ist es aber wichtig, dass gerade angesichts der allgemeinen Defizite in der Finanzausbildung sehr fokussiert in die Qualifikation der im Finanzmarkt tätigen Mitarbeiter investiert wird. Nicht zuletzt hat die Finanzkrise gezeigt, dass mehr Qualifikation zur Beurteilung von Finanzprodukten und Finanzierungstechniken notwendig ist, und dass diese Qualifikation aber auch sachgerecht eingesetzt werden muss. Gerade angesichts dieser Entwicklungen sollte die Ausbildung mit der Unterrichtung und Diskussion ethischer Grundsätze einher gehen. Damit ist ein Berufsverband prädestiniert als Träger und Gestalter dieser Ausbildung.

2 Das internationale Berufsdiplom für Investment Professionals

2.1 Das Etablieren eines Berufsbilds als Grundlage der Ausbildung – der „Investmentanalyst / DVFA“

Die vorrangigen Ziele der DVFA e.V. als Berufsverband sind laut ihrer Satzung, *„durch Information, Veröffentlichungen und Aus- und Weiterbildung die berufliche Qualifikation ihrer Mitglieder zu fördern“* sowie *„die Berufsausübung auf einem qualitativ hohen, international anerkannten Niveau mittels professioneller Standards zu gewährleisten“*.

Bereits Anfang der achtziger Jahre des 20. Jahrhunderts wurde deutlich, dass in Deutschland – wie auch in vielen anderen Ländern einschliesslich der USA – der Bedarf bestand, eine Spezialausbildung für im Kapitalmarkt tätige Fach- und Führungskräfte aufzubauen. Es sei daran erinnert, dass der Kapitalmarkt, wie wir ihn heute kennen, erst in dieser Zeit entstand, was auch auf die Veränderung im Einsatz von Informationstechnologie und computergestützten Analyseverfahren zurückzuführen war. Diese Ausbildung sollte im Wesentlichen die Theorien und die empirische Analyse von Aktien-, Renten- und Devisenmärkten sowie die Unternehmensfinanzierung beinhalten. Zum Ende der achtziger Jahre wuchs dann auch die Bedeutung derivater Instrumente, ebenso nahm der Einsatz quantitativer Verfahren insbesondere im Portfolio Management zu.

Diese Fachgebiete wurden an den Universitäten in diesem Umfang so nicht unterrichtet. Die DVFA beschloss deshalb ein solches Ausbildungsprogramm neu zu kreieren, und im Jahr 1987 wurde der 1. Jahrgang des Programms mit dem Abschluss als „Investmentanalyst/DVFA" angeboten. Entwickelt wurde das Programm von Professor Udo Hielscher von der Technischen Universität Darmstadt, der auch die Funktion des wissenschaftlichen Leiters übernahm. Die Ausbildung war als Postgraduierten-Programm ähnlich den amerikanischen Executive MBA-Programmen gestaltet, sie fand also berufsbegleitend statt. Die Referenten kamen von Universitäten aus ganz Deutschland sowie von Banken, Fondsgesellschaften und auch von Unternehmen und Institutionen wie der Börse und von Ministerien. Der grösste Teil der Teilnehmer des Programms wiederum kam von Finanzdienstleistungsunternehmen aus den Bereichen Portfolio Management, Finanzanalyse und Research, Investment Banking und Corporate Finance sowie aus dem Wertpapierhandel. Aber auch Mitarbeiter von Unternehmen außerhalb der Finanzbranche, beispielsweise aus dem Treasury und von Wirtschaftsprüfern, waren in dem Programm eingeschrieben.

2.2 Das europäische Berufsdiplom – der „CEFA – Certified European Financial Analyst"

Auch in anderen europäischen Ländern wurden in diesen Jahren ähnliche Ausbildungsprogramme ins Leben gerufen. Auf der Plattform des europäischen Dachverbands der Berufsvereinigungen der Analysten und Asset Manager EFFAS, der European Federation of Financial Analysts Societies, wurden diese Aktivitäten koordiniert und man beschloss, eine Akkreditierung der einzelnen Programme und Abschlüsse auf europäischer Ebene durchzuführen. Grundlage der Zertifizierung wurden ein gemeinsamer Syllabus der Ausbildungsinhalte sowie Anforderungen an Inhalt und Umfang der Abschlussprüfungen. Diese sind heute insgesamt mindestens neun Stunden Prüfungen in den Gebieten Portfolio Management, Analyse von Renten, Aktien und Derivaten, Corporate Finance, Bilanzierung und Bilanzanalyse sowie Volkswirtschaft. Dazu kommen mindestens drei Stunden Prüfungen in Marktstrukturen, Recht und Regulierung sowie in Berufsethik. Erfolgreiche Absolventen der so akkreditierten Programme erhielten von EFFAS die Zertifizierung als „CEFA – Certified European Financial Analyst".

In Deutschland wurde das Programm zu Beginn der neunziger Jahre auf diese europäische Zertifizierung umgestellt. Der 1. Jahrgang mit dem CEFA-Abschluss wurde im Jahr 1993 durchgeführt. Im Zuge dieser Umstellung übernahm Professor Otto Loistl von der Wirtschaftsuniversität Wien die wissenschaftliche Leitung der Ausbildung, die er bis 2004 inne hatte. In Europa haben seitdem mehr als 13.000 Teilnehmer die Ausbildungen mit dem Abschluss zum CEFA erfolgreich absolviert, in Deutschland waren es bis heute fast 2.500 Absolventen. Damit wurde das Ziel, einen Ausbildungsstandard für Kapitalmarktexperten auf europäischer Ebene zu schaffen, erreicht.

2.3 Die Qualifikation zum „CIIA – Certified International Investment Analyst"

Ende der neunziger Jahre wurde dann von den europäischen Berufsverbänden die Initiative ergriffen, um auch mit Verbänden in anderen Ländern der Welt bei der Berufsausbildung zu kooperieren. Als wichtiger Partner erwies sich dabei zunächst der japanische Berufsverband, die SAAJ – The Security Analysts Association of Japan. Der Verband bietet seit 1978 die Berufsausbildung mit dem Abschluss „CMA – Chartered Member of the Security Analysts Association of Japan" an, welche bis heute von über 20.000 Teilnehmern erfolgreich absolviert wurde. Als Ergebnis der Gespräche mit dem japanischen Verband sowie mit weiteren Berufsverbänden in Asien und Amerika wurde im Jahr 2000 die ACIIA, die Association of Certified International Investment Analysts, gegründet. Diese hat heute ihren Sitz in der Schweiz und repräsentiert weltweit 30 nationale und überregionale Organisationen mit insgesamt über 60.000 Investment Professionals. Die größten Verbände kommen aus Japan, der VR China, der Schweiz, Frankreich, Spanien und Deutschland.

Grundlage und Zweck der Zusammenarbeit in der ACIIA ist die Durchführung der Ausbildung zum „CIIA – Certified International Investment Analyst". Die Themengebiete dieser Ausbildung entsprechen dabei im wesentlichen denen des CEFA-Programms, welches deshalb in den europäischen Ländern nun in das CIIA-Programm integriert ist. Zur weltweiten Harmonisierung des Ausbildungsstandards wurde aber vor allem eine einheitliche Abschlussprüfung geschaffen, das sogenannte „Final Exam". Alle teilnehmenden Verbände unterziehen ihre Kandidaten dieser einheitlichen Abschlussprüfung sowie gemeinsam erstellten Regeln für „Principles of Ethical Conduct".

Tabelle 1: Inhalte des CIIA-Programms

NATIONAL	
Regulierung sowie ethische und professionelle Grundsätze	20 %
FOUNDATION	
Volkswirtschaft	10 %
Rechnungslegung und Bilanzanalyse	15 %
Aktienanalyse und Corporate Finance	15 %
Analyse von Renten	10 %
Analyse von Derivaten	10 %
Portfolio Management	20 %

Im CIIA-Programm sind die Ausbildungsinhalte nun in zwei große Fachgebiete unterteilt: Im nationalen Teil werden Strukturen und gesetzliches Umfeld des lokalen Finanzmarkts und Berufsethik behandelt. Gegenstand des Foundation-Teils wiederum ist das Fachwissen, das für die in globalen Finanzmärkten tätigen Investment Professionals unerlässlich ist. Diese Verknüpfung der beiden Fachgebiete ist ein besonderes Merkmal des CIIA-Programms. Die Inhalte und Konzepte eines globalen Kapitalmarkts werden ergänzt durch die Rahmenbedingungen der nationalen bzw. europäischen Gesetzgebung und Regulierung. Diese Kombination entspricht dem beruflichen Umfeld und seinen Anforderungen, so wie sie sich in Europa und auch in vielen anderen Teilen der Welt heute stellen.

Abbildung 1: Herkunft der Teilnehmer des CIIA-Programms nach Tätigkeitsfeldern

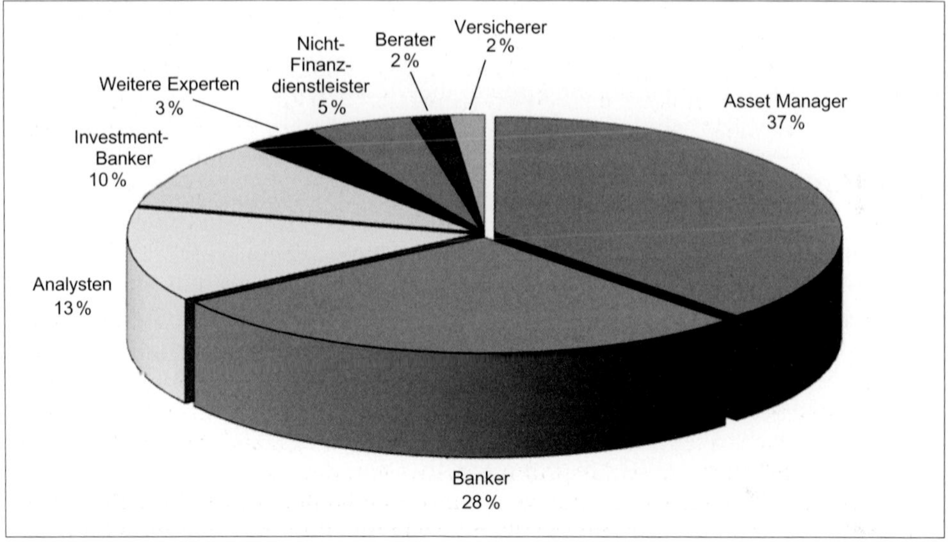

In Deutschland startete der 1. Jahrgang des Programms im Jahr 2003, seitdem haben hier mehr als 700 erfolgreiche Absolventen den CIIA-Titel erhalten. Die wissenschaftliche Leitung des Programms übernahm im Jahr 2005 Professor Raimond Maurer von der Johann-Wolfgang-Goethe-Universität in Frankfurt. Weltweit haben zehn Jahre nach Beginn der Zusammenarbeit in der ACIIA über 5.000 Kandidaten die Prüfung erfolgreich absolviert und führen den CIIA-Titel.

Ein wesentlicher Meilenstein für das Programm war im Jahr 2007 die Anerkennung des Abschlusses von der britischen Regulierungsbehörde für Finanzdienstleistungen Financial Services Authority (FSA) als Berufsqualifikation in sieben Kategorien. Anders als beispielsweise in Deutschland ist in Grossbritannien das Absolvieren von Fachprüfungen eine gesetzlich vorgeschriebene Voraussetzung für eine Berufstätigkeit am Kapitalmarkt. Die Anerkennung durch die FSA ist somit nicht nur eine Erleichterung für Mitarbeiter in internationalen Finanzhäusern, die auch für einen gewissen Zeitraum ihre Tätigkeit in London ausüben. Sie ist darüber hinaus eine deutliche Anerkennung der Qualität des CIIA-Programms und seiner Absolventen durch die Aufsicht an einem der wichtigsten Finanzplätze der Welt.

Damit ist die DVFA zusammen mit ihren Partnerverbänden dem Ziel einer weltweiten einheitlichen Berufsausbildung für Investment Professionals einen grossen Schritt näher gekommen. Zusammen mit dem von der amerikanischen CFA-Society angebotenen Abschluss als "CFA – Chartered Financial Analyst" stellt die CIIA-Qualifikation heute den weltweiten Standard in der Ausbildung von Investment Professionals dar.

3 Qualifizierung in Vermögensverwaltung und Anlageberatung

3.1 Qualifikation als gesetzliche Anforderung

Mit der EU-Finanzdienstleistungsrichtlinie 2004/39/EG – auch bekannt als MiFID – wurde im Jahr 2004 die Anlageberatung auf europäischer Ebene in den Katalog der Finanzdienstleistungen aufgenommen. Seit der Implementierung in deutsches Recht im Jahr 2007 gelten damit für die Firmen, die diese Dienstleistung erbringen, eine Reihe spezieller organisatorischer Anforderungen sowie Verhaltenspflichten. So wird zunächst einmal verlangt, dass die Mitarbeiter „über die Fähigkeiten, Kenntnisse und Erfahrungen verfügen, die zur Erfüllung der ihnen zugewiesenen Aufgaben erforderlich sind" (Artikel 5 Absatz 1 d).

Folgerichtig stellt sich die Frage nach der Qualifizierung der Anlageberater. Bei vielen Finanzdienstleistern finden Schulungen der Vertriebsmitarbeiter und Anlageberater statt. Es existiert in der Branche aber kein Standard für diese Qualifizierungen und in der Regel auch keine Validierung der Fähigkeiten bzw. von Abschlüssen. Ein solcher Standard kann in Deutschland zukünftig vor allem deshalb auch von Bedeutung sein, da in der Neufassung des § 34 Absatz 2a Wertpapierhandelsgesetz deutlich höhere Anforderungen an die Dokumentation und damit indirekt an Verlauf und Qualität des Beratungsgesprächs im Ganzen gestellt werden.

Vor diesem Hintergrund sollte es im Interesse der Finanzdienstleister liegen, dass baldmöglichst in Deutschland ein entsprechender Qualifikationsstandard für die Anlageberatung definiert wird. Aber auch ohne gesetzliche Vorgaben erscheint die Etablierung einer formellen standardisierten Qualifizierung von Anlageberatern angebracht. Schließlich ist die Anlageberatung von Privatkunden ein hoch attraktives Geschäftsfeld, und Investitionen in das Humankapital der Mitarbeiter in diesem Geschäftsfeld werden sich auszahlen. Und in jedem Fall ist eine explizite Qualifikation von Mitarbeitern ein Gütesiegel für jedes Finanzdienstleistungsinstitut.

3.2 Die Qualifizierungen zum „CeFM – Certified Financial Manager" und zum „EFA – European Financial Advisor"

Schon zu Beginn dieser Entwicklung ergab sich der direkte Ansatzpunkt zur Erweiterung des Ausbildungsangebots der DVFA, da Anlageberater und Vermögensverwalter eine grosse Gruppe ihrer Mitglieder bilden (ursprünglich lautete sogar ihr Name „Deutsche Vereinigung für Finanzanalyse und Anlageberatung"). Mit dem Programm Vermögensmanagement bietet die DVFA nun seit dem Jahr 2005 eine berufsbegleitende Qualifizierung für Vermögensverwalter, Private-Banking-Berater und Anlageberater, die ihre Kunden ganzheitlich betreuen. Die Teilnehmer kommen in der Regel aus den Bereichen Vermögensverwaltung und Private Banking, Anlageberatung und Finanzplanung, Relationship Management, sowie allgemein aus dem Asset Management und von Family Offices. Die wissenschaftliche Leitung des Programms hat Professor Markus Rudolf von der WHU – Otto Beisheim School of Management inne.

Das Programm verbindet das kapitalmarktorientierte Portfolio Management mit der Analyse der Anlageziele der Kunden und den Instrumenten der privaten Finanzplanung. Zunächst werden alle für eine ausgewogene Kapitalanlage wesentlichen Themen behandelt, von einzelnen Produktgruppen bis hin zur Asset Allocation. Es folgt ein zweiter Schwerpunkt mit Analysen von Kundenprofilen und von psychologisch motivierten Verhaltensmustern bei der Kapitalanlage. Durch die anschließende Einbeziehung der Methoden der Finanz- und Nachfolgeplanung werden sämtliche Themenbereiche abgedeckt, die für eine ganzheitliche und integrierte Vermögensverwaltung bzw. -beratung wichtig sind. Insgesamt werden die Kompetenzen vermittelt, die für eine Konzeptberatung vermögender Privatkunden notwendig sind. Das Programm richtet sich damit an Vermögensverwalter und Anlageberater, für die sowohl Produktwissen als auch Beratungskompetenz einen hohen Stellenwert haben.

Tabelle 2: Inhalte des CeFM/EFA-Programms

Recht und Steuern sowie ethische und professionelle Grundsätze	15 %
Finanzmärkte und Instrumente	15 %
Investments und Produkte	15 %
Portfolio Management	20 %
Relationship Management	20 %
Integrierte Finanzplanung	15 %

Abblidung 2: Herkunft der Teilnehmer des CeFM/EFA-Programms nach Tätigkeitsfeldern

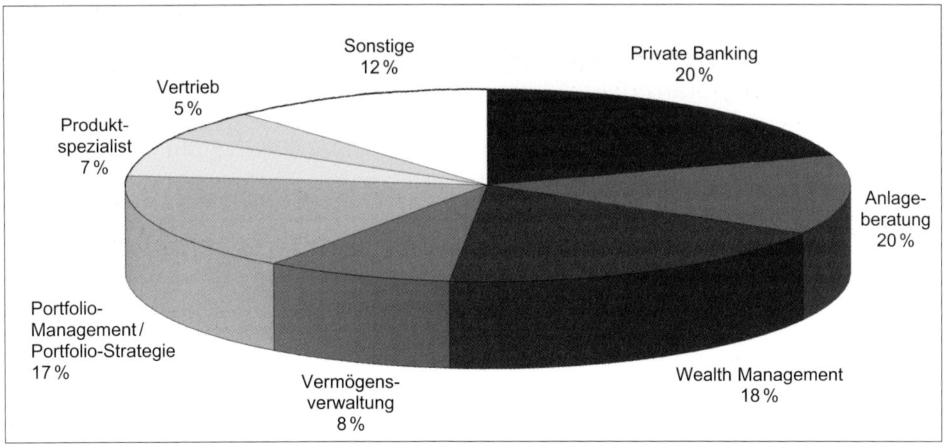

Das Programm ist seit dem Jahr 2009 auch durch die European Financial Planner Association (EFPA) akkreditiert. Somit erhalten die erfolgreichen Teilnehmer zusätzlich den Titel EFA – European Financial Advisor, der europaweit bereits von mehr als 10.000 Absolventen geführt wird. Diese zeichnen sich damit gegenüber ihren Kunden – und auch Arbeitgebern – als Experten aus, die einen europaweiten Standard erfüllen.

4 Spezielle Ausbildungsprogramme

4.1 Die Qualifizierung zum „CCrA – Certified Credit Analyst“

Die Vorgaben von Basel II haben die Rahmenbedingungen für das Kreditgeschäft maßgeblich verändert. Gleichzeitig haben an den Kapitalmärkten die unterschiedlichsten Kreditprodukte stark an Bedeutung gewonnen, von Unternehmensanleihen bis hin zur Verbriefung komplexer Kreditformen. In der DVFA war vor diesem Hintergrund bereits im Jahr 2000 eine Kommission gegründet worden, die sich mit den verschiedenen Methoden des Ratings von Krediten und Kreditprodukten beschäftigte und seitdem auch eine Reihe von Veröffentlichungen und Standards zu diesem Themenbereich erstellt hat.

Ebenso ging von dieser Kommission der Vorschlag aus, eine Postgraduierten-Ausbildung für Fach- und Führungskräfte aus diesem Bereich zu konzipieren. So entstand im Jahr 2001 das Ausbildungsprogramm zum „CCrA – Certified Credit Analyst“. Die wissenschaftliche Leitung des Programms übernahm Professor Jens Leker von der Westfälischen-Wilhelms-Universität Münster, der zugleich der Vorsitzende der DVFA-Rating-Kommission ist.

In dem Programm werden die Inhalte vermittelt, die zu einer Beurteilung von Krediten und Kreditprodukten notwendig sind. Im ersten und zweiten Modul des Programms stehen Prozesse und Methoden der bankinternen Risikoanalyse im Vordergrund. Dabei werden zum einen aufsichtsrechtliche Vorgaben und deren Umsetzung in die Praxis behandelt. Zum anderen werden quantitative Verfahren zur Bonitätsanalyse dargestellt. Die Analyse von Unternehmensabschlüssen nach IFRS und HGB sowie das Erkennen und Bewerten bilanzpolitischer Maßnahmen sind ebenfalls Bestandteile des Programms. Im zweiten und dritten Modul werden Kreditprodukte und das Risikomanagement behandelt. Dabei werden zunächst kapitalmarktorientierte Rating- und Bewertungsverfahren analysiert. Anschließend werden Kreditderivate und verschiedene Verbriefungsformen ausführlich behandelt. Die Struktur von Kreditderivaten wie auch die Steuerung von Kreditportfolien werden in Fallbeispielen und Simulationen praxisnah dargestellt.

Tabelle 3: Die Module des CCrA-Programms

Basel II und Aufsicht	35 %
Kreditanalyse	25 %
Credit Research und Rating	15 %
Credit Management und Produkte	25 %

Die Teilnehmer des Programms kommen in der Regel aus den Bereichen Kredit- und Ratinganalyse, Kreditrisikomanagement, Marktfolge Kredit, Votierung, Basel II und MaRisk-Projekte, dem Treasury von Banken sowie aus dem Credit Research oder aus dem Portfolio Management. Seit dem Jahr 2001 haben über 450 Teilnehmer das Programm erfolgreich absolviert.

4.2 Qualifizierung in Immobilien-Analyse und Immobilien-Portfolio Management

Auch Immobilienwirtschaft und Finanzwirtschaft wachsen immer enger zusammen. Zahlreiche Instrumente und Methoden der Kapitalmärkte haben Einzug in die Immobilienwelt gefunden. Umgekehrt sieht sich die Finanzwelt mit den Besonderheiten dieses speziellen „underlying asset" konfrontiert.

Aus diesen Gründen bietet die DVFA seit dem Jahr 2007 einen Ausbildungsgang zum „CREA – Certified Real Estate Investment Analyst" an. Das Programm wird in Zusammenarbeit mit der irebs-Immobilienakademie der Universität Regensburg durchgeführt, wissenschaftlicher Leiter ist Professor Karl-Werner Schulte.

Die Ausbildung verbindet das Know-how der Immobilienbranche mit den Instrumenten und Methoden von Finanzanalysten und Investoren. Im ersten und zweiten Modul des CREA-Programms werden die Immobilienmärkte sowie die zugehörigen Geschäftsmodelle in den einzelnen Segmenten dargestellt. Das dritte Modul behandelt die Analyse der unterschiedlichen Investitionsformen und –vehikel, das vierte Modul die Strategien im Portfolio Management mit der Assetklasse Immobilien. Die Teilnehmer des Programms sind Immobilienanalysten, Portfolio Manager, Institutionelle Anleger sowie Produktentwickler, Projektmanager und Finanzierungsspezialisten aus dem Bereich Immobilien.

Tabelle 4: Die Module des CREA-Programms

Internationale Immobilien- und Kapitalmärkte	35 %
Geschäftsmodelle der Marktteilnehmer	15 %
Immobilieninvestments und -analyse	30 %
Portfolio Management	20 %

4.3 Qualifizierung im Risikomanagement bei Banken

Mit der Finanzkrise wurde deutlich, dass dringender Handlungsbedarf im Hinblick auf die Weiterentwicklung von Strukturen, Prozessen und Systemen der Gesamtbanksteuerung besteht. Konzeptionell liegt die Aufgabe in der Neukonfiguration des Systems 'Bank' im Zusammenspiel von ökonomischer, bilanzieller und regulatorischer Perspektive. Daneben stellen sich operative Fragen im Bereich der Steuerung des Liquiditätsrisikos, der Neudefinition von Stresstests, der Rekalibrierung von Ratingsystemen, aber auch der adäquaten Bereitstellung entscheidungsrelevanter Informationen nebst Überprüfung entsprechender Strukturen und Prozesse.

Vor diesem Hintergrund bietet die DVFA seit dem Frühjahr 2010 ein weiteres Postgraduierten-Ausbildungsprogramm an. In dem Programm zum „CRM – Certified Risk Manager" werden die Inhalte vermittelt, die für die Gestaltung wie auch für die Beurteilung des Risikomanagements von Banken notwendig sind. Das Programm adressiert Teilnehmer aus den Bankbereichen Risikomanagement und -analyse, Banksteuerung,

Controlling und Revision, Accounting und Meldewesen, Treasury sowie aus Risiko-Consulting und Wirtschaftsprüfung. Die wissenschaftliche Leitung des Programms hat Professor Markus Rudolf von der WHU - Otto Beisheim School of Management übernommen.

Das Programm besteht aus vier Modulen. Im ersten Modul werden aufsichtsrechtliche Vorgaben (Basel II, MaRisk) und deren Umsetzung in der Praxis sowie die internationalen Rechnungslegungsvorschriften für Banken behandelt. Ein zentrales Thema ist die integrierte Gesamtbanksteuerung mittels einer übergreifenden Analyse der Risiken und Ertragskomponenten. Die Analyse und das Management der operationellen Risiken sind Bestandteile des zweiten Moduls. Im dritten Modul werden Rating- und Bewertungsverfahren vorgestellt und analysiert. Anschließend werden die Strukturen von Kreditderivaten wie auch die Steuerung von Kreditportfolien in Fallbeispielen und Simulationen praxisnah dargestellt. Im vierten Modul werden Analyse und Management von Markt- und Liquiditätsrisiken behandelt, sowohl mit klassischen Risikomaßen als auch mit Szenarioanalysen und kombinierten Stresstests.

Tabelle 5: Die Module des CRM-Programms

Gesamtbanksteuerung und Regulierung	30 %
Operationelle Risiken	15 %
Kredit- und Kontrahentenrisiken	40 %
Markt- und Liquiditätsrisiken	15 %

5 Zusammenfassung und Ausblick

Die Intangibilität der Produkte der Finanzbranche verlangt nach Intellekt und nach hohen Fachkenntnissen im Umgang mit diesen Produkten. Neben einer adäquaten Definition der ethischen und regulatorischen Anforderungen ist dies vielleicht das wichtigste Element bei der Gestaltung eines funktionierenden Finanzmarkts. Gerade angesichts der allgemeinen Defizite in der Finanzausbildung kommt der Aus- und Weiterbildung von postgraduierten Experten und Führungskräften eine zentrale Rolle zu. Auf hohem Niveau ausgebildete Portfolio Manager, Vermögensverwalter, Investment Banker, Risikomanager, Analysten und Anlageberater tragen signifikant zur Erhöhung der Wertschöpfung von Finanzdienstleistern und Unternehmen bei, und sie verbessern dann auch als Multiplikatoren bei anderen Unternehmen wie bei Privaten die Allokation des Finanzkapitals. Die Schaffung und die Nutzung einer wettbewerbsfähigen Ausbildungsinfrastruktur sind hierfür die notwendigen Voraussetzungen.

Die DVFA erarbeitet seit nunmehr 50 Jahren Standards für den Finanzmarkt, und über fast die Hälfte dieser Zeit bietet sie Ausbildungsprogramme an. Es begann im Jahr 1987 mit dem Investmentanalyst/DVFA. Dieses Flagschiff-Programm wird heute als CIIA – Certified International Investment Analyst im Rahmen einer weltweiten Kooperation von Berufsverbänden durchgeführt. Im Zuge der weiteren Spezialisierung und Professionalisierung des Finanzmarkts sind vier weitere Postgraduierten-Programme in den letzten Jahren hinzugekommen, die die DVFA in Kooperation mit den wissenschaftlichen Leitern, mit Universitäten und mit anderen Ausbildungsinstituten anbietet. Fast 150 Referenten aus Praxis und Wissenschaft arbeiten heute mit der DVFA zusammen, und über die Jahre betrachtet ist diese Zahl noch deutlich grösser. Ohne diese Referenten und die Weitergabe ihres Wissens und ihrer Erfahrung, ohne das Engagement der wissenschaftlichen Leiter und der Kooperationspartner wäre die Leistung der DVFA bei der Ausbildung von Finanzexperten und Führungskräften nicht möglich gewesen.

Abbildung 3: Die Postgraduierten-Programme der DVFA-Finanzakademie im Jahr 2010

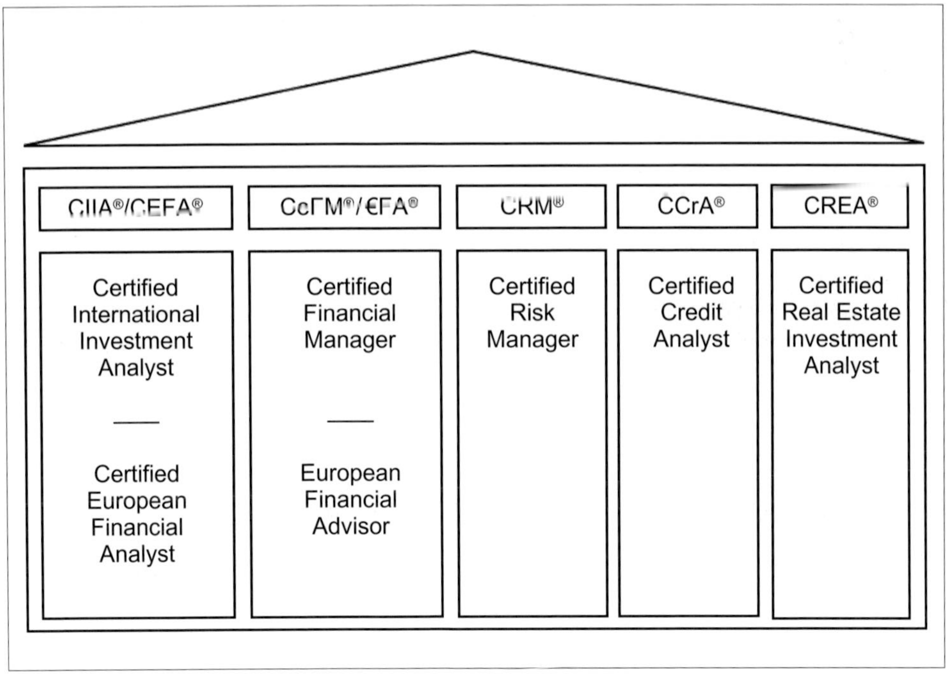

Insgesamt haben heute mehr als 3.000 Absolventen eine oder mehrere dieser Qualifikationen erworben. Da diese Art der Aus- und Weiterbildung berufsbegleitend und auch heute in Deutschland noch freiwillig ist, kann die Leistung dieser erfolgreichen Absolventen gar nicht hoch genug eingeschätzt werden. Dies geschah oft mit der Unterstützung der jeweiligen Arbeitgeberunternehmen, die so in das Humankapital ihrer Mitarbeiter investiert haben. Heute bilden die Absolventen einen wesentlichen Teil der Elite des Finanzmarkts und tragen so ganz erheblich zum Funktionieren dieses für die gesamte Volkswirtschaft wichtigen Marktes bei. Die Funktionsweisen dieses Marktes werden nun aufgrund der Entwicklungen der letzten Jahre – zu Recht – in Frage gestellt. Die Antwort der DVFA auf dieses Hinterfragen kann nur eine weitere Stärkung und die kontinuierliche Fortführung ihres Engagements für die Ausbildung und Professionalisierung im Finanzmarkt sein.

Kapitel 2:

Unternehmensanalyse und -bewertung

Der Gewinn je Aktie nach DVFA im Wandel der Zeit

von Norbert Barth, Winfried Becker, Sigrid Krolle

1 Entstehungsgeschichte

1.1 Allgemeiner Überblick

In den Anfangsjahren der DVFA stand die Vereinigung vor allem für das Ergebnis nach DVFA, weil es zwar nicht die einzige, aber doch eine der zentralen Aktivitäten darstellte und in der deutschen Finanzanalyse, die damals noch in den Kinderschuhen steckte, eine breite Aufmerksamkeit und Akzeptanz in der Öffentlichkeit fand. Dies wurde auch seitens der Wissenschaft in Deutschland entsprechend gewürdigt.[1] Nach der grundlegenden Reform des deutschen Aktiengesetzes von 1965 legte die DVFA 1968 erstmals ein Berechnungsschema zur Ermittlung eines Ergebnisses je Aktie vor. Die damalige „Publizitätskommission der DVFA" entwickelte Grundsätze für die Errechnung eines vergleichbaren Ergebnisses. Bis 1988 wurden fünf, jeweils aktualisierte, Fassungen dieses Ermittlungsschemas veröffentlicht.[2] Diese Grundsätze konzentrierten sich zunächst auf Industrie- und Handelsunternehmen. Später folgten Ergänzungen für die Bank- und Versicherungsbranche.

Die Abschlussersteller, repräsentiert durch den Arbeitskreis „Externe Unternehmensrechnung" der Schmalenbach-Gesellschaft, hatten sich ebenfalls mit dem Thema beschäftigt und im Jahr 1988 eine eigene Empfehlung zur Ermittlung eines Ergebnisses je Aktie vorgelegt. Im Vergleich zum DVFA-Ergebnis sollte das Ergebnis je Aktie der Schmalenbach-Gesellschaft stärker die Individualität der einzelnen Unternehmen berücksichtigen. Das Nebeneinander von zwei inhaltlich unterschiedlich bereinigten Ergebnissen je Aktie neben dem ausgewiesenen Jahresüberschuss / Jahresfehlbetrag musste auf Dauer natürlich zu erheblichen Verwirrungen am Kapitalmarkt führen. Folgerichtig haben sich die DVFA und die Schmalenbach-Gesellschaft nach mehrjähriger, gemeinsamer, konstruktiver Arbeit auf ein einheitliches Ermittlungsschema geeinigt. Nach der erfolgreichen Vorstellung dieses gemeinsamen Konzeptes während des 44. Deutschen Betriebswirtschaftertages im Oktober 1990 in Berlin wurde 1991 das Ermittlungsschema einschließlich der Erläuterungen für das Ergebnis nach DVFA / SG erstmals in Buchform veröffentlicht.[3] Dies war in der Rückschau ein großer Erfolg für den Kapitalmarkt und die externe Finanzanalyse. 1996 wurde eine Neuauflage[4] erforderlich, um die bisherigen Erfahrungen mit dem Arbeitsschema einfließen zu lassen. Ebenso wurden Neuerungen in der Rechnungslegung eingearbeitet sowie Auslegungsspielräume reduziert.

1 Büschgen, Hans E., Wertpapieranalyse, Die Beurteilung von Kapitalanlagen in Wertpapieren, C.E. Poeschel, Stuttgart, 1966, Seite V.

2 Beispielhaft: Deutsche Vereinigung für Finanzanalyse und Anlageberatung, Beiträge zur Aktienanalyse Heft 18, Arbeitsschema und Erläuterungen zur Ermittlung des Ergebnisses nach DVFA, Verlag Hoppenstedt, Darmstadt 1984.

3 Busse von Colbe / Geiger / Haase / Reinhard / Schmitt (Hrsg.), Ergebnis nach DVFA / SG, in Schriftenreihe Der Betrieb, Schäffer Verlag, Stuttgart, 1991.

4 Busse von Colbe / Becker / Berndt / Geiger / Haase / Schmitt / Seeberg (Hrsg.), Ergebnis nach DVFA / SG, 2. erw. Auflage, Schäffer-Poeschel, Stuttgart, 1996.

Darüber hinaus gab es bedeutende Erweiterungen. So wurde ein eigenes Schema für Bank- und Versicherungsunternehmen vorgelegt sowie auf die jeweiligen Besonderheiten bei Unternehmensbeteiligungsgesellschaften und beim erstmaligen Gang an die Börse (Neuemissionen) eingegangen. Erstmals wurde auch ein mit der Schmalenbach-Gesellschaft gemeinsam entwickeltes Schema für die Ermittlung eines Cash-flow nach DVFA / SG vorgelegt.

Das Rad des sich verändernden Rechnungslegungsumfeldes drehte sich mit der Einführung der internationalen Rechnungslegung nach IAS immer schneller. Deshalb wurde im Jahr 2000 die dritte Auflage des Buches Ergebnis je Aktie nach DFVA / SG aufgelegt. Sie hatte die Zielsetzung, mit der modifizierten Ergebnisermittlung einen möglichst objektiven Vergleichsmaßstab unabhängig von den jeweiligen Rechnungslegungsvorschriften (international und national) zu schaffen.

Mit der schnell fortschreitenden Verbreitung und Anwendung der IAS- bzw. heute IFRS-Vorschriften hat die Bedeutung des Ergebnisses nach DVFA / SG sukzessive abgenommen. Die Unternehmen sahen sich verpflichtet, ein Ergebnis je Aktie nach IAS 33 zu ermitteln und zu veröffentlichen; wieder gab es das Argument, keine zwei Ergebnisse für ein Geschäftsjahr veröffentlichen zu wollen. Nach Ansicht der Verfasser dieses Artikels sind die Grundgedanken für eine Ergebnisbereinigung, wie später gezeigt wird, auch heute noch sehr aktuell.

1.2 Grundgedanken für die Ergebnisermittlung

Die Grundannahme für die Notwendigkeit der Bereinigung des sich auf der Grundlage der jeweiligen gesetzlichen Vorschriften ergebenden Jahresüberschusses / Jahresfehlbetrages ist, dass ein solches Ergebnis oft nicht geeignet ist, ein zutreffendes Bild von der Ertragskraft eines Unternehmens zu vermitteln.[5] Damit dient der Jahresüberschuss auch nicht oder nur bedingt dem Ziel einer vergleichenden Kursbeurteilung. Das Ergebnis nach DVFA / SG sollte diese Nachteile beseitigen. Es war somit der Versuch, aus externer Sicht die von den Unternehmen aktiv betriebene Bilanz- und Bewertungspolitik (Ausübung von Wahlrechten und Ermessensspielräumen, Sachverhaltsgestaltung) transparent zu machen und ggf. zu korrigieren.

Ein solches von Sondereinflüssen befreites Ergebnis sollte gemäß der Intention besser geeignet sein, den Ergebnistrend eines Unternehmens aufzuzeigen, eine zuverlässige Ausgangsbasis für Ergebnisschätzungen sein sowie Unternehmensvergleiche ermöglichen.[6] In der ersten Auflage des Buches wurden die zu bereinigenden Sondereinflüsse unterteilt in außerordentliche, ungewöhnliche und dispositionsbedingte Sondereinflüsse.[7] Aus Gründen der Akzeptanz und Praktikabilität wurde ein Wesentlichkeitskriterium[8] eingeführt. Dieses sah ein zweistufiges Vorgehen vor, um die zu bereinigenden Tatbestände zu erhalten.

5 Busse von Colbe / Geiger / Haase / Reinhard / Schmitt (Hrsg.), Ergebnis nach DVFA / SG, a.a.O., Seite 73 ff.

6 Busse von Colbe / Geiger / Haase / Reinhard / Schmitt (Hrsg.), Ergebnis nach DVFA / SG, a.a.O., Seite 5 ff.

7 Busse von Colbe / Geiger / Haase / Reinhard / Schmitt (Hrsg.), Ergebnis nach DVFA / SG, a.a.O., Seite 13 ff.

8 Busse von Colbe / Geiger / Haase / Reinhard / Schmitt (Hrsg.), Ergebnis nach DVFA / SG, a.a.O., Seite 9 ff.

Diese grundlegende Logik wurde auch in den beiden nachfolgenden Auflagen beibehalten. In der zweiten Auflage des Buches gab es jedoch nur noch die beiden Gruppen der ungewöhnlichen und dispositionsbedingten Sondereinflüsse. Aufgrund der Erfahrungen mit der Praxis erschien die dritte Auflage des Buches mit einer abschließenden Aufzählung von zu bereinigenden Sondereinflüssen, um subjektive Abgrenzungsfragen soweit wie möglich zu vermeiden.

2 Das Ergebnis je Aktie nach DVFA / SG im Wandel der Zeit

2.1 Überblick

Das Ergebnis je Aktie nach DVFA / SG einschließlich seiner Vorläufer war mehr als dreißig Jahre – von 1968 bis etwa 2000 – eine der wichtigsten Kennzahlen der externen fundamentalen Aktienanalyse. Danach hat seine Bedeutung deutlich nachgelassen und inzwischen ist es aus der Finanzberichterstattung völlig verschwunden. Es wurde nach und nach durch das Ergebnis je Aktie gemäß den Vorschriften von IAS 33 ersetzt. Den gesamten Lebenszyklus kann man grob in „drei Lebensphasen" einteilen:

1. Phase I 1968 – 1988: Aufstieg und wachsende Akzeptanz
2. Phase II 1988 – ca. 2000: ein akzeptierter Standard
3. Phase III ca. 2000 – heute: nachlassende Bedeutung und Niedergang.

2.2 Aufstieg und wachsende Akzeptanz

Es darf sicherlich als ein Verdienst der DVFA und der darin repräsentierten Kreditinstitute angesehen werden, für eine rasche Verbreitung des Ergebnisses je Aktie gesorgt zu haben.[9] Die vorliegende Kennzahl wurde von der externen Analyse in zweierlei Hinsicht eingesetzt; zum einen diente sie den externen Analysten zur Beurteilung der Ertragskraft eines Unternehmens und zum anderen war es ein Instrument zur Beurteilung der Preiswürdigkeit einzelner Aktien. Die eigentliche Zielsetzung wurde von der DVFA selbst jedoch in der vergleichenden Aktienkursbeurteilung gesehen.[10]

Nach dem Inkrafttreten des Bilanzrichtliniengesetzes 1986, das sich aus der Umsetzung der 4. und 7. EG-Richtlinie ergab, wurde es zunehmend schwieriger, aus externer Sicht auf der Grundlage der öffentlich zugänglichen Informationen ein „richtiges" DVFA Ergebnis zu errechnen. Nicht alle Unternehmen hatten die dazu notwendigen Informationen in ihren Jahresabschlüssen offengelegt. Andererseits hatten

---

9 Bender, Jürgen, Grundsatzfragen der Ergebnisbereinigung nach DVFA / SG, Möglichkeiten und Grenzen der Ermittlung einer aktienanalytischen Erfolgsgröße (Schriften zur Bilanz- und Steuerlehre Band 23), Schäffer – Poeschel, Stuttgart 1996, Seite 1.

10 So äußerte sich Geiger als Mitglied der Methodenkommission der DVFA in: Geiger, Klaus M., Ergebnis je Aktie nach der DFVA-Formel, in Coenenberg, Adolf G. (Hrsg.), Bilanzanalyse nach neuem Recht, Moderne Industrie, Landsberg / Lech, 1989, Seite 225.

die Unternehmen in Zweifelsfragen die DVFA angesprochen, um eine einheitliche Vorgehensweise zu erzielen. So entwickelte sich allmählich ein Modus, bei dem die Methodenkommission der DVFA für die 30 Dax – Unternehmen ein testiertes, sozusagen „amtliches" Ergebnis je Aktie nach DVFA ermittelt hat. Dies wurde erstmals für die Jahresabschlüsse des Jahres 1987 praktiziert.[11] Die DVFA mutierte vorübergehend sozusagen zum „Chefrechner der Nation"; ihre ermittelten Ergebnisse wurden in der Regel von den jeweiligen Analysten der verschiedenen Researchunternehmen (meist Banken) übernommen.

2.3 Ein akzeptierter Standard

Bis zum gemeinsamen Ergebnis nach DFVA / SG im Jahre 1991 war die Ergebnisermittlung der DVFA nahezu 20 Jahre konkurrenzlos. Die Mitglieder der Schmalenbach-Gesellschaft sahen sich durch die Einführung des Bilanzrichtliniengesetzes (BiRiLiG) veranlasst, ebenfalls zu dieser Kennzahl Stellung zu nehmen.[12] Mit Verweis auf die unterschiedliche Ausübung der Wahlrechte sowie der Ermöglichung eines Zeit- und Betriebsvergleiches wurde die Notwendigkeit eines korrigierten Jahresüberschusses / Jahresfehlbetrages begründet.

Die „Vernunftehe" zwischen der DVFA und der Schmalenbach-Gesellschaft hat die Akzeptanz eher noch erhöht. Außerhalb des Jahresabschlusses wurde den Analysten bei Analysten- / Investorenkonferenzen Informationsmaterial zum DVFA / SG-Ergebnis an die Hand gegeben (siehe dazu beispielhaft Deutsche Babcock AG 1993 / 94 in Anlage eins im Anhang; zahlreiche weitere Beispiele ließen sich finden, würden jedoch den Rahmen dieses Beitrages sprengen). In der Finanzpresse gehörte das DVFA/SG-Ergebnis ebenso zum Standard der Berichterstattung. Mit der „Testierung" der bereinigten Ergebnisse wurden etwa ab dem Jahr 1996 die Ergebnisse für zahlreiche Dax-Werte ermittelt und auf Seiten des Informationsdienstes Reuters einem breiten Publikum öffentlich zugänglich gemacht.

Die hohe Akzeptanz bei Industrie- und Handelsunternehmen hat sicherlich auch dazu ermutigt, auf die Besonderheiten bei Banken, Versicherungen oder Neuemissionen einzugehen und besondere Schemata vorzulegen. Ebenso ist die Entwicklung eines mit der Schmalenbach-Gesellschaft gemeinsam erarbeiteten Schemas für den Cashflow bzw. später die Cash-Earnings nach DVFA / SG zu erwähnen.

2.4 Der Niedergang

Im Zuge der Globalisierung der Weltwirtschaft und dem damit einhergehenden Drang vieler europäischer und auch deutscher Unternehmen, vor allem an den US-Börsen gelistet zu sein (beispielhaft Daimler-Benz im Oktober des Jahres 1993), erlangte die internationale Rechnungslegung (US-GAAP und IAS) zunehmend an Bedeutung und

11 Geiger, Klaus M., Ergebnis je Aktie nach der DFVA – Formel, a.a.O., Seite 228.

12 Busse von Colbe, W., Ergebnis je Aktie, Zu den Empfehlungen eines Arbeitskreises der Schmalenbach-Gesellschaft – DGfB, in Coenenberg, Adolf G.(Hrsg.), Bilanzanalyse nach neuem Recht, Moderne Industrie, Landsberg / Lech, 1989, Seite 210 ff.

drängte die nationale Rechnungslegung (HGB in Deutschland) immer mehr in den Hintergrund.

Der Durchbruch zur Bilanzierung nach internationalen Vorschriften für börsennotierte Unternehmen wurde in Deutschland im Jahr 1998 durch das Kapitalaufnahmeerleichterungsgesetz erzielt. Durch den berühmten §292a HGB wurde deutschen Unternehmen mit befreiender Wirkung erlaubt, den Konzernabschluss nach internationalen Rechnungslegungsvorschriften zu erstellen, ohne noch einen Konzernabschluss nach HGB erstellen zu müssen.

Die endgültige Abkehr von der HGB-Bilanzierung für börsennotierte Unternehmen wurde mit der Entscheidung der Europäischen Union im Jahre 2002 mit der verpflichtenden Übernahme der Bilanzierung des Konzernabschlusses nach IAS-Vorschriften für börsennotierte Unternehmen besiegelt. Die Verordnung 1606 / 2002 / EG des Europäischen Parlaments und des Rates vom 19. Juli 2002, die allen börsennotierten Unternehmen innerhalb der Europäischen Union spätestens ab 2005 die Bilanzierung des Konzernabschlusses nach den IAS-Normen vorschrieb – für US-GAAP-Ersteller und einige andere Unternehmen gab es verlängerte Übergangsvorschriften –, war gleichzeitig der Durchbruch in der weltweiten Anerkennung der IAS-Grundsätze auch im Verhältnis zu den US-GAAP-Normen.

Durch die verpflichtende Anwendung der IAS / IFRS-Vorschriften ab 2005 war gleichzeitig auch die Ermittlung eines Ergebnisses je Aktie nach IAS 33 (Earnings per Share) vorgeschrieben. Das Ergebnis je Aktie nach IAS 33 bereinigt aber nicht, wie das DVFA/SG-Ergebnis, den ausgewiesenen Jahresüberschuss, sondern benutzt gerade diesen in der Zählergröße. Sehr früh wurde damit auch die Befürchtung verbunden, dass das Ergebnis nach DVFA / SG an Bedeutung verlieren würde,[13] was sich auch sehr schnell materialisierte. Das bekannte Argument der Unternehmensvertreter, für ein Geschäftsjahr nicht zwei unterschiedliche Ergebnisse je Aktie zu veröffentlichen, kam voll zum Tragen. Somit wurde in der Finanzberichterstattung nach IAS schnell auf die (freiwillige) Ermittlung eines bereinigten Ergebnisses nach DVFA / SG verzichtet, obwohl das Ergebnis je Aktie nach IAS 33 den Bedürfnissen der Analysten in keiner Weise entspricht. Möglicherweise haben auch einige konzeptionelle Schwächen des DVFA / SG-Ergebnisses hinsichtlich der Bereinigungslogik[14] zu dem Verfall in die Bedeutungslosigkeit beigetragen. Die Unternehmen waren generell auch nicht mehr bereit, den Wünschen der Finanzanalysten nach diesen Informationen nachzukommen, weil sie glaubten, mit der Erstellung des Konzernabschlusses nach IAS alle notwendigen Informationen geliefert zu haben.

Die Finanzanalyse selbst entwickelte sich in diesem Zeitraum ebenfalls weiter, und das in früheren Jahren vorherrschende Kurs-Gewinn-Verhältnis (KGV) stand nunmehr nicht länger alleine im Zentrum der Aktienkursbeurteilung. Die Enterprise Value Multiplikatorverfahren[15] wie Enterprise Value (EV) / Earnings before interest and taxes

---

13 Pellens, B., Fülbier, R.U., Gassen, J. Internationale Rechnungslegung, 5. Auflage, Schäffer – Poeschel, Stuttgart, 2004, Seite 771.

14 Bender, J., Grundsatzfragen der Ergebnisbereinigung nach DVFA / SG, a.a.O. Seite 106ff und Seite 116ff.

15 Krolle, S. Schmitt, G. Schwetzler, B. Multiplikatorverfahren in der Unternehmensbewertung, Schäffer-Poeschel, Stuttgart, 2005, Seite 20ff.

(EBIT) oder EV / EBITDA (Earnings before interest, taxes, depreciation and amortization) gewannen an Bedeutung.

Ebenso ist anzumerken, dass sich die Vorschriften des IAS 33 sehr stark mit der Ermittlung der richtigen Aktienzahl (Nennergröße) beschäftigen, während die Zählergröße aus der Gewinn- und Verlustrechnung zu übernehmen ist. Dahinter steckt möglicherweise auch der Gedanke, dass der Jahresüberschuss unter IAS weniger von Bilanz- und Bewertungswahlrechten beeinflusst werden kann. Im völligen Gegensatz dazu konzentrierte sich das DVFA / SG-Ergebnis aber vordringlich auf die Zählergröße.[16]

3 Anforderungen an eine nutzbare Ergebnisgröße

3.1 Kritik an bereinigten Ergebnisgrößen

Es stellt sich die Frage, ob die jetzt vorherrschende IFRS-Bilanzierung in den Abschlüssen der Unternehmen Bereinigungen der ausgewiesenen Erfolgsgrößen überflüssig macht. Richtig ist, dass das DVFA / SG-Ergebnis insbesondere vor dem Hintergrund der deutschen, vornehmlich am Gläubigerschutz ausgerichteten Rechnungslegung entwickelt wurde. Mit der Hinwendung zu den eher am Investor orientierten IFRS-Normen könnte man also den Schluss ziehen, die ausgewiesenen Erfolgsgrößen benötigten keine weitere Modifikation, um Zielen, die dem Anleger dienen, hinreichend Rechnung zu tragen. Dennoch ist es auch international seit langem üblich, neben dem „net income" ein so genanntes bereinigtes oder auch „Pro-forma-Ergebnis" zu ermitteln, was sich in der Praxis auch heute noch bestätigt. „Pro-forma-Zahlen" bedeuten, dass abweichend von den gewählten Bilanzierungsvorschriften, wie HGB, IFRS oder US GAAP, die Zahlen vom Unternehmen selbst zu einem „subjektiven Resultat"[17] überführt werden. In dieser Neuberechnung werden ähnlich wie beim früheren DVFA / SG Ergebnis vor allem „außerordentliche" Aufwendungen wie Restrukturierungskosten, einmalige Sonderkosten, akquisitionsbezogene Aufwendungen, vor allem sogenannte PPA(Purchase Price Allocation)-Abschreibungen, Spin-Off-Aufwand oder Verkaufserfolge von Beteiligungen bereinigt. Pro-forma-Ergebnisse stehen außerhalb des Prüfberichts.[18]

Auffallend ist, dass es bislang keine einheitlichen Empfehlungen gibt, wie ein solches „Pro forma-" Ergebnis zu ermitteln ist, obwohl auch der amerikanische Standardsetter (FASB) einmal beabsichtigt hatte, solche Standards zu entwickeln.[19] Aber nicht nur deshalb stößt das „Pro-forma-Ergebnis" auf vielfältige Kritik,[20] weil „die Pro-forma-Rechnung nicht darstellt, was verdient worden ist, sondern was man verdienen wollte oder sollte"; oder „The growing use of pro forma earnings has undoubtedly been fueled by management's desire to paint a rosier picture than GAAP might otherwise allow."

---

16 Pellens, B. Fülbier, R.U., Gassen, J. a.a.O. Seite 770.

17 Teitler-Feinberg, Evelyn in: Schweizer Treuhänder 3 / 02.

18 Ebenda.

19 Vgl. Standard & Poors; Measures of Corporate Earnings; May 2002.

20 Stellvertretend sei auf den Beitrag von Evelyn Teitler-Feinberg im Schweizer Treuhänder 3 / 02 und die dort gefundenen Zitate verwiesen.

Ähnlicher Kritik war immer auch das DVFA / SG Ergebnis ausgesetzt. Denn auch dieses wurde teilweise dazu benutzt, einen idealisierten Gewinn zu suggerieren. Bezogen auf das Gestaltungspotenzial solcher modifizierter Erfolgsgrößen mag die Richtigkeit dieser Statements nicht zu bestreiten sein.

Um aber zu verstehen, welche Anforderungen an eine nutzbare Ergebnisgröße zu stellen sind, muss man sich fragen, welchen Zweck die gesuchte Ergebnisgröße erfüllen soll.

Nach dem Verständnis der DVFA / SG galt es eine Erfolgsgröße zu definieren, die als geeignete Bewertungsbasis für Anleger und Analysten dienen sollte. Diesem Zweck dienen die verschiedenen Rechnungslegungsprinzipien, egal welcher Couleur, zumindest nicht vorrangig.

Insofern läuft unseres Erachtens auch die Kritik – „Wenn die (Rechnungslegungs-) Standards zu falschen Resultaten führen, dann sind die Standards zu ändern"[21] – ins Leere. Sie verfolgen nur von der Bewertung abweichende Ziele.

Hieraus leiten sich die Zielsetzungen der DVFA / SG nach Vergleichbarkeit und Prognosefähigkeit der (modifizierten) Erfolgsgröße ab.

3.2 Voraussetzungen für die Nützlichkeit von Pro-forma-Ergebnissen

3.2.1 Prognostizierbarkeit

Werfen wir also einen Blick in die Grundsätze ordnungsgemäßer Unternehmensbewertung und die verschiedenen Methoden der modernen Bewertungslehre, um die Anforderungen an eine für Bewertungszwecke nutzbare Ergebnisgröße deutlich zu machen.

Die Grundsätze ordnungsgemäßer Unternehmensbewertung sollen helfen, die „unvermeidbare Komplexitätsreduktion möglichst wertneutral vorzunehmen"[22]; sie beinhalten verschiedene Konkretisierungsprinzipien, namentlich das Doppelzählungsverbot, das Verbundberücksichtigungsprinzip sowie das Zukunftsbezogenheitsprinzip.[23]

In der Betriebswirtschaftslehre herrscht außerdem weitgehend Einigkeit darüber, dass sich der Wert eines Unternehmens aus dem zukünftigen Nutzen für den Unternehmenseigner ergibt, der durch das Nettoentnahmepotenzial repräsentiert wird.[24]

Entsprechend haben die modernen Bewertungsmethoden gemeinsam, dass sie den Unternehmenswert in der einen oder anderen Form aus den erwarteten künftigen Erfolgen ableiten, die es vom Bewerter zu schätzen gilt. Hierin liegt ein grundlegendes Problem der Unternehmensbewertung, nämlich die vollständige Berücksichtigung der zur Bewertung notwendigen, zukunftsbezogenen und damit unsicheren Informationen.[25]

---

21 Schweizer Treuhänder

22 Vgl. Böcking, H.-J. / Novak, K. (2000), S. 132; Moxter, A., (1980), S. 454.

23 Böcking, H.-J. / Novak, K. (2000), S. 132 sowie die dort angegebene Literatur.

24 Böcking, H.-J. / Novak, K. (2000), S. 138 f.

25 Böcking, H.-J. / Novak, K. (2000), S. 132.

Entsprechend formulierte die DVFA / SG als wesentliche Anforderung an die modifizierte Erfolgsgröße, dass sie eine geeignete Ausgangsbasis für die für die Bewertung erforderliche Gewinnschätzung bilden sollte.[26] Nun sind aber die – sowohl für DVFA / SG-Ergebnisse als auch Pro Forma Ergebnisse – zu korrigierenden Sachverhalte in der Regel solche, die eben nicht die „Regel" sind. Entsprechend werden typischerweise zu bereinigende Sachverhalte auch nicht prognostiziert. Analysiert der Analyst die ausgewiesenen Erfolge und hierzu gegebenen Erläuterungen sorgfältig, sollte es ihm auch ohne standardisierte Modifikationen möglich sein, eine sachgerechte Gewinnprognose abzugeben, die nur die der Zukunft innewohnende Unsicherheit enthält. Die mit diesen Unsicherheiten verbundenen typischen und zum Wirtschaftsleben gehörenden Ergebnisschwankungen sollen gerade auch nach dem Verständnis der DVFA / SG nicht korrigiert werden.

Hieraus lässt sich ableiten, dass allein die Prognosefähigkeit nicht zwangsläufig standardisierte Modifikationen der nach verschiedenen Rechnungslegungsarten ausgewiesenen Erfolgsgrößen erfordert.

3.2.2 Vergleichbarkeit

Anders verhält es sich mit der Forderung nach Vergleichbarkeit der Ergebnisse. In der einen oder anderen Form orientieren sich alle modernen Bewertungsmethoden an den Marktpreisen vergleichbarer Unternehmen.[27] Die konsequenteste Form, den Marktpreis zur Bewertung heranzuziehen, stellt aber die in der Aktienanalyse nach wie vor vorherrschende Multiplikatormethode dar.[28] Sie basiert auf dem finanztheoretischen "Law of one price", dessen Kerngedanke es ist, dass "similar assets should sell at similar prices".[29]

Die marktpreisorientierte Bewertung stützt sich also auf die Vergleichbarkeit von Unternehmen. Sie erfuhr in den letzten Jahren trotz vielfältig geäußerter Kritik der „Zufälligkeit" der herangezogenen Marktpreise sowohl von Wissenschaft[30] als auch Rechtsprechung[31] zunehmende Unterstützung. Auch die Überführbarkeit dieser Bewertungsmethode in die theoretischen Barwertkalküle Discounted Cash-flow oder Ertragswertmethode und deren Bedingungen wurde von verschiedener Seite hinreichend dargelegt.[32]

Das Marktpreiskonzept basiert dabei auf einer einfachen Modellwelt, in der sich der Unternehmenswert des Bewertungsobjektes (Zielunternehmen) aus der Multiplikation des gewählten Performanceindikators (PI) mit dem Verhältnis des Marktpreises[33]

---

26 Vgl. v. Colbe, et al. (2000), S. 55 ff.

27 Vgl. Böcking, H.-J. / Novak, K. (2000) S. 139.

28 Böcking, H.-J. / Novak, K. (2000), S. 139.

29 Esty, B.C. (2000), S. 24:

30 Beim marktpreisorientierten Bewertungsverfahren wird implizit die Wertfindungsfähigkeit des Marktes unterstellt. Vgl. Westerfelhaus, H. (2001), S. 673.

31 Vgl. Böcking, H.-J. / Novak, K. (2000), S. 131 und entsprechende Erläuterung zum Beschluss des 1. Senats des Bundesverfassungsgerichts vom 27. April 1999.

32 Stellvertretend Wagner, Th. (2002).

33 Je nach gewähltem Multiplikator des Marktpreises nur des Eigenkapitals oder des Eigenkapitals und Fremdkapitals.

des börsennotierten Vergleichsunternehmens zum entsprechenden Performanceindikator des Vergleichsunternehmens[34] ergibt. Es gilt dann:

$$\text{MARKTPREIS}_{\text{target}}\ (\text{MP}) = \text{MULTIPLIKATOR}_{\text{peer}}\ (\text{M})^{*}\ \text{REFERENZGRÖSSE}_{\text{target}}\ (\text{PI})$$

(2) $$\text{MP}_{\text{target}} = \text{MP}_{\text{peer}} / \text{PI}_{\text{peer}}{}^{*}\ \text{PI}_{\text{target}}$$

Die oben wiedergegebene formale Schreibweise dieser Bewertungsmethode verweist unmittelbar darauf, dass die Qualität der Bewertung von der Genauigkeit der Auswahl der für die Bewertung herangezogenen Vergleichsunternehmen (Peer Group), namentlich der Vergleichbarkeit der Preisbildungsfaktoren oder Performanceindikatoren, abhängt.[35]

Als Performanceindikatoren können zwar verschiedene Daten wie Umsatz, Gewinngrößen oder auch so genannte „non-financial" Bezugsgrößen[36] herangezogen werden. Sie sollten aber entweder mittelbar oder unmittelbar auf das künftige Ertrags- und Risikopotenzial verweisen. Denn der Wert eines Unternehmens bestimmt sich nach allgemeinem Verständnis aus dem zukünftig zu erwartenden Nettoentnahmepotenzial

„Ideally therefore, comparability should be defined in terms of the statistical properties of the anticipated Cashflow stream. Applying this definition, two firms are comparable, if the correlation between the expected future Cashflow is high".[37] Die ausdrucksstärksten Indikatoren sind daher naturgemäß die direkten Erfolgsgrößen, wie Gewinn nach Steuern oder Gewinn vor Steuern und Zinsen (EBIT).[38]

Für eine vergleichende Bewertung im Rahmen des Marktpreiskonzeptes werden entsprechend vergleichbare Gewinnprognosen sowohl für das Zielunternehmen als auch für die Referenzunternehmen benötigt.

Diese notwendige Vergleichbarkeit ist allerdings entscheidend gestört, wenn die zur Bewertung herangezogenen Unternehmen ihre Gewinne nach verschiedenen Rechnungslegungsgrundsätzen und / oder unter unterschiedlicher Ausnutzung der verschiedenen Ansatz- und Bewertungswahl-rechte innerhalb derselben nationalen oder internationalen Bilanzierungsgrundsätze ermitteln.

Solche Unterschiede in der Ergebnisqualität zu egalisieren, war Ziel der Empfehlungen der DVFA / SG zur Bereinigung ausgewiesener Gewinne von börsennotierten Unternehmen, und nicht die Korrektur unzureichender oder fehlerhafter Rechnungslegungsstandards.

---

34 Vgl. Böcking, H.-J. / Novak, K. (2000), S. 147 und die dort angegebene weitere Literatur.

35 Wagner, Th. (2005), S. 10.

36 Siehe hierzu ausführlich Krollc, S. et al. (2005), Multiplikatorverfahren in der Unternehmensbewertung.

37 Vgl. Cornell, B. (1993), S. 60 f.; Wagner, Th. (2005), S. 10.

38 Vgl. Krolle, S. (2005), S. 20 ff.

Wenn aber die Notwendigkeit für zweckgerichtete Adjustierungen erkannt ist, kann die Einsicht in das Erfordernis der Standardisierung nicht weit sein.

Zweifelsohne ließen sich Bilanzierungsunterschiede und daraus resultierende Qualitätsdifferenzen auch grob über Zu- und Abschläge in den Preisrelationen abbilden. Dem Erfordernis der Komplexitätsreduktion und Nachvollziehbarkeit der Bewertung dient ein solches Vorgehen aber nicht.

Die Gefahr des Missbrauchs kann nicht dazu führen, dass andere Ziele als die der jeweiligen Rechnungslegungsprinzipien verworfen werden.

Nicht nur die Einführung der internationalen Bilanzierungsregeln hat, wie weiter oben geschildert, zur Bedeutungslosigkeit des DVFA / SG-Ergebnisses beigetragen. Zum einen waren aufwendige Informationsbeschaffungs- und Bereinigungserfordernisse notwendig, die von manchen Benutzern auch übertrieben wurden und deshalb der Kritik der Scheingenauigkeit ausgesetzt waren. Zum anderen konzentrierte sich das DVFA / SG-Ergebnis zu lange ausschließlich auf die Berechnung des Kurs-Gewinn-Verhältnisses, das als Multiplikator in der Aktienbewertung ebenfalls deutlich an Boden verlor. Längst hatten sich mit der Zeit andere Multiplikatorenverfahren mit den Bezugsgrößen EBIT und EBITDA durchgesetzt, die grundsätzlich aber ebenfalls einer einheitlichen und standardisierten Berechnung für eine vergleichende Aktienanalyse bedürften.

4 Ausblick und Zukunft des DVFA-Ergebnisses

4.1 Internationale Rechnungslegung hat Probleme nicht beseitigt

Wie sich sehr schnell in der Praxis herausstellte, löste auch die Bilanzierung nach internationalen Rechnungslegungsgrundsätzen (IFRS) nicht die bisherigen grundsätzlichen Probleme, mit der sich die Analystengilde seit jeher beschäftigte und die in Deutschland zu dem bereinigten Ergebnis je Aktie nach DVFA / SG geführt hatten.

Obwohl sicherlich die Bilanzierung nach IFRS (und auch US-GAAP) wesentlich stärker als die HGB-Bilanzierung der kapitalmarktorientierten Rechnungslegung zuzuordnen ist, bleiben die Grundprobleme bestehen. Das primäre Ziel der Rechnungslegung nach IFRS also auch US-GAAP ist auf die Rechenschaftslegung über das abgelaufene Geschäftsjahr konzentriert. Dies ist zwar auch für den Investor der Ausgangspunkt seiner Überlegungen. Für seine Anlageentscheidung ist aber von noch größerer Wichtigkeit, wie sich das Unternehmen voraussichtlich weiter entwickeln wird, damit dessen zukünftiger Börsenwert eingeschätzt werden kann. Eine wesentliche Vorarbeit besteht für Investoren darin, die vorgelegten Zahlen und verbalen Erläuterungen gründlich zu analysieren, um herauszufinden, welche Größen fortentwickelt und entsprechend bewertet (going concern concept) werden können. Die Analyse führt insbesondere dazu, dass Sondereinflüsse separiert werden müssen, um nachhaltige Ergebnisentwicklungen prognostizieren zu können.

Diesem Thema des Ausweises von Sondereinflüssen haben sich die beiden großen Standardsetter IFRS und FASB bis heute nur am Rand gewidmet. Auch weiterhin brauchen viele Sondereinflüsse nicht zahlenmäßig separiert zu werden. Hier sind Investoren auf freiwillige Erläuterungen der Unternehmen oder eigene Recherchen und Einschätzungen angewiesen. Die zusätzliche Ermittlung bereinigter, das heißt, von Sondereinflüssen befreiter Ergebnisse ist von den beiden Standardsettern bisher nicht als ein regelungsbedürftiges Thema angesehen worden. Aufgrund der Gefahr von Missinterpretationen wurden derartige „Pro-forma Ergebnisse" als nicht wünschenswert betrachtet. Dennoch haben sie sich, wie die Praxis bis heute zeigt, durchgesetzt und werden von Unternehmen häufig in speziellen Analystenpräsentationen als freiwillige Zusatzinformationen bereitgestellt. Die amerikanische Wertpapieraufsichtsbehörde SEC hat daraus für die bei ihr registrierten Unternehmen eine vernünftige Lösung gefunden und bei Angabe von „Pro-forma Ergebnissen" eine detaillierte Überleitung zum offiziellen Jahresergebnis vorgeschrieben, was aus Analystensicht sehr zu begrüßen ist.

4.2 Neues DVFA-Modell: Value-based Earnings

Oben beschriebene Sachverhalte erkennend, hat die DVFA im Jahr 2006 damit begonnen, ein neues Bereinigungsschema (Value-based Earnings) zu entwickeln, das neben dem Kurs-Gewinn-Verhältnis auch eine Reihe anderer Ergebnis-Multiplikatoren (z.B. EBIT und EBITDA) bedient .

Das Ziel der DVFA ist die Bereinigung der veröffentlichten Ergebnisse von allen Sondereinflüssen, die als nicht regelmäßig wiederkehrend angesehen werden. Derart bereinigte Ergebnisse werden als „wertorientierte Ergebnisse" (Value-based Earnings) bezeichnet. Sie dienen in erster Linie zur Prognose zukünftiger Unternehmenswerte bzw. Aktienkurse.

Das Konzept der vollständigen Bereinigung stellt einen systematisch „sauberen" und umfassenden Ansatz dar, der individuelle Auslegungen weitgehend vermeidet. Da sich die DVFA bewusst ist, dass es häufig große Schwierigkeiten bereitet, ins Gewicht fallende Sondereinflüsse vom „Bodensatz" der weniger bedeutenden Größen abzugrenzen, hat sie dieses Problem durch die Einführung einer Wesentlichkeitsgrenze gelöst.

Der Ablauf des Bereinigungsprozesses erfolgt nach dem Modell der DVFA in der Weise, dass zunächst das ausgewiesene oder ermittelte Betriebsergebnis für die fortgeführten Geschäftstätigkeiten aus der Gewinn- und Verlustrechnung des Unternehmens um die darin festgestellten Sondereinflüsse bereinigt wird. Dann wird beim Finanzergebnis ebenso verfahren, und man erhält das wertorientierte Ergebnis vor Ertragssteuern. Die in der Gewinn- und Verlustrechnung ausgewiesenen Ertragssteuern werden um periodenfremde Beträge bereinigt. Dann werden sämtliche Bereinigungspositionen des Betriebs- und Finanzergebnisses in zwei Schritten versteuert. Zunächst wird der Gesamtbetrag dieser Bereinigungen mit dem „theoretischen" Steuersatz multipliziert. Danach werden die Steuerbeträge auf nicht zu versteuernde Bereinigungsposten eliminiert. Der „theoretische" Steuersatz stellt den erwarteten Durchschnittssatz des Konzerns dar. Zu den Bereinigungsposten, die auf Grund vorliegender Informationen oder begründeter Annahmen nicht zu besteuern sind, gehören beispielsweise Geschäftswertabschreibungen aus „Share Deals" und Veräußerungsgewinne. Auf diese Weise gelangt man zum wertorientierten Ergebnis nach Steuern. Wird es auf die verwässerte Anzahl der Aktien bezogen, ergibt sich das wertorientierte Ergebnis je Aktie.

4.3 Internationale Verbreitung für Akzeptanz unabdingbar

Mit dem 2006 entwickelten Modell der Ermittlung wertorientierter Ergebnisse hat die DVFA eine umfassende und theoretisch „saubere" Antwort auf die gestern wie heute aktuelle Frage der Nützlichkeit und Vergleichbarkeit (Standardisierung) von Jahresabschlussinformationen für die finanzanalytische Aktienbewertung gefunden. Allerdings ist die DVFA mit der Verbreitung des Modells und damit dessen Akzeptanz bislang auf halbem Wege stehen geblieben. Das Modell wurde bisher nur in der deutschen Finanzpresse[39] publik gemacht. Angesichts der globalen Finanzmärkte ist dies aber zu kurz gesprungen. Eine dauerhafte Verbreitung kann nur gelingen, wenn eine internationale Akzeptanz erzielt wird. Dafür müsste zu allererst die Verbreitung des Modells in den internationalen Analystenorganisationen wie z. B. bei den europäischen EFFAS Schwesterverbänden, den Partnerverbänden aus Asien (ASIF), aber auch über das CFA Institute genutzt werden, um entsprechend viele Analysten und Investoren zu erreichen. In einem zweiten Schritt müssten dann sowohl die Unternehmen und Standardsetter als auch die Wirtschaftsprüfer von der Sinnhaftigkeit des Modells überzeugt werden. Bleibt zu hoffen, dass dieser Prozess in nächster Zeit angestoßen wird, um dem „DVFA-Ergebnis" zu neuer Blüte zu verhelfen.

39 Barth, N. / Berndt, H. / Geiger, K. M. / Schickling, M. / Schmitt, G.: Ermittlung wertorientierter Ergebnisse (Value-based Earnings), in: Der Finanzbetrieb, Heft 7 / 8, Jahrgang 2006, S. 421-427.

Anhang

Abbildung 1: Ergebnis je Aktie: Deutsche Babcock Geschäftsjahr 1993 / 94.

Ergebnis je Aktie

	1993/94 Mio DM
Konzern-Jahresüberschuß	**68**
Fremdanteile am Konzern-Jahresüberschuß	–33
Konzern-Bilanzgewinn / Dividende der Deutsche Babcock AG	**35**
Zu bereinigende Positionen (nur Eigenanteil):	
– Restrukturierungsaufwendungen	154
– Auflösung freigewordener Rückstellungen	–135
– Ertrag aus Anlagenverkäufen (inkl. Babcock-BSHBörsengang)	44
– Sonstige zu bereinigende Posten	23
Bereinigtes Ergebnis	**33**
Bereinigtes Ergebnis – Vorjahr	22
Ergebnis je Aktie (ohne Anteile Dritter)	**DM 5,00**
Ergebnis je Aktie – Vorjahr	*DM 5,00*

Quelle: Deutsche Babcock

Literaturverzeichnis

Barth, N./Berndt, H./Geiger, K. M./Schickling, M./Schmitt G.: „Ermittlung wertorientierter Ergebnisse (Value-based Earnings)“, in Der Finanzbetrieb, Heft 7 / 8, Jahrgang 2006, S. 421-427.

Bender, Jürgen: „Grundsatzfragen der Ergebnisbereinigung nach DVFA / SG, Möglichkeiten und Grenzen der Ermittlung einer aktienanalytischen Erfolgsgröße (Schriften zur Bilanz- und Steuerlehre Band 23)“, Schäffer – Poeschel, Stuttgart 1996, Seite 1.

Böcking, H.-J. / Novak, K.: „Die Bedeutung des Börsenkurses bei Unternehmensbewertungen“, in: Werte messen – Werte schaffen, Festschrift für Dr. K.-H. Maul zum 60. Geburtstag. 2000, S. 132.

Büschgen, Hans E.: „Wertpapieranalyse, Die Beurteilung von Kapitalanlagen in Wertpapieren“, C.E. Poeschel, Stuttgart, 1966, S. V.

Busse von Colbe, W.: „Ergebnis je Aktie, Zu den Empfehlungen eines Arbeitskreises der Schmalenbach-Gesellschaft – DGfB“, in Coenenberg, Adolf G.(Hrsg.), Bilanzanalyse nach neuem Recht, Moderne Industrie, Landsberg / Lech, 1989, S. 210 ff.

Busse von Colbe / Geiger / Haase / Reinhard / Schmitt (Hrsg.): „Ergebnis nach DVFA / SG“, in Schriftenreihe Der Betrieb, Schäffer Verlag, Stuttgart, 1991.

Busse von Colbe / Becker / Berndt / Geiger / Haase / Schmitt / Seeberg (Hrsg.): „Ergebnis nach DVFA / SG“, 2. erw. Auflage, Schäffer-Poeschel, Stuttgart, 1996.

Deutsche Vereinigung für Finanzanalyse und Anlageberatung: „Beiträge zur Aktienanalyse“, Heft 18, Arbeitsschema und Erläuterungen zur Ermittlung des Ergebnisses nach DVFA, Verlag Hoppenstedt, Darmstadt 1984.

Esty, B. C.: „What determines comparability when valueing firms with multiples“, in: Journal of Financial Education, Fall, 2000, S. 24.

Geiger, Klaus M.: „Ergebnis je Aktie nach der DFVA-Formel“, in: Coenenberg, Adolf G. (Hrsg.): Bilanzanalyse nach neuem Recht, Moderne Industrie, Landsberg / Lech, 1989, S. 225.

Krolle, S. / Schmitt, G. / Schwetzler, B.: „Multiplikatorverfahren in der Unternehmensbewertung“, Schäffer-Poeschel, Stuttgart, 2005, S. 20 ff.

Pellens, B. / Fülbier, R. U. / Gassen, J.: „Internationale Rechnungslegung“, 5. Auflage, Schäffer – Poeschel, Stuttgart, 2004, S. 771.

Standard & Poors: „Measures of Corporate Earnings“, May 2002.

Teitler-Feinberg, Evelyn, in: Schweizer Treuhänder 3 / 02.

Wagner, Th.: „Multiplikatorverfahren: Konzeption, Analyse, Stellenwert“, in: Barthel, HdUBew, Teil 3, Mai 2002, S. 10.

Wagner, Th.: „Konzeption der Multiplikatorverfahren, in: Krolle, S., et al. (2005), Multiplikatorverfahren in der Unternehmensbewertung, Mai 2005, S. 10.

Westerfelhaus, H.: „IDW-Unternehmensbewertung verkennt Anforderungen der Praxis, in NZG, Hf 15 / 2001, S. 673 (2002).

Zur Qualität der Gewinnprognosen von Analysten: Die Bedeutung von Earnings Management, Expectation Management und Earnings Game

von Wolfgang Bessler und Matthias Stanzel

1 Einführung

Eine effiziente Allokation der finanziellen Ressourcen in die besten Verwendungsmöglichkeiten ist eine der zentralen Aufgaben und Leistungen von Banken, Börsen und Kapitalmärkten. Finanzanalysten erbringen hierbei einen wichtigen Beitrag, indem sie als Informationsintermediäre die Funktionen der Informationssammlung, Informationsverarbeitung und Informationsverbreitung übernehmen. Wenn für die Analyse von Informationen eine große Anzahl von alerten Wertpapieranalysten bereit steht, dann sollten diese dazu beitragen, die Informationsqualität zu verbessern und die Informationsrisiken für den Anleger zu reduzieren (Schmidt 1977, Hong und Kubik 2003). Analysiert man den Informationsprozess genauer, so wird sofort erkennbar, dass Analysten zentrale Funktionen auf den Aktieninformationsmärkten erfüllen (Reuter 1980). Der Markt für Aktieninformationen zeichnet sich genauso wie der Aktienmarkt durch einen sehr hohen Wettbewerbsgrad aus. Eine unverzügliche Kommunikation von bewertungsrelevanten Informationen in Form von unverzerrten Gewinnprognosen und Aktienempfehlungen durch die Analysten sollte dazu beitragen, die transaktionsbedingten Informations- und Entscheidungskosten sowie die Informationsrisiken für den Anleger zu verringern. Dadurch werden dem Anleger profitable Anlagemöglichkeiten bei angemessenen Risiken angeboten.

Dagegen können fehlerhafte und verzerrte Prognosen und Empfehlungen von Aktienanalysten negative Auswirkungen auf das Vertrauen und das Verhalten der Anleger in die Aktienanlage haben, die sich dann schließlich auf die Höhe der geforderten Rendite auswirkt. Denn wenn sich ein Anleger der Gefahr ausgesetzt sieht, Vermögensnachteile aufgrund von falschen Informationen zu erleiden, so wird er diese Informationsrisiken in Form einer kalkulatorischen Selbstversicherungsprämie berücksichtigen. Als Folge steigen die Kosten der Sicherung gegen Informationsrisiken und damit verringert sich entweder die Nettorendite für die Anleger oder es kommt zu höheren Renditeforderungen der Anleger und damit wiederum zu höheren Kapitalkosten für die Unternehmen. Zudem erhöht sich durch regelmäßige Analyseberichte und Aktienempfehlungen von Analysten der Bekanntheitsgrad der Unternehmen. Dies sollte sich zunächst in einer höheren Liquidität der Aktien am Kapitalmarkt und dann folglich in geringeren Kapitalkosten der Unternehmen widerspiegeln (Schmidt 1977). Ein unverzerrtes Aktienresearch sollte darüber hinaus dazu beitragen, die Interessenkonflikte, die zwischen den Investoren und den Unternehmen bestehen, und damit die Agency-Kosten, zu verringern. Denn umfassende und qualifizierte Analysen sowie ein stetiges „Monitoring" des Unternehmensmanagements durch die Analysten sollten einen wichtigen Beitrag zu einer effektiven und effizienten Unternehmensüberwachung („Corporate Governance") liefern (Chung und Jo 1996) und somit eine Disziplinierungsfunktion gegenüber dem Management übernehmen.

Trotz dieser offensichtlichen Bedeutung der Analysten und der Aktienanalyse für die Informationseffizienz der Kapitalmärkte ist von Zeit zu Zeit immer wieder Kritik an der Arbeit der Finanzanalysten geübt worden. Insbesondere werden oftmals Zweifel gehegt, ob das Aktienresearch aufgrund von Interessenkonflikten und von nicht optimalen Anreiz- und Vergütungssystemen grundsätzlich geeignet ist, die Informationseffizienz zu verbessern. Als Beispiele werden hierzu immer wieder die Qualität der Gewinnprognosen und der Aktienempfehlungen in Perioden mit fallenden Kursen herangezogen, in denen die Analysten oftmals nicht rechtzeitig die Gewinnerwartungen nach unten korrigieren und Halte- oder Kaufempfehlungen statt Verkaufsempfehlungen geben. So wurden beispielsweise die ausgeprägten Kursrückgänge am Neuen Markt ab März 2000 von anhaltenden Kaufempfehlungen und optimistischen Gewinnprognosen begleitet. Viele haben damals in den Aktienanalysten sogar die Hauptschuldigen für die massiven Kursverluste gesehen. Es ist für den Anleger in der Regel nur schwer nachzuvollziehen, warum Aktien von Analysten und Banken zum Kauf empfohlen werden, wenn deren Kurse anschließend binnen weniger Monate auf die Hälfte oder noch stärker fallen. Auch in einer aktuellen Studie der Bundesbank (2009) wird darauf hingewiesen, dass insbesondere in Abschwungphasen die Analystenschätzungen für DAX-Werte nach oben verzerrt sind. Dadurch werden die Interessenkonflikte, die in der Regel zwischen Bank, Analyst und Anleger bestehen, deutlich erkennbar. Trotz dieser Probleme und der potenziellen Interessenkonflikte sind die Gewinnprognosen der Analysten weiterhin eine wichtige Information für die Bewertungs- und Entscheidungsmodelle der Investoren am Kapitalmarkt. Es lässt sich deshalb zusammenfassend feststellen, dass unabhängige, alerte und qualifizierte Wertpapieranalysten grundsätzlich einen wichtigen Beitrag zu einer effizienten Allokation der finanziellen Ressourcen leisten. In diesem Zusammenhang ist aber darauf hinzuweisen, dass dies voraussetzt, dass Analysten eine sehr gute und qualifizierende Ausbildung, wie sie beispielsweise von der DVFA angeboten wird, erhalten. Nur dann sind Analysten ein wichtiger Bestandteil des Finanzmarktes und leisten einen bedeutenden Beitrag für einen gut funktionierenden und effizienten Aktieninformationsmarkt.

In der akademischen Literatur existiert eine Vielzahl von Studien, die die Prognosequalität und die Qualität von Aktienempfehlungen von Analysten untersuchen. Die Ergebnisse dieser Untersuchungen deuten auf eine Überlegenheit der Analystenprognosen gegenüber quantitativen Zeitreihenmodellen hin. Eine Vielzahl von Untersuchungen kommt aber auch zu dem Ergebnis, dass Analysten einerseits bemüht sind, negative Prognosen zu vermeiden, und andererseits bereit sind, systematisch positiv verzerrte Gewinnprognosen zu veröffentlichen. Diese empirischen Studien beziehen sich vor allem auf den US-amerikanischen Kapitalmarkt. Für den deutschen Kapitalmarkt existieren bisher nur vereinzelt Studien zu Gewinnprognosen und Aktienempfehlungen von Analysten. Zu nennen sind hier insbesondere die Studien von Henze (2004), Wallmeier (2005) und Stanzel (2007), sowie von Bessler und Stanzel (2006, 2007, 2009). Die empirischen Untersuchungen von Stanzel (2007) und Bessler und Stanzel (2006) zur Qualität und Effizienz der Gewinnprognosen von Finanzanalysten für den deutschen Aktienmarkt, die den Zeitraum von 1995 bis 2004 umfassen, deuten allerdings auch darauf hin, dass das Aktienresearch von Analysten nur bedingt bessere Prognosen als die einfache naive Prognose liefert. Allerdings existieren signifikante Unterschiede zwischen den verschiedenen Prognosehorizonten, den Kalenderjahren, den Fiskaljahren, den Industriesektoren sowie der Gewinnentwicklung der Unternehmen. Insgesamt sind die Prognosen der Finanzanalysten jedoch erstens ungenau, das heißt, die realisierten Gewinne weichen von den erwarteten Gewinnen ab, und zweitens positiv verzerrt, das heißt, die prognostizierten Gewinne sind im Durchschnitt höher als die später realisierten Gewinne. Finanzanalysten des deutschen Kapitalmarktes unterliegen demnach einem Überoptimismus und einer positiven Überreaktion auf neue Informationen. Obwohl die Analystenprognosen zumindest für kurzfristige Prognosehorizonte eine höhere Qualität als die naiven Prognosen aufweisen, sind sie nicht bedingt effizient, denn die Vorhersagen der Analysten berücksichtigen überraschenderweise nicht alle Informationen, die in der naiven Prognose enthalten sind.

Vor dem Hintergrund dieser aktuellen Forschungsergebnisse ergeben sich folgende interessante Fragestellungen für den deutschen Kapitalmarkt. Warum waren die Gewinnprognosen in vielen Jahren oftmals außergewöhnlich optimistisch und positiv verzerrt? Warum sind zudem die Prognosen in der Regel optimistischer und weichen ex post stärker von dem erwarteten Gewinn ab, je länger der Prognosehorizont ist? So ist zu beobachten, dass die Analysten zuerst sehr optimistisch sind und dadurch möglicherweise das Management des Unternehmens unter Druck setzen, einen bestimmten anvisierten Gewinn pro Aktie zu realisieren, dann aber später diese Gewinnerwartungen nach unten korrigieren, je dichter der Zeitpunkt der veröffentlichten Prognose an der Gewinnveröffentlichung liegt. Es ist zudem zu beobachten, dass kurz vor der Gewinnveröffentlichung die Prognose unterhalb des realisierten Gewinns liegt, um dadurch dem Management die Möglichkeit zu eröffnen, den „Consensus Forecast", das heißt, die durchschnittliche Gewinnprognose aller Analysten für eine Aktie, zu übertreffen. Dies führt dann zu positiven Kursreaktionen. Das Ziel dieses Beitrages ist es, diesen Zusammenhang zwischen den Veränderungen der Gewinnprognosen der Analysten im Zeitablauf und dem realisierten Gewinn für den deutschen Kapitalmarkt empirisch zu untersuchen, um dann die Gründe für ein solches „Phänomen" aufzuzeigen. Im folgenden Kapital wird zunächst das Unternehmensmanagement als Informationsquelle des Analysten näher betrachtet. Anschließend steht der Einfluss des Unternehmensmanagements auf die Prognosequalität aufgrund von Earnings Management, Expectations Management und Earnings Game im Mittelpunkt der Betrachtungen. In Kapitel 4 werden die empirischen Ergebnisse für das Earnings Game am deutschen Kapitalmarkt dargestellt. Eine Zusammenfassung schließt diesen Beitrag ab.

2 Das Management als Informationsquelle von Analysten

Das Management des Unternehmens ist für den Analysten eine wichtige Quelle für unternehmensspezifische Informationen. Durch gute Beziehungen zum Management kann sich der Analyst einen frühzeitigen und privilegierten Zugang zu bewertungsrelevanten Informationen sichern. Diese Informationen können dann zu qualitativ besseren Gewinnprognosen und Empfehlungen führen, welche die Reputation des Analysten erhöhen sollten. Allerdings führt dieser Anspruch der Investoren zu einem grundsätzlichen Dilemma des Analysten. Das Unternehmensmanagement bevorzugt in der Regel optimistische Gewinnprognosen und Aktienempfehlungen, da positive Gewinnprognosen im Allgemeinen auch zu höheren Bewertungen am Aktienmarkt und höheren Vergütungen der Manager führen. Veröffentlicht ein Analyst hingegen neutrales oder sogar negatives Research, so läuft er immer Gefahr, dass der exklusive Informationsfluss eingeschränkt oder sogar gestoppt wird. Der Analyst erhält eine Informationssperre, keinen Zugang zum Management, oder das Unternehmen droht sogar, dem Brokerhaus des Analysten andere Geschäfte zu entziehen, falls dieses eine Geschäftsbeziehung mit dem Unternehmen unterhält. Diese Gefahr besteht sowohl für abhängige Analysten als auch für unabhängige Analysten, die ebenso auf Unternehmensinformationen angewiesen sind.

Hodgkinson (2001) und Lim (2001) kommen in ihren Studien zu dem Ergebnis, dass dieses Dilemma des Analysten nicht zu besseren, sondern zu ungenauen und positiv verzerrten Prognosen und Empfehlungen führt, da der Analyst in der Regel dem Informationsfluss einen höheren Stellenwert in seiner Nutzenfunktion einräumt als seiner durch objektives und unverzerrtes Research zu steigernden Reputation. Francis und Philbrick (1993) sowie Dugar und Nathan (1995) argumentieren ebenso, dass Analystenprognosen absichtlich und zielgerichtet positiv verzerrt sind, um den Zugang zu relevanten Unternehmensinformationen zu bekommen. Der Analyst agiert somit eher im Sinne des Managements der Emittenten und seines Arbeitgebers als im Sinne der Investoren. Mest und Plummer (2003) überprüfen die Hypothese, dass der Optimismus der Analysten von der zu prognostizierenden Kennzahl abhängt. Kennzahlen, die für das Unternehmensmanagement eine weniger wichtige Rolle spielen, sollten demnach durch einen geringeren Optimismus gekennzeichnet sein als Kennzahlen, die eine kursrelevante Bedeutung haben, wie z. B. die Gewinnerwartung je Aktie. Die Autoren können einen signifikant geringeren Optimismus in den Umsatzprognosen der Analysten feststellen, woraus sie den Schluss ziehen, dass der höhere Optimismus in den Gewinnprognosen eine strategische Komponente aufweist.

Der Zugang der Analysten zu unternehmensinternen Informationen ist vor allem für solche Unternehmen relevant, für die eine Prognose aus öffentlich verfügbaren Informationen relativ schwierig zu erstellen ist. Dies können Unternehmen sein, über die nur relativ wenige öffentliche Informationen verfügbar sind oder für die eine höhere Unsicherheit in der Gewinnentwicklung existiert, wie beispielsweise bei jungen, innovativen Wachstumsunternehmen oder bei forschungsintensiven Unternehmen. Diese Konstellation sollte dazu führen, dass eine optimistische Verzerrung bei diesen Unternehmensgruppen verstärkt auftritt. Des Weiteren besteht für Analysten, die bei kleineren Investmentbanken oder kleineren, unabhängigen Researchhäusern beschäftigt sind, ebenso wie für unerfahrene Analysten, ein verstärkter Anreiz aufgrund mangelnder Ressourcen oder alternativer Informationsquellen Managementbeziehungen durch optimistisches Aktienresearch aufzubauen. Dies kann dazu führen, dass gerade Technologieunternehmen von Analysten sehr positiv beurteilt werden, um sich dadurch persönliche Reputation und den Ruf eines „Technologieexperten" aufzubauen (Hong et al. 2008). Zusammenfassend kommt Lim (2001) zu dem Ergebnis, dass Finanzanalysten im Rahmen der vielfältigen Agency-Beziehungen in der Finanzanalyse immer wieder zwischen ihrem Anspruch, möglichst genaue Prognosen abzugeben und dadurch Reputation unter den Investoren aufzubauen, und dem privilegierten Zugang zu den dazu notwendigen Informationen durch das Unternehmensmanagement abwägen müssen. Dies bedeutet oftmals, dass etwas positivere Prognosen erwartet werden und auch zu erstellen sind. Deshalb ist es interessant, diese Zusammenhänge und den Einfluss des Unternehmens auf die Qualität der Gewinnprognosen im Folgenden genauer zu betrachten.

3 Der Einfluss des Managements auf die Prognosequalität

Auch wenn die Prognosequalität grundsätzlich durch den Informationsfluss zwischen Management und Analyst beeinflusst wird, besteht natürlich auch die Möglichkeit für das Management, das letztendlich ausgewiesene Ergebnis und die Erwartungen der Analysten in eine gewünschte Richtung zu beeinflussen. Obwohl die Relevanz von

Quartalsergebnissen in der akademischen Literatur durchaus kritisch diskutiert wird, bestehen kaum Zweifel über die Bedeutung und die Auswirkungen des Treffens oder Verfehlens der Gewinnprognosen der Analysten auf den Aktienkurs eines Unternehmens (Bartov et al. 2002, Barth et al. 1999).

3.1 Grundideen zum Earnings Management

Aufgrund der extrem negativen Auswirkungen bei Verfehlen der Analystenprognosen sind die Unternehmen oftmals bestrebt, durch ein gezieltes Management des ausgewiesenen Gewinns, dem sogenannten Earnings Management, diesen Fall möglichst zu vermeiden. Das Earnings Management ist Mittelpunkt einer Vielzahl wissenschaftlicher Studien im Bereich des Rechnungswesens, wobei die Ansichten über die Zulässigkeit eines Earnings Managements durchaus strittig sind. Healy und Wahlen (1999, S. 368) vertreten dazu die Auffassung: *„Earnings Management occurs when managers use judgment in financial reporting and in structuring transactions to alter financial reports to either mislead some stakeholders about the underlying economic performance of the company or to influence contractual outcomes that depend on reported accounting numbers."* Degeorge et al. (1999, S. 2) sehen Earnings Management *„as the strategic exercise of managerial discretion in influencing the earnings figure reported to external audiences"*. Leuz et al. (2003, S. 506 ff.) charakterisieren Earnings Management als das Verbergen der Unternehmensperformance vor den Unternehmens-Outsidern. Das lässt sie zu dem Schluss kommen, dass dies vor allem in Ländern anzutreffen ist, die als „Insider Countries" mit relativ schwachem Anlegerschutz, konzentriertem Anteilsbesitz und relativ schwach entwickelten Kapitalmärkten bezeichnet werden können. Diese Sichtweise, dass das Earnings Management in den Ländern stärker ausgeprägt ist, in denen der Anlegerschutz gering ist, wird auch in einer Studie von Sun (2009), in der für 24 Länder über 50.000 Gewinnprognosen verarbeitet wurden, unterstützt. Demnach ist die Qualität der Analystentätigkeit in den Ländern besonders wichtig, in denen der Anlegerschutz gering ist. Analysten könnten in diesen Märkten somit eine wichtige „Corporate Governance" Funktion übernehmen. Daher sollte eine gute Analystenausbildung in diesen Ländern dazu führen, dass Manager ihr opportunistisches Verhalten einschränken. Darüber hinaus zeigen Xie et al. (2003), dass vor allem die Kompetenz des Audit Commitees einer Unternehmung das Ausmaß an Earnings Management bestimmt. Mitglieder mit ausgesprochener Kompetenz in Finanzierungs- und Rechnungslegungsfragen sind daher eher in der Lage, dies aufzudecken. Auch eine höhere Tagungsfrequenz der Ausschüsse reduziert das Ausmaß an möglichem Earnings Management.

3.2 Earnings Management und Managementvergütung

Oftmals existieren auch vertragliche Vereinbarungen, welche die ausgewiesenen Unternehmensgewinne implizit oder explizit als Vertragsbestandteil beinhalten. So offerieren beispielsweise Vergütungssysteme sowie der Arbeitsmarkt für Unternehmensmanager Anreize, ausgewiesene Gewinne in eine bestimmte Richtung zu lenken, da das Gehalt sowie die zukünftigen Arbeitsmöglichkeiten eines Managers oftmals auf den durch sie geschaffenen und ausgewiesenen Unternehmensgewinnen basieren. Diese Kombination führt zu einem grundlegenden Agency-Problem, das insbesondere in der aktuellen Finanzkrise sehr kritisch diskutiert wird. Wenn die Leistungsanreize des Managements auf ausgewiesenen Gewinnen des Unternehmens basieren und die Manager dieses Ergebnis beeinflussen können, so liegt es im eigenen Interesse der Manager, durch aktives Gewinnmanagement eine bessere Performance vorzuweisen. Earnings Management kann in dieser Hinsicht als Antwort des Managements auf die Abhängigkeit der Vergütung und der beruflichen Chancen von den ausgewiesenen Gewinnen interpretiert werden. So kommen Bolliger und Kast (2004) zu dem Ergebnis, dass das Ausmaß an Earnings Management sehr stark durch die optionsbasierten Vergütungssysteme und den Aktienanteil des Managements bestimmt wird.

Neben dem Vergütungsproblem existiert eine Reihe weiterer Gründe, ein Gewinnmanagement zu betreiben, um dadurch den Investoren Informationen zu liefern, die nicht vollständig die ökonomische Realität abbilden. Neben dem Generieren von besseren Kapitalbeschaffungsmöglichkeiten (Rangan 1998, Teoh et al. 1998) und dem Vermeiden des Verletzens von Vertragsbedingungen in Fremdkapitalverträgen (Sweeney 1994, DeFond und Jiambalvo 1994) ist es auch das Erfüllen von Listing-Anforderungen, welches ein derartiges Managementverhalten verstärkt. Auch das Verschieben schlechter Nachrichten in die Zukunft (Trueman 1990, Begley und Fischer 1998), die Unterbewertung des Unternehmens im Rahmen eines Management-Buyouts und das Beeinflussen der Gewinnhöhe bei bevorstehenden M&A-Aktivitäten (Easterwood 1997, Louis 2004) begünstigen das Ausmaß des Earnings Management. Nicht zuletzt gilt es auch den „Torpedo-Effekt" (Skinner und Sloan 2000) zu vermeiden. Dieser Effekt, dass ein geringes Unterschreiten eines Grenzwertes zu starken Rückgängen im Aktienkurs führt, ist im Falle des Verfehlens bestimmter Benchmarks oftmals zu beobachten. Diese unerwartet hohen Kursrückgänge bei Wachstumsaktien nach vermeintlich schlechten Nachrichten sind charakteristisch für die Threshold-Mentalität der Investoren.

3.3 Gründe und Motive für das Earnings Management

Gerade bestimmte Schwellenwerte bestimmen das Earnings Management in großem Maße, da Unternehmensoutsider die Leistung des Managements oftmals an bestimmten Grenzen messen („Threshold Mentality"). Das Nichterreichen von postulierten Grenzwerten kann für das Unternehmen weitreichende Konsequenzen haben. Dies ist zum Teil auf die S-förmige Nutzenfunktion der Investoren zurückzuführen. So wird ein Unterschreiten eines bestimmten Grenzwertes stärker bewertet als ein Überschreiten um den gleichen Betrag. Die wissenschaftliche Literatur beschreibt im Wesentlichen drei Schwellenwerte, die vom Management erreicht werden müssen, um negative Bewertungseffekte zu vermeiden: (1) Das Streben des Managements nach dem Ausweis von positiven Ergebnissen, seien diese auch noch so klein, was in erster Linie in der kognitiv wichtigen Unterscheidung zwischen positiven (Gewinnen) und negativen (Verlusten) Zahlen im menschlichen Denkprozess begründet liegt. (2) Die Orientierung an den vergleichbaren Gewinnen der letzten Periode. Es sind Gewinne auszuweisen, die zumindest das Vorjahresniveau erreichen. (3) Das Treffen der Konsensusprognose der Analysten. Die Gewinne sollten mindestens die Konsensusprognose erfüllen, nach Möglichkeit jedoch leicht höher ausfallen. Eine weitere interessante Grenze führen Bagnoli et al. (2002) sowie Chai und Tung (2002, S. 1338) an. Sie zeigen, dass die Einhaltung des von den Unternehmen selbst prognostizierten Veröffentlichungstermins der Gewinne ein wichtiges Signal darstellt. Wird dieser Termin nicht eingehalten, so wird dies im Durchschnitt als negatives Signal von den Kapitalmarktteilnehmern interpretiert. Degeorge et al. (1999) weisen zudem darauf hin, dass die Ziele genau in der beschriebenen Reihenfolge zu erfüllen sind.

Diese angeführten Ziele lassen sich in der Regel durch ein effizientes Gewinnmanagement realisieren. Nur dann kann das Management sowohl eine bestmögliche individuelle Performance (Vergütung, Arbeitsmarktchancen usw.) als auch Unternehmensperformance gewährleisten. Bartov et al. (2002) zeigen, dass Unternehmen, welche die Konsensusprognosen der Analysten treffen oder knapp überbieten, am Kapitalmarkt mit einer Prämie gehandelt werden. Selbst Unternehmen, die ein nachgewiesenes Earnings Management betreiben, weisen diese – wenngleich geringere – Prämie auf. Ein kontinuierliches Gewinnwachstum wird demnach vom Kapitalmarkt in Form einer Prämie honoriert (Barth et al. 1999). Werden die Analystenprognosen hingegen unterschritten, so folgen negative Aktienkursreaktionen. Insbesondere junge Wachstumsunternehmen müssen bereits bei einem marginalen Unterschreiten der Grenzwerte mit massiven Kursabschlägen rechnen.

3.4 Maßnahmen im Rahmen des Earnings Management

Zur Erreichung dieser drei Ziele kann das Unternehmensmanagement auf eine Vielzahl von Mechanismen zurückgreifen. So können zum einen durch direkte Maßnahmen die Gewinne in eine gewünschte Richtung gelenkt werden. Hierunter zählen die temporäre Veränderung von Absatzpreisen, Änderungen in der Kreditpolitik oder andere verkaufsfördernde Maßnahmen. Darüber hinaus stehen dem Unternehmen aber auch indirekte Maßnahmen zur Verfügung. Vor allem das Ausnutzen diskretionärer Spielräume im Rahmen der Bilanzierung („Accrual Accounting“) findet hierbei Anwendung. So weisen beispielsweise Payne und Robb (1997) darauf hin, dass Manager vor allem diskretionäre Rückstellungs- und Abschreibungsspielräume nutzen, um die ausgewiesenen Gewinne den Analystenerwartungen anzunähern. Diese Art von „Misreporting“ (Burgstahler und Dichev 1997) ist durch Unternehmensoutsider aufgrund der eingeschränkten Verfügbarkeit von Informationen nur sehr schwer zu überprüfen. Weit verbreitet ist die Nutzung des Earnings Management, um den ausgewiesenen Gewinn nur minimal zu erhöhen. In diesem speziellen Fall spricht man vom so genannten Aufrunden („Rounding Up“). Aufgrund der Tatsache, dass das Aufrunden der Kennzahl Gewinn je Aktie diese maximal um einen Cent erhöht, erscheint es aus ökonomischer Sicht irrelevant. Dennoch existieren empirische Studien, die darauf hindeuten, dass dies sehr wohl signifikante Bewertungskonsequenzen haben kann. So konnte Cisco Systems in 14 aufeinander folgenden Quartalen die Analystenprognosen immer genau um einen Cent übertreffen. Als im letzten Quartal 2000 der Gewinn mit 18 Cent einen Cent unter dem Konsensus von 19 Cent lag, verlor die Cisco-Systems-Aktie am Tag nach der Veröffentlichung 13% an Wert.

Das Aufrunden des Gewinns je Aktie kann dem Management helfen, die drastischen negativen Konsequenzen des Verfehlens einer der drei oben genannten Grenzen und vor allem der Konsensusprognose der Analysten zu vermeiden. Degeorge et al. (1999, S. 19ff.) können den Einfluss der drei oben genannten Schwellenwerte für Unternehmensgewinne empirisch bestätigen. Sie finden in den jeweiligen Verteilungen statistisch signifikante Sprünge um den Schwellenwert und keine gleichmäßige Verteilungsfunktion. Quartalsgewinne, welche die Analystenschätzungen genau treffen oder gerade um einen Cent überbieten, treten beispielsweise weitaus häufiger auf als Quartalsgewinne, welche die Prognosen knapp verfehlen. Auch um die Grenze zwischen negativen und positiven Gewinnen findet sich keine gleichmäßige Verteilung, sondern vermehrt Gewinne im knapp positiven Bereich (Bartov et al. 2002, Burgstahler und Dichev 1997). Glaum et al. (2004) dokumentieren länderspezifische Unterschiede im Ausmaß des Earnings Managements. Sie weisen darauf hin, dass Earnings Management in den USA eine größere Rolle spielt als in Deutschland.

Abarbanell und Lehavy (2003) gehen davon aus, dass Unternehmen grundsätzlich immer versuchen werden, durch Gewinnmanagement die drei beschriebenen Ziele zu erreichen. Ist ein Unternehmen jedoch nicht mehr in der Lage, den ausgewiesenen Gewinn anzuheben, da die Möglichkeiten, die ein indirektes oder direktes Earnings Management in diese Richtung bieten, ausgeschöpft sind, so werden diese Unternehmen den entgegengesetzten Weg einschlagen und ein Gewinnmanagement betreiben, welches zu einer starken Verringerung der ausgewiesenen Gewinne führt. Dadurch lassen sich quasi „Reserven" für ein zukünftiges, gewinnsteigerndes Earnings Management bilden. Abarbanell und Lehavy (2003) zeigen zudem, dass die aktuelle Beurteilung der Unternehmen durch die Analysten eine Variable zur Prognose des Ausmaßes des Gewinnmanagements darstellt. Sie beobachten, dass Unternehmen, die von Analysten zum Verkauf empfohlen werden, ein Gewinn reduzierendes Earnings Management betreiben. Unternehmen, die hingegen zum Kauf empfohlen werden, betreiben ein Earnings Management, um die Gewinnprognosen der Analysten zu treffen oder leicht zu übertreffen. Die Richtung des Gewinnmanagements basiert also auf den absatzpolitischen und bilanziellen Spielräumen, die eingesetzt werden können, um die Benchmarks der Investoren zu erreichen. Abarbanell und Lehavy (2003) sowie Bradshaw et al. (2001) stellen auch fest, dass professionelle Marktteilnehmer wie Analysten nicht ausreichend in der Lage sind, das von einem Unternehmen betriebene Earnings Management zu erkennen und adäquat in den Gewinnprognosen zu berücksichtigen. Das Ausmaß des Gewinnmanagements eines Unternehmens beeinflusst somit indirekt die Qualität der Gewinnprognosen von Analysten.

3.5 Gründe und Motive für das Expectations Management

Neben den Methoden des indirekten und direkten Earnings Management bietet sich dem Unternehmen noch eine dritte Möglichkeit, das Expectations Management, um die Gewinnerwartungen der Analysten zu erfüllen. Dabei versucht das Management durch gezielte Bereitstellung von Informationen, die Erwartungen und Prognosen der Analysten in die gewünschte Richtung zu lenken. So zeigen beispielsweise Dutta und Gigler (2002), dass das Ausmaß an direktem und indirektem Earnings Management reduziert wird, wenn das Unternehmen selbst Prognosen über die zu erwartenden Gewinne veröffentlicht (Management-Prognosen). Expectation Management stellt insofern nichts anderes dar, als den Analysten im Laufe eines Jahres genau mit den Informationen und Daten zu versorgen, die sicherstellen, dass der Analyst Gewinnprognosen erstellt, die dem Unternehmen den höchsten Nutzen erbringen. Collingwood (2001, S. 72) fasst dies treffend zusammen: *„By keeping analysts well supplied with data, they foster goodwill while ensuring that the corporation is the primary source of information about itself. Give the analysts all the data they need to build their earnings models, goes managements thinking, and they'll have no incentive to look outside the company for information."*

3.6 Gründe und Motive für das Earnings Game

Kommt es neben einer rein informativen Hinführung zur Ergebnisgröße zu einer aktiven Interaktion zwischen Management und Analyst, die den beiden Parteien eine Nutzensteigerung ermöglicht, so spricht man vom „Earnings Game". Die Gewinnprognosen der Analysten weisen unter diesen Gegebenheiten einen charakteristischen Verlauf auf. Richardson et al. (1999) untersuchen diesen Verlauf von Gewinnprognosen im Laufe eines Geschäftsjahres und erkennen, dass die Prognosen der Analysten zu Beginn des Geschäftsjahres sehr optimistisch ausfallen, im Zeitablauf aber immer weiter nach unten revidiert werden, bis sie einige Tage vor der Gewinnveröffentlichung der Unternehmen sogar einen Pessimismus aufweisen. Damit erlauben die Analysten, dass das Management die Prognosen der Analysten marginal übertreffen kann. Die Anzahl an negativen Prognosefehlern, also dem Übertreffen der Analystenerwartungen am Ende des Fiskaljahres, liegt deutlich über den positiven Prognosefehlern. Auch Bartov et al. (2002) finden den typischen Verlauf im Laufe eines Jahres, nämlich dass die zu Beginn hohen Prognosen sukzessive nach unten revidiert werden, bis sie von den Unternehmen knapp übertroffen werden können, und schließen auf die Existenz eines Erwartungsmanagements in der Berichtsperiode. Chopra (1998) bestätigt diese Erkenntnisse über den Trendverlauf innerhalb eines Fiskaljahres für Unternehmen des S&P 500, findet aber im Gegensatz zu Richardson et al. (1999) für die letzten Prognosen immer noch um knapp 1% zu optimistische Prognosen. Allerdings kann Brown (2001) einen klaren Trend in den Gewinnüberraschungen der Unternehmen erkennen. Von 1984 bis 1999 ist eine eindeutige Entwicklung von kleinen negativen Überraschungen, das heißt, die Analystenprognosen werden knapp unterboten, hin zu kleinen positiven Gewinnüberraschungen, das heißt, die Analystenprognosen werden knapp überboten, zu erkennen. Brown (2001, S. 239) bezeichnet dies treffend als *„a little bit of good news."*

Allem Anschein nach ist das Earnings Game ein Phänomen der neueren Zeit, was mit der wachsenden Bedeutung des Investment Banking zusammenhängen könnte. Denn vom Verhalten im Rahmen des Earnings Game profitieren sowohl die Analysten als auch die Unternehmen. Mit optimistischen lang- und mittelfristigen Prognosen befriedigen die Analysten die Ansprüche der Unternehmen nach positivem Research. Mit den nach unten revidierten kurzfristigen Gewinnprognosen sichern sie ihre Reputation unter den Investoren und ermöglichen gleichzeitig den Unternehmen das Übertreffen des Ankerwertes „Gewinnprognose". Der Zugang zur Informationsquelle Unternehmen bleibt dem Analysten offen, und auch zukünftigen Geschäftsbeziehungen seines Arbeitgebers stehen keine negativen Prognosen gegenüber.

3.7 Auswirkungen des Earnings Management

Abschließend muss allerdings angemerkt werden, dass das Ausmaß an Earnings Management und Expectation Management beschränkt ist. Ein zu starkes Übertreffen der Analystenprognosen liegt aufgrund der damit höheren Benchmark der Investoren im Folgejahr nicht unbedingt im Interesse der Unternehmen. Dies führt somit zu dem beobachtbaren Verhalten, das ausschließlich das Treffen oder minimale Übertreffen der Konsensusprognose zum Ziel hat. Dieses Ziel des Managements kann letztendlich dazu führen, dass Investitionsprojekte mit positiven Nettobarwerten nicht realisiert, sondern in die Zukunft verschoben werden. Negative Überraschungen hingegen werden – soweit wie möglich – durch die beschriebenen Möglichkeiten im Rahmen des Earnings Management und Expectation Management vermieden. Diese Verhaltensweisen des „Earnings Smoothing", welches als Spezialfall des Earnings Management angesehen werden kann, stehen prinzipiell im Einklang mit den Erkenntnissen über die Dividendenpolitik von Unternehmen. Schon Lintner (1956) findet in seiner Studie, dass Unternehmen an einer stabilen oder stetig steigenden Dividende interessiert sind und der Markt eine solche Politik auch honoriert. Die Emittenten werden nur dann die Dividende erhöhen, wenn sie sich sicher sein können, das Niveau auch zukünftig halten zu können, da sie ansonsten bei späteren Senkungen mit negativen Kapitalmarktreaktionen rechnen müssen (Bessler und Ellermann 2004). Da die Dividendenpolitik in hohem Maße von der Gewinnentwicklung abhängt und die Unternehmen in aller Regel eine bestimmte Zielausschüttungsquote verfolgen, können die Ergebnisse von Lintner (1956) durchaus auch auf das Verhalten der Manager im Rahmen des Gewinnmanagements übertragen werden. Vergleichbar mit der Dividendenpolitik können die Unternehmen auch mithilfe der drei genannten Grenzwerte im Rahmen ihrer Gewinnausweise ein effizientes Signalling betreiben. Werden die beschriebenen Ankerwerte vom Unternehmensmanagement nicht erreicht, stellt dies ein besonders negatives Signal für den Kapitalmarkt dar, wie Goel und Thakor (2003) dokumentieren. Dies bedeutet im Umkehrschluss jedoch auch, dass ein Earnings Management aus Unternehmenssicht fast schon betrieben werden muss, wenn der Kapitalmarkt dies erwartet.

Deshalb ist es kaum überraschend, dass Shen und Chih (2005) vor allem für Banken ein ausgeprägtes Earnings Management feststellen. Denn gerade für Banken stellt ein Verlustausweis ein extrem negatives Signal und einen Vertrauensverlust dar, der zu signifikant negativen Kursreaktionen führt (Bessler und Nohel 1996). Die Verlustinformationen bei einer Bank sind aber oft ausreichend, um die Erwartung zu schüren, dass auch die anderen Banken in naher Zukunft negative Erfolge ausweisen werden. Deshalb sind auch die Banken, die keine Verluste oder Dividendensenkungen veröffentlichen, in aller Regel durch Kursabschläge gekennzeichnet. Stehen allerdings den Analysten Informationen über das Risiko-Exposure der verschiedenen Banken zur Verfügung oder konnten diese glaubhaft signalisiert werden, so reagieren die Bankaktienkurse zwar ebenfalls negativ, aber entsprechend ihrem Ausfallpotenzial (Bessler und Nohel 2000). Deshalb können Finanzanalysten durch realitätsnahe Gewinnprognosen dazu beitragen, dass Probleme bei Banken rechtzeitig erkannt werden.

Earnings Management, Expectation Management und Earnings Game zeigen somit deutlich die Folgen der Principal-Agent-Beziehung zwischen Unternehmensmanagement und Analyst auf. Dabei muss nochmals angemerkt werden, dass ein übertriebenes Gewinnmanagement im Rahmen vorhandener Bewertungsspielräume zwar nicht illegal ist, es aber dennoch die Glaubwürdigkeit des gesamten Kapitalmarkts beeinträchtigen kann. Unverzerrte Informationen sind die grundlegende Basis eines funktionierenden und effizienten Kapitalmarktes. Wird die Unternehmensperformance durch übertriebenes Earnings Management verschleiert, so führt dies zu verzerrten Preisen an den Kapitalmärkten. Die Allokation des Kapitals in die bestmöglichen Verwendungsmöglichkeiten wäre somit nicht mehr sicher gestellt (Xie et al. 2003). Es ist daher interessant zu untersuchen, inwieweit das Earnings Game auch am deutschen Kapitalmarkt zu beobachten ist.

4 Das Earnings Game am deutschen Kapitalmarkt

Das Ziel der empirischen Untersuchung ist es, den zuvor beschriebenen idealtypischen Verlauf der Gewinnprognosen in Abhängigkeit vom Prognosehorizont (Earnings Game) auch für den deutschen Kapitalmarkt genauer zu analysieren. Im Folgenden werden zunächst die verwendeten Daten und die Methodik erläutert und anschließend die empirischen Ergebnisse diskutiert.

4.1 Daten

Die Datenbasis der empirischen Untersuchung bilden insgesamt 177.626 individuelle Prognosen der Kennzahl „Gewinn je Aktie" von Sell-Side-Analysten für Unternehmen des deutschen Kapitalmarktes. Als Kapitalmarkt werden in diesem Rahmen die Unternehmen, die im CDAX enthalten sind, verstanden. Die betrachtete Periode umfasst den Zeitraum von Januar 1995 bis März 2004, das heißt, das letzte betrachtete Geschäftsjahr ist das Jahr 2003. Die Untersuchung unterliegt keinem Survivorship-Bias, da auch die Unternehmen in der Stichprobe enthalten sind, die zwischenzeitlich die Notierung an der Börse eingestellt haben. Sämtliche Gewinnprognosen wurden von FactSet auf Basis der JCF Anwendung zur Verfügung gestellt.

Tabelle 1 gibt einen Überblick über die jährliche Anzahl sowie die Gesamtanzahl der in der Stichprobe enthaltenen Gewinnprognosen. Darüber hinaus ist die Anzahl der Analysten, Brokerhäuser und Unternehmen angeführt, die den Gewinnprognosen zugrunde liegen. Allerdings werden nur Gewinnprognosen in die Studie einbezogen, die von Analysten stammen, die namentlich differenziert werden können. Analystenteams fließen somit nicht in die Untersuchung ein.

Tabelle 1: Deskriptive Statistik Gesamtsample

Jahr	Prognosen	Broker	Analysten	Unternehmen
1995	5.362	36	172	100
1996	12.499	38	282	108
1997	22.478	46	335	199
1998	25.690	62	547	224
1999	19.523	74	785	315
2000	23.626	82	1.089	394
2001	30.318	108	1.290	396
2002	25.563	112	1.324	344
2003	11.352	103	1.091	295
2004	1.215	87	694	278
1995–2004	177.626	190	2.446	557

Bis zum Jahr 2002 steigt die Anzahl der Brokerhäuser und Analysten stetig an. Die Zahl der Brokerhäuser hat sich im Zeitraum 1995 bis zum Maximum im Jahr 2002 mehr als verdreifacht. Die Aufwärtsbewegung der Kapitalmärkte hat allem Anschein nach auch zu einem starken Ausbau des Aktienresearchs insbesondere in der Phase der „New Economy" Periode geführt. Die Zahl der Analysten hat sich im selben Zeitraum um über 750% erhöht. Neben der stark gestiegenen Nachfrage nach Researchleistungen ist hierbei zu beachten, dass die Anzahl an namentlich bekannten Analysten im Zeitablauf auch kontinuierlich weiter gestiegen ist, so dass sich alleine dadurch die Anzahl an Analysten erhöht. Mit über 30.000 Gewinnprognosen ist im Jahr 2001 die höchste Zahl an publizierten Researchberichten von Sell-Side-Analysten zu verzeichnen. Doch mit dem Rückgang der Märkte ab März 2000 setzt auch der Abbau im Aktienresearch ein. So sind im Jahre 2003 nur noch 1.091 Analysten, im Jahr 2004 sogar nur noch 694 Analysten mit der Beobachtung des deutschen Aktienmarktes betraut. Auch 25 Brokerhäuser stellten seit dem Jahr 2002 ihren Dienst ein. Interessanterweise ist auch die Anzahl der Unternehmen, für welche die Analysten Gewinnprognosen und Aktienempfehlungen publizieren, ebenfalls nicht zeitkonstant. Werden beispielsweise in 2001 noch 396 Unternehmen beobachtet, so weisen im Jahr 2004 nur noch 278 Unternehmen ein Analystencoverage auf.

Da Ausreißer in der Stichprobe die Ergebnisse grundsätzlich verzerren können, werden aus dem Ursprungssample sämtliche Prognosen, die einen relativen Fehler von mehr als 100% aufweisen, eliminiert. Dies führt zu einer Reduktion der Untersuchungsstichprobe auf letztendlich 171.281 Prognosen. Die Berechnung der Prognosefehler erfolgt in der Weise, dass jeder Prognose der entsprechende Unternehmensgewinn gegenübergestellt wird. Im Unterschied zu anderen Studien zur Qualität von Gewinnprognosen wird in der vorliegenden Untersuchung eine alternative Definition des ausgewiesenen Unternehmensgewinns verwendet. Als Unternehmensgewinn wird nicht der im Jahresabschluss eines Unternehmens ausgewiesene Jahresgewinn genutzt, sondern der so genannte Convergence Consensus, der von FactSet zur Verfügung gestellt wird. Der Convergence Consensus ist die Konsensus-Prognose, welche nach Veröffentlichung der Unternehmensgewinne berechnet wird. Die Nutzung dieser Variablen bietet eine Reihe von Vorteilen. Zum einen gibt es in Deutschland keine Pflicht zum Ausweis von standardisierten Gewinnen je Aktie. Zum anderen werden unterschiedliche Methoden in der Gewinnberechnung zwischen Analyst und Unternehmen vermieden. Die Analysten passen nach Veröffentlichung der Unternehmenszahlen auf Basis ihrer Methode nochmals die Prognose an, bevor das Coverage für das betreffende Fiskaljahr geschlossen wird. Der Convergence Consensus ist somit ein sehr gutes alternatives Maß zur Messung der Prognosequalität, da die prognostizierte und die realisierte Größe den gleichen Bewertungsmethoden unterliegen.

4.2 Methodik

Zur Analyse der quantitativen Prognoseverzerrung von Gewinnprognosen steht ein umfassendes Instrumentarium von Fehlermaßen zur Verfügung. Dabei wird in dieser Studie das relative Fehlermaß des mittleren relativen Prognosefehlers (MRF) verwendet, wie dies in den meisten Untersuchungen zu Gewinnprognosen von Finanzanalysten erfolgt. Eine Relativierung ist erforderlich, da durch die Unterschiede in der absoluten Höhe der prognostizierten und der realisierten Variablen Verzerrungen auftreten können. Die anzuwendende Methode zur Relativierung der Prognosefehler ist in der finanzwirtschaftlichen Literatur keineswegs eindeutig. Eine Relativierung anhand der realisierten Variablen ist mit dem Nachteil verbunden, dass ausgewiesene Gewinne einen Wert von null oder nahe null annehmen können. Im ersten Fall ist eine Relativierung nicht möglich, im zweiten Fall sind hohe relative Prognosefehler die Folge. Diese Fälle werden in der Regel aus der Untersuchung eliminiert. Der Vorteil liegt in der eindeutigen Interpretation der Prognosefehler, der nur durch die prognostizierte und die realisierte Variable bestimmt wird. Alternativ könnte man den Aktienkurs als Bezugsgröße verwenden. So schlägt beispielsweise Brown (1996) die Relativierung von Gewinnprognosen durch den Aktienkurs vor, da dieser in einem ökonomischen Zusammenhang zum ausgewiesenen Unternehmensgewinn steht. Ein Nachteil ist hierbei sicherlich, dass die berechneten Prognosefehler auch von der Höhe des Aktienkurses abhängen. Das kann besonders in Zeiten stark volatiler Aktienkurse oder bei Wachstumsunternehmen, wie z. B. bei IPOs in Hot und Cold Issue Märkten, zu Problemen führen. Trotzdem wird diese Vorgehensweise in der Literatur häufig verwendet, so z. B. von Lin und McNichols (1998) und Easterwood und Nutt (1999).

Die Verzerrung der Prognosen der Analysten wird hier also mit Hilfe des mittleren relativen Fehlers (MRFA) beschrieben, wie er in folgender Formel (1) dargestellt ist.

(1) $$MRF_A = \frac{1}{AP} \sum_{1}^{AP} \frac{\left(\hat{x}_{j,i,t,T} - x_{i,T}\right)}{P_{i,T}}$$

mit $\hat{x}_{j,i,t,T}$ = Prognose des Analysten *j* zum Zeitpunkt *t* für Unternehmen *i* für Fiskaljahr *T*

$x_{i,T}$ = Convergence Consensus als realisierter „Gewinn je Aktie" für Unternehmen *i* für Fiskaljahr *T*

$P_{i,T}$ = Aktienkurs für Unternehmen i am Ende des Fiskaljahres *T*

AP = Anzahl der Prognosen

Mit Hilfe des Vorzeichens des MRF lässt sich eine Aussage über die Richtung der Prognoseverzerrung treffen.

4.3 Ergebnisse zum Earnings Game am deutschen Kapitalmarkt

Betrachtet man die Entwicklung des mittleren relativen Prognosefehlers der Analysten (MRF_A) in den letzten 15 Monaten vor Gewinnveröffentlichung genauer, so ist eine Tendenz zu erkennen, die im Einklang mit den beschriebenen Erkenntnissen des Earnings Game steht. Wie in *Abbildung 1* ersichtlich, beginnt sechs Monate vor Ende des Geschäftsjahres ein deutliches Abfallen des Optimismus der Analysten, das in fast unverzerrten Prognosen kurz vor Veröffentlichung der Unternehmensgewinne endet. Bei Betrachtung des Medians des MRF_A ist sogar der für das „Earnings Game" typische Pessimismus zu beobachten.[1] Der Median des MRF_A ist im Zeitpunkt t-3 mit –0,01 %

1 Bei Relativierung des MRF durch den ausgewiesenen Gewinn bzw. den Convergence Consensus ist auch der Mittelwert im Monat vor der Gewinnveröffentlichung negativ, was den eindeutigen Pessimismus der Analysten kurz vor den Gewinnausweisen der Unternehmen bestätigt. Die Ergebnisse bei Relativierung durch den ausgewiesenen Gewinn sind auf Wunsch von den Autoren erhältlich.

leicht negativ. Die Analysten sind also sogar leicht pessimistisch. Damit scheinen sie den gecoverten Unternehmen die Möglichkeit zu eröffnen, die Gewinnerwartungen zu treffen oder knapp zu übertreffen, um negative Effekte des Nichterreichens dieses Ankerwertes zu vermeiden. Neben dem Ausweis von positiven Gewinnen und dem Ausweis von Gewinnen, die mindestens das Vorjahresniveau erreichen, stellt das Treffen oder Übertreffen der Konsensusprognose der Analysten somit ein wichtiges Ziel der Unternehmen dar, um negative Bewertungseffekte zu vermeiden.

Abbildung 1: Earnings Game am deutschen Aktienmarkt

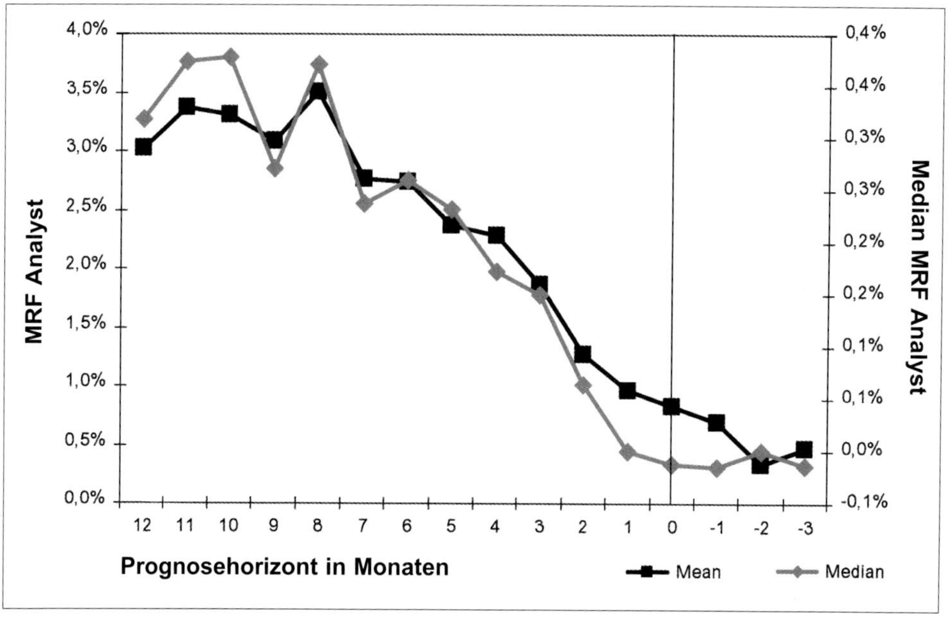

Dieser Pessimismus der Analysten kurz vor der Veröffentlichung der Gewinne kann wie im vorangegangenen Abschnitt beschrieben auf zwei grundsätzliche Arten erreicht werden. Einerseits steht dem Unternehmen die Alternative des Earnings Management, also der Beeinflussung der ausgewiesenen Gewinne durch Ausnutzen diskretionärer Spielräume im Rahmen der Rechnungslegung zur Verfügung. Hierbei reagiert das Unternehmen auf die existierende Konsensusprognose der Analysten und passt die ausgewiesenen Gewinne im Rahmen der Möglichkeiten an. Andererseits könnten die Analysten auch vom Unternehmensmanagement durch gezielte Informationsversorgung, also dem Expectation Management, in Richtung des auszuweisenden Unternehmensgewinns geführt werden. In diesem Fall würden die Analysten auf Basis der Informationen des Unternehmensmanagements ihre Prognosen anpassen und so dem Unternehmen die Möglichkeit des Treffens oder Übertreffens der Konsensusprognose geben. Wie die Ergebnisse in Abbildung 1 schließlich erreicht wurden, kann im Rahmen dieser Studie nicht weiter dargestellt werden. Es lässt sich aber festhalten, dass auch am deutschen Aktienmarkt deutliche Hinweise für ein ausgeprägtes Earnings Game zwischen Analysten und Unternehmensmanagement zu beobachten sind.

5 Zusammenfassung und Fazit

Das Unternehmensmanagement stellt für Finanzanalysten eine der wichtigsten Informationsquellen dar. Das Aufrechterhalten einer guten Beziehung zum Management ist daher für den Analysten eine zentrale Aufgabe. Denn nur dadurch kann sich der Analyst privilegierten Zugang zu bewertungsrelevanten Unternehmensinformationen sichern. Diese Informationen können dann zu qualitativ besseren Gewinnprognosen und Aktienempfehlungen verarbeitet werden, welche die Reputation des Analysten unter den Investoren erhöhen sollten. Doch verdeutlicht sich hierbei auch ein großes Dilemma des Analysten. Denn das Unternehmensmanagement ist oftmals weniger an genauen als vielmehr an optimistischen Gewinnprognosen und Aktienempfehlungen interessiert, da positive Gewinnprognosen im Allgemeinen und zumindest kurzfristig zu höheren Bewertungen am Aktienmarkt und deshalb in der Regel zu höheren Vergütungen der Manager führen. Veröffentlicht ein Analyst hingegen neutrale oder sogar negative Gewinnprognosen und Aktienempfehlungen, so läuft er immer Gefahr, dass der privilegierte Informationsfluss eingeschränkt oder sogar beendet wird.

Aber nicht nur die Analysten, sondern auch die Unternehmen sind sich der Bedeutung der Gewinnprognosen der Finanzanalysten bewusst. Denn ein Unterschreiten der Konsensus-Prognose hat signifikant negative Auswirkungen auf den Aktienkurs. Ein ausgeprägtes Earnings Management und Expectations Management sind demnach die logische Konsequenz, um auf jeden Fall ein Unterschreiten der Analystenprognosen zu vermeiden und um gegebenenfalls die Analystenprognosen marginal zu übertreffen. Dies hat oftmals positive Kursreaktionen zur Folge. Earnings Management, Expectations Management und Earnings Game zeigen somit deutlich die Folgen der Principal-Agent-Beziehung zwischen Unternehmensmanagement und Analysten in der Praxis auf.

Doch trotz dieser strategischen Verhaltensweisen erbringen Finanzanalysten einen zentralen Beitrag auf den Kapitalmärkten, indem sie ihre wesentliche Funktion als Informationsintermediäre erfüllen. Wettbewerb zwischen einer großen Anzahl von gut ausgebildeten Wertpapieranalysten sollte dazu beitragen, die Informationsqualität zu verbessern und Informationsrisiken für den Anleger zu reduzieren. Dazu sind unverzerrte und genaue Gewinnprognosen und Aktienempfehlungen notwendig. Sind systematisch positive Verzerrungen in den Gewinnprognosen zu beobachten, dann sollten sich die Kapitalmarktteilnehmer dieser Verzerrungen bewusst sein und ihre Erwartungen dementsprechend anpassen. Beim Earnings Game scheint dies zumindest der Fall zu sein, wie die empirischen Ergebnisse und die signifikanten Kursrückgänge beim Verfehlen der Konsensus-Prognose deutlich zeigen.

Als Konsequenz aus diesen theoretischen Überlegungen und umfangreichen empirischen Ergebnissen in der akademischen Literatur kommt man zusammenfassend zu dem Ergebnis, dass eine ökonomisch fundierte und kapitalmarktorientierte Ausbildung der Finanzanalysten, gepaart mit hohen ethischen Standards, so wie sie die DFVA seit nunmehr 50 Jahren anbietet, eine wesentliche Voraussetzung dafür ist, dass Analysten die zentralen Funktionen als Informationsintermediäre an den Finanzmärkten erfüllen können.

Literaturverzeichnis

Abarbanell, Jeffery S., und Reuven Lehavy (2003): „Can Stock Recommendations Predict Earnings Management and Analysts' Earnings Forecast Errors?", in: Journal of Accounting Research, 41, 1-31.

Bagnoli, Mark, Kross, William, und Susan G. Watts (2002): „The Information in Management's Expected Earnings Report Date: A Day Late, a Penny Short", in: Journal of Accounting Research, 40, 1275-1296.

Barth, Mary E., Elliott, John A., und Mark W. Finn (1999): „Market Rewards Associated with Patterns of Increasing Earnings", in: Journal of Accounting Research, 37, 387-413.

Bartov, Eli, Givoly, Dan, und Carla Hayn (2002): „The Rewards to Meeting or Beating Earnings Expectations", in: Journal of Accounting and Economics, 33, 173-204.

Begley, Joy, und Paul E. Fischer (1998): „Is There Information in an Earnings Announcement Delay", in: Review of Accounting Studies, 3, 347-363.

Bessler, Wolfgang, und Hans Ellermann (2004): „Theoretische Ansätze zur Dividendenpolitik", in: Achleitner; Thomas [Hrsg.], Handbuch Corporate Finance, 2. Auflage, 16. Ergänzungslieferung, Deutscher Wirtschaftsdienst, Köln.

Bessler, Wolfgang, und Tom Nohel (1996): „The Stock Market Reaction to Dividend Cuts and Omissions by Commercial Banks", in: Journal of Banking and Finance, 20, 1485-1508.

Bessler, Wolfgang, und Tom Nohel (2000): „Asymmetric Information, Dividend Announcements, and Contagion Effects in Bank Stock Returns", in: Journal of Banking and Finance, 24, 1831-1846.

Bessler, Wolfgang, und Matthias Stanzel (2006): „Die Rolle der Wertpapieranalysten am Neuen Markt", in: W. Bessler [Hrsg.], Börsen, Banken und Kapitalmärkte - Festschrift für Hartmut Schmidt zum 65. Geburtstag, Duncker & Humblot, Berlin, 227-261.

Bessler, Wolfgang, und Matthias Stanzel (2007): „Qualität und Effizienz der Gewinnprognosen von Analysten, in: Kredit und Kapital, 40, 89-129.

Bessler, Wolfgang, und Matthias Stanzel (2009): „Conflicts of Interest and Research Quality of Affiliated Analysts in the German Universal Banking System: Evidence from IPO Underwriting, European Financial Management, 15, 757-786.

Bolliger, Guido, und Manuel Kast (2004): „Executive Compensation and Analyst Guidance: The Link between CEO Pay and Expectations Management, Working Paper, University of Neuchatel.

Bradshaw, Mark T., Richardson, Scott A., und Richard G. Sloan (2001): „Do Analysts and Auditors Use Information in Accruals", in: Journal of Accounting Research, 39, 45-74.

Brown, Lawrence D. (1996): „Analyst Forecasting Errors and Their Implications for Security Analysis: An Alternative Perspective", in: Financial Analysts Journal, 1-2, 40-47.

Brown, Lawrence D. (2001): „A Temporal Analysis of Earnings Surprises: Profits versus Losses", in: Journal of Accounting Research, 39, 221-241.

Burgstahler, David, und Ilia D. Dichev (1997): „Earnings Management to Avoid Earnings Decreases and Losses", in: Journal of Accounting and Economics, 24, 99-126.

Chai, Mary L., und Samuel Tung (2002): „The Effect of Earnings-Announcement Timing on Earnings Management", in: Journal of Business Finance and Accounting, 29, 1337-1354.

Chopra, V.K. (1998): „Why So Much Error in Analysts' Earnings Forecasts? in: Financial Analysts Journal, 54, 35-42.

Chung, Kee H., und Hoje Jo (1996): „The Impact of Security Analysts' Monitoring and Marketing Functions on the Market Value of Firms", in: Journal of Financial and Quantitative Analysis, 31, 493-512.

Collingwood, Harris (2001): „The Earnings Game", in: Harvard Business Review, June, 65-74.

DeFond, Mark L., und James Jiambalvo (1994): „Debt Covenant Violation and Manipulation of Accruals", in: Journal of Accounting and Economics, 17, 145-176.

Degeorge, Francois, Patel, Jayendu, und Richard Zeckhauser (1999): „Earnings Management to Exceed Thresholds", in: Journal of Business, 72, 1-33.

Deutsche Bundesbank (2009): „Unternehmensgewinne und Aktienkurse", in: Monatsbericht, Juli, 15-29.

Dugar, Amitabh, und Siva Nathan (1995): „The Effect of Investment Banking Relationships on Financial Analysts' Earnings Forecasts and Investment Recommendations", in: Contemporary Accounting Research, 12, 131-160.

Dutta, Sunil, und Frank Gigler (2002): „The Effect of Earnings Forecasts on Earnings Management", in: Journal of Accounting Research, 40, 631-655.

Easterwood, Cintia M. (1997): „Takeovers and Incentives for Earnings Management: An Empirical Analysis", in: Journal of Applied Business Research, 14, 29-48

Easterwood, John C., und Stacey R. Nutt (1999): „Inefficiency in Analysts' Earnings Forecasts: Systematic Misreaction or Systematic Optimism?", in: Journal of Finance, 54, 1777-1797.

Francis, Jennifer, und Donna R. Philbrick (1993): „Analysts' Decisions as Products of a Multi-Task Environment", in: Journal of Accounting Research, 31, S.216-230.

Glaum, Martin, Lichtblau, Karl, und Jens Lindemann (2004): „The Extent of Earnings Management in the U.S. and Germany", in: Journal of International Accounting Research, 3, 45-77.

Goel, Anand Mohan, und Anjan V. Thakor (2003): „Why Do Firms Smooth Earnings?", in: Journal of Business, 76, 151-192.

Healy, Paul M., und James M. Wahlen (1999): „A Review of the Earnings Management Literature and Its Implications for Standard Setting", in: Accounting Horizons, 13, 365-383.

Henze, Jana (2004): „Was leisten Finanzanalysten?, Eul, Lohmar-Köln.

Hodgkinson, Lynn (2001): „Analysts' Forecasts and the Broker Relationship", in: Journal of Business Finance and Accounting, 28, 943-961.

Hong, Harrison, und Jeffrey D. Kubik (2003): „Analyzing the Analysts: Career Concerns and Biased Earnings Forecasts", in: Journal of Finance, 58, 313-351.

Hong, Harrison, Scheinkman, José, und Wei Xiong (2008): „Advisors and Asset Prices: A Model of the Origins of Bubbles", in: Journal of Financial Economics, 89, 268-287.

Leuz, Christian, Nanda, Dhananjay, und Peter D. Wysocki (2003): „Earnings Management and Investor Protection: An International Comparison", in: Journal of Financial Economics, 69, 505-527.

Lim, Terence (2001): „Rationality and Analysts' Forecast Bias", in: Journal of Finance, 56, 369-385.

Lin, Hsiou-wei, und Maureen F. McNichols (1998): „Underwriting Relationships, Analysts' Earnings Forecasts and Investment Recommendations", in: Journal of Accounting and Economics, 25, 101-127.

Lintner, John (1956): „Distribution of Incomes of Corporations Among Dividends, Retained Earnings, and Taxes", in: American Economic Review, 46, 97-113.

Louis, Henock (2004): „Earnings Management and the Market Performance of Acquiring Firms", in: Journal of Financial Economics, 74, 121-148.

Mest, David P., und Elizabeth Plummer (2003): „Analysts' Rationality and Forecast Bias: Evidence from Sales Forecasts", in: Review of Quantitative Finance and Accounting, 21, 103-122.

Payne, Jeff L., und Sean W.G. Robb (2000): „Earnings Management: The Effect of Ex Ante Earnings Expectations", in: Journal of Accounting, Auditing and Finance, 15, 371-392.

Rangan, Srinivasan (1998): „Earnings Management and the Performance of Seasoned Equity Offerings", in: Journal of Financial Economics, 50, 101-122.

Reuter, Hermann (1980): „Aktienmarkt und Aktieninformationsmarkt", Vandenhoeck & Ruprecht, Göttingen.

Richardson, Scott A., Teoh, Siew Hong, und Peter Wysocki (1999): „Tracking Analysts' Forecasts over the Annual Earnings Horizon: Are Analysts' Forecasts Optimistic or Pessimistic?", University of Michigan.

Schmidt, Hartmut (1977): „Vorteile und Nachteile eines integrierten Zirkulationsmarktes für Wertpapiere gegenüber einem gespaltenen Effektenmarkt, Kommission der EG", Kollektion Studien.

Shen, Chung-Hua, und Hsiang-Lin Chih (2005): „Investor Protection, Prospect Theory, and Earnings Management: An International Comparison of the Banking Industry", in: Journal of Banking and Finance, 29, 2675-2697.

Skinner, Douglas J., und Richard G. Sloan (2000): „Earnings Surprises, Growth Expectations, and Stock Returns, or Don't Let an Earnings Torpedo Sink Your Portfolio", Working Paper, University of Michigan.

Stanzel, Matthias (2007): „Qualität des Aktienresearchs von Finanzanalysten: Eine theoretische und empirische Untersuchung der Gewinnprognosen und Aktienempfehlungen am deutschen Kapitalmarkt", Deutscher UniversitätsVerlag 2007.

Sun, Jerry (2009): „Governance Role of Analyst Coverage and Investor Protection", in: Financial Analyst Journal, 65, 6, 1-13.

Sweeney, Amy Patricia (1994): „Debt-covenant Violations and Managers' Accounting Responses", in: Journal of Accounting and Economics, 17, 281-308.

Teoh, Siew Hong, Welch, Ivo, und T.J. Wong (1998): „Earnings Management and the Underperformance of Seasoned Equity Offerings", in: Journal of Financial Economics, 50, 63-99.

Trueman, Brett (1990): „Theories of Earnings-announcement Timing", in: Journal of Accounting and Economics, 13, 285-301.

Wallmeier, Martin (2005): „Analysts' Earnings Forecast for DAX 100 Firms during the Stock Market Boom of the 1990s", in: Financial Markets and Portfolio Management, 19, 131-151.

Xie, Biao, Davidson III., Wallace N., und Peter DaDalt (2003): „Earnings Management and Corporate Governance: The Role of the Board and the Audit Committee", in: Journal of Corporate Finance, 9, 295-316.

Aktien und Aktienquote

von Ralf Frank und Frank Klein

In der öffentlichen Wahrnehmung steht der Name der DVFA häufig noch für die Aktienanalyse, auch wenn die Mehrzahl der DVFA-Mitglieder im Jahre 2010 nicht mehr oder nur indirekt mit der finanzanalytischen Bewertung von börsennotierten Gesellschaften beschäftigt ist. Insbesondere in den letzten 8 bis 10 Jahren haben andere Assetklassen wie Anleihen, Immobilien oder die Beschäftigung mit genuinen Assetmanagement-Themen einen größeren Raum in der Verbandsarbeit eingenommen.

Dieser Beitrag untersucht zunächst den Status Quo des deutschen Aktienmarkts im Jahre 2010, um im Weiteren herauszuarbeiten, welche Rolle Aktieninvestments in der institutionellen Anlageentscheidung spielen.

Wenngleich das Deutsche Aktieninstitut bereits seit Jahren mahnt, dass die Anzahl an Aktionären in Deutschland auf niedrigem Niveau stagniere,[1] obwohl bekannt ist, dass die Ziele einer kapitalgedeckten Altersversorgung in Deutschland nur durch einen höheren Anteil von Aktionären zu erreichen seien und dass die Verbesserung der ökonomischen Allgemeinbildung weiter Teile der Bevölkerung in Deutschland zu den vorrangigen Zielen der Bildungspolitik gehören sollte,[2] hat sich seit den Anfängen der DVFA im Jahre 1960 ein rudimentäres Bewusstsein über Aktien, Börsen und Anlagekriterien entwickelt. Seit ihren Anfängen im Jahre 1960 hat die DVFA dazu beigetragen, diese Aktienkultur in Deutschland – wie auch immer verbesserungswürdig sie sich im Jahr 2010 darstellt – mit zu prägen.

In den Anfängen der DVFA war eine Kultur des Dialogs zwischen Unternehmen, Investoren und Finanzanalysten, wie sie z. B. in den angelsächsisch geprägten Märkten gepflegt wurde, im deutschen Markt weitestgehend unbekannt. Mehr noch: viele börsennotierte Unternehmen lehnten einen engen Diskurs mit Finanzanalysten grundsätzlich ab. Es galt als unschicklich, mit „Fremden" über Ertragszahlen, strategische Ziele und Bilanzpositionen en detail zu sprechen. Es ist das Verdienst der DVFA, in den 80er und 90er Jahren des vergangenen Jahrhunderts das Verständnis bei Unternehmen für die Funktion und Arbeitsweise von Finanzanalysten geprägt zu haben. Als „Sperrbrecher" hat die DVFA dazu beigetragen, dass die Kommunikation zwischen Unternehmen und Finanzanalysten eine Qualität bekommt, die heute – im Jahre 2010 – als selbstverständlich erachtet wird.

1 DAI-Kurzstudie 1 / 2010: „Zahl der Aktionäre und Aktienfondsanleger: Stabilisierung im Jahr 2009". Quelle: www.dai.de am 10. Februar 2010.

2 Von Rosen, Rüdiger: „Schulfach Ökonomie – eine notwendige Vision" erschienen in: Die Bank, Oktober 1999, S. 698-702.

Abbildung 1: Der deutsche Aktienmarkt im internationalen Vergleich per Jahresende 2008[3]

Länder	Anzahl börsennotierter Unternehmen zum Jahresende[1] – inländische		– ausländische		Marktkapitalisierung inländischer Aktiengesellschaften in Mio. US-Dollar zum Jahresende		Konzentration der Marktkapitalisierung: Anteil der größten Unternehmen an der Marktkapitalisierung in %	
	2007	2008	2007	2008	2007	2008	2008	Anzahl der Unternehmen
Deutschland	761	742	105	90	2.105.197,8	1.110.579,6	80,8%	39
UK[3]	2.588	2.415	719	681	3.851.705,9	1.868.153,0	88,8%	121
USA[4]	5.109	6.018	832	846	19.922.279,5	~11.905.000,0	Amex k.A. Nasdaq 69,1% NYSE 54,8%	k.A. 136 95
Japan	2.383	2.374	26	17	4.330.921,9	3.115.803,5	Osaka 77,2% Tokio 60,3%	23 118

[1] ohne Investmentfonds; [2] Euronext Amsterdam, Brüssel, Paris, Lissabon; [3] einschliesslich Nordirland;
[4] Amex, Nasdaq und NYSE

Im internationalen Vergleich nehmen sich Anzahl und Marktkapitalisierung deutscher Unternehmen eher bescheiden aus. Mit einem Bruttosozialprodukt von Euro 3652 Milliarden in 2008, als Mitglied der G6-Nationen, als eine der weltweit führenden Exportnationen, sind an der Frankfurter Wertpapierbörse per September 2009 rund 700 Unternehmen notiert (ohne Freiverkehr). Ein Vergleich mit anderen Industrienationen aus dem Kreise der G6 zeigt deutlich, dass z. B. in UK fast dreimal so viele Unternehmen gelistet sind als in Deutschland. In einer Volkswirtschaft wie Spanien, die in 2008 lediglich 43,92 % des Bruttoinlandsproduktes von Deutschland erarbeitete, sind mehr als viermal so viele Unternehmen an der Börse notiert als in Deutschland.

Abbildung 2: Verhältnis Notierungen in Deutschland, UK und Spanien zum GDP[4]

	Anzahl gelistete Unternehmen	GDP 2008 in US-$ Mrd.	Verhältnis zu GDP Deutschland
Deutschland	700	3.652,82	100,00 %
UK	2.235	2.645,59	72,43 %
Spanien	3.458	1.604,17	43,92 %

3 Quelle: Petra Oetken, Vortrag auf der Mitgliederversammlung Deutscher Investor Relationsverband DIRK e.V., Bonn, 26. Februar 2010.

4 Quelle: Weltbank. http://ddp-ext.worldbank.org/ext/ddpreports, 10. Februar 2010; DAI Factbook 2009; eigene Darstellung.

Der Blick auf das Verhältnis der Marktkapitalisierung[5] aller Unternehmen im Verhältnis zum Bruttoinhaltsprodukt zeigt die Ausnahmesituation in Deutschland sehr deutlich.

Abbildung 3: Marktkapitalisierung notierter Unternehmen als % vom Bruttoinlandsprodukt[6]

	2000	2005	2007	2008
Deutschland	66,8 %	43,7 %	63,5 %	30,3 %
UK	177,6 %	136,1 %	139,2 %	70,0 %
Japan	67,6 %	104,1 %	101,6 %	65,6 %
USA	154,7 %	137,1 %	145,1 %	82,6 %
zum Vergleich Spanien	86,8 %	85,0 %	125,3 %	59,0 %

Auch wenn volkswirtschaftlich gesehen ein Verhältnis von gesamter Marktkapitalisierung zu GDP größer 100 % als Anzeichen für einen überbewerteten Markt gesehen wird und die Finanzkrise gerade in den USA, in UK und Spanien deutliche Korrekturen vorgenommen hat, so gibt die Zahlenreihe für den deutschen Markt in zweierlei Hinsicht Grund zu Bedenken: selbst in den so genannten „Bullenmärkten" von 2005 bis 2007 scheint der deutsche Aktienmarkt die Bewertungsphantasien von Anlegern nicht mitgetragen zu haben und lag zu Höchstzeiten – 2007 mit 63,5 % – immer noch hinter dem Wert des japanischen Markts *nach der Finanzkrise*. Zum zweiten ist bei der Berechnung der Gesamt-Marktkapitalisierung nicht nur die Anzahl der Unternehmen entscheidend, sondern auch die Marktkapitalisierung der deutschen Unternehmen im Vergleich zu internationalen Peers, die deutlich niedriger ausfällt als in anderen Kapitalmärkten.

Der Anteil deutscher Unternehmen an den Top 100 bzw. Top 300 Unternehmen nach Marktkapitalisierung fällt laut einer Studie von Ernst & Young von Ende 2009[7] deutlich zu gering aus, wenn man die globale Stellung von Deutschland als G6 Nation zugrunde legt.

5 Verfügbare Datenpunkte zur Marktkapitalisierung einzelner Länder z.B. von der Weltbank können nur als Anhaltspunkte dienen, da in zugänglichen Statistiken häufig die gesamte Kapitalisierung inkl. Freiverkehrs- und OTC-Werte bemessen wird. Aufgrund der typischerweise geringen Marktkapitalisierung dieser Werte dürften sich etwaige Verzerrungen der Größen in vertretbaren Dimensionen bewegen.

6 Quelle: Weltbank. http://ddp-ext.worldbank.org/ext/ddpreports, 10. Februar 2010.

7 Ernst & Young: „Marktkapitalisierung 2009. Analyse der Marktkapitalisierung der höchstbewerteten Unternehmen weltweit". Stand: 31.12.2009; http://www.ey.com/Publication/vwLUAssets/Marktkapitalisierung_CH_31.12.2009/$FILE/Praesentation%20Marktkapitalisierung%2031.12.2009_final.pdf; 10. Februar 2010.

Abbildung 4: Notierungen, Marktkapitalisierung und Anzahl der Unternehmen nach Marktkapitalisierung an den weltweiten Top 100 bzw. Top 300.[8]

	Anzahl Notierungen	Gesamt-Marktkap. in Mio. US-$	Durchschnittl. Marktkap. in Mio. US-$	Anzahl Unternehmen in den Top 100	Anzahl Unternehmen in den Top 300
Deutschland	798	298.745	374	4	14
UK	2.235	1.009.116	452	8	21
Japan	2.324	399.683	172	5	20
USA	8.954	4.984.922	557	39	101
zum Vergleich: Spanien	3.458	332.441	96	3	7

Die durchschnittlich geringe Marktkapitalisierung deutscher Aktiengesellschaften zeigt sich allerdings noch deutlicher im Größensegment des börsennotierten Mittelstands – bei den Small Caps.

Oetken zeigt in einer Studie, die gemeinsam mit der DVFA durchgeführt wurde,[9] dass aufgrund der geringen Marktkapitalisierung deutscher mittelständischer Unternehmen eine US-amerikanische Definition von Small Caps – Dollar 200 Millionen ≤ Dollar 1,5 Milliarden[10] – für den deutschen Markt bereits nicht mehr operabel ist. Basierend auf der Definition von Small Caps als Unternehmen mit einer Marktkapitalisierung ≤ Euro 100 Millionen stellt Oetken fest, dass im Untersuchungszeitraum 2009 die beträchtliche Zahl von 520 Unternehmen, das heißt, 70% (!) aller deutschen börsennotierten Unternehmen, lediglich Euro 11,32 Milliarden, das heißt 1,8 % der Gesamt-Marktkapitalisierung, stellen.

Eine Kontrolluntersuchung in 2010 wies eine marginale Verschiebung zugunsten der Größenklasse Mid und Large Caps aus (458 Unternehmen ~ 65 % aller gelisteten Unternehmen; Euro 11,51 Milliarden Marktkapitalisierung ~ 1,4 %), jedoch hat sich das strukturelle Dilemma des deutschen Aktienmarktes damit nicht wesentlich verbessert.

8 Ernst & Young: „Marktkapitalisierung 2009. Analyse der Marktkapitalisierung der höchstbewerteten Unternehmen weltweit. Stand: 31.12.2009; DAI Factbook 2009; eigene Darstellung.

9 Petra Oetken (2010). „Die deutschen Small Caps: Definition, Situation und Finanzkommunikation."

10 Prudhuman (2000), The Small Caps Dynamics, S. 34.

Abbildung 5: Segmentierung des deutschen Aktienmarktes nach Kapitalisierungsbandbreiten[11]

Deutschland	Small Cap		Mid Cap		Large Cap	
Größenklassen	**≤ € 100 Mio.**		**€ 100 Mio. > ≤ € 2 Mrd.**		**> € 2 Mrd.**	
Stichtag der Erhebung	10. Mrz 09	10. Feb 10	10. Mrz 09	10. Feb 10	10. Mrz 09	10. Feb 10
Anzahl der Unternehmen[1]	520	458	175	184	44	59
Marktkapitalisierung	€ 11,32 Mrd.	€ 11,51 Mrd.	€ 87,45 Mrd.	€ 93,93 Mrd.	€ 531,63 Mrd.	726,10 Mrd.
Konzentration der Marktkapitalisierung	1,8 %	1,4 %	13,9 %	11,3 %	84,3 %	87,3 %

[1] deutsche börsennotierte Unternehmen des Prime, General und Entry-Standards

Der deutsche Aktienmarkt ist nicht nur klein im internationalen Vergleich und gemessen an der wirtschaftlichen Potenz von Deutschland. Noch dazu fehlt dem Aktienmarkt eine ausreichend große Anzahl von Mid Caps – das Gros der börsennotierten Unternehmen befindet sich in einer Bandbreite, in der z. B. im US-amerikanischen Markt bereits von Nano Caps die Rede ist.

Diese Anomalie lässt sich optimistisch wie auch pessimistisch kommentieren. Optimistisch: Der deutsche Aktienmarkt hält als quasi „Emerging Market" noch enormes Potenzial an börsenfähigen Unternehmen, insbesondere aus dem Mittelstand, die fremdkapitalfinanziert, im Besitz der Inhaber/Gründer oder in den Portfeuilles von Private Equity sind. Pessimistisch: Die öffentliche Debatte um die Einbeziehung von Wohnimmobilien in REITs in 2006 und 2007 hat sehr deutlich gezeigt, dass insbesondere weite Kreise politischer Entscheidungsträger eine Notierung an der Börse als potenziell riskant, wenn nicht gar zum Teil als„Verramschen" von Vermögenswerten verstehen. Die Finanzkrise dürfte diese Wahrnehmung in weiten Teilen der Bevölkerung noch begünstigt haben.

Die geringe Marktkapitalisierung erklärt, warum es vielen deutschen Aktiengesellschaften schwerfällt, nachhaltig institutionelle Investments, insbesondere internationaler Anleger, anziehen zu können. Eine weitere Erklärung ergibt sich aus der Untersuchung der Basis institutioneller Anleger in Deutschland, präzise: der relativ geringen Aktienquote in institutionellen Portfolios. Laut einer Studie von Feri liegt die Aktienquote im deutschen institutionellen Markt Ende 2009 bei ca. 5,9 %,[12] während die Aktienquote bei kontinentaleuropäischen institutionellen Investoren im Schnitt bei 29 %, in UK sogar bei 56 % liegt.[13]

11 Quelle: Petra Oetken, Vortrag Mitgliederversammlung Deutscher Investor Relationsverband DIRK e.V., Bonn, 26. Februar 2010.

12 Pressemitteilung Feri EuroRating Services unter http://www.feri.de/UserFiles/File/PM_Feri_Wertpapierstudie.pdf, 03. April 2010.

13 JP Morgan (2009). „European Equity Survey. How institutional investors are investing a year on from the credit crisis. Unter: http://www.jpmorgan.com/pages/jpmorgan/am/ia/research_and_publications/survey_reports

In der Spielklasse der institutionellen Anleger dominiert in Deutschland die Versicherungswirtschaft. Im Vergleich zu Märkten wie UK, Niederlande oder den USA spielen Pensionskassen im deutschen Markt aufgrund des staatlichen Altersvorsorgesystems und einer von der Politik bislang nur halbherzig betriebenen Förderung der kapitalgedeckten Altersvorsorge nur eine untergeordnete Rolle. Netto, das heißt inkl. Absicherungsmaßnahmen, waren Versicherer in Deutschland Ende 2009 nur noch zu 3 % in Aktien investiert. Die Dimension dieses Pegelstands zeigt sich aber erst im Zusammenhang mit dem gesamten Kapitalanlagenbestand der Versicherungswirtschaft, der seit dem Jahr 2000 von ca. Euro 800 Milliarden auf Euro 1.151 Milliarden gestiegen ist.[14] Bei den derzeit geschätzten 3 % Aktienquote sind dies ca. Euro 35 Milliarden an Investments in Dividendentiteln. Allein ein Anstieg der Aktienquote auf ein Niveau von z. B. 14 %, wie es von Branchenexperten gefordert wird,[15] würde zusätzliche Liquidität in Höhe von ca. Euro 125 Milliarden in den Aktienmarkt bringen.

Die extrem niedrige Aktienquote birgt enorme Risiken für die Versicherungsindustrie. Neben einer zu geringen Partizipation am erwarteten und teilweise zum Jahreswechsel 2009/2010 schon vorweg genommenen Aktienmarktaufschwung (den institutionelle Investoren bereits in den Jahren 2003-2007 verpasst haben)[16] lässt sich mit der derzeit defensiven Asset-Allocation, die als Faustformel im Schnitt Investments zu 30 % in Government Bonds, 45 % festverzinsliche Bankpapiere, 15 % in Unternehmensanleihen und 5 % in Immobilien und Beteiligungen vorsieht, zwar noch der durchschnittlich garantierte Zins von 3,4 % erwirtschaften, allerdings kaum eine langfristige Rendite in einer für den Anleger attraktiven und im Vergleich zu anderen Anlageformen kompetitiven Bandbreite.

Das Anlageverhalten der Versicherungsindustrie entspringt nicht nur einer defensiven Risikostrategie, sondern ist nicht zuletzt durch regulatorische Massnahmen geprägt. Eigenkapitalregeln für Versicherer – Solvency II – begünstigen Anlagestrategien mit einem hohen Anteil von Anleihen. Marktaufsichten unterwerfen insb. Lebensversicherer Stress Tests und sorgen für eine Inzentivierung defensiver Anlagestrategien mit einem möglichst geringen Anteil der eher volatilen Anlageklasse Aktien. Seit Herbst 2009 ermöglicht eine Novelle der Rechnungslegungsvorschrift IAS39 eine pro-Aktien-orientierte Anlagestrategie für Versicherungsunternehmen. Nach den neuen Regeln müssen Wertschwankungen aus Aktieninvestments nicht mehr als Fair Values zeitnah in der Gewinn- und Verlustrechnung ausgewiesen werden, wenngleich Dividenden als Gewinne verbuchen werden können. Durch diese Massnahme dürfte sich die schädliche Prozyklizität von Aktieninvestments bei quartalsweiser Fair Value Adjustierung erledigt haben. Dennoch wird es möglicherweise sehr lange dauern, bis die Aktienquote ihren Niedrigstand von heute verlassen haben wird.

Dass ein „ungehemmtes" Aktieninvestment auf institutioneller Ebene nicht der Weisheit letzter Schluss sein kann, berichtet Eisele: der norwegischen Pensionskasse Statens Pensjonsfonds wurde 2007 gestattet, ihre Aktienquote von 40 % auf 60 % zu

---

14 Zitiert nach Eisele (2009) „Aktien-Investments vor dem Neuanfang" in: Portfolio Institutionell, Ausgabe Nr. 11, Dezember 2009.

15 Manager Magazin 08. März 2010. „Aktieninvestments sind ein Muss." Interview mit Carsten Zielke, Societé Générale. Unter http://www.manager-magazin.de/geld/geldanlage/0,2828,682036,00.html am 03. April 2010.

16 Vortrag Frank Klein anlässlich DVFA Asset Management Forum, 23. Oktober 2009.

erhöhen und damit knapp Euro 140 Milliarden in Dividendentitel zu investieren. Im folgenden Krisenjahr verlor der Fonds insgesamt Euro 64 Milliarden, das heißt, binnen eines Jahres gingen die Aktiengewinne der Jahre 2005 bis 2007 verloren, und die durchschnittliche Jahresrendite des Fonds seit 1998 beträgt nach Abzug von Inflation und Kosten nur noch ein Prozent (!).[17]

Bleibt zu konstatieren, dass es aus institutioneller Sicht zu Aktien keine Alternative gibt, um langfristige Renditen zu erzielen. Aktien lassen sich mittel- bis langfristig nicht durch andere Assetklassen ersetzen. Ob bei einer positiven Entwicklung der Aktienquote automatisch und notwendigerweise deutsche Aktien profitieren werden, lässt sich nur sehr schlecht abschätzen. Z. B. bei einer Anlagestrategie auf Basis passiver Aktienanlagen kommen lediglich Aktien aus den Auswahlindizes zum Zuge. In diesen sind aber viele Unternehmen gar nicht vertreten.

Eine starke Basis an institutionellen Investoren und die Entwicklung von Aktienmärkten sind positiv korreliert.[18] Vor dem Hintergrund der demographischen Entwicklung – Stichworte: Rentenloch und Geburtenrückgang – ist es eine Frage der Zeit, bis sich in Deutschland mittelfristig eine Population von Pensionsfonds und -kassen etabliert. Diese Szene kann einen wichtigen Beitrag für die Verbesserung des Verhältnisses von GDP/Gesamt-Marktkapitalisierung liefern – allerdings nur dann, wenn attraktive Investmentobjekte – Aktien, Unternehmensanleihen – vorhanden sind und die Aktienquote als das verstanden wird, was sie ist: eine Stellschraube für den richtigen Mix von Risiko und Rendite.

17 Eisele (2009) „Aktien-Investments vor dem Neuanfang" in: Portfolio Institutionell, Ausgabe Nr. 11, Dezember 2009.

18 Aras, Güler; Müslümov, Alöysat. „Institutional Investors and Stock Market Development: A Causality Study". ISE Review. Vol 29, 1-14, 2005.

Wie stark beeinflussen Analystenberichte Aktienkurse? – Ergebnisse aus der Kapitalmarktforschung

von Alexander Gabriel Kerl

1 Die Praktiken der Investmentbanken

Aktienanalysten der US-Investmentbanken wurde nachgesagt, dass sie bis zum Jahr 2000 mitunter als verlängerter Vertriebsarm ihrer Arbeitgeber agierten. Veröffentlicht wurden jahrelang Analystenberichte mit regelmäßig steigenden Gewinnschätzungen und vielfach positiven Einschätzungen für die betrachteten Unternehmen. Auf diese Weise, so die Anschuldigungen, sicherte man sich zukünftige Investmenbankingaufträge aus der Wirtschaft. Dieses System funktionierte in einem Umfeld steigender Aktiennotierungen ausgezeichnet. An der Neutralität der Analysen wurde so lange nicht gezweifelt, bis im Jahr 2000 die Kapitalmärkte zusammenbrachen, die Aktienempfehlungen der Analysten jedoch weiterhin positiv blieben. Erst zu diesem Zeitpunkt realisierten Investoren, dass Empfehlungen der Investmentbanken zu optimistisch waren. Als sich die U.S. Securities and Exchange Commission (SEC) und der damalige New Yorker Generalstaatsanwalt Elliot Spitzer dem Thema annahmen, kam es im Dezember 2002 zu einem historischen Vergleich. Zehn der damals führenden Investmentbanken stimmten zu, neben einer Strafe von 1,4 Milliarden US-$ ihre Investmentpraxis im Rahmen der Research- und Analyseabteilungen zu reformieren. Teil der Absprachen war es, Finanzanalysten besser vom eigentlichen Investmentbanking-Geschäft zu trennen sowie Aktienempfehlungen und Kurszielprognosen offenzulegen, um diese externen Analysen zu unterwerfen.

Im Rahmen meiner Arbeit habe ich die derzeit gängige Praxis unterschiedlicher Informationsmedien und diverser Investmentbanken in Bezug auf die Veröffentlichung von Aktienempfehlungen analysiert. Während sich Privatinvestoren häufig durch Empfehlungen aus Finanzmagazinen leiten lassen, sind institutionelle Investoren bei ihrer Arbeit auf die Unterstützung von Analyseabteilungen der großen Investmentbanken angewiesen. Im Folgenden soll auf die Auswirkungen der jeweiligen Empfehlungen beider Informationsquellen auf Kapitalmärkte eingegangen werden.

2 Empfehlungen für Privatinvestoren

2.1 Kurzfristige Marktreaktion

Eines der Ziele meiner Arbeit ist es, den Informationsgehalt einer Aktienempfehlung verständlich zu machen. Darüber hinaus soll der Einfluss gemessen werden, den diese Empfehlungen auf Kapitalmärkte haben. Aus diesem Grund konzentriere ich mich im Rahmen eines Teilprojekts ausschließlich auf die Analyse von Informationen für Privatinvestoren. Um die Werthaltigkeit von Aktienempfehlungen aus Börsenmagazinen zu analysieren, habe ich eine Datenbank aufgebaut, welche alle expliziten Aktienkaufs- und Verkaufsempfehlungen beinhaltet, die von 1995 bis 2003 in deutschen Börsenmagazinen veröffentlicht wurden. Bei der Analyse dieser Daten geht es um die Frage, inwieweit Märkte kurzfristig auf die Veröffentlichung von journalistischen Aktienempfehlungen reagieren. In der *Abbildung 1* stellt der Handelstag [0] den Tag der Veröffentlichung einer Aktienempfehlung dar.

Abbildung 1: Tägliche Marktreaktion auf die Veröffentlichung von Kaufempfehlungen deutscher Börsenmagazine

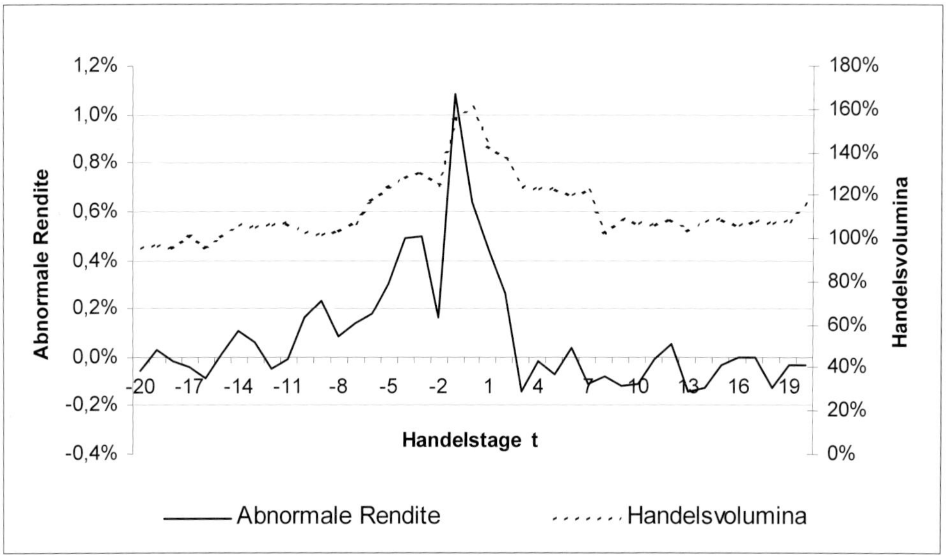

Quelle: Eigene Berechnungen

Die Resultate belegen, dass die zum Kauf empfohlenen Aktien eine signifikant abnormale Rendite von 2,58% in den fünf Handelstagen um die Veröffentlichung herum verzeichnen. Ein nicht unerheblicher Teil dieser Reaktion passiert am Tag vor der eigentlichen Veröffentlichung der Empfehlung (1,08%). Über den Nachweis von abnormalen Renditen hinaus zeigen die Ergebnisse auch deutlich erhöhte Handelsvolumina in den Tagen um die Veröffentlichung einer Aktienempfehlung (siehe Grafik). Gerade da der Großteil der (nachgewiesenen) Reaktion vor oder am Tag der Veröffentlichung verzeichnet werden konnte, bedeutet dies, dass lediglich ein schnelles Handeln für Investoren lohnenswert sein könnte. Dass neue Informationen schnell in Marktpreisen enthalten sind, spricht für die Effizienz der Kapitalmärkte.

2.2 Langfristige Performance von Börsenmagazinempfehlungen

Wesentlich relevanter sollte für Privatinvestoren die Frage sein, ob mit den in Börsenmagazinen empfohlenen Titeln langfristig und dauerhaft Wert geschaffen werden kann. Aus diesem Grund bin ich in einem weiteren Forschungsprojekt darauf eingegangen, wie sich die Kurse der empfohlenen Aktien langfristig entwickeln. Interessanterweise zeigen die Ergebnisse, dass Journalisten langfristig besonders mit ihren Verkaufsempfehlungen für Investoren Wert schaffen. Hätte man durch Leerverkäufe konsequent auf fallende Kurse gesetzt, wären deutliche Gewinne möglich gewesen. Kaufempfehlungen hingegen waren nur von geringem Wert für Investoren. Detaillierte Analysen zu diesem Thema ergaben, dass jedoch auch bei Kaufempfehlungen einige Teilgruppen durchaus interessante Investitionsobjekte darstellten. So waren besonders Substanzaktien und Aktien mit einer besonders positiven Kurshistorie werthaltig für Investoren. Auf der anderen Seite haben Aktien, die am Neuen Markt notierten, zu deutlichen Verlusten geführt.

3 Empfehlungen für institutionelle Investoren

3.1 Analystenberichte von Investmentbanken

Der sehr viel größere Teil der Kapitalanlagen wird von institutionellen Investoren gehalten. Im Rahmen einer weiteren Untersuchung habe ich mich deshalb mit Analystenberichten beschäftigt, die von Investmentbanken für institutionelle Investoren geschrieben werden. Standardmäßig wird in wissenschaftlichen Veröffentlichungen geschaut, inwieweit Aktienkurse auf Herauf- und Herabstufungen der generellen Empfehlungskategorien (Kaufen, Halten, Verkaufen) reagieren, und ob darüber hinaus sich verändernde Gewinnschätzungen eine Rolle spielen. In meinen Analysen gehe ich darüber hinaus auch auf die zusätzliche Veröffentlichung von prognostizierten Kurszielen ein, eine Kenngröße, die erst seit kurzem Beachtung findet. Um ein vollständiges Bild über die Meinung eines Analysten zu bekommen, habe ich jeden einzelnen Analystenbericht handkodiert, um den kompletten Inhalt und die Feinheiten der Argumentation mit in die Analysen einzubeziehen. Dies erscheint sinnvoll, da behauptet wird, dass die generellen Empfehlungskategorien oft geschäftspolitischen Entscheidungen unterliegen und nicht die wahre Meinung des Analysten widerspiegeln. Auf der detaillierten Ebene des vollständigen Analystenberichts hingegen können Analysten sehr viel genauere und abwägend kritischere Stimmen äußern.

3.2 Reaktion der Kapitalmärkte

Die Ergebnisse zeigen, dass Kapitalmärkte die generellen Empfehlungskategorien (Kaufen, Halten, Verkaufen) als wenig relevant erachten, selbst auf Herauf- und Herabstufungen reagieren Aktienkurse kaum. Dies könnte darauf hindeuten, dass Kapitalmärkte durchaus intelligent sind und um den geringen Wert dieser potenziell verzerrten Informationen wissen. Ganz anders können die Ergebnisse der prognostizierten Kurszielen und detaillierten Informationen, welche im Text enthalten sind, zusammengefasst werden. Diese Informationen werden vom Kapitalmarkt (und damit von den Marktteilnehmern) ganz deutlich wahrgenommen und führen zu statistisch signifikanten Kursreaktionen. Ein solches Ergebnis spricht für Kapitalmärkte, die sämtliche zur Verfügung stehenden Informationen nutzen, um den wahren Wert eines Unternehmens zu messen.

3.3 Potenzielle Interessenskonflikte

Einen besonderen Stellenwert innerhalb der Analyse nimmt die Frage ein, ob Interessenskonflikte zwischen Analysten und den von ihnen analysierten Firmen die Ergebnisse verzerren könnten. Hier könnte man vermuten, dass Analysten, die in besonders engem Kontakt mit einer Firma stehen, sehr viel positivere Informationen über diese Firma zu veröffentlichen versuchen. Was meine Ergebnisse für diese Fragestellung angeht, so ergibt sich, dass der Grad der möglichen Befangenheit eines Analysten keinen Einfluss auf die Reaktion des Kapitalmarktes hat. Dies spricht dafür, dass selbst potenziell befangene Analysten unabhängige und vertrauenswürdige Unternehmensanalysen durchführen.

4 Einordnung der Ergebnisse

Die Ergebnisse meiner Arbeit sind für unterschiedliche Adressaten von Relevanz. Ein Teil der Analysen ist besonders für Privatinvestoren interessant. Während bislang zumindest anekdotisch die besten Anlagen vor der Jahrtausendwende besonders risikoreiche wachstumsstarke kleine Aktien waren, zeigen meine Ergebnisse ein anderes Bild. Jeder langfristig orientierte Investor hätte sich gerade nicht nach diesen kurzfristigen Investitionsmöglichkeiten richten sollen, sondern hätte eher bei Substanztiteln deutliche Investitionspotenziale vorgefunden.

Meine Ergebnisse helfen darüber hinaus sowohl privaten als auch institutionellen Investoren, ein besseres Verständnis für die verfügbaren Informationen und deren Auswirkungen auf die Märkte aufzubauen. In diesem Kontext ist insbesondere interessant, dass bei den Analystenberichten gerade die im Text detailliert aufbereiteten Informationen für Kapitalmärkte von großem Wert sind. Analysten, die besonders viel Transparenz zeigen und detaillierte Begründungen für ihre Bewertungen liefern, sind als Informationsquelle von großer Bedeutung. Hier ist jedem Investor eine genaue und umsichtige Lektüre der verfügbaren Informationen zu empfehlen.

Zuletzt sind meine Ergebnisse auch für die breite Öffentlichkeit im Rahmen der aktuellen Debatte zum Thema Finanzkrise von Bedeutung. Die Ergebnisse geben keine Hinweise darauf, dass Analystenberichte von Analysten, die durch ihre Zugehörigkeit zu bestimmten Investmentbanken potenziell befangen sein könnten, verzerrte Informationen enthalten und zu unterschiedlichen Reaktionen der Kapitalmärkte führen. Dennoch bleiben eine umsichtige, detaillierte Lektüre der Berichte und nicht zuletzt gesunder Menschenverstand Grundbedingungen für den Anlageerfolg.

Literaturverzeichnis

Kerl, Alexander Gabriel / Walter, Andreas: „Long-run Performance Evaluation of Journalists' Stock Recommendations", in: Kredit und Kapital 42/2009, S. 213-243.

Aretz, Kevin / Kerl, Alexander Gabriel / Naujoks, Marcel / Walter, Andreas: „Do German Security Analysts Herd?", in: Financial Markets and Portfolio Management 23/2009, S. 3-29.

Kerl, Alexander Gabriel / Walter, Andreas: „Never Judge a Book by Its Cover – What Security Analysts Have to Say Beyond Recommendations", in: Financial Markets and Portfolio Management 22/2008, S. 289-321.

Kerl, Alexander Gabriel / Walter, Andreas: „The Usual Suspects: The Effects of Attention on Journalists' Stock Recommendations", in: Applied Financial Economics Letters 4/2008, S. 97-101.

Kerl, Alexander Gabriel / Walter, Andreas: „Market Responses to Buy Recommendations Issued by Personal Finance Magazines: Effects of Information, Price-Pressure, and Company Characteristics", in: Review of Finance 11/2007, S. 117-141.

Kapitalmarkteffizienz von Immobiliengesellschaften – Auftrag und Beitrag der DVFA

von Heinz Rehkugler

1 Kapitalmarkteffizienz – die dauernde Herausforderung

1.1 Voraussetzungen

Funktionsfähige und effiziente Kapitalmärkte sind für die Versorgung der Wirtschaft mit Finanzmitteln und damit als Basis für Wachstum und Beschäftigungssicherung von essentieller Bedeutung. In gleicher Weise sorgen sie für ein weites Spektrum an Anlagemöglichkeiten für private und institutionelle Investoren und liefern den Marktteilnehmern die für ihre Anlage- und Finanzierungsentscheidungen notwendigen Informationen. Um sie zu etablieren und aufrechtzuerhalten, bedarf es zum ersten eines Systems leistungsfähiger Institutionen wie Banken und Börsen und eines wirksamen rechtlichen Rahmens zu deren effizienter Aufsicht und Kontrolle. Zum zweiten benötigen die Märkte eine genügend große Zahl an Marktteilnehmern, die für ausreichenden Wettbewerb und stetige Liquidität sorgen. Die Marktteilnehmer werden wiederum ihre Entscheidung, die Kapitalmärkte zu nutzen, davon abhängig machen, ob sie deren Funktionsfähigkeit trauen. Dieses Vertrauen wird davon getragen und geprägt, ob die Finanzmarktaufsicht funktioniert und damit ein wirksamer Schutz der Marktteilnehmer gegeben ist. In starkem Maße wird das Vertrauen auch geprägt durch die Qualität der Informationen, die Anlegern zur Verfügung stehen. Diesem Aspekt sei hier besonderes Augenmerk geschenkt.

Bei jeder Entscheidung bzw. Beratung zu einer Kapitalanlage in Aktien steht der Investor oder Analyst vor dem Problem, die Renditechance und das damit verbundene Risiko des Investments einschätzen zu müssen. Er benötigt hierzu möglichst fundierte und detaillierte Informationen über alle Faktoren, die für die künftige Entwicklung des Unternehmens von Bedeutung sind. Das betrifft zum einen das allgemeine Marktumfeld, also die Entwicklung der gesamten nationalen und internationalen Wirtschaftslage und deren Auswirkungen auf die jeweilige Branche. Auf der Ebene des Unternehmens selbst interessieren vor allem Informationen über das Geschäftsmodell und die Unternehmensstrategie generell, die Struktur der Aktiva und Passiva, die erzielte und erzielbare Performance und die Risiken.

Die Rechnungslegungsvorschriften und das Kapitalmarktrecht regeln, wann und unter welchen Umständen Unternehmen verpflichtet sind, in den Dialog mit Investoren und anderen Kapitalmarktteilnehmern zu treten. Die hierdurch geforderten Kommunikationsinhalte sind aber lediglich als Mindeststandards zu sehen, deren Erfüllung das Informationsbedürfnis der Kapitalmarktteilnehmer nicht ausreichend befriedigt, sondern in den Inhalten wie im Detaillierungsgrad teilweise weit hinter den Informationsbedarfen der Investoren und Analysten zurückbleibt.

Für die darüber hinausgehende freiwillige Unternehmenskommunikation haben Analystenverbände, so auch die DVFA, Empfehlungen und Grundsätze formuliert. Ihre zentrale Idee bildet – für Unternehmen aller Branchen grundsätzlich in gleicher Weise gültig – die Glaubwürdigkeit des Managements und seiner Kommunikation, deren Wahrnehmung einen wesentlichen Einfluss auf die Beurteilung des Unternehmens ausübt.

1.2 Wirkungen einer guten Unternehmenstransparenz

Finanzsysteme stehen untereinander in Wettbewerb. Ihre Ausgestaltung und vor allem die Etablierung leistungsfähiger Institutionen bestimmen wesentlich die Kapitalmarkteffizienz. Diese Ebene sei allerdings im Weiteren zugunsten einer Sichtweise vernachlässigt, die eher den Beitrag des einzelnen Marktteilnehmers zur Effizienz durch eine Verbesserung der Transparenz über das geforderte Mindestmaß hinaus betont. Natürlich wirken die Ebenen zusammen. Denn die Regulierungen auf der staatlichen oder gar überstaatlichen Ebene, z. B. zur Börsenzulassung und Überwachung sowie zur Rechnungslegung, setzen den Rahmen für die Handlungsweisen der Marktteilnehmer, legen also z. B. – wie schon angesprochen – das Mindesttransparenzniveau fest, das Unternehmen gegenüber den Kapitalmarktteilnehmern einzuhalten haben. Verschärfungen der Regelungen auf dieser Ebene vermögen damit generell die Effizienz des Kapitalmarkts zu verbessern, aber nur, wenn sie im Sinne der von den Anlegern gewünschten Informationen wirken.

Es ist theoretisch einsichtig, dass ein positiver Zusammenhang zwischen der Qualität der Unternehmenskommunikation und der Beurteilung von Unternehmen durch den Finanzmarkt besteht. Wie schon angesprochen, sind die Investoren und Analysten für die Einschätzung der Ertragspotenziale und Risiken von Unternehmen auf die von diesen zur Verfügung gestellten Informationen angewiesen. Deren Wahrheitsgehalt können sie nur bedingt überprüfen. Zum allgemeinen Investorrisiko der Streuung der Renditen mit der Marktentwicklung, das nach den Finanzmarktmodellen über die unternehmensspezifisch angepasste Marktrisikoprämie kompensiert wird, tritt also das Risiko, dass die Erwartungen auf falschen Annahmen basieren. Sind sich die Investoren und Analysten aber aufgrund unzureichender oder unglaubwürdiger Informationsversorgung in ihrer Einschätzung der Vermögens-, Finanz- und Ertragslage sowie der unternehmerischen Strategien und Planungen und der daraus abgeleiteten Einschätzung des angemessenen Unternehmenswerts nicht sicher, dann werden sie dieses zusätzliche Risiko durch Sicherheitsabschläge in ihren Wertansätzen bzw. durch Aufschläge auf die geforderten Renditen zu kompensieren versuchen. Dies führt zu erhöhten Eigenkapitalkosten.[1] Ein Teil der Investoren wird sogar von bestimmten Engagements gänzlich Abstand nehmen und sich auf Anlagen konzentrieren, bei denen er sich subjektiv besser informiert sieht. Eine hohe Qualität der Unternehmenskommunikation kann, wie Lambert/Leuz/Verrecchia[2] zeigen, auch direkt eine Verringerung der Kapitalkosten bewirken, indem sie nicht nur geeignet ist, die Varianz der Unternehmensrendite zu senken, sondern auch die Kovarianz mit der Rendite anderer Unternehmen und damit den Risikozuschlag zu reduzieren. Diese Aussagen gelten grundsätzlich für den Fall, dass der Gesetzgeber generell ein bestimmtes Informationsniveau vorschreibt, das aus Sicht der Investoren ausreichend oder eben nicht ausreichend ist, oder ob einzelne Unternehmen freiwillig über dieses Niveau hinausgehen, andere aber zurückbleiben.

Den Analysten kommt bei der Finanzmarktreaktion auf die Qualität der Unternehmenskommunikation eine besondere Bedeutung zu. Sie sind für viele Investoren,

---

1 Vgl. Bushman, Robert M. / Smith, Abbie: Transparency, Financial Accounting Information, and Corporate Governance.

2 Vgl. Lambert, Richard / Leuz, Christian / Verrecchia, Robert: Accounting Information, Disclosure, and the Cost of Capital.

die gar nicht in der Lage sind, fundierte eigene Analysen vorzunehmen, die wesentlichen Informationstransformatoren. Zum einen liegt nahe, dass die Zahl der Analysten, die ein bestimmtes Unternehmen beobachten, mit der Qualität der Kommunikation steigt, da dies die Researchkosten tendenziell senkt. Eine größere Coverage ist wiederum geeignet, die Marktliquidität des jeweiligen Papiers zu steigern. Zum andern werden auch Analysten die eben beschriebenen Wertabschläge vornehmen, wenn sie sich ungenügend informiert fühlen, und dies in ihre Researchberichte einfließen lassen. Beides wirkt sich auf die Renditen aus.[3]

Die empirischen Befunde zur Kapitalmarktreaktion auf die wahrgenommene Qualität der Unternehmenskommunikation bestätigen weitgehend diese Argumentation, wenngleich sie nicht völlig eindeutig und einheitlich sind. So finden sich z. B. durchaus widersprüchliche Befunde, ob die Einführung einer verpflichtenden unterjährigen Berichterstattung positive Auswirkungen zeigt. Für die Frage der Wirkung freiwilliger zusätzlicher Transparenz kann Botosan[4] einen Zusammenhang zwischen dem Wert in einem von ihr selbst entwickelten Transparenzindex und den Eigenkapitalkosten nachweisen, aber nur für Unternehmen mit einer geringen Zahl von berichtenden Analysten. Für Deutschland kommt eine Studie von Schachel/Vögtle[5] ebenfalls zu dem Ergebnis, dass ein positiver Zusammenhang zwischen guter Qualität der Investor Relations und der Aktienkursperformance besteht. Eine aktuelle Untersuchung, die auch eine Übersicht über verschiedene andere Studien liefert, kann bei US-amerikanischen Unternehmen, die bezüglich der Effizienz ihrer Investor Relations hoch eingestuft sind, markante Überrenditen nachweisen.[6]

Den Zusammenhang zwischen erhöhten IR-Aktivitäten, verbesserter „Sichtbarkeit" der Unternehmen am Kapitalmarkt, erhöhter Attraktivität für Analysten und Investoren sowie verbesserter Marktbewertung belegen Bushee/Miller.[7] Für den deutschen Markt kann auch Pietsch[8] die positive Wirkung guter Investor-Relations-Arbeit auf die Analystencoverage nachweisen.

Zur Wirkung der Transparenz bei Immobiliengesellschaften sind mir nur zwei Studien bekannt. Die eine stammt von Brounen/Cools/Schweitzer.[9] Sie kommen bei der Untersuchung von 218 Immobilien-AGs aus 15 europäischen Ländern zu dem Befund, dass Unternehmen mit höherer Informationstransparenz auch eine höhere risikoadjustierte Rendite für ihre Aktionäre erzielen. Die andere Studie kann zeigen, dass eine erhöhte Coverage durch Analysten den Wert von REITs (gemessen als Tobins's q) zu steigern vermag.[10]

---

3 Vgl. z. B. Brennan, Michael, J. / Tamaronski, Claudia: Investor Relations, Visibility and Investor Following.

4 Vgl. Botosan,Christine: Disclosure Level and the Cost of Equity Capital.

5 Vgl. Schachel, Ingo / Vögtle, Marcus: Wirkungen von Investor Relations-Arbeit am deutschen Aktienmarkt.

6 Vgl. Agarwal, Vineet / Liao, Angel / Taffler, Richard / Nash, Elly: The Impact of Effective Investor Relations on Market Value.

7 Vgl. Bushee, Brian J. / Miller, Gregory, S.: Investor Relations, Visibility and Investor Following.

8 Vgl. Pietsch, Luisa: Bestimmungsfaktoren der Analysten-Coverage.

9 Vgl. Brounen, Dirk / Cools, Tim / Schweitzer, Mark: Informations Transparency Pays.

10 Vgl. Devos, Erik /Ong, Seow Eng /Spieler, Andrew C.: Analyst Activity and Firm Value: Evidence from the REIT Sector.

2 Deutsche Immobilien-AGs – eine Situationsanalyse

Das Kapitalmarktsegment der deutschen börsennotierten Immobiliengesellschaften ist vor allem durch folgende Aspekte geprägt:

- geringe Marktkapitalisierung und Marktliquidität,
- (noch) verbesserungsbedürftiger gesetzlicher Rahmen für REITs,
- geringe Coverage,
- starke Streuungen in den Transparenzniveaus.

Im Vergleich zu anderen Staaten, auch zu vielen Nachbarländern, hat Deutschland – bezogen auf den gesamten Bestand an marktfähigen Immobilien und auch in Relation zur Börsenkapitalisierung insgesamt – ein recht kleines Marksegment börsennotierter Immobiliengesellschaften. Der DIMAX von Ellwanger & Geiger weist für Januar 2010 gerade einmal eine Börsenkapitalisierung von etwas über 8 Milliarden Euro aus. Diese verteilt sich auch noch auf 73 Werte. Nur ein einziges Unternehmen (Gagfah) übersteigt mit seinem Börsenwert die Milliardengrenze. Auch wenn man dabei in Rechnung stellt, dass der dramatische Kursabsturz aufgrund der weltweiten Finanzkrise, der bisher nur zu kleinen Teilen wieder durch Kursanstiege kompensiert wurde, wesentlich für diese geringe Marktkapitalisierung mit ursächlich ist (immerhin war sie vor der Krise bei über 20 Milliarden angekommen), wird doch deutlich, dass das Segment der deutschen Immobiliengesellschaften sehr überschaubar und kleinteilig geprägt ist. Demgegenüber sind die Marktsegmente der offenen Publikumsfonds mit derzeit ca. 87 Milliarden und der Spezialfonds mit ca. 24 Milliarden Euro beträchtlich. Sie stellen offenbar aus Sicht der privaten wie der institutionellen Investoren attraktive Anlagealternativen dar.

Kleines Gesamtvolumen und Kleinteiligkeit haben gewisse Marktunvollkommenheiten zur Folge. Insbesondere leidet die Marktliquidität. Geringe Börsenumsätze und geringer Free Float führen schnell zu heftigen Kursverwerfungen bei größeren Einzelinvestments oder –desinvestments mit der Folge, dass zahlreiche Werte für institutionelle Investoren grundsätzlich als Anlagevehikel gar nicht in Frage kommen.

Mit der nach langen fachlichen und politischen Diskussionen und Abwägungen endlich im Mai 2007 gelungenen Zulassung von REITs in Deutschland sollte insbesondere für institutionelle Investoren aus dem Ausland eine Möglichkeit des Zugangs zum deutschen Immobilienmarkt geschaffen werden, der dem in vielen anderen Ländern vergleichbar ist.

Vor der Zulassung von REITs in Deutschland wurde von interessierter Seite ein enormes Marktpotenzial von weit über 100 Milliarden Euro, erreichbar in wenigen Jahren, für möglich gehalten. Die reale Welt zeigt demgegenüber ernüchternde Zahlen. Dem G-REIT ist der Durchbruch noch keineswegs gelungen. Nach den zwei REIT-Anmeldungen der Alstria AG und der Fail Value REIT AG in 2007 folgt erst jetzt zu Beginn des Jahres 2010 mit der Hamborner AG der dritte REIT. Alle drei zusammen bringen es noch zu keiner Milliarde Marktkapitalisierung. Etwa zehn weitere Gesellschaften haben den Status eines Vor-REIT erworben, der sie zum Börsengang in den nächsten drei Jahren verpflichtet. Auch wenn man in Rechnung stellt, dass die optimistischen

Prognosen nicht ernst gemeint waren, ist diese Differenz, auch im Vergleich zu den sehr positiven Entwicklungen in Nachbarländern wie Frankreich und UK, beträchtlich. Gründe dafür sind zum einen in der geringen Zahl schon REIT-fähiger Unternehmen zu sehen, die also bald nach der Verabschiedung des Gesetzes den REIT-Status hätten annehmen können. Zum andern ist die zögerliche Entwicklung auf die Weltfinanzkrise zurückzuführen, die die Kurse auch der Immobilienaktien hat dramatisch abstürzen lassen und damit bedauerlicherweise eben seit der Zeit der Zulassung von REITs Börsengänge überhaupt oder zu akzeptablen Bedingungen vereitelt hat.

Zu Teilen ist die Zurückhaltung der Nutzung des neuen Vehikels auch verschiedenen Mängeln des REITG geschuldet. So hätten einige interessierte Gruppen gerne gesehen, dass die Börsennotierung, die auch die meisten anderen europäischen Länder vorschreiben, nicht verpflichtend wäre, sondern auch ein so genanntes Private REIT, zumindest als Vorstufe oder als Möglichkeit des Rückzugs, erlaubt wäre. Ausschließlich politisch motiviert, das heißt, sachlich nicht zu rechtfertigen, ist der Ausschluss von Bestandswohnungen als Anlagemöglichkeit für den G-REIT. „Technisch" ärgerlich, aber großenteils schon korrigiert oder zur Korrektur anstehend, sind einige Regelungen, die zur Doppelbesteuerung bestimmter Ertragskomponenten führen.

Massive Kritik richtet sich gegen einige Regelungselemente, die dem REIT bzw. seinen Organen Risiken des Verlusts der REIT-Eigenschaft in Fällen aufbürden, die er nicht selbst steuern kann. Dies betrifft zum einen die Streubesitzquote von mindestens 15 % und zum andern die Begrenzung der Höchstbeteiligung des einzelnen Gesellschafters auf weniger als 10 %. Beides sind dem Grunde nach durchaus verständliche Regelungen, die sich so oder ähnlich auch in REIT-Gesetzen anderer Länder finden. Das spezifische Problem der deutschen Regelungen ist, dass das Risiko des Eintritts von Verstößen der Gesellschaft aufgebürdet wird. Dabei wird die Über- bzw. Unterschreitung der gesetzten Grenzen im konkreten Fall von Gesellschaftern herbeigeführt. Als Streubesitz gilt jeder Anteil eines einzelnen Gesellschafters bzw. einer wirtschaftlichen Einheit, soweit er unter 3 % liegt. Stocken einzelne Gesellschafter nun ihren Anteil über diese Quote auf oder bilden sie eine wirtschaftliche Einheit und kommen dadurch über die Grenze von 3 %, dann reduziert sich der Streubesitz. Die Möglichkeiten der Gesellschaft, das im Nachhinein wieder auszugleichen oder gar im Vorfeld zu verhindern, sind äußerst begrenzt. Gleiches gilt für bewusste Zukäufe von Gesellschaftern über die Grenze von 10 % hinaus. Die Gesellschaft soll in diesen Fällen aber dennoch die daraus entstehenden negativen Folgen tragen.

Bei einem so kleinen Marktsegment verwundert nicht, dass die Coverage der einzelnen Gesellschaften zu wünschen übrig lässt. Für viele Häuser lohnt es sich nicht, für die vielen kleinen Gesellschaften regelmäßig Analysen zu erstellen. Die Versorgung des Marktes mit Bewertungsinformationen bleibt damit hinter dem Standard anderer Branchen und Länder zurück. Zugleich hat es zur Folge, dass sich nur zögerlich Branchenstandards zur Bewertung und Analyse von Immobilien-AGs mit und ohne REIT-Status herausbilden.

Die Immobilien-AGs ihrerseits schöpfen vielfach – um es vorsichtig auszudrücken – das Potenzial der Unternehmenskommunikation nicht aus. Denn folgt man den skizzierten wissenschaftlichen Erkenntnissen zum Zusammenhang von Transparenz und Performance, müsste es eigentlich im wohlverstandenen Eigeninteresse der Unternehmen liegen, ihre Unternehmenskommunikation in Richtung der von den Finanzmarktteilnehmern gewünschten Qualität anheben und ihren Mitbewerbern auf diesem Feld überlegen sein zu wollen. Gerade für die oft kleineren Immobilienaktiengesellschaften müsste die Hoffnung – so sie berechtigt ist – auf bessere Sichtbarkeit am Markt und breitere Abdeckung durch Analysten ein starker Anreiz sein. Das tatsächliche Kommunikationsverhalten der Immobilienaktiengesellschaften weist aber eine beträchtliche Streubreite innerhalb des Kontinuums zwischen gesetzlicher Verpflichtung und Bedienung der Informationsbedürfnisse der Investoren und Analysten auf. Zudem lassen die Informationsniveaus nicht nur zwischen den einzelnen Unternehmen erhebliche Unterschiede erkennen, sondern schwanken auch im Zeitablauf überraschend stark.

Die Gründe für ein hinter den Wünschen und Bedürfnissen der Marktteilnehmer zurückbleibendes Niveau der Unternehmenskommunikation sind sicher vielfältig. Sie haben auf rationaler Ebene mit Input- wie mit Outputfaktoren zu tun. So muss konstatiert werden, dass der Wirkungszusammenhang zwischen dem Niveau der Transparenz und der Kapitalmarktreaktion, verstanden als Sicherung „fairer" Bewertung, Senkung der Eigenkapitalkosten, Steigerung bzw. Stabilisierung des Marktwerts und / oder Steigerung der Visibilität des Unternehmens, nicht so eindeutig beschrieben werden kann, wie es für eine rationale Wahl des Niveaus wünschenswert wäre. Welches Bündel an Informationen in welcher Frequenz und mit welchem Detaillierungsgrad die Investoren und Analysten wünschen, ist nicht eindeutig zu beschreiben. Hier wird es wohl auch große Divergenzen und ebenso Veränderungen im Zeitablauf geben.

Eher noch schwieriger und weniger eindeutig lässt sich erfassen, wie eine marginale Veränderung des Informationsniveaus vom Finanzmarkt aufgenommen und in messbare Reaktionen im vorher angesprochenen Sinne umgesetzt wird. Auch hier werden – das liegt auf der Hand – sehr komplexe, sicher nicht linear und eindimensional beschreibbare Zusammenhänge wirksam werden. So wird z. B. auch das situative Umfeld hierfür eine Rolle spielen. Denn in kritischen Situationen eines Unternehmens oder des gesamten Marktsegmentes mag der Bedarf an spezifischen Informationen anders beurteilt werden als in „ruhigen Fahrwassern", wie die Entwicklung der letzten, von der weltweiten Wirtschafts- und Finanzkrise geprägten Jahre ja besonders deutlich gemacht hat. Insbesondere sei betont, dass weniger die einzelne spezifizierte Information für die Einschätzung der Qualität der Transparenz entscheidend ist, sondern die Gesamteinschätzung der Glaubwürdigkeit und Ernsthaftigkeit der Kommunikationsbemühungen der Unternehmen. Damit spielt neben der Art, Menge und Relevanz der vermittelten Fakten auch die personelle Komponente der Vermittlung eine wesentliche Rolle.

Dem möglichen unsicheren „Ertrag" erhöhter Transparenz stehen auf der anderen Seite die durch die Kommunikationsanstrengungen ausgelösten Kosten und möglicherweise befürchteten Nachteile der Preisgabe von Unternehmensinterna gegenüber. Aber auch diese Zuordnung einzelner Kosten- zu den Ertragskomponenten wird keinesfalls in so eindeutiger und messbarer Weise möglich sein, dass dies in ein Optimierungskalkül umgesetzt werden könnte.

Mit diesen angedeuteten Schwierigkeiten der Quantifizierung von Transparenzniveaus haben auch alle wissenschaftlichen Untersuchungen zu kämpfen, da sie zur empirischen Überprüfung des behaupteten Zusammenhangs zwischen Transparenzniveau und Kapitalmarktreaktion ja ein einheitliches Transparenzmaß benötigen. Die verschiedentlich auftretenden Unterschiede in den Befunden wissenschaftlicher Studien sind zu großen Teilen auf Unterschiede in der Messung von Transparenzinhalten und Transparenzniveaus zurückzuführen.

3 Der Beitrag der DVFA zur Steigerung der Kapitalmarkteffizienz bei Immobilienunternehmen

Nach ihrem Selbstverständnis und dem in der Satzung formulierten Auftrag sieht sich die DVFA als eine Institution, die wesentliche Beiträge zur Steigerung der Kapitalmarkteffizienz erbringen will und kann. So strebt sie unter anderem an, „das Vertrauen nationaler und internationaler Anleger in die Kapitalmärkte zu stärken und damit deren Attraktivität zu fördern". Für das Segment der börsennotierten Immobiliengesellschaften hat sich die Arbeit der DVFA in den letzten Jahren in folgender Weise positiv niedergeschlagen:

- Einsatz für die Verbesserung des gesetzlichen Rahmens des G-REIT
- (Fort-)Entwicklung von Bewertungs- und Analysestandards
- Entwicklung von Standards freiwilliger Transparenz und eines Transparenzindexes
- Beitrag zur Qualifikation durch Weiterbildung und Veröffentlichungen.

Wie schon angesprochen, werden einige Elemente des REIT-Gesetzes von verschiedenen Seiten kritisch gesehen. Die DVFA, vertreten durch ihre Expert Group „Immobilien", hat schon sehr früh Vorstellungen zur Ausgestaltung des gesetzlichen Rahmens für den deutschen REIT entwickelt und sie in das Gesetzgebungsverfahren eingebracht. Auch nach Verabschiedung des Gesetzes ist in Vorträgen, Schriften und direkten Eingaben an die politischen Entscheidungsträger auf die kritischen Punkte und auf Verbesserungsmöglichkeiten hingewiesen worden. Der DVFA war und ist damit daran gelegen, angemessene regulatorische Voraussetzungen für das Marktsegment des REIT zu schaffen, dadurch zur Entstehung eines funktionierenden, liquiden REIT-Marktes beizutragen und so die Markteffizienz in diesem Segment signifikant zu steigern.

Die Bewertung und Analyse von Immobiliengesellschaften weist gegenüber anderen Branchen einige Besonderheiten auf. Die DVFA hat sich schon seit langer Zeit mit dem Ergebnis nach DVFA/SG als einer korrigierten, das operative Ergebnis angemessener zum Ausdruck bringenden Erfolgsgröße um die Entwicklung von Bewertungs- und Analysestandards verdient gemacht. Im angelsächsischen Raum wird als spezifisches Multiple bei Immobiliengesellschaften häufig statt des (korrigierten) Jahresergebnisses der FFO (Funds from Operations) benutzt. Er bereinigt insbesondere um planmäßige Abschreibungen auf die Immobilien und um Veräußerungserfolge. Auch deutsche Immobilienunternehmen sehen sich immer mehr in der Verpflichtung gegenüber den Analysten, diese angepasste Erfolgsgröße zu ermitteln und auszuweisen, ohne dass es hierfür ein einheitliches Berechnungsschema gäbe. Hier sieht die DVFA eine Aufgabe, Vorschläge für ein solches Berechnungsschema zu entwickeln.

Eine besondere Problematik, die die internationale Rechnungslegung mit sich gebracht hat, ist der Ausweis der Immobilienbestände und der Wertdifferenzen nach IAS 40. Die meisten Immobilienunternehmen folgen der Empfehlung von IAS und weisen ihre Immobilien in der Bilanz zu Marktwerten aus. Die Veränderungen der Wertansätze zum Vorjahr schlagen sich dann in der Gewinn- und Verlustrechnung erfolgswirksam nieder. Ein sehr großer Teil des ausgewiesenen Jahreserfolgs besteht dadurch in unrealisierten Gewinnen oder Verlusten. Für kein anderes langfristig gehaltenes Anlagevermögen gilt eine solche Regel; sie weicht auch von der Behandlung von Immobilienbeständen in allen anderen Branchen ab. Daher hat die Expert Group „Immobilien" zusammen mit dem ZIA, dem Dachverband der Immobilienwirtschaft, einen Vorstoß unternommen, diese systemfremde Rechnungslegungsnorm zu korrigieren und damit mögliche Fehlinterpretationen der ausgewiesenen Jahresergebnisse und Fehlbewertungen der Unternehmen zu vermeiden.

Als Beitrag zur Vereinheitlichung und Hebung des Niveaus der Unternehmenskommunikation hat die DVFA „Grundsätze für Effektive Finanzkommunikation" entwickelt. Sie beschreiben Erwartungen institutioneller Anleger und Finanzanalysten an die Finanzkommunikation von Unternehmen und erläutern, wie Abweichungen von diesen Erwartungen unter Umständen von den Adressaten interpretiert werden können. Dadurch sind implizit auch die Bedürfnisse von privaten Anlegern weitgehend berücksichtigt.

Die Güte einer Finanzkommunikation kann keinesfalls verstanden und gemessen werden über einen wohldefinierbaren Katalog zu liefernder Informationen. Vielmehr beruht sie auf der Glaubwürdigkeit des Managements von Unternehmen und glaubwürdig vorgetragener Kommunikation. Glaubwürdigkeit entsteht aus Erfahrungen der Kapitalmarktteilnehmer, insbesondere der Investment Professionals (Institutionelle Investoren und Finanzanalysten). Hat ein Unternehmen in der Vergangenheit frühere Aussagen und Prognosen eingehalten bzw. mögliche Abweichungen frühzeitig kommuniziert, wird man eher darauf vertrauen, dass dies auch in Zukunft geschieht.

Glaubwürdigkeit fungiert wie ein Vorschuss auf zukünftig zu erbringende Leistungen in Form von Vertrauen. Es muss der Wille sichtbar werden, sich auf die Interessen der Kapitalmarktteilnehmer einzulassen und in ernsthafter und fairer Weise über Ziele, Strategien und den Geschäftsverlauf zu informieren. Die Informationsstände von Management und Kapitalmarktteilnehmern werden so angeglichen. Der zentrale Grundsatz der Glaubwürdigkeit der Finanzkommunikation wird über die Grundsätze der Zielgruppenorientierung, der Transparenz und der Kontinuität konkretisiert.

Basierend auf diesen allgemeinen, für alle Branchen geltenden Grundsätzen hat die DVFA einen Transparenzindex für Immobilien-AGs entwickelt. Ebenso dringend wie die Wissenschaft bedürfen die Immobilienunternehmen einerseits und die Investoren und Analysten andererseits eines solchen möglichst einheitlichen Maßstabs der vergleichenden quantifizierten Beurteilung von Transparenzniveaus. Die danach vorgenommenen Einstufungen vermögen aufzuzeigen, wie aus Sicht des Finanzmarkts die Kommunikationsbemühungen der einzelnen Unternehmen im Vergleich zu den gewünschten Informationsniveaus und zu den Wettbewerbern eingestuft werden.

Zentrales Merkmal des Transparenzindex der DVFA ist, dass die Unternehmen ausschließlich von Kapitalmarktteilnehmern beurteilt werden, die die Empfänger der Kommunikationsinhalte sind und diese kompetent beurteilen können. Es fließen daher nur Urteile und Bewertungen von Buy- und Sell-Side-Analysten und Investoren ein, die mit dem jeweiligen Unternehmen zu tun haben, es (regelmäßig) beobachten und analysieren. Im etwa halbjährlichen Rhythmus erfolgt jeweils eine Aktualisierung der Indexwerte.

Die Expert Group „Immobilien" der DVFA will mit ihrem Transparenzindex für Immobilienaktiengesellschaften ein Instrument zur regelmäßigen Messung der Transparenz der einzelnen Unternehmen und – daraus abgeleitet – der gesamten Branche etablieren, wie sie von den Analysten und Investoren jeweils eingeschätzt wird. Damit soll auch die Entwicklung der Einschätzung des Transparenzniveaus im Zeitablauf aufgezeigt und beobachtet werden. Vertiefende Analysen sollen die Ursachen der Transparenzeinschätzungen erkennen lassen. Sie könnten damit durchaus motivierende Effekte für die Unternehmen entfalten, die ein schlechtes Transparenzrating erhalten. Der Unternehmens- und Zeitvergleich soll für die Immobiliengesellschaften einen Anreiz bieten, ihre Beurteilung durch verstärkte Transparenz zu verbessern und zu beobachten, auf welche zusätzlichen Maßnahmen der Kommunikation die Kapitalmarktteilnehmer in welcher Weise und Stärke reagieren. Die Detailanalysen sollen hierbei helfen, die von den Marktteilnehmern schwach eingestuften Bereiche zu identifizieren.

Ein zentrales Anliegen ist der DVFA gemäß ihrer Satzung auch, „durch Information, Veröffentlichungen und Aus- und Weiterbildung die berufliche Qualifikation ihrer Mitglieder zu fördern." Nicht zuletzt die Umsetzung der gewonnenen Erkenntnisse durch qualifizierte Fachleute trägt zur Steigerung der Kapitalmarkteffizienz bei. Auch diesem Auftrag ist die DVFA für die Immobilienwirtschaft in starkem Maße gerecht geworden. So hat die Expert Group „Immobilien" in zwei Sammelbänden „Die Immobilien-AG – Bewertung und Marktattraktivität" sowie „Die Immobilie als Kapitalmarktprodukt" und in weiteren Veröffentlichungen ihre Überlegungen und Vorschläge zur Gestaltung des rechtlichen Rahmens und zur Bewertung und Analyse von Immobiliengesellschaften vorgestellt. Auf der jährlich stattfindenden DVFA-Immobilienkonferenz diskutiert sie mit Fachvertretern aktuelle Probleme und Lösungsvorschläge für die Immobilienwirtschaft. Auch im umfangreichen Qualifizierungsangebot der DVFA findet dies ihren Niederschlag. So verbindet die Ausbildung zum „CREA – Certified Real Estate Investment Analyst" das Know-how der Immobilienbranche mit den Instrumenten und Methoden von Finanzanalysten und Investoren.

Insgesamt ist damit zu konstatieren, dass die DVFA vielfache wichtige Beiträge zur Verbesserung der Funktionsfähigkeit und Effizienz des Kapitalmarktes im Segment der Immobiliengesellschaften geleistet hat und laufend leistet. Es ist ihr zu danken, dass sie dies als eine ständige Aufgabe und Herausforderung versteht.

Literaturverzeichnis

Agarwal, Vineet / Liao, Algel / Taffler, Richard / Nash, Elly: „The Impact of Effective Investor Relations on Market Value", WP Univ. Edinburgh 2008.

Botosan, Christine: „Disclosure Level and the Cost of Equity Capital", in: The Accounting Review 5/1997, S. 323-349.

Brennan, Michael, J. / Tamaronski, Claudia: „Investor Relations, Liquidity and Stock Prices", in: Journal of Applied Corporate Finance 4/2000, S. 26-37.

Brounen, Dirk / Cools, Tim / Schweitzer, Mark: „Information Transparency Pays: Evidence from European Property Shares", in: Real Estate Finance 2/2001, S. 39-49.

Bushee, Brian J. / Miller, Gregory S.: „Investor Relations, Visibility and Investor Following", WP Wharton School 2005.

Bushman, Robert M. / Smith, Abbie: „Transparency, Financial Accounting Information, and Corporate Governance", in: FRBNY Economic Policy Review 1/ 2003, S. 65-87.

Devos, Erik / Ong, Seow Eng / Spieler, Andrew C.: „Analyst Activity and Firm Value: Evidence from the REIT Sector", in: Journal of Real Estate Economics 2007, S. 333-356.

Lambert, Richard / Leuz, Christian / Verrecchia, Robert: „Accounting Information, Disclosure, and the Cost of Capital", WP Wharton School 2006.

Leuz, Christian / Verrecchia, Robert: „The economic consequences of increased disclosure", in: Journal of Accounting Research 2000, S. 91-124.

Pietsch, Luisa: „Bestimmungsfaktoren der Analysen-Coverage", Bad Soden 2004.

Schachel, Ingo / Vögtle, Marcus: „Wirkungen von Investor Relations-Arbeit am deutschen Aktienmarkt", in: FinanzBetrieb 9/2006, S. 580-589.

Kapitalmarktorientierte Unternehmensbewertung – der Beitrag der DVFA zur Standardisierung von Researchberichten, Fairness Opinions und investorengerechten Bewertungsansätzen

von Bernhard Schwetzler

1 Die DVFA als „Standardsetter"

Als Berufsverband der Finanzanalysten mit mehr als 1200 persönlichen Mitgliedern kommt der DVFA eine zentrale Aufgabe als „Standardsetter" zu. Basierend auf dem Wissen und der Erfahrung seiner Mitglieder soll der Verband in Kommissionen und Arbeitskreisen Prozesse und Verfahren zu finanzmarktspezifischen Fragestellungen diskutieren und daraus „best practice" Vorgaben für Marktteilnehmer entwickeln. Diese Standards richten sich zum einen an die Mitglieder des Verbandes und dienen diesen als Leitbild. Zum anderen führt die fachliche Autorität des Verbandes dazu, dass auch andere Marktteilnehmer sich in Zweifels- und Streitfragen an diesen Standards orientieren. Über die Umsetzung der erarbeiteten Qualitätsstandards auf dem Kapitalmarkt leistet die DVFA einen wichtigen Beitrag zum Anlegerschutz und zur Funktionsfähigkeit des Kapitalmarktes.

In diesem Beitrag soll die Entwicklung von Standards durch die DVFA und deren Umsetzung auf dem Markt anhand von zwei Beispielen, den Standards für Researchberichte am Neuen Markt im Jahr 1999 und den Standards für Fairness Opinions 2007 / 2008 verdeutlicht werden.

2 Die DVFA-Standards für Researchberichte am Neuen Markt

2.1 Der Neue Markt

Im März 1997 wurde der Neue Markt als privatrechtlich organisiertes Segment der Deutschen Börse AG eröffnet. Zielsetzung war es, wachstumsorientierten Unternehmen den Zugang zur Börse und damit zur Beschaffung von Eigenkapital zu eröffnen. Die Jahre 1997 bis 2000 waren zunächst eine außerordentliche Erfolgsgeschichte. So stieg die Zahl der an diesem Segment notierten Unternehmen bis zum Jahr 2000 auf mehr als 300 an. Gleichzeitig war die Kursentwicklung der notierten Aktien von extremen Anstiegen geprägt. Der zum 31. Dezember 1997 auf 1000 Punkte zurückgerechnete Segmentindex Nemax 50 erreichte am 10. März 2000 den historischen Höchststand von 9666 Punkten.

2.2 Zur Notwendigkeit von Grundsätzen

Bereits im September 1997 wurde von der DVFA die Kommission „Neue Märkte / Innovative Unternehmen" ins Leben gerufen. Das Aufgabengebiet der Kommission umfasste „spezielle Bewertungs- und Prognoseprobleme im Zusammenhang mit innovativen Unternehmen bzw. IPOs und die Entwicklung der neuen, speziell für diese Unternehmen konzipierten Kapitalmärkte." Als Schwerpunkt der Arbeit kristallisierte sich bald die Entwicklung von Standards für Researchberichte am Neuen Markt heraus. Dafür gab es folgende Gründe:

- Bei niedriger Marktkapitalisierung besteht allgemein für Emissionshäuser und Researchinstitute kein finanzieller Anreiz, die kleineren Titel laufend zu überwachen und Researchberichte zu erstellen. Zugleich ist die Bereitstellung von „analyst coverage" eine Voraussetzung für einen liquiden Handel in Wertpapieren und einen funktionsfähigen Markt.[1] Die Regularien des Neuen Marktes sahen vor, dass für jedes gelistete Unternehmen ein „Betreuer" installiert wird, der verbindliche Geld- und Briefkurse und somit die erforderliche Liquidität zur Verfügung stellt. Das als Betreuer fungierende Finanzinstitut war auch verpflichtet, Researchberichte für die betreute Aktie zu erstellen.[2] In der Einleitung zu den Grundsätzen wurde bereits 1999 auf die möglichen negativen Folgen einer unzureichenden Coverage für den Neuen Markt hingewiesen:[3] „Niedrige Liquidität und Coverage bergen die Gefahr von manipulativen Praktiken: Marktteilnehmer können die Marktenge ausnutzen, um sich über gezielte Informationspreisgabe finanzielle Vorteile zu Lasten anderer Marktteilnehmer zu verschaffen. Dadurch wird das Vertrauen der Anleger in eine faire Preisbildung erschüttert und der Erfolg des Neuen Marktes gefährdet."
- Die Bewertung der in diesem Marktsegment gelisteten innovativen Unternehmen ist schwierig. Sie weisen kaum Historie auf und werden die Gewinnzone erst einige Jahre nach dem Börsengang erreichen. Ende der 90er Jahre setzte eine intensive Diskussion um die korrekte Bewertung von innovativen Wachstumsunternehmen und die Frage der Eignung von „klassischen" Diskontierungsverfahren zur Unternehmensbewertung (DCF- oder Ertragswertverfahren) für solche Unternehmen ein.[4] Alternative Modelle, wie z. B. Realoptionsmodelle, wurden intensiv diskutiert. Die Diskussion um Vor- und Nachteile von bestimmten Bewertungsverfahren wurde zum Teil interessengeleitet geführt. Daher zielten die Grundsätze auch darauf ab, die Transparenz und Durchschaubarkeit der in den Researchberichten verwendeten Bewertungsmodelle zu erhöhen.
- Schließlich war die Sorge um den Erfolg des neu geschaffenen Marktsegments Antrieb für die Arbeit der Kommission. Die stark wachsende Anzahl an notierten Werten in dieser Zeit barg die Gefahr, dass die Coverage durch Finanzanalysten nicht mehr in ausreichendem Umfang gewährleistet werden konnte und dass die dort notierten Werte als „neglected stocks" endeten. Empirische Studien zeigten, dass bereits zu „Boomzeiten" des Neuen Marktes aufgrund der hohen Anzahl der zu betreuenden Unternehmen die Qualität und Frequenz der angebotenen Coverage nur unzureichend war.[5]

---

1 Vgl. z. B. Brennan / Tamarowski (2000) S. 26 ff.

2 Pfundt / Piel (2001) S. 1815.

3 Vgl. DFVA Standards für Researchberichte am Neuen Markt (1999), S. 1.

4 Vgl. zu dieser Diskussion unter anderem Damodaran (2000), Liu / Nissim / Thomas (2001), Schwetzler (2001).

2.3 Die Grundsätze

Die DVFA-Standards für Researchberichte am Neuen Markt traten am 1. Juli 1999 in Kraft. Die Standards enthielten Regelungen zu zwei unterschiedlichen Bereichen:

- In den allgemeinen Anforderungen wurde Transparenz über mögliche Interessenkonflikte des Verfassers (z. B. als Emissionshaus beim Börsengang oder Kreditgeber des zu bewertenden Unternehmens) und über die Verwendung des Emissionserlöses im Fall eines IPO gefordert.
- Bezüglich der verwendeten Bewertungsmethoden galt der Grundsatz der Methodenvielfalt. Die Standards machten keine Vorgaben hinsichtlich der zu verwendenden Bewertungsmethoden. Der Markt sollte selbst über die Eignung der Verfahren entscheiden. Dies geschah auch. Allerdings enthielten die Grundsätze tiefgehende Anforderungen an die Transparenz und Publizität der verwendeten Verfahren; sie sollten für die Anleger durchschaubar und einfacher nachvollziehbar sein.

2.4 Die Umsetzung am Markt

Die Umsetzung der Standards auf dem Markt ließ sich aus mehreren Gründen nur schwer messen: Zum einen zögerten viele Emissionshäuser auch bei Einhaltung der Standards, die gewünschte freiwillige Erklärung zu deren Anerkennung zu unterzeichnen, weil sie mögliche rechtliche Ansprüche von Anlegern bei ggf. auftretenden Fehlern befürchteten. Zum anderen sorgte die weitere turbulente Entwicklung des Neuen Marktes dafür, dass sich die Notwendigkeit für die Einhaltung der Grundsätze nicht mehr stellte. Im Zuge des Niedergangs des Neuen Marktes brach der Markt für Neuemissionen als Hauptertragsquelle für die Emissionshäuser und Researchinstitute zusammen. Immer weniger Werte des Marktsegments wurden gecovert. Im Juni 2003 schloss die Deutsche Börse AG nach zahlreichen Skandalen das entsprechende Segment. Die DVFA-Kommission „Neue Märkte / Innovative Unternehmen" stellte ihre Arbeit im Jahr 2001 ein.

Die erarbeiteten Grundsätze fanden schließlich noch bei der als Folge der Skandale einsetzenden Diskussion um die Pflichten von Finanzanalysten und der Aufarbeitung einiger Anleger-Skandale eingeschränkte Beachtung. So konstatierte das Deutsche Aktieninstitut DAI im Jahr 2001: „Nach den DVFA-Standards für Researchberichte am Neuen Markt erstellte Analysen geben dem Anleger einen sehr guten Einblick in die getroffenen Annahmen sowie in die verwendeten Analyse- und Bewertungsmethoden. Sie stellen damit einen Standard dar, der nicht nur durch DVFA-Mitglieder für die Unternehmen am Neuen Markt der Frankfurter Wertpapierbörse, sondern durch alle Analysten für alle börsennotierten Unternehmen angewandt werden sollte."[6] Die DVFA straffte die Grundsätze und publizierte sie in gekürzter Form im Jahr 2005 nochmals als „DFVA Leitfaden für Unternehmensbewertungen im Aktienresearch".

---

5 Alpers (2000) S. 32 ff.

3 Die DVFA-Standards „Fairness Opinions"

3.1 Fairness Opinions

Eine Fairness Opinion ist die Stellungnahme eines Sachverständigen zur finanziellen Angemessenheit einer vorgeschlagenen Unternehmenstransaktion.[7] Sie wird im Regelfall von Investmentbanken oder Corporate Finance Beratern erstellt, die dazu vom Management beauftragt werden, und besteht aus zwei Teilen: dem Opinion Letter und dem Valuation Memorandum. Der Opinion Letter ist die schriftliche Stellungnahme zu einer Transaktion, die lediglich die Einschätzung als „finanziell angemessen" oder „nicht finanziell angemessen" enthält. Das Valuation Memorandum erweitert den Opinion Letter um die der Stellungnahme zu Grunde liegende Unternehmensbewertung.

In den USA seit längerem regelmäßiger Bestandteil von Unternehmenstransaktionen, hat die Bedeutung von Fairness Opinions in Deutschland in den letzten Jahren deutlich zugenommen. Ein wichtiger Grund hierfür ist die in § 27 WpÜG verankerte Pflicht zur Stellungnahme der Organe der Zielgesellschaft zu einem Übernahmeangebot. In dieser Stellungnahme ist eine Beurteilung des vorliegenden Angebotes gefordert. In vielen Fällen nimmt die Stellungnahme Bezug auf eine zu diesem Zweck eingeholte Fairness Opinion.

Je nach Adressaten verfolgt eine Fairness Opinion unterschiedliche Zwecke:

- Für das Management reduziert die Einholung einer Fairness Opinion das Haftungsrisiko aus unternehmerischen Entscheidungen. Nach der so genannten Business Judgement Rule kommt der Vorstand dann seiner Sorgfaltspflicht bei einer unternehmerischen Entscheidung nach, wenn diese auf der „Grundlage angemessener Information" erfolgt. Die Einholung einer Fairness Opinion hat somit das Ziel, die Anforderungen an ein „informed judgement" für die Transaktionsentscheidung zu erfüllen und das Haftungsrisiko des Vorstandes aus einer solchen unternehmerischen Entscheidung zu verringern.
- Für den Aktionär kann die Fairness Opinion eine Zertifizierungsfunktion übernehmen. Das Management lässt die Vorteilhaftigkeit einer im Rahmen einer Transaktion getroffenen Entscheidung für die Anteilseigner (Annahme oder Ablehnung eines Übernahmeangebotes für die Zielgesellschaft; angestrebte Akquisition im Fall der Bietergesellschaft) durch einen unabhängigen Experten überprüfen und „zertifizieren". Allerdings besteht in der Bundesrepublik keine gesetzliche Verpflichtung für das Management, eine eingeholte Fairness Opinion (bzw. deren Ergebnis) den Anteilseignern zugänglich zu machen. Der Aktionär wird häufig nur dann indirekter Adressat, wenn Vorstand und ggf. Aufsichtsrat der Zielgesellschaft in ihrer Stellungnahme zu einem vorliegenden Übernahmeangebot (§ 27 WpÜG) auf eine Fairness Opinion Bezug nehmen.

---

6 v. Rosen / Gerke (2001) S. 27.

7 Schwetzler / Aders / Salcher / Bornemann (2005) S. 106 ff.; Westhoff (2006); Essler / Lobe / Röder (2008); Davidoff (2006).

3.2 Zur Notwendigkeit von Grundsätzen

Die Deutsche Vereinigung für Finanzanalyse und Asset Management (DVFA) hat im Dezember 2006 eine Expert Group „Fairness Opinion" aus Rechtsanwälten, Aufsichtsräten, Beteiligungsmanagern, Bankexperten und Wissenschaftlern mit dem Ziel ins Leben gerufen, gemeinsam Empfehlungen und Standards für die Erstellung von Fairness Opinions zu erarbeiten. Die Expert Group legte im September 2007 Grundsätze für Fairness Opinions für Zielgesellschaften von Übernahmeangeboten vor. Diese Grundsätze wurden im September 2008 um Grundsätze für Fairness Opinions bei Bietergesellschaften ergänzt.

Der Grund für die Erarbeitung von Grundsätzen war wiederum die Notwendigkeit, Standards als „best practice" vorzugeben und zu etablieren. Dafür sprach zum einen die noch geringe Erfahrung mit diesem Instrument in Deutschland. Es herrschte und herrscht immer noch eine Vielzahl von unterschiedlichen Vorgehensweisen bei der Erstellung und Publikation von Fairness Opinions vor und Marktstandards bilden sich „von selbst" nur langsam aus. Zum anderen hatte der bisweilen laxe Umgang mit Interessenkonflikten bei der Erstellung von Fairness Opinions in den USA zu erheblicher Kritik an der dort geübten Praxis und zeitgleich zu einer Diskussion und Entwicklung von Grundsätzen in den USA geführt.[8] Dort wurde seit längerem die Notwendigkeit von Grundsätzen für die Erstellung von Fairness Opinions betont und deren Fehlen als ein Problem angesehen: *„Investment bankers lack … industry standards for performing fairness opinions."*[9]

Bei der Beurteilung der Angemessenheit bzw. der „Fairness" einer Unternehmenstransaktion hat der Verfasser einer Fairness Opinion ganz erhebliche Ermessensspielräume. Das beginnt mit den „üblichen" (und unvermeidlichen) Spielräumen im Rahmen der Unternehmensbewertung, z. B. bei der Prognose der künftigen Überschüsse oder der Wahl des „richtigen" risikoäquivalenten Diskontierungssatzes. Bei Fairness Opinions kommt hinzu, dass weder eine Definition eines „Fair Price" noch eine einheitliche Regelung für die Anwendung von Bewertungskonzeptionen bei der Ableitung des Werturteils existieren. Zum Problem werden alle diese Spielräume, wenn Interessenkonflikte dazu führen, dass sie interessengeleitet genutzt und dadurch die abgegebenen Werturteile systematisch verzerrt werden. Im Umfeld einer Unternehmenstransaktion gibt es eine Vielzahl solcher Interessenkonflikte. Bei einem Übernahmeangebot können z. B. Eigeninteressen des Managements der Zielgesellschaft dazu führen, dass die Ablehnung des Angebotes empfohlen wird, obwohl dies nicht im Interesse der Anteilseigner liegt. Die Funktionen einer Fairness Opinion (Reduzierung des Haftungsrisikos und Zertifizierung der Fairness) können durch diese Interessenkonflikte stark beeinträchtigt werden. Auftraggeber der Fairness Opinion ist regelmäßig das Management der betreffenden Gesellschaft. Der Verfasser hat deshalb den Anreiz, zur gleichen Einschätzung der Transaktion zu gelangen wie das auftraggebende Management. Besonders evident ist die Interessenkollision, wenn der Ver-

8 Die National Association of Security Dealers (NASD) hatte im April 2006 einen Vorschlag für eine Neufassung der Regelungen für Fairness Opinions (Rule 2290) publiziert. Nach einer weiteren Kommentierungsphase wurden die geänderten Grundsätze am 11.10.2007 von der SEC genehmigt.

9 Bebchuk / Kahan (1989) S. 27.

fasser im Rahmen der zu beurteilenden Transaktion weitere Beratungsleistungen erbringt und dafür in Abhängigkeit vom Erfolg der angestrebten Transaktion vergütet wird. Eine zentrale Zielsetzung der Standards für die Erstellung von Fairness Opinions war deshalb, die Möglichkeit zur interessengeleiteten Ausnutzung von Ermessensspielräumen einzuengen.[10] Anforderungen an die Transparenz erhöhen die Glaubwürdigkeit der abgegebenen Einschätzung: der Adressat der Fairness Opinion kann sich dann selbst ein Bild über das Zustandekommen des Urteils und vorhandene Interessenkonflikte machen.

3.3 Die Grundsätze

Für die Beurteilung der finanziellen Angemessenheit ist der Transaktion ein geeigneter Vergleichsmaßstab gegenüberzustellen. Die Expert Group hat der Versuchung widerstanden, sich an einer grundsätzlichen Definition des Begriffes der „Fairness" zu versuchen. Die Grundsätze geben keine bestimmten Vergleichsmaßstäbe bzw. keine Bewertungsverfahren vor, formulieren jedoch Anforderungen an die konsistente Anwendung der Methodik. Zentral ist hierbei das Stichtagsprinzip: die Fairness Opinion muss deutlich machen, auf welchen Zeitpunkt sich die Beurteilung der Angemessenheit bezieht. Dieser Stichtag muss für das zu beurteilende Angebot und die herangezogenen Vergleichsmaßstäbe identisch sein. Es sind lediglich solche Vergleichsmaßstäbe zulässig, die tatsächliche Alternativen des Anteilseigners im Zeitpunkt des Übernahmeangebotes abbilden. Als Stichtag wird der Zeitpunkt vor der Veröffentlichung der Entscheidung zur Abgabe eines Angebotes nach § 10 Abs. 1 WpÜG durch das Bieterunternehmen empfohlen. Der Grundsatz stellt also auf den „unbeeinflussten" Börsenkurs vor der Ankündigung ab; Kurseffekte, die durch die Ankündigung des Angebotes ausgelöst werden, sind nicht berücksichtigt. Die Fairness Opinion muss deshalb zusätzlich ein Urteil über die Angemessenheit der gebotenen Prämie als Aufschlag auf den Börsenkurs am Stichtag enthalten. Tritt nach dem Stichtag eine deutliche Veränderung des Kapitalmarktumfeldes ein, so kann diese über eine Wertaufhellungsregel berücksichtigt werden. Die Grundsätze fordern, dass neben den angewendeten Vergleichsmaßstäben auch die Aggregation der unterschiedlichen Einzelergebnisse zum Gesamturteil offen gelegt wird.

Für Interessenkonflikte des Verfassers gilt der Grundsatz „Transparenz vor Regulierung". Transaktionsbegleitende Banken sind als Verfasser von Fairness Opinions nicht grundsätzlich ausgeschlossen. Die Entscheidung über die Auswahl des Verfassers und damit auch die Abwägung zwischen Interessenkonflikten auf der einen und Kostenersparnissen auf der anderen Seite bleibt dem Management überlassen, wenn bestimmte Transparenzanforderungen erfüllt sind. Der Verfasser der Fairness Opinion hat alle vertraglichen Beziehungen zum auftraggebenden Unternehmen, die Interessenkonflikte entstehen lassen können, offenzulegen. Die Vergütung der Fairness Opinion muss unabhängig von der damit verbundenen Beurteilung sein. Wurde im Zusammenhang mit anderen Beratungsleistungen der geplanten Transaktion eine erfolgsabhängige Vergütung vereinbart, so sind neben diesem Sachverhalt auch die Faktoren, von denen diese Vergütung abhängig ist, offenzulegen.

10 DFVA Expert Group „Fairness Opinions" (2007) S. 675 f.; Schwetzler (2008) S. 53 f.

Nach den Empfehlungen der Expert Group sind Interessenkonflikte des Managements der Zielgesellschaft, die im Zusammenhang mit der zu beurteilenden Transaktion stehen, nicht Bestandteil der Fairness Opinion. Sie sind in der gesetzlich festgelegten Stellungnahme der Organe der Zielgesellschaft nach § 27 WpÜG zu thematisieren. Die Offenlegung von Interessenkonflikten der Gesellschaftsorgane gegenüber den Anteilseignern der Zielgesellschaft ist durch die Vorschriften des Übernahmerechtes ausreichend gewährleistet.

3.4 Umsetzung der Standards in der Transaktionspraxis

Vor dem Hintergrund der Erfahrungen mit den Standards für Researchberichte am Neuen Markt wurde bei den Standards für Fairness Opinions auf eine Erklärung zur Einhaltung der Grundsätze durch die Verfasser von Fairness Opinions verzichtet. Die Grundsätze verstehen sich als Empfehlungen mit „best practice"-Charakter, an denen sich in Zweifels- und Streitfragen interessierte Parteien, ggf. auch Gerichte und Aufsichtsbehörden, orientieren können.

Die Umsetzung und Anwendung der Grundsätze lässt sich mit Hilfe des HHL / D&P Fairness Opinion Monitor verfolgen. Der Monitor analysiert jährlich Publizität und Inhalt der öffentlich zugänglichen Fairness Opinions in Verbindung mit einer Stellungnahme nach § 27 WpÜG.[11] Die Ergebnisse des Jahres 2008 zeigen hinsichtlich der Publizität und Transparenz eine verstärkte Anwendung der Grundsätze auf: Es ist ein deutlicher Anstieg der Fälle festzustellen, in denen zusätzlich zur gesetzlich verpflichteten Stellungnahme nach § 27 WPÜG auch der Opinion Letter veröffentlicht wurde. Potenzielle Interessenkonflikte wurden im Jahr 2008 systematischer und breiter offengelegt als im Vorjahr. Die zunehmende Umsetzung der Anforderungen deutet darauf hin, dass sich diese Grundsätze der DVFA als Standards für die Publizität und Transparenz von Fairness Opinions etablieren könnten.[12] Es wird interessant sein, zu beobachten, ob sich dieser Prozess in den kommenden Jahren fortsetzt.

11 Aders / Schwetzler (2009) S. 81 ff.

12 Aders / Schwetzler (2009) S. 89.

Literaturverzeichnis

Aders, Christian / Schwetzler, Bernhard: „Fairness Opinion", in: Der Aufsichtsrat, 4. Jg. S. 56 (2007).

Aders, Christian / Schwetzler, Bernhard: „HHL / D&P Fairness Opinion Monitor: Jahresreport Deutschland 2008", in: Finanzbetrieb 2009, S. 81-89 (2009).

Alpers, Gregor: „Analyst Coverage of Neuer Markt Shares, Master Thesis", HHL Handelshochschule Leipzig (2000).

Bebchuk, L. A. / Kahan, M.: „Fairness Opinions: How Fair Are They and What Can Be Done About It?", in: Duke Law Journal, 27. Jg., Heft 1, S. 27-53 (1989).

Brennan, Michael / Tamarowski, Claudia: „Investor Relations, Liquidity and Stock Prices", in: JoACF Vol. 12, S. 26-37 (2000).

Damodaran, Aswath: „The Dark Side of Valuation, Working Paper Stern School of Business", New York University (2000).

Davidoff, Steven: „Fairness Opinions", in: AULR, Vol. 55, S. 1557-1625 (2006).

DVFA Expert Group: „Fairness Opinion", Grundsätze für die Erstellung von Fairness Opinions, in: FB 2007, S. 674-680 (2007).

Essler, Wolfgang / Lobe, Sebastian / Röder, Klaus: „Fairness Opinion", Stuttgart (2008).

Liu, Jing / Nissim, Doron / Thomas, Jacob: „Equity Valuation Using Multiples", Working Paper, UCLA and Columbia University (2001).

Pfundt, Dieter / Piel, Siegfried: „Die Rolle des Betreuers am Neuen Markt", in: Achleitner, Ann-Kathrin / Bassen Alexander (Hrsg.) Investor Relations am Neuen Markt, Stuttgart 2001, S. 813-819 (2001).

Schiessl, Maximilian: „Fairness Opinions im Übernahme- und Gesellschaftsrecht – Zugleich ein Beitrag zur Organverantwortung der AG", in: Zeitschrift für Unternehmens- und Gesellschaftsrecht, 32. Jg., Heft 5-6, S. 814-852 (2003).

Schwetzler, Bernhard: „Bewertung von Wachstumsunternehmen", in: Achleitner, Ann-Kathrin / Bassen, Alexander (Hrsg.) Investor Relations am Neuen Markt, Stuttgart 2001, S. 61-96 (2001).

Schwetzler, Bernhard: „Probleme der Multiple-Bewertung", FB 6. Jg. S. 79-90 (2003).

Schwetzler, Bernhard: „Grundsätze für die Erstellung von Fairness Opinions – die Standards der DVFA", in: Essler, W. / Lobe, S. / Röder, K. (Hrsg.) Fairness Opinion, Stuttgart, S. 51-71 (2008).

Schwetzler, Bernhard / Aders, C. / Salcher, M. / Bornemann, T.: „Die Bedeutung der Fairness Opinion für den deutschen Transaktionsmarkt", in: Finanz Betrieb, 7. Jg., Heft 2, S. 106-116 (2005).

Theissen, Erik: „Der neue Markt: Eine Bestandsaufnahme", Working Paper, Universität Frankfurt (1998).

v. Rosen, Rüdiger / Gerke, Wolfgang: „Kodex für anlegergerechte Kapitalmarkt-Kommunikation", Deutsches Aktieninstitut DAI, Frankfurt / Nürnberg, 2001 (2001).

Kapitel 3:

Der Rentenmarkt im Wandel

Zukunftstrend From Loans to Bonds – Konsequenzen für Markt und Analyse

von Uwe Burkert

1 Herausforderungen für den Bankensektor

1.1 Die Finanzkrise – Lähmung der Transmissionsmechanismen

Die Finanzmarktkrise im Jahr 2007 ging – im Unterschied zu früheren Zyklen in Deutschland – vom Bankensektor aus und belastete in der Folge die Unternehmen. Mit dem Bankensektor wurde die Kapitalallokationszentrale der Volkswirtschaft getroffen, da sich die Krise von einem idiosynkratischen Problem, das heißt, der Schieflage eines einzelnen Instituts, zu einem systemischen Problem weltweit ausgeweitet hatte. Zweifel am Fortbestand des Finanzsystems ließen Risikoaufschläge für Banken in nie da gewesene Höhen schnellen, eine geordnete Refinanzierung über die Kapitalmärkte war zum Teil nicht mehr möglich. Waren es zunächst Liquiditätsengpässe, die dank der schnellen und unkonventionellen Hilfe der Notenbanken überbrückt werden konnten, so rückte mit zunehmender Dauer der Krise die Solvenz der Institute verstärkt in den Blickpunkt. Dabei war und ist eine der entscheidenden Fragen der Marktteilnehmer, inwiefern mit zunehmendem Abschreibungsdruck der Banken deren Kapitalbasis so stark belastet wird, dass diese gezwungen sind, ihre Kreditvergabetätigkeit einzuschränken und nur noch Schuldnern bester Bonität Fremdkapital zur Verfügung stellen. War diese Frage im frühen Stadium der Krise eher noch eine Randerscheinung in den Diskussionen der Marktteilnehmer, so hat sie mit dem Schockereignis der Insolvenz der amerikanischen Investment Bank Lehman Brothers im September 2008 gerade in der öffentlichen Diskussion deutlich an Brisanz gewonnen. Zahlreiche Untersuchungen z.B. des IWF[1] belegen, dass Bankenkrisen signifikante Effekte in der Entwicklung der Kreditvergabe nach sich ziehen. Rezessionen in Verbindung mit Bankenkrisen sind von längerer Dauer als normale Rezessionen, der Outputverlust der Volkswirtschaft ist insgesamt größer und die Zeit, bis das ursprüngliche Outputniveau wieder erreicht werden kann, dauert länger.[2] Die Tatsache, dass sich bei Rezessionen, welche durch Bankenkrisen ausgelöst wurden, der durchschnittliche Output über einen Zeitraum von sieben Jahren sukzessive vom Trendpfad vor der Krise entfernt hatte,[3] zeigt, dass solche Krisen mutmaßlich mit einem signifikanten Verlust an Potenzialwachstum einhergehen.

---

1 Siehe hierzu u.a. IWF Global Financial Stability Report April 2010.

2 Quellen: Reinhart/Rogoff (2009): This Time Is Different, Princeton University Press, Princeton.

3 Quelle: IWF World Economic Outlook, Oktober 2009, S. 121-148, Washington D.C.

Abbildung 1: IWF: Entwicklung BIP nach Bankenkrisen, in Relation zum Vorkrisentrend

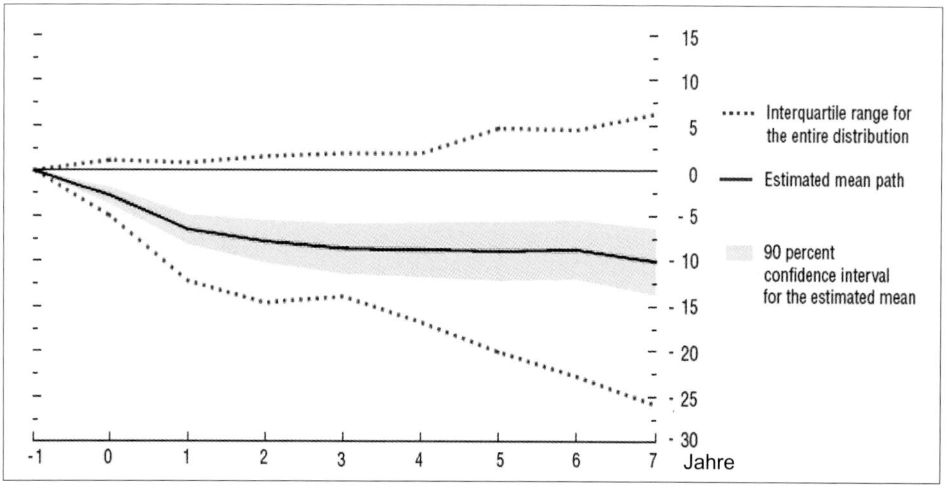

Quelle: IWF, GFSR Oktober 2009

Die Fähigkeit der Notenbanken, in einem solchen Fall mit dem üblichen Instrument der geldpolitischen Lockerung zur Stimulierung der gesamtwirtschaftlichen Nachfrage gegenzusteuern, scheitert an der Transmissionsschwäche des Bankensektors. Dies zeigt *Abbildung 2,* welche der massiven Ausweitung der monetären Basis das negative Wachstum der Kreditvergabe an den privaten Sektor am Beispiel Japan gegenüberstellt. Überschüssige Notenbankreserven werden nicht im Rahmen der Kreditvergabe dem Wirtschaftskreislauf zugeführt, sondern in risikoarme Wertpapiere wie beispielsweise in Staatsanleihen angelegt, um über Fristentransformationsgewinne die Ertragssituation zu festigen und Verluste aus Abschreibungen bzw. Bewertungen teilweise zu kompensieren.

Abbildung 2: Ausweitung monetärer Basis vs. Kreditvergabe in Japan

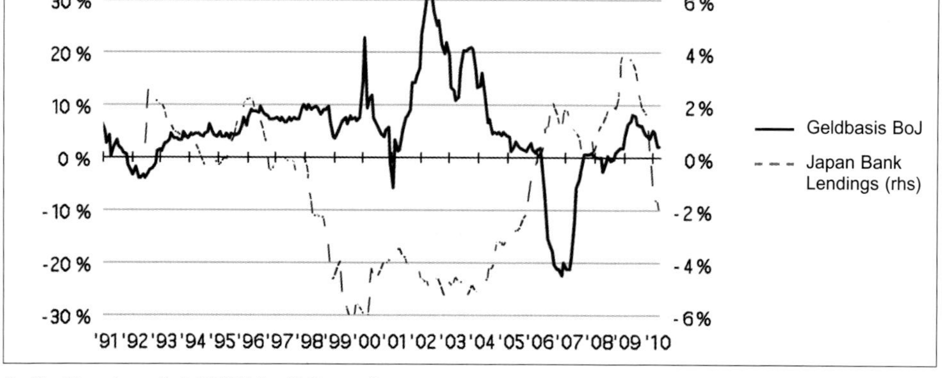

Quelle: Bloomberg, BoJ, LBBW Credit Research

Daneben hat es für den Staat auch den positiven Nebeneffekt, dass damit auch das typischerweise stark steigende Haushaltsdefizit des Staates mitfinanziert wird *(siehe Abbildung 3)*.

Abbildung 3: Anteil Staatsanleihen an Bilanzsumme von Banken

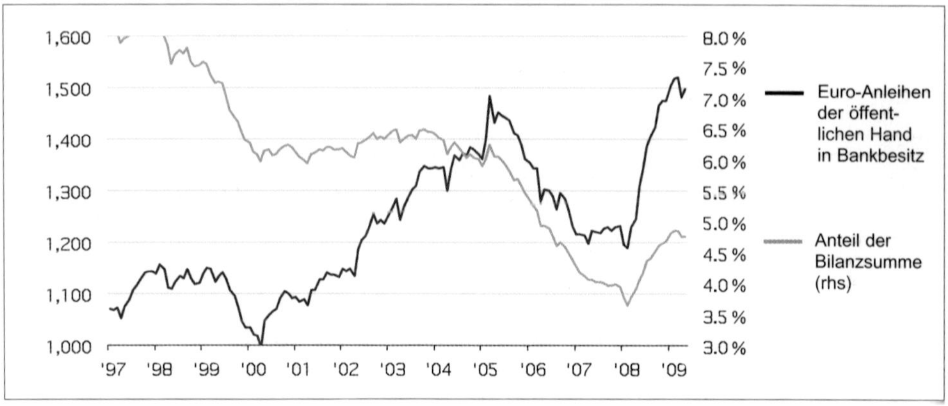

Quelle: Datastream, LBBW Credit Research

Der funktionsgestörte „Bank Capital Channel“,[4] wie US-Notenbankpräsident Ben Bernanke eine solche Eigenmittelknappheit und in der Folge eine restriktive Kreditvergabe der Banken genannt hat, verhindert die Entfaltung der Wirkung des traditionellen kredittheoretischen Transmissionsmechanismus. Im klassischen keynesianischen Denkmuster befindet sich die Wirtschaft in der Liquiditätsfalle – ein Absenken der LM-Kurve bringt keinen Outputgewinn mit sich. *Abbildung 4* zeigt die Problematik der Überwindung von Rezessionen infolge von Finanzkrisen in Form der stilisierten Entwicklung der Kreditvergabe.

Abbildung 4: Kreditvergabe nach Finanzkrisen

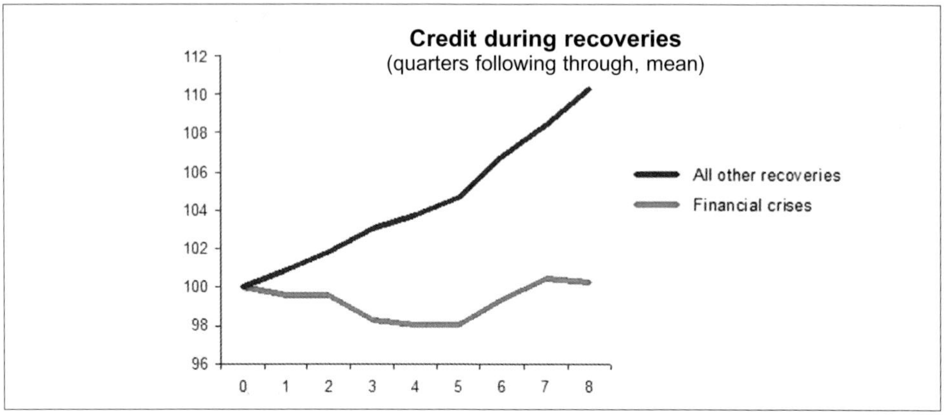

Quelle: IWF, http://voxeu.org/index.php?q=node/4232

4 Siehe z.B. Cardarelli et al (2009): Financial Stress, Downturns, and Recoveries, IMF Working Paper 09/100.

Um zu erkennen, inwiefern die aktuelle Situation von den oben dargestellten Mechanismen beeinflusst scheint, lohnt ein Blick auf die Ausweitung der Geldmenge und den Einbruch der Kreditvergabe in den USA und Euroland (siehe *Abbildung 5*) .

Abbildung 5: Ausweitung Geldmenge und Einbruch Kreditvergabe

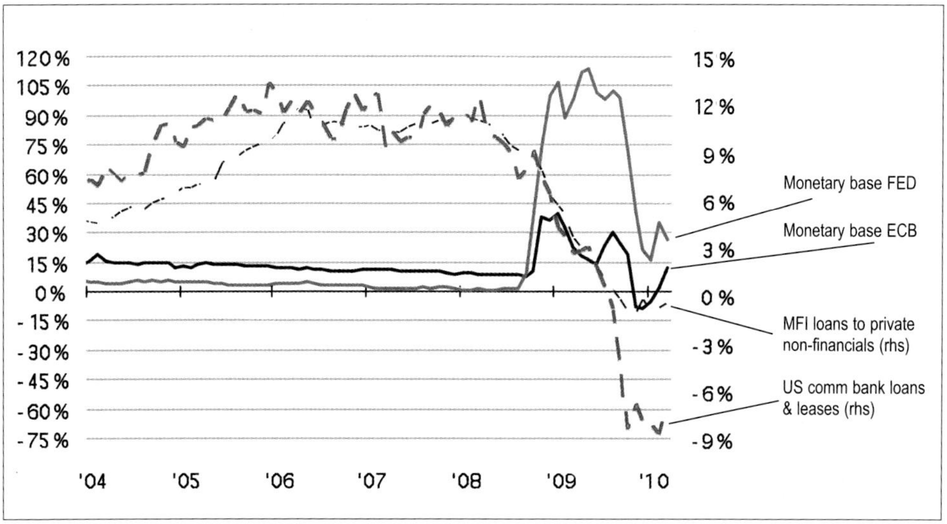

Quelle: Bloomberg, Fed, EZB, LBBW Credit Research

1.2 Kreditangebot und Kreditnachfrage

Das Eigenkapital der Banken bleibt ein restriktiver Faktor in der Kreditvergabe. Der IWF hat im Rahmen des Global Financial Stability Reports (IWF April 2010) Schätzungen angestellt, wie groß eine Kreditlücke der Banken in 2010 und 2011 aussehen könnte. Basis für eine solche Schätzung sind auf Seiten der Banken Annahmen hinsichtlich weiterer Belastungen der Aktivseite und deren Ertragskraft zur Stärkung der Rücklagen, um den Nettokapitaleffekt in den kommenden Quartalen abschätzen zu können. Auf dieser Basis kann eine Art Kreditangebotsfunktion, zudem unter Berücksichtigung der Kapitalbindung bei Portfoliomigrationen gemäß aufsichtsrechtlicher Regularien, berechnet werden. Auf der Seite der Unternehmen kann eine mikroökonomische Kreditnachfragefunktion auf der Basis einer Regression der Kreditvergabe in den vergangenen Jahren errechnet werden. Führt man schließlich potenzielles Kreditangebot und -nachfrage zusammen, so lässt sich eine Kreditlücke für 2010 in Höhe von ca. 2 % des jeweiligen BIPs in der Eurozone und den USA bzw. 10% des BIPs in UK errechnen. Für 2011 dürfte im Rahmen einer sukzessiven Erholung diese Lücke tendenziell abnehmen (Eurozone 1 % des BIPs, USA 0,3 %, UK 8 %) (siehe *Abbildung 6*).

Abbildung 6: Wachstum Kreditvergabekapazität

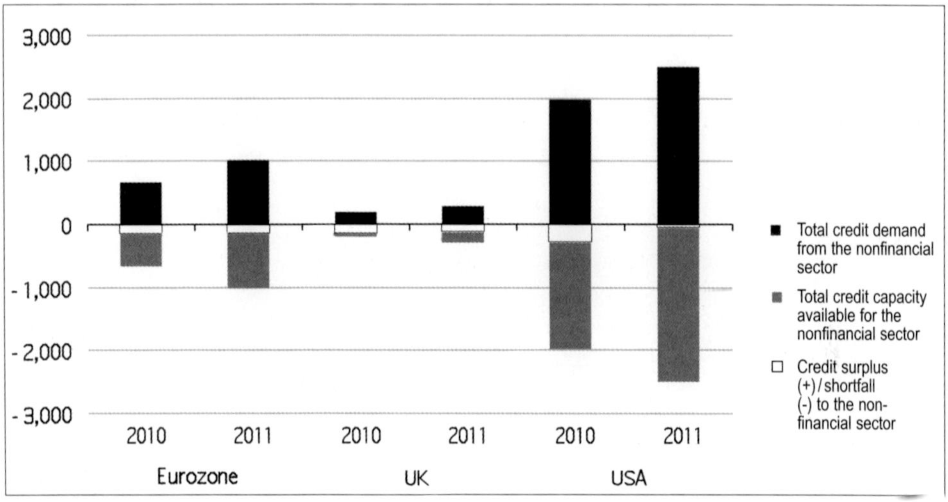

Quelle: IWF

Neben den „harten" Projektionen von Eigenkapital und Kreditvergabe ist zudem auf die steigende Unsicherheit des Bankensektors hinsichtlich der Neugestaltung der Regulierung zu verweisen. Nicht nur die Banken selbst, auch unabhängige Institutionen wie der IWF warnen daher, hohe regulatorische Unsicherheit als belastenden Faktor nicht zu vernachlässigen. Banken dürften wenig gewillt sein, Kredite zu vergeben, in Unsicherheit darüber, wie diese in Zukunft mit (knappem) Eigenkapital und liquiden Assets zu unterlegen sind.

1.3 Finanzierungsalternativen für die reale Wirtschaft

Auch in der Vergangenheit war der Bankensektor nie die alleinige externe Finanzierungsquelle von Unternehmen und Haushalten. Leasing, Factoring und andere Instrumente wurden verstärkt genutzt, um die Finanzierung zu diversifizieren. In der Finanzkrise hat sich jedoch gezeigt, dass auch hier die Interdependenz zum Bankensystem, z.B. über die Refinanzierung von Leasinggeschäften durch Banken, sehr eng ist. Darüber hinaus hatten und haben Leasinggesellschaften auch mit der Verschlechterung der Leasingnehmerbonitäten zu kämpfen. Ein Teil der Finanzierung der Realwirtschaft erfolgt darüber hinaus über alternative Finanzierungsquellen und Kapitalsammelstellen, welche gemeinhin den „Kapitalmarkt" bilden – der Markt für Finanzierungsquellen abseits der Intermediation des Bankensektors. Diese alternativen Finanzierungsquellen sind in verschiedenen Ländern unterschiedlich ausgeprägt. So zeigt sich, dass der US-Markt als ältester und am weitesten fortgeschrittener Kapitalmarkt deutlich weniger von Intermediatoren, sprich Banken, abhängig zu sein scheint als andere Märkte. In diesem Zusammenhang ist auch von einem höheren Grad der Disintermediation der Unternehmensfinanzierung zu sprechen (man spricht auch von einem „Arms length" Finanzsystem gegenüber einem Relationship-System, welches also vorrangig von der Bank-/Unternehmenskundenbeziehung basiert).

Abbildung 7: Herkunft der Fremdfinanzierungsmittel

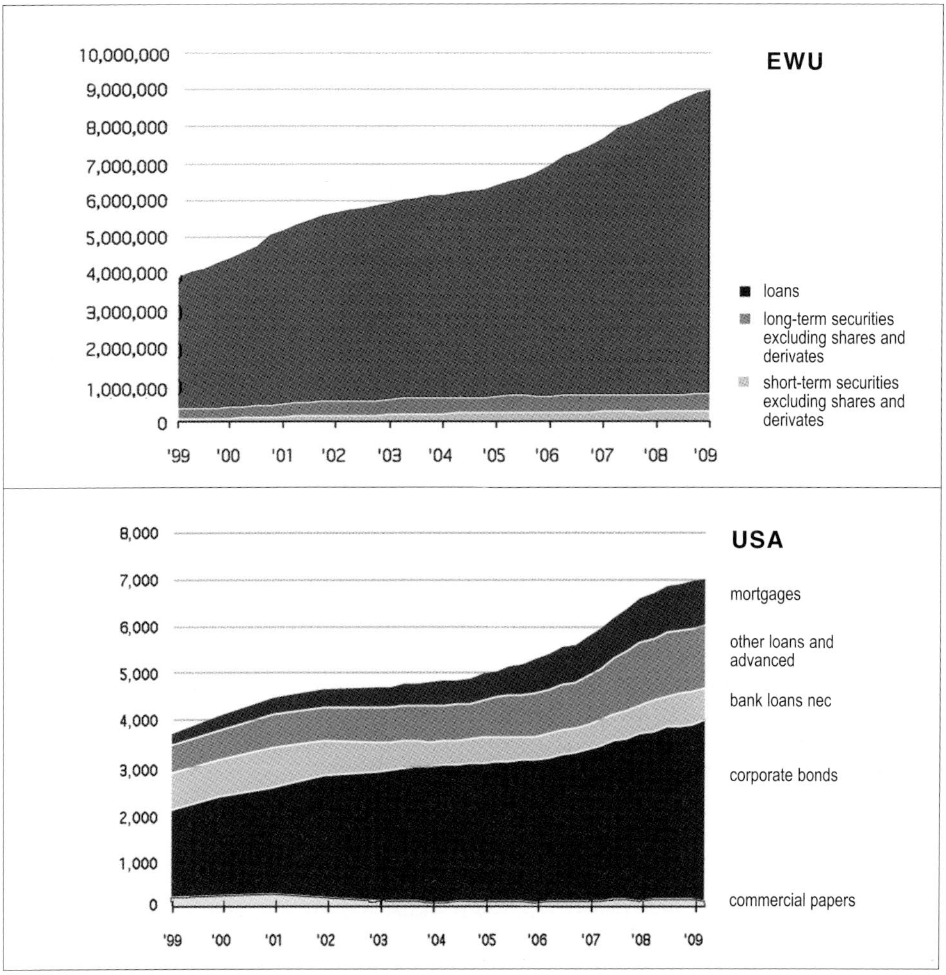

Quelle: EZB, Federal Reserve, LBBW Credit Research

Versucht man, den Grad der Disintermediation von Finanzsystemen herzuleiten, so fällt zweierlei auf:

1. Die USA weisen tatsächlich ein deutlich stärker kapitalmarktorientiertes Finanzsystem auf, was auch die Bedeutung der Ratingagenturen dort erklärt, und
2. der Grad der Disintermediation hat scheinbar in Europa in den vergangenen Jahren abgenommen.[5]

5 Zur Methodik der Bestimmung des Intermediationsgrades eines Finanzmarkts siehe: Duc/Le Breton (2009): Flow-of-funds analysis at the ECB, Occasional Paper Series No 105, EZB/Frankfurt. Einblicke in den Einfluss des Intermediationsgrades eines Finanzsystems geben auch Cardarelli et al (2009): Financial Stress, Downturns, and Recoveries, IMF Working Paper 09/100.

Abbildung 8: Anteil an Anleihefinanzierung in der EWU

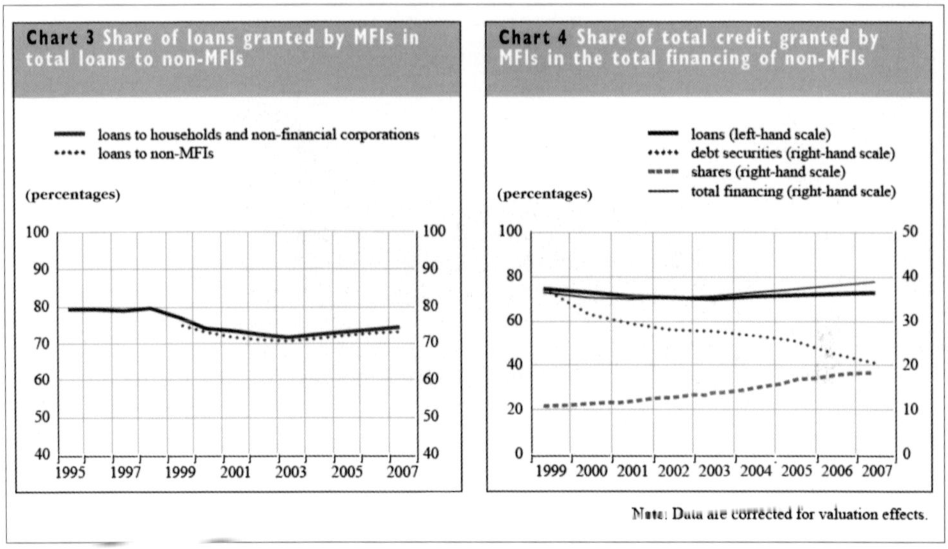

Quelle: EZB

Angesichts dieser Entwicklung und der vom IWF prognostizierten nicht ausreichender Kreditvergabekapazitäten wird um so deutlicher, wie dringend Unternehmen auf kapitalmarktbasierte Finanzierungsquellen angewiesen sind. Das bedeutet nicht, dass das vor allem in Deutschland vorherrschende Hausbanksystem obsolet geworden ist oder wird – gerade das Hausbankprinzip hat in der Krise aus unserer Sicht viel Schlimmeres verhindert. Es bedeutet vielmehr, dass die Finanzierung vor allem von großen mittelständischen Unternehmen noch stärker als bisher kapitalmarktorientiert werden muss, um gegenüber Bankenschwächen unabhängiger zu sein. Dies wird gerade auch vor dem Hintergrund regulatorischer Einschnitte, die zu oben beschriebenen Konsequenzen führen können, deutlich.

2 Der Kapitalmarkt – zunehmender Ersatz für den klassischen Kredit

2.1 Bankenrettung – Konsequenzen für das Kreditvergabeverhalten von Banken und institutionellen Investoren

Während die ABS-Märkte sich erst sehr langsam wieder öffnen und zudem von regulatorischer Seite stark unter Druck sind, ist der direkte Weg der Unternehmensfinanzierung über den Kapitalmarkt durch Anleihen und Schuldscheindarlehen für Unternehmen eine bedeutende Alternative geworden. Hierbei treffen sowohl von der Kapitalnachfrageseite (Unternehmen sehen sich einer restriktiveren Kreditvergabe der Banken gegenüber) als auch von der Kapitalangebotsseite – den Kapitalmarktinvestoren – gleichgerichtete Interessen aufeinander. Die extrem expansive Geldpolitik der

Notenbanken entfaltet ihre Wirkung nämlich nicht im Rahmen einer steigenden Kreditvergabe der Geschäftsbanken, sondern sorgt – gerade aufgrund des oben beschriebenen funktionsgestörten „Bank Capital Channels" (Bernanke) – an den Kapitalmärkten für einen starken Anstieg der Kurse von Staatsanleihen, insbesondere von deutschen Bundesanleihen. Banken nutzen die ihnen zur Verfügung gestellten Notenbankreserven und kaufen Staatsanleihen bzw. sonstige Wertpapiere mit Nullsolvabilitätsanrechnung, um bei einer anhaltend steilen Zinskurve nahezu risikolose Gewinne zu erwirtschaften. Für die anderen institutionellen Investoren an den Kapitalmärkten, insbesondere die sogenannten Real Money Accounts wie z. B. Fondsgesellschaften, Versicherungen, wirft diese (gewollte) Inflation dieser Assetpreise das Problem der Anlagealternativen auf: niedrig rentierende Staatsanleihen reichen nicht aus, um die jeweiligen Mindestrenditeansprüche von Versicherungen, Kapitalanlagegesellschaften, Pensionskassen usw. zu erreichen. Folglich sind diese beinahe dazu gezwungen, in Anleihen bzw. Schuldscheindarlehen von Unternehmen und Banken mit entsprechendem Rendite-Pick-Up zu investieren.[6] Dies drückt die Risikoaufschläge von Unternehmensanleihen und sorgt so mittelbar für günstigere Finanzierungssätze für Unternehmen.

Abbildung 9: Alternativer Transmissionsmechanismus

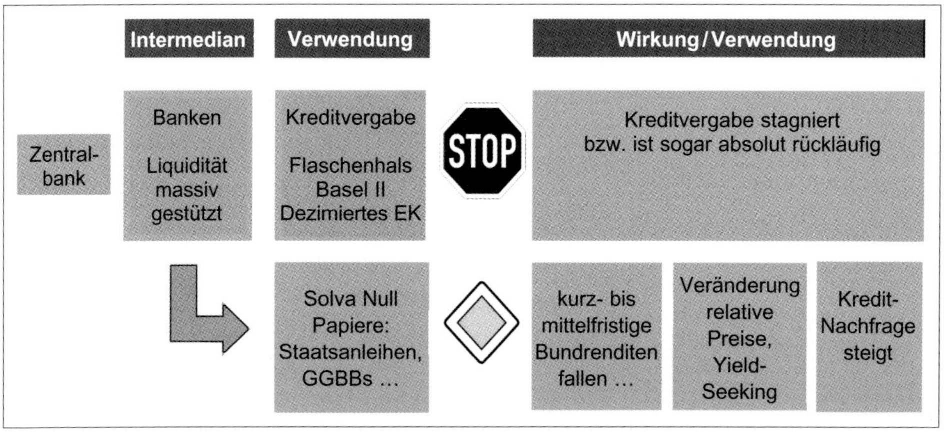

Quelle: LBBW Credit Research

So konnten Unternehmen 2009 im großen Stil den Markt für in Euro denominierte Unternehmensanleihen zur Finanzierung nutzen. Dies drückt sich in mehrfacher Hinsicht aus: Ein mit über 300 Milliarden Euro rekordhohes Emissionsvolumen in 2009, eine tendenziell steigende Anzahl an zum Teil auch ungerateten Debütemittenten, die fällige Bankverbindlichkeiten durch Anleihen ersetzten, sowie mit zunehmender Erholung und Zuversicht der Märkte auch eine steigende Zahl von Emittenten im sogenannten High-Yield-Universum, das heißt, mit Ratings tiefer als BBB-/Baa3.

6 Bernanke/Reinhart/Sack (2004): Monetary Policy Alternatives at the Zero Bound: An Empirical Assessment, Washington (Der Einfluss der Notenbank auf die Bilanz des privaten Sektors, durch Ersetzen von Geld/Zentralbankreserven in imperfekte Substitute (Bonds längerer Laufzeit, schlechterer Bonität, idealtypische Beeinflussung der Private Sector Balance Sheets).

Die oben dargestellte hohe Abhängigkeit der Unternehmen gerade in Europa von der Bankfinanzierung legt aber nahe, dass die Unternehmensanleihemärkte zwar die bestehenden Probleme lindern, aber eben nicht vollständig lösen können. So zeigt sich allein bei einem Vergleich der Primärmärkte für syndizierte Kredite und für Unternehmensanleihen, dass eine vollständige Substitution nicht innerhalb eines Jahres zu erreichen ist. Einem Rückgang des weltweiten Volumens syndizierter Kredite seit 2008 um 3.500 Milliarden US-Dollar steht ein globales Neuemissionsvolumen an Unternehmensanleihen von 1.200 Milliarden US-Dollar gegenüber.

Zwar ist für 2010 insgesamt mit einem sinkenden Emissionsvolumen am Euro-Markt gegenüber 2009 zu rechnen. Nach unseren Analysen dürften sich die sogenannten Frequent Borrowers bereits im vergangenen Jahr genügend Liquidität besorgt haben und so tendenziell weniger zum Primärmarktvolumen beitragen. Debütemittenten bzw. weniger regelmäßig in Erscheinung tretende Emittenten dürften aber – wie dargelegt – verstärkt den Auftritt am Markt suchen. Diese emittieren in der Regel jedoch kleinere Volumina. Ausnahmen bisher abstinenter Großunternehmen mit entsprechendem Liquiditätsbedarf sind damit natürlich nicht ausgeschlossen. In 2009 war dies unter anderem MoellerMaersk (750 Millionen Euro), die als vergleichsweise große Debütantin den Bond-Markt in ihren Refinanzierungsmix aufgenommen hat. Hinzu kommt die Frage wiederaufkommender M&A-Tätigkeiten, welche zunehmend über den Bond-Markt finanziert werden.

Dass das Jahr 2010 anspruchsvoll in Sachen Primärmärkte werden kann, zeigt ein Vergleich der Fälligkeits- und vorläufigen Emissionsprofile. Die erwähnten hohen Defizite der Staaten machen dabei den Großteil des Nettokapitalbedarfs an den Märkten aus. Auch auf Seiten der Banken ist auf den Teilmärkten für besicherte und unbesicherte Emissionen mit einigem Emissionsdruck zu rechnen.

Abbildung 10: Neue Emissionsvolumina in der EWU (in Mio. EUR)

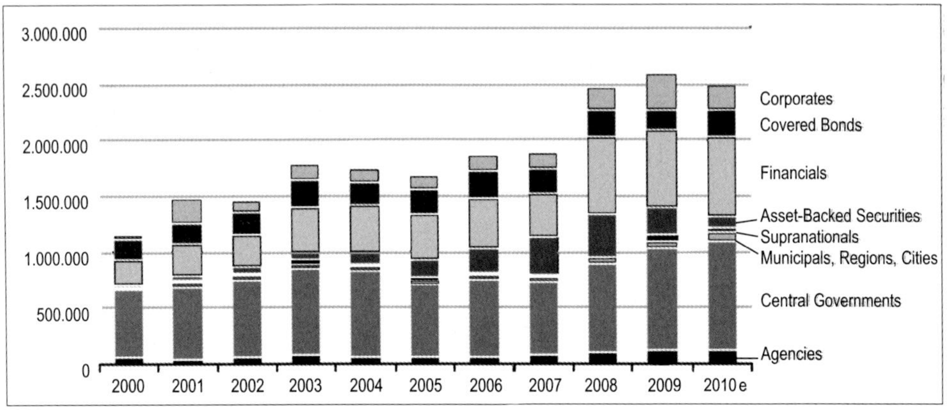

Quelle: Bloomberg, LBBW Syndikat, LBBW Credit Research

Angesichts der erwarteten Emissionsvolumina an den Fixed-Income-Märkten ist die Frage nach den geldpolitischen Umständen für 2010 und darüber hinaus von entscheidender Bedeutung. Die Rückkehr der systemischen Finanzkrise, wie EZB-Präsident Trichet die jüngsten Turbulenzen rund um die Bonität der Eurozonen-Peripherie Staaten durchaus treffend bezeichnet hat, und die folgende Reaktion der EZB zeigen aber, dass die Zentralbank derzeit kaum über Spielraum für Zinserhöhungen verfügen dürfte. Dies verdeutlicht auch die jüngste Ankündigung der EZB, weitere außergewöhnliche Refinanzierungsgeschäfte mit Vollzuteilung im Mai und Juni durchzuführen, um zu einer Beruhigung der Marktturbulenzen beizutragen – neben den liquiditätsneutralen Ankäufen von Staatsanleihen. In diesem Zug dürfte zunächst auch ein potenzieller Flaschenhals beseitigt sein, welcher sich im Juni durch die Fälligkeit des ersten 12M-Refinanzierungsgeschäfts der Zentralbank ergeben hätte. Inwiefern längerfristig, das heißt, über 2010 / 2011 hinaus, Mittelzuflüsse beispielsweise bei Versicherungen und Kapitalanlagegesellschaften einen Beitrag zur Absorption des Liquiditätsbedarfs an den Kapitalmärkten beitragen können, ist nicht endgültig zu beantworten. Einem möglicherweise steigenden Sparwillen der Konsumenten (Sicherheitssparen durch möglichen Arbeitsplatzverlust und ähnliches) steht der sinkende zur Verfügung stehende Output (und damit verfügbaren Einkommens der Haushalte / Sparer) in einer stagnierenden bzw. nur langsam wachsenden Volkswirtschaft gegenüber. Ein Nettoeffekt ist hier noch nicht abschätzbar, dürfte im Umfeld einer nur sehr langsamen konjunkturellen Erholung aber eher negativ ausfallen.

Ebenfalls zu beachten ist das strukturpolitische Instrument der EZB, mit Hilfe entsprechender Anforderungen an notenbankfähige Sicherheiten die relativen Preise an den Märkten zu beeinflussen. Beispielsweise ist zu hinterfragen, ob Anleihen – z.B. des griechischen Staates – noch zu den aktuellen Preisen handeln würden, wären die „alten" Sicherheitenregeln der EZB noch in Kraft (Mindestrating von A-) – aber von diesen scheint sich die EZB mit ihrer Ankündigung, bis auf weiteres am BBB- Mindeststandard festzuhalten (welcher seit Oktober 2008 in Kraft ist), wohl erstmal verabschiedet zu haben.

2.2 Kapitalmarktalternativen im Überblick

Der Vergleich der Primärmärkte und die unvollständige Marktsubstitution zeigen, dass nicht alle Finanzierungsprobleme mittels des „Loans-to-Bonds" Trends gelöst werden können. Noch herrschen hohe, für viele Unternehmen unüberwindliche Barrieren für einen direkten Zugang zum Kapitalmarkt. Die hohen Voluminaanforderungen an den Anleihemärkten übersteigen den Finanzierungsbedarf der Unternehmen unter Umständen deutlich, Schuldscheindarlehen als kleinere Alternative sind hier nur teilweise möglich.

Abbildung 11: Derzeitige Fremdkapitalaufnahmemöglichkeiten

	Hausbank	Synd. Kredit	Corporate Bond	Schuldschein
Großunternehmen mit externem Rating	möglich	ggf. möglich	steht offen	steht offen
Großunternehmen ohne externes Rating	möglich	eher schwierig	möglich	steht offen
Großunternehmen mit externem Rating (HY)	schwierig	sehr schwierig	möglich	ggf. möglich
Mittelgroße Unternehmen ohne externes Rating, aber„guter" Bonität	möglich	ggf. möglich	ggf. möglich	steht offen
Mittelgroße Unternehmen ohne externes Rating mit Bonitätssorgen (schwierige Branche ...)	ggf. möglich	sehr schwierig	nicht möglich	eher schwierig
Kleine Unternehmen (Finanzierungsbedarf < 15 Mio. €)	möglich	nicht möglich	nicht möglich	nicht möglich

Quelle: LBBW Credit Research

Die *Abbildung 11* zeigt, dass eine Kreditklemme unseres Erachtens nur für mittelgroße Unternehmen ohne externes Rating mit Bonitätssorgen besteht. Bestimmte Branchen sehen sich hier nach wie vor sehr großen Herausforderungen gegenübergestellt.

3 Herausforderungen für Investoren und Konsequenzen für die Analyse

3.1 Herausforderungen für Investoren

Vor dem Hintergrund des Trends, Bankkredite durch Anleihen bzw. Schuldscheindarlehen zu ersetzen, gewinnt die Frage der Bonitätsbewertung der Unternehmen aus Investorensicht zentrale Bedeutung. Die Bonitätsanalyse von Unternehmen ist eine der Kernkompetenzen von Banken. Ausgefeilte eigene Bewertungssysteme, Frühwarnsysteme, aber auch die Möglichkeiten der Bank, als kontoführende Stelle den Liquiditätsstatus, die Zahlungsmoral und etwaige Veränderungen zeitnah beobachten und auswerten zu können, sind enorme Vorteile, die externen Betrachtern so nicht zur Verfügung stehen. Dagegen nutzen externe Analysten viel stärker den Branchenvergleich und spiegeln diesen mit der Bewertung am Markt. Um die Aufnahmebereitschaft des Kapitalmarktes zu vergrößern, bedarf es einer Ausweitung der (fundamentalen) Analysekapazitäten bei den Investoren. Dies wird zunehmend auch regulatorisch gefordert, was unter anderem aus den verschiedenen Rundschreiben für Versicherungsunternehmen abgeleitet werden kann. „Spekulative Anlagen sind unzulässig. Sicherheit bedeutet zunächst Sicherung des Nominalwertes. Ob dieser realisiert werden kann, ist vor dem Erwerb und immer wieder während der Anlagedauer zu überprüfen. Die Intensität der Prüfung wird durch die Art der Anlage, die Bonität des Ausstellers (Schuldners) und das Marktumfeld bestimmt. Sicherheit beinhaltet aber auch die Erhaltung der Substanz der Vermögensanlagen. Auch darauf ist bei Auswahl der Anlagen und Gestaltung ihrer Konditionen zu achten."[7] Sie kamen und kommen aber nicht umhin, für sich das Bonitätsanalyse-Know-how von Ratingagenturen wie z. B. von Standard & Poor's, Moody's oder Fitch Ratings zu nutzen. „Sofern Vermögensanlagen wie z. B. börsennotierte Inhaberschuldverschreibungen marktüblich geratet werden, sind bei der Beurteilung der Sicherheit einer Vermögensanlage auch die Bewertungen von anerkannten Ratingagenturen zu berücksichtigen."[8] Ein Ergebnis der Krise ist jedoch, dass das Vertrauen der Marktteilnehmer in Ratingagenturen nachhaltig beschädigt ist. Eine Aufarbeitung der Verantwortung der Ratingagenturen ist notwendig und wird erfolgen, einen Ersatz für sie in ihrer Funktion als Bonitätsvergleichsstelle gibt es unseres Erachtens aber nicht. Dennoch zeigt uns die Entwicklung der vergangenen Jahre, dass allein die Nutzung von Ratings zu wenig ist. Vertrauen in die Annahmen, Vertrauen in das Know-how der jeweiligen Agentur auf der einen Seite, muss aber auch entsprechendes eigenes Know-how – und zwar nach-

---

7 Rundschreiben 15/2005 (VA), (Anlage des gebundenen Vermögens; Anlagemanagement und interne Kontrollverfahren), II. Anlagegrundsätze des § 54 Abs. 1 VAG, 1. Sicherheit, a)

8 Rundschreiben 15/2005 (VA), (Anlage des gebundenen Vermögens; Anlagemanagement und interne Kontrollverfahren), II. Anlagegrundsätze des § 54 Abs. 1 VAG, 1. Sicherheit, c)

haltig – zur Seite gestellt werden. Eine Ratingagentur äußert eine Meinung, nicht mehr, aber auch nicht weniger, und dies unseres Erachtens fundiert und zuverlässig. Eine Auseinandersetzung mit dem Instrumentarium einer Ratingagentur und deren methodologischer Vorgehensweise ist von Nöten, um die entsprechenden Konsequenzen für das eigene Portfolio abschätzen zu können. Hinzu kommt die Nutzung weiteren externen Know-hows wie das von Credit Research Einheiten, die im Unterschied zu Ratingagenturen stets den Marktbezug und damit die Marktbewertung im Blick haben.

3.2 Konsequenzen für die Analyse

Die gestiegenen Informationsanforderungen der Investoren auf der einen Seite, aber auch die Vielzahl neuer, zum Teil ungerateter Emittenten auf der anderen Seite lassen den Bedarf an Creditanalysten in den nächsten Jahren steigen. Im Unterschied zur Aktienanalyse ist das Universum neuer Emittenten ungleich größer, da zum einen internationale Namen in Euro emittieren, Emittenten unterschiedliche Rechtsformen aufweisen, sich die Bedingungen bei jeder Anleihe eines Emittenten unterscheiden können und unterschiedliche Instrumente – gedeckt, ungedeckt, nachrangig – zur Verfügung stehen. Darüber hinaus sind die Vorbereitungszeiten bis zur Begebung einer Anleihe in der Regel viel kürzer – selbst bei neuen Emittenten – als bei einem Börsengang oder einer Kapitalerhöhung. Hier werden an die Analysten hohe Anforderungen gestellt, die diese nur durch eine sehr hohe Branchen- und Methodenexpertise – unterstützt durch marktorientierte quantitative Analysten – bewältigen können. Dabei ist es unseres Erachtens für das Verständnis von Unternehmen und deren Bonität unerlässlich, in der Analyse entsprechendes Branchen-Know-how aufgebaut zu haben. Hier kann entsprechend der vertikalen Wertschöpfungskette, aber auch im Branchenvergleich, das umfassendste Bild und die beste Abschätzung eines Geschäftsrisikoprofils gewonnen werden.

Bei der Analyse von Banken oder Versicherungen ist hingegen eher der Blick auf die nationalen Teilmärkte aus Gläubigersicht relevant, wie sich in der Finanzkrise anhand der nationalen Rettungsmaßnahmen auch eindrucksvoll bestätigt hat. Neben gerateten Unternehmen, die wie dargelegt einer zusätzlichen und fundierten Einschätzung bedürfen, erhöhen gerade ungeratete Emittenten die Nachfrage nach Know-how in der Bonitätsbewertung. Neben einer grundlegenden Fundamentalanalyse ist aber auch die konsequente (Weiter-) Entwicklung von Instrumenten für die quantitative Analyse notwendig. Hier gilt es, die notwendigen Bewertungen, Marktabgleiche usw. zu gewährleisten, um den Branchenanalysten das erforderliche Bewertungsrüstzeug an die Hand zu geben und um allgemeine Marktanalysen durchzuführen. Gerade solche Investoren, welche mit dem Thema Corporate Bonds Neuland betreten, benötigen gegebenenfalls die Expertise entsprechender Research-Anbieter. Der Bedarf an Credit Research Know-how wird durch die Loan-to-Bond-Entwicklung deutlich zunehmen. Zusatzqualifikationen wie Markt- und Emissionsbewertungskenntnisse werden erforderlich sein. Die Analysekapazitäten dürfen hierbei nicht zu einem limitierenden Faktor werden. Vor diesem Hintergrund kommt der Analystenaus- bzw. -weiterbildung große Bedeutung zu. Gerade die DVFA bietet mit ihren Studiengängen Certified International Investment Analyst (CIIA) und insbesondere dem Certified Credit Analyst (CCrA) eine sehr gute Basis, die konsequent genutzt werden sollte.

4 Fazit

Zentraler Bestandteil der Überlegungen zur Überwindung der Finanzkrise und dem Weg zurück auf den konjunkturellen Wachstumspfad ist die Vermeidung einer drohenden Kreditklemme. Die Sicherstellung der Kreditversorgung der Wirtschaft ist zudem zentrales politisches Argument und Rechtfertigung für die dramatischen Bankenrettungen in den Jahren 2008 und 2009. Ein Blick in die Statistik zeigt, dass die Unternehmensfinanzierung in Europa in den letzten Jahren abhängiger von der Kreditvergabe durch Banken geworden ist, was den negativen Effekt der Bankenkrise mit einer drohenden restriktiven Kreditvergabe in Europa noch verstärkt hat. Geschlossene Verbriefungsmärkte verhindern zudem eine Entlastung der Bankbilanzen. Die geplante schärfere Regulierung bleibt zudem ein Damoklesschwert für die künftige Eigenkapitalsituation der Banken, was konsequenterweise mindestens genauso lange die Kreditvergabemöglichkeiten überschattet bzw. begrenzt. Zur Sicherstellung der zukünftigen Finanzierungserfordernisse müssen daher insbesondere große Unternehmen in Europa alternativ stärker den Kapitalmarkt nutzen. Hierfür sollten sie, aber auch die potenziellen Investoren, entsprechend vorbereitet sein. Dies schließt auf Investorenseite den Aufbau der notwendigen Analysekapazitäten ein.

Literaturverzeichnis

Bernanke/Reinhart/Sack: „Monetary Policy Alternatives at the Zero Bound: An Empirical Assessment", Finance and Economics Discussion Series Divisions of Research & Statistics and Monetary Affairs Federal Reserve Board, Washington, D.C. (2004)

Cardarelli et al: „Financial Stress, Downturns, and Recoveries, IMF Working Paper 09/100 (2009).

diverse: „IMF World Economic Outlook", October 2009, Washington D.C. (2009).

diverse: „IMF Global Financial Stability Report", April 2010, Washington D.C. (2010).

Duc/Le Breton: „Flow-of-funds analysis at the ECB", Occasional Paper Series No 105, EZB/Frankfurt (2009).

Reinhart/Rogoff: „This Time Is Different", Princeton University Press, Princeton (2009).

Rundschreiben 15/2005 (VA): „Anlage des gebundenen Vermögens; Anlagemanagement und interne Kontrollverfahren", II. Anlagegrundsätze des § 54 Abs. 1 VAG, 1. Sicherheit, a)

Rundschreiben 15/2005 (VA): „Anlage des gebundenen Vermögens; Anlagemanagement und interne Kontrollverfahren", II. Anlagegrundsätze des § 54 Abs. 1 VAG, 1. Sicherheit, c)

Fixed-Income-Themen in der DVFA-Arbeit

von Eva-Maria Mann und Klaus Holschuh

1 Die Anfänge der Kommission Festverzinsliche Wertpapiere

Fixed Income Research? Für die Akteure an den Kapitalmärkten ist das heute eine Selbstverständlichkeit. Doch diese Frage wurde noch vor mehr als 30 Jahren in den deutschen Banken und in Anlegerkreisen mit einem Kopfschütteln quittiert. Dabei gab es bereits damals einen gut funktionierenden Handel mit Staatsanleihen, Pfandbriefe fanden den Weg in die Depots von Versicherungen und Fonds und DM-Auslandsanleihen waren bei ausländischen Käufern wegen der Steuerfreiheit und attraktiven Schuldnern beliebt. Wenn es Mitte der 1970er Jahre Anleiheprofis gab, dann waren diese vor allem als Händler in den Börsenabteilungen der Banken zu finden. Oder es waren Fondsmanager bei Investmentgesellschaften und Versicherungen, welche sich mit der Anleihewelt auseinandersetzten. Auch in den Banken gab es innerhalb der Gilde der Aktienanalysten Pioniere, die das Thema Renten mehr von der theoretischen Seite angingen. Dies war zunehmend nötig, um den stetig steigenden Anforderungen der Kunden nach ausführlichen Informationen zum Rentenmarktgeschehen Rechnung zu tragen.

Doch die Spuren zu den Anfängen von Fixed-Income-Themen innerhalb der DVFA reichen weiter zurück. Fündig wird man in der von der DVFA herausgegebenen Schriftenreihe „Beiträge zur Aktienanalyse". Schon 1970 hatten Jochen Mohnfeld und Bredo Schleipen in ihrem Beitrag „Werden Aktien und Warrants in Deutschland richtig bewertet?"[1] Anleihen als Alternative zu Aktien und Warrants mit in ihre Analyse einbezogen. In der gleichen Reihe erschien 1972 der aufschlussreiche Artikel „Rentenfonds oder Direktanlage bei Festverzinslichen im Zinszyklus" von Bernd-Eckhard Korthals.[2]

Interessanterweise kam der Anstoß zur Gründung des Arbeitskreises „Festverzinsliche Wertpapiere" nicht von der Renten-, sondern von der Aktienseite. Als Keimzelle der DVFA-Kommission Festverzinsliche Wertpapiere kann sicherlich der Frankfurter Arbeitskreis der DVFA gelten. Für einige aus diesem Kreis waren auch „Renten" ein wichtiges Thema. Fondsmanager, welche bis dahin Kundengelder in Aktien investierten, waren nun gefordert, dies auch in Festzinstiteln zu tun.

Ausländische Anleger, die Bonds wegen der immer wieder aufwertungsverdächtigen D-Mark kauften, wollten mehr Informationen zu den Einzeltiteln und eine ausgefeilte Meinung zum Zins- und Währungsgeschehen. Deshalb gründeten Hans G. Staudinger, Norbert Vowinckel, Klaus Jürgen Mohr und Wilfried Heger im Juni 1977 den deutschen Ableger der Europäischen Kommission Festverzinsliche Wertpapiere (damals Commission on Bonds and Convertible Bonds).

Die erste wichtige Arbeit dieser Gruppe war eine Ausarbeitung über den deutschen Kapitalmarkt in englischer Sprache. Es folgte eine erste Untersuchung über den Ein-

1 Jochen Mohnfeld, Bredo Schleipen,Werden Aktien und Warrants in Deutschland richtig bewertet?, S. 5, Beiträge zur Aktienanalyse, Nr. 9, 1970

2 Bernd-Eckhard Korthals, Rentenfonds oder Direktanlage bei Festverzinslichen im Zinszyklus, S. 35, Beiträge zur Aktienanalyse, Nr. 11, 1972

fluss verschiedener volkswirtschaftlicher Größen auf den Kapitalmarktzins. Und die Anforderungen an ein qualifiziertes Rentenmarkt-Research stiegen. So war es nur eine Frage der Zeit, wann ein größerer Kreis von Rentenexperten zum Zweck eines geordneten fachlichen Erfahrungsaustausches entstehen sollte.

1.1 Auf dem Weg zur Interessengemeinschaft

Aber erst Anfang Mai 1981 wurde die Kommission Festverzinsliche Wertpapiere als selbstständige DVFA-Kommission konstituiert. Die bis dahin von wenigen Mitgliedern geleistete Arbeit im Rentensektor sollte auf eine breitere Basis gestellt werden. An diesem Treffen nahmen 15 Analysten und Fondsmanager teil. In der Spitze hatte die DVFA-Kommission Festverzinsliche Wertpapiere 26 Mitglieder. Wenn es für die projektbezogenen Arbeiten nötig war, kamen externe Experten hinzu.

Zum ersten Vorsitzenden der DVFA-Kommission Festverzinsliche Wertpapiere wurde am 6. Mai 1981 Horst Saevert gewählt. Als Stellvertreter fungierten Josef Hohmann, Wilfried Heger und Professor Dr. von Stein. Sekretär war Jochen Krawutschke. Im März 1984 übernahm Eva-Maria Mann den Vorsitz der Kommission. Stellvertreter waren Horst Saevert und Wilfried Heger.

Von Anfang an war die Themenfindung in der Kommission sehr stark von der European Commission on Bonds (ECB) bestimmt. Es waren vor allem die angelsächsischen, skandinavischen, niederländischen und Schweizer Kollegen, die aufgrund ihrer bereits längeren Researcherfahrung und engen Anbindungen an Großanleger die von diesen vorgebrachten Fragen aufgriffen und zur Diskussion stellten. Die deutschen und alle anderen europäischen Mitglieder der ECB waren dann gefordert, ausgewählte Themen innerhalb der nationalen Kommission zu diskutieren und zu bearbeiten.

1.2 Ziele

Unabhängig hiervon setzte die Kommission Festverzinsliche Wertpapiere ihre eigenen Ziele, welche sie in ihrer Satzung so formulierte:

- Die Transparenz des deutschen Rentenmarktes soll durch Erarbeitung verbesserter Analyse- und Prognosemöglichkeiten (Zinstrendanalyse, Portfolio-Management-Techniken usw.) erhöht werden.
- Strukturveränderungen, aktuelle Aspekte sowie neue Marktentwicklungen am deutschen Rentenmarkt sollen bei Bedarf aus analytischer Sicht untersucht werden.
- Die Ergebnisse der Untersuchungen sollen zunächst in Form von Kurzinformationen, fallweise auch als Studien, intern erarbeitet und vorgestellt werden. Auf Beschluss der Kommission und nach Abstimmung mit dem DVFA-Vorstand können diese dann auch veröffentlicht und damit einem breiteren Publikum zugänglich gemacht werden.
- Die Zusammenarbeit/Unterstützung der DVFA sowie der European Federation of Financial Analysis (EFFAS) ist wie folgt zu pflegen:

- Durch die Delegation einzelner Teilnehmer zu den Sitzungen der EFFAS Commission on Bonds (ECB) und durch die aktive Mitwirkung an den von der ECB jeweils beschlossenen Projekten und Beiträgen auf europäischer Ebene. Hierzu gehört auch die Mitwirkung an den Kongressen der EFFAS.
- Zur effizienteren Durchsetzung der selbst gesteckten Ziele werden innerhalb der Kommission Festverzinsliche Wertpapiere spezielle Arbeitsgruppen gebildet, die sowohl permanent als auch nur für vorübergehende Projekte gebildet werden sollen. Es sollte möglichst jedes Mitglied der Kommission an einer dieser Arbeitsgruppen mitwirken. Die Arbeitskreise berichten der Gesamtkommission auf deren Sitzungen laufend über den Fortgang der jeweils anstehenden Projekte.

2 Aus der Arbeit der Arbeitsgruppen

Wie wichtig den Mitgliedern der DVFA-Kommission Festverzinsliche Wertpapiere die Beschäftigung und Analyse interessanter Themen war, zeigen die oft sehr schnell ins Leben gerufenen Arbeitsgruppen. Diese existierten teilweise über Jahre, andere dienten nur dem Zweck, einer bestimmten Frage nachzuspüren.

2.1 Einflussfaktoren am Rentenmarkt

Das drängendste Thema für die Mitglieder der Kommission Festverzinsliche Wertpapiere war 1981 die Hochzinspolitik der amerikanischen Federal Reserve Bank und der Deutschen Bundesbank. Als deren Folge kletterten die Renditen für Staatsanleihen in der Spitze auf über zehn Prozent. Immer wieder diskutierten die Rentenfachleute, welche Faktoren wohl neben dem Inflationstrend -und in welchem Umfang- für die Zinshöhe ausschlaggebend seien. Dabei ging es nicht nur um die Einflussgrößen an sich, sondern um die Beantwortung der Frage, ob eine Simulation der Zinshöhe mit Hilfe endogener Einflussfaktoren möglich sei. Um dies zu untersuchen, wurde die Arbeitsgruppe „Einflussfaktoren am Rentenmarkt" gebildet. In Anlehnung an das vom Kommissionsmitglied Klaus P. Lücke vorgelegte „Lücke-Modell der Zinssimulation" sollten laufend die wichtigsten Einflussfaktoren am Rentenmarkt kritisch untersucht werden. Später wurde das Modell um exogene Faktoren ergänzt. Das Zinssimulationsmodell für Deutschland wurde auf dem EFFAS-Kongress 1982 in Mainz von Klaus P. Lücke vorgestellt und fand ein lebhaftes Echo. Zur Verbesserung der Prognosequalität wurden später bei Testrechnungen die exogenen Faktoren verringert, die endogenen Variablen – wie beispielsweise die Zinsstruktur – dagegen deutlich erweitert. In Fachreferaten wurden später die Ergebnisse, zum Beispiel über die Beziehungen wichtiger Einflussgrößen auf das Zinsniveau wie Teuerung und Realzins, Sparen und Konsum, Staatsverschuldung und Geldpolitik sowie marktpsychologische Ansatzpunkte präsentiert.

2.2 Methoden zur Renditeberechnung

Die Verwendung unterschiedlicher Methoden zur Renditeberechnung in Deutschland ließ 1981 die Frage aufkommen, worin eigentlich die Unterschiede liegen und welche Auswirkungen dies auf den Preis einer Anleihe oder eines Bondportfolios haben würde. Die Arbeitsgruppe „Methoden zur Renditeberechnung" erstellte 1982 unter maßgeblicher fachlicher Leitung von Klaus P. Lücke eine detaillierte Übersicht der in Deutschland angewendeten Verfahren (Braes/Fangmeyer, Mossmüller, AIDB Rule 803/Rencur). Die Abweichungen sowie die Vor- und Nachteile wurden mit den Vertretern der unterschiedlichen Methoden diskutiert. Die Kommission kam zu dem Ergebnis, dass die differierenden Methoden, und vor allem deren Unterschiede in der Berechnung der Rendite, einem breiteren Fachpublikum über die Presse zugänglich gemacht werden sollten. Wie die Resonanz 1983 zeigte, war das Interesse vor allem in den Handelsabteilungen der Banken und bei Portfoliomanagern groß. Denn schon geringe Abweichungen in der Rendite schlugen sich in barer Münze nieder! Und noch erstaunlicher war, dass Käufer und Verkäufer meistens im Ungewissen waren, nach welcher Renditemethode ein Preis zustande gekommen war. So lag es nahe, dass die Kommission Festverzinsliche Wertpapiere die Empfehlung aussprach, „dass jeder, der sich in der Bundesrepublik Deutschland gewerbsmäßig mit der Veröffentlichung von Renditen befasst, sowie jedes Kreditinstitut, das bei Rentenofferten die Rendite angibt, künftig die Berechnungsbasis für die Bondpreise, wie zum Beispiel Moosmüller-Methode, zu nennen hat".

Im Rückblick lässt sich sagen, dass die von der Kommission Festverzinsliche Wertpapiere angestoßene Diskussion auf offene Ohren stieß. Bald war es üblich, dass bei Rentengeschäften die Berechnungsmethode für die Preisbasis genannt wurde. Auch die offizielle DFVA-Empfehlung, bei Festverzinslichen die anfallenden Stückzinsen für sämtliche Laufzeiten in die Renditeberechnung mit einzubeziehen (damals nur bei einer Laufzeit bis zu vier Jahren), hat im Markt eine recht breite Zustimmung gefunden. Unterstützt wurde die Umsetzung damals durch Verbände, wie beispielsweise den Verband Öffentlicher Banken, welcher eine Empfehlung an seine Mitgliedsinstitute aussprach. Heute ist dies alles selbstverständlich.

2.3 Bond Portfolio Management

Wie können Bondportfolios gegen Kursverluste wetterfest gemacht werden? Oder wie lassen sich die Anlagen in Festverzinslichen optimal steuern? Um hierauf Antworten zu finden, wurde Mitte 1982 die Arbeitsgruppe „Bond Portfolio Management" ins Leben gerufen. Sie bestand zunächst vor allem aus dem Regionalkreis Düsseldorf/Köln, in dem neben Analysten aus den Banken auch Fondsmanager aus Versicherungen vertreten waren. Für die Praktiker der Gruppe war auch die Frage wichtig, ob mit Festverzinslichen eine langfristig über dem Markt liegende Rendite erzielt werden könne. Mit diesem Thema befasste sich damals Professor Franke, Universität Gießen, unter anderem in dem Referat „Operative Steuerung der Geldanlage in Festverzinslichen Wertpapieren". Durch Simulation sollte der Test erfolgen, ob die genannten Methoden zum Erfolg führten. Theoretisch funktionierte das, aber die Übertragung in die Praxis erwies sich wegen fehlender Rechensysteme als schwierig.

Die Absicherung eines Rentendepots gegen Kursverluste war ohne standardisierte Instrumente wie den Futures-Kontrakt sehr kompliziert. Anhand verschiedener Modell-Portefeuilles wurde von der Arbeitsgruppe aufgezeigt, unter welchen Bedingungen dennoch eine Strategie zur Immunisierung erfolgreich anzuwenden wäre. Zweck der Absicherung ist es, durch Kombination verschiedener Festzinstitel den gleichen sicheren Zins und Zinseszinsertrag wie mit einem Zerobond zu erwirtschaften.

Die Messung der Performance von Bondportfolios wurde von der Arbeitsgruppe ebenfalls aufgegriffen. Insbesondere über die in der Praxis aufgetretenen Vor- und Nachteile der in Deutschland verwendeten Bondindizes wurde diskutiert (siehe Arbeitsgruppe Rentenindizes).

2.4 Interest Rate Futures

Wie rasch neue Themen in der Kommission Festverzinsliche Wertpapiere aufgegriffen wurden, zeigt die Gründung der Arbeitsgruppe „Interest Rate Futures“ im Jahr 1983 unter Leitung von Ernst Ludwig Drayss. Auslöser war die Absicht der Londoner Terminbörse LIFFE, auch einen Futures Kontrakt auf US-Treasury Bonds einzuführen. Dies geschah im September 1984. Aber auch die vorangegangene Hochzinspolitik in den USA und Europa, welche zu heftigen Kursverlusten in den Bondportfolios geführt hatte, war eine wichtige Triebfeder. Deshalb war es kaum verwunderlich, dass das Thema „Hedging-Strategien zur Begrenzung des Zinsänderungsrisikos in Bondportfolios“ im Vordergrund stand. Die Gruppe beschränkte sich nicht nur auf Terminkontrakte auf Bonds, sondern bezog auch Optionen auf Zinspapiere und Optionen auf Zinsterminkontrakte in die Untersuchungen ein. Da dieses Thema für die meisten deutschen Bondresearcher Neuland war, wurden zunächst die Grundlagen erarbeitet und Analysen zu folgenden Teilbereichen angefertigt: Analyse zur Funktion und Entwicklung dieser Märkte; Merkmale und vergleichende Analyse von Zinsterminkontrakten; Unterschiede in den Börsenusancen und Kosten; Risiken des Handels mit Terminkontrakten sowie steuerliche und rechtliche Aspekte. Anhand von Fallstudien wurden die möglichen Anwendungen von Zinsterminkontrakten im Rahmen von Bondportfolios bei unterschiedlichen Zinsentwicklungen sowie der Vergleich alternativer, traditioneller Hedging-Strategien mit denen von Zinsterminkontrakten untersucht.

Die Ergebnisse der Arbeitsgruppe Interest Rate Futures wurden 1986 unter dem Titel „Strategien zur Begrenzung des Zinsänderungsrisikos im Rahmen des Bond-Portfolio-Management mit Zinsterminkontrakten (Interest Rate Futures)“ publiziert. Aufgrund des regen Interesses beschloss die DVFA-Kommission Festverzinsliche Wertpapiere, die Ausarbeitung allen DVFA-Mitgliedern zur Verfügung zu stellen.

Die Umsetzung der Researchergebnisse und deren Anwendung in der Praxis waren stets ein wichtiges Ziel der Bond Kommission. Deshalb wurden auch die Erfahrungen mit dem LIFFE Bund Futures Kontrakt, nach dessen Einführung im September 1988, im Hinblick auf die Umsatzentwicklung und die Auswirkungen des Futures-Handels in London auf den deutschen Kassamarkt verfolgt. So bewirkte der Futures-Handel eine höhere Liquidität an den deutschen Kassamärkten, die Geld-/Briefspanne verengte sich und es war eine Angleichung der Renditen der lieferbaren Anleihen zu beobachten.

Auch Gespräche mit dem Bundesaufsichtsamt für das Kreditwesen wurden geführt. Zweck war es zu erfahren, ob und wann auch in der Bundesrepublik Deutschland mit der Zulassung von Interest Rate Futures zu rechnen sei. Doch hier stieß man zu diesem Zeitpunkt noch auf erhebliche Bedenken. Der Betrieb der Deutsche Terminbörse (DTB) war zwar schon angelaufen. Aber erst nach der Novellierung des Börsengesetzes zum 1. August 1989 konnte der Handel im Januar 1990 starten. Als erstes wurden

Aktienoptionen gehandelt. Die Einführung des DTB Bund Futures Kontrakt auf zehnjährige Anleihen der Bundesrepublik Deutschland erfolgte erst Ende 1990.

Das Thema Zinsoptionen rückte 1987 stark in den Fokus des Interesses. Vor allem die Frage nach der Bewertung der Optionen auf Rentenwerte trieb die Mitglieder der Arbeitsgruppe um. Deshalb wurde kurzerhand die Arbeitsgruppe Interest Rate Futures in Rentenwerte mit Optionen umgetauft. Im Jahr 1990 wurden die Ergebnisse in der Publikation „Rentenwerte mit Optionen" veröffentlicht, die allen DVFA-Mitgliedern und externen Interessenten angeboten wurde.

2.5 Renten-Indizes

Die Wertentwicklung an den Aktien- und Anleihemärkten wird anhand von Indizes ermittelt. Für deutsche Aktien gab es einen solchen Index bereits, aber für Festverzinsliche mussten Fondsmanager vor allem auf von US- Investmentbanken erstellte Indizes zurückgreifen. Deshalb erdachten auch deutsche Banken Rentenindizes. Als erste präsentierte die DG Bank, heute DZ Bank, den DG Bank Rentenindex, der seit Dezember 1982 täglich in der Börsen-Zeitung veröffentlicht wurde. Der Kursindex bestand aus 25 repräsentativen, liquiden öffentlichen Anleihen (Bund, Bahn, Post). Die Auswahl war auf Titel mit einer Restlaufzeit von vier bis zehn Jahren begrenzt. Das Indexdepot wurde halbjährlich angepasst. Als Basisjahr wurde der 2. Januar 1980 gewählt, auf täglicher Basis wurde der Index ab 1. Juli 1982 berechnet.

Ein anderes Konzept zur Messung der Performance eines Rentenportfolios wurde vom Beratungsunternehmen Breitschwerdt, Lücke und Partner in Düsseldorf präsentiert. Dieser Rentenindex bestand aus einem Kurs- und einem Performance-Index. Die Indexberechnungen erfolgten – und das war neu – auf Basis eines fiktiven Musterportfolios anhand der von der Bundesbank monatlich veröffentlichten Zinsstrukturdaten. Ausgangsbasis war das Jahr 1967. Und die Daten für die Rentenperformance wurden bis zu diesem Zeitpunkt zurückgerechnet.

Auch die European Bond Commision hatte sich das Ziel gesetzt, einen European Bond Index aus der Taufe zu heben. An dem Detailkonzept sollten alle nationalen Kommissionen mitarbeiten. So lag es nahe, innerhalb der deutschen Gruppe eine Arbeitsgruppe für „Renten-Indizes" unter maßgeblicher fachlicher Federführung von Klaus P. Lücke zu gründen.

Zunächst erstellte die Gruppe eine detaillierte Übersicht der damals in Europa und den USA bekannten und verwendeten rund zwölf Bondindizes. Besonders wichtig war hierbei die Zusammensetzung der entsprechenden Indexportfolios sowie deren Berechnungsweise. Sie bildeten die Grundlage für eine eingehende Diskussion der Vor- und Nachteile der „deutschen" Konzepte für einen Rentenindex sowie für den von der EFFAS geplanten European Bond Index.

Das Konzept, einen Rentenindex auf der Basis eines fiktiven Portfolios zu berechnen, wurde dann im BHF-Bank Rentenindex umgesetzt. Im Portfolio befanden sich 15 fiktive öffentliche Anleihen, die das gesamte Laufzeitspektrum von ein bis zehn Jahren abdeckten. Grundlagen für die Berechnungen waren die aktuelle Zinsstruktur am Rentenmarkt sowie eine Gewichtung nach Zins- und Laufzeitklassen, die dem Durchschnitt der letzten 15 Jahre entsprechen und mittelfristig unverändert bleiben sollten.

Zunächst wurde der Index nur als Kursindex veröffentlicht. Gruppenindizes und Performance-Indizes wurden dagegen nur zum internen Gebrauch berechnet.

Um die große Gruppe der deutschen Pfandbriefe „messbar" zu machen, publizierte die Commerzbank den sogenannten Commerzbank Index. Während die Rentenmarktindizes der BHF Bank, der DG Bank und der ECB (Datastream EFFAS Bond Indices) primär als gewichtete Durchschnitte ausgelegt waren, war die Lösung der Commerzbank in stärkerem Maße auf das statistische Indexkonzept mit einem synthetischen Portfolio ausgerichtet. Ein auf realen Anleihen basierendes Portfolio war für den Pfandbriefbereich ungeeignet. Die umlaufenden Titel waren zu diesem Zeitpunkt nur wenig liquide.

Das große Interesse der Kapitalmarktanleger an den Rentenindizes und deren unterschiedlichen Konzepten veranlasste die Kommission Festverzinsliche Wertpapiere, ein Diskussionspapier zu den deutschen Rentenindizes zu veröffentlichen. Dies fand damals in Fachkreisen und in der Presse große Beachtung und trug mit zur breiten Akzeptanz der Rentenindizes bei.

An der Entwicklung des REX-Index war die DVFA Kommission Festverzinsliche Wertpapiere ebenfalls maßgeblich beteiligt. Die Arbeitsgemeinschaft Deutscher Wertpapierbörsen beschäftigte sich 1989 mit dem Konzept eines Deutschen Rentenindex (REX). Diese bat die Arbeitsgruppe Rentenmarkt-Indizes um kritische Prüfung ihres Entwurfs und Stellungnahme. Die geänderte Fassung bildete die Vorlage für die REX-Arbeitsgruppe. Auf der REX-Sitzung am 14. Dezember 1989 fasste die Arbeitsgemeinschaft Deutscher Wertpapierbörsen dann den Beschluss, dass der zu bildende Rentenindex nicht auf der Basis tatsächlich notierender Anleihen errechnet werden soll, sondern dass ein synthetisches Portfolio gebildet wird, welches den Markt repräsentiert. Die Ermittlung der Kurse für die Indexberechnung erfolgt in diesem Konzept über die Renditestrukturkurve des entsprechenden Marktsegments. Damit hatte sich die Arbeitsgemeinschaft Deutscher Wertpapierbörsen (Arbeitsgruppe REX-Index) dem Vorschlag der DVFA-Kommission Festverzinsliche Wertpapiere angeschlossen. Seit 11. Juni 1991 wird der REX-Index als fortlaufender Kurs- und Performance-Index veröffentlicht.

Auch nach der Einführung des REX-Index begleitete die DVFA-Arbeitsgruppe Rentenmarktindizes das neue Rentenmarktbarometer kritisch. Vor allem die Berechnung sowie die Transparenz der Zusammensetzung des Indexportfolios warfen für Außenstehende immer wieder kritische Fragen auf.

Alles in allem ist festzuhalten, dass der BHF-Bank Index und der Commerzbank-Rentenindex lange als Messlatte zur Messung der Performance von Bonddepots herangezogen wurden. Später wurden die beiden Indizes immer mehr durch den von Banken unabhängigen REX-Index und den für den Pfandbriefsektor konzipierten PEX-Index verdrängt. Synthetische Indizes machten also zunächst das Rennen. Mit leistungsfähigeren Computern in den neunziger Jahren und der Möglichkeit von Echtzeit-Datenübertragungen fand schnell eine Verdrängung durch Indizes mit realen Anleihen statt. Den Anfang machte die Commerzbank 1996 mit dem Jumbo-Pfandbrief-Index, gefolgt vom Auslandsanleihen-Index. Beide Indizes wurden nach den Vorgaben der EBC (Standards for Bond Indices) von Matthias Hansmann und Klaus Holschuh entwickelt. Später wurde die Indexfamilie an REUTERS übergeben und gehört heute zum FT-Universum.

2.6 Ausbildung

Das Ziel der DVFA, die nationale und internationale Anerkennung der Berufsbezeichnung Investmentanalyst / DVFA zu erreichen, hat die Kommission von Anfang an unterstützt. Sie formulierte die wesentlichen Inhalte zum Thema Analyse und Bewertung von festverzinslichen Wertpapieren. Später wurden, basierend auf den Erfahrungen der Seminarteilnehmer, wesentliche Anregungen für die Gestaltung des Seminars, insbesondere des Fixed-Income-Blocks, gegeben und von der DVFA auch umgesetzt.

2.7 Rentenmarkt und Währungsunion

Vor dem Hintergrund der geplanten Europäischen Währungsunion wurde 1995 die Arbeitsgruppe „Rentenmarkt und Währungsunion" ins Leben gerufen. Eine wichtige Arbeit der Arbeitsgruppe war 1996 / 1997 eine Fragebogenaktion zur Einführung der europäischen Währung. Zielgruppe der Umfrage waren politische, staatliche und supranationale Organisationen, Verbände, Banken und Universitäten, um noch offene – auch strittige – Fragen im Zusammenhang mit der Europäischen Währungsunion zu klären. Etwa die Hälfte der fünfzig angeschriebenen Institutionen hatte damals die Fragen beantwortet oder themenbezogenes Material zur Verfügung gestellt. Die Aktion erlaubte es, Grundeinstellungen der Befragten zu den Kernfragen der Währungsunion transparenter zu machen. Wie ein roter Faden zog sich durch alle Antworten die Erkenntnis, dass zwischen der rechtlichen Fundierung des Maastricht-Vertrags und der vorgesehenen Realisierung der Währungsunion ein viel breiterer Graben bestand, als dies zum damaligen Zeitpunkt die öffentliche Diskussion vermitteln konnte. Die Absicht der DVFA Kommission Festverzinsliche Wertpapiere, die Ergebnisse der Fragebogenaktion einer breiteren Öffentlichkeit bekannt zu machen, fand beim damaligen DVFA-Vorstand aus Gründen möglicher Interessenkonflikte keine Unterstützung. Dies löste innerhalb der Kommission heftige Diskussionen aus und mündete in Beschlüssen, wie künftig bereits im Vorfeld eine bessere Vorabstimmung zwischen der Kommission und dem DVFA-Vorstand erreicht werden könne.

Der Arbeitskreis „Rentenmarkt und Währungsunion" erstellte danach noch eine Ausarbeitung mit dem Thema „Deutsche Währungssouveränität im Spannungsfeld französisch/deutscher Beziehungen". Der Bericht beleuchtete ergänzend zu den bisher überwiegend ökonomisch geführten Diskussionen die historischen Gründe, die zur Entscheidung der Europäischen Währungsunion beigetragen haben.

Angesichts der näher rückenden EWU beschäftigte die Mitglieder 1997 insbesondere die Frage nach der Eintrittswahrscheinlichkeit der EWU, dem pünktlichen Start, welche Länder dabei sein werden und welche Wirkungen dies auf die Zinsspreads innerhalb der EWU haben würde. Hierzu wurden die von einigen Banken entwickelten Euro-Indikatoren der Kommission präsentiert, die Unterschiede der verschiedenen Modelle herausgearbeitet und die Resultate miteinander verglichen. Interessanterweise zeigten alle Modelle die gleichen Bewegungsrichtungen an, egal ob es sich um ein reines Marktmodell oder ein Mehrfaktorenmodell handelte. Bei den Zinsdifferenzen im Staatsanleihesektor des „Eurolandes" waren die Unterschiede zwischen den einzelnen Ländern gering. In anderen Sektoren fand eine Unterscheidung im Wesentlichen nur noch hinsichtlich der Bonität des Emittenten und der Liquidität des Marktsegments statt.

3 Zusammenarbeit mit der EFFAS Commission on Bonds (ECB)

Die Kooperation zwischen der DVFA Kommission Festverzinsliche Wertpapiere und der EFFAS Commission on Bonds war immer sehr eng. Vor allem die von der ECB angeschobenen Projekte, in welche die nationalen Rentenkommissionen eng eingebunden sind, waren das wichtigste Bindeglied für eine fruchtbare Zusammenarbeit. So war der mehrfach erweiterte und aktualisierte Guide to European Domestic Bond Markets eines der wichtigsten und erfolgreichsten Projekte auf europäischer Ebene. Aber auch das kleine, zweimal in mehreren Sprachen veröffentlichte Fachwörterbuch der wichtigsten Rentenmarktbegriffe war bei der Erstauflage 1982 ein Novum und stieß auf reges Interesse. Auch in die Konzeption der Bloomberg/EFFAS Bond Indizes war die deutsche Gruppe mit ihrem großen Know-How eingebunden.

4 Denkwerkstatt und Netzwerk

Die DVFA Kommission Festverzinsliche Wertpapiere war über viele Jahre eine der aktivsten Kommissionen innerhalb der DVFA. Für ihre Mitglieder war die Kommission ganz sicher ein wertvoller Think-Tank, in dem über neue Kapitalmarktinstrumente, den Rentenmarkt verändernde Themen wie die EWU, Markteinschätzungen usw. offen, aber auch sehr kritisch diskutiert werden konnte. Wie offen die Diskussion zwischen den verschiedenen Häusern in den Kommissionssitzungen geführt wurde und wie wenig Berührungsängste bestanden, ließ sich auch daran festmachen, dass selbst eigene Entwicklungen der Banken den Fachkollegen präsentiert wurden. Beispiele sind ein Programm zum Managen von Rentendepots mit Fremdwährungen oder neue Ansätze zur Schätzung von Zinsstrukturkurven. Darüber hinaus war die Kommission ein Netzwerk von Bondexperten aus verschiedenen Häusern. Und viele Ideen und Erkenntnisse aus den gemeinsamen Arbeitsgruppen und Fachvorträgen fanden später Eingang in die Arbeit vieler deutscher Fixed-Income-Analysten.

5 Zeit der Umbrüche und des Neuanfangs

Die Jahrtausendwende war für die Finanzmärkte eine Zeit rasanter Veränderungen. Mit der Einführung des Euro 1999 kam es zu einer stetigen Harmonisierung der Anleihemärkte. Vom Emissionsprozess bis zum Settlement wurden in den EWU-Teilnehmerstaaten einheitliche Regeln und Verfahren durchgesetzt. Zudem entstand ein gemeinsamer Markt für Futures und Optionen, Swaps und Finanzinnovationen. Die Transparenz und Übersichtlichkeit des EWU-Anleihemarktes erhöhte sich sprunghaft. Durch die Einführung des Euro entstanden aber auch andere liquide Märkte. Ein Beispiel ist der Markt für Corporate Bonds. Führten Unternehmensanleihen vor dem Start des Euro in den meisten Ländern häufig nur ein Nischendasein, so bilden sie heute ein sehr bedeutendes europäisches Marktsegment mit steigender Liquidität und hohen Emissionsvolumina. Ein anderes Beispiel sind die Strukturierten Credit Emissionen. Basel II warf seine Schatten voraus.

Diese Veränderungen schlugen auch auf die Arbeit der DVFA durch. Während die DVFA Kommission Festverzinsliche Wertpapiere ab dem Jahr 2000 ruhte, ging die Arbeit auf europäischer Ebene weiter. Die deutschen Vertreter waren in der European Commission on Bonds der EFFAS aktiv. Dort beschäftigten sie sich vornehmlich mit dem Thema Credit Spreads und der Entwicklung von Corporate-Bond-Indizes.

6 Kommission Rating Standards

In Deutschland verlagerte sich die Arbeit auf die Kommission „Rating Standards". Diese wurde unter der Leitung von Professor Jens Leker im September 2000 ins Leben gerufen. Ziel der gemeinsamen Arbeit war es, die Transparenz der verschiedenen Ratingansätze zu erhöhen. In den Folgejahren wurde diese Gruppe zu einer der aktivsten und produktivsten Kommissionen innerhalb der DVFA. Die Mitglieder der Kommission Festverzinsliche Wertpapiere wechselten in die neue Kommission, aber auch viele neue Teilnehmer aus Forschung und Praxis stießen dazu.

Zunächst wurden eine Standard-Ratingdefinition erarbeitet sowie Checklisten und Vergleichstabellen zum Thema erstellt. Die Ergebnisse wurden in der Studie „DVFA Rating Standards" zusammen gefasst und im November 2001 im „FinanzBetrieb" veröffentlicht. Aber das war nicht alles:

6.1 Ausbildungsprogramm „DFVA Credit Analyst"

Um den rasch steigenden Bedarf an Credit-Analysten zu decken, entstand die Idee, eine systematische Ausbildung unter dem Dach der DVFA zu konzipieren. Die wesentlichen Anregungen hierzu sowie eine Definition der Seminarinhalte kamen aus der Kommission. Im Oktober 2001 startete der erste Lehrgang des Ausbildungsprogramms „DVFA Credit Analyst". Als Referenten der sechzehntägigen Ausbildung wurden vor allem die Kommissionsmitglieder eingesetzt. Nach erfolgreichem Absolvieren der zweitägigen Prüfungen sind die Teilnehmer berechtigt, das Berufsdiplom „CCrA Certified Credit Analyst" zu führen.

Die Validierung bankinterner Ratingsysteme wurde zum nächsten Thema der Rating-Kommission und Teil des Ausbildungsprogramms. Das Rating von Fonds und die Internationalisierung der Rating-Standards waren die Themen, auf welche sich die Rating-Kommission 2003 und 2004 konzentrierte. Mehr als 30 Mitglieder wirkten in den verschiedenen Arbeitsgruppen mit. In der aktuellen Version liegen die *„DVFA-Rating Standards und DVFA-Validierungsstandards"* als DVFA Finanzschrift des Jahres 2006 vor.

Mit der Veranstaltung „Von automatisierten Kreditfabriken und individuellen Kreditanalysen – Die Zukunft des Rating" erreichte die DVFA im September 2003 mehr als 120 interessierte Finanzprofis. Damit ging die DVFA erstmals mit einem Fixed-Income-Thema nicht nur in Form von Studien und Ausbildungsprogrammen, sondern einer Podiumsdiskussion mit Referaten an die Öffentlichkeit.

6.2 Rating der Mezzanine-Finanzierung

Seit 2005 befasst sich eine Arbeitsgruppe der Rating-Kommission mit den für ein Rating relevanten Aspekten der Mezzanine-Finanzierung. Unter der Leitung von Professor Jörg Baetge wurde eine umfassende Untersuchung der hypriden Finanzierungsinstrumente auf konzeptioneller und empirischer Basis vorgenommen. Es wurde ein Kriterienkatalog zur Ausgestaltung des Ratings für mezzanine Finanzierungen ausgearbeitet. Ebenso wurden die Einflüsse auf das Bilanzrating untersucht. Die Veröffentlichung der Ergebnisse erfolgte in der DVFA Schriftenreihe unter „Mezzanine Finanzierungsformen und Bilanzrating“. Darin ist auch die Forderung enthalten, im Anhang des Jahresabschlusses einen Mezzanine-Spiegel anzugeben. Hierdurch soll für Kapitalgeber eine bessere Transparenz erreicht werden. Als Basis dafür hatte die Expertgroup eine Kriterienmatrix entwickelt. Eine weitere Expertengruppe beschäftigte sich mit den für das Rating relevanten Aspekten der IFRS-Umstellung.

6.3 Ratingmethoden für Strukturierte Produkte und Ratingskalen

Zwei Arbeitsgruppen arbeiteten 2009 an den Themen „Ratingmethoden für Strukturierte Produkte“ und „Interpretation und Bedeutung von Ratingskalen“. Hierzu legten die Fachleute Studien zur Veröffentlichung vor. Bei der Interpretation und Bedeutung von Ratingskalen geht es eigentlich um etwas sehr Einfaches, wie die Anforderungen an die Gestaltung von Ratingsymbolen, die Anzahl der Ratingklassen, Investmentgrade und Non-Investmentgrade, Anforderungen an die Aussagekraft von Ratingsymbolen oder Grenzen der Ratings. Dafür gibt es im Markt schon recht gut verankerte Vorstellungen, aber keinen wirklichen Standard, gegen den sich vor allem die Ratingagenturen wehren. Komplexer ist das Thema „Ratingmethoden für Strukturierte Papiere“. Hier wurden Anforderungen an den Forderungspool und an den Originator / Servicer formuliert und die Ratingunterschiede gegenüber Unternehmensschuldnern herausgearbeitet.

Im Dezember 2008 erschien das Buch „Credit Analyst“ beim Oldenbourg Verlag. Es enthält Beiträge aus dem Referentenkreis des Postgraduierten-Programms CCrA der DVFA. Das Werk ist zur Vorbereitung und Begleitung des Seminars, aber auch zur Auffrischung von Kenntnissen für ehemalige Absolventen und generell zur Erweiterung des Wissens auf dem Feld der Kreditanalyse gedacht.

7 Fixed-Income-Forum

Das erste Fixed-Income-Forum fand im Dezember 2005 statt. An die Tradition der Kommission Festverzinsliche Wertpapiere anknüpfend, werden Fixed-Income- und Credit-Analysten sowie andere, an diesen Themen interessierte Mitglieder in Banken und Kapitalsammelstellen in Deutschland über die Aktivitäten der DVFA auf dem Laufenden gehalten. Berichtet wird in den Treffen auch über die Ergebnisse der Kommissionen und Arbeitsgruppen im Ressort Fixed Income sowie der EFFAS Commission on Bonds. Das Forum soll zudem Ausgangspunkt für neue Initiativen und Projekte sein.

Es trifft sich bis zu zweimal im Jahr. Ausrichter sind die beiden für das Ressort zuständigen Vorstandsmitglieder der DVFA Dr. Peter Merk und Klaus Holschuh. Chairman der Veranstaltung ist Dr. Helmut Kaiser. Aus dem Kreis der Teilnehmer werden interessante und aktuelle Themen aufbereitet und zur Diskussion gestellt. Die Bandbreite reicht vom „Greenspan-Rätsel" und der US-Subprimekrise über Emerging Market Bonds, Linkers, gehebelte Kreditstrukturen bis zu den Zukunftschancen europäischer Assed Backed Securities (ABS). Aber auch die Fragen „Hedgefonds versus Bondfonds" und „Ist Pfandbrief gleich Pfandbrief?" standen auf der Tagesordnung.

Die auf Anregung des Fixed-Income-Forums entstandene Arbeitsgruppe „Kreditderivate" beschäftigte sich mit der Bewertung von Credit Default Swaps. Im August 2006 legte sie ein Software-Bewertungstool mit Offenlegung der Programmschritte, Formeln und Modellannahmen vor. Damit wurden die in der Praxis verwendeten „Black-Box"-Bewertungsmodelle transparent. Zusammengefasst sind die Ergebnisse in der DVFA-Finanzschrift „Standards zur Bewertung von Kreditderivaten".

8 Zukünftige Herausforderungen

Der „DVFA-Club" wurde 2007 als neues Format ins Leben gerufen. Ziel des Clubs ist es, mit Mitgliedern und der Öffentlichkeit noch stärker in die Diskussion zu treten. Das Fixed-Income-Ressort und die Bond Kommission beteiligten sich mit den Themen „Kreditderivate und die aktuelle Krise", „Zertifikate", „Die Rolle von Ratings und Agenturen" oder dem „Sinn und Unsinn von Korrelationen" an den immer gut besuchten Veranstaltungen.

Ob in DVFA-Clubs, Fixed-Income-Foren, Veranstaltungen, Expertgroups, Finanzschriften und Presseartikeln: in vielfältiger Form standen Netzwerkbildung, Kommunikation und Information der Mitglieder im fünften Jahrzehnt der DVFA im Vordergrund. Und es gibt noch viele interessante und wichtige Fachthemen auf dem Sektor Fixed Income, die zügig aufgegriffen und durchleuchtet werden müssen.

Kapitel 4:

Rechnungslegung und Bilanzanalyse

Das BilMoG – Erleichterung oder Erschwernis für die Bilanzanalyse?

von Jörg Baetge und Andreas Schmidt

1 Problemstellung

Bilanzpolitik stellt eine zweckorientierte Gestaltung der Rechnungslegung im Rahmen der Rechtsordnung dar, indem von Bilanzierenden durch den Gesetzgeber bewusst oder unbewusst eingeräumte Wahlrechte und Ermessensspielräume ausgenutzt werden.[1] In der Vergangenheit haben Generationen von Bilanzanalytikern sich damit beschäftigt, Strukturbilanzen zu entwerfen, „kreative Kennzahlen“[2] zu entwickeln und die bilanzpolitische Gestaltung so gut wie möglich in den Jahresabschlüssen zu identifizieren und zu neutralisieren. Das Bilanzrechtsmodernisierungsgesetz (BilMoG) stellt die größte Reform des Bilanzrechts seit 25 Jahren dar und bringt eine große Zahl gesetzlicher Änderungen mit sich. Sie werden die Bilanzanalyse vor neue Herausforderungen stellen: Einerseits sind zwar viele bilanzpolitisch nutzbare Wahlrechte und Ermessensspielräume weggefallen, andererseits sind neue hinzugekommen.

Die Bewältigung der neuen Herausforderungen der Bilanzanalyse muss mit einer grundlegenden Analyse der gesetzlichen Änderungen beginnen, worauf eine Diskussion über die Auswirkungen gestrichener und neu geschaffener bilanzpolitischer Möglichkeiten folgen muss.[3] Erst dann wird eine plausible Anpassung von Strukturbilanzen, Bilanzpolitik neutralisierenden Kennzahlen und Bilanzrating-Instrumenten möglich sein. Die Auswirkungen des BilMoG auf die „klassische“ Bilanzanalyse beziehungsweise der Umgang der Unternehmen mit den neuen Regeln wird sich erst in den Jahresabschlüssen nach dem Jahresabschluss 2010 zeigen. Erst nach mehr als fünf Jahren werden genügend Abschlüsse von später insolvent gewordenen Unternehmen für eine empirisch-statistische („moderne“) Analyse zur Verfügung stehen.[4] Die Anwender beider Formen der Bilanzanalyse, zu denen vor allem die Finanzinstitute gehören, sind trotz allem gezwungen, sich schon heute Gedanken über die bilanzpolitischen Auswirkungen zu machen. Gerade kleinere und mittlere Unternehmen in Deutschland, die zu den primären Adressaten des reformierten HGB gehören, finanzieren sich überwiegend über Kredite ihrer Hausbank. Im Rahmen der Bonitätsbewertung kommt der „klassischen“ Analyse ihrer Jahresabschlüsse in der näheren Zukunft und der „modernen“ in der weiteren Zukunft eine hohe Bedeutung zu.[5]

Dieser Beitrag soll einzelne Anregungen zur Diskussion der bilanzpolitischen Möglichkeiten des BilMoG liefern und darauf aufbauend zu einer Einschätzung der Folgen für

---

1 Vgl. Sieben, Günter / Barion, Heinz-Jürgen / Maltry, Helmut, in: Chmielewicz, Klaus / Schweitzer, Marcell (Hrsg.): Handwörterbuch des Rechnungswesens, Sp. 230.

2 Vgl. zu kreativen Kennzahlen: Baetge, Jörg / Kirsch, Hans-Jürgen / Thiele, Stefan: Bilanzanalyse, S. 162.

3 Vgl. zur Diskussion bilanzpolitischer Möglichkeiten durch das BilMoG unter anderem: Petersen, Karl / Zwirner, Christian / Künkele, Kai Peter: Bilanzanalyse und Bilanzpolitik; Göllert, Kurt: Problemfelder der Bilanzanalyse, S. 1773-1778; Hüttche, Tobias: Neue bilanzpolitische Wahlrechte und Spielräume, S. 409-416; Wulf, Inge / Bosse, Thorsten: Auswirkungen des BilMoG, S. 568-575.

4 Die neuen Regeln sind für Geschäftsjahre nach dem 31.12.2009 verpflichtend anzuwenden. Eine vorzeitige Anwendung für Geschäftsjahre, die nach dem 31.12.2008 beginnen, ist gem. Art. 66 Abs. 3 HGB-Einführungsgesetz möglich, sofern alle neuen Vorschriften angewendet werden und dies im Anhang berichtet wird.

5 Vgl. Haller, Axel et al.: Rechnungslegung aus Sicht von Kreditinstituten, S. 13; sowie Baetge, Jörg / Kirsch, Hans-Jürgen / Thiele, Stefan: Bilanzanalyse, S. 17-19.

die „klassische" Bilanzanalyse kommen. Dies geschieht unter Berücksichtigung der Ziele, die sich der Gesetzgeber mit dem BilMoG gesetzt hat. Zu diesem Zweck werden einige besonders wesentliche Gesetzesänderungen vorgestellt, analysiert und gewürdigt.

2 Die Zielsetzung des BilMoG

Das BilMoG ist als Alternativkonzept zu den IFRS für kleinere und mittlere deutsche Unternehmen gedacht. Im Mittelpunkt der IFRS steht die Vermittlung entscheidungsnützlicher Informationen für Investoren. Sie orientieren sich daher an den Informationsbedürfnissen des Kapitalmarkts und sind vor allem für kapitalmarktorientierte Unternehmen geeignet. Nach Meinung des BilMoG-Gesetzgebers ist kleinen und mittleren Unternehmen eine solch komplexe und kostenintensive Rechnungslegung nicht zuzumuten.[6] Aus diesem Grund soll mit dem BilMoG eine – vor allem für den Mittelstand – gleichwertige, aber einfachere und kostengünstigere Alternative zu den IFRS geschaffen werden.[7] Gleichzeitig nimmt der Gesetzgeber die Reform zum Anlass, die Aussagekraft der handelsrechtlichen Jahresabschlüsse zu erhöhen.[8] Gerade dieses Ziel steht in engem Zusammenhang mit dem Zweck der Bilanzanalyse, nämlich entscheidungsrelevante Informationen zu gewinnen, um damit Entscheidungen zu fundieren oder zu verbessern.[9] Insofern sollte das BilMoG, sofern die Ziele gut umgesetzt sind, die Arbeit der Bilanzanalyse vereinfachen und gleichzeitig zu besseren Analyseergebnissen führen. Erreicht werden sollen die Ziele im Wesentlichen durch zwei Maßnahmen: Das HGB soll von überholten Wahlrechten „entschlackt" werden und es soll das Informationsniveau der handelsrechtlichen Jahresabschlüsse angehoben werden.[10]

3 Ausgewählte Rechnungslegungsänderungen

3.1 Die Streichung expliziter Wahlrechte

Das Ziel der Verringerung von Wahlrechten hebt vorwiegend auf die expliziten gesetzlichen Wahlrechte ab, die vor dem BilMoG – im Vergleich zu den IFRS – im HGB in größerer Zahl vorhanden waren. Bei den expliziten Wahlrechten handelte es sich um durch den Gesetzgeber eingeräumte Handlungsalternativen, deren Ausübung einen klareren Einblick in die Bilanzierungssystematik verhinderten – auch wenn sie eigentlich einen der individuellen Situation angepassten und dadurch besseren Einblick er-

6 Vgl. BR-Drucksache 344/08, S. 68.

7 Vgl. BR-Drucksache 344/08, S. 65; BT-Drucksache 16/12407, S. 1.

8 Vgl. BR-Drucksache 344/08, S. 69 und ähnlich BT-Drucksache 16/12407, S. 1.

9 Vgl. Baetge, Jörg / Kirsch, Hans-Jürgen / Thiele, Stefan: Bilanzanalyse, S. 1; Ballwieser, Wolfgang, in: Chmielewicz, Klaus / Schweitzer, Marcell (Hrsg.): Handwörterbuch des Rechnungswesens, Sp. 212.

10 Vgl. Solmecke, Henrik: Auswirkungen des Bilanzrechtsmodernisierungsgesetzes, S. 44 f.; Göllert, Kurt: Problemfelder der Bilanzanalyse, S. 1773; Wulf, Inge / Bosse, Thorsten: Auswirkungen des BilMoG auf das Bilanzrating, S. 568.

möglichen sollten.[11] Zu den bedeutendsten, vom BilMoG abgeschafften Wahlrechten gehören:

- Der Ansatz des Sonderpostens mit Rücklageanteil (§ 247 Abs. 3 i.V.m. § 273 HGB a.F.),
- die Passivierung von Aufwandsrückstellungen (§ 249 Abs. 2 HGB a.F.),
- die Passivierung von Instandhaltungsaufwendungen, die im vierten bis zwölften Monat des folgenden Geschäftsjahres nachgeholt werden (§ 249 Abs. 1 Satz 3 HGB a.F.),
- der Ansatz von als Aufwand berücksichtigten Zöllen und Verbrauchssteuern sowie Umsatzsteuern (§ 250 Abs. 1 Satz 2 HGB a.F.),
- die außerplanmäßige Abschreibung auf Vermögensgegenstände des Umlaufvermögens bei künftig dauernden Wertschwankungen (§ 253 Abs. 3 Satz 3 HGB a.F.),
- die Abschreibung aufgrund vernünftiger kaufmännischer Beurteilung (§ 253 Abs. 4 HGB a.F.),
- der Ansatz von Ingangsetzungs- und Erweiterungsaufwendungen (§ 269 HGB a.F.).

Zusätzlich wurden die Wahlrechte bei den Verbrauchsfolgeverfahren und bei den Herstellungskosten eingeschränkt. Nach neuem Recht sind nur noch das LiFo- und FIFo-Verfahren als Verbrauchsfolgefiktion zulässig sowie die Durchschnittskostenmethode (§ 256 HGB n.F.). Bei den Herstellungskosten sind nach BilMoG die Material- und Fertigungsgemeinkosten zwingend einzubeziehen sowie angemessene Teile des Wertverzehrs des Anlagevermögens, sofern diese Kosten durch die Fertigung veranlasst sind (§ 255 Abs. 2 n.F.). Mit der Einschränkung der Wahlrechte nähert sich das BilMoG den IFRS und dem Steuerrecht an.[12]

Die Verringerung der zahlreichen expliziten Wahlrechte im HGB durch den Gesetzgeber ist aus Sicht der Bilanzanalyse zu begrüßen, denn Wahlrechte schränken die Informationsfunktion des Abschlusses dahingehend ein, dass sie die Vergleichbarkeit mit den Abschlüssen anderer Unternehmen erschweren.[13] Indes gehörten explizite Wahlrechte seit jeher und gehören auch noch heute zu den bilanzpolitischen Maßnahmen, die vom Bilanzanalytiker vergleichsweise leicht zu identifizieren sind, da diese im Anhang zu nennen sind, so dass sie im Rahmen der Erstellung von Strukturbilanzen oder Strukturkennzahlen und zur Bildung von Bilanzpolitik neutralisierenden Kennzahlen vergleichsweise einfach berücksichtigt werden konnten und können.[14]

---

11 Vgl. zur Abgrenzung und Definition von expliziten Wahlrechten, faktischen Wahlrechten und Ermessensspielräumen: Ziesemer, Stefan: Rechnungslegungspolitik in IAS-Abschlüssen, S. 23-26; Coenenberg, Adolf / Haller, Axel / Schultze, Wolfgang: Jahresabschluss und Jahresabschlussanalyse, S. 1000 f.; Küting, Karlheinz / Weber, Claus-Peter: Bilanzanalyse, S. 41.

12 Vgl. für eine Übersicht zu den Änderungen bei den Bilanzierungs- und Bewertungswahlrechten sowie zu den zugehörigen Übergangsregelungen: Solmecke, Henrik: Auswirkungen des Bilanzrechtsmodernisierungsgesetzes, S. 47 f.; Baetge, Jörg / Kirsch, Hans-Jürgen / Solmecke, Henrik: Auswirkungen des BilMoG, S. 20 f. und 27-28; Hüttche, Tobias: Neue bilanzpolitische Wahlrechte und Spielräume, S. 413 f..

13 Vgl. Baetge, Jörg: Möglichkeiten der Objektivierung der Redepflicht, S. 44 m.w.N.

14 Vgl. für die Berücksichtigung von Wahlrechten beim Aufstellen einer Strukturbilanz beziehungsweise Strukturkennzahlen: Baetge, Jörg / Kirsch, Hans-Jürgen / Thiele, Stefan: Bilanzanalyse, S. 83-97; Küting, Karlheinz / Weber, Claus-Peter: Bilanzanalyse, S. 86-97.

Interessant ist, dass die Verringerung von Wahlrechten in der Bilanzanalyse nicht ausschließlich begrüßt wird, wie eine Umfrage des Deutschen Rechnungslegungs Standard Committees (DRSC) und der Universität Regensburg bei Bilanzanalytikern von 32 Kreditinstituten ergeben hat. Beispielsweise wurde die Abschaffung des Wahlrechts für die Abschreibung von Gegenständen des Vorratsvermögens aufgrund erwarteter Wertschwankungen (§ 253 Abs. 3 Satz 3 HGB a.F.) nur von 24 % der Befragten als ein Vorteil für die Bonitätsbewertung gewertet. 47 % sahen es sogar als einen Nachteil an.[15] Eine ähnlich negative Beurteilung ergab sich für das gestrichene Wahlrecht der Passivierung von Aufwandsrückstellungen (§ 249 Abs. 1 Satz 3 HGB a.F.). Hier halten 41 % der Befragten die Streichung für einen Nachteil und nur 25 % für einen Vorteil. Von den Befragten wurde vielfach geäußert, dass an Stelle des Verbots ein Gebot für die Bildung von entsprechenden Aufwandsrückstellungen wünschenswert gewesen wäre, damit das Ausmaß künftiger Verpflichtungen besser eingeschätzt werden könne.[16] Denn die in Kreditinstituten tätigen Bilanzanalytiker fertigen häufig Bonitätsanalysen an und bevorzugen dabei regelmäßig eine vorsichtige Betrachtungsweise. Diese Sichtweise steht indes der Zielsetzung des BilMoG entgegen, eine im Vergleich zum HGB a.F. informativere – wenn auch zugleich kapitalerhaltende – und auch kostengünstigere Rechnungslegung für die Unternehmen und damit auch einen besseren Zugang zu Finanzierungsmöglichkeiten zu erreichen, der entscheidend vom Urteil der Bilanzanalytiker in den Banken abhängt.[17] Bei der Würdigung der Ergebnisse der Befragung der Bilanzanalytiker von Kreditinstituten durch das DRSC und die Universität Regensburg ist indes zu beachten, dass Kreditinstitute – anders als in der Befragung individueller Bilanzanalytiker vorausgesetzt – sich regelmäßig der recht verlässlichen mathematisch-statistisch gestützten „modernen" Bilanzanalyse, des so genannten Internal Rating Based- (IRB-) Ansatzes nach Basel II, bedienen, bei dem Wahlrechte durch Bilanzpolitik neutralisierende Kennzahlen auf der Basis der Auswertung hunderter oder tausender von Jahresabschlüssen solventer und später insolvent gewordener Unternehmen konterkariert werden.

3.2 Selbst erstellte immaterielle Vermögensgegenstände

Eine sehr kontrovers diskutierte Neuerung des BilMoG ist die Einführung des Wahlrechts zur Aktivierung selbst erstellter immaterieller Vermögensgegenstände des Anlagevermögens. Nach § 248 Abs. 2 Satz 1 HGB n.F. dürfen nunmehr die in der Entwicklungsphase eines selbst erstellten immateriellen Vermögensgegenstandes des Anlagevermögens anfallenden Herstellungskosten in der Bilanz angesetzt werden. Mit der Einführung dieses Wahlrechts nähert sich das BilMoG deutlich den IFRS an. Für Forschungskosten besteht nach § 255 Abs. 2 HGB n.F. – ebenso wie in den IFRS – ein Aktivierungsverbot. Dies wird vor allem mit der Ungewissheit über die Ergebnisse von Forschungsprojekten begründet. Die Möglichkeit, neuerdings Entwicklungskosten zu aktivieren, soll nach Meinung der Bundesregierung zu einer Erhöhung des Informationsniveaus des HGB-Jahresabschlusses beitragen.[18] Auf diesem Weg sollen gleich zwei bilanzielle Ungleichbehandlungen der Vergangenheit beseitigt werden.

15 Vgl. Haller, Axel et al.: Rechnungslegung aus Sicht von Kreditinstituten, S. 39.

16 Vgl. Haller, Axel et al.: Rechnungslegung aus Sicht von Kreditinstituten, S. 46.

17 Vgl. Göllert, Kurt / Ukatz, Kersten: Bilanzrechtsmodernisierungsgesetz, S. 510.

18 Vgl. BR-Drucksache 344/08, S. 75.

Zum einen konnten gerade bei kleinen und innovativen Unternehmen bisher selbst erstellte immaterielle Vermögensgegenstände des Anlagevermögens in der handelsrechtlichen Bilanz nicht berücksichtigt werden, Investitionen in materielle Vermögensgegenstände hingegen schon.[19] Zum anderen besitzen speziell junge Unternehmen nach ihrer Gründung meist weniger materielle Werte, vielmehr liegt deren „Vermögen" in den in der Entwicklung befindlichen Ideen. Mit der zunehmenden Entwicklung hin zu einer wissensbasierten Gesellschaft ist die Aktivierungsmöglichkeit von Entwicklungskosten für junge Unternehmen vorteilhaft. Mit der neuen, in das Handelsrecht eingeführten Vorschrift wird zudem die bilanzielle Ungleichbehandlung von erworbenen immateriellen Vermögensgegenständen gegenüber selbst erstellten immateriellen Vermögensgegenständen des Anlagevermögens aufgehoben.[20]

Zahlreiche empirische Studien stützen die Relevanz und den positiven Effekt von F&E-Informationen im Jahresabschluss für die Abschlussadressaten.[21] Außerdem wird empirisch bestätigt, dass die Wahrnehmung von immateriellem Anlagevermögen steigt, wenn es Bestandteil der Bilanz ist und nicht nur auf eine Anhangangabe reduziert wird.[22] Die empirischen Resultate und die Argumente der Bundesregierung[23] über die Relevanz der Informationen über selbst erstellte immaterielle Vermögensgegenstände überzeugen. Die Kritik, die zur Aktivierungsmöglichkeit selbst erstellter Vermögensgegenstände regelmäßig geäußert wird, liegt indes nicht in der Relevanz begründet. Der wesentliche Grund für die Forderung nach Nicht-Berücksichtigung der aktivierten Entwicklungskosten lag bisher vielmehr in den erheblichen Ermessensspielräumen des Bilanzierenden. Solche bilanzpolitischen Möglichkeiten eröffnen sich nunmehr aber gerade mit der neuen Regelung.[24]

Ermessensspielräume ergeben sich bereits bei der Abgrenzung der Forschungskosten von den Entwicklungskosten. Das Problem ist aus der IFRS-Welt bekannt, denn die Kriterien des IAS 38.54-64 haben nie zu einer ausreichenden Regelungsschärfe geführt,[25] zumal diese Aktivierungskriterien von den Bilanzierenden selbst durch bilanzpolitisch motivierte Entscheidungen erfüllt bzw. nicht erfüllt werden können. Es handelt sich somit um ein faktisches Wahlrecht.[26] Auch der Abschlussprüfer ist häufig

---

19 Vgl. BR-Drucksache 344/08, S. 108.

20 Vgl. Göllert, Kurt: Problemfelder der Bilanzanalyse, S. 1774; Arbeitskreis Immaterielle Werte im Rechnungswesen: Kategorisierung und bilanzielle Erfassung immaterieller Werte, S. 989.

21 Vgl. hierzu die Übersicht empirischer Studien bei: Dobler, Michael / Kurz, Gerhard: Aktivierungspflicht für immaterielle Vermögensgegenstände, S. 492 m.w.N.

22 Interessant sind dabei vor allem die Resultate bei: Barth, Mary / Clinch, Greg / Shibano, Toshi: Market Effects of Recognition and Disclosure, S. 581-609, wonach der Ausweis wenig verlässlicher Bilanzposten informativer ist, als der bloße Ausweis im Anhang sowie die Studie von: Healy, Paul / Myers, Stewart / Howe, Christopher: R&D Accounting and the Tradeoff Between Relevance and Objectivity, S. 677-710, wonach der Ausweis der F&E-Kosten von nur anhaltend erfolgreichen Projekten wertrelevanter ist, als der Ausweis der gesamten F&E-Kosten.

23 Vgl. BR-Drucksache 344/08, S. 160-108.

24 Vgl. Hömberg, Reinhold / König, Michael, in: Baetge, Jörg / Kirsch, Hans-Jürgen / Thiele, Stefan (Hrsg.): Bilanzrecht – Kommentar § 248 Rdn. 31.

25 Vgl. die Analyse von: Baetge, Jörg / Maresch, Daniela / Schulz, Roland: Zur (Un-)Möglichkeit des Zeitvergleichs von Kennzahlen, S. 417-422; sowie Dobler, Michael / Kurz, Gerhard: Aktivierungspflicht für immaterielle Vermögensgegenstände, S. 489 m.w.N.

26 Vgl. Ziesemer, Stefan: Rechnungslegungspolitik in IAS-Abschlüssen, S. 23-26.

nicht in der Lage, die Argumentation der Forschungs- und Entwicklungsabteilung über die prognostischen Ansatzkriterien der IAS 38.54-64 zu widerlegen oder zu fordern. Damit verbunden ist die berechtigte Frage, ob der Abschlussprüfer das technische Wissen für eine solche Einschätzung besitzt. Die Ansatzkriterien der IAS 38.54-64 als Auslegungshilfen für den § 248 Abs. 1 Satz 1 HGB n.F. heranzuziehen, wird allgemein abgelehnt.[27] Doch werden die gegen die IFRS als Auslegungshilfe für die Aktivierung selbst erstellter immaterieller Vermögensgegenstände des Anlagevermögens sprechenden Argumente, beispielsweise von Unternehmen, die einen befreienden IFRS-Konzernabschluss aufstellen, gar nicht herangezogen, und doch werden von diesen Unternehmen keinesfalls andere Werte im HGB-Einzelabschluss angesetzt als im IFRS-Konzernabschluss. Der Gesetzeswortlaut des § 248 Abs. 1 Satz 1 HGB n.F. wird ihnen eine zu den IAS parallele Behandlung jedenfalls nicht verweigern.

Bei der Folgebewertung von aktivierten Entwicklungskosten bestehen indes im Jahresabschluss nach HGB n.F. Objektivierungsprobleme. Denn während immaterielle Vermögenswerte, sobald ihre Nutzungsdauer schwer zu bestimmen ist, nach den IFRS nur noch mit einem „impairment only approach" abgeschrieben werden, verlangt das Handelsrecht nach BilMoG die Vorgabe einer festen Nutzungsdauer, über die der immaterielle Vermögensgegenstand planmäßig abgeschrieben wird.[28] Die Bestimmung der Nutzungsdauer, die aufgrund des individuellen Charakters des selbst erstellten immateriellen Vermögensgegenstandes sehr unterschiedlich sein kann, bietet im konkreten Fall einen enormen Ermessensspielraum, der die Objektivierbarkeit dieser Bilanzposition (weiter) einschränkt.[29]

Bei der Bilanzanalyse von IFRS-Abschlüssen besteht aus diesem Grund ein tiefes Misstrauen gegenüber selbst erstellten immateriellen Vermögenswerten. Küting / Weber schreiben, dass immaterielle Vermögenswerte zwar einen wichtigen „strategischen Erfolgsfaktor" darstellen und bei „jungen, dynamisch wachsenden Unternehmen eine herausragende Bedeutung" haben (können). Sie empfehlen im Rahmen der Bilanzanalyse aufgrund der Unsicherheit aber auch eine „sachgerechte Einschätzung" dieser Bilanzposition, was wohl eine „vorsichtige Einschätzung" heißen soll.[30] Gemeint sein kann damit nur, dass eine gründliche Analyse der zu Grunde liegenden F&E-Projekte vorgenommen werden muss. Ob die erforderlichen Informationen und der notwendige technische Sachverstand jedem externen Bilanzanalytiker zur Verfügung stehen, bleibt indes mehr als offen. Fraglich ist auch die Aussagekraft der vom Gesetzgeber vorgesehenen Informationen zu den bilanzierten Werten. So kann kaum von den aktivierten Herstellungskosten der immateriellen Vermögensgegenstände auf die künftigen Erträge des selbst erstellten immateriellen Vermögensgegenstandes geschlossen werden. Der Umfang der aktivierten Herstellungskosten mag Indikatorfunktion haben, aber er steht wohl kaum zwangsläufig in einem linearen Verhältnis zum Markterfolg. Beispielsweise finden in der Automobilbranche Entwicklungen neuer

---

27 Vgl. für die Diskussion: Dobler, Michael / Kurz, Gerhard: Aktivierungspflicht für immaterielle Vermögensgegenstände, S. 489; Hennrichs, Joachim: Immaterielle Vermögensgegenstände, S. 537-542.

28 Vgl. Hennrichs, Joachim: Immaterielle Vermögensgegenstände, S. 541.

29 Vgl. Petersen, Karl / Zwirner, Christian / Künkele, Kai Peter: Bilanzanalyse und Bilanzpolitik, S. 34; Hennrichs, Joachim: Immaterielle Vermögensgegenstände, S. 541.

30 Vgl. Küting, Karlheinz / Weber, Claus-Peter: Bilanzanalyse, S. 498.

Modell-Baureihen, meist unabhängig von den nach IFRS aktivierten Kosten der Entwicklung, einen jeweils mehr oder weniger großen Kundenzuspruch.

Die Einschätzung, dass es sich bei immateriellen Vermögensgegenständen des Anlagevermögens aus Sicht der Bilanzanalytiker in den Kreditinstituten um wenig verlässliche Werte handelt, spiegelt sich auch in den Antworten der von Haller et al. befragten Kreditanalytiker: Nur 17 % halten das neue Wahlrecht für sinnvoll, während 49 % es sogar als einen Nachteil betrachten. Dieses Ergebnis wird vor allem mit dem erhöhten Analyseaufwand begründet, der von 58 % der Befragten beim Herausrechnen der selbst erstellten immateriellen Vermögensgegenstände entstehe.[31] Auch der Gesetzgeber misstraut – wohl aufgrund der eingeschränkten Objektivierbarkeit – den bilanzierten Werten der selbst erstellten immateriellen Vermögensgegenstände des Anlagevermögens, denn er belegt einen durch die Aktivierung entstehenden Gewinn bei Kapitalgesellschaften mit einer Ausschüttungssperre (§ 268 Abs. 8 HGB n.F.). Zusätzlich werden für immaterielle Vermögensgegenstände von diesen Unternehmen umfangreiche Anhangangaben nach § 285 Nr. 22 und 28 HGB n.F. gefordert.

3.3 Der Geschäfts- oder Firmenwert

Das BilMoG hat auch die Bilanzierung des Geschäfts- oder Firmenwertes (GoF) modernisiert. Der GoF ist nach § 246 Abs. 1 Satz 4 HGB n.F. künftig per Fiktion Vermögensgegenstand und ist zwingend in der Bilanz anzusetzen. Die Aktivierungswahlrechte des § 255 Abs. 4 HGB a.F., wonach der GoF als Aktivum oder als Aufwand angesetzt oder im Konzernabschluss mit dem Eigenkapital verrechnet werden konnte, entfallen. Aus Sicht der Bilanzanalyse ist die Aktivierungspflicht ein Fortschritt, denn damit endet die willkürliche unterschiedliche Behandlung in den Jahresabschlüssen der Unternehmen und führt zu einer besseren Vergleichbarkeit. Eingeschränkt wird dies indes durch die Übergangsregel des Artikel 66 Abs. 3 EGHGB. Danach ist das neue Ansatzgebot erst für Akquisitionen im Geschäftsjahr 2010 anzuwenden. Ungleichbehandlungen aus der Vergangenheit bleiben somit bestehen.

Für die Folgebewertung des GoF hat der Gesetzgeber nicht den „impairment only approach" – wie der IASB – in den IAS zugrundegelegt, sondern schreibt für den GoF eine planmäßige Abschreibung vor. Für die zu Grunde zu legende Nutzungsdauer gibt § 285 Nr. 13 HGB n.F. eine Orientierungshilfe, die als „milde Objektivierungsvorschrift" verstanden werden kann. Danach soll die Nutzungsdauer grundsätzlich einen Zeitraum von fünf Jahren nicht überschreiten. Sofern eine längere Nutzungsdauer für den GoF angesetzt wird, hat das Unternehmen diese Nutzungsdauer im Anhang zu begründen. Im Gesetzentwurf des BilMoG sind verschiedene Indizien genannt, die für die Schätzung der Nutzungsdauer des GoF in Betracht kommen. Beispiele sind die Bestandsdauer des erworbenen Unternehmens(-teils), der Lebenszyklus bestimmter Produkte oder die voraussichtliche Tätigkeit wichtiger Mitarbeiter und Mitarbeitergruppen.[32] Da sich der GoF als Wertekonglomerat aus mehreren der genannten Wertkomponenten zusammensetzt, bleibt eine Bestimmung der Nutzungsdauer trotz allem schwierig. Versuche, die Nutzungsdauern einzelner Wertkomponenten zu bestimmen, um sie dann zu einer GoF-Nutzungsdauer zu verdichten, sind in aller Regel erfolglos.[33] Schwierig ist die

31 Vgl. Haller, Axel et al.: Rechnungslegung aus Sicht von Kreditinstituten, S. 27 f.

32 Vgl. BR-Drucksache 344/08, S. 155.

Schätzung der Nutzungsdauer auch, weil für einige Wertkomponenten des GoF, zum Beispiel für Synergien, eine wohl mehr oder minder unendliche Nutzungsdauer gegeben ist.

In der Bilanzanalyse wird häufig empfohlen, den GoF bei der Bildung von Kennzahlen zu eliminieren, das heißt, mit dem Eigenkapital zu verrechnen.[34] Begründet wird dies mit der fehlenden Einzelverkehrsfähigkeit des GoF und der im Insolvenzfall zweifelhaften Werthaltigkeit. Ein weiterer Grund bestand vor dem BilMoG in der eingeschränkten Vergleichbarkeit durch die unterschiedlichen Nutzungsmöglichkeiten des Wahlrechts in den Jahresabschlüssen der Unternehmen.[35] Aufgrund der Abschaffung des Wahlrechts durch das BilMoG gibt es nun Überlegungen, den GoF in der Bilanzanalyse differenzierter zu betrachten und nicht automatisch mit dem Eigenkapital zu verrechnen.[36] Für die empirisch-statistische Jahresabschlussanalyse bleibt für die Analyse von BilMoG-Abschlüssen abzuwarten, ob bei der Ermittlung der trennfähigsten Kennzahlen solche herausgefiltert werden, bei denen der GoF gegen das Eigenkapital ausgebucht wird, wie zum Beispiel bei dem Baetge-Bilanz-Rating®,[37] oder beim Moody's Risk Calc®[38] bezogen auf Jahresabschlüsse nach bisherigem HGB.

Zu erwarten ist, dass die wesentlichen Argumente für eine Eleminierung des GoF, vor allem bei Bilanzanalysen von Bilanzanalytikern von Kreditinstituten, weiter Bestand haben werden. Die Ermessensspielräume, die mit dieser Bilanzposition gegeben sind, werden nach BilMoG zwar geringer als nach bisherigem HGB, bleiben aber weiter erheblich. Ein deutlicher Hinweis darauf ergibt sich daraus, dass die Deutsche Prüfstelle für Rechnungswesen (DPR) bei ihren Prüfungen von – den künftigen BilMoG-Abschlüssen diesbezüglich sehr ähnlichen – IFRS-Jahresabschlüssen des Jahres 2008 als häufigsten Fehler die Kaufpreisallokation beziehungsweise die Wertermittlung des GoF feststellte. Von insgesamt 78 festgestellten Einzelfehlern bei 400 Prüfungen resultierten allein aus diesem Bereich 24 Fehler. Die größte Schwierigkeit bestand nach Analyse der DPR in einer korrekten Abgrenzung der immateriellen Vermögensgegenstände vom GoF bei der Kaufpreisallokation, da viele immaterielle Vermögensgegenstände trotz Hilfe durch externe Bilanzierungsexperten nur schwierig objektiv zu bewerten seien und der Wert meist mit anderen Vermögensgegenständen und nicht-bilanzierungsfähigen Werten eng verknüpft sei.[39]

Auch das BilMoG löst nicht die Zweifel bezüglich der Werthaltigkeit des GoF. Er besteht aus einem Konglomerat von nicht-bilanzierungsfähigen Werten und synergetischen Potenzialen.[40] Es ist nicht ungewöhnlich, dass sich erhoffte beziehungsweise erwartete Synergien nicht einstellen oder der Erwerber schlicht zu viel bezahlt hat. In

---

33 Vgl. Moser, Ulrich / Hüttche, Tobias: Begründung der Nutzungsdauer des Goodwill, S. 404.

34 Vgl. Baetge, Jörg / Kirsch, Hans-Jürgen / Thiele, Stefan: Bilanzanalyse, S. 205-207; Küting, Karlheinz / Weber, Claus-Peter: Bilanzanalyse, S. 88 f.

35 Vgl. für die Argumente, die in der Bilanzanalyse für eine Verrechnung mit dem Eigenkapital sprechen: Rehkugler, Heinz / Poddig, Thorsten: Bilanzanalyse, S. 41.

36 Vgl. Göllert, Kurt: Problemfelder der Bilanzanalyse, S. 1774.

37 Vgl. Baetge, Jörg / Hüls, Dagmar / Uthoff, Carsten: Bilanzbonitätsanalyse mit Künstlichen Neuronalen Netzen, S. 23-26.

38 Vgl. Baetge, Jörg / von Keitz, Isabel / Wünsche, Benedikt: Bilanzbonitäts-Rating, S. 488-493.

39 Vgl. Deutsche Prüfstelle für Rechnungswesen: Tätigkeitsbericht 2008, S. 6.

40 Vgl. Baetge, Jörg / Kirsch, Hans-Jürgen / Thiele, Stefan: Bilanzen, S. 241 f.

einem solchen Fall wäre der GoF außerplanmäßig abzuschreiben, was einem Eingeständnis schlechter Leistung des Managements beim Erwerb von Unternehmen(-steilen) gleichkäme und deswegen von den Bilanzierenden vermieden wird. So stellte Küting in einer Untersuchung der IFRS-Konzernabschlüsse von 127 börsennotierten deutschen Unternehmen aus dem Jahr 2007 eine außerplanmäßige Abschreibung auf den GoF von nur 0,74 % fest,[41] obwohl in den IFRS-Abschlüssen der Unternehmen ja nicht einmal eine planmäßige Abschreibung vorgesehen ist, sondern lediglich eine außerplanmäßige Abschreibung nach dem „Impairment-only-approach". Das heißt, der GoF wird in IFRS-Abschlüssen – anders als nach BilMoG – lediglich einmal jährlich mit Hilfe von DCF-Kalkülen auf seine Werthaltigkeit überprüft. Es ist Fakt, dass die bei sonstigen Bewertungsanlässen, z. B. bei Unternehmenskäufen, sich ergebenden verengten Ermessensspielräume bei der Verwendung von DCF-Kalkülen in der Bilanzierung zu erheblich größeren Bewertungsspielräumen führen, weil der „Gegenspieler" fehlt. Dieser Spielraum wird voll genutzt, um unerwünschte Abschreibungen zu vermeiden.[42] Übrigens hat seit Einführung der IFRS mit dem „Impairment-only-approach" der prozentuale Wert der GoF an den Bilanzsummen deutscher börsennotierter Unternehmen kontinuierlich zugenommen.[43]

Unseres Erachtens wird die Bilanzanalyse von Jahresabschlüssen nach BilMoG bezüglich des GoF verlässlicher, weil die Bundesregierung der Forderung zur Einführung eines Impairment-Only Ansatzes, wie sie noch vom Bundesrat erhoben worden war, nicht gefolgt ist. Dies ändert indes nichts daran, dass die Ermessensspielräume bei der Bilanzierung des GoF auch nach BilMoG groß sind und daher bei der Bilanzanalyse noch viel für eine Verrechnung des GoF mit dem Eigenkapital spricht. Bisher haben jedenfalls empirisch-statistische Analysen[44] immer wieder jene Kennzahlen als besonders aussagekräftig erwiesen, bei denen der GoF mit dem Eigenkapital verrechnet wurde. Die Ergebnisse von mathematisch-statistischen Auswertungen von künftigen BilMoG-Abschlüssen bleiben indes diesbezüglich abzuwarten.

3.4 Latente Steuern

Die Bilanzierung latenter Steuern folgte im Verlauf des Gesetzgebungsverfahrens einem „Schlingerkurs". Während beim Referentenentwurf noch eine Aktivierungspflicht für latente Steuern beziehungsweise die Möglichkeit der Nutzung zeitlich unbegrenzter Verlustvorträge vorgesehen war, wurde im Regierungsentwurf die Nutzung der Verlustvorträge bereits zeitlich eingeschränkt. Im letztlich verabschiedeten Gesetz wurde dann – entgegen dem Ziel der „Entrümpelung" des Handelsrechts – die Aktivierungspflicht für ein Aktivierungswahlrecht aufgegeben.[45] Die Bilanzierung latenter Steuern hat sich im Ergebnis aber in vielerlei Hinsicht verändert.

---

41 Vgl. Küting, Karlheinz: Die Bedeutung immaterieller Vermögenswerte, S. 319.

42 Vgl. für die Kritik von DCF-Kalkülen in der Rechnungslegung: Baetge, Jörg: Verwendung von DCF-Kalkülen bei der Bilanzierung nach IFRS, S. 1-23.

43 Vgl. Küting, Karlheinz: Der Geschäfts- oder Firmenwert in der deutschen Konsolidierungspraxis, S. 1798.

44 Vgl. Baetge, Jörg / Kirsch, Hans-Jürgen / Thiele, Stefan: Bilanzanalyse, S. 551 und 566.

45 Vgl. für eine umfassende Übersicht des Entwicklungsprozesses des Gesetzes in Bezug auf die Bilanzierung latenter Steuern: Loitz, Rüdiger: Latente Steuern, S. 913f.

Eine wesentliche Änderung ergibt sich bezüglich der Wertermittlung, die nun das bilanzorientierte Temporary-Konzept zugrunde legt, also nicht mehr das GuV-orientierte Timing-Konzept, welches den Ergebnisunterschied zwischen Handelsbilanz und Steuerbilanz zugrunde legte, sondern die Bewertungsunterschiede zwischen Vermögensgegenständen, Rechnungsabgrenzungsposten und Schulden in Handels- und Steuerbilanz.[46] Hiermit nähert sich das BilMoG den IFRS, die das Temporary-Konzept von Beginn an zugrunde gelegt haben. Nach § 274 Abs. 2 Satz 1 HGB n.F. werden die latenten Steuern mit dem künftigen unternehmensindividuellen Steuersatz berechnet, der (mit hoher Wahrscheinlichkeit) zu dem Zeitpunkt gelten wird, an dem sich die Differenzen voraussichtlich wieder ausgleichen. Die vorgesehene Möglichkeit der Nutzung steuerlicher Verlustvorträge nach § 274 Abs. 1 Satz 4 HGB n.F. nähert sich ebenfalls den IFRS an. Sie wird im HGB indes insofern eingeschränkt, als nur Verlustvorträge genutzt werden können, deren Ausgleich durch Gewinne innerhalb der nächsten fünf Jahre erwartet wird. Zusätzlich werden bei großen Kapitalgesellschaften Anhangangaben über die temporären Differenzen und über die steuerlichen Verlustvorträge verlangt, auf denen die latenten Steuern beruhen, sowie über den zu Grunde liegenden Steuersatz (§ 285 Nr. 29 HGB n.F).

Die zahlreichen Neuerungen bezüglich der latenten Steuern im BilMoG bedeuten einen erheblichen Mehraufwand für die Erstellung der Abschlüsse durch die bilanzierenden Unternehmen. So ist der Vergleich auf Basis der Bewertung von Vermögensgegenständen und Schulden zwischen Handels- und Steuerrecht im Sinne des Temporary-Konzeptes deutlich aufwendiger als der Ergebnisvergleich beim Timing-Konzept. Das für die aktiven latenten Steuern eingeführte Wahlrecht bezüglich ihrer Aktivierung hilft nur wenig, sich dem Mehraufwand zu entziehen, denn zumindest große Kapitalgesellschaften müssen, selbst wenn sie die latenten Steuern nicht aktivieren, aufgrund des § 285 Nr. 29 HGB n.F., darüber im Anhang ausführlich berichten. So wird die ausführlichere Berechnung in jedem Fall notwendig. Auch mittelgroße Kapitalgesellschaften werden die Berechnung der latenten Steuern nicht vermeiden können, denn erst nach der vollständigen Berechnung aktiver und passiver latenter Steuern wird es ihnen möglich sein zu ermitteln, ob ein aktiver oder ein passiver Überhang latenter Steuern besteht. Für den passiven Überhang besteht eine Passivierungspflicht, für den aktiven Überhang besteht ein Ansatzwahlrecht.

Ein Problem für die Bilanzanalyse dürfte das neue Wahlrecht sein, die aktiven und passiven latenten Steuern zu saldieren (Nettoausweis) oder beide Positionen unsaldiert in die Bilanz aufzunehmen (Bruttoausweis). Damit wird die Vergleichbarkeit der Jahresabschlüsse künftig zusätzlich eingeschränkt.[46a] Denn auf diese Weise entsteht ein doppeltes Wahlrecht. Zunächst kann das Unternehmen bei einem aktiven Überhang über das Ansatzwahlrecht entscheiden und dann über die Saldierung in der Bilanz. Die Folge sind nicht nur eingeschränkte Transparenz und Vergleichbarkeit für

---

46 Vgl. zur Bilanzierung latenter Steuern nach dem Temporary Konzept: Baetge, Jörg / Kirsch, Hans-Jürgen / Thiele, Stefan: Bilanzen, S. 531-536; sowie mit einem direkten Bezug zum BilMoG: Petersen, Karl / Zwirner, Christian / Künkele, Kai Peter: Bilanzanalyse und Bilanzpolitik, S. 112-119.

46a Vgl. Baetge, Jörg / Haenelt, Timo / Jonas, Martin: Die novellierte Bilanzierung latenter Steuern nach dem Bilanzrechtsmodernisierungsgesetz (BilMoG), S. 521 f.

die Bilanzanalyse, sondern mit dem Saldierungswahlrecht werden wichtige Kennzahlen, wie die Eigenkapitalquote, erheblich verändert.[47]

Die Möglichkeit der Nutzung von Verlustvorträgen für die Bilanzierung aktiver latenter Steuern nach BilMoG bringt eine Annäherung an die IFRS. Ökonomisch betrachtet ist der Ansatz von aktiven latenten Steuern auf der Basis von Verlustvorträgen zwar folgerichtig, denn sofern das Unternehmen in Zukunft Gewinne erwirtschaftet, stellen die Verlustvorträge eine künftige Steuerentlastung und damit über die „Forderung“ an den Fiskus einen wirtschaftlichen Vermögensvorteil dar.[48] Doch ist die Bilanzierung von aktiven latenten Steuern aufgrund von Verlustvorträgen problematisch, weil deren Werthaltigkeit vom Bilanzanalytiker zu Recht mit Skepsis betrachtet werden kann.[49] Damit „Forderungen“ an den Fiskus aufgrund von Verlustvorträgen aktiviert werden können, muss das bilanzierende Unternehmen nachweisen, dass es innerhalb der nächsten fünf Geschäftsjahre in der Lage ist, entsprechend hohe Gewinne zu erwirtschaften, um die Verlustvorträge auszugleichen. Die Frist der fünf Jahre wird vom Gesetzgeber mit der größeren Praktikabilität und Verlässlichkeit der Prüfung der Planung für diesen eingeschränkten Zeitraum begründet.[50] Mit den entsprechenden aktiven latenten Steuern dürfen also bilanzielle Werte aktiviert werden, die allein auf der Annahme eines Verlustausgleichs innerhalb von fünf Jahren durch das Unternehmen beruhen. Die Sicherheit für den Gläubiger, dass von Kapitalgesellschaften keine nur rechnerischen Gewinne ermittelt und dann ausgeschüttet werden, wird auch hier durch die Ausschüttungssperre (§ 268 Abs. 8 HGB n.F.) garantiert. Für den Bilanzanalytiker bestehen bei Jahresabschlüssen mit aktiven latenten Steuern hingegen weite Interpretationsspielräume. Ein Anstieg aktiver latenter Steuern könnte von ihm einerseits als Indikator für eine Unternehmensschieflage gedeutet werden. Andererseits könnte er bei einem Gleichbleiben der aktiven latenten Steuern – trotz Verlusten des Unternehmens – unterstellen, dass das Unternehmen selbst nicht mit einer künftigen Gewinnerzielung rechnet.[51] Zu befürchten ist, dass die Bilanzierung von aktiven latenten Steuern auf Basis von Verlustvorträgen im Ernstfall krisenbeschleunigend wirkt, weil sie zum „Mühlstein am Halse werden [können], der das Unternehmen in den Abgrund reißt“.[52]

---

47 Vgl. Herzig, Norbert / Vossel, Stephan: Paradigmenwechsel bei latenten Steuern, S. 1177; Küting, Karlheinz / Sell, Christoph: Die Ungereimtheiten der Regelung zu latenten Steuern im neuen Bilanzrecht, S. 924.

48 Vgl. Prinz, Ulrich: Steuerwirkungen, S. 1033.

49 Vgl. Haller, Axel et al.: Rechnungslegung aus Sicht von Kreditinstituten, S. 45.

50 Vgl. BR-Drucksache 344/08, S. 145.

51 Vgl. Petersen, Karl / Zwirner, Christian / Künkele, Kai Peter: Bilanzanalyse und Bilanzpolitik, S. 119.

52 Vgl. Schildbach, Thomas: Latente Steuern, S. 945 [Einfügung durch die Verfasser]; ähnlich: Prinz, Ulrich: Steuerwirkungen, S. 1033.

4 Zusammenfassung

In diesem Beitrag wurde deutlich, dass das BilMoG auch die Bilanzanalyse vor neue Herausforderungen stellt. Zunächst ist positiv anzumerken, dass die Verringerung verschiedener bisheriger gesetzlicher Wahlrechte zu einer Arbeitserleichterung für den Bilanzanalytiker führen wird. Herausforderungen für den Bilanzanalytiker werden indes die (neuen) Ermessensspielräume und die Möglichkeiten zur Sachverhaltsgestaltung sein, die es dem Bilanzierenden ermöglichen, bilanzpolitische Möglichkeiten weniger offensichtlich auszunutzen.[53] Solche Probleme sind aus den IFRS als „faktische" Wahlrechte[54] bekannt. Durch die Annäherungen des HGB an die IFRS werden sie auch in das HGB getragen. IFRS-Jahresabschlüsse sind vom Bilanzanalytiker prinzipiell schwieriger zu untersuchen, weil dort mehr faktische Wahlrechte existieren und daher die zu verwendenden Kennzahlen nach dem Prinzip gebildet werden müssen: „Creative accounting needs creative analysing." Das bedeutet, dass die verwendeten Kennzahlen bei einem Vergleich von Unternehmen die Bilanzpolitik konterkarieren beziehungsweise neutralisieren müssen. Entscheidend wird sein, dass die Bilanzanalytiker künftig bei den nach BilMoG bilanzierenden nicht kapitalmarktorientierten Unternehmen mit den durch Wahlrechte entstehenden Bilanzpositionen, wie selbst erstellten immateriellen Vermögensgegenständen des Anlagevermögens und aktiven latenten Steuern auf Basis von Verlustvorträgen, auf möglichst gleiche Weise bilanzpolitikneutralisierend umgehen werden. Die empirisch-statistische Bilanzanalyse hat bisher auf Basis der Jahresabschlüsse nach HGB a.F. dazu geführt, dass solche „zweifelhaften" Positionen mit dem Eigenkapital verrechnet wurden.[55] Ein solches Ergebnis ist auch für die „moderne" Analyse von BilMoG-Abschlüssen zu erwarten. Aus den IFRS-Abschlüssen der letzten Jahre wurde nämlich zunehmend deutlich, dass die vom Management subjektiv beeinflussbaren Werte immer größere Anteile an den Bilanzsummen eingenommen haben und bisweilen das Eigenkapital überstiegen.[56] Diese Tendenz ist unseres Erachtens auch für BilMoG-Abschlüsse zu erwarten. Insofern bleibt für die empirisch-statistische Ermittlung der relevanten, Bilanzpolitik konterkarierenden Kennzahlen eine äußerst wichtige Aufgabe. Eine wichtige Rolle wird für die empirisch-statistische Bilanzanalyse der Anhang spielen. Er ist durch das BilMoG aussagefähiger geworden und wird so eine bedeutendere Rolle als bisher spielen. Indes gibt auch der Anhang nicht alle erforderlichen Informationen über die neuen Ermessensspielräume, so dass die Bilanzpolitik nicht umfassend erkennbar wird, zumal kleine Kapitalgesellschaften einen weniger umfangreichen und Nicht-Kapitalgesellschaften keinen Anhang erstellen müssen.

Künftig wird es zusätzlich tieferer Analysen bedürfen, die über das Zahlenwerk hinausgehen, damit die Werthaltigkeit bestimmter Abschlusspositionen einschätzbar wird. Der Gesetzgeber hat eine einfache Lösung gefunden, das Vorsichtsprinzip des

53 Vgl. Petersen, Karl / Zwirner, Christian / Künkele, Kai Peter: Bilanzanalyse und Bilanzpolitik, S. 11; Göllert, Kurt: Problemfelder der Bilanzanalyse, S. 1778; Sassen, Remmer / Velte, Patrick / Weber, Stefan: Bilanzrechtsmodernisierung, S. 250.

54 Vgl. Ziesemer, Stefan: Rechnungslegungspolitik in IAS-Abschlüssen, S. 23-26.

55 Vgl. Baetge, Jörg / Kirsch, Hans-Jürgen / Thiele, Stefan: Bilanzanalyse, S. 566.

56 Vgl. Küting, Karlheinz: Der Geschäfts- oder Firmenwert in der deutschen Konsolidierungspraxis, S. 1798; Küting, Karlheinz: Die Bedeutung immaterieller Vermögenswerte, S. 321.

HGB zu bewahren. Er hat die – wohl auch aus seiner Sicht – wenig sicheren Abschlusspositionen zumindest bei den Kapitalgesellschaften mit Ausschüttungssperren belegt. Trotz der Ausschüttungssperren bleibt der Vertrauensmangel für den bonitätsorientierten Bilanzanalytiker, denn für ihn kommt es auf die Werthaltigkeit der Bilanzposten auch im Insolvenzfall an. Die „moderne", empirisch-statistische Bilanzanalyse muss die Bilanzrating-Modelle an die neuen Regeln anpassen.[57] Da die künftigen BilMoG-Abschlüsse den IFRS-Abschlüssen in einigen Punkten ähneln, wird Know-how aus dem Bereich der IFRS-Bilanzierung bzw. aus der IFRS-Bilanzanalyse notwendig sein.[58] Für die Analyse von BilMoG-Abschlüssen kommen weitere Herausforderungen hinzu, nämlich durch den Strukturbruch in der Zeitreihe, der durch die Bilanzrechtsreform entsteht und der ebenfalls von Bilanzierern genutzt werden kann, bilanzpolitische Maßnahmen zu verbergen. Mit dem Erfordernis der stärkeren Auswertung des Anhangs und weiterer Informationen, zum Beispiel über Forschungsprojekte und Planungsberichte, wird der Aufwand der Bilanzanalyse von BilMoG-Abschlüssen tendenziell steigen. Wichtig und entscheidend wird sein, dass die Urteile der Bilanzanalyse auch nach dem BilMoG eine hohe Qualität besitzen. Dies gilt es, unabhängig vom Arbeitsaufwand, zu gewährleisten.

---

57 So haben Kehrel et. al. festgestellt, dass die Verwendung von IFRS-Inputfaktoren in HGB-Ratingmodellen zu signifikant höheren Ausfallwahrscheinlichkeiten von Krediten und damit zu einer deutlich schlechteren Bonität führt. Vgl. Göllert, Kurt / Ukatz, Kersten: Bilanzrechtsmodernisierungsgesetz, S. 514.

58 Vgl. Göllert, Kurt / Ukatz, Kersten: Bilanzrechtsmodernisierungsgesetz, S. 514.

Literaturverzeichnis

Arbeitskreis Immaterielle Werte im Rechnungswesen der Schmalenbach-Gesellschaft für Betriebswirtschaft e.V: „Kategorisierung und bilanzielle Erfassung immaterieller Werte", Der Betrieb 2001, Heft 19, S. 989-995.

Baetge, Jörg: „Verwendung von DCF-Kalkülen bei der Bilanzierung nach IFRS", in: Die Wirtschaftsprüfung 2009, Heft 1, S. 13-23.

Baetge, Jörg / Haenelt, Timo / Jonas, Martin: „Die novellierte Bilanzierung latenter Steuern nach dem Bilanzrechtsmodernisierungsgesetz *(BilMoG)*", in: Egner, Thomas / Henselmann, Klaus / Schmidt, Lutz (Hrsg.): Steuern und Rechnungslegung, FS Siegloch, Aachen 2009, S. 511-530.

Baetge, Jörg / Kirsch, Hans-Jürgen / Thiele, Stefan: „Bilanzen", 10. Aufl., Düsseldorf 2009.

Baetge, Jörg / Kirsch, Hans-Jürgen / Solmecke, Henrik: „Auswirkungen des BilMoG auf die Zwecke des handelsrechtlichen Jahresabschlusses", in: Die Wirtschaftsprüfung 2009, Heft 24, S. 1211-1222.

Baetge, Jörg / Maresch, Daniela / Schulz, Roland: „Zur (Un-)Möglichkeit des Zeitvergleichs von Kennzahlen", in: „Der Betrieb 2008, Heft 9, S. 417-422.

Baetge, Jörg / von Keitz, Isabel / Wünsche, Benedikt: „Bilanzbonitäts-Rating von Unternehmen", in: v. Büschgen, Hans / Everling, Oliver (Hrsg.): Handbuch Rating, 2. Aufl., Wiesbaden 2007, S. 475–496.

Baetge, Jörg / Kirsch, Hans-Jürgen / Thiele, Stefan: „Bilanzanalyse", 2. Aufl., Düsseldorf 2004.

Baetge, Jörg / Kirsch, Hans-Jürgen / Thiele, Stefan (Hrsg.): „Bilanzrecht", Loseblatt, Bonn/ Berlin 2002 ff.

Baetge, Jörg / Hüls, Dagmar / Uthoff, Carsten: „Bilanzbonitätsanalyse mit Künstlichen Neuronalen Netzen", in: „Berichte über die Gesellschaft zur Förderung der Westfälischen Wilhelms-Universität zu Münster e. V., 1994/95, S. 22-26.

Baetge, Jörg: „Möglichkeiten der Objektivierung der Redepflicht nach § 321 Abs. 1 Satz 4 und Abs. 2 HGB", in: Lanfermann (Hrsg.): Internationale Wirtschaftsprüfung, FS Havermann, Düsseldorf 1995, S. 1-35.

Barth, Mary / Clinch, Greg / Shibano, Toshi: „Market Effects of Recognition and Disclosure", in: Journal of Accounting Research 2003, Heft 4, S. 581-609.

Bundesrat-Drucksache 344/08 vom 23.05.2008: „Entwurf eines Gesetzes zur Modernisierung des Bilanzrechts.

Bundestag-Drucksache 16/12407 vom 24.03.2009: „Beschlussempfehlung und Bericht des Rechtsausschusses (6. Ausschuss) zu dem Gesetzentwurf der Bundesregierung-Drucksache 16/10067: Entwurf eines Gesetzes zur Modernisierung des Bilanzrechts."

Chmielewicz, Klaus / Schweitzer, Marcell (Hrsg.): „Handwörterbuch des Rechnungswesens", 3. Aufl., Stuttgart 2002.

Coenenberg, Adolf / Haller, Axel / Schultze, Wolfgang: „Jahresabschluss und Jahresabschlussanalyse", 21. Aufl., Stuttgart 2009.

Deutsche Prüfstelle für Rechnungswesen: „Tätigkeitsbericht 2008", abrufbar unter: „http://www.frep.info/docs/jahresberichte/2008_tb_prufstelle.pdf.

Dobler, Michael / Kurz, Gerhard: „Aktivierungspflicht für immaterielle Vermögensgegenstände in der Entstehung nach dem RegE eines BilMoG", in: „Kapitalmarktorientierte Rechnungslegung 2008, Heft 7-8, S. 485-493.

Göllert, Kurt: „Problemfelder der Bilanzanalyse: Einflüsse des BilMoG auf die Bilanzanalyse"", in: Der Betrieb 2009, Heft 34, S. 1773-1778.

Göllert, Kurt / Ukatz, Kersten: „Bilanzrechtsmodernisierungsgesetz (BilMoG) und Monitoring der Kundenbonität", in: BankPraktiker 2008, Heft 11, S. 510-518.

Haller, Axel / Löffelmann, Johann / Beiersdorf, Kati / Bolin, Manfred / Etzel, Bernhard / Haussmann, Kai: „Rechnungslegung aus Sicht von Kreditinstituten als Rechnungslegungsadressaten", abrufbar unter: http://www.standardsetter.de/drsc/docs /press_releases/ 081218_DRSC_Bankenstudie_website.pdf.

Healy, Paul / Myers, Stewart / Howe, Christopher: „R&D Accounting and the Tradeoff Between Relevance and Objectivity", in: Journal of Accounting Research 2002, Heft 3, S. 677-710.

Herzig, Norbert / Vossel, Stephan: „Paradigmenwechsel bei latenten Steuern nach dem BilMoG", in: „Betriebs-Berater 2009, Heft 22, S. 1174-1178.

Hennrichs, Joachim: „Immaterielle Vermögensgegenstände nach dem Entwurf des Bilanzrechtsmodernisierungsgesetzes (BilMoG)", in: Der Betrieb 2008, Heft 11, S. 537-542.

Hüttche, Tobias: „Neue bilanzpolitische Wahlrechte und Spielräume im modernisierten Bilanzrecht", in: Unternehmenssteuern und Bilanzen 2009, Heft 11, S. 409-416.

Kehrel, Uwe / Leker, Jens / Mahlstedt, Dirk / Trustorff, Jan-Henning: „Effekte der IFRS-Rechnungslegung auf das Bilanzrating", in: Schmalenbachs Zeitschrift für betriebswirtschaftliche Forschung 2009, Heft 61, S. 283-309.

Küting, Karlheinz / Weber, Claus-Peter: „Die Bilanzanalyse", 9. Aufl., Stuttgart 2009.

Küting, Karlheinz / Sell, Christoph: „Die Ungereimtheiten der Regelung zu latenten Steuern im neuen Bilanzrecht", in: Der Betrieb 2009, Heft 18, S. 922-925.

Küting, Karlheinz: „Der Geschäfts- oder Firmenwert in der deutschen Konsolidierungspraxis 2007 – Ein Beitrag zur empirischen Rechnungslegungsforschung", in: „Deutsches Steuerrecht 2008, Heft 37, S. 1795-1802.

Küting, Karlheinz: „Die Bedeutung immaterieller Vermögenswerte in der deutschen IFRS-Bilanzierungspraxis", in: Praxis der internationalen Rechnungslegung 2008, Heft 10, S. 315-323.

Loitz, Rüdiger: „Latente Steuern nach dem Bilanzrechtsmodernisierungsgesetz (BilMoG) – ein Wahlrecht als Mogelpackung?", in: „Der Betrieb 2009, Heft 18, S. 913-921.

Moser, Ulrich / Hüttche, Tobias: „Begründung der Nutzungsdauer des Goodwill – Überlegungen vor dem Hintergrund des BilMoG", in: Finanzbetrieb 2009, Heft 7-8, S. 394-404.

Petersen, Karl / Zwirner, Christian / Künkele, Kai Peter: „Bilanzanalyse und Bilanzpolitik nach BilMoG", Rheinbreitbach 2009.

Prinz, Ulrich: „Steuerwirkungen des BilMoG: „Ziel, Realität, Perspektiven", in: GmbH-Rundschau 2009, Heft 19, S. 1027-1035.

Rehkugler, Heinz / Poddig, Thorsten: „Bilanzanalyse, 3. Aufl., Oldenburg 1993.

Sassen, Remmer / Velte, Patrick / Weber, Stefan: „Bilanzrechtsmodernisierung: „Wandel von einer ‚offenen' zu einer ‚stillen' Bilanzpolitik", in: Zeitschrift für das gesamte Kreditwesen 2008, Heft 6, S. 248-250.

Schildbach, Thomas: „Latente Steuern auf permanente Differenzen und andere Kuriositäten – Ein Blick in das gelobte Land jenseits der Maßgeblichkeit", in: Die Wirtschaftsprüfung 1998, 51. Jg., S. 939-947.

Solmecke, Henrik: „Auswirkungen des Bilanzrechtsmodernisierungsgesetzes (BilMoG) auf die Grundsätze ordnungsmäßiger Buchführung", Düsseldorf 2009.

Wulf, Inge / Bosse, Thorsten: „Auswirkungen des BilMoG auf das Rating", in: Unternehmenssteuern und Bilanzen 2009, Heft 15, S. 568-575.

Ziesemer, Stefan: „Rechnungslegungspolitik in IAS-Abschüssen und Möglichkeiten ihrer Neutralisierung", Düsseldorf 2002.

Rechnungslegung für den Kapitalmarkt

von Karlheinz Küting und Thomas Kaiser

1 Zur Einstimmung

Rechnungslegung – so die abgenutzte, aber dennoch aussagekräftige Metapher – ist die *„language of business"*. Ebenso wie Sprache ist auch Rechnungslegung kein Selbstzweck. Sowohl die menschliche Sprache als auch die „language of business" sind vielmehr Formen der Verständigung, die auf den Austausch von Informationen zielen. Und wir alle wissen: Nur wer sich rhetorisch gekonnt und ausdrucksvoll zu artikulieren vermag, ist deswegen nicht schon inhaltlich überzeugend, glaubwürdig oder gar verlässlich. Das allseits gefürchtete „Politiker-Deutsch" ist ein beredtes Beispiel dafür. Was uns vielfach stört, sind die mangelnde Verlässlichkeit („reliability") und fehlende Verständlichkeit („understandability") ihrer oft komplexen und überhöhten, aber dennoch inhaltsleeren Floskeln. Vertrauensverlust ist die Folge.

Accounting als Jahrhunderte altes Kommunikationssystem zwischen Unternehmen und ihren Koalitionären muss derartiges nach Kräften verhindern. Insbesondere darf Rechnungslegung nicht zu einer abstrakten Hochsprache mutieren, die nur noch ausschnittsweise von einigen Spezialisten verstanden wird. Die mit der Sprache der Rechnungslegung vertrauten Nutzer von Finanzinformationen (z.B. Investoren und Finanzanalysten) müssen darauf vertrauen dürfen, dass Jahres- und Zwischenabschlüsse gemessen an ihren Bedürfnissen und kognitiven Möglichkeiten nicht nur relevant, sondern zuallererst „verstehbar" sind.

Nun gilt internationale Rechnungslegung gemeinhin als radikal kapitalmarktorientiert. IASB und FASB suchen im Zuge der Fortentwicklung internationaler Rechnungslegungsgrundsätze vermehrt den Dialog mit denjenigen, die das Rechenwerk in erster Linie adressiert: die so genannten „provider of risk capital", also die privaten und institutionellen Investoren, sowie die Informationsintermediäre (Analysten). Zuletzt hat der im August 2008 vorgelegte Abschlussbericht einer von der SEC einberufenen Expertengruppe dem Standardsetter Folgendes ins Stammbuch geschrieben: „Only when investor perspectives are properly considered by all parties does financial reporting meet the needs of those it is primarily intended to serve."[1]

Angesichts dieses erfreulichen Schulterschlusses mit den Bilanzadressaten („user") sollte die Gefahr gering sein, dass das Kapitalmarktpublikum die Relevanz von Jahresabschlüssen gering schätzt oder sie nicht mehr versteht. Dennoch sei an dieser Stelle warnend die Einschätzung eines angesehenen Technologieanalysten wiedergegeben: "As a non executive director I now sit on several audit committees and have just been through my first experience of reporting interim results under IFRS. I am now convinced that, rather than providing a base for standard comparison, IFRS has introduced greater confusion and far more areas for companies to manipulate their results. The companies themselves have suffered by the increased workload, investors and analysts are more confused than ever and the only people to gain are the accounting firms which have been raking in record profits from IFRS related work."[2]

---

1 Advisory Committee on Improvements to Financial Reporting (ACIFR) to the SEC (2008): Final Report, August 2008 (abrufbar: http://www.sec.gov/about/offices/oca/acifr/acifr-finalreport.pdf), S. 10.

2 Holway, R. (2010): IFRS – More scope for confusion, abrufbar unter: http://www.ovum.com/go/content/c,59231.

Vor diesem Hintergrund drängt sich die Frage geradezu auf, ob die IFRS-Bilanzierung in ihrer jetzigen Ausprägung eher Segen oder Fluch für die Kapitalmärkte ist. Als ihr Flaggschiff, Hoffnungsträger und Markenzeichen fungiert der „Fair Value". Das diesem zugrunde liegende, auf den ersten Blick faszinierende und unter rein theoretischen Gesichtspunkten überzeugende Konzept hat aber, wie etwa *Lorson* stellvertretend für viele feststellt, einen hohen Preis: „Generelle Relevanzdefizite, fehlendes konsistentes Gesamtkonzept, Realisierung unrealisierter Gewinne, allgemeiner Verlässlichkeitsverlust, Volatilitätszunahmen und Abnahme von Prognosetauglichkeit".[3]

Und welche Rolle spielt der Fair Value in der aktuellen Finanz- und Wirtschaftskrise? Er war nicht die Ursache für die Krise, so viel steht fest. Krisenkatalysator oder „Brandbeschleuniger"[4] hingegen war der Fair Value schon. Ursächlich ist nach Auffassung der Autoren die Art und Weise, wie Kapitalmarktteilnehmer Fair Values interpretieren und verstehen. Die Krise hat gezeigt: (Bilanzielle) Wertänderungen sind nicht lediglich Folge, sondern auch (Mit-)Ursache für Schwankungen auf den Kapitalmärkten. Letztere werden nicht angetrieben von einer durch alle Teilnehmer vollständig rational erfassten Realität. Vielmehr beeinflusst die unzweifelhaft größere Volatilität der Fair Value-Bewertung – mitunter auch wider besseres Wissen – die Psyche der entsprechenden Personen, sei es euphorisierend oder deprimierend.[5] Diese Beobachtung wirft zwangsläufig eine weitere Frage auf: Ist das theoretisch unangreifbare Konzept des Fair Value für die Praxis der Unternehmensanalyse möglicherweise zu komplex und damit nicht verstehbar?

2 Quo vadis kapitalmarktorientierte Rechnungslegung?

Was das konzeptionelle Erscheinungsbild der internationalen Rechnungslegung angeht, haben die Standardssetzer klare Vorstellungen. Sie haben die Vision eines umfassenden Fair Value Accounting. Bekräftigt wurde dieses Ziel zuletzt – wenn auch bezogen auf Finanzinstrumente – im Diskussionspapier „Reducing Complexity in Reporting Financial Instruments": Wörtlich heißt es dort: „... fair value seems to be the only measure that is appropriate for all types of financial instruments."[6] Darüber hinaus erklärt der Standardsetzer apodiktisch, Fair Values führten zu Informationen, die für die Nutzer „more relevant and more easily understandable" seien. Und um klarzustellen, wessen Bedürfnisse der IASB dabei im Blick hat, nimmt das Papier an unzähligen Stellen Bezug auf die „user".

3 Lorson, P. (2005): Der Fair Value im System der Wertbegriffe nach IAS/IFRS und US-GAAP, in: Bieg/Heyd (Hrsg.), Fair Value – Bewertung in Rechnungswesen, Controlling und Finanzwirtschaft, München 2005, S. 31.

4 Sanio, J., zitiert nach Drost, F./Köhler, P. (2010): Modifizierte Bilanzregeln entlasten, Handelsblatt vom 14. Oktober 2008, S. 24

5 Vgl. Küting, K./Lauer, P. (2009): Der Fair Value in der Krise, BFuP 2009, S. 561 f.

6 IASB (2008). Discussion Paper – Reducing Complexity in Reporting Financial Instruments, März 2008, abrufbar unter: http://www.iasb.org/NR/rdonlyres/A2534626-8D62-4B42-BE12-E3D14C15AD29/0/DPReducingComplexity_ReportingFinancialInstruments.pdf; S. 4.

Fair Value Accounting soll nach dem Willen der Standardsetter – zumindest auf lange Sicht – keineswegs auf Finanzinstrumente beschränkt bleiben. *Robert Herz*, Chairman des FASB, klärt über die generellen Vorzüge des Fair Value Accounting wie folgt auf: „I think it is hard to argue with the conceptual merits of fair value as the most relevant measurement attribute. Certainly, to those who say that accounting should better reflect true economic substance, fair value, rather than historical cost, would generally seem to be the better measure."[7]

Angesichts des immer wieder auch von Vertretern des IASB bzw. FASB rezitierten Fair Value-Mantras unter gleichzeitiger Berufung auf Investoren und Analysten müssen die kolportierten Vorzüge des Fair Value Accounting für Zwecke der Unternehmensanalyse und -bewertung zumindest kritisch hinterfragt werden. Häufig wird in Diskussionen unter Vertretern der technischen Rechnungslegung, das heißt Erstellern und Prüfern, schlicht übersehen, dass Rechnungslegung kein Selbstzweck und Entscheidungsnützlichkeit keine Phrase ist. Ein berechtigtes Schutz- und Informationsbedürfnis hat vielmehr, wer als Kapitalgeber bereit ist, unternehmerische Risken auf sich zu nehmen. Paradigmenwechsel in der Rechnungslegung, wie sie etwa durch ein umfassendes Fair Value Accounting eingeführt würden, sind daran zu messen, ob sie die Informationsqualität verbessern und die Entscheidungsnützlichkeit aus Sicht der „user" erhöhen.

3 Konzeptionelle Grundlagen des Fair Value Accounting

Der Fair Value (= beizulegender Zeitwert) ist der Betrag, zu dem zwischen sachverständigen, vertragswilligen und voneinander unabhängigen Parteien ein Vermögensgegenstand getauscht oder eine Verbindlichkeit beglichen werden könnte.[8] Die Fair Value-Konzeption geht damit von der Fiktion einer aktuellen Markttransaktion aus, die die „Objektivierung durch hypothetische Dritte" fingiert. Angestrebt wird damit eine marktnahe Bewertung. Die Bewertung von Vermögen und Schulden in der Bilanz mit dem aktuellen Fair Value statt mit historischen und „veralteten" Anschaffungs- und Herstellungskosten scheint unmittelbar einzuleuchten und ist unter rein theoretischen Überlegungen und Modellannahmen durchaus überzeugend. Zudem setzt der geschickt gewählte Terminus alle anderen möglichen Bewertungsmaßstäbe dem Verdacht aus, zumindest nicht in gleichem Maß „fair" zu sein.[9]

Der Fair Value der idealen Modellwelt muss jedoch in die Widrigkeiten der Realität umgesetzt werden. Das geschieht – der projektweisen Regulierung entsprechend – sukzessive in den einzelnen Standards. Zukünftig soll die Ermittlung des Fair Value

---

7 Herz, R. (2002): Remarks – Financial Executives International Current Financial Reporting Issues Conference, New York, November 2002, abrufbar unter: http://www.iasplus.com/resource/herz0211.pdf, S. 10.

8 Vgl. bspw. IAS 2.6.

9 Vgl. hierzu auch Ballwieser, W./Küting, K./Schildbach, T. (2004): Fair value – erstrebenswerter Wertansatz im Rahmen einer Reform der handelsrechtlichen Rechnungslegung?, BFuP 2004, S. 530.

einheitlich in einem Standard geregelt werden.[10] Schon bei einer skizzenhaften Gegenüberstellung des Fair Value-Modells (vergleiche *Abbildung 1*) in wesentlichen Standards zeigt sich, dass abhängig von der Art und der Standardisierung der Bewertungsobjekte und damit auch abhängig vom Vorliegen eines aktiven Markts die Ausprägungen des Fair Value (noch) erheblich variieren. Diese, in den Standards vorgesehenen Hilfsverfahren, versuchen, „den nicht existenten objektiven Marktpreis zu approximieren".[11]

Abbildung 1: Fair Value-Ausprägungen[12]

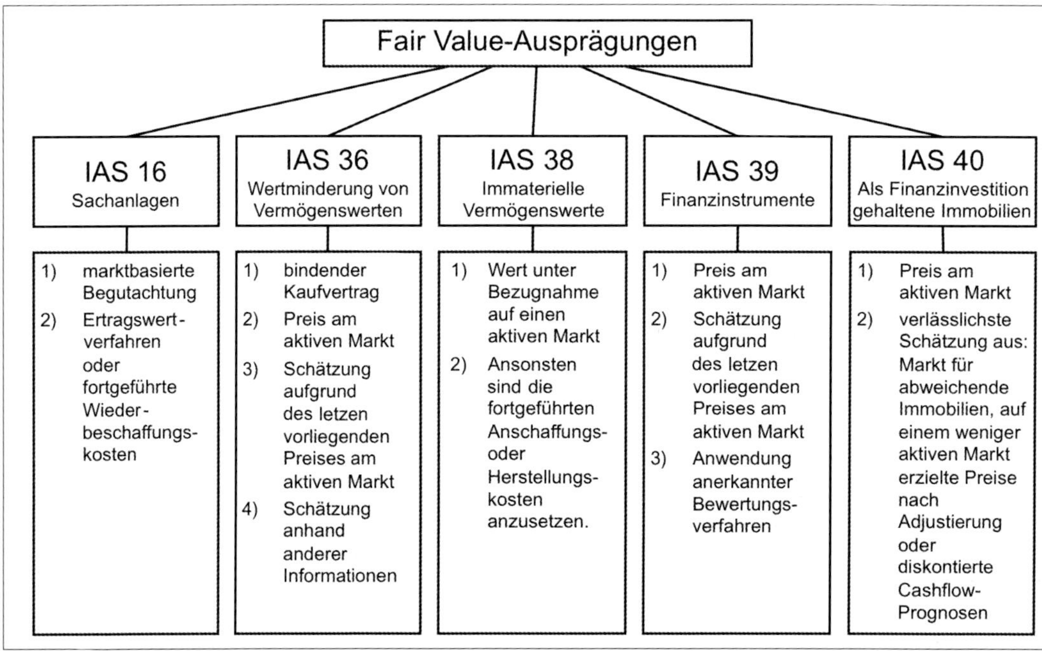

Grundsätzlich wird vermutet, dass bei Vorliegen eines aktiven Marktes für den zu beurteilenden Vermögenswert der dort festgestellte und gezahlte Preis dem Fair Value entspricht. Ein aktiver Markt liegt nach IAS 36.6 dann vor, wenn die nachstehenden Bedingungen kumulativ erfüllt sind:

a) Die auf dem Markt gehandelten Produkte sind homogen,
b) vertragswillige Käufer und Verkäufer können in der Regel jederzeit gefunden werden, und
c) die Preise stehen der Öffentlichkeit zur Verfügung.

---

10 Vgl. IASB (2009): ED/2009/5 – Fair Value Measurement, Mai 2009, abrufbar unter: http://www.iasb.org/NR/rdonlyres/C4096A25-F830-401D-8E2E-9286B194798E/0/EDFairValueMeasurement_website.pdf.

11 Küting, K./Kußmaul, H. (2009): Fair-Value-Bewertung im HGB, WISU 2009, S. 92.

12 Es wird noch auf IAS 39 rekurriert, da das Endorsement des IFRS 9 durch die Europäische Kommission noch aussteht.

Abbildung 2: Die Fair Value-Hierarchie

Liegt ein solcher aktiver Markt für den Vermögenswert nicht vor, so werden alternative Vermutungen über die Höhe bzw. für die Ermittlung des Fair Value festgelegt.[13] Diese Alternativen sind abhängig vom Bewertungsobjekt äußerst unterschiedlich (vergleiche *Abbildung 1*). Eine allgemeine Hierarchie, die jedem Bewertungsobjekt gerecht wird, existiert nicht. Es kann lediglich die folgende Grundordnung bei der Ermittlung des Fair Value festgestellt werden (vergleiche *Abbildung 2*):[14]

1. Auf der ersten Stufe, bei Vorliegen eines aktiven Markts, wird der dort existierende Preis als Fair Value betrachtet (mark to market). Dieser Wert kann als idealer Modellfall bezeichnet werden.
2. Auf der zweiten Stufe wird der Wert und Preis von ähnlichen und vergleichbaren Gütern zugrunde gelegt (mark to matrix).
3. Auf der nächsten Ebene kommen anerkannte Bewertungsverfahren zum Zuge, wobei – wie die Praxis zeigt – das Discounted-Cashflow-Verfahren die größte Rolle spielen dürfte (mark to model).
4. Soweit nach den obigen Methoden kein Wert ermittelbar ist, muss auf die (fortgeführten) Anschaffungs- oder Herstellungskosten abgestellt werden.

---

13 Vgl. hierzu auch Küting, K. (2009): Grundlagen der Fair-Value-Bewertung, StuB 2009, S. 829 f.

14 Vgl. auch IDW (2004): Entwurf einer Stellungnahme zur Rechnungslegung: Bewertungen bei der Abbildung von Unternehmenserwerben und bei Werthaltigkeitsprüfungen nach IFRS (IDW ERS HFA 16), WPg 2004, S. 1486.

Das Fair Value-Konzept kann somit auch als Stufenkonzept mit verschiedenen Bewertungsebenen aufgefasst werden. Je tiefer die Stufe im gesamten Bewertungskonzept angeordnet ist, umso stärker wird vom Idealfall des unternehmensunabhängigen Marktwerts auf einem vollkommenen Markt abgewichen.

Der Fair Value bezieht sich nicht nur auf die Bewertung der Aktiva. Auch Schulden können (müssen) unter Umständen nach diesem Konzept bewertet werden. Der Fair Value führt bezogen auf die Schulden – wie *Schweitzer* pointiert formuliert – zu einem „geradezu grotesken Bild".[15] „Sinkt der Marktwert ihrer Schulden, dürfen Banken in den USA die Wertsteigerung ergebniswirksam erfassen, weil deren Rückkaufwert gesunken ist."[16] Setzt man diesen Gedanken bis zur Insolvenz fort, konvergiert der Marktwert der Schulden gegen null. Die positive Auswirkung auf den Bilanzerfolg steigt hingegen kontinuierlich. Das Absinken der eigenen Schulden und damit die Verschlechterung der Bonität werden also mit einem Zinsgewinn honoriert. Zu Recht schlussfolgert *Schweitzer*, dass die Konsequenz „völlig wirklichkeitsfremd"[17] ist. Im Rahmen dieser Entwicklung müssen die Adressaten auch das letzte Vertrauen in das Fair Value-Konzept verlieren.

Die vermeintlich generellen Vorzüge des Fair Value Accounting sollen nachfolgend zusammengefasst werden, freilich ohne sie an dieser Stelle im Einzelnen zu bewerten:

- Fair Values sind pauschal „more relevant".
- Fair Values richteten sich am Markt aus und nicht an den interessengeleiteten Wünschen des Managements; Fair Values sind also unbestechlich.
- Fair Values halten Investoren wertmäßig „up-to-date", historische Kosten dagegen verlieren im Zeitablauf an Aussagekraft.
- Fair Values sind ein Abbild der Realität und Ausdruck ökonomischer Betrachtungsweise, und informationsorientierte Rechnungslegung soll eine Durchschau auf die wirtschaftlichen Gegebenheiten ermöglichen („look through").
- Fair Value Measurement macht komplizierte Gewinnermittlungsvorschriften überflüssig und schränkt das leidige Earnings Management ein.
- Fair Values geben Auskunft über den ökonomischen Gewinn.
- Full Fair Value Accounting vermeidet verwirrende Bewertungsinkongruenzen („measurement mismatch").
- Full Fair Value Accounting verringert die Gefahr rechnungslegungsmotivierter Transaktionen („transaction structuring").
- Full Fair Value Accounting ist objektivierend, weil subjektiver Management Intent zurückgedrängt wird.

---

15 Schweitzer, M. (2009): Wirtschaftsunruhe und Rechnungsrisiken, in: Haesele/Hörmann (Hrsg.), Rechnungslegung und Unternehmensführung in turbulenten Zeiten: Festschrift für Gerhard Seicht zum 70. Geburtstag, S. 127.

16 Schweitzer, M. (2009): Wirtschaftsunruhe und Rechnungsrisiken, in: Haesele/Hörmann (Hrsg.), Rechnungslegung und Unternehmensführung in turbulenten Zeiten: Festschrift für Gerhard Seicht zum 70. Geburtstag, S. 145; es gelten analoge Regeln nach IFRS.

17 Schweitzer, M. (2009): Wirtschaftsunruhe und Rechnungsrisiken, in: Haesele/Hörmann (Hrsg.), Rechnungslegung und Unternehmensführung in turbulenten Zeiten: Festschrift für Gerhard Seicht zum 70. Geburtstag, S. 145.

Keinem der genannten Argumente für die Verwendung von Zeitwerten ist uneingeschränkt beizupflichten. Die weiteren Ausführungen werden mit vielen der vermeintlichen Vorteile kritisch ins Gericht gehen. Zunächst aber gilt: Das Konzept des Fair Value ist als Modellfall ohne Einschränkungen überzeugend. Jedoch kann dieser Wert nur in der Theorie die an ihn gerichteten Anforderungen erfüllen, denn für Vermögenswerte gilt allgemein, dass für mehr als 95 % kein objektiv feststellbarer Marktpreis ermittelbar ist. Diese Aussage gilt auch für die Kategorie der Finanzinstrumente.

4 Informationsverarbeitung durch den Kapitalmarkt

4.1 „Time is Money"

Der vorstehend skizzierten Komplexität der Fair Value-Ermittlung ist zunächst einmal gegenüberzustellen, wie die Akteure an den Kapitalmärkten Jahresabschlussinformationen verarbeiten. So wie der Wettbewerb die Unternehmen einer zeitnahen Veröffentlichung ihrer Jahresabschlüsse unterwirft (Stichwort: „fast close"), fordert der Kapitalmarkt eine zügige Analyse und Einschätzung von Zwischenberichten und Jahresabschlüssen durch die Finanzanalysten. „Fast analysis" folgt „fast close". Der Zeitpunkt, in dem Unternehmenszahlen über die Nachrichtenticker huschen und online abrufbar sind, ist gleichsam der Startschuss für einen Wettlauf um die schnellste und beste Analyse – für alle Beteiligten. Nachrichtenagenturen messen die Qualität ihrer Redakteure an der Reaktionszeit, das heißt, daran, wie schnell sie im Vergleich zu Wettbewerbern mit ersten Wertungen über die Ticker gehen. Die Wirtschaftsredaktionen großer Tageszeitungen räumen ihren Berichterstattern immerhin einige Stunden bis Redaktionsschluss ein, um den Jahres- oder Zwischenabschluss nach Studium der Pressemeldung, Anhören der Bilanzpressekonferenz und einigen Telefonaten mit Finanzanalysten journalistisch „aufzuarbeiten".

Für Analysten steht der Abgleich mit den eigenen Schätzungen und den Erwartungen des Marktes (so genannter Konsensus) an erster Stelle: Sind die Zahlen „in line", hat das Unternehmen die eigenen Erwartungen enttäuscht oder konnte es den Konsensus – gegebenenfalls die Flüsterschätzungen – übertreffen? Daran anschließend stellt sich die Frage nach den Gründen für mögliche Abweichungen und es erfolgt eine Bewertung der vom Unternehmen mitgeteilten „guidance" bezogen auf die in den Kursen bereits eskomptierten Erwartungen. Bei vorbörslicher Veröffentlichung der Unternehmenszahlen erfolgt die Ersteinschätzung meist innerhalb von weniger als einer Stunde etwa im morgendlichen „sales briefing" (Morning Call) und/oder in einer an Kunden gerichteten Morning Mail. Spätestens am Folgetag erwarten die Investoren für den Fall einer neuen Einschätzung (Gewinnschätzungen, Kursziel, Rating) einen mehrseitigen „Report". Von wegen *„Gut Ding will Weile haben"*!

Es soll nicht der Eindruck entstehen, gründliche Analyse würde im Rahmen der zeitlichen Möglichkeiten nicht stattfinden. Es ist aber unumstößlich, dass die Analyse von Finanzberichten erheblichen zeitlichen Zwängen unterliegt, die der Kapitalmarkt sich selbst und somit der Auswertung von Finanzberichten auferlegt.

4.2 Analystenkonferenzen: Hilfe zur Selbsthilfe oder Fortsetzung der Bilanzpolitik?

Ein ganz wesentlicher Input für die Analysten am Berichtstag sind, neben den eigentlichen Finanzberichten, die auf der Homepage der Unternehmen bereitgestellten Präsentationen, die als Begleitmaterial der Bilanzpresse- bzw. Analystenkonferenz dienen. Hierbei handelt es sich überwiegend um aufwendig aufbereitetes Zahlenmaterial. Inhaltlich enthält das Gebotene zumeist:

- Eine Verdichtung der Vermögens-, Finanz- und Ertragslage auf die „key performance ratios".
- Hinweise auf die Entwicklung wichtiger Perrformance-Treiber und punktuelle Disaggregationen von Erfolgs-, Cashflow- und Bilanzgrößen.
- Angaben zur Entwicklung der Geschäftsbereiche.
- Aussagen zur Geschäftsentwicklung in der abgelaufenen Berichtsperiode.
- Gelegentlich bunte Bilder insbesondere bei Produkten mit Erlebnischarakter.

Bei den „key performance ratios" handelt es sich um wesentliche Jahresabschlussgrößen (z.B. Sales, Net income, Working Capital) und um – insbesondere für den operativen Bereich – selbst definierte Pro-Forma-Kennziffern (z.B. EBITDA, EBIT, Cashflow, Net Debt, Return on Capital Employed). Sie sollen dem Publikum im Sinne eines „anchoring" eine möglichst schnelle Orientierung an Fixpunkten ermöglichen. Es handelt sich dabei um Referenzpunkte, die die Kapitalmarktkommunikation eines Unternehmens prägen und in gewisser Weise ein Hilfsmittel der Analyse darstellen, aber leider oft auch zu überzogenen Schlüssen verleiten.

Die prinzipiell allen Interessierten zugänglichen Präsentationen (ungefähr 20 bis 40 Slides) haben sich aus Unternehmenssicht zu einem effektiven Kommunikationsmittel entwickelt. Als ein Element der freiwilligen Berichterstattung sind sie inhaltlich eine Mischung aus Information und Suggestion. Denn ihrem Charakter nach sind sie nicht so sehr eine klassische Berichtsbesprechung als vielmehr ein Medium, das die ökonomische Interpretation der Zahlen durch den Leser vereinfachen oder besser bzw. vielmehr beeinflussen und steuern soll. Diese Präsentationen bieten neben der eigentlichen Jahresabschlusspolitik – gerade an zeitkritischen Berichtstagen – eine gute Gelegenheit, zielorientiert auf diejenigen Einfluss zu nehmen, deren Verhalten es zu beeinflussen gilt: die Kapitalgeber.

Aus analytischer Sicht ist diese Form der freiwilligen Berichterstattung nicht ohne Risiken und Nebenwirkungen. Einerseits kann insbesondere der arglose Leser hierin einen verdichteten Abschluss vermuten und auf eine weitergehende Analyse verzichten. Andererseits kommt es zu einer Vermischung von öffentlichen und privaten Informationen etwa durch Pro-Forma-Rechnungen oder wertorientierte Performance-Kennziffern, deren Zustandekommen nicht ausreichend erklärt wird, wodurch zwischenbetriebliche Vergleiche erschwert werden.

4.3 Die vermeintlichen Profiteure einer kapitalmarktorientierten Rechnungslegung

Der englische Begriff „user" lässt sich am trefflichsten mit „Bilanzadressat" übersetzen. Bei den im Framework aufgezählten Bilanzadressaten handelt es sich um Investoren, Arbeitnehmer, Kreditgeber, Lieferanten, Kunden, öffentliche Institutionen und die Öffentlichkeit. Aus diesem Kreis stellt der Standardsetter die Interessen der (gegenwärtigen und zukünftigen) Anteilseigner als besonders schutzwürdig heraus. Auch die IASC Foundation spricht im Zusammenhang mit dem Begriff „user" von „analysts" und „investment community". Analysten und Investoren können somit ohne weiteres als Anwender „erster Klasse" bezeichnet werden. Mit der Ausrichtung der Rechnungslegungsvorschriften an den Informationsbedürfnissen der „providers of risk capital" trägt das IASB der immensen Bedeutung der Kapitalmärkte für die Unternehmen Rechnung.

Die von den IFRS-Standards vorrangig adressierten Investoren bilden freilich keine homogene Einheit, es gibt mithin nicht den Investor. Das Gegenteil ist der Fall: Investoren haben heterogene Risiko- und Nutzenfunktionen und deren Eigenschaften hinsichtlich Professionalität, Risikoeinstellung, Informationszugang sowie Informationsaufnahme und -verarbeitung weichen erheblich voneinander ab. Darüber hinaus hängen die benötigten Informationen von deren kognitiven Fähigkeiten und zeitlichen Möglichkeiten ab. Auch ergeben sich ganz unterschiedliche Anforderungen an den Inhalt des Zahlenwerks daraus, dass es Investoren mit und ohne so genannten „company access" gibt. Investoren ohne Zugang zum Management sind erfahrungsgemäß stärker auf das Zahlenwerk fixiert als Investoren mit der Möglichkeit zu einem tête-à-tête mit dem Management.

Investoren werden üblicherweise in Privatanleger und institutionelle Investoren eingeteilt. Beide Gruppen unterscheiden sich erheblich sowohl hinsichtlich der von ihnen abgefragten Informationen als auch der Art und Weise, wie sie die aufgenommenen Informationen verarbeiten. Im Herbst 2003 wurden in einer gemeinsamen Studie der Ruhr Universität Bochum *(Prof. Dr. Pellens, Prof. Dr. Gassen)* und der Deutschen Post AG *(Prof. Dr. Ernst)* rund 800.000 private und 2.000 institutionelle Anleger der Deutschen Post AG mittels eines zweiseitigen Fragebogens zu ihrem Verhalten bezüglich Informationsselektions und -verarbeitungsverhalten befragt. Von deutschen Privatanlegern weiß man, dass sie nicht die vermeintlich informativste Quelle, den Geschäftsbericht, als primären Informationskanal für Anlageentscheidungen heranziehen, sondern die öffentlichen Medien als wichtigsten Informationslieferanten ansehen.[18] So wird der Presse, im Vergleich zu den anderen aufgeführten Informationsquellen, hinsichtlich Bedeutung, Aktualität, Vertrauenswürdigkeit und Verständlichkeit der bereitgestellten Informationen am häufigsten eine große bis sehr große Bedeutung beigemessen.

---

18 Vgl. Ernst, E. / Gassen, J. / Pellens, B. (2005): Verhalten und Präferenzen deutscher Aktionäre: Eine Befragung privater und institutioneller Anleger zu Informationsverhalten, Dividendenpräferenz und Wahrnehmung von Stimmrechten. Studien des Deutschen Aktieninstituts, abrufbar unter: http://www.dai.de/internet/dai/dai-2-0.nsf/LookupDL/4860E31717F7F1EBC1256F90006AAEBD/$File/Studie-29.pdf, S. 21.

Bei den Geschäftsberichtslesern unter den Privatanlegern treten Kapitalflussrechnung und Segmentberichterstattung in den Hintergrund, der Anhang versinkt gar in der Bedeutungslosigkeit. Größte Bedeutung in deren Wahrnehmung haben erwartungsgemäß die Bilanz und Gewinn- und Verlustrechnung. Insgesamt stufen Privatanleger Finanzberichte als für die Informationsgewinnung zu komplex und unverständlich ein. Beklagenswert ist besonders, dass der jährliche Geschäftsbericht von vielen Anlegern als nicht sehr vertrauenswürdig und verständlich eingeschätzt wird. Immerhin ist die nachvollziehbare Vermittlung entscheidungsrelevanter Informationen das zentrale Anliegen weltweit harmonisierter Rechnungslegungsstandards.

Anders als Privatanleger betreiben institutionelle Investoren ein professionelles Kapitalanlagemanagement. Ihre Portfoliomanager stützen sich bei ihren Entscheidungen größtenteils auf die Expertise so genannter Informationsintermediäre, in diesem Falle der Finanzanalysten. Buy-Side-Analysten sind in der Regel bei den institutionellen Investoren selbst beschäftigt und stellen dem Portfolio Management ihre Analysen als Basis für Anlageentscheidungen zur Verfügung. Demgegenüber sind Sell-Side-Analysten im Allgemeinen für Banken oder unabhängige Research-Häuser tätig. Sie distribuieren ihre Studien an Buy-Side-Analysten und Portfolio Manager und unterstützen so deren strategische Portfolioentscheidungen.

4.4 Informationsverarbeitung durch die Intensivnutzer

Trotz des im Vergleich zu Portfoliomanagern oder Buy-Side-Analysten überschaubaren Coverage-Spektrums beschäftigen sich selbst die Intensivnutzer der Investment Community, die Sell-Side-Analysten, weit weniger mit Bilanzierungs- und Bewertungsfragen als gemeinhin angenommen. Um nämlich Handlungsempfehlungen auf Basis nachvollziehbarer und konsequent abgeleiteter Prognosen aussprechen zu können, benötigen Finanzanalysten eine ganze Reihe handwerklicher Fähigkeiten. Dazu zählen neben Kenntnissen in Internationaler Rechnungslegung und Bilanzanalyse auch kapitalmarktrechtliche, steuerrechtliche und gesellschaftsrechtliche Grundlagen und darüber hinaus möglichst profunde volks- und betriebswirtschaftliche Kenntnisse, namentlich auf den Gebieten Finanzierung, strategische Unternehmensanalyse, Planungsrechnung, Bewertungsmethoden und Finanzmathematik. Doch mehr noch als alles andere erfordert die Arbeit des Unternehmensanalysten umfassende und fundierte Branchenkenntnisse. Schließlich wird von (erfolgreichen) Analysten neben ihrer eigentlichen Analysetätigkeit erwartet, dass sie möglichst viel Zeit bei und mit ihren Kunden (Buy-Side-Analysten und Portfoliomanager) verbringen. Denn letztlich geht es unter kommerziellen Gesichtpunkten für eine Investmentbank darum, die aus der Reputation des Analysten resultierende „Selling Power" möglichst einträglich „auf die Strasse zu bringen". Die Auseinandersetzung mit Rechnungslegungsthemen spielt mithin eine fast schon untergeordnete Rolle. Es ist vor diesem Hintergrund nicht verwunderlich, dass selbst die Intensivnutzer von Jahresabschlüssen in Anbetracht der vielfältigen Anforderungen, die an sie gestellt werden, den Vertretern der technischen Rechnungslegung in Bilanzierungsfragen hoffnungslos unterlegen sind.

Institutionelle Investoren nutzen Finanzberichte erwartungsgemäß deutlich intensiver als Privatanleger, wobei zudem bei den Investment Professionals die zahlenlastigen Rechenwerke eine deutlich größere Rolle spielen. Die Nutzungsintensität verschiedener Teile des Geschäftsberichts für alle Investoren lautet in absteigender Bedeutung:

GuV, Segmentberichterstattung, Bilanz, Kapitalflussrechnung und Lagebericht.[19] Die vergleichsweise geringe Bedeutung der Bilanz bei allen institutionellen Investoren sollte jenen zu denken geben, die im so genannten asset-/liability-approach und der daraus abgeleiteten Hinwendung zum Fair Value Measurement eine nutzerfreundliche Weiterentwicklung der Rechnungslegung sehen.

Jahresabschlüsse sind für institutionelle Investoren nur eine von vielen Informationsquellen. Nach einer Untersuchung von Barker stehen Jahresabschlüsse bzw. Zwischenberichte in der Gunst der Finanzanalysten erst an vierter respektive sechster Stelle. Weitaus wichtiger eingestuft werden Analystenkonferenzen oder der direkte Kontakt zum Unternehmen.[20] An erster Stelle stehen so genannte „one-on-one's" mit dem Management, die freilich nur großen institutionellen Investoren vorbehalten sind.

Die vorstehenden Ausführungen zeigen zweierlei: Erstens, normativ vorgegebene Informationen können angesichts der Verschiedenheit der Investoren und ihrer Informationsbedürfnisse niemals allen Investoren gleichermaßen nützlich sein. Zweitens, selbst Sell-Side-Analysten, die noch die relativ meiste Zeit in die Analyse von Jahresabschlüssen investieren, können sich notgedrungen deutlich weniger mit komplexen Rechnungslegungsfragen beschäftigen als gemeinhin angenommen. Dies führt uns zu folgendem Befund: Der professionelle institutionelle Investor mit hoch spezialisiertem Know-how und fundierten Rechnungslegungskenntnissen mag zwar dem Leitbild der Standardsetter entsprechen, in der Lebenswirklichkeit ist er jedoch ein eher seltenes Exemplar. Eine Online-Umfrage unter europäischen institutionellen Investoren und deren Beratern zum Entscheidungsnutzen von Fair Values scheint diese Einschätzung zu bestätigen. So stellen die Autoren der Studie desillusioniert fest: „... most participants stated that most of their colleagues were neither very interested nor very experienced in different accounting measurement concepts".[21] Dabei ist gerade das Thema Fair Value Accounting mitnichten ein exotisches Randthema für Rechnungslegungsverliebte, im Gegenteil, aus Investorensicht ist es von herausragender Bedeutung.

Dieser Befund sollte für „technical experts" freilich kein Grund sein, sich über die Endabnehmer von Finanzberichten zu erheben oder ihnen gar wegen ihres stark limitierten Accounting-Wissens herablassend zu begegnen. Sie tun gut daran, sich Folgendes zu vergegenwärtigen: Die Entscheidung eines Investors darüber, ob er unternehmerische Risiken eingeht und wie er finanzielle Mittel auf Unternehmensanteile bzw. dahinter liegende Geschäftsmodelle alloziert, hängt nicht vorrangig von Finanzberichten über die Vergangenheit ab. Investoren benötigten vielmehr Informationen anderer Art, etwa über die kritischen Erfolgsfaktoren („key success factors") in einer Branche,

---

19 Vgl. Ernst, E. / Gassen, J. / Pellens, B. (2005): Verhalten und Präferenzen deutscher Aktionäre: Eine Befragung privater und institutioneller Anleger zu Informationsverhalten, Dividendenpräferenz und Wahrnehmung von Stimmrechten. Studien des Deutschen Aktieninstituts, S. 34 f., abrufbar unter: http://www2.wiwi.hu-berlin.de/rewe/download/Forschung/dai_studie_29_ernst_gassen_pellens.pdf.

20 Vgl. Barker, R.G. (1998): The market for information – evidence from finance directors, analysts and fund managers, Accounting and Business Research 1998, Vol. 29 No. 1, S. 3 ff.

21 Gassen, J. / Schwedler, K., Attitudes towards fair value and Other Measurement Concepts: An Evaluation of their Decision-usefulness – Survey: The View of European Professional Investors and their Advisors, DRSC, EFFAS, Humboldt-Universität zu Berlin (Hrsg.), http://www.standardsetter.de/drsc/docs/press_releases/080411_fairvalue-studie.pdf.

die in ihr wirkenden Wettbewerbskräfte, das Wachstum in den relevanten Zielmärkten oder die strategischen Ausrichtungen der Wettbewerber. Die Beantwortung dieser Fragen absorbiert den wesentlichen Teil ihrer Zeit. Die Coverage von Unternehmen in einer globalisierten Welt mit komplexen technischen und rechtlichen Bezügen gibt Jahresabschlüssen und deren Analyse somit weniger Raum als Standardsetter und Rechnungsleger glauben mögen.

4.5 Komplexitätsreduktion durch überforderte Anwender

Die Standardsetter dürfen sich dieser Realität nicht verschließen. Rechnungslegung muss den zeitlichen, aber auch kognitiven Beschränkungen der „end-user" Rechnung tragen, will sie nicht Gefahr laufen, von einem überforderten Publikum negiert zu werden. Bessere Investoren gibt es nicht und wird es vermutlich auch nie geben. Man mag dies beklagen, zu ändern ist es nicht. Wenn selbst die Accounting Professionals vor der Komplexität und dem rasanten Veränderungstempo der Rechnungslegung kapitulieren und auf Moratorien bezüglich der Anwendung neuer Standards bestehen, dann kann nicht verwundern, dass die Informationsempfänger zunehmend gründliche Jahresabschlussanalyse durch komplexitätsreduzierende Daumenregeln (Heuristiken) ersetzen und dabei versuchen, mit geringem mentalen Aufwand zu schnellen, wenngleich suboptimalen Analyseergebnissen zu gelangen.

Die Standardsetzung setzt die Entscheidungsnützlichkeit der Rechnungslegung aufs Spiel, wenn sie sich ausschließlich von den standard-wirtschaftstheoretischen Annahmen über menschliches Verhalten leiten lässt. Sie sollte stattdessen vermehrt verhaltenswissenschaftliche Aspekte in die traditionellen Betrachtungsweisen und Methoden des Rechnungswesens integrieren. Die noch junge verhaltenswissenschaftliche Disziplin Behavioral Accounting kann hierbei wertvolle Dienste leisten. Die Annahmen des Homo oeconomicus-Modells wie unbegrenzte Rationalität, uneingeschränkte Informationsaufnahmekapazitäten und fehlerfreie Informationsverarbeitung sind Fiktionen fern der Analyserealität und stehen entscheidungsnützlichen Finanzberichten im praktischen Sinne entgegen.

„Nicht wissen und doch handeln" war schon für *Johann Wolfgang von Goethe* ein unerträglicher Gedanke. Überbordende Komplexität und eine (unübersehbare) Tendenz zur Verwissenschaftlichung der Rechnungslegung, wie sie gerade in einem zwanghaften Fair Value Accounting zum Ausdruck kommt, sind geeignet, einen Investor in diesen Zustand zu versetzen. Wissenschaftliche Belege für die hier geäußerte Sorge gibt es. *Plumlee* beschreibt die Auswirkungen der Komplexität auf die Informationsverarbeitung folgendermaßen: "Taken together, these results indicate that analysts use less complex information to a greater extent than they use more complex information. In either case, complexity reduces analysts' use of information. These results demonstrate the importance of considering information attributes, such as complexity, when investigating why analysts' forecasts fail to incorporate all public information".[22] Zu vergleichbaren Ergebnissen gelangten *You / Zhang*, die die Reaktionen des Marktes auf die

22 Plumlee, M. (2003): The Effect of Information Complexity on Analysts' Use of that Information. Accounting Review, January 2003, Heft: 1, Vol. 78, S. 278, abrufbar unter: http://papers.ssrn.com/sol3/papers.cfm?abstract_id=322582.

Veröffentlichung von 10-K-Jahresberichten untersuchten: „Overall, our results indicate that the complexity of accounting information does affect the extent to which investors can incorporate such information into price. This lends support to making 10-K information more intelligible to the average investor".[23]

Die Überforderung des Kapitalmarktpublikums ist noch aus einem weiteren Grund fatal. Sie treibt die Investoren unweigerlich in die Arme derer, die sie eigentlich kritisch begleiten und fundamental analysieren wollen. Wer Bilanzierungssachverhalte nicht mehr versteht und deren ökonomische Implikationen nicht begreift, wird dazu neigen, sich vom Management aufklären zu lassen. Hierdurch wächst allerdings die Gefahr, dass die kritische Urteilsbildung des Analysten durch „Management Guidance" ersetzt wird.

Qualitativ hochwertige Finanzberichte sollten dieser Entwicklung entgegenwirken, indem Rechnungslegungsinformationen bereitgestellt werden, die den Investor befähigen, sich von der (strategischen) Informationspolitik des Managements zu emanzipieren und sich ein eigenes Urteil zu bilden. *Trevor Harris*, prominenter Accounting Analyst bei Morgan Stanley, sieht daher auch das „ideal outcome" von Jahresabschlüssen unter anderem darin, den user mit Daten zu versorgen, „that minimize the need for ‚management guidance'".[24]

5 Fair Value: Komplex, aber entscheidungsnützlich?

Die mit dem Fair Value Accounting einhergehende Komplexität war bereits Gegenstand vorstehender Ausführungen. Sie wird vermutlich noch nicht einmal von den größten Befürwortern dieses Bewertungsmaßstabes in Abrede gestellt. Es muss daher die Frage erlaubt sein, ob und unter welchen Voraussetzungen Fair Values entscheidungsnützliche Informationen bereitstellen, die die mit ihnen einhergehenden Risiken einer Überforderung der „user" zumindest kompensieren.

5.1 Der unerfüllbare Traum vom ökonomischen Gewinn

Ertragswertbilanzierung und ökonomischer Gewinn waren schon immer Konzepte mit großer Strahlkraft. Unter restriktiven Annahmen (Sicherheit auf vollkommenen und vollständigen Märkten) sind sie unübertroffen, weil sich der Unternehmenswert synthetisch als Saldo der Fair Values aller Vermögensgegenstände und Schulden in der Bilanz ermitteln lässt, ohne durch einen Goodwill oder Badwill vervollständigt werden zu müssen. Da diese modelltheoretischen Voraussetzungen in der Realität nicht erfüllt sind, hat sich das Rechnungswesen während seiner seit über 500 Jahren nachvollziehbaren Entwicklung von einer Zahlungsüberschussrechnung zu einer Gewinnermittlungsrechnung mit unterschiedlicher Schwerpunktsetzung (Gläubigerschutz versus

23 You, H. / Zhang, X.-J. (2007): Financial Reporting Complexity and Investor Underreaction to 10-K Information, abrufbar unter: http://ssrn.com/abstract=985365, S. 23.

24 Harris, T. (2003): Global Accounting & Reporting Convergence, abrufbar unter: www.icgn.org/conferences/2003/ICGN2003conf-docs/Trevor-Harris.ppt.

Investororientierung) hin entwickelt. Es entsprach ganz überwiegend der herrschenden Meinung, dass der Versuch einer Ertragswertapproximation zu einer Entobjektivierung der Rechnungslegung führen und damit der Grundsatz der Verlässlichkeit einer vermeintlich höheren Entscheidungsnützlichkeit geopfert würde.

Der langen Rechnungslegungstradition zum Trotz ist die Idee des ökonomischen Gewinns wieder auf dem Vormarsch. Schon seit jeher diente der ökonomische Gewinn zur Begründung eines marktwertorientierten Rechnungswesens. In eben diese Richtung entwickelt sich die internationale Rechnungslegung seit Ende der 1980er Jahre. Die Implementierung des Fair Value als Wertmaßstab zunächst für Finanzinstrumente, zunehmend aber auch für nicht-finanzielle Posten, ist Ausdruck eines tiefgreifenden Wandels. Angesichts neuester Entwicklungstendenzen, die eine Hinwendung zum „Full Fair Value Accounting" andeuten und eine Neudeutung der Ertragsvereinnahmungsgrundsätze nach sich ziehen, steht nun sogar ein Paradigmenwechsel bevor.

Über die Mehrung des Unternehmenswerts (= ökonomischer Gewinn), also über die Zunahme des damit verbundenen Konsumpotenzials der Anteilseigner – soviel steht fest –, klären Jahresabschlüsse indes nicht auf, nicht nach HGB, nicht nach IFRS und nicht nach US GAAP oder einem anderen Rechnungslegungsregime. Dieses Informationsinteresse kann unmittelbar nur mit Finanzplänen befriedigt werden. Warum?

Rechnungslegung ist, jedenfalls solange wie sie auf dem Grundsatz der Einzelbewertung basiert, keine Gesamtbewertung. Die Crux ist, dass der Gesamtwert eines Unternehmens nicht durch eine Addition der Einzelwerte ermittelt werden kann. In einer Unternehmung werden die einzelnen Vermögenswerte durch unternehmerische Entscheidungen und organisatorische Maßnahmen zu einer Einheit zusammengefasst und in effiziente Prozesse und Aktivitäten eingebunden, woraus sich im Idealfall wertrelevante Wettbewerbsvorteile ergeben können. Es kann sich dabei um besondere Fertigungs- und Verfahrenstechniken, eine überlegene Vertriebsstruktur oder um nur schwer nachahmbare Aktivitäten handeln. Derlei Effekte, die aus der Verbundbeziehung der Assets und immateriellen Fertigkeiten resultieren, entziehen sich einer primär substanzbasierten Einzelbewertung.

Die Differenz zwischen dem (einzeln erfassbaren) bilanziellen Reinvermögen und dem Gesamtwert eines Unternehmens ist der originäre Goodwill. Diese Restgröße bzw. Bewertungsdifferenz ist eine gedankliche Konstruktion zur Überbrückung der Kluft zwischen bilanzieller Einzel- und ökonomischer Gesamtbewertung. Je nach Branche und Einzelfall kann der originäre Goodwill einen erheblichen Vermögenswert darstellen und den Unternehmenswert (Shareholder Value) signifikant beeinflussen. Er umfasst:

- sämtliche Vermögenswerte und Schulden, die nicht einzeln identifiziert oder bewertet werden können (Kundenstamm, Lieferantenbeziehungen, Qualität des Managements, Markenimage, Standortvorteil usw.) sowie
- die Kapitalisierungsmehrwerte, die in den bilanziell erfassten Vermögenswerten stecken.

Hinzu kommt, dass die Höhe des Shareholder Value nicht allein von zukünftigen Zahlungsströmen abhängt. Dessen Ermittlung erfordert weiterhin, die Zahlungsströme mit den risikoadjustierten Renditeforderungen der Investoren auf den Gegenwartswert des Unternehmens herunterzurechnen. Der risikoadäquate Zinssatz wiederum ist ebenfalls unter Zuhilfenahme des Jahresabschlusses abzuschätzen, wobei sich Größen wie etwa das allgemeine Zinsniveau oder die Entwicklung der Marktrisikoprämie dem Einflussbereich des Managements entziehen. Auch aus diesem Grunde kann eine im Jahresabschluss ausgewiesene Gewinngröße Veränderungen des Shareholder Value bestenfalls partiell erklären.

5.2 Entscheidungsnützlichkeit einer Bewertung zum Fair Value

Wir sehen unsere Aufgabe im Umgang mit Investoren u.a. darin, die Erwartungslücke zu schließen und das bilanzpolitische Arsenal der mit dem Fair Value einhergehenden Ermittlungsverfahren aufzuzeigen. Warum ist – neben der Unmöglichkeit der Erfassung des originären Geschäftswertes – auch der Fair Value selbst nach dem derzeit verfolgten „mixed model" ungeeignet, das Effektivvermögen zu approximieren?

Der Fair Value leidet bereits unter seiner theoretischen Konzeption. Er ist nach dem paradigmatischen Konzept des IASB ein unternehmensunabhängiger, hypothetischer Marktpreis unter idealisierten Bedingungen: „Fair Value is the amount for which an asset could be exchanged, or a liability settled, between knowledgeable, willing parties in an arm's length transaction."

Die restriktiven Anforderungen an die Qualität von Marktpreisen (liquider Markt) und die Widrigkeiten der Realität zwingen den Standardsetter, auf Hilfswerte zu rekurrieren, die den Fair Value in Abhängigkeit von der jeweiligen Datenverfügbarkeit konkretisieren. Aus dem Konzept eines streng marktorientierten Wertmaßstabs wird notgedrungen eine dreistufige Bewertungshierarchie. Da sich echte Marktpreise (erste Stufe) und selbst Surrogatpreise (zweite Stufe) nur selten ermitteln lassen, dürften sie daher insbesondere im nicht-finanziellen Bereich eine Ausnahme bleiben. Für die weit überwiegende Anzahl der Finanzinstrumente und die deutliche Mehrzahl der nicht-finanziellen Positionen bleibt infolgedessen nur eine modellgestützte Bestimmung des Fair Value. Das Ideal wird somit zum Phantom. *Hitz*, der sich eingehend mit dem Fair Value beschäftigte, gelangt zu folgendem Ergebnis: „Hatte man das marking to model ursprünglich als tolerierbare Ausnahmenregel im Rahmen der ‚informativeren' Marktpreisbewertung von Finanzinstrumenten geschaffen, wird es bei der Bewertung nicht-finanzieller Positionen zum Regelfall erhoben, obwohl der Anspruch, informative Marktwerte synthetisch zu bestimmen, nicht erfüllt werden kann. Die Fair Value-Bewertung nicht-finanzieller Positionen ruht insoweit derzeit auf keinem schlüssigen Konzept."[25]

- Der Fair Value ist eine Bewertungsvorschrift für bestimmte, in den Standards bezeichnete Bewertungsanlässe. Was sich aber nach den Aktivierungs- und Passivierungsvorschriften einer bilanziellen Erfassung von vornherein entzieht, kann folgerichtig auch nicht „fair" bewertet werden. Es bleibt mithin die systematische, weil bei bilanzieller Einzelbewertung nicht schließbare Lücke zwischen dem Vermögen auf Basis der Fair Values und dem Unternehmensgesamtwert.

25 Hitz, J.-M. (2005): Fair Value in der IFRS-Rechnungslegung – Konzeption, Inhalt und Zweckmäßigkeit –, WPg 2005, S. 1022.

- Einige Standards enthalten darüber hinaus eine ‚Verlässlichkeitsklausel' („Inability to measure fair value reliable"), die eine Bewertung zu historischen Kosten anordnet, falls der Fair Value mit Hilfe des dreistufigen Bewertungsmodells nicht verlässlich bestimmt werden kann.
- Schließlich ist die Verwendung des Fair Value als primärer Wertmaßstab (Neubewertung) als so genanntes echtes Wahlrecht ausgestaltet. Wer will, kann somit sowieso auf den Ansatz von Fair Values im Sach- und immateriellen Anlagevermögen verzichten und an deren statt zu historischen Anschaffungs- und Herstellungskosten bewerten (wer sich hingegen aus freien Stücken für die Neubewertung zum Fair Value entscheidet, dem öffnet sich die Pforte zum bilanzpolitischen Paradies).

Und wer grundsätzlich bereit wäre, „fair" zu bewerten und sich für die Anwendung der Neubewertungsmethode entscheidet, wird im Bereich des immateriellen Anlagevermögens i.d.R. durch das Kriterium „Vorliegen eines aktiven Marktes" ausgebremst.

5.3 Fair Value aus der Perspektive von Verlässlichkeit, Vergleichbarkeit und Verständlichkeit

Wie bereits an anderer Stelle festgestellt, werden Investoren nur glaubwürdigen und nachprüfbaren, also verlässlichen Informationen vertrauen. Verlässlichkeit ist vor dem Hintergrund der bekannten Agency-Problematik und der menschlichen Komponente der Rechnungslegung eine nicht verhandelbare Forderung. Darüber hinaus haben Investoren ein ausgeprägtes Bedürfnis nach Vergleichbarkeit, sowohl in zeitlicher als auch zwischenbetrieblicher Hinsicht. Schließlich neigen Investoren zur Komplexitätsreduktion, stehen vielfach unter Zeitdruck und unterliegen – wie wir alle – kognitiven Beschränkungen. Hieraus leitet sich das Gebot der Verständlichkeit ab. Vor dem Hintergrund dieser qualitativen Anforderungen ist das derzeitige Fair Value-Konzept mit seiner Ausdehnung auf nicht-finanzielle Positionen ungeeignet.

Fair Values, die Preise auf aktiven Märkten widerspiegeln, sind nachprüfbare und objektivierte Wertmaßstäbe.[26] Allerdings erfordert schon die Beurteilung, ob ein Preis an einem aktiven Markt identifizierbar ist, subjektive Ermessensentscheidungen des Bilanzierenden. An welchen Kriterien ist die Liquidität eines Marktes zu messen, welche Maßstäbe sollen angewendet werden, um die qualitative Eignung von Marktpreisen im Einzelfall zu beurteilen, und welche Voraussetzungen müssen im Hinblick auf die Vergleichbarkeit von Positionen erfüllt sein, damit mittelbare Märkte zur Ableitung von Marktpreisen (Surrogatpreise) herangezogen werden können. Und schließlich stellt sich die Frage, wie ein vergleichbarer Marktpreis zu adjustieren ist, ohne sofort auf ein modellgestütztes Verfahren übergehen zu müssen. *Ballwieser / Küting / Schildbach* weisen darauf hin, dass sich auch durch die Beauftragung spezialisierter Gutachter zur Herleitung von Fair Values (etwa für die Bewertung von Grundstücken) Gestaltungsspielräume oder sogar zielgerichteter Missbrauch nicht verhindern ließen. „Professionelle Gutachter kennen im Gegenteil die bei der Bewertung offenstehenden Freiräume

26 Vgl. Hitz, J.-M. (2005): Fair value in der IFRS-Rechnungslegung – Konzeption, Inhalt und Zweckmäßigkeit –, WPg 2005, S. 1025.

eher besser als ein nur gelegentlich Bewertender."[27] Und wer als Parteiengutachter Auftragsarbeit leistet, ist in Anbetracht des auch hier existierenden Wettbewerbs immer auch der Gefahr oder Versuchung ausgesetzt, Kompromissbereitschaft zu zeigen.

Die auf der dritten Bewertungsstufe zum Einsatz gelangenden „anerkannten Verfahren" sind zwar modelltheoretisch erprobte Methoden. Sie können aber Marktbedingungen lediglich unter vereinfachenden Prämissen simulieren (z.B. Optionspreismodelle, Discounted Cashflow). Anders als echte Marktpreise ist ihnen eine nur geringe Objektivierbarkeit inhärent. Auf ihrer Basis abgeleitete Fair Values gewähren beträchtliche Beurteilungs- und Ermessensspielräume bei der Bestimmung der Bewertungsparameter, ohne die diese Modelle nicht auskommen. Wer jemals eine Unternehmensbewertung auf der Basis eines Discounted-Cashflow-Verfahrens durchgeführt hat, kennt zwar einerseits dessen mathematische Präzision. Andererseits weiß er aber um die Weitläufigkeit der notwendigen Schätzgrößen. Letztlich ist der unter Investoren verbreitete Rekurs auf marktorientierte Bewertungsverfahren (Multiplikatoren) nichts anderes als ein Reflex auf die den Barwertverfahren immanente (und ihnen vertraute) Objektivierungsproblematik, die sich etwa aus der Projektion zukünftiger Cashflows, der Schätzung einer langfristigen Wachstumsrate oder der Ableitung des anzuwendenden Diskontierungssatzes ergibt. Der bilanzpolitisch motivierten Ermessensausübung wird ferner dadurch Vorschub geleistet, dass die modellgestützten Ermittlungsvorschriften aus praktischen Erwägungen nur unzureichend typisiert und reguliert worden sind.

Hinsichtlich der von Investoren geforderten Vergleichbarkeit von Jahresabschlüssen fällt besonders die uneinheitliche Umsetzung des Fair Value-Prinzips negativ ins Gewicht. Die in den Standards verwendeten Fair Values sind, was deren Anwendungsbereich und Erfolgswirksamkeit anbelangt, höchst unterschiedlich geregelt. Dies wiederum führt unweigerlich zu einer Vermengung unterschiedlicher Vermögens- und Erfolgskonzepte. Insbesondere die Durchbrechung des Kongruenzprinzips, das heißt die Identität von Zahlungsstrom- und Erfolgsebene, erschwert die Analyse gerade im Bereich der Rentabilitätsbeurteilung.

5.4 Zusammenfassung

Fair Values leisten im derzeit vorherrschenden „mixed model" keinen substanziellen Beitrag zu einer Annäherung des bilanziellen Reinvermögens an den Shareholder Value, denn sie können die systematische Lücke zwischen ökonomischem Gesamtwert und dem durch bilanzielle Einzelerfassung sich ergebenden Reinvermögen nicht oder nur partiell schließen. Wem aber nutzt dann der partielle Ansatz von Fair Values? Es bleiben „alle Gewinnverzerrungen, die sich aus Wertänderungen solcher Kernelemente wie Qualität des Managements und Belegschaft, von Kunden- und Lieferantenbeziehungen usw. ergeben."[28] Die Anteilseigner würden wiederum über eine Größe informiert, die ihren Informationsbedürfnissen letztlich nicht entspricht. Der Entscheidungsnutzen von Fair Values ist insbesondere bei langfristig genutztem Sachanlage-

27 Ballwieser, W. / Küting, K. / Schildbach, T. (2004): Fair value – erstrebenswerter Wertansatz im Rahmen einer Reform der handelsrechtlichen Rechnungslegung?, BFuP 2004, S. 537.

28 Moxter, A. (2000): Rechnungslegungsmythen, BB 2000, S. 2145.

vermögen höchst fragwürdig, da hier erstens Marktpreise oft nicht existieren und zweitens ein Verkauf nur selten angestrebt wird (Ausnahme: zum Verkauf bestimmte Vermögenspositionen). Informationen über realisierbare Beträge sind allenfalls dann zweckdienlich, wenn, wie bei Teilen des Umlaufvermögens, ein Verkauf wahrscheinlich ist. Im Übrigen schließen wir uns der Auffassung *Kleys* an, der sein Unbehagen gegenüber Fair Values bei nicht-finanziellen Positionen folgendermaßen zusammenfasst: „Glaubt man aber den Sirenengesängen des Finanzmarktes, werden wir bald vor lauter Fair Value das operative Ergebnis nicht mehr sehen können. Das ist Rechnungswesen nach Art von Konkursverwaltern, die nur noch den Liquidationswert im Auge haben. Mit Transparenz hat das nichts mehr zu tun."[29]

Abgesehen von der Unerfüllbarkeit der kapitaltheoretischen Informationswünsche von Investoren, sollten sich alle an der Rechnungslegung Beteiligten einig sein, dass nur entscheidungsrelevant sein kann, was hinreichend verlässlich ist. „Reliability" ist insofern ein unverzichtbares Element jeder externen Rechnungslegung und eine nicht verhandelbare Forderung. „Wer Macht hat, übt Macht aus." Ob den befragten Kapitalmarktexperten diese Lebensweisheit ebenfalls in den Sinn kam? Denn obiges Zitat auf mark-to-model Zeitwerte angewendet würde lauten: Wer Fair Values modellgestützt ermittelt, nutzt die Freiheitsgrade, die sich ihm dabei bieten.

Dass die Angst vor bilanzpolitischen Übergriffen nicht unberechtigt ist, beweisen die alarmierenden Ergebnisse einer im Jahre 2006 vorgelegten Studie mit dem Titel „Value Destruction and Financial Reporting Decisions". Anonyme Interviews unter amerikanischen Finanzvorständen ergaben, dass 78 % der befragten CFOs grundsätzlich bereit wären, zugunsten geglätteter oder im Rahmen der Markterwartungen liegender Ergebniszahlen wertvernichtende Maßnahmen in Kauf zu nehmen. Und 55 % der Befragten würden sogar Projekte mit hohen Aussichten auf substanzielle Wertbeiträge (Shareholder Value) nicht initiieren, wenn dadurch die anstehenden Quartalsergebnisse gefährdet würden.[30] Es steht zu vermuten, dass 100 % der befragten CFO sich in öffentlicher Rede zum Shareholder-Value-Prinzip bekannt hätten.

5.5 Wie stehen die user zum Fair Value?

Das CFA Institute Centre for Financial Market Integrity hat sich innerhalb des von ihm entwickelten Financial Reporting Model klar positioniert und zu einer weitreichenden Anwendung von Zeitwerten bekannt. Das zuletzt in 2007 aktualisierte „Modell zur umfassenden Finanzberichterstattung" ist eine Weiterentwicklung des bereits im Jahre 1993 verfassten Positionspapiers „Financial Reporting in the 1990s and Beyond". Dem CFA-Modell liegen insgesamt zwölf Grundsätze („concepts") zugrunde. Sie sollen nach Auffassung des CFA Institute sicherstellen, dass der Jahresabschluss relevant, klar, verlässlich, verständlich und umfassend ist. Die Autoren des Modells propagieren, dass nur Informationen auf der Grundlage beizulegender Zeitwerte relevante Informationen für Anlageentscheidungen liefern könnten. Zur Begründung heißt es wörtlich: „Financial statements based largely on outdated historical costs are less useful for

29 Kley, K.-L. (2002): Bilanzpresse- und Analystenkonferenz 2002, Deutsche Lufthansa AG.

30 Vgl. Graham, J. R. / Harvey, C. R. / Rajgopal, S. (2006): Value Destruction and Financial Reporting Decisions 2006, abrufbar unter: http://ssrn.com/abstract=871215, S. 10 ff.

making such assessments. If investors are to be able to evaluate how the value of their investment in a company is increasing or decreasing, and why, they must be able to fully understand how the company's operations and activities are increasing or decreasing the values of the assets it holds and the obligations it has incurred. The clearest measures of a company's wealth-generating or wealth-consuming patterns are changes in the fair values of these assets and obligations".[31]

Unterstützung erhält das CFA Institute vordergründig durch eine Untersuchung über den Entscheidungsnutzen konkurrierender Bewertungskonzepte des Deutschen Rechnungslegungs Standards Committee e. V. (DRSC) in Kooperation mit der Humboldt-Universität zu Berlin und der European Federation of Financial Analysts Societies (EFFAS). Die im April 2008 vorgelegte Befragungsstudie basiert auf einer Online-Umfrage unter europäischen institutionellen Investoren und deren beratenden Sell- und Buy-Side-Analysten.[32]

Die Befragten gaben mehrheitlich an (61 %), sie würden im Allgemeinen Fair Value-Ansätzen einer Bewertung zu historischen Anschaffungs- bzw. Herstellungskosten den Vorzug geben. Auf diese vermeintlich eindrucksvolle Quote hat – nicht weiter verwunderlich – jüngst auch das CFA Institute in einer noch unveröffentlichten Studie verwiesen und darin eine Bekräftigung seiner eigenen Umfrageergebnisse erkannt.[33] Doch die generelle Einschätzung der user wird durch weiterführende Analysen ganz erheblich relativiert.

Eine differenzierte Betrachtung zeigt nämlich, dass der Entscheidungsnutzen einzelner Bewertungskonzeptionen für verschiedenartige Vermögenswerte und Schulden durchaus unterschiedlich eingeschätzt wird. Hierbei erfolgt eine deutliche Unterscheidung zwischen marktbasierten (mark-to-market) und modellgestützten (mark-to-model) Fair Value-Ansätzen. Während der Entscheidungsnutzen marktbasierter beizulegender Zeitwerte regelmäßig sehr hoch bewertet wird, fällt die Beurteilung des Nutzens modellgestützt ermittelter Fair Values vergleichsweise niedrig aus.[34] Einzig für Finanzinstrumente werden selbst modellbasierte Fair Values einer Bewertung zu Anschaffungs- und Herstellungskosten vorgezogen. Im Hinblick auf das operative Vermögen und illiquide Vermögenswerte billigen die Befragten marktbasierten Fair Values jedoch keinen höheren Entscheidungsnutzen zu als Bewertungen zu historischen Anschaffungs- bzw. Herstellungskosten.

Die Absage der Investoren und ihrer „adviser" an synthetisch ermittelte Fair Values ist in dieser Studie deutlich zum Ausdruck gekommen. Modellgestützten Fair Value-Ansätzen wird – außerhalb des Bereichs der Finanzinstrumente – der mit Abstand geringste Entscheidungsnutzen attestiert. Ursächlich hierfür sind Bedenken gegenüber manipulativen Eingriffen durch das Management.

Berücksichtigt man dann noch, dass die von den Befragten grundsätzlich bevorzugten marktbasierten Fair Values wegen der restriktiven Anforderungen an die Qualität von

---

31 CFA Institute (2007): A Comprehensive Business Reporting Model – Financial Reporting for Investors, July 2007, abrufbar unter: http://www.cfapubs.org/doi/pdf/10.2469/ccb.v2007.n6.4818, S. 56.

32 Vgl. Gassen, J. / Schwedler, K. (2008): Attitudes towards fair value and Other Measurement Concepts: An Evaluation of their Decision-usefulness – Survey: The View of European Professional Investors and their Advisors, DRSC, EFFAS, Humboldt-Universität zu Berlin (Hrsg.), abrufbar unter: http://www.standardsetter.de/drsc/docs/press_releases/080411_fairvalue-studie.pdf.

33 Vgl. CFA Institute (o. A.): Integrated Analysis of Surveys (1999-2008), unveröffentlicht.

34 Siehe Fn. 32, S. 14 f.

Marktpreisen (liquider Markt) namentlich im operativen Bereich nur selten zu beobachten sind und sich selbst Surrogatpreise auf der zweiten Stufe der Fair-Value-Hierarchie oft nicht ermitteln lassen, dann relativiert sich das generelle Bekenntnis zu Zeitwerten ganz erheblich. Das angestrebte Ideal wird nämlich bei Lichte betrachtet zum Phantom.

Es ist erfreulich, dass sich viele der befragten Investment Professionals von diesem „geschickt gewählten Terminus"[35] nicht haben blenden lassen. Sie haben deutlich gemacht, was sie auf keinen Fall wollen, nämlich Wertansätze, deren immanente Gestaltungsspielräume sie kennen und zu Recht fürchten. Anders gewendet: Investoren vertrauen tendenziell nur glaubwürdigen und nachprüfbaren Informationen.

Dem eindeutigen Fair Value-Bekenntnis des CFA Institute steht eine Verlautbarung des Corporate Reporting User Forum, ebenfalls aus dem Jahre 2007, entegegen. Das Corporate Reporting User Forum versteht sich als Diskussionsforum für die Investment Community mit dem Ziel, gegenwärtige und zukünftige Reporting-Bedürfnisse der „user" zu definieren und den Standardsetzern zu kommunizieren. In ihrem „comment letter" („User views on fair value") an das IASB heißt es wörtlich: „In essence, we do not support the proposition that market based exit prices are the most appropriate measure of fair value for all assets and liabilities to be reported in financial statements. A mixed attribute measurement model, with transactional (current entry price) values for most operational items, would be more useful [...]."[36]

Zum selben Ergebnis wie das Corporate Reporting User Forum gelangt auch *Stephen Cooper* in seiner vielbeachteten Studie „Financial Reporting for Investors", die er kurz vor seiner Ernennung zum Board-Mitglied beim IASB noch für seinen damaligen Arbeitgeber verfasste. Die zentrale Botschaft seiner Ausführungen zum Thema Zeitwertbewertung lautet: „Fair Value measurement is important for investors but should not be applied to all assets and liabilities."[37]

Investoren, so seine Begründung, sei insbesondere im Bereich des operativen Vermögens nicht an Zerschlagungs- bzw. Entpflichtungswerten von Vermögensgegenständen bzw. Schulden gelegen. Stattdessen käme es ihnen auf die „flows of profit" an, die die Vermögensgegenstände und Schulden während ihrer Zugehörigkeit zum Unternehmen generierten. Für Vermögenswerte, die der operativen Tätigkeit zuzuordnen sind, sei daher die Bewertung zu historischen AHK grundsätzlich zweckmäßiger. Eine Zeitbewertung hingegen könne bei nicht-operativen Vermögenswerten, Finanzanlagen und Finanzverbindlichkeiten sinnvoll sein: „Therefore, with the exception of operating assets and liabilities, fair value measurement is the most appropriate; this includes all non-operating assets, investments, and financing liabilities".[38]

35 Ballwieser, W. / Küting, K. / Schildbach, T. (2004): Fair value – erstrebenswerter Wertansatz im Rahmen einer Reform der handelsrechtlichen Rechnungslegung?, BFuP 2004, S. 537.

36 Haan, S. et al. (2007): User views on Fair Value (comment letter), abrufbar unter: http://www.cruf.co.uk/fair_value_letter_jul07.pdf, S. 1.

37 Cooper, S. (2007): Financial Reporting for Investors – Performance measurement for equity analysis and valuation, UBS Global Equity Research 2007, abrufbar unter: http://pwc.blogs.com/corporatereporting/files/Performance_measurement_equity.pdf, S. 1.

38 Cooper, S. (2007): Financial Reporting for Investors – Performance measurement for equity analysis and valuation, UBS Global Equity Research 2007, abrufbar unter: http://pwc.blogs.com/corporatereporting/files/Performance_measurement_equity.pdf, S. 6.

Eine weitere Untersuchung zur Haltung von Investoren gegenüber Zeitwerten wurde im gleichen Jahr von Pricewaterhouse Coopers (PwC) wiederum in 2007 vorgelegt. Befragt wurden 50 Buy-side und Sell-side-Analysten in Boston, London, New York, San Francisco, Frankfurt und Toronto. Der Vorsitzende des IASB, *David Tweedy*, bekundete seitens des IASB großes Interesse an der Studie und bezeichnete deren Ergebnisse als bedeutenden Beitrag für die Fair Value-Debatte. Die Ergebnisse dieser Studie dürften Fair Value-Befürwortern wiederum nicht gefallen, wenngleich PwC die Ergebnisse einschränkend als nicht „statistically valid" einstuft. Zunächst einmal hat die Befragung ergeben, dass die Investoren keine Notwendigkeit sehen, die vorherrschenden Bewertungsmaßstäbe für Vermögenswerte und Schulden zu reformieren. „(...) investors generally did not believe a fundamental re-evaluation of measurement bases used in accounting for assets and liabilities to be a high priority".[39]

Des Weiteren bestätigen sie, dass die operative Entwicklung eines Unternehmens in deren Hauptinteresse liege und sie zur Beurteilung der operativen Performance nicht die Bilanz, sondern vielmehr die Gewinn- und Verlustrechnung heranzögen („The respondents generally placed more emphasis upon the income statement in their assessment of performance [...]")[40]. Eine Fair Value-Bewertung von Verbindlichkeiten sei in jedem Fall abzulehnen, weil eine Verschlechterung der Bonität keinesfalls durch eine erfolgswirksame Erhöhung des Eigenkapitals belohnt werden dürfe. Dagegen sei eine Bewertung zum Fair Value bei bestimmten Vermögenswerten sinnvoll, wozu etwa „highly liquid financial assets" oder Vermögenswerte, die zur Veräußerung verfügbar sind bzw. bei denen es sich um Investments handelt, zählten.

6 Leitlinien für ein bewertungsrelevantes Fair Value Accounting

Die nachfolgend vorgestellten Leitlinien für ein bewertungsrelevantes Fair Value Accounting stellen ausschließlich die Endabnehmer von Finanzberichten in den Mittelpunkt. Zwar gibt es viele Abnehmer der Rechnungslegung, doch soll hier von einer Fixierung des Jahresabschlusses auf die Bereitstellung entscheidungsnützlicher Informationen für aktuelle und potenzielle Investoren ausgegangen werden. Diese benötigen Finanzberichte im Wesentlichen aus zwei Gründen. Erstens für Zwecke der (Unternehmens-)Bewertung und zweitens zur Überprüfung des Managements hinsichtlich seiner Rechtschaffenheit und seiner unternehmerischen Verantwortung für das ihm anvertraute Kapital („stewardship").

Aus Investorensicht stellt sich daher die Frage, in welchen Fällen und unter welchen Voraussetzungen Fair Values bewertungsrelevante und damit entscheidungsnützliche Informationen liefern. Fair Values außerhalb der theoretischen Modellwelt müssen folgende Mindestvoraussetzungen erfüllen:

---

39 PwC (2007): Studie – Measuring Assets and Liabilities. Investment Professionals' Views, http://www.pwc.com/en_GX/gx/ifrs-reporting/pdf/measuringassetssurvey.pdf, S. 6.

40 PwC (2007): Studie – Measuring Assets and Liabilities. Investment Professionals' Views, http://www.pwc.com/en_GX/gx/ifrs-reporting/pdf/measuringassetssurvey.pdf, S. 6.

- Erleichterung der Bewertung von Unternehmen (anstatt sie zu erschweren) und
- Rücksichtnahme auf das Geschäftsmodell des Bewertungsobjekts und die Art und Weise, in der Vermögensgegenstände und Schulden im Unternehmen eingesetzt werden und
- verlässliche Bestimmbarkeit, denn noch ist im Rahmenkonzept das Gebot der Verlässlichkeit dem Grundsatz der Entscheidungsrelevanz paritätisch zur Seite gestellt.

Auf der Grundlage dieser Kriterien ist die Existenz von beobachtbaren und an aktiven Märkten ableitbaren „exit prices" isoliert betrachtet kein hinreichendes Qualifizierungsmerkmal für die Zweckmäßigkeit von Fair Values. Maßgeblich ist, in welcher Weise die zu bewertenden Vermögensgegenstände und Schulden nach ihrer Zweckbestimmung (business plan) zur Wertgenerierung beitragen. Hier gibt es zwei Möglichkeiten:

1. Wertschaffung auf einer stand-alone Basis ohne synergetischen Zusammenhang;
2. Wertschaffung nur im Verbund mit anderen Vermögenswerten und Schulden mit synergetischem Zusammenhang.

Fair Values sind unmittelbar bewertungsrelevant, wenn das Unternehmen durch eigenes Zutun keinen zusätzlichen – über den Marktwert hinausgehenden – Wert schafft bzw. der Wert des Unternehmens und die Marktpreise der Vermögensgegenstände in einer linearen Beziehung zueinander stehen.

Fair Values sind hingegen bewertungsschädlich, wenn das Unternehmen (selbst erzeugte oder beschaffte) Vorleistungen einsetzt, mit anderen materiellen und immateriellen Gütern und (Management-)Leistungen zu einer produktiven Einheit kombiniert und damit Güter mit höherem Nutzen schafft (Wertschöpfung).

7 Fazit

„Fair Value is a wonderfully powerful expression in the English language",[41] konstatieren die Autoren einer Studie von Ernst & Young. Er ist tatsächlich ein „geschickt gewählter Terminus", weil er alle anderen möglichen Werte dem Verdacht aussetzt, „nicht in gleichem Maße ‚fair' zu sein". Das vorherrschende Fair Value-Konzept kann aus guten Gründen als gefährlicher Etikettenschwindel bezeichnet werden. Dies liegt primär daran, dass Fair Values sich nur bei vollkommenen und vollständigen Güter- und Kapitalmärkten („no-arbitrage") zu einem synthetischen Unternehmenswert fügen. Unter diesen Bedingungen sind Gewinnermittlungsvorschriften tatsächlich überflüssig, und für Earnings Management gäbe es ebenso wenig Anlass wie für die Durchführung sachverhaltsgestaltender Maßnahmen oder einen wie auch immer gearteten Management Intent. In dieser theoretischen Modellwelt ist kein Platz für einen Goodwill. Aus der Summe der Fair Values errechnete sich unmittelbar das Effektivvermögen und der ökonomische Gewinn ergäbe sich aus Effektivvermögensdifferenzen. Rechnungslegung wäre ganz und gar nutzlos.

Was wir indes vorfinden, ist die Realität und keine theoretische Modellwelt. Hier gibt es in der weit überwiegenden Mehrzahl keine Fair Values, sondern nur „Fair Value Surrogate höchst heterogenen Inhalts und höchst unterschiedlicher Eigenschaften",[42] wie *Schildbach* zutreffend feststellt. Da außerdem auch IFRS-Bilanzen durch die Grundobjektivierung jeder Gewinnermittlung den Grundsatz der Einzelbewertung geprägt sind, bleiben Effekte, die sich aus der Verbundbeziehung von Vermögenswerten und geschäftswertbildenden Faktoren ergeben, bei einer substanzbasierten Einzelbewertung mangels Identifizierbarkeit unberücksichtigt. Die Standardsetter FASB / IASB haben daher bekräftigt, was allen an der Rechnungslegung Beteiligten ohnehin klar gewesen sein dürfte: „[...] but financial reports are not designed to show the Value of an entity".[43]

Ein mit der Thematik nicht halbwegs vertrauter Bilanzleser verbindet mit dem Begriff völlig überzogene Erwartungen. Der versierte Bilanzleser indes ist sich dessen bewusst, dass der Fair Value in seiner aktuellen Ausgestaltung diesen Erwartungen auch nicht im Ansatz gerecht werden kann. Fair Values sind nur dann unmittelbar bewertungsrelevant, wenn das Unternehmen durch eigenes Zutun keinen zusätzlichen – über den Marktwert hinausgehenden – Wert schafft bzw. der Wert des Unternehmens und die Marktpreise der Vermögensgegenstände in einer linearen Beziehung zueinanderstehen.

---

41 Ernst & Young (2005): How fair is fair value?, abrufbar unter: http://www2.eycom.ch/publications/items/ifrs/single/200506_fair_value/en.pdf, S. 3.

42 Schildbach, T. (2006): Fair Value – Wunsch und Wirklichkeit, in: Küting / Pfitzer/Weber (Hrsg.): Internationale Rechnungslegung und Zukunftsperspektiven, Stuttgart 2006, S. 9.

43 FASB (2008): Exposure Draft – Conceptual Framework for Financial Reporting: The Objective of Financial Reporting and Qualitative Characteristics and Constraints of Decision-Useful Financial Reporting Information, abrufbar unter: http://www.fasb.org/draft/ed_conceptual_framework_for_fin_reporting.pdf, S. 5.

Literaturverzeichnis

Advisory Committee on Improvements to Financial Reporting (ACIFR) to the SEC (2008): „Final Report“, August 2008, abrufbar: http://www.sec.gov/about/offices/oca/acifr/acifr-final-report.pdf.

Ballwieser, Wolfgang / Küting, Karlheinz / Schildbach, Thomas (2004): „Fair value – erstrebenswerter Wertansatz im Rahmen einer Reform der handelsrechtlichen Rechnungslegung?“, BFuP 2004, S. 529-549.

Barker, R.G. (1998): „The market for information – evidence from finance directors, analysts and fund managers“, Accounting and Business Research 1998, Vol. 29 No.1, S. 3-20.

CFA Institute (2007): „A Comprehensive Business Reporting Model – Financial Reporting for Investors“, July 2007, abrufbar unter: http://www.cfapubs.org/doi/pdf/10.2469/ccb.v2007.n6.4818.

CFA Institute (o. A.): „Integrated Analysis of Surveys (1999-2008)“, unveröffentlicht.

Cooper, Stephen (2007): „Financial Reporting for Investors – Performance measurement for equity analysis and valuation“, UBS Global Equity Research 2007, abrufbar unter: http://pwc.blogs.com/corporatereporting/files/Performance_measurement_equity.pdf.

Drost, Frank / Köhler, Peter (2010): „Modifizierte Bilanzregeln entlasten“, Handelsblatt vom 14. Oktober 2008, S. 24.

Ernst, E. / Gassen, J. / Pellens, B. (2005): „Verhalten und Präferenzen deutscher Aktionäre: Eine Befragung privater und institutioneller Anleger zu Informationsverhalten, Dividendenpräferenz und Wahrnehmung von Stimmrechten“, Studien des Deutschen Aktieninstituts, abrufbar unter: http://www.dai.de/internet/dai/dai-2-0.nsf/LookupDL/4860E31717F7F1EBC1256F90006AAEBD/$File/Studie-29.pdf.

Ernst & Young (2005): „How fair is fair value?“, abrufbar unter: http://www2.eycom.ch/publications/items/ifrs/single/200506_fair_value/en.pdf.

FASB (2008): „Exposure Draft – Conceptual Framework for Financial Reporting: The Objective of Financial Reporting and Qualitative Characteristics and Constraints of Decision-Useful Financial Reporting Information“, abrufbar unter: http://www.fasb.org/draft/ed_conceptual_framework_for_fin_reporting.pdf.

Gassen, Joachim / Schwedler, Kristina (2008): „Attitudes towards fair value and Other Measurement Concepts: An Evaluation of their Decision-usefulness – Survey: The View of European Professional Investors and their Advisors“, DRSC, EFFAS, Humboldt-Universität zu Berlin (Hrsg.), abrufbar unter: http://www.standardsetter.de/drsc/docs/press_releases/080411_fairvalue-studie.pdf.

Graham, John R. / Harvey, Campbell R. / Rajgopal, Shivaram (2006): „Value Destruction and Financial Reporting Decisions 2006“, abrufbar unter: http://ssrn.com/abstract=871215.

Haan, Susannah et al. (2007): „User views on Fair Value (comment letter)“, abrufbar unter: http://www.cruf.co.uk/fair_value_letter_jul07.pdf.

Herz, Robert (2002): „Remarks – Financial Executives International Current Financial Reporting Issues Conference", New York, November 2002, abrufbar unter: http://www.iasplus.com/resource/herz0211.pdf.

Hitz, Jörg-Markus (2005): „Fair Value in der IFRS-Rechnungslegung – Konzeption, Inhalt und Zweckmäßigkeit –", WPg 2005, S. 1013-1027.

Holway, Richard (2010): „IFRS – more scope for confusion", abrufbar unter: http://www.ovum.com/go/content/c,59231.

IASB (2008): „Discussion Paper – Reducing Complexity in Reporting Financial Instruments", März 2008, abrufbar unter: http://www.iasb.org/NR/rdonlyres/A2534626-8D62-4B42-BE12E3D14C15AD29/0/DPReducingComplexity_ReportingFinancialInstruments.pdf.

IASB (2009): „ED/2009/5 – Fair Value Measurement", Mai 2009, abrufbar unter: http://www.iasb.org/NR/rdonlyres/C4096A25-F830-401D-8E2E-9286B194798E/0/EDFairValue-Measurement_website.pdf.

IDW (2004): „Entwurf einer Stellungnahme zur Rechnungslegung: Bewertungen bei der Abbildung von Unternehmenserwerben und bei Werthaltigkeitsprüfungen nach IFRS (IDW ERS HFA 16)", WPg 2004, S. 1482 ff.

Kley, Karl Ludwig (2002): „Bilanzpresse- und Analystenkonferenz 2002", Deutsche Lufthansa AG.

Küting, Karlheinz (2009): „Grundlagen der Fair Value-Bewertung", StuB 2009, S. 829-835.

Küting, Karlheinz / Kußmaul, Heinz (2009): „Fair Value-Bewertung im HGB", WISU 2009, S. 91-96.

Küting, Karlheinz / Lauer, Peter (2009): „Der Fair Value in der Krise", BFuP 2009, S. 547-567.

Lorson, Peter (2005): „Der Fair Value im System der Wertbegriffe nach IAS / IFRS und US-GAAP", in: Bieg / Heyd (Hrsg.), Fair Value – Bewertung in Rechnungswesen, Controlling und Finanzwirtschaft, München 2005, S. 31.

Moxter, Adolf (2000): „Rechnungslegungsmythen", BB 2000, S. 2143-2149.

Plumlee, Marlene (2003): „The Effect of Information Complexity on Analysts' Use of that Information. Accounting Review", January 2003, Heft: 1,Vol. 78, S. 278, abrufbar unter: http://papers.ssrn.com/sol3/papers.cfm?abstract_id=322582.

PwC (2007): „Studie – Measuring Assets and Liabilities. Investment Professionals' Views", http://www.pwc.com/en_GX/gx/ifrs-reporting/pdf/measuringassetssurvey.pdf.

Schildbach, Thomas (2006): „Fair Value – Wunsch und Wirklichkeit", in: Küting / Pfitzer / Weber (Hrsg.): „Internationale Rechnungslegung und Zukunftsperspektiven", Stuttgart 2006, S. 7-32.

Schweitzer, Marcell (2009): „Wirtschaftsunruhe und Rechnungsrisiken", in: Haesele / Hörmann (Hrsg.), Rechnungslegung und Unternehmensführung in turbulenten Zeiten: Festschrift für Gerhard Seicht zum 70. Geburtstag, S. 127-149.

You, Haifeng / Zhang, Xiao-Jun (2007): „Financial Reporting Complexity and Investor Underreaction to 10-K Information", abrufbar unter: http://ssrn.com/abstract=985365, S. 24.

CRUF Corporate Reporting Users Forum – Engaging investment professionals in the accounting standard dialogue

by Gunnar Miller

The Corporate Reporting Users Forum (CRUF) was formed in 2005 as a discussion forum with the aim of helping its participants in their approach to the debate on current and future corporate reporting requirements. In particular, participants are keen to contribute to the deliberations of the International Accounting Standards Board and Financial Accounting Standards Board. CRUF participants include individuals from both buy- and sell-side institutions, and from both equity and fixed income markets. The forum includes individuals with global or regional responsibilities and from around the world. The CRUF meets on a regular basis in London, Frankfurt, Sydney and New York with facilities for remote participation.

The first CRUF was founded in the UK and moderated by PriceWaterhouseCoopers. The DVFA's involvement with CRUF in 2006 when investment professionals in the German market started to become engaged in the ongoing discussion at the IASB about various accounting topics. DVFA stepped in to provide an institutional platform for the structured discussion. Right from the start a tight collaboration between CRUF UK and CRUF Germany ensued.

The CRUF is a discussion forum, meaning that its participants take part in CRUF discussions and joint representations as individuals, not as representatives of their employer organisations. It does not seek to achieve consensus views, though at times some or all of its participants will agree to make joint representations to standard setters or to the media.

Tangible results of our activities over the past two years included:

June	2009:	"town hall" meeting in Frankfurt to introduce the investment community to CRUF.
March	2009:	letter to the US congressional Subcommittee on Capital Markets, Insurance and Government-sponsored Entities re: fair value accounting.
July	2009:	letter to the IASB on Leases.
June	2009:	letter to FASB and IASB on revenue recognition in contracts with customers.
May	2009:	letter to the IASB on financial statement presentation.
April	2009:	letter to the EC on IAS 39 (accounting for financial instruments).
April	2009:	letter to the IASB on insurance company reporting.
March	2009:	letter to the IASB on ED10 consolidated financial statements.
February	2009:	letter to the IASB on insurance accounting.
December	2008:	letter to the IASB on earnings per share reporting.
December	2008:	letter to the IASB on IAS 39.
November	2008:	briefing to the members of the European Parliament.
September	2008:	letter to the IASB commenting on their exposure draft "An Improved Conceptual Framework for Financial Reporting".
September	2008:	letter to the IASB on IAS 19 employee benefit amendments.
September	2008:	letter to the IASC Foundation proposals for changes to its constitution.

CRUF Germany and DVFA took poart in a panel discussion in Brussels as part of an EC conference on "Financial Reporting in a Changing World" in May 2009.

Transparent financial reporting is overriding objective of CRUF. Investment professionals aim to understand and forecast business activity: Operating flows are generally much more important than spot values. Investment professionals need financial information that presents business reality as seen by a rational external investor (not necessarily through the eyes of management), financial statements must reconcile to each other, there must be a clear differentiation between operating/financing/investing and investment professionals need to be able to identify capital invested and how well management have used this capital (stewardship).

Financial reporting is not the whole answer. Investment professionals do not need (or want) financial reports to provide them with the answer, but they should be a key source of comparable, reliable, consistent data. Non-GAAP data is also helpful, provided it is clearly defined and reconciled, where possible, back to GAAP. The CRUF participants view the biggest gaps in reporting today as segment reporting, cash flow, separation operating from non-operating items, clear identification of "multiple of one" items, and debt disclosures (including covenants).

Burning issues are as follows:

a) Improved voluntary disclosure of corporate cash flow are needed as soon as possible,

b) real reform of cash flow standards and disclosure is required,

c) segmental reporting should be taken very seriously, with the disclosure quality to be lifted to current best-in-class level,

d) future development of financial standards is very important,

e) no rushed convergence of IFRS and US GAAP if it comes at the expense of quality and/or transparency, and

f) preparers and users must cooperate, with preparers leading by way of example. Recent interference in mark-to-market ("fair value") accounting is another contentious subject of discussion at the CRUF.

Cash flow standards and disclosure are unsatisfactory, with several major accounting implosions linked to the abuse of cash flow disclosure: No reconciliation between cash flow and net debt movement, debt at acquired and divested companies is not disclosed, nor is the currency impact on overall debt (IAS 7). Many cash flow items are opaque, even to experienced investors, so consequently, extracting a satisfactory operating or free cash flow can be very difficult. Real reform of cash flow disclosure is needed: It has been difficult to reach a consensus on the "right" format, but disclosure should at least allow for reconciliation with balance sheet, with investors free to choose their preferred format. Direct or indirect cash flow is not the issue, but disclosure of movement in underlying components of trade working capital is important. Disclosure of capex should separate tangibles and intangibles and show additions as well as disposals, and consistency in the starting point for cash flow statements ("operating", i.e. before interest and tax) is important. CRUF strongly encourages companies to provide the additional disclosure necessary for investors.

Segmental reporting is also very important. Very few companies are monolithic, so segmental reporting provides crucial colour regarding the sources of growth, profitability, and value. Many companies are active in M&A, so segmental reporting helps investors understand and value M&A activity (buying and selling). Companies are not just the CEO and CFO; segmental reporting makes divisional management visible to investors (and vice versa). Sum of parts and break-up valuations are often key value drivers (both positive and negative). IFRS 8 (effective 2009) offers an opportunity for management to review the effectiveness of their segmental reports. Disclosure standards vary widely (some companies are excellent, but some are dreadful).

CRUF suggests that companies:

a) choose segment structures that are logical and help investors track trends and drivers,

b) provide enough information for investors to assess the performance of a segment in a holistic way (i.e. not just sales and EBIT),

c) provide at least a 3-year history at all times,

d) provide pro forma historicals ahead of changing to new format,

e) give as much information in the quarters as in the full year,

f) help investors understand the impact of important issues (e.g. currency fluctuations) at the segmental level,

g) be honest about corporate costs; allocating excess costs to segments is not a recommended strategy and

h) explain how material non-operating income/costs are treated (e.g.expected return on pension assets).

CRUF also suggests that companies do not:

a) change segments regularly (especially with poor communication),

b) provide commentary that does not align with segment structure,

c) have large inter-segment adjustments, especially if volatile and unexplained,

d) report segment numbers that do not reconcile fully to group P&L, B/S and cash flow,

e) bundle together unrelated businesses into a vaguely named segment ('infrastructure' is a classic) and then pretend it is a coherent business; investors will see through this,

f) boast of the cash generation/high ROCE/strong growth within a segment and then decline to provide any supporting financial evidence and

g) produce numbers that do not add up.

CRUF's guiding principles start with the view that accounting standards governing the preparation of corporate reports should be principles-based and comprehensible to the financially literate. These standards should not result in outputs that are at odds with economic reality. Such standards should be based on the presumption that the stated principles are faithfully applied. Thereforestandards should avoid unnecessary detailed prescription and not unduly restrict companies in presenting meaningful results that are in accordance with those principles.

Corporate reports should report economic reality. Accounting standards should require compliance with their spirit rather than their letter so that preparers are required to disclose economic 'substance' rather than accounting or legal 'form'.

Users want transparent and comprehensive disclosures. Corporate reports should be prepared with the objective of providing a fundamental source of information for investors and creditors on which to base their decisions. Corporate reports should provide information that is clear, understandable, consistent and relevant. No single primary statement should take precedence. Not all information that is relevant for users of corporate reports has to be reflected in the primary financial statements. Some information, such as contextual and non-financial information may best be presented outside the primary financial statements. Accounting standards should not discourage companies from presenting additional information that is useful to users. The purpose of the cash flow statement should be to identify and explain cash inflows and outflows over the period. Further, the cash flow and accompanying notes should provide insights into the drivers of maintainable cash flows as well as the trends over time of these drivers. The cash flow should be capable of comparison and reconciliation with the profit and loss and balance sheet. The impact of acquisitions and disposals on these cash flows should also be clear. The purpose of the balance sheet should be to reflect the capital invested in the business along with capital adequacy, compliance with legal covenants and stewardship. The purpose should not be to determine the entity's fair value. Further information regarding the values of individual assets and liabilities (including assumptions and sensitivities), should be provided in the notes. The purpose of the profit and loss statement should be to identify the returns generated from the capital invested in the business. The profit and loss and the accompanying notes should clearly differentiate and analyse relevant information, such as: operating performance from financing activities; recurring from non-recurring activities; value changes from trading activities.

Kapitel 5:

Asset Management – Antworten auf neue Herausforderungen

Wertsicherungsstrategien: Ein Streifzug durch die Entwicklungsgeschichte

von Nader Purschaker und Christoph Heumann

1 Einleitung

Die zentrale Herausforderung der Kapitalanlage liegt in der Gestaltung der erwarteten Erträge und Risiken eines Portfolios im Hinblick auf die Präferenzen und Rahmenbedingungen des Anlegers. Dabei stellt sich das bekannte Dilemma, dass Asset-Klassen mit attraktiven Renditechancen auch beträchtliche Verlustrisiken für das Portfolio mit sich bringen. Übersteigt der mögliche Verlust die Risikotragfähigkeit des Anlegers, wird eine signifikante Investition in diese Asset-Klassen nicht erfolgen können.

Eine derartige Ausrichtung der Kapitalanlage am Verlustrisiko des Portfolios ist insbesondere im Zuge der wiederholten Kurseinbrüche an den Aktienmärkten seit dem Jahr 2000 in den Vordergrund getreten. Vor allem für institutionelle Anleger ergibt sich dabei der Konflikt, einerseits eine langfristige Zielrendite zu erwirtschaften und andererseits übermäßige Verluste auch auf kürzere Frist, zum Beispiel auf Geschäftsjahressicht, zu vermeiden. Bei Verfolgung einer statischen Asset-Allokation stellt sich daher das Problem, dass in der Regel nur eine geringe Aktienquote und eine entsprechend geringe Partizipation an den Renditechancen der Aktienmärkte möglich ist. Einen Ausweg bieten Konzepte, die zu einem asymmetrischen Risiko-Chancen-Profil führen – die also das Verlustrisiko eines Portfolios auf ein tragbares Ausmaß reduzieren, aber gleichzeitig ein attraktives Gewinnpotenzial ermöglichen. Solche asymmetrischen Profile lassen sich durch den Einsatz von Wertsicherungsstrategien erzeugen. Eine ursprünglich statische Asset-Allokation geht dabei typischerweise in eine dynamische Allokation über.

Dieser Beitrag bietet einen Streifzug durch das Themengebiet der Wertsicherungsstrategien („Portfolio-Insurance"). *Abschnitt 2* gibt zunächst einen kurzen Rückblick auf die Anfänge der Portfolio-Insurance. In *Abschnitt 3* wird das Grundprinzip von Wertsicherungsstrategien erläutert, bevor in *Abschnitt 4* ausgewählte traditionelle Wertsicherungsansätze überblicksartig dargestellt werden. *Abschnitt 5* geht schließlich auf einige aktuelle Fragen und Entwicklungen beim Einsatz von Wertsicherungskonzepten für institutionelle Portfolios ein.

2 Die Ursprünge der Portfolio-Insurance

Auch wenn sich vereinzelte historische Vorläufer finden lassen, so wird die Entwicklung der Portfolio-Insurance regelmäßig den Finance-Professoren Hayne Leland und Mark Rubinstein zugeschrieben. Ausgangspunkt der Entwicklung war der Aktienmarkt-Crash der Jahre 1973-74, im Zuge dessen viele amerikanische Pensionsfonds ihre Aktienpositionen aufgelöst hatten und damit die folgende Markterholung 1975 verpassten. Lelands Bruder John bemerkte dazu:

> *„It's too bad there is no way you could buy insurance on your portfolio. Then people wouldn't have to sell out at the very worst time and have no way to participate in the subsequent market rally."*[1]

Leland erkannte, dass eine solche Versicherung durch eine Put-Option erzielt werden könnte – eine Put-Option auf das Portfolio insgesamt. Entsprechende börsengehan-

---

1 Entnommen aus Bernstein (1992), S. 270.

delte Optionen waren jedoch nicht verfügbar. Gemeinsam entwickelten Leland und Rubinstein daher das Prinzip der synthetischen Replikation, nach dem eine Option durch eine dynamische Strategie aus den ihr zugrundeliegenden Anlagen nachgebildet werden kann.[2] Im Ergebnis folgt das abgesicherte Portfolio dabei einer prozyklischen Strategie: Nach Kursverlusten wird die Aktienposition zur stärkeren Absicherung reduziert, nach Kursgewinnen dagegen zur weiteren Partizipation erhöht. Spätestens mit der Umsetzung der Strategie durch die Investmentgesellschaft Leland O'Brien Rubinstein Associates ab dem Jahre 1981 war die Portfolio-Insurance als neue Form der Kapitalanlage entstanden.

Weitere Entwicklungsschritte folgten mit der Einführung des Handels von Aktienindexfutures sowie mit den Arbeiten zur Constant Proportion Portfolio Insurance (CPPI). 1982 eröffnete die Chicago Mercantile Exchange den Handel von Futures auf den S&P 500. Für die Umsetzung von Portfolio-Insurance-Programmen war dies eine große Erleichterung: Die dynamischen Portfolioanpassungen mussten nun nicht mehr über Transaktionen in einer Vielzahl einzelner Aktienpositionen erfolgen, sondern konnten effizient durch Hedge-Positionen im Indexfuture realisiert werden. Die CPPI wurde Mitte der 1980er-Jahre als eine vereinfachte Wertsicherungsstrategie von Perold, Black und Jones entwickelt. Die CPPI sieht ebenfalls eine prozyklische Portfoliostrategie vor, basiert aber nicht unmittelbar auf der Replikation von Optionen.[3]

In die Kritik geriet die Portfolio-Insurance mit dem Börsencrash vom 19. Oktober 1987. Nachdem der Aktienmarkt gleich zu Handelsbeginn des „Schwarzen Montags" starke Kursverluste aufwies, verursachte der prozyklische Mechanismus der Absicherungsstrategien einen Kaskadeneffekt aus Verkaufsorders und weiteren Kursrückgängen: Bei einem Handelsvolumen, dessen Ausmaß die Computersysteme der New York Stock Exchange überforderte, verzeichnete der S&P 500 letztlich einen Tagesverlust von 20 %, der S&P 500 Future sogar von 29 %. Insbesondere die folgende Untersuchung der Presidential Task Force on Market Mechanism („Brady-Kommission") machte die Portfolio-Insurance für den enormen Kurseinbruch verantwortlich. Die Portfolio-Insurance verlor dadurch gegenüber ihrer Blütezeit in der ersten Hälfte der 1980er-Jahre an Popularität. Aber gerade die wiederholten erheblichen Kursverluste seit dem Jahr 2000 haben den Nutzen von Wertsicherungsstrategien (zurück) in das Bewusstsein der Anleger gerückt.

3 Das Grundprinzip von Wertsicherungsstrategien

Wertsicherungsstrategien zielen darauf ab, mögliche Verluste eines Portfolios auf ein vom Anleger toleriertes Ausmaß zu begrenzen, das Gewinnpotenzial aber weitestgehend zu erhalten. Ein solches asymmetrisches Risiko-Chancen-Profil lässt sich durch den Einsatz von Optionsinstrumenten oder die Anwendung von dynamischen Portfoliostrategien erzeugen.

---

2 Vgl. Rubinstein/Leland (1981). Die synthetische Replikation lässt sich wiederum zurückführen auf das Prinzip des dynamischen Hedging, das Black, Scholes und Merton einige Jahre zuvor zur Bewertung von Optionen etabliert hatten; vgl. Black/Scholes (1973) und Merton (1973).

3 Vgl. Perold (1986), Black/Jones (1987) und Black/Perold (1992). Ein Vorläufer der CPPI ist die dynamische Portfoliotheorie von Merton (1971).

Hierzu folgendes Beispiel:

Ein Anleger plant, im Zeitpunkt $t = 0$ sein Anfangsvermögen $W_0 = 100$ für ein Jahr in einen Aktienindex zu investieren, um von der Risikoprämie des Aktienmarktes zu profitieren. Gleichzeitig möchte der Anleger sicherstellen, dass eventuelle Verluste zum Jahresende ($T = 1$) einen Betrag von 5 nicht überschreiten, beziehungsweise dass sein Endvermögen W_1 eine Wertuntergrenze („Floor") von $F_1 = 95$ nicht unterschreitet. Der Aktienindex hat einen normierten Kurs von $S_0 = 100$ und eine lognormalverteilte Jahresrendite mit einem Erwartungswert von 8 % und einer Standardabweichung von 20 %. Investiert der Anleger sein Vermögen für ein Jahr vollständig in den Aktienmarkt, ergibt sich eine Shortfall-Wahrscheinlichkeit – also eine Wahrscheinlichkeit, dass das Endvermögen den Floor zum Jahresende unterschreitet – von 27,20 %. Dieses Verlustrisiko ist für den Anleger offensichtlich nicht tragbar. Ergänzend zum Aktienmarkt kann der Anleger in ein risikoloses Asset mit einem Zinssatz von $r = 2$ % investieren.

Eine erste mögliche Strategie zur Steuerung des Verlustrisikos besteht in der Bildung eines Buy-and-Hold-Portfolios aus Aktienindex und risikolosem Asset. Der Floor von 95 kann sichergestellt werden, indem ein Betrag in Höhe des abgezinsten Floors, 95 / 1,02 = 93,14, risikolos angelegt wird. Für die Investition in den Aktienindex verbleibt damit ein Betrag von 6,86. Die mögliche Partizipation an den Renditechancen des Aktienmarktes ist folglich sehr gering. Freilich kann der Anleger seine Aktienquote erhöhen, indem er eine gewisse Shortfall-Wahrscheinlichkeit in Kauf nimmt. So erlaubt zum Beispiel eine Shortfall-Wahrscheinlichkeit von 5 % eine anfängliche Aktienquote von 26,94 %. Die mögliche Partizipation bleibt jedoch auch dann vergleichsweise niedrig.

Als Alternative kann der Anleger eine Wertsicherungsstrategie verfolgen. Vereinfachend wird dazu der Kauf einer europäischen Put-Option betrachtet, die sich auf eine Einheit des Aktienindex bezieht und deren Verfalltermin mit dem Absicherungstermin übereinstimmt. Diese Option verleiht ihrem Inhaber das Recht, aber nicht die Pflicht, eine Einheit des Aktienindex im Zeitpunkt $T = 1$ zu einem festgelegten Basispreis X zu verkaufen. Für dieses Recht ist die Put-Prämie $P_0(X)$ zu bezahlen, die um so höher ausfällt, je höher der gewählte Basispreis ist. Finanziert der Anleger die Option aus seinem Anfangsvermögen, bleibt nur ein reduzierter Betrag zur Investition in den Aktienmarkt. Das abgesicherte Portfolio besteht daher aus $\alpha < 1$ Einheiten des Aktienindex und der Option, sodass das Anfangsvermögen vollständig verwendet wird:

$$W_0 = \alpha \times \left(S_0 + P_0(X)\right).$$

Der Endwert des Portfolios ergibt sich damit als

$$W_1 = \begin{cases} \alpha \times X & \textit{falls } S_1 < X \\ \alpha \times S_1 & \textit{falls } S_1 \geq X. \end{cases}$$

Liegt also der Endstand des Aktienindex unter dem Basispreis der Option ($S_1 < X$), wird durch Ausübung der Option ein Mindestportfoliowert von $W_1 = \alpha \times X$ sichergestellt („Downside Protection"). Damit dieser Mindestwert dem gewünschten Floor entspricht ($\alpha \times X = F_1$), muss der Basispreis über dem Floor liegen. Liegt der Endstand des Aktienindex dagegen über dem Basispreis der Option ($S_1 \geq X$), verfällt die Option, und das Portfolio profitiert von der Entwicklung des Aktienmarktes („Upside Participation"). Aufgrund der gezahlten Put-Prämie überträgt sich der Endstand des Aktienindex allerdings nur mit einem „Upside Capture" von $W_1 / S_1 = \alpha < 1$ auf das Portfolio. Berechnet man den Put-Preis nach der Black-Scholes-Optionspreisformel, so ergeben sich für die Sicherung eines Floors von 95 die Werte $X = 101{,}90$, $P_0(X) = 7{,}26$, und $\alpha = 0{,}9323$. Gegen Zahlung einer Versicherungsprämie von $0{,}9323 \times 7{,}26 = 6{,}77$ stellt der Anleger somit sicher, dass sein Endvermögen bei Verlusten am Aktienmarkt einen Mindestwert von 95 nicht unterschreitet und an Endständen des Aktienindex oberhalb von 101,90 mit einer Quote von 93,23 % partizipiert.

Abbildung 1 illustriert die Auszahlungsprofile der Strategien. Im Gegensatz zum Buy-and-Hold-Portfolio aus Aktienindex und risikoloser Anlage ist das Auszahlungsmuster der Wertsicherungsstrategie nicht-linear: Während der Endwert des abgesicherten Portfolios im Downside-Bereich horizontal verläuft, steigt er im Upside-Bereich mit dem Aktienindex an. Das Zahlungsprofil der Wertsicherungsstrategie ist somit insgesamt konvex.

Abbildung 1: Lineare versus konvexe Auszahlungsprofile

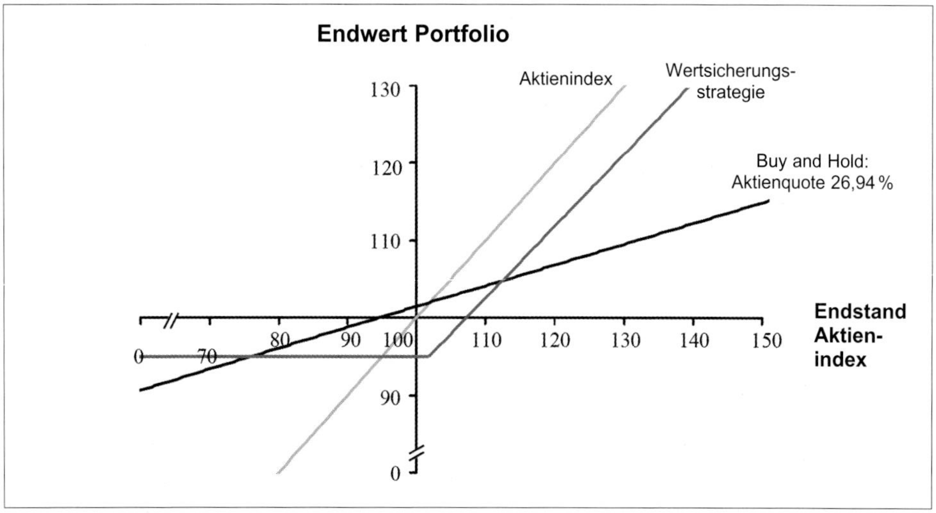

Abbildung 2 zeigt die zugehörigen Verteilungen der logarithmierten Jahresrenditen. Das Portfolio aus Aktienindex und risikoloser Anlage unterliegt dem gängigen Trade-off zwischen Volatilität und erwarteter Rendite und behält die ursprüngliche Symmetrie der Verteilung der Aktienrenditen bei. Die Wertsicherungsstrategie führt dagegen zu einer asymmetrischen (rechtsschiefen) Verteilung. Während das Verlustpotenzial unterhalb des Floors vollständig eliminiert wird, bleibt das Gewinnpotenzial des Aktienindex weitestgehend erhalten. Der Trade-off zwischen Risiko und Ertrag verlagert sich dabei auf die Größen Downside Protection und Upside Participation: Ein höherer Floor verursacht höhere Absicherungskosten und geht folglich einher mit einer geringeren Partizipation. Die zentralen Größen der Wertsicherungsstrategie – Floor und Partizipation – knüpfen somit unmittelbar an die vom Anleger gewünschte asymmetrische Struktur des Risiko-Chancen-Profils an.

Abbildung 2: Symmetrische versus asymmetrische Renditeverteilungen

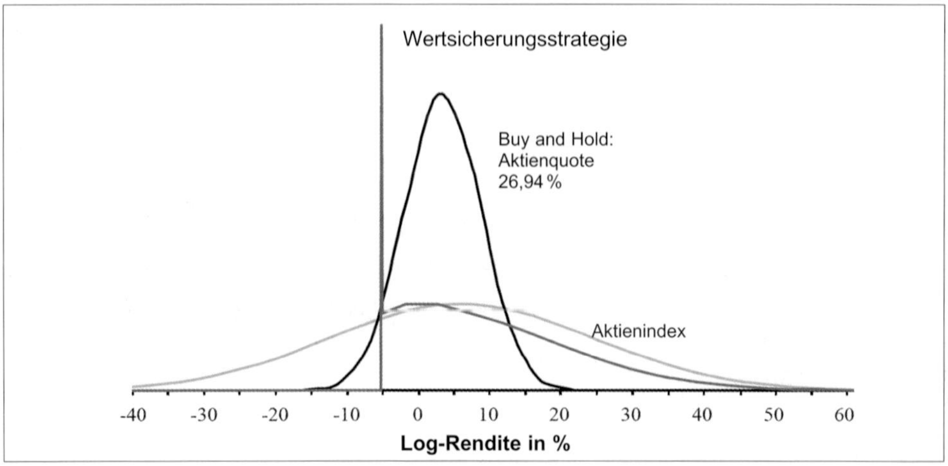

Anstatt die Wertsicherung über den Einsatz von Optionsinstrumenten zu realisieren, kann der Anleger auch eine dynamische Portfoliostrategie anwenden, die sich durch prozyklische Umschichtungen zwischen einer Position im Aktienindex und dem risikolosen Asset auszeichnet. Unter Fortsetzung des obigen Beispiels wird dazu die synthetische Replikation der Put-Option betrachtet. Da sich der Preis einer Put-Option entgegengesetzt zum Kurs ihres Basiswertes entwickelt, erfolgt die Replikation durch eine Short-Position im Aktienindex und eine betragsmäßig größere (Long-) Position im risikolosen Asset. Das abgesicherte Portfolio besteht somit aus $\alpha = 0{,}9323$ Einheiten des Aktienindex und der beiden Replikationspositionen; die Put-Option wird also durch eine anfängliche Verringerung der Aktienposition zugunsten der risikolosen Anlage ersetzt. Im Verlauf der Absicherungsperiode erfolgen nun kontinuierliche Umschichtungen zwischen Aktienindex und risikoloser Anlage, sodass der Absicherungseffekt der Put-Option laufend nachgebildet wird und sich die charakteristische prozyklische Allokationsentwicklung ergibt (vgl. zum synthetischen Put auch den folgenden Abschnitt).

Abbildung 3 illustriert die dynamische Wertsicherung für einen möglichen (simulierten) Entwicklungspfad des Aktienindex. In der ersten Jahreshälfte verzeichnet der Aktienmarkt deutliche Verluste von zwischenzeitlich bis zu 15 %, die sich – in abgeschwächter Form – auch im abgesicherten Portfolio widerspiegeln. Im Zuge dieser Verluste tritt die Downside Protection in den Vordergrund, und die Aktienquote wird von anfangs 50 % auf unter 20 % reduziert. In der Mitte des Jahres setzt eine Erholungsphase am Aktienmarkt ein, von der die Wertsicherungsstrategie zunächst nur wenig profitiert. Mit zunehmendem Wertgewinn wird jedoch eine immer stärkere Partizipation erreicht und die Aktienquote auf über 60 % erhöht. Gegen Jahresende weisen Aktienmarkt und Portfolio schließlich deutliche Gewinne auf, und die Aktienquote wird im Rahmen der Upside Participation auf 100 % gesteigert. Bei einem Endstand des Aktienindex von $S_1 = 118{,}41$ erzielt die dynamische Wertsicherung ein Endvermögen von $W_1 = 110{,}46$. Die alternative Wertsicherung durch Einsatz von Put-Optionen hätte ein Endvermögen von $\alpha = S_1 = 0{,}9323 \times 118{,}41 = 110{,}39$ ergeben. Während die Endvermögen unter den idealen Bedingungen der Black-Scholes-Optionspreistheorie exakt identisch wären, resultiert die hier vorliegende Abweichung aus den nicht-kontinuierlichen Umschichtungen bei der Replikation.

Abbildung 3: Verlauf einer dynamischen Wertsicherungsstrategie (Simulation)

Es ist zu betonen, dass dynamische Wertsicherungsstrategien per se keine Market-Timing-Strategien sind: Die Allokationsentwicklung wird *nicht* durch Trend- oder Renditeprognosen über den zukünftigen Verlauf des Aktienindex bestimmt – etwa um „günstige" Ein- oder Ausstiegszeitpunkte für den Aktienmarkt vorherzusagen. Stattdessen basiert die Portfoliostruktur auf den jeweils aktuellen Werten von Aktienindex und Portfolio in Abstimmung mit den Absicherungs- und Partizipationsvorgaben des Anlegers. Die Umschichtungen erfolgen dabei nach festen Regeln, um das gewünschte Risiko-Chancen-Profil zu realisieren. Dynamische Wertsicherungsstrategien sind in diesem Sinne also prognosefrei und regelgebunden. Insgesamt ist somit die Brücke geschlagen von einer statischen Asset-Allokation mit niedriger Aktienquote und geringen Renditechancen zu einer dynamischen Asset-Allokation mit gesicherter Wertuntergrenze und attraktiver Partizipation.

4 Traditionelle Wertsicherungsansätze

Zur Erzeugung asymmetrischer Risiko-Chancen-Profile steht eine Reihe von traditionellen Wertsicherungsansätzen zur Verfügung, die sich grundsätzlich in statische und dynamische Strategien einteilen lassen *(Tabelle 1)*.

Tabelle 1: Traditionelle Wertsicherungsansätze

Statische Strategien	Dynamische Strategien
• Protective-Put-Portfolio • Bond-plus-Call-Portfolio	• Synthetische Put Portfolio Insurance (SPPI) • Stop-Loss-Strategie • Constant Proportion Portfolio Insurance (CPPI)

Im Rahmen von statischen Wertsicherungsstrategien werden zu Beginn der Absicherungsperiode europäische Optionen gekauft, die sich auf den zugrundeliegenden Aktienindex beziehen und deren Verfalltermin mit dem Absicherungstermin übereinstimmt. Weitere Transaktionen sind im Verlauf der Absicherungsperiode nicht erforderlich.

Beim *Protective-Put-Portfolio* erfolgt die Upside Participation durch eine Investition in den Aktienindex und die Downside Protection durch den Kauf von Put-Optionen. Dieses Vorgehen wurde im vorherigen Abschnitt dargestellt. Das *Bond-plus-Call-Portfolio* dagegen besteht aus einer risikolosen Anlage in Höhe des abgezinsten Floors sowie aus Call-Optionen auf den Aktienindex; während also die risikolose Anlage die Einhaltung des Floors sicherstellt, erfolgt die Partizipation am Aktienmarkt anhand der Calls. Sofern der Basiswert der Put- und Call-Option mit dem zugrundeliegenden Aktienindex übereinstimmt, führen Protective-Put- und Bond-plus-Call-Strategie zu identischen Ergebnissen.[4] Dies folgt aus der Put-Call-Parität – danach hat ein Portfolio aus Aktienindex und europäischem Put den gleichen Wert wie ein Portfolio aus risikoloser Anlage in Höhe des abgezinsten Basispreises und europäischem Call,

$$S_t + P_t(X) = X \times (1 + r)^{-(T-t)} + C_t(X),$$

wobei $C_t(X)$ den Wert der Call-Option darstellt. Die Put-Call-Parität muss erfüllt sein, da beide Portfolios zu identischen Endvermögen von $W_T = \max[S_T, X]$ führen. Dieser Zusammenhang zeigt, dass sich Wertsicherungsstrategien allgemein aus zwei Perspektiven betrachten lassen: (1) als Investition in ein riskantes Portfolio zuzüglich einer Versicherung gegen dessen Downside-Risiko sowie (2) als risikolose Anlage zuzüglich einer Lotterie auf das Upside-Potenzial des riskanten Portfolios.

Statische Strategien haben den Vorteil, dass die Absicherung des Portfolios mit der anfänglichen Etablierung der Positionen abgeschlossen ist und nicht durch Transaktionskosten oder Ausführungsrisiken im Verlauf der Absicherungsperiode beeinträchtigt wird. Andererseits erfordern statische Strategien die Verfügbarkeit von Optionen, die sich auf das zu sichernde Portfolio insgesamt beziehen. Eine alternative Absicherung durch Optionen auf die Einzelbestandteile des Portfolios ist dagegen aufgrund der hier nicht automatisch enthaltenen Mitversicherung des diversifizierbaren Risikos mit zusätzlichen Absicherungskosten verbunden. Dieser Nachteil kommt insbesondere bei Portfolios zum Tragen, die mehrere Asset-Klassen umfassen.

Dynamische Wertsicherungsstrategien erzeugen ein asymmetrisches Risiko-Chancen-Profil durch prozyklische Umschichtungen zwischen einer Position im zugrundeliegenden Aktienindex und dem risikolosen Asset im Verlauf der Absicherungsperiode. Der Einsatz von Optionsinstrumenten ist dabei nicht erforderlich.

Die *Synthetische Put Portfolio Insurance (SPPI)* zielt darauf ab, die gleiche Wertentwicklung wie ein Protective-Put-Portfolio zu generieren; die Downside Protection erfolgt jedoch nicht durch den Kauf einer Put-Option, sondern durch deren synthetische Replikation. Zur Bestimmung der Replikationspositionen wird auf das Optionsdelta zurückgegriffen, das die Sensitivität des Optionspreises gegenüber Kursänderungen des Basiswertes angibt. Die Replikation lässt sich somit qualitativ darstellen als

4 Die Strategien müssen dabei „passend" konstruiert werden. Wahlmöglichkeiten ergeben sich zum Beispiel beim Bond-plus-Call-Portfolio bezüglich der Anzahl der gekauften Calls und deren Basispreisen.

$$\textit{Synthetischer Put} = \textit{Putdelta}\ (S_t) \times \textit{Aktienindex} + \textit{Risikolose Anlage}.$$

Da das Delta für Put-Optionen negativ ist – es liegt stets zwischen –1 und 0 –, besteht der synthetische Put aus einer Short-Position im Aktienindex zuzüglich einer betragsmäßig größeren (Long-)Position im risikolosen Asset. Der Netto-Kapitaleinsatz der Replikationspositionen entspricht dabei dem Preis der Put-Option. Im Zeitablauf führen insbesondere Kursveränderungen des Aktienindex zu Änderungen des Deltas. Folglich müssen die Replikationspositionen laufend angepasst werden: Fallende Aktienkurse führen zu einem betragsmäßig höheren Delta und erfordern eine umfangreichere Short-Position im Aktienmarkt; steigende Kurse führen dagegen zu einem betragsmäßig kleineren Delta und haben eine Einschränkung der Short-Position zur Folge. Die Aktienposition wird also prozyklisch gegen die risikolose Anlage umgeschichtet.

Die SPPI besteht damit insgesamt aus einer Investition in den Aktienindex, die durch die dynamischen Replikationspositionen für den Put überlagert wird. Im Vergleich zum Protective-Put-Portfolio ist die physische Aktienquote somit zugunsten der risikolosen Anlage reduziert. Die effektive Aktienquote – also die Sensitivität des Portfoliowertes gegenüber Kursänderungen des Aktienindex – ist jedoch identisch. Die Anpassungen der Replikationspositionen führen zu der prozyklischen Allokationsentwicklung der SPPI. Zum Absicherungstermin ist das Portfolio schließlich entweder vollständig im Aktienmarkt oder vollständig in der risikolosen Anlage investiert – je nachdem, ob der Endstand des Aktienindex im Upside- oder Downside-Bereich der Wertsicherung liegt. Unter (theoretisch) idealen Bedingungen kann anhand der SPPI die Wertentwicklung eines Protective-Put-Portfolios exakt nachgebildet werden.

Die *Stop-Loss-Strategie* ist die konzeptionell einfachste Wertsicherungsvariante. Nach einer anfänglichen Vollinvestition in den Aktienindex wird an jedem weiteren Zeitpunkt überprüft, ob der aktuelle Portfoliowert über dem abgezinsten Floor liegt, ob also die Bedingung

$$W_t > F_T \times (1 + r)^{-(T-t)}$$

erfüllt ist. Sobald die Bedingung zum ersten Mal verletzt ist, wird das Portfolio vollständig in die risikolose Anlage umgeschichtet und bis zum Absicherungstermin dort belassen. Beträgt der Portfoliowert nach erfolgter Umschichtung genau $W_t = F_T \times (1 + r)^{-(T-t)}$, wird der Floor über die risikolose Verzinsung bis zum Absicherungstermin gerade erreicht. Ist die Strategie aber erst einmal „ausgestoppt“, ist eine Partizipation an späteren Markterholungen nicht mehr möglich. Das Ergebnis der Stop-Loss-Strategie hängt somit stark von dem zwischenzeitlichen Entwicklungspfad des Aktienindex ab. Die Sicherungskosten bestehen in entgangenen Kursgewinnen, falls die Strategie ausgestoppt wird, der Aktienindex aber dennoch einen Endstand oberhalb des Floors erreicht.

Die *Constant Proportion Portfolio Insurance* (CPPI) erfordert wie die SPPI laufende Umschichtungen zwischen Aktienmarkt und risikoloser Anlage, zeichnet sich jedoch durch eine vergleichsweise einfache Allokationsregel aus. Der im Aktienindex zu investierende Vermögensbetrag E („Exposure“) berechnet sich zu jedem Zeitpunkt über die Differenz des Portfoliowertes zum abgezinsten Floor („Puffer“) sowie über einen Multiplikator m > 1 gemäß der Gleichung

$$E_t = m \times \left(W_t - F_T \times (1 + r)^{-(T-t)}\right)$$

Bei der CPPI wird also stets ein konstantes Vielfaches des Puffers im Aktienmarkt investiert; das verbleibende Vermögen wird risikolos angelegt. Dies setzt voraus, dass der Puffer größer als null ist, andernfalls besteht das Portfolio vollständig aus der risikolosen Anlage. Aufgrund des Multiplikators von $m > 1$ verlaufen auch die Umschichtungen der CPPI prozyklisch zum Aktienmarkt. Für einen Multiplikator von $m = 1$ reduziert sich die Strategie dagegen auf ein Buy-and-Hold-Portfolio. Schließlich kann die CPPI optionspreistheoretisch interpretiert werden: Unter idealen Bedingungen weist die Strategie die gleiche Wertentwicklung auf wie ein amerikanischer Call, der sich auf den Aktienindex bezieht und eine unendliche Laufzeit hat.

Dynamische Wertsicherungsstrategien zeichnen sich dadurch aus, dass sie sich flexibel auf individuelle Absicherungsvorgaben und zugrundeliegende Portfolios anwenden lassen. Die erforderlichen dynamischen Umschichtungen gehen jedoch mit zusätzlichen Herausforderungen für die Umsetzung der Strategien einher. Insbesondere die Kontrolle des Gap-Risikos – also des Risikos, dass die riskanten Positionen des Portfolios bei starken Kursrückgängen nicht rechtzeitig reduziert beziehungsweise durch Hedging neutralisiert werden können – ist für die Effektivität der Absicherungsstrategie in Krisenszenarien entscheidend.

5 Aktuelle Entwicklungen in der Praxis

In der Praxis wird ein Wertsicherungskonzept im Normalfall so implementiert, dass der Anleger Aktien- und Rentenmandate (und gegebenenfalls Mandate für weitere Asset-Klassen) vergibt und hierfür Subfonds einrichtet. Im Rahmen eines Master-Fonds wird ein zusätzliches Segment eröffnet, in dem ein dynamisches Wertsicherungsmodell als Risiko-Overlay umgesetzt wird. Über Futures wird dann die Aktien-Renten-Allokation auf Gesamtfondsebene gesteuert; sind Fremdwährungsanlagen vorhanden, kommen daneben Devisen-Forwards zum Einsatz.

Die traditionellen Wertsicherungsansätze gehen alle von einer Welt mit einer riskanten und einer risikolosen Anlageklasse aus. Das Anlageportfolio eines institutionellen Investors umfasst aber mehrere Asset-Klassen: Aktien und festverzinsliche Wertpapiere, daneben Immobilien und zunehmend alternative Anlageformen wie Rohstoffe, Hedgefonds und Private Equity. Somit stellt sich die Frage, welche der Anlageklassen mit in die Wertsicherung einbezogen und welche außen vor gelassen werden sollen. Hier gibt es keine pauschal gültige Antwort, sondern es ist im Einzelfall zu prüfen, welche Asset-Klassen mit welchen Managern abgedeckt werden und welche Hedge-Instrumente zur Verfügung stehen.

Bei der Ausgestaltung von Wertsicherungskonzepten unterscheiden sich die einzelnen Anbieter mitunter erheblich in Bezug auf die folgenden Punkte:

- Wird die relative Gewichtung der riskanten Asset-Klassen, insbesondere die Aktien-Renten-Relation, starr oder variabel gehalten?
- Ist der Wertsicherungsansatz regelgebunden und prognosefrei? Oder fließen – etwa zur relativen Positionierung zwischen Aktien und Renten – Prognosen ein?
- Wie werden nicht-hedgebare Risiken behandelt? Darunter sind einige der oben genannten alternativen Asset-Klassen zu verstehen, aber auch Segmente von Aktien (etwa Small Caps) und Renten (beispielsweise High-Yield-Anleihen).

- Wie wird mit Alpharisiken umgegangen, also damit, dass in Subfonds die Positionierung durch aktives Management von der Benchmark abweicht? Wie wird sichergestellt, dass aktive Managerentscheidungen nicht konterkariert werden (dass beispielsweise eine Long-Duration-Position eines Fixed-Income-Subfondsmanagers im Risiko-Overlay nicht rückgängig gemacht wird)?
- Auf welches Risikomodell und welches Risikomaß wird abgestellt?
- Beinhaltet das Wertsicherungskonzept einen Ansatz zur systematischen Reduzierung der Wertsicherungskosten, um die Partizipation in kritischen Marktphasen wie Seitwärtsmärkten zu erhöhen?
- Welche Parameter gehen in das Wertsicherungskonzept neben der Wertuntergrenze ein? Kann die vom Anleger erwartete Rendite (Zielrendite) systematisch integriert werden?
- Lassen sich mit dem Konzept Allokationssprünge vermeiden, die typischerweise am Jahresbeginn beziehungsweise allgemein zu Beginn einer neuen Anlageperiode entstehen?

Aufgrund der Unterschiede bei den genannten Punkten kann an dieser Stelle nur beispielhaft auf den von uns entwickelten und unter dem Namen „Metzler TORERO" vermarkteten Ansatz eingegangen werden. Der Einfachheit halber wird davon ausgegangen, dass das Risiko-Overlay sich nur auf Aktien und Renten bezieht, da diese in den meisten institutionellen Kapitalanlagen die dominierenden Risikoquellen darstellen; gleichwohl kann der TORERO-Ansatz auch weitere Asset-Klassen berücksichtigen.

Metzler TORERO ist ein prognosefreies und integriertes regelgebundenes System. Es fließen keine Prognosen zu der künftigen Wertentwicklung von Aktien und Renten ein, es werden keine technischen Modelle – wie etwa Trendfolgemodelle – oder fundamentale Prognoseansätze eingesetzt. Neben der vorgegebenen Wertuntergrenze wird auch die Zielrendite des Anlegers explizit in das Modell einbezogen.

Sämtliche Parameter – neben der Wertuntergrenze und der Zielrendite auch die Obergrenzen für die Aktienquote und Rentenduration – sowie der Algorithmus zur Ermittlung der Relation von Aktien zu Renten gehen in ein einziges mathematisches Modell ein und bestimmen die Gewichtung der Asset-Klassen vom „Tag null" an. Dadurch können Wertsicherungskosten reduziert werden, gleichzeitig wird die Partizipation an positiven Marktentwicklungen erhöht.

Abbildungen 4 und 5 zeigen ein nach der TORERO-Systematik gesteuertes Portfolio sowie ein Portfolio aus einem „ungesicherten" Mix von 30 % Aktien und 70 % Renten, letzteres bezeichnet als „strategische Benchmark".[5] *Abbildung 4* verdeutlicht, dass beide Portfolios eine ähnliche Rendite per annum aufweisen, die Wertentwicklung des TORERO-Portfolios aber wesentlich „glatter" und stetiger verläuft. Die Volatilität der strategischen Benchmark ist mit 6 % nahezu doppelt so hoch wie die des TORERO-Portfolios. *Abbildung 5* enthält die Drawdowns, das sind die prozentualen Verluste bezogen auf den bisherigen Höchststand. Der maximale Drawdown der strategischen Benchmark liegt mit fast 12 % dreimal so hoch wie der des TORERO-Portfolios.

---

5 Die ausführliche Fallstudie ist enthalten in Herold/Purschaker (2009).

Abbildung 4: Wertentwicklung (Historische Simulation auf Basis von Marktdaten)

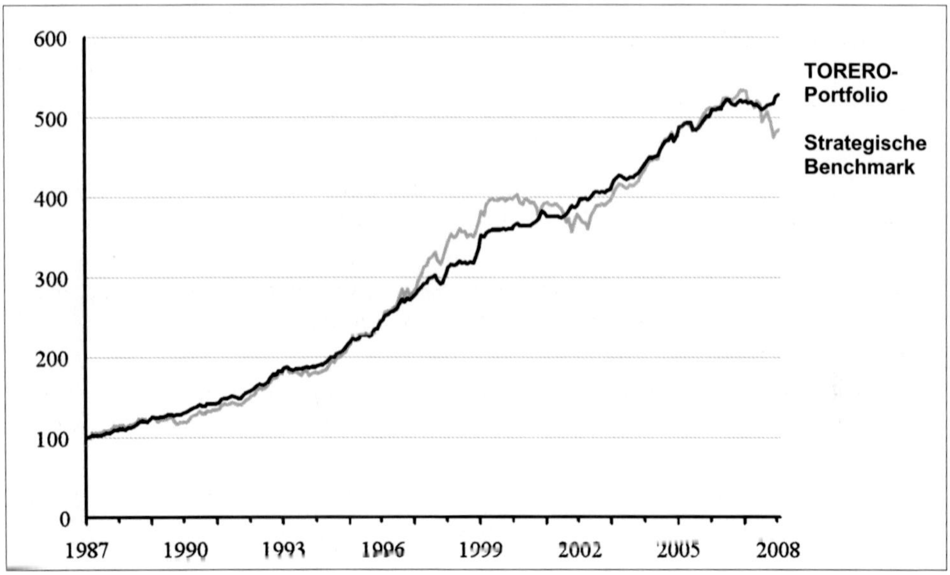

Abbildung 5: Verlustphasen (Historische Simulation auf Basis von Marktdaten)

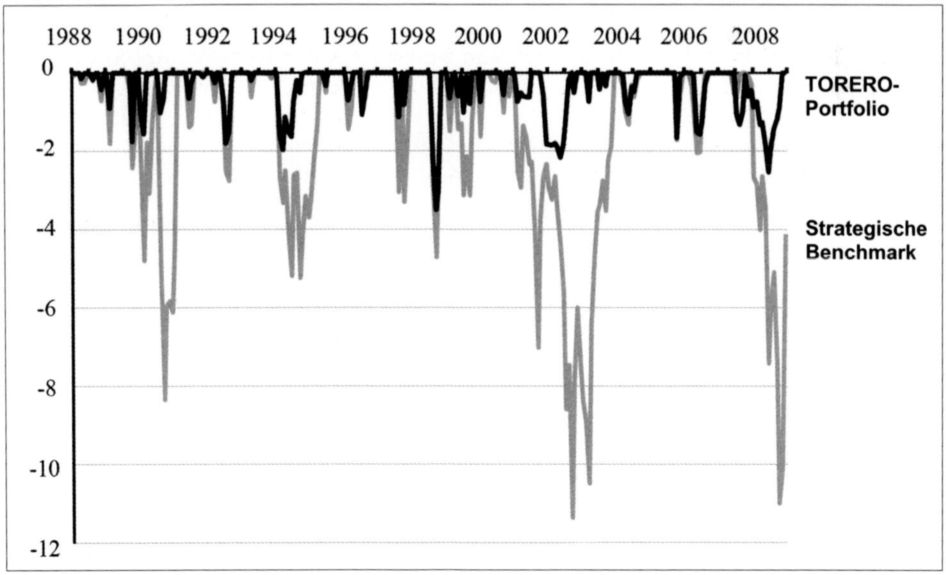

Im Ergebnis werden somit stabilere Renditen erzielt, und die Intensität und Dauer von zwischenzeitlichen Verlusten werden begrenzt. Zudem reagiert das Modell nicht rein prozyklisch, sondern enthält antizyklische Elemente. So kann die Antizyklik in Jahren stark steigender Aktienkurse mit einer Reduzierung der Aktienquote einhergehen.

Damit werden aufgelaufene Gewinne implizit teilweise „gesichert". Auch in dem schwierigen Marktumfeld des Jahres 2009 konnte die Antizyklik ihren Nutzen entfalten. Die sinkenden Aktiennotierungen bis Mitte März bewirkten nur eine geringfügige Reduzierung der Aktienquoten – deutlich geringer als bei oben beschriebenen klassischen Wertsicherungsansätzen –, sodass an den nachfolgenden steigenden Aktienkursen partizipiert werden konnte.

Das TORERO-Risiko-Overlay ist zudem ein probates Mittel für einen (Wieder-)Einstieg in die Aktienmärkte. So kann ein Anleger, der derzeit nicht oder kaum in Aktien engagiert ist, Aktienexposure aufbauen und risikokontrolliert an der Wertentwicklung der Asset-Klasse Aktien teilhaben. Nach „guten" Jahren können außerdem das Risikobudget angehoben und damit die (mögliche) Aktienquote erhöht werden.

Das TORERO-Risiko-Overlay konzentriert sich auf die „große" Entscheidung Aktien versus Renten versus Kasse. Die Aktien-, Renten- und Kassequoten sind dabei im Minimum auf 0 % beschränkt. Gleichwohl ist es natürlich möglich, neben dem TORERO-Ansatz zur Erzielung von Risikoprämien und zur Steuerung von Beta-Risiken ein separates Modul für die „Global Tactical Asset Allocation" (GTAA) zu installieren, um einen unkorrelierten Mehrertrag (Alpha) zu erzeugen. Um ein stabiles Alpha zu erzielen, werden hier Unterschiede in der Performance einzelner Aktienmärkte, Rentenmärkte und Währungen ausgenutzt, indem Long- und Short-Positionen eingegangen werden.

Literaturverzeichnis

Bernstein, Peter L.: „Capital Ideas. The Improbable Origins of Modern Wall Street", The Free Press, 1992.

Black, Fisher/Jones, Robert: „Simplifying Portfolio Insurance", in: Journal of Portfolio Management 13, 1987, S. 48-51.

Black, Fisher/Perold, Andre F.: „Theory of Constant Proportion Portfolio Insurance", in: Journal of Economic Dynamics and Control 16, 1992, S. 403-426.

Black, Fisher/Scholes, Myron: „The Pricing of Options and Corporate Liabilities", in: Journal of Political Economy 81, 1973, S. 637-654.

Herold, Ulf/Purschaker, Nader: „Risikobasierte Steuerung der Asset Allocation zur Erzielung von stabilen Erträgen", in: I·VW Management-Information (St. Galler Trendmonitor), Nr. 3, 2009, S. 33-38.

Merton, Robert C.: „Optimum Consumption and Portfolio Rules in a Continuous-Time Model", in: Journal of Economic Theory 3, 1971, S. 373-413.

Merton, Robert C.: „Theory of Rational Option Pricing", in: Bell Journal of Economics and Management Science 4, 1973, S. 141-183.

Perold, Andre F.: „Constant Proportion Portfolio Insurance", Harvard Business School Working Paper, 1986.

Rubinstein, Mark/Leland, Hayne E.: „Replicating Options with Positions in Stock and Cash", in: Financial Analysts Journal 37, 1981, S. 63-72.

Performance Presentation Standards – ein wichtiger beruflicher Wegbegleiter

von Michaela Krahwinkel

1997 wurde ich gefragt, ob ich in einer Kommission der DVFA mitarbeiten wolle, die sich die Erarbeitung von Performance Presentation Standards zum Ziel gesetzt hatte. Es war mir von Beginn an eine Ehre, mich in einem Kreis von national und international anerkannten Performance-Spezialisten und Asset Managern für die Entwicklung neuer Standards einzusetzen. Bis heute begleite ich dieses Thema mit großer Leidenschaft.

1 Vorgeschichte

Offensichtlich wurde der Bedarf nach einem Regelwerk für Standards zur Berechnung und Präsentation von Performance-Ergebnissen, nachdem in den achtziger Jahren einige Vermögensverwalter in den USA manipulierte Performance-Ergebnisse präsentiert hatten.

Auch die voranschreitende Globalisierung der Finanzmärkte brachte die Notwendigkeit mit sich, Produkte und Leistungen von verschiedenen Asset Managern vergleichbar zu machen. Die Voraussetzungen für diesen Vergleich fehlten jedoch: eine einheitliche Definition von Performance und die Offenlegung wesentlicher Informationen. In der Praxis war vielmehr immer häufiger zu beobachten, dass nur ausgewählte Informationen präsentiert und schlechte Ergebnisse den Investoren schlicht verheimlicht wurden. Folglich war die Aussagekraft der präsentierten Ergebnisse gering und ließ kaum Rückschlüsse auf die tatsächlich erzielten Ergebnisse eines Asset Managers zu. Auch führte die Präsentation von nicht standardisierten Performance-Ergebnissen auf Basis von Simulationen und Musterportfolien zur Verunsicherung bei den Investoren.

Um eine nachvollziehbare Vergleichbarkeit von Leistungen und Produkten von Asset Managern zu erreichen, war eine Vereinheitlichung von Berechnungsmethoden und Vorgaben zur Präsentation zwingend notwendig.

Diese durch weitgehende Intransparenz gekennzeichnete Situation war der Ausgangspunkt, um dezidiert über eine Standardisierung von Performance-Präsentationen nachzudenken. Ziel war der Aufbau eines Regelwerks, mit dem eine faire Darstellung und die vollständige Offenlegung der Performance-Ergebnisse gegenüber Investoren – zum damaligen Zeitpunkt noch überwiegend Pensionskassen und andere zumeist institutionelle Kunden – ermöglicht und dabei die Genauigkeit und Korrektheit der Darstellung gewährleistet wurde.

Der letztlich entscheidende Anstoß zur Umsetzung kam in den achtziger Jahren durch die amerikanische Börsenaufsicht SEC, die nach der Manipulation von Performance-Ergebnissen eine gesetzliche Regelung erwog. Dem Gesetzgeber vorauseilend reagierte die *Financial Analysts Federation* (FUF) umgehend und gründete ein Komitee mit dem Ziel, hierzu ein Regelwerk auszuarbeiten. Aufgabe des Komitees war es, freiwillig einzuhaltende ethische Standards zu entwickeln, die in *Performance Presentation Standards* (PPS) festgeschrieben wurden. Gemäß den Standards sollte der Asset Manager nunmehr darlegen, wie sich sämtliche nach vergleichbaren Anlagestrategien und -zielen verwalteten realen Portfolien der gesamten Einheit volumengewichtet entwickeln. Dazu war es erforderlich, nicht mehr die Performance von Einzel-Portfolios darzustellen, sondern die Performance-Ergebnisse von Portfolio-Gruppen, sogenannte Composites. Um Vergleichbarkeit zu gewährleisten, wurden zudem die Berechnungsmethoden und die zu präsentierenden Zeiträume festgelegt, wie auch die Informationen, die dem Kunden gegenüber offen zu legen sind.

Erstmals vorgestellt wurde dieses Vorhaben 1987 in einem Bericht, welcher in der Herbst-Ausgabe des *Financial Analysts Journal* erschien.

2 Entwicklung

1993 hat die amerikanische Analystenvereinigung *Association for Investment Management and Research* (AIMR) ein weiteres Regelwerk veröffentlicht, das auf dem genannten Regelwerk der FUF basierte. 1997 erschien eine stark erweiterte Ausgabe, die AIMR-PPS 97. Trotz aller Anerkennung durch die Investoren und Asset Manager konnten sich die AIMR-PPS außerhalb von Nordamerika und Kanada nur in wenigen Ländern als Standard durchsetzen. Die fehlende Akzeptanz der AIMR-PPS sowie die stark zunehmende Globalisierung im Asset Management machten es jedoch erforderlich, neue weltweit geltende Standards zu entwickeln, um so die internationale Vergleichbarkeit von Asset Managern zu ermöglichen. Dazu wurde 1996 eine Kommission gegründet, in der alle weltweit wichtigen Kapitalmarktplätze vertreten waren. Diese Kommission hat im April 1998 einen ersten Entwurf der *Global Investment Performance Standards (GIPS)* veröffentlicht.

Auch Deutschland beteiligte sich an der Entwicklung: Die DVFA gründete im Jahr 1997 eine Expertenkommission, um Standards für den deutschen Markt zu erarbeiten. Die DVFA-Kommission orientierte sich zwar an den bereits existierenden Standards, hatte aber in einigen Punkten eine sehr viel strengere Auslegung formuliert.

Die *DVFA-Performance Presentation Standards* traten am 1. Januar 1999 in Kraft und fanden rasch hohe nationale, aber auch internationale Beachtung. Eine englischsprachige Version der DVFA-PPS erschien daher mit der Überarbeitung der Standards Anfang 2000.

Trotz aller Aktivitäten und der Entwicklung diverser länderspezifischer Standards war es jedoch immer noch nicht gelungen, eine einheitliche Darstellung der Leistungen von Asset Managern im internationalen Vergleich zu etablieren. Ein wesentlicher Schritt hin zur weltweiten Akzeptanz gelang erst, als man anfing, basierend auf den bereits bestehenden Standards einen einheitlichen globalen Standard zu formulieren. Ein großer Beitrag war im Jahr 2000 die Überführung der bestehenden DVFA-PPS in eine Country Version of *Gips* (CVG) durch die Expertengruppe der DVFA.

Im Februar 2005 war es dann endlich soweit und ein akzeptierter globaler Standard, die *Gold GIPS,* wurde veröffentlicht. In diesem Regelwerk gingen die bestehenden länderspezifischen Standards und die GIPS auf. Seit ihrem Inkrafttreten am 1. Januar 2006 haben sich die beteiligten Länder verpflichtet, die neu definierten GIPS als einzig gültigen Standard zur Präsentation der Investment Performance zu übernehmen. Inzwischen befolgen bereits 32 Länder die ethischen Richtlinien und Empfehlungen der GIPS und sind nach einer förmlichen Begutachtung offizielle Country Sponsoren der GIPS.

Um die Entwicklung der GIPS zu fördern und Deutschland in der globalen GIPS-Organisation optimal zu vertreten, wurde 2005 gemeinschaftlich von DVFA, BVI Bundesverband Investment und Asset Management e.V. und German CFA Society das *German Asset Management Standards Committee* (GAMSC) gegründet. Als Nachfolger der DVFA PPS Kommission gründete das GAMSC das Komitee *Investment Performance Standards* (IPS). Diese Expertengruppe befasst sich unter anderem mit den PPS und stellt Teilnehmer in den internationalen Gremien der GIPS. Zuletzt vertrat das IPS durch die maßgebliche Mitarbeit an den *GIPS 2010* die Interessen des deutschen Marktes und hat Einfluss auf die geplanten Anpassungen der GIPS genommen.

3 Nutzen für Investoren

Der Weg zu einheitlichen Standards war von zahlreichen Herausforderungen gekennzeichnet, immer begleitet von dem Ziel, eine internationale Vergleichbarkeit von Asset Managern zu erreichen. Dieses Ziel ist heute erreicht, und der Nutzen der Standards für Investoren ist offensichtlich.

So können Investoren länderübergreifend Asset Manager auf Basis von standardisierten, qualitätsgesicherten Angaben zur Performance der Produkte auswählen. Die Standards gewährleisten Glaubwürdigkeit und geben gleichzeitig die Sicherheit, dass die präsentierten Daten den vollständigen und tatsächlichen Track Record des Asset Managers umfassen. Cherry-Picking ist damit ausgeschlossen.

Herauszustellen ist, dass das nachvollziehbare Sicherheitsbedürfnis der Kunden gerade von deutschen Asset Managern sehr ernst genommen wird. Über das von den GIPS geforderte Compliance-Statement hinaus lassen fast alle deutschen Asset Manager die Einhaltung der GIPS und ihre korrekte Umsetzung von einem externen Prüfer verifizieren.

Die Vorteilhaftigkeit einheitlicher Standards hat sich am Markt bereits durchgesetzt. Um im Wettbewerb zu bestehen, gilt es heute als unverzichtbar, bei der Akquisition und Gewinnung neuer Mandate Composites zu präsentieren.

Tatsächlich eröffnen die Standards Möglichkeiten für den Vertrieb. Weil alle Anbieter weltweit den gleichen Regeln unterliegen, fallen viele Eintrittsbarrieren weg, die gerade den Zugang zu Märkten mit lokalen Gepflogenheiten bislang erschwert haben. Dies fördert den globalen Wettbewerb und kommt neben den Asset Managern vor allem den Investoren zugute.

Neben der Vergleichbarkeit verschiedener Asset Manager ist auch der Nutzen von GIPS im Managementprozess des einzelnen Anbieters nicht zu unterschätzen, der sich gleichermaßen für den Investor auszahlt. Die effektivere Gestaltung von internen Arbeitsabläufen und die Vereinheitlichung und Komplettierung der Datenstrukturen sind beachtenswert. Hohe Datenqualität wird durch das jährliche Compliance-Statement und durch eine externe Verifizierung sichergestellt.

Eine tendenziell höhere Stabilität der Managementprozesse wird aufgrund des von den GIPS geforderten Aufbaus eines Track Records von mindestens fünf Jahren gefördert, was eine nachhaltige Planung der Produkte unabdingbar macht.

Durch die verlangte Offenlegung aller für den Investor wesentlichen Informationen wird eine Transparenz geschaffen, die spezifische Nachfragen ermöglicht und somit bei Asset Managern und Investoren zu einer höheren Professionalität führt.

4 Nutzen für den Asset Manager

Meine Aufmerksamkeit gilt seit vielen Jahren nicht nur dem Investmentcontrolling. 1997 bin ich der DVFA-Kommission beigetreten und begleite seither auch die PPS in verschiedenen nationalen und internationalen Gremien.

Daher hatte ich die Chance, sehr früh die Einsatzmöglichkeiten der Standards auch im internen Controlling zu erkennen, die ich für sehr wichtig erachte.

Zur Erreichung von Unternehmenszielen bedarf es aus meiner Sicht einer zentralen Voraussetzung; interne und externe Ziele müssen gleichgerichtet sein. Im Umkehrschluss heißt das, dass die Leistungsbeurteilung durch den Investor und die interne Leistungsbeurteilung den gleichen Kriterien folgen müssen. Hinzu kommt: Die Qualität und die Leistung eines Asset Managers spiegeln sich in der Compositepräsentation wider; entspricht diese der Kundenerwartung, folgt häufig ein Investment. Daraus resultiert für das interne Controlling, dass die Beurteilung der für die Produktgruppen/Composites verantwortlichen Leistungsträger zwingend an das Compositeergebnis gekoppelt sein muss. Ein fairer relativer Vergleich der Compositeergebnisse wird durch die Account Derived Benchmark des Composites möglich. Damit wird die Kundenzufriedenheit implizit in die Leistungsbeurteilung des Investmentprozesses integriert und führt nicht nur zu einem konsequenten Monitoring der Ergebnisse, sondern auch zu einer stetigen Überprüfung der Investmentprozesse und der strategischen Ausrichtung der Produkte.

Zusätzliches Nutzenpotenzial lässt sich erschließen, wenn die Composites auch im Managementreporting eingesetzt werden. Die Compositestruktur bietet sich als Ordnungskriterium an, weil sie auf standardisierten und qualitätsgesicherten Prozessen basiert. So kann die Unternehmensführung mittels der Compositeergebnisse schnell und umfassend Informationen zu den einzelnen Produktgruppen und Organisationseinheiten erhalten, und diese von der obersten Ebene der Composites bis zu einzelnen Portfolios aufgliedern. Die Vereinheitlichung der internen und externen Performance-Darstellung und des Reportings steigert somit Effizienz und Transparenz auch innerhalb der Asset-Management-Einheit.

Der letzte und nicht zu unterschätzende Nutzen der GIPS ist das dokumentierte Bekenntnis zum fairen Wettbewerb.

5 Vision

Die Standards haben sich seit 1987 kontinuierlich entwickelt. In den Anfängen war die Arbeit an der globalen Akzeptanz das vorrangige Ziel, heute ist es die fachliche Weiterentwicklung der Inhalte.

Asset Management hat sich in den letzten zwanzig Jahren erheblich verändert. Unter anderem gilt es, neue Assettypen oder -klassen in die GIPS zu integrieren. So sind aktuell Hedge Fonds oder andere Alternative Assets nicht explizit in den GIPS enthalten und müssen mit ihren speziellen Erfordernissen aufgenommen werden. Das gleiche gilt für Private Equity.

Eine weitere Notwendigkeit zur Weiterentwicklung zeigt sich auch in der Integration des Risikomanagements: Obwohl das Risiko eine herausragende Rolle bei der Beurteilung eines Portfolios hat, ist hierzu in den Standards keine befriedigende Aussage enthalten. Der Hauptgrund ist, dass Risikomaße nicht für alle Situationen und Rahmenbedingungen gleichermaßen geeignet sind. Wünschenswert wäre, wenn die GIPS auch hier eine Standardisierung herbeiführen könnten und Fakten schaffen, bevor die Gesetzgeber oder die SEC Vorgaben machen.

Auch Detailfragen, wie z.B. der Einsatz von einheitlichen Devisen- und Bewertungskursen, könnten ein Ziel bei der weiteren Entwicklung der GIPS sein. Nicht zu vergessen das Thema Benchmark: Es gibt bereits seit langem außer Relative-Return- auch Absolute- und Total-Return-Produkte, aber für die beiden Letztgenannten noch keine geeigneten Benchmark-Standards am Markt.

Trotz aller Möglichkeiten und dem offensichtlichen Nutzen einheitlicher Standards bleibt festzuhalten, dass Investoren die erweiterten Möglichkeiten durch die GIPS noch unzureichend nutzen. Der professionelle Umgang mit den GIPS würde zu stärkerer Nachfrage und letztendlich zu weiteren positiven Entwicklungen bei den GIPS führen. Hier sind Marketing-Maßnahmen für die GIPS zwingend notwendig.

Ich wünsche mir, dass die Erfolgsgeschichte der Standards anhält – für den deutschen Markt hat sie mit den DVFA-Standards begonnen!

Chancen und Risiken der kapitalgedeckten Alterssicherung

von Raimond Maurer

1 Ausgangssituation

Weltweit sehen sich Arbeitnehmer und Arbeitnehmerinnen in zunehmendem Maße der Verantwortung ausgesetzt, für das Rentenalter vorzusorgen und die Finanzierung des Ruhestandes im Wege eines kapitalgedeckten Systems zu übernehmen. Die auf dem sogenannten Generationenvertrag beruhenden und im Wege des Umlageverfahrens finanzierten staatlichen Alterssicherungssysteme, welche traditionell in vielen Ländern den wichtigsten Teil der Alterssicherung breiter Bevölkerungsschichten darstellen, sind an die Grenzen ihrer Leistungsfähigkeit gestoßen. Hierzulande betrifft dies vornehmlich die gesetzliche Rentenversicherung, aber in zunehmendem Maße auch die Pflegeversicherung. Die Probleme resultieren vor allem aus der Dank des medizinischen Fortschritts zunehmenden Lebenserwartung der Deutschen, den anhaltend geringen Geburtenziffern (aktuell nur noch rund 1,4 Kinder pro Frau) sowie aus der anhaltend hohen Arbeitslosigkeit und den damit verbundenen Beitragsausfällen. Trotz einschneidender Kürzungen des Leistungsniveaus, die im Rahmen der verschiedenen Rentenreformen der letzten Dekade umgesetzt wurden, werden gegenwärtig von den Arbeitnehmern und -gebern zusammen fast 20 % des Lohns an die Rentenkasse abgeführt. Allerdings reicht dieser Beitragssatz nicht aus, um die laufenden Rentenzahlungen zu finanzieren, sondern muss durch Zuweisungen aus dem allgemeinen Steueraufkommen kräftig unterstützt werden.

Um die Leistungskürzungen bei den gesetzlichen Versorgungssystemen zu kompensieren und ein erhebliches Absenken des Versorgungsniveaus zukünftiger Rentnergenerationen zu vermeiden, wurden ab Beginn dieses Jahrhunderts die im Wege der Kapitaldeckung finanzierten Altersversorgungssysteme deutlich gestärkt. Hierbei bauen die Bürger während der Erwerbsphase einen Kapitalstock auf, aus dem später die Ruhestandsleistungen finanziert werden. Mit einem zusätzlichen kapitalgedeckten Alterssicherungssystem sind verschiedene Vorteile verbunden: Es gilt als weniger anfällig gegenüber demografischen Veränderungen als die umlagefinanzierten Alterssicherungssysteme, eine zumindest partielle privatwirtschaftliche Lösung des Rentensystems kann helfen, die Staatsquote nicht weiter steigen zu lassen, und es bietet für die Bürger eine größere Flexibilität, da individuelle Aspekte wie Lebensalter, Risiko- und Zeitpräferenzen besser berücksichtigt werden können. Schließlich erhofft man sich durch eine Altersversorgung, die unmittelbar an die Wertentwicklung der internationalen Aktien-, Anleihen- und Immobilienmärkte gekoppelt ist, ein höheres Versorgungsniveau erreichen zu können.

In Deutschland trug der Gesetzgeber dieser Entwicklung im Rahmen der Rentenreform im Jahre 2001 erstmals Rechnung. Kürzungen bei der gesetzlichen Rente wurden durch zusätzliche steuerliche Förderungen der kapitalgedeckten Systeme im Bereich der betrieblichen und privaten Alterssicherung kompensiert. Ein Meilenstein war hierbei die Einführung der sogenannten „Riesterrente", welche die von Arbeitern, Angestellten sowie Beamten auf freiwilliger Basis erbrachten Sparbeiträge für die Altersvorsorge durch eine nachgelagerte Besteuerung oder durch direkte Subventionen steuerlich fördert. Für Familien mit Kindern fällt die steuerliche Förderung besonders hoch aus. Die Altersvorsorgegelder fließen dabei nicht in einen vom Staat verwalteten „staatlichen Pensionsfonds", sondern in individuelle und im Vorfeld zertifizierte Altersvorsorgeprodukte, die von staatlich überwachten privaten Finanzinstitutionen wie Banken, Investmentgesellschaften und Versicherungen entwickelt und breiten Bevölkerungsschichten angeboten werden. Später wurde es im Rahmen der Riesterrente in einem recht komplizierten Verfahren auch ermöglicht, Sparbeiträge für das selbstgenutzte Wohnungseigentum einzusetzen.

Nach anfänglich zögerlichem Beginn findet die Riester-Rente einen immer größeren Zuspruch in der Bevölkerung und wird mittlerweile von rund einem Drittel der anspruchsberechtigten Bundesbürger in Anspruch genommen. Dieser Weg wurde durch die Rentenreform im Jahre 2005 weitergeführt, in der mit den sogenannten „Basisrentenverträgen" ein zusätzlicher steuerlich geförderter Typus von privatem Altersvorsorgevertrag geschaffen wurde, welcher der Riesterrente konzeptionell ähnlich ist. Auch in anderen Ländern gibt es vergleichbare Entwicklungen. So führte Frankreich sogenannte PERCO-Pensionspläne ein, die mit den US-amerikanischen 401(k)-Plänen der betrieblichen Altersversorgung vergleichbar sind. In Italien wurde den Arbeitnehmern im Wege der TRF-Rentenreform ermöglicht, einen Teil ihres Einkommens direkt in Altersversorgungskapital umzuwandeln.

In einem solchen Umfeld stehen immer weitere Bevölkerungsschichten vor der Herausforderung, aus den vielfältigen Anlagemöglichkeiten eigenverantwortlich ein auf ihre individuellen Bedürfnisse passendes Altersvorsorgeprogramm aufzubauen. Dabei darf natürlich nicht vergessen werden, dass den Freiheiten, Flexibilitäten und Ertragschancen der kapitalgedeckten Alterssicherung gleichzeitig nicht unbeträchtliche Risiken gegenüber stehen. Für den Bürger ist es deshalb bei der Auswahl von großer Wichtigkeit, wie die langfristigen Rentabilitäts- und Risikopotenziale eines bestimmten Altersvorsorgeprodukts fundiert eingeschätzt werden können. Wie diese Frage mit wissenschaftlichen Methoden beantwortet werden kann, steht im Fokus dieses Artikels.

2 Chancen und Risiken kapitalgedeckter Altersversorgungssysteme

Im Vergleich zu einem staatlich organisierten Umlageverfahren lassen sich bei einem kapitalgedeckten System vor allem folgende drei Risiken identifizieren:

Das *Langlebigkeitsrisiko* resultiert aus der Unsicherheit der individuellen Lebensdauer. Niemand weiß genau, wie lange er leben wird. In der Entnahmephase ergibt sich daher das Problem, dass den einzelnen Bürgern nicht bekannt ist, für welchen Zeitraum das in der Ansparphase aufgebaute Altersversorgungskapital genau reichen muss. Aus einer finanzwirtschaftlichen Perspektive besteht damit die Gefahr, dass eine Person so alt wird, dass der dafür aufgebaute individuelle Kapitalstock noch zu Lebzeiten aufgebraucht wird. In der nachfolgenden Abbildung ist die wahrscheinliche Restlebensdauer für eine 65-jährige Frau dargestellt. Hierbei wurde die Allgemeine Sterbetafel des Statistischen Bundesamts als Datenquelle zu Grunde gelegt und die Wahrscheinlichkeitsverteilung durch ein sogenanntes Gompertz-Sterbegesetz modelliert. Zum anderen wurde eine Sterbetafel verwendet, die für die Kalkulation von privaten Leibrentenversicherungen verwendet wird. Diese Sterbetafeln weisen im Allgemeinen geringere Sterblichkeitsraten auf. Dies ist insofern sachlich gerechtfertigt, da Personen, welche private Leibrentenversicherungen abschließen, im Vergleich zur allgemeinen Bevölkerung meist länger leben.

Es ergibt sich eine erwartete Restlebensdauer für Frauen von zirka 20 Jahren bzw. ein erwartetes Lebensalter von etwa 85. Aus der Abbildung ist auch zu erkennen, dass es eine beträchtliche Streuung um die erwartete Restlebensdauer gibt. Es ist zu erwarten, dass etwa die Hälfte der 65jährigen Frauen älter als 85 werden, ein Viertel älter als 90 und ein Zehntel erreicht sogar das 95igste Lebensjahr. Andererseits besteht für eine 65jährige Frau eine 10 %ige bzw. 25 %ige Wahrscheinlichkeit, nicht älter als 73 bzw. 79 Jahre zu werden. Bei Verwendung der Sterbetafel für Käuferinnen von Leibrenten erhöht sich die Lebenserwartung einer 65-jährigen Frau auf rund 91 Jahre. Dabei haben über 15 % die Chance, ein Lebensalter von 100 Jahren zu erreichen.

Abbildung 1: Schwankungsbreite und Wahrscheinlichkeitsverteilung der Restlebensdauer

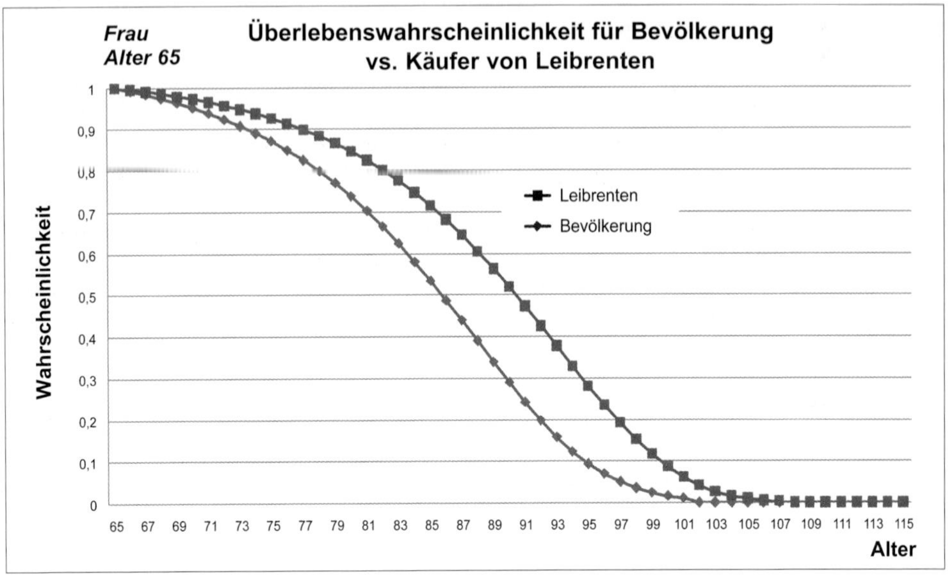

Quelle: Eigene Darstellung. Die in der 2003/05 Allgemeinen Sterbetafel Deutschland bzw. DAV 2004 R (Basisjahr 2009) enthaltenen Mortalitätsraten wurden zur Kalibrierung eines Gompertz-Gesetz verwendet.

Bei der staatlichen Rente oder auch bei einer reinen Leistungszusage im Rahmen der betrieblichen Altersversorgung erfolgen im Ruhestand standardmäßig lebenslange Leibrentenzahlungen. In der privaten Altersversorgung oder bei eher beitragsorientierten betrieblichen Pensionsplänen ist dies nicht zwingend der Fall. Vielmehr haben die Ruheständler neben dem Erwerb einer privaten Leibrente bei einem Versicherungsunternehmen auch die Möglichkeit, das aufgebaute Kapital durch eine Einmalzahlung (etwa um ein Eigenheim zu entschulden) zu verwenden oder den Ruhestand durch einen Entnahmeplan auf der Basis von Investmentfonds zu finanzieren.

Das *Inflationsrisiko* bezeichnet die Gefahr, dass aufgrund allgemeiner Preissteigerungen die Kaufkraft der Altersversorgungsmittel an Wert verliert. Oft orientiert man sich bei der Beurteilung von Verlustrisiken an der nominalen Kapitalerhaltung: Eine Anlageform ist um so sicherer, je geringer das Risiko ausfällt, am Ende weniger zu haben als eingezahlt wurde. Nun soll hier keinesfalls das Gespenst einer Hyperinflation wie nach den beiden Weltkriegen an die Wand gemalt werden. Allerdings ist trotz der vergleichsweise niedrigen Inflationsraten der letzten Dekade die Fragestellung nach der realen Kapitalerhaltung gerade für die kapitalgedeckte Alterssicherung und den damit verbundenen langen Zeithorizonten wichtig. Ein Beispiel: Ein unverzinslich angelegtes Anfangskapital verliert bei einer Inflationsrate von nur 2 % pro Jahr nach 30 Jahren zirka 45 % des realen (Kaufkraft-)Wertes. Liegt die Inflationsrate dagegen bei 4 % pro Jahr, so beläuft sich der Kaufkraftverlust nach 30 Jahren auf rund 70 %. Da Sparen nichts anderes bedeutet, als Konsummöglichkeiten von der Gegenwart in die Zukunft zu verschieben, markiert die reale Kapitalerhaltung sicherlich eine untere Verteidigungslinie, an der sich die langfristige Rentabilität eines Altersversorgungsinstruments messen lassen muss. Aus diesem Grunde betrachten wir in diesem Beitrag die Möglichkeit, den realen Kapitalerhalt zu verfehlen, als Verlustrisiko.

Das Investmentrisiko: Die Anlageformen, in welche die Bürger investieren, beinhalten nicht nur Ertragschancen, sondern auch Verlustrisiken. Es besteht die Gefahr, dass aufgrund ungünstiger Wertentwicklungen an den Kapitalmärkten das Altersversorgungskapital an Wert verliert und damit ein angestrebtes Versorgungsniveau verfehlt wird. Dabei resultiert aus dem Fundamentalgesetz effizienter Finanzmärkte, dass höhere Renditechancen mit höheren Risiken einhergehen. Die nachfolgende Grafik verdeutlicht dies am Beispiel der historischen Entwicklung einer Anlage in ein Portfolio aus deutschen Standardaktien und Staatsanleihen (repräsentiert jeweils durch den DAX und den REXP).[1]

Abbildung 2: Jährliche inflationsbereinigte Renditen für Deutsche Aktien (DAX) und Staatsanleihen (REXP) 1950– 2009[1].

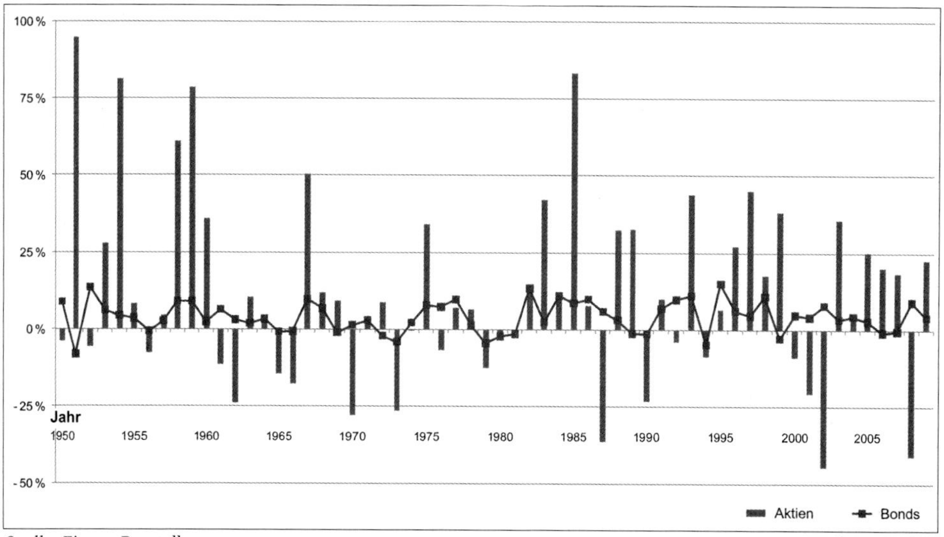

Quelle: Eigene Darstellung.

1 Datenquelle sind hierbei die Zeitreihen des Instituts für Bank-, Börsen- und Versicherungswesen, Humboldt-Universität zu Berlin (Prof. R. Stehle, Ph.D.). Siehe hierzu *http://www.wiwi.hu-berlin.de/Professuren/bwl/bb/aktien/DatenReihen/*

Aus der Abbildung wird deutlich, dass Aktien in der deutschen Nachkriegsgeschichte meist eine deutlich höhere Rendite aufwiesen als Staatsanleihen. Renditen von mehr als 25 % pro Jahr nach Inflation sind keine Seltenheit und in vier Fällen wurden sogar Renditen von über 75 % erzielt. Im Gegensatz dazu gelang es Anlegern in Staatsanleihen kaum, eine Jahresrendite von mehr als 10 % zu erzielen. Die hohen Ertragschancen von Aktien werden jedoch mit einer gleichsam erheblich höheren Volatilität erkauft. Die mittlere reale Rendite für Aktien betrug 12,2 % p.a. und für Bonds rund 4 % p.a. Die Renditestandardabweichung für das Aktienportfolio lag bei 30 % p.a. und für das Portfolio aus Staatsanleihen bei 5,08 % p.a. In der Vergangenheit wurde daher den Besitzern von diesem Aktienportfolio eine Risikoprämie von rund 8 % vergütet, um die damit verbundene deutlich höhere kurzfristige Volatilität zu tragen. In 22 von 60 Jahren (37 %) zeigten Aktien eine oft deutlich negative Rendite nach Inflation. So verloren im Zuge der Finanzkrise im Jahre 2008 deutsche Aktien –41 %; der höchste Jahresverlust ergab sich im Zuge des Platzens der Technologie-Blase im Jahre 2002 mit einem Wert von –44,6 %. Der Mittelwert über alle 22 Verlustjahre der deutschen Nachkriegsgeschichte liegt bei –15,8 %, das heißt, wenn ein Verlustfall eingetreten ist, hat ein Anleger in deutsche Aktien im Schnitt rund ein Sechstel verloren. Ein Portfolio aus deutschen Staatsanleihen wies dagegen nur in 16 von 60 Jahren eine negative Rendite auf, wobei der durchschnittliche Verlust im Verlustfalle bei nur –1,8 % lag.

3 Rendite- und Risikoprofile langfristiger Anlagezeiträume: Ex-post-Betrachtung

Es stellt sich nunmehr die Frage: Welche Effekte resultieren, wenn die Renditen von Aktien und Bonds über langfristige Zeiträume betrachtet werden? Gerade in der Alterssicherung sind Anlageperioden über 20 und mehr Jahre eher die Regel als die Ausnahme. Dies gilt sowohl für die Anspar- als auch für die Entnahmephase; für eine 65jährige Rentnerin liegt der durchschnittliche Anlagezeitraum bei rund 20 Jahren. Wichtig ist in diesem Zusammenhang auch die Frage, ob sogenannte zeitliche Diversifikationseffekte existieren. Dahinter steckt die intuitive Idee, dass sich die kurzfristig hohen Volatilitäten und die damit verbundenen Verlustrisiken insbesondere von Aktienanlagen bei längeren Anlageperioden im Zeitablauf ausgleichen: Stark negative Renditen in einem Jahr werden durch stark positive Renditen in anderen Jahren ausgeglichen.

Eine Methode, um diese Frage zu beantworten, ist die Betrachtung von historischen Anlageergebnissen für unterschiedliche Halteperioden und für verschiedene Startzeitpunkte. In der nachfolgenden Abbildung sind die Spektren der historischen Anlageergebnisse ausgedrückt als (kumulierte) Rendite eines Einmalinvestments in den DAX und den REXP für unterschiedliche (zeitlich überlappende) Investitionsperioden der Länge 1, 2, ..., 30 Jahre über den Zeitraum 1950 – 2009 dargestellt. Zur Illustration ein Beispiel: Der erste 20-jährige Anlagezeitraum beginnt im Jahre 1950 und endet im Jahre 1969, der zweite umfasst den Zeitraum von 1951 bis 1970 und der letzte startet 1990 und endet 2009. Für jeden der aus dieser Vorgehensweise resultierenden 41 Anlagezeiträume wurde das Endvermögen V_{20} (nach Inflation) bestimmt und mit dem Anfangskapital V_0 in Beziehung gesetzt. Die kumulierte Rendite ergibt sich dann gemäß $R_{20} = V_{20}/V_0^{-1}$.

Bei einer Investition in deutsche Aktien (Bonds) wurde über einen Zeitraum von 20 Jahren im Mittel ein Vermögenszuwachs von 341 % (93 %) erreicht, das heißt, ein Anfangsvermögen von 100 Euro wuchs auf 441 Euro bei Aktien und 193 Euro bei Staatsanleihen – jeweils nach Inflation. Im schlechtesten historischen Fall verlor nach 20 Jahren ein Aktieninvestment rund –32 % seines Anfangsvermögens, wogegen das Portfolio aus Staatsanleihen im Worst Case einen realen Vermögenszuwachs von +30 % verzeichnete.

Bemerkenswert an dieser Stelle ist, dass dieser für Aktien denkbar ungünstige Anlagezeitraum in den Jahren 1961 bis 1980 lag, einem Zeitraum hoher Inflationsraten und Umlaufrenditen an den Märkten für Zinstitel. Der Zeitraum von 1989 bis 2008 mit seinen beiden desaströsen Aktienjahren 2002 (–45 %) und 2008 (–41 %) führte zu einem insgesamt positiven Vermögenszuwachs von rund 148 %. Gleichzeitig wird aus diesen Graphiken das erhebliche Chancenpotenzial einer Aktienanlage gerade für langfristige Anlagezeiträume deutlich. Im besten Fall wuchs das Aktienportfolio um 1439 % (Zeitraum 1950 bis 1969), während dasjenige aus Staatsanleihen im besten Fall nur einen Vermögenszuwachs von 170 % erreichte (Zeitraum 1982 bis 2001). Schließlich ist aus der Darstellung auch zu erkennen, dass das Ablaufergebnis von Aktienanlagen eine mit dem Anlagehorizont tendenziell zunehmende Schwankungsbreite aufweist, welche deutlich höher ausfällt im Vergleich zu der stabilen Wertentwicklung von Zinsanlagen. Ein zeitlicher Diversifikationseffekt, der eine Abnahme der Volatilität der möglichen Ablaufergebnisse mit zunehmendem Anlagehorizont bewirkt, ist damit aus den Daten nicht beobachtbar.

Abbildungen 3a und 3b: Schwankungsbreite der kumulierten realen Gesamtrendite von deutschen Aktien (DAX) und Staatsanleihen (REXP).

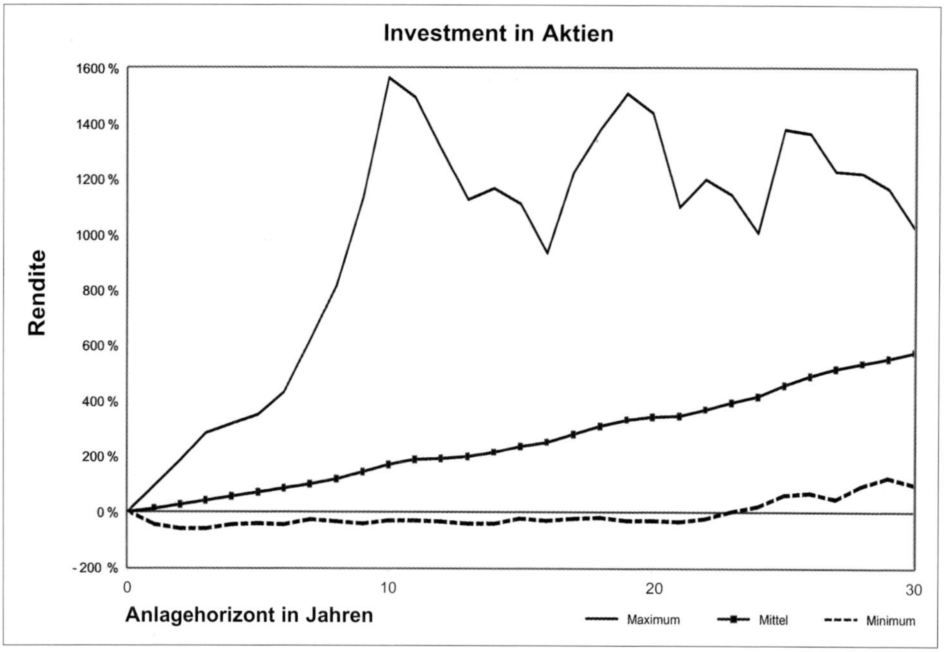

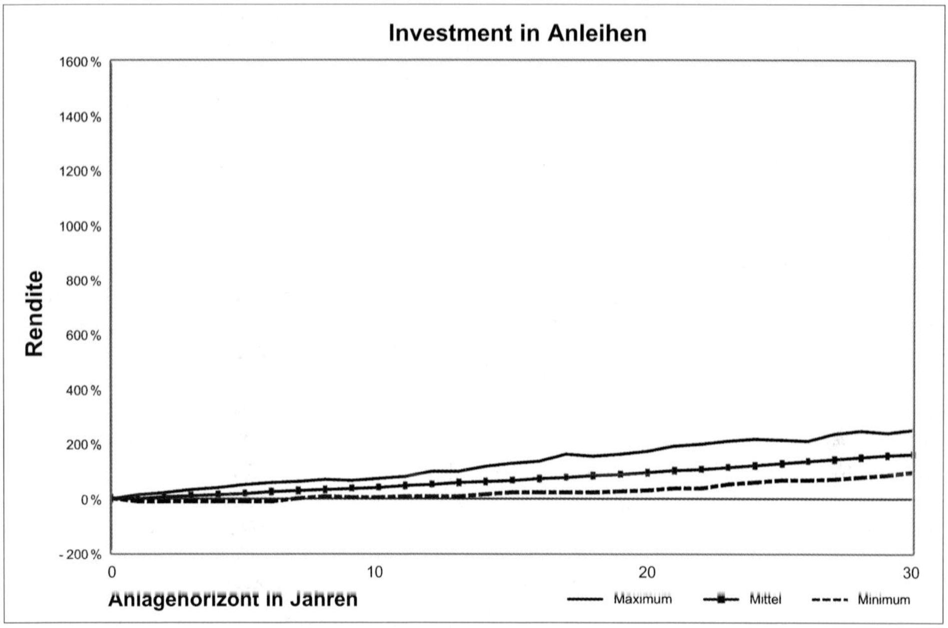

Die Abbildungen 3a und 3b repräsentieren jeweils die Schwankungsbreiten der kumulierten Rendite eines Investments in Aktien bzw. Staatsanleihen für alle (überlappenden) historischen Investitionsperioden mit der Länge 1, 2, ... 30 Jahren zwischen 1950 und 2009. Es wurden Verwaltungsvergütungen von jeweils 0,5 % p.a. angesetzt.

Quelle: Aktualisierte Graphik gemäß Maurer/Somova 2009.

4 Rendite- und Risikoprofile über langfristige Anlagezeiträume: Ex-ante-Betrachtung

Die Analyse auf der Basis vergangener Wertentwicklungen besitzt den Vorteil, dass nur wenige Modellannahmen getroffen werden müssen und die Auswertungen auf der Basis tatsächlicher Marktpreise erfolgt. Für die Spezifikation von Risikokenngrößen ist dies jedoch mit schwerwiegenden Nachteilen verbunden, denn die Auswertungen basieren im Kern nur auf einem, dem realisierten Preispfad. Mit Ausnahme der Ein-Jahreszeiträume wurden die verwendeten Wertentwicklungen aus (stark) überlappenden sukzessiven Perioden ermittelt. Dies bedingt eine hohe Autokorrelation der verwendeten rollierenden Renditen, was besonders für langfristige Anlagezeiträume zu erheblichen Verzerrungen bei der Ermittlung von Risikokenngrößen führen kann. Eine hohe Schätzsicherheit würde erst die Verwendung von unabhängigen, sich nicht überlappenden 5-, 10-, 15- oder 20-Jahresperioden ergeben. Doch die bestehende Kurshistorie ist zu kurz, um auf diese Weise eine ausreichende Datengrundlage zu gewinnen. So stehen für die zehnjährigen Anlagezeiträume nur sechs und für die zwanzigjährigen Haltedauern sogar nur drei unabhängige Anlageperioden zur Verfügung.

Eine alternative Möglichkeit zur Ermittlung von geeigneten Risikokennziffern für langfristige Anlagezeiträume besteht darin, ein geeignetes wahrscheinlichkeitstheoretisches Modell für die mögliche Kursentwicklung eines Investments zu spezifizieren, dessen Parameter aus unabhängigen Beobachtungen zu schätzen und dann die interessierenden Rendite-/Risikoprofile aus dem durch das Verteilungsmodell ermittelten Spektrum der möglichen zukünftigen Wertentwicklungen zu gewinnen. Hierbei sind zwei Fragen zu beantworten:

1. Welcher Zufallsgesetzmäßigkeit folgt die Dynamik und Stochastik der Kursentwicklung?
2. Mit welchen Kennzahlen wird Risiko gemessen?

Hinsichtlich der Zufallsgesetzmäßigkeit der Kursentwicklung wird dabei regelmäßig die so genannte geometrische Brownsche Bewegung benutzt.[2] Dieser Zufallsprozess geht auf den schottischen Botaniker Robert Brown (1773-1858) zurück, der damit die Bewegung von Pollen beschrieb. Später hat Albert Einstein die physikalisch-theoretischen Grundlagen der Brownschen Bewegung weiterentwickelt[3] und der französische Mathematiker Louis Bachelier suchte in seiner Dissertationsschrift „Théorie de la Spéculation" (1900) mit diesem Instrumentarium als erster einen probabilistischen Zugang zur Modellierung von Aktienkursbewegungen. Heute gehört die geometrische Brownsche Bewegung zum Standardinstrumentarium der Finanzmarktforschung und –praxis. Inhaltlich bedeutet diese Annahme, dass die Ein-Perioden-Renditen zeitlich unabhängig und identisch logarithmisch normalverteilt sind. Während für Tages- oder Wochenrenditen diese Annahmen durch die empirischen Daten oftmals signifikant verletzt sind, sind sie für Jahresrenditen in einem statistischen Sinne nur schwer zu verwerfen. Insofern gehen wir in dieser Studie von dem Standardmodell der geometrischen Brownschen Bewegung für die Zufallsgesetzmäßigkeit der betrachteten Portfolios aus Aktien und Staatsanleihen aus.

Schließlich kommt der Frage nach einem geeigneten Risikobegriff eine hohe Bedeutung zu. Die tradierten Risikomesskonzepte aus dem Asset Management wie etwa die Volatilität, der Beta-Faktor oder ein Tracking-Error, die für Portfoliomanager bei der kurzfristigen operativen Portfolio-Steuerung eine wichtige Rolle spielen, sind für die Zwecke eines Anlegers, der privat für das Alter vorsorgt, weniger geeignet. Vielmehr ist es im Rahmen der privaten Alterssicherung zweckmäßig, einen am Ziel orientierten (finalen) Risikobegriff zu verwenden. Aus der Perspektive des Anlegers besteht das Risiko demnach in der Gefahr, ein bestimmtes Versorgungsziel zu verfehlen. Obgleich eine Vielzahl von Zielrenditen in Betracht kommt, ist aus der Perspektive des durchschnittlichen Anlegers die Kompensation der Inflationsrate ein natürliches Mindestrenditeziel an die langfristige Rentabilität eines Produkts für die Altersversorgung. Dem soll auch hier gefolgt werden.

Nach Beantwortung dieser konzeptionellen Fragen sind geeignete Kennzahlen festzulegen, mit denen das Risiko, einen realen Wertverlust zu erleiden, gemessen werden kann. Wir verwenden hierzu die folgenden, auch intuitiv zugänglichen Kennziffern:

- die Shortfall-Wahrscheinlichkeit (SW)
- die durchschnittliche Verlusthöhe im Verlustfall (DVV)
- die Wahrscheinliche Mindestrendite (PMR α %)

---

2 Vgl. Peter Albrecht und Raimond Maurer (2008): Investment- und Risikomanagement, Stuttgart, S. 140 ff.

3 Vgl. Albert Einstein (1906): Zur Theorie der Brownschen Bewegung, AdP 19, S. 371-381.

Die Shortfall-Wahrscheinlichkeit (SW) gibt Antwort auf die Frage, bei wie vielen aller möglichen Wertentwicklungsszenarien die reale Kapitalerhaltung verfehlt wird. Sie gibt allerdings über das Ausmaß der möglichen Verluste keine Auskunft, denn eine Verfehlung um einen Euro wird genauso bewertet wie ein Verfehlen um 10.000 Euro. Diese Informationslücke schließt die zweite Risikokennzahl (DVV), welche die durchschnittliche Verlusthöhe im Verlustfalle erfasst. Intuitiv wird gefragt, welchen Betrag der Anleger im Mittel verliert, wenn der Ausgleich der Inflationsrate verfehlt wird. Eine solche Kennzahl lässt sich auch als Worst-Case-Risikokennzahl interpretieren. Schließlich kennzeichnet die Wahrscheinliche Mindestrendite (engl. Probable Minimum Return $PMR_{\alpha\%}$) zu einem Konfidenzniveau von $\alpha\%$ diejenige Gesamtrendite, die in $\alpha\%$ der Fälle mindestens erreicht wird. Diese Kennzahl kann auch als ein spezifisches risikoadjustiertes Performancemaß interpretiert werden,[4] insoweit bei seiner Bestimmung ein spezifischer Trade-off zwischen „Volatilitäts-Risiko" und „(mittlerer) Rendite" durchgeführt wird.

In der nachfolgenden Abbildung sind die Resultate für die obigen Risikomaße enthalten. Hierbei wurden reale Gesamtrenditen über Anlageperioden von 1, 10, 20 und 30 Jahren betrachtet. Zur Kalibrierung der Modellparameter (konkret: Drift- und Diffusionsparameter der Brownschen Bewegung) wurden die oben dargelegten historischen Jahresrenditen (nach Inflation und Kosten) des DAX und des REXP im Zeitraum 1950-2009 verwendet.

Zunächst zeigt sich, dass eine erhebliche Aussicht besteht, mit Aktien eine im Vergleich zu Anleihen deutlich höhere Wertentwicklung zu erzielen. So zeigt der $PMR_{50\,\%}$, dass Aktienanleger über einen Anlagezeitraum von 20 Jahren mit einer Wahrscheinlichkeit von 50 % einen Wertzuwachs von mindestens 385 % erzielen. Für Anlagen in Staatsanleihen fällt der entsprechende Wert mit 114 % rund 2/3 geringer aus. Bei einem Anlagezeitraum von 30 Jahren rentieren Aktien ($PMR_{50\,\%}$ = 965 %) im Mittel fast fünfmal besser als Anleihen ($PMR_{50\,\%}$ = 213 %).

Eine Steigerung des Konfidenzniveaus an die gewünschte Mindestrendite offenbart jedoch auch die langfristigen Risiken von Aktienanlagen. So wird bei einer Aktienanlage über einen Zeitraum von 10 Jahren mit einer Wahrscheinlichkeit von 75 % eine Rendite von mindestens 25,5 % erzielt. Für Anleihen liegt dieser Wert deutlich höher bei 31,8 %. Steigert man das Konfidenzniveau auf 95 %, wird das Worst-Case-Risiko von Aktien für langfristige Anlagehorizonte deutlich. Bei einem Anlagezeitraum von 1 Jahr ergibt sich ein $PMR_{95\,\%}$ = −29,8 %, das heißt, mit einer Wahrscheinlichkeit von 5 % verlieren Aktien rund 30 % an Wert. Für Anleihen ist dieser Wert mit −4,1 % viel geringer. Geht man auf einen 10-jährigen Anlagezeitraum über, nimmt das Verlustpotenzial für Aktien gegenüber dem 1-jährigen Anlagezeitraum deutlich zu: $PMR_{95\,\%}$ (1 Jahr) = −29,8 % versus $PMR_{95\,\%}$ (10 Jahre) = −44 %. Es existiert damit kein zeitlicher Diversifikationseffekt, der automatisch zu einer Reduktion des Worst-Case-Risiko einer Aktienanlage führt. Erst ab einem Anlagezeitraum von 20 Jahren geht das Verlustpotenzial zurück. Allerdings weist der $PMR_{95\,\%}$ = −30,1 % einen noch immer deutlich negativen Wert auf, wogegen Anleihen mit einem $PMR_{95\,\%}$ = 49,4 % auch bei sehr ungünstiger Kursentwicklung eine positive Gesamtrendite aufweisen.

4 Vgl. Peter Albrecht und Raimond Maurer (2008): Investment- und Risikomanagement, Stuttgart, Kapitel 3.

Diese Resultate werden auch durch die Shortfall-Risikomaße bestätigt. Die Wahrscheinlichkeit, eine Gesamtrendite unterhalb der Inflationsrate zu realisieren, nimmt sowohl für Aktien als auch für Anleihen mit zunehmendem Zeithorizont ab. Während für Anleihen der Rückgang der Shortfall-Wahrscheinlichkeit schnell erfolgt und schon nach zehn Jahren einen Wert von weniger als 1 % aufweist, sind die Werte für Aktienanlagen deutlich höher und nehmen nur langsam ab. Für einen Anlagezeitraum von einem Jahr beträgt die Verlustwahrscheinlichkeit für Aktien 38 %, nach 10 Jahren 17 % – und selbst nach 30 Jahren verbleibt ein Restrisiko von 5 %, eine negative Rendite nach Inflation zu erzielen.

Darüber hinaus steigt der durchschnittliche Verlust im Verlustfalle für Aktien mit zunehmender Anlagedauer deutlich an. So verliert ein Investor bei einem Anlagehorizont von einem Jahr ca. 16 % seines Startkapitals, wenn das Renditeziel – reale Kapitalerhaltung – verfehlt wurde. Bei einem Anlagehorizont von 30 Jahren steigt dieser Wert auf über 38 % an. Obgleich die Wahrscheinlichkeit, mit Aktienanlagen eine (kumulierte) Gesamtrendite unterhalb der Inflationsrate zu erzielen, mit zunehmender Anlagedauer abnimmt, nimmt das Verlustausmaß zu. Im Worst-Case-Bereich existieren daher für Aktienanlagen keine generellen, das Verlustrisiko reduzierenden zeitlichen Diversifikationseffekte. Bodie (Financial Times 26. Januar 2002) bietet hierfür folgende intuitive Erläuterung: "(...) the probability of a bad thing happening is only part of the risk equation. The other part is the severity of that bad thing, and the further out you go, the more severe it could be".

Abbildung 4: Wahrscheinliche Mindestrenditen sowie Shortfall-Risiken von Aktien und Staatsanleihen

	Investment-Horizont in Jahren							
	1 Jahr		**10 Jahre**		**20 Jahre**		**30 Jahre**	
	Aktien	Anleihen	Aktien	Anleihen	Aktien	Anleihen	Aktien	Anleihen
	Wahrscheinliche Mindestrendite in % zum Konfidenzniveau ...							
$PMR_{50\%}$	8,2	3,8	120,2	46,3	384,8	113,9	965,7	212,9
$PMR_{75\%}$	–9,4	0,5	25,5	31,8	118,9	84,7	303,1	161,3
$PMR_{95\%}$	–29,8	–4,1	–44,0	13,5	–30,1	49,4	–0,5	101,6
	Shortfall-Risiko in % ausgedrückt durch ...							
SW	38,2	21,8	17,2	0,7	9,0	<0,1	5,0	<0,01
DVV	16,0	2,8	32,0	4,8	36,5	5,2	38,7	5,4

Quelle: Eigene Berechnungen. Die Shortfallwahrscheinlichkeit (SW) und der durchschnittliche Verlust im Verlustfalle (DVV) sind gegenüber einer kumulierten Zielrendite von 0 % nach Inflation berechnet. Die Jahresrenditen nach Inflation und 0,5 % p.a. Verwaltungsvergütung für Aktien (Anleihen) werden angenommen als zeitlich unabhängig und identisch logarithmisch-normalverteilt mit Erwartungswert 12,02 % (4 %) und Standardabweichung 30 % (5,08 %).

Zusammenfassend lässt sich Folgendes konstatieren: Aktienanlagen sind aufgrund der damit verbundenen enorm hohen Ertragsmöglichkeiten ohne Zweifel ein wichtiger

Bestandteil in einem wohlstrukturierten Portfolio für die Altersversorgung. Allerdings sind Aktienanlagen auch über langfristige Investmenthorizonte, welche gerade für die kapitalgedeckte Alterssicherung typisch sind, nicht frei von Risiken. Zwar lassen sich das Risiko reduzierende zeitliche Diversifikationseffekte bei der Shortfall-Wahrscheinlichkeit beobachten. Allerdings nehmen die Worst-Case-Risiken bei reinen Aktienanlagen tendenziell zu. Daraus resultiert, dass Anlageformen mit eher geringer Renditechance und geringer Renditevolatilität, wie Staatsanleihen, nicht redundant für langfristige Anlagehorizonte sind. Insofern sollten die für den Ruhestand vorsorgenden Bürger und Finanzinstitute wie Banken, Investment- oder Versicherungsgesellschaften, die Altersvorsorgeprodukte breiten Bevölkerungsschichten anbieten, stets darauf achten, eine ausreichende Diversifikation über verschiedene Anlageklassen (Aktien, Anleihen, Immobilien) herzustellen. In diese Überlegungen sind auch nichtfinanzielle Vermögenswerte mit einzubeziehen. Dies betrifft etwa ein selbstgenutztes Wohnungseigentum, aber auch das Arbeitseinkommen sowie die Ansprüche aus der gesetzlichen Rentenversicherung.

5 Schlussbetrachtung

Für die kapitalgedeckte Alterssicherung gilt es, aus dem reichhaltigen, von Banken-, Investment- und Versicherungsgesellschaften angebotenen Produktspektrum eigenverantwortlich ein passendes Altersversorgungsprogramm zu entwickeln. Dabei gilt es, Chancen und Risiken abzuwägen, Abschlusskosten und Provisionen zu vergleichen, auf Produkttransparenz zu bestehen, nach Flexibilität und Dispositionsmöglichkeiten zu fragen und sich über die eigene Risikobereitschaft klar zu werden. All dies erfordert ein höheres Maß an Eigenverantwortung in Finanzfragen, das vielen noch fremd ist, aber trainiert werden kann. Vor dieser neuen Eigenverantwortung sollte man keine Angst haben. Ein Vergleich: Wer ein Auto fahren will, muss zunächst „Theoretisches" wie „Praktisches" lernen und üben. Beim Autokauf gilt es komplexe Preis-/Leistungsverhältnisse anzustellen, und wer schließlich die Vorzüge des Autofahrens genießt, muss Vorsicht und Verantwortlichkeit zeigen, um „Schadenrisiken" möglichst zu vermeiden. Trotz dieser Mühen und Risiken, wer ist hier zu Lande schon bereit, auf das private Autofahren zu verzichten und nur öffentliche Transportmittel zu benutzen?

Private Banking Rating

von Markus Rudolf

Einleitung

In der Vergangenheit haben die regulatorischen Rahmenbedingungen für den Erfolg von Private-Banking-Plätzen eine wichtige Rolle gespielt. Dabei war vor allem die ansonsten unbekannte Unterscheidung zwischen Steuerhinterziehung und Steuerbetrug in Liechtenstein und der Schweiz ein wichtiger Wettbewerbsvorteil – gepaart mit dem Bankgeheimnis. Die Bedeutung dieser juristischen Unterscheidung im Steuerrecht wird in Zukunft entfallen, weil sie aus Sicht mehrerer EU-Staaten und auch aus Sicht der USA zur Steuerhinterziehung anreizt. Die Schweiz und Liechtenstein sind daher in der jüngeren Vergangenheit verstärkt unter Druck geraten – auch durch die OECD – und sie sind gerade dabei, dem Druck nachzugeben. Auch im Wettbewerb in der Steuerbelastung hat die Schweiz gegenüber den EU-Ländern und namentlich gegenüber Deutschland keinen nachhaltigen und nennenswerten Vorteil. Nach der OECD Revenue Statistik 2009 betrug die Steuerquote in der Schweiz 22 % Ende 2007 und in Deutschland[1] 24 % Ende 2008. In den Ländern der Europäischen Währungsunion lag die Zahl Ende 2008 bei 25 %. Die steuerliche Belastung ist daher in der Schweiz vergleichbar mit der in der EU.

Private Banking ist daher in der Zukunft noch stärker eine Dienstleistung, bei der es vor allem auf die Qualität ankommt. Dies gilt besonders auch wegen der Reduzierung der regulatorischen Unterschiede zwischen On- und Offshore-Finanzplätzen in der Zukunft. Dieses Papier hat sich daher zum Ziel gesetzt, ein Ratingmodell für die Qualität von Private-Banking-Angeboten zu entwickeln. Anders als ein Rating für die Kreditqualität von Schuldnern hängt ein Private Banking Rating vor allem von nicht finanzwirtschaftlichen Dimensionen ab. Die Literatur ist daher auch nur zum kleineren Teil finanzwirtschaftlich, zum größeren Teil bezieht sie sich aus Marketing-Fachzeitschriften.

Abbildung 1: Die drei Komponenten eines Private Banking Ratings

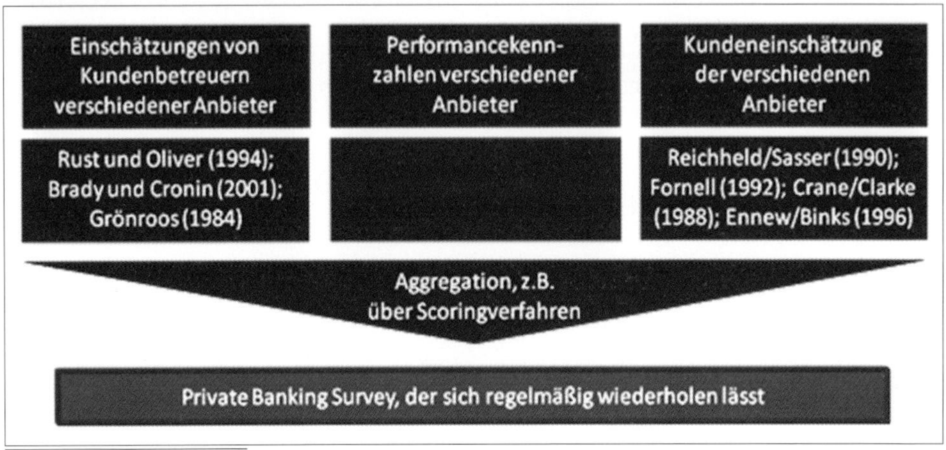

1 Ende 2005 lag die deutsche Steuerquote bei 22 %, sie ist seither vor allem durch die Erhöhung der Mehrwertsteuer auf 24 % gestiegen.

Das hier vorgestellte Ratingkonzept besteht aus drei Komponenten (*siehe Abbildung 1*):

1. Die erste Komponente fußt auf Dienstleistungsqualitätsmodellen. Sie beruht wesentlich auf Brady und Cronin (2001) und auf Rust und Oliver (1994) und dient der Ermittlung der Dienstleistungsqualität im Private Banking. Abschnitt 2 weiter unten wird über empirische Ergebnisse zur Dienstleistungsqualität berichten, die auf der Befragung von 126 Kundenberatern beruhen.

2. Die zweite Komponente beruht auf der Ermittlung der Kundenzufriedenheit. Als wesentliche, modelltheoretische Fundierung dient Reichheld und Sasser (1990). Abschnitt 1 dieses Aufsatzes beschreibt die Modellergebnisse einer Stichprobe unter 273 Private-Banking-Kunden, die zur Ermittlung der Kundenzufriedenheit gewonnen wurde.

3. Die dritte Komponente dient der Ermittlung der Performance von Private-Banking-Portfolios. Da Privatkunden-Portfolios typischerweise anders zusammengesetzt sind als institutionelle Asset Portfolios, werden hier in Abschnitt 3 Komponenten einer Performancemessung beschrieben, die für Privatkunden-Portfolios besonders geeignet sind.

Alle drei Komponenten zusammen genommen werden dann zu einer Private-Banking-Rating-Kennzahl aggregiert.

Im Unterschied zu den Ranking-Verfahren in der Praxis beruhen die Resultate hier nicht auf der Mystery Shopping Methode, sondern auf einem wissenschaftlichen Modell, das mit einer relativ großen Stichprobe aus verschiedenen Blickwinkeln getestet wird. Beim Mystery Shopping wird in der Regel ein Fall eines Private-Banking-Kunden konstruiert. Dann stellen verschiedene Schauspieler den gleichen Fall bei verschiedenen Private-Banking-Anbietern vor, indem sie vorgeben, ein potenzieller Kunde zu sein. Durch die Vorgabe eines identischen Falles bei verschiedenen Anbietern werden die Dienstleistungsangebote vergleichbar miteinander. Die Bewertung der Angebote mündet schließlich in einem Vergleich der Anbieter und letztlich in einer Rangfolge. Der Nachteil der Mystery Shopping Verfahren besteht (1.) in der fehlenden konzeptionellen Untermauerung des konstruierten Falles und (2.) in der begrenzten Anzahl an Antworten pro Private-Banking-Anbieter. Die sich daraus ergebenden Ergebnisse sind nicht mit statistischer Signifikanz bewertbar. Ob also ein bestimmter Rang eines Anbieters zufällig erreicht wurde oder durch eine besondere Qualität der Dienstleistung, lässt sich mit Mystery Shopping Verfahren nicht unterscheiden.

1 Kundenzufriedenheitsmessung

Abbildung 2 charakterisiert die Stichprobe der Private-Banking-Kunden, die zwischen August 2009 und Januar 2010 von Seiler (2010) erhoben wurden. Die Quellen für die Informationen waren sehr vielfältig. Ein Bankhaus hat sich mit einer kleineren Stichprobe beteiligt (das Bankhaus Spängler), zwei Wirtschaftszeitschriften haben den Fragebogen Online gestellt auf deren Webseiten, WHU – Kontakte wurden angeschrieben. Insgesamt kamen dadurch 273 auswertbare Fragebögen zusammen. Der Fragebogen umfasste 92 Fragen, die sich aus den Kundenzufriedenheitsmodellen aus *Abbildung 1* ergeben haben. Die Beantwortungszeit des Fragebogens lag bei etwa 15 Minuten.

Abbildung 2: Eine Befragung von 273 Private-Banking-Kunden im Frühjahr 2010 – Kontaktaufnahme und demographische Struktur der Stichprobe.

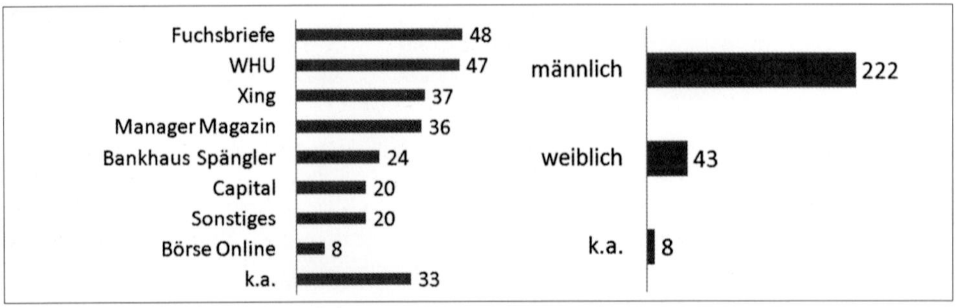

Das durchschnittliche Alter der befragten Personen lag bei 50 Jahren, die Höhe des durchschnittlich betreuten Vermögen bei 2,2 Millionen Euro. Der größte Teil der Depots der befragten Private-Banking-Kunden wird von Groß- und Privatbanken verwaltet *(siehe Abbildung 3)*. Ein kleinerer Teil liegt im Sparkassen- und im genossenschaftlichen Sektor. Unabhängige Vermögensverwalter haben 15 der Mandate aus der Stichprobe.

Abbildung 3: Betreuende Private-Banking-Anbieter[2]

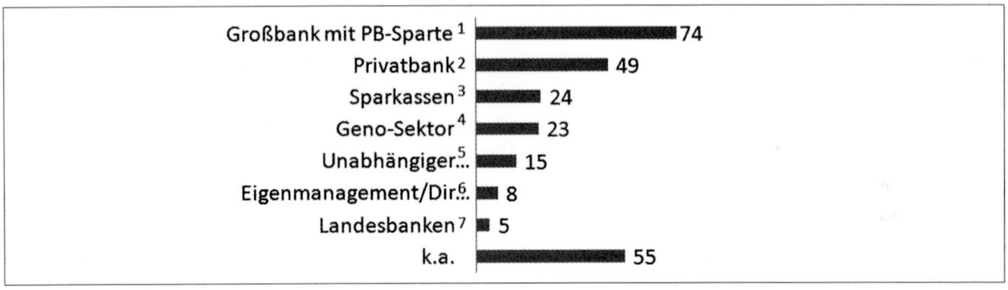

2 1: Citi Bank, Commerzbank, Deutsche Bank, Dresdner Bank, HypoVereinsbank, Postbank, RBS

2: Bankhaus Carl Spängler, Bankhaus Jungholz, Bankhaus Lampe, Berenberg Bank, BHF Bank, Credit Suisse, Delbrück Bethmann Maffei AG, Fürstlich Castell'sche Bank, Hauck & Aufhäuser Privatbankiers KGaA, HSBC Trinkaus & Burkhardt AG, LGT Bank in Liechtenstein & Co. OHG, M.M.Warburg & Co Kommanditgesellschaft auf Aktien, Merck Finck & Co oHG Privatbankiers, Raiffeisenbank Kleinwalsertal AG, Sal. Oppenheim jr. & Cie. KGaA, UBS

3: Naspa, Kreissparkasse Esslingen-Nürtingen, Hamburger Sparkasse, Sparkasse Köln Bonn, Sparkasse Mülheim an der Ruhr, Sparkassen Vermögensmanagement Dortmund, Sparkasse Jena, Sparkasse Aschaffenburg, Verbundsparkasse Emsdetten-Ochtrup, Sparkasse Vorderpfalz, Sparkasse Frankfurt, Kreissparkasse Köln

4: Berliner Volksbank, VR Bank Rhein-Neckar eG, Raiffeisenbank Beuerberg-Eurasburg eG, VR Bank Hof eG, Volksbank Oberberg eG, Frankfurter Volksbank, Volksbank Paderborn-Höxter-Detmold eG

5: Adam Investments, ascent Aktiengesellschaft, CPM Finance GmbH, Deutsche Vermögensberatung Aktiengesellschaft DVAG, KSW Vermögensverwaltung AG, Laureus AG Privat Finanz, Reichmuth & Co Integrale Vermögensverwaltung AG, Walter Invest GmbH, Feri Wealth Management, MLP AG

6: comdirect, Cortal Consors, DAB bank AG, ING-DiBa AG

7: Baden-Württembergische Bank unselbstständige Anstalt der Landesbank Baden-Württemberg, HSH Nordbank AG, Oldenburgische Landesbank AG, SaarLB Landesbank Saar

Abbildung 4: Strukturmodell der Kundenzufriedenheit

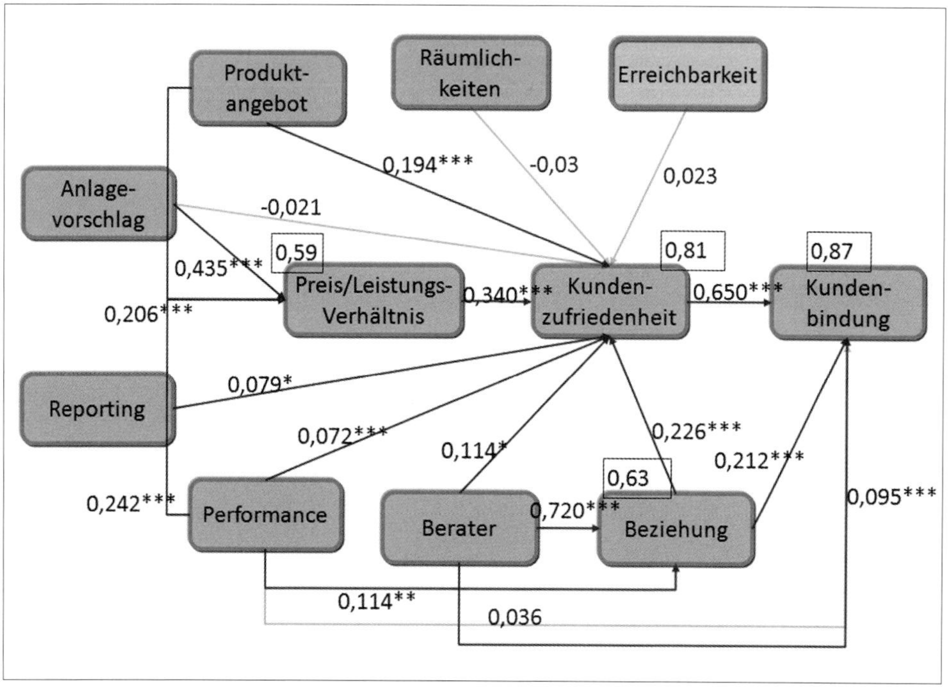

Abbildung 4 zeigt das Strukturmodell, welches auf der Basis der Kundenzufriedenheitsliteratur aufgestellt wurde und mit einem Partial Least Square Verfahren auf der vorher charakterisierten Stichprobe geschätzt wurde. Die nicht signifikanten Faktoren sind transparent gedruckt. Vier Faktoren werden erklärt:

1. Das Preis-Leistungsverhältnis wird zu 59 % aus dem Produktangebot, der Performance und dem Anlagevorschlag erklärt.
2. Die Kundenbindung wird zu 87 % aus der Beziehung zum Berater und der Kundenzufriedenheit erklärt.
3. Die Beziehung wird aus der Performance und dem Berater erklärt.
4. Und schließlich wird die Kundenzufriedenheit zu 81 % erklärt und zwar aus dem Preis-Leistungsverhältnis, dem Reporting, der Performance, dem Berater, der Beziehung, dem Anlagevorschlag, den Räumlichkeiten, dem Produktangebot und der Erreichbarkeit.

Würde man die Ergebnisse für jeden einzelnen Private-Banking-Anbieter analysieren, so könnte man Stärken und Schwächen identifizieren, die für die Kundenzufriedenheit entweder mehr oder weniger relevant sind. Ziel eines Private-Banking-Anbieters könnte es dann sein, nur an den Schwächen bei relevanten Faktoren zu arbeiten und sich so zu verbessern.

2 Dienstleistungsqualität aus der Sicht von Kundenbetreuern

Die zweite Komponente des hier vorgeschlagenen Private Banking Ratings besteht in der Messung der Dienstleistungsqualität aus der Sicht von Kundenberatern. Den Kundenberatern wurde strikte Anonymität zugesichert, um ein möglichst wahrheitsgemäßes Antwortverhalten zu erreichen. Auch in der Literatur zur Messung der Dienstleistungsqualität ist es üblich, Anbieter der Dienstleistungen zu befragen, um eine Qualitätsmessung vorzunehmen. Dazu wurden zwischen Oktober 2008 und Januar 2009 126 Kundenberater befragt. Der Fragebogen umfasst 131 Fragen. Die Indikatoren aus dem Fragebogen wurden aus der Literatur entnommen und teilweise auf das Problemfeld des Private Banking angepasst. Besonders die Ansätze von Brady und Cronin (2001) sowie von Rust und Oliver (1994) werden vom Fragebogen widergespiegelt.

Abbildung 5: Strukturmodell der Dienstleistungsqualität

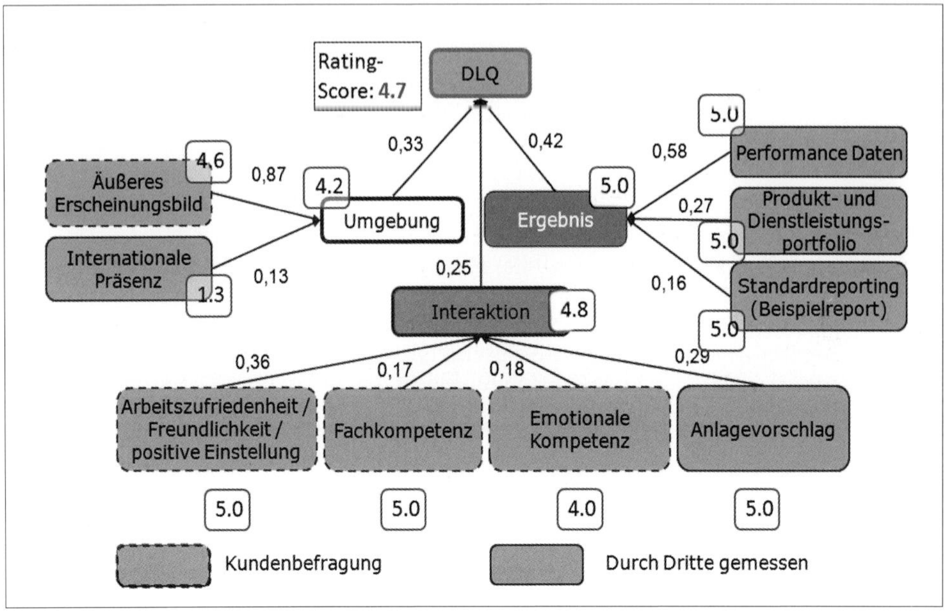

Aus den Antworten der 126 befragten Private-Banking-Anbieter lässt sich dann das Strukturmodell aus *Abbildung 5* ableiten. *Abbildung 5* zeigt auch die Ausprägungen der verschiedenen Dimensionen für den Fall der Berenberg Bank.[3] Auf den jeweiligen Ästen erkennt man das Gewicht, mit dem die jeweilige Dimension das Konstrukt erklärt. So wird beispielsweise die Interaktion zu 36 % durch die Arbeitszufriedenheit erklärt, zu 17 % durch Fachkompetenz, zu 18 % durch emotionale Kompetenz und zu 29 % durch den Anlagevorschlag. Alle in *Abbildung 5* dargestellten Beziehungen sind

3 Vielen Dank an Herrn Brodtmann, persönlich haftender Gesellschafter bei Berenberg, für die Erlaubnis, das Ergebnis von Berenberg zu publizieren.

Abbildung 6: Verteilung der Dienstleistungsqualität im Vergleich zur Dienstleistungsqualität bei der Berenberg Bank.

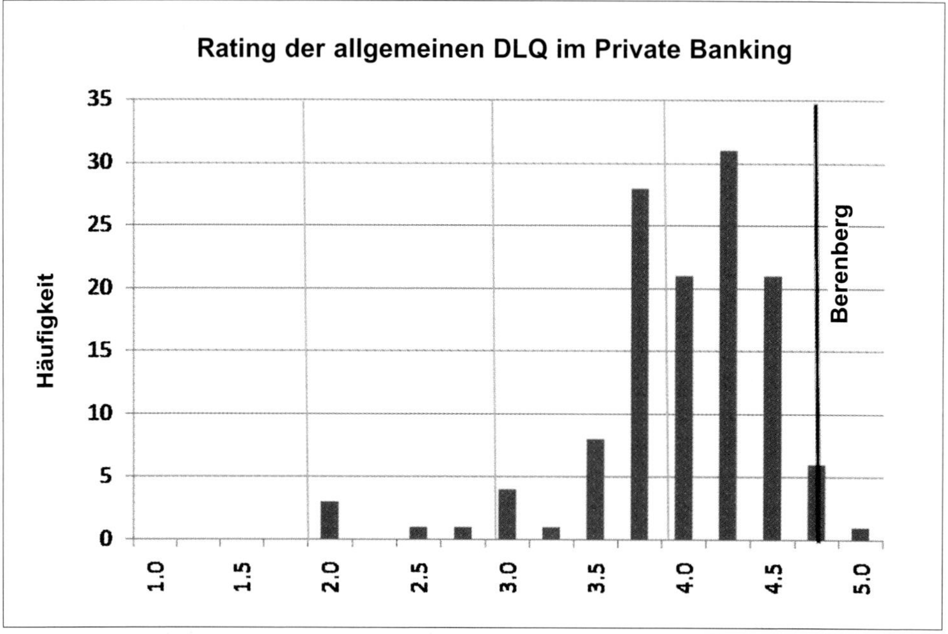

statistisch signifikant. Die nicht signifikanten Beziehungen wurden bereits eliminiert. Für die Berenberg Bank ergibt sich eine Gesamtbewertung für die Qualität der Interaktion von 4.8 (5 Bestnote, 1 schlechteste Note). Die Dienstleistungsumgebung wird mit 4.2 bewertet und das Dienstleistungsergebnis mit 5.0. Daraus ergibt sich für die Berenberg Bank eine Dienstleistungsqualität von 4.7. *Abbildung 6* zeigt das Ergebnis der Berenberg Bank im Vergleich zu den anderen Anbietern von Private-Banking-Dienstleistungen. Sie ist unter den oberen 5 % der gesamten Stichprobe platziert. Die schlechtesten Platzierungen weisen ein Qualitätsrating für die Dienstleistung auf, das nur bei 2 liegt. Die beste Bewertung liegt bei 4.8.

3 Performancemessung bei Private-Banking-Portfolios

Die letzte Komponente des Private Banking Ratings ist die Performancemessung. Unter Performance versteht man die Risiko-adjustierte Rendite eines Portfolios über einen bestimmten Zeitraum. Zur Performancemessung gibt es klassische Verfahren, die auf die 1960er Jahre zurück gehen. Einen Überblick dazu findet man beispielsweise in Zimmermann, Rudolf, Jaeger, Zogg-Wetter (1996) oder aktueller auch in Fischer (2010). Für Private-Banking-Portfolios eignen sich die klassischen Performancemaße hingegen kaum. Klassische Performancemaße sind in der Regel CAPM-basiert. Beispiele dafür sind die Sharpe-Ratio oder das Jensen α. Beide beruhen auf den Annahmen des CAPM, also explizit auf der Annahme liquider und normalverteilter Anlagekategorien. Beides ist gerade bei Private-Banking-Portfolios häufiger nicht erfüllt als bei institutionellen Anlageportfolios. Private-Banking-Kunden haben einen großen Anteil an illiquiden Anlagen – sei es, weil sie zu einem großen Anteil an ihrem Vermögen über Immobilienbesitz verfügen, oder sei es, weil ein großer Teil des Vermögens in der eigenen Firma gebunden ist. Gemäß den jährlichen Berichten des Cap Gemini Merrill Lynch World Wealth Reports machen die illiquiden Anlagen deutlich mehr als die Hälfte des Gesamtvermögens bei Private-Banking-Kunden aus. Dazu kommt, dass gerade Privatkunden relativ stark Anlagen favorisieren, die nicht normalverteilt sind, z.B. weil sehr stark Absicherungen nach unten nachgefragt werden, die durch den Einsatz von Derivaten und strukturierten Produkten realisiert werden. Die Risikopräferenzen gerade von Privatanlegern sind häufig asymmetrisch: Die Aversion gegenüber Verlusten ist wesentlich größer als die Aversion gegenüber nicht-realisierten Gewinnen. Diese Eigenschaft von privaten Anlegern bezeichnet man gemäß Tversky und Kahneman (1986) als Verlustaversion, die durch Nutzenfunktionen aufgefangen wird, die der so genannten Prospect Theory entstammen. Daher muss die Messung der Anlageperformance eines Privatkundenporfolios nach anderen Kriterien erfolgen als das bei institutionellen Anlageportfolios der Fall ist. *Abbildung 7* zeigt die drei Besonderheiten auf.

Abbildung 7: Besonderheiten von Private-Banking-Portfolios für die Performancemessung

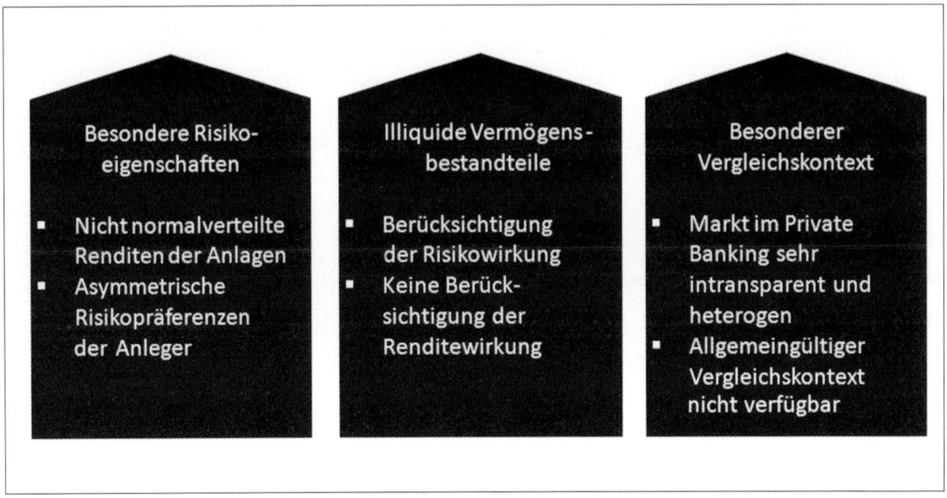

Welche Modifikationen stattfinden müssen, um die Performance eines Privatkunden-Portfolios fair zu messen, wurde in Baedorf (2009) ausführlich dargestellt. Zur Berücksichtigung der Illiquidität schlägt Baedorf (2009) unter anderem die Implementierung von Data Envelopment Analysis (DEA) Verfahren vor. Sie hat aber insgesamt einen Modellansatz entwickelt, der sich für verschiedene Performancemaße umsetzen lässt. Sie führt dazu ausführliche Modellrechnungen vor. Unter den alternativen Performancemaßen zur Berücksichtigung der Asymmetrie der Renditeverteilung von Privatkunden-Portfolios werden mehrere Maße vorgeschlagen. Manche dieser Maße gehen in die Richtung eines Value at Risk, wie man ihn von der Bankenregulierung her kennt. Das vielversprechendste Maß scheint das Ω zu sein, welches von Keating und Shadwick (2002) entwickelt wurde. Dabei wird ein Quotient berechnet, dessen Zähler der durchschnittliche, relative Gewinn oberhalb einer vorgegebenen Mindestrendite ist. Der Nenner ist der durchschnittliche, relative Verlust des gleichen Portfolios für unter der Mindestrendite liegende Renditerealisationen. Ist das Ω größer als 1, so hat man mehr positive als negative Renditeerfahrungen mit dem Portfolio gemacht. Die Stärke des Ω-Maßes ist, dass es unabhängig von den Verteilungseigenschaften des zu beurteilenden Portfolios ein vernünftiges Resultat liefert, und dabei alle Momente der zugrunde liegenden Wahrscheinlichkeitsverteilung berücksichtigt.

Wenn man die Performance eines Privatkunden-Portfolios bestimmt hat, so fließt sie sowohl in die Qualität der Private-Banking-Dienstleistung als auch in die Kundenzufriedenheit ein. Die *Abbildungen 4 und 5* sehen eine signifikante Performancekomponente vor.

4 Ein Gesamtrating für die Qualität von Private-Banking-Dienstleistungen

Ab Sommer 2010 wird das Center of Private Banking an der WHU – Otto Beisheim School of Management mit einem Private Banking Rating aufwarten. Das Ziel dabei ist es, einen Gesamtwert für die Kundenzufriedenheit, die Dienstleistungsqualität und die Performance im Private Banking zu ermitteln. Dabei soll einerseits ein Gesamtrating für das Private Banking aus diesen drei Komponenten ermittelt werden. Im zeitlichen Vergleich lässt sich daraus dann eine positive oder eine negative Entwicklung ableiten. Zudem wird die Publikation des WHU Private Banking Ratings immer auch von einer Analyse begleitet werden, die aufzeigt, welche Stärken und Schwächen sich im Vergleich zum Vorjahr ergeben haben.

Ergebnisse für einzelne Private-Banking-Anbieter sollen nicht publiziert werden, obgleich die Informationen für jedes einzelne Institut natürlich vorhanden sein müssen, bevor man die Daten zu einem Gesamtindex aggregiert. Auch die stärkeren und schwächeren Dimensionen müssen für jedes einzelne Institut vorhanden sein. Daraus lassen sich neben einem Gesamt-Rating auch Ratings für einzelne Private-Banking-Plätze ableiten und auch für Gruppen von Anbietern wie beispielsweise die Groß- oder Privatbanken oder auch den genossenschaftlichen Sektor.

Literaturverzeichnis

Baedorf, Katrin (2009): „Performance Messung von Kundenportfolios im Private Banking“, Dissertation WHU – Otto Beisheim School of Management.

Brady, Michael K. und J. Joseph Cronin (2001): „Some new thoughts on conceptualizing perceived service quality: A hierarchical approach.“ Journal of Marketing 65: 34-49, July.

Crane, F.G. und T.K. Clarke (1988): „The Identification Of Evaluative Criteria And Cues Used In Selecting Services.“ The Journal of Services Marketing 2: 53-59.

Ennew, Christine T. und Martin R. Binks (1996): „The Impact of Service Quality and Service Characteristics on Customer Retention: Small Businesses and their Banks in the UK.“ British Journal of Management 7: 219-230, September.

Fischer, Bernd R. (2010): „Performanceanalyse in der Praxis“, 3. Auflage, Oldenbourg Verlag.

Fornell, Claes und Fred L. Bookstein (1982): „Two Structural Equation Models: LISREL and PLS Applied to Consumer Exit-Voice Theory.“ Journal of Marketing Research 19: 440-452, November.

Grönroos, Christian (1984): „A service quality model and its marketing implications.“ European Journal of Marketing 18: 36-44.

Horn, Carsten (2010): „Qualitätsmessung im Private Banking“, Dissertation WHU – Otto Beisheim School of Management.

Keating C. und W. F. Shadwick (2002): „A Universal Performance Measure“, Journal of Performance Measurement 6 (3), S. 59-84.

Reichheld, Frederick F. und W. Earl Jr. Sasser (1990): „Zero Defections: Quality Comes to Services.“ Harvard Business Review 68: 105-111, September-Oktober.

Rust, Roland T. und Richard L. Oliver (1994): „Service quality – insights and managerial implications from the frontier.“ In: Rust, Roland T. und Oliver, Richard L. (Hrsg.): Service Quality, Vorwort, S. 1-20. SAGE Publications.

Seiler, Volker (2010): „Kundenzufriedenheit im Private Banking – Eine empirische Untersuchung zur Kundenzufriedenheit vermögender Privatkunden“, Dissertation WHU – Otto Beisheim School of Management, im Entstehen.

Tversky, Amos und Daniel Kahneman (1986): „Rational Choice and the Framing Decision“, Journal of Business, Volume 59, Issue 4, S. 251 – 278.

Zimmermann, Heinz, Markus Rudolf, Stefan Jaeger und Claudia Zogg-Wetter [1996]: „Moderne Performancemessung: Ein Handbuch für die Praxis“, Paul Haupt Verlags AG, Bank- und finanzwirtschaftliche Forschungen Nr. 226.

Aktives oder passives Fondsmanagement – welcher Ansatz ist besser?

von Ingo Mainert und Andreas Utermann

Die Debatte über Vor- und Nachteile von aktivem und passivem Fondsmanagement gehört seit vielen Jahren zu den lebhaftesten Diskussionen der Investmentindustrie. Gelegentlich scheinen sich die beiden Schulen sogar antagonistisch und unversöhnlich gegenüberzustehen. Doch was ist nun der bessere Investmentansatz – „Aktiv" oder „Passiv"?

Die zwei Techniken bewegen sich zwischen den theoretischen Polen Effizienzmarkthypothese (Sharpe / Lintner) und Random Walk (Malkiel) zum einen sowie klassischer Aktienanalyse (Graham / Dodd) und traditioneller Makroökonomie (Ricardo) zum anderen.

Nach den ersten beiden Thesen sind nahezu alle Marktinformationen in den aktuellen Kursen verarbeitet. Informationsvorteile gibt es nicht. In der Fachliteratur unterscheidet man zwischen schwacher, mittelstrenger und strenger Informationseffizienz. Dabei dürfte grundsätzlich die Markteffizienz im festverzinslichen Bereich höher liegen als bei Aktien, da die zeitlich und betragsmäßig festgelegten Zahlungsströme (Zins und Tilgung) möglichen Fehlbewertungen gewisse Grenzen setzen. Insbesondere bei strenger Informationseffizienz ist es nicht möglich, über längere Zeiträume den Markt (= Benchmark) konsistent oder korrekt zu prognostizieren. Eine über dem Marktergebnis liegende Performance ist demnach eher unwahrscheinlich. Logische Konsequenz daraus ist ein passives Fondsmanagement, welches eine ex ante definierte Benchmark kosteneffizient abbildet. Diesen Vorgang nennt man Indexierung.

Die „Aktivisten" dagegen glauben, durch Analysen der Gegenwart und Vergangenheit Prognosen über zukünftige Entwicklungen auf Unternehmens- oder gesamtwirtschaftlicher Ebene abgeben zu können, um damit einen Informationsvorteil zu besitzen. Und nicht nur das: Da nicht alle Investoren über den gleichen Wissensstand und dieselbe Informationstechnologie verfügen, sind durch die Analyse des Status Quo und die Feststellung von Über- und Unterbewertungen ebenfalls Vorteile zu erzielen. Ebenso kann unterstellt werden, dass nicht alle Marktteilnehmer nach den gleichen makroökonomischen Grundlagen entscheiden („Keynesianer versus Monetaristen"). Daher lassen sich auf Basis bestimmter Annahmen Portfolios konstruieren, die den Markt „schlagen" und Überrenditen erzielen. Dabei werden beim Aktienportfoliomanagement im Wesentlichen zwei Managementtechniken angewandt: Die Selektion der richtigen Einzelwerte und die Auswahl des optimalen Zeitpunktes (market timing).

Die Grundüberzeugungen der aktiven Fondsmanager werden durch die jüngste Vergangenheit bestärkt: Die Finanzmarktkrise der letzten beiden Jahre belegt die Erkenntnisse der Verhaltensökonomie und der darauf aufbauenden Behavioural Finance (Smith / Kahneman / Shiller). Der Anleger ist kein Homo Oeconomicus – die Märkte können also nicht effizient sein. Die Anleger handeln nicht rational, sondern emotional. Sie neigen zu Herdenverhalten, das zu Über- und Untertreibungen führt. Die daraus entstehenden Fehlentwicklungen und Anomalien, in der Kapitalmarkttheorie Phänomene genannt, können von aktiven Asset Managern – nicht zuletzt durch den Einsatz quantitativer Modelle, die regelgebunden und damit emotionslos handeln – ausgenutzt werden. Die Phänomene werden in Kalender-, Verteilungs- und Bewertungsanomalien kategorisiert. Sie sind alle ausreichend statistisch belegt. Viele Börsianer behaupten, dass mit den wärmer werdenden Tagen auch die Aktienkurse dahinschmelzen. Und wer kennt nicht die Finanzweisheiten *„Sell in May and go away"* und *„But remember to come back in September"?*

Januar- oder „Halloween"-Effekt sind andere Umschreibungen für diese kalendarischen Anomalien. Damit sind die nachhaltig unterschiedlichen Entwicklungen in den verschiedenen Jahreszeiten gemeint. Aktienindizes entwickeln sich in den Sommermonaten zumeist schwächer als in den Wintermonaten.

Abbildung 1: Januar-Effekt

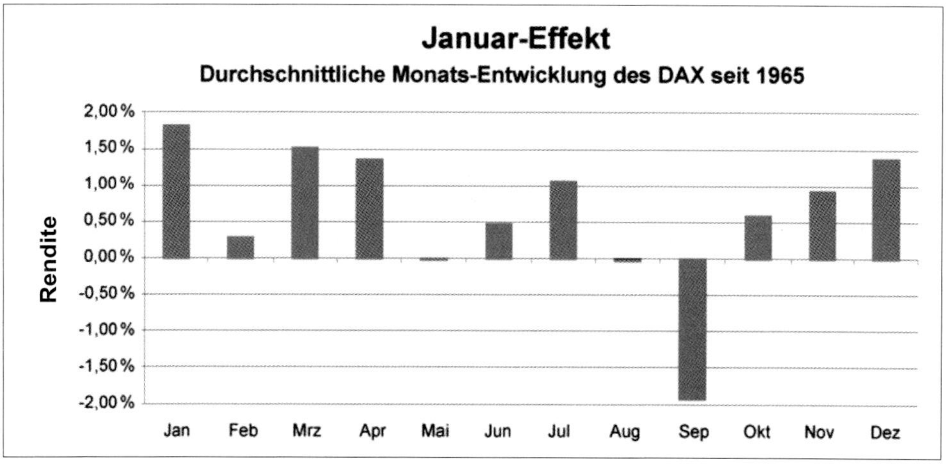

Quelle: Datastream; Allianz Global Investors

Der freundlichste Tag an der Börse ist der Freitag. Dies nennt man „Day of the week"-Effekt. Das handelsfreie Wochenende scheint zu einer nüchterneren Einschätzung der Marktlage zu führen.

Abbildung 2: Wochenende-Effekt

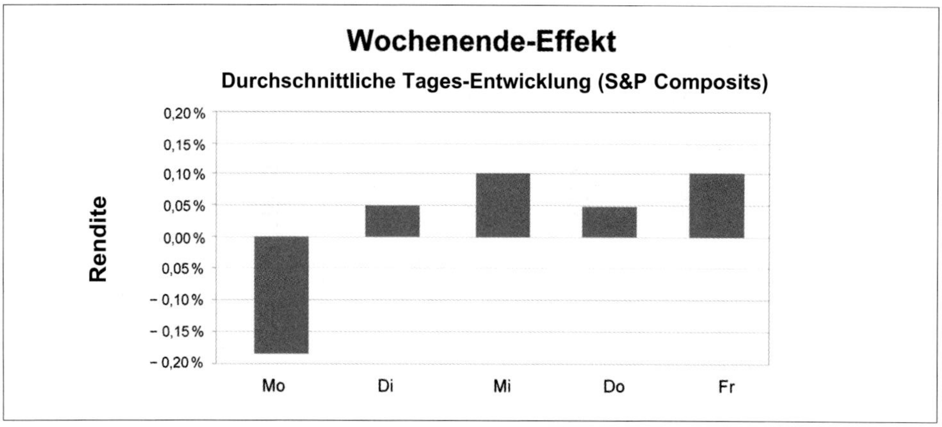

Quelle: Keim and Stambaugh. „A further investigation of the weekend effect in stock returns." Journal of Finance 39 (3), 1984; Allianz Global Investors

Ein ähnliches Phänomen ist der „Turn of the month"-Effekt. Der letzte und die ersten Tage im Monat sind oft die freundlichsten. Dies dürfte mit Liquiditätszuflüssen der zu diesen Zeitpunkten greifenden Ansparpläne zu tun haben.

Abbildung 3: Monatsultimo-Effekt

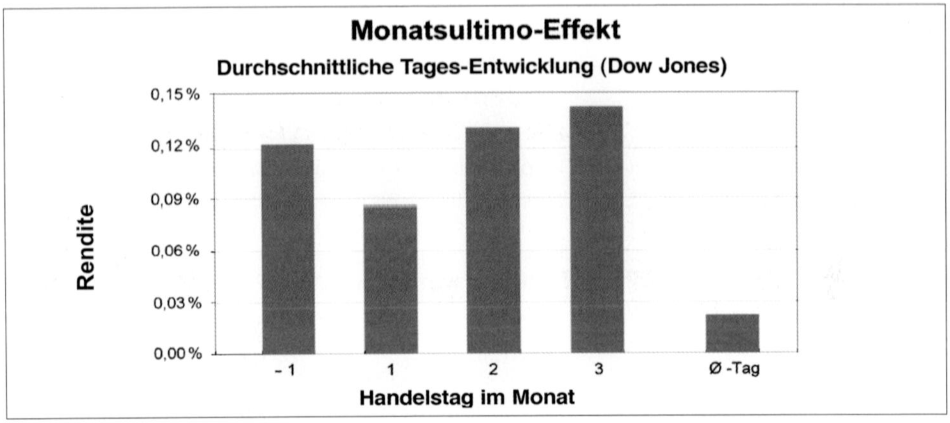

Quelle: Lakonishok and Smidt, „Are seasonal anomalies real? A ninety-year perspective." Jonson Working Paper #87-07, Cornell University, Ithaca, New York, May 1987

Eine weitere Auffälligkeit: Die Normalverteilungshypothese als Basis der modernen Kapitalmarkttheorie ist eine Vereinfachungsannahme der komplexen Wirklichkeit. Eindeutig belegt ist zwischenzeitlich die relativ zu deren Annahmen deutliche Häufung der Extremszenarien („Fat tails"). Dieses Phänomen ist auch unter der Bezeichnung „schwarzer Schwan" bekannt. Über- und Untertreibungen finden somit deutlich häufiger statt, als die Gaußsche Glockenkurve vorhersagt. Dies ist grundsätzlich ein ideales Szenario für aktives Handeln.

Abbildung 4: Relative Performance-Entwicklung einzelner Investmentstile

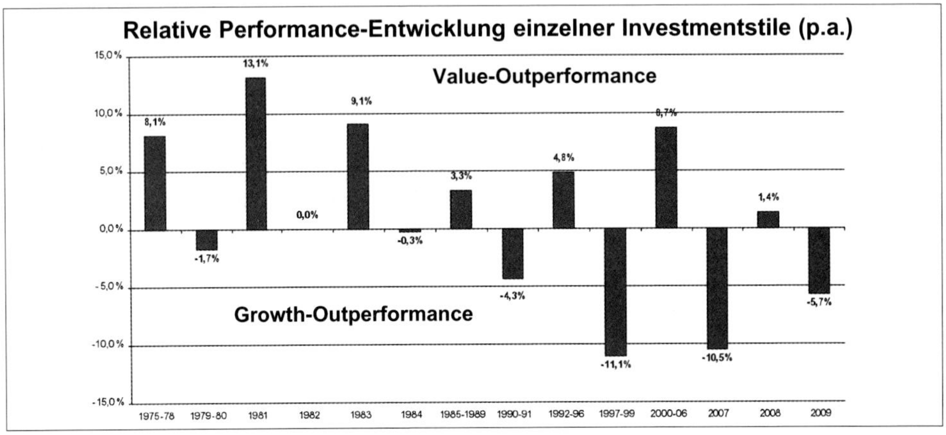

Quelle: Datastream; Allianz Global Investors

Zusätzlich bieten in gewissen Marktphasen unterschiedliche Investmentstile („Small versus Large" und „Value versus Growth") Chancen, die genutzt werden können.

Bei einem wachstumsorientierten Investitionsstil („Growth") rückt die Zukunft näher in den Vordergrund. Nicht die heute vorhandenen Werte machen den Reiz der Aktie aus, sondern die Hoffnung auf ein überdurchschnittliches zukünftiges Umsatz- und Gewinnwachstum. Ein „Value"-Manager hingegen konzentriert sich vorwiegend auf Unternehmen mit niedriger Bewertung sowie stabilen Gewinn- und Wachstumsaussichten. Er sucht nach unterbewerteten Aktien.

Doch nicht nur im Bereich des wachstums- und wertorientierten Investmentstils können sich Opportunitäten ergeben, sondern auch bezogen auf die Unternehmensgröße. Während sich bei den „Large Caps" eine Vielzahl von Analysten um professionelle Anleger kümmern, wird den „Small Caps" deutlich weniger Aufmerksamkeit zuteil. Die Informationseffizienz ist geringer, kursrelevante Informationen verbreiten sich also weniger schnell. Gerade bei „Mid Caps" und „Small Caps" bietet deshalb ein guter Analyseprozess Vorteile, da er die geringe Informationseffizienz nutzen und gleichzeitig die Spreu vom Weizen trennen kann.

Abbildung 5: Relative Performance-Entwicklung einzelner Investmentstile

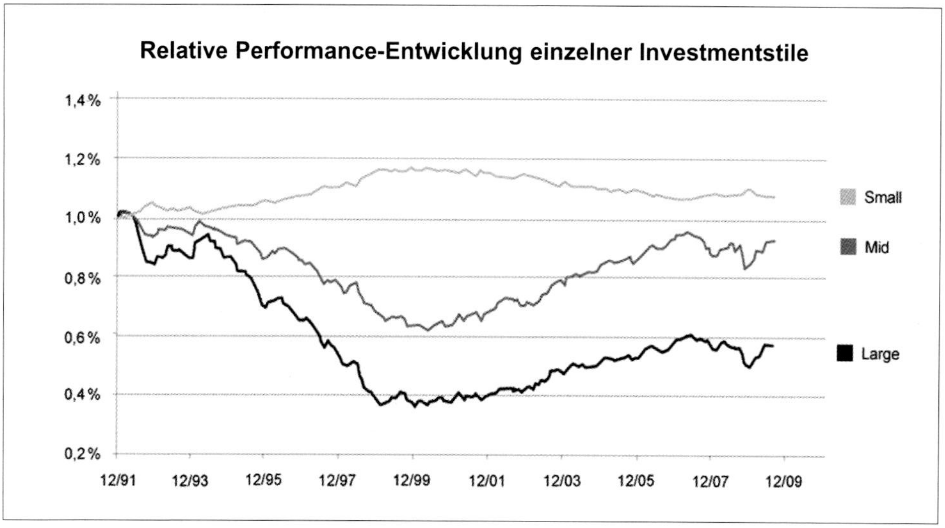

Quelle: Datastream; Allianz Global Investors

Fazit: Finanzmärkte sind nicht streng effizient. Es ergeben sich also Ertragsmöglichkeiten durch aktives Management.

Wie sieht es nun in der Praxis aus? Die jüngere Vergangenheit zeigt: 2008 konnte kaum ein Portfoliomanager die Indizes schlagen; 2009 kam die Renaissance des aktiven Investmentstils. So haben beispielsweise gut zwei Drittel der 65 vom Bundesverband Investment und Asset Management (BVI) in der Statistik geführten Deutschland-Fonds besser abgeschnitten als der DAX. Im Durchschnitt wurde eine Überrendite von 3,5 % erzielt. Trotz höherer Kosten im Vergleich zu Passivprodukten hat sich ein aktives Management damit für die Anleger mit barer Münze ausgezahlt.

Zu dem Thema gibt es eine Vielzahl von empirischen Untersuchungen. Diese sind wenig eindeutig und nur sehr differenziert zu interpretieren. Keineswegs lässt sich aus ihnen das oft vorgetragene Dogma „Die Benchmark ist langfristig nicht zu schlagen" ableiten.

Die beigefügte Auswertung von internationalen „Large Cap" Fonds zeigt dies relativ deutlich. Auf Sicht von 1 Jahr und 5 Jahren sind die Investmentfonds besser als der Index. Auf Sicht von 10 Jahren liegt das Verhältnis fast bei pari.

Abbildung 6: Globale Large Cap Fonds

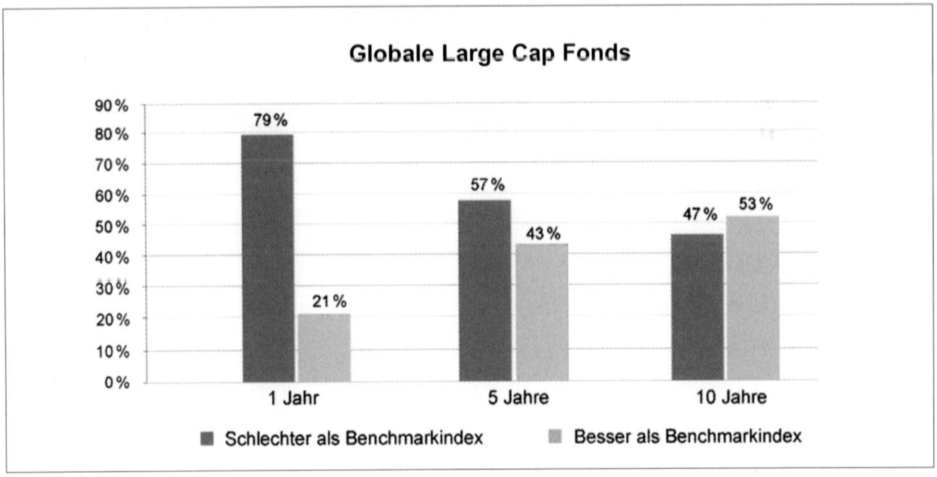

Quelle: Morningstar Direct 2009

Ohne Anspruch auf Vollständigkeit zu erheben, lassen sich insgesamt aus diesen Untersuchungen aber zwei Feststellungen ex post treffen:

1. In hoch effizienten Märkten konnten nur etwa 10 bis 20 % der Fonds ihre Benchmark übertreffen. Dazu zählen insbesondere große Unternehmen in den USA, Großbritannien und Europa.
2. In weniger effizienten Märkten konnten 60 bis 90 % der Fonds ihre Benchmark übertreffen. Dazu zählen kleine Unternehmen in den USA und Europa sowie die Aktienbörsen in Japan und den Schwellenländern.

Ein großer Nachteil der Indexierung ist die ausschließliche Vergangenheitsorientierung. Damit ist das Fondsmanagement prozyklisch geprägt und es werden Blasenbildungen provoziert. Mit steigenden Kursen erhöht sich nämlich das jeweilige Gewicht des Landes, des Sektors und des jeweiligen Einzelwertes. Anschaulichstes Beispiel ist der Anteil des Finanzsektors am Weltaktienmarkt (MSCI), der sich über die Jahre 2000 bis Anfang 2007 kontinuierlich von 19 auf über 27 % erhöht hat. Seitdem hat sich das Gewicht wieder deutlich reduziert. Ähnlich hatten Investoren hinsichtlich Energieaktien während der Ölkrise Anfang der 1980er Jahre und mit Technologieaktien während der „TMT-Blase" um 2000 gehandelt.

Abbildung 7: Branchengewichtung Weltaktienmarkt (MSCI) im Zeitablauf

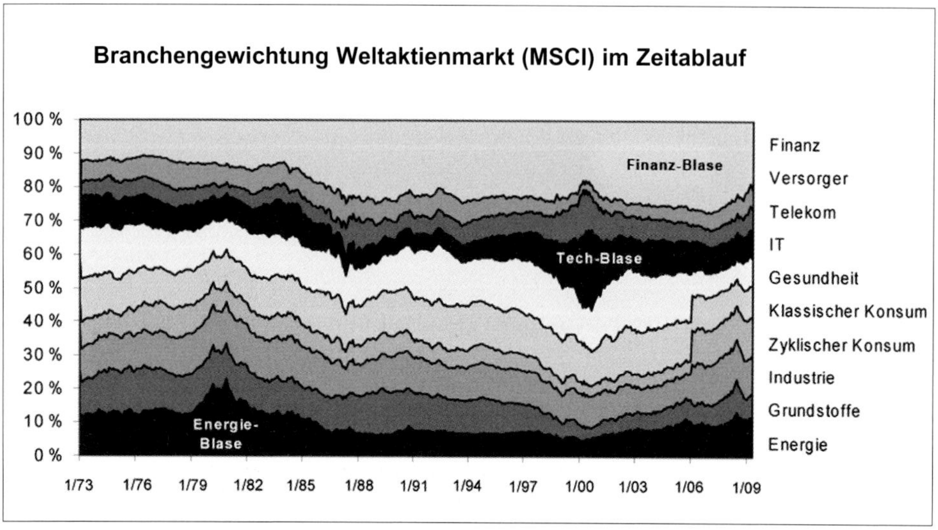

Quelle: Datastream; Allianz Global Investors

Dieses Problem wird auf der Einzelwertebene überdeutlich an den negativen Fallbeispielen VW und Infineon. Der Erwerb von VW über ein passives Indexkonstrukt zu fast 1.000 Euro widerspricht einer mikrofundierten Vorgehensweise.

Abbildung 8: Kursverlauf Volkswagen Stammaktien

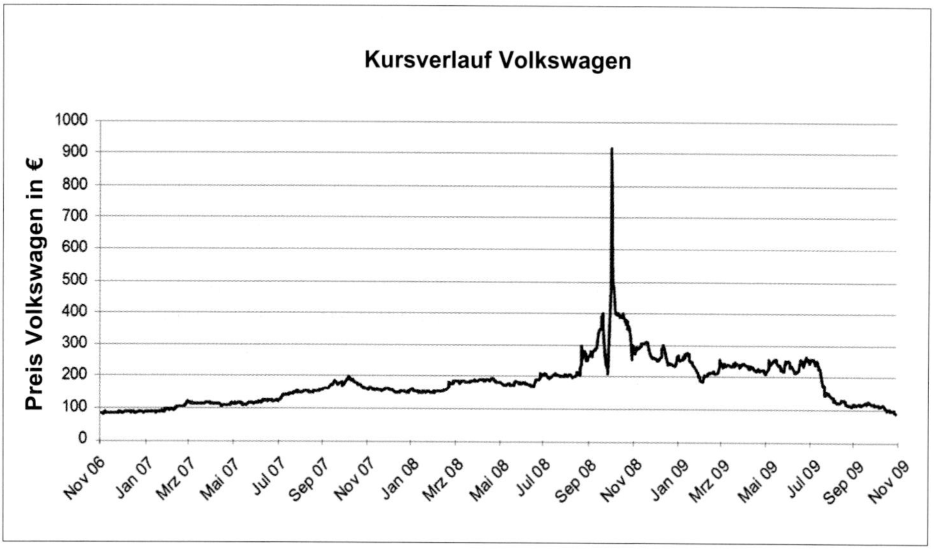

Quelle: Datastream; Allianz Global Investors

Abbildung 9: Kursverlauf Infineon

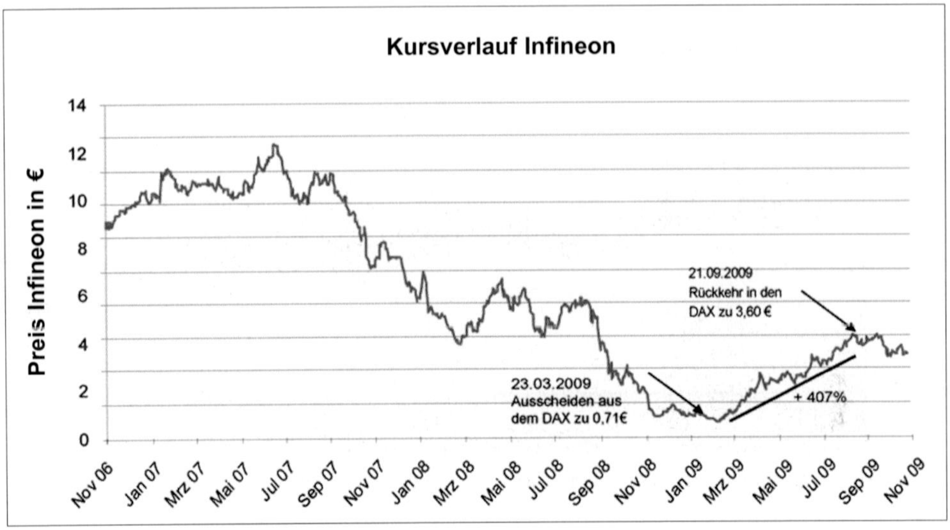

Quelle: Datastream; Allianz Global Investors

Als Reaktion auf diese Risikokonzentration entstand die fundamentale Indexierung. Dabei richtet sich die Gewichtung der im Index befindlichen Wertpapiere nicht nach der Marktkapitalisierung, sondern nach anderen Kriterien wie Umsatz und Cash-Flow. Bei einem derartigen „Fundamental Indexing" sind „blasenfreie" Portfolios gewährleistet.

Eine Kombination aus aktiven und passiven Managementansätzen (im Rahmen eines Core-Satellite-Ansatzes) könnte ein Minimumkonsens und ein Weg aus dem Dilemma sein. Core-Satellite-Strategien beruhen auf dem einfach umsetzbaren Konzept, ein Portfolio in zwei Segmente zu teilen. Ein Segment ist das Kerninvestment. Ziel ist es hier, eine Rendite zu erzielen, die der Wertentwicklung des Marktes entspricht. Dieser Ertrag wird Beta genannt. Das zweite Segment sind Satelliten-Positionen. Typischerweise handelt es sich hier um stärker spezialisierte Investments, die eine höhere Rendite als die Benchmark, also Alpha, erzielen sollen. Verglichen mit dem Kern zeichnen sich die Satelliten meistens durch ein größeres Risiko, weniger effiziente Marktsegmente und daher höhere Management-Gebühren aus.

Allerdings sind wir davon überzeugt, dass es nicht nur im Rahmen von Core-Satellite-Ansätzen ein signifikantes Potenzial für aktives Asset Management gibt. Untersuchungen zeigen, dass bei den Erklärungsfaktoren für die Performance die Auswahl der Einzelwerte immer dominanter wird.

Abbildung 10: Erklärungsfaktoren für die Kursperformance im Zeitablauf

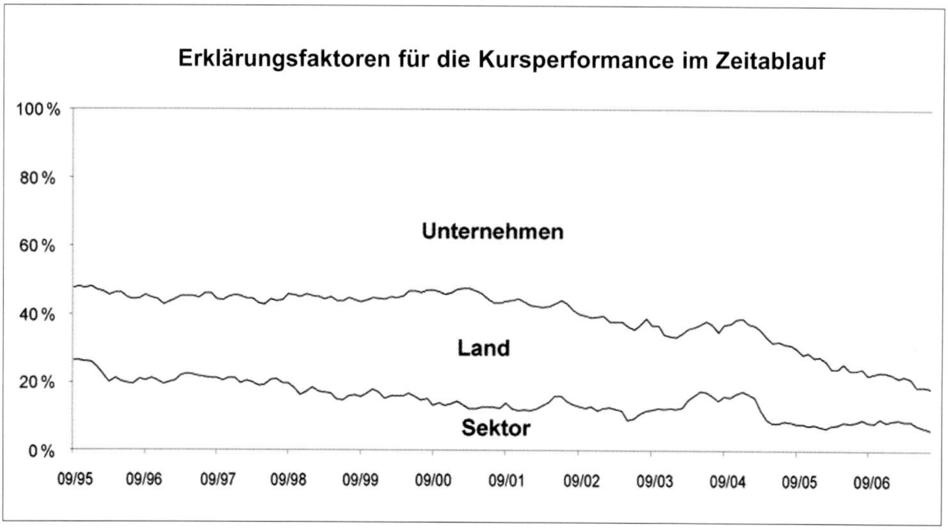

Quelle: MSCI; Credit Suisse Research; Allianz Global Investors

Wir legen deshalb besonderen Wert auf zeitnahe Information und schnellen Informationsfluss. Wir gehen davon aus, dass wir durch die Erschließung und Ausnutzung eines Informationsvorsprungs (Information Advantage) in der Lage sind, überlegene und konsistente Investmentergebnisse zu erzielen. Die Grundlage für einen erfolgreichen Investmentprozess bei der Aktienselektion ist ein eigenes, nach Sektoren strukturiertes Research. Bei Allianz Global Investors (im Tochterunternehmen RCM[1]) wird dies ergänzt durch das in dieser Form einzigartige Grassroots Research. Diese Einheit betreibt qualitative und quantitative Marktuntersuchungen. Bei Letzteren werden Verbraucherbefragungen vorgenommen und Informationen zu aufkommenden Branchentrends gesammelt.

Abschließend muss erwähnt werden, dass die Kurzatmigkeit der Anleger natürlich die Möglichkeit erschwert, nachhaltig überdurchschnittliche Ergebnisse zu erzielen. Hier wäre eine Umkehr des in den letzten vier Dekaden zu beobachtenden Trends wünschenswert. Nur so lassen sich viele der geschilderten Phänomene und Anomalien zum Vorteil des Anlegers umsetzen.

1 Rosenberg Capital Management

Abbildung 11: Durchschnittliche Haltedauer amerikanischer Aktien

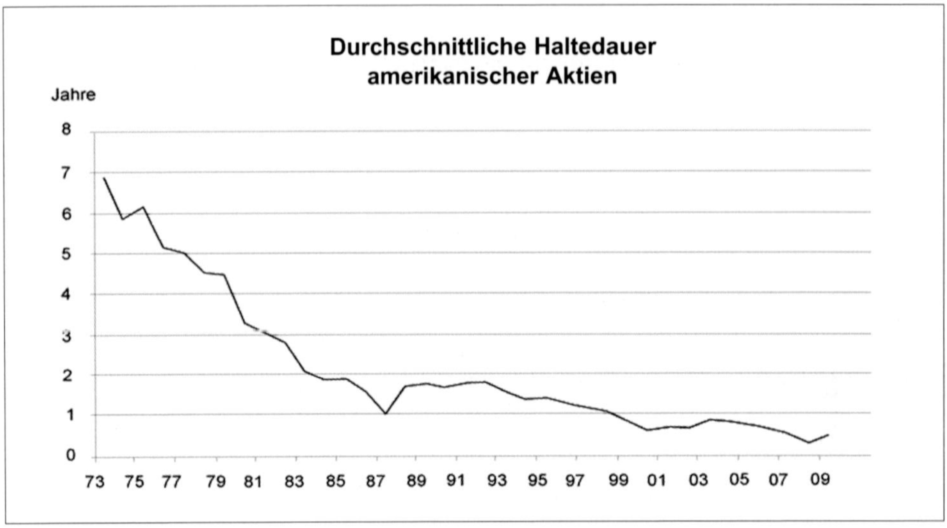

Quelle: Allianz Global Investors

Kapitel 6:

Modellierung der Risiken und Risiken der Modellierung

"Risks are hard to manage unless they are understood." *

Reliable Riskmanagement Requires Retreat from Efficient Market Paradise

Mesoscopic View Prevents from Apocalyptic Failures in Finance

by Otto Loistl

---

* Bremmer and Keat (2010), p. 191.

1 Introduction

1.1 Dynamic Economic Modeling requires a mesoscopic view

1.1.1 The preliminary character of statical equilibrium modeling in economics

Since inception, mathematical modeling of economic issues has been concentrated on the investigation of structural statical phenomena in equilibrium.[1] The investigation of nonstatical phenomena not confined by equilibria has been postponed to further studies. Great scholars pointed towards the preliminary character of their statical investigations.[2] The big challenge to dynamic modelling has been to combine macrolevel with microactivities consistently. Without a microfoundation, dynamic macro models may become very erroneous when a change of trend occurs, when the chain of cause and effect at the microlevel has not been traced. The objectively measurable macro aggregates are not of much help.[3] The consistent connection is not achieved by a pure aggregation of microvariables. The reference to Adam Smith and the invisible hand is misleading. Adam Smith does not refer to equilibrium when he uses the "invisible hand" metaphor, neither in "Wealth of Nations"[4] nor in "Moral Sentiments"[4a]. The interactions among the individual agents shape the behavior of the whole and have to be regarded.[5] "*There is a large and growing literature on the idea of emergence in physical, biological, and social systems … In systems that display emergence, the interaction of autonomous or quasi- autonomous components of the system leads to a higher level functionality that is not present in any of the individual components*".[6] But uncontrolled emergence might lead to chaos: "*If the only foundational principle that we will admit is purposive behavior between*

---

1 Schumpeter (1965), p1172 found this sequence of research, static first and then dynamic issues practiced by every science.

2 Fisher (1892): "*The ideal statical condition assumed in our analysis is never satisfied in fact.*" *p.103/147* "*The … actual world both physical and economic has no equilibrium. The dynamic side of economics has never received systematic treatment. When it has, it will reconcile much oft he present contradictions*" *p.104/148.*

Von Neumann and Morgenstern(1944): "*We repeat most emphatically that our theory is thoroughly static. A dynamic theory would unquestionably be more complete and therefore preferable … A static theory deals with equilibria. The essential characteristic of an equilibrium is that it has no tendency to change, i.e. that it is not conducive to dynamic developments…For the real dynamics which investigates the precise motions, usually far away from equilibria, a much deeper knowledge of these dynamic phenomena is required.*", *p.45.*

Solow (1971): "*One would like to allow more disequilibrium, … It must be admitted that one reason we study steady states so much is hat we can actually work out their properties … Real economies are not in steady states … So steady state may be a fair first approximation. Of course, that is a temporary excuse, not a permanent license*", pp.VII.

3 Hayek (1963), 61.

4 Smith (1776), p. 35, see also Rothschild (1994) and Rothschild (2001).

4a Smith (1759), p. 350.

5 Gallegati (2009), p. 10. Soros (2008) postulates a reflexivity paradigm and Kohn (2004) an exchange paradigm. Both authors adress the same issue.

6 Axtell (2007), p. 111. Laughlin (2005) discusses the transition to the Age of Emergence in physics.

autonomous individuals interacting on arbitrary graphs, what can we say about economic and social processes in general".[7] Dynamic economic modelling is threatened by the fallacies of aggregation or reductionist modelling on the one hand and by emergent self-organization on the other.

1.1.2 Implementation of Mesolevel to Structure Organized Complexity Issues

The recent discussion proposes a middle course: The consistent connection of macrovariables and microactivities into structured modeling will be achieved by implementing a mesolevel. *"Since these interactions based properties disappear when the parts are studied independently,"* – [or by simple aggregation or by a reductionist procedure (OL)] – *"one needs a new forma mentis, a new methodological approach to study different hierarchical levels, as well as each single level:"*[8] Hermann Haken introduced a mesolevel when propagating the concepts of synergetics to explain phenomena at the macrolevel by causing events at the microlevel consistently.[9] Current applications of the mesoscopic level concept in natural sciences document the capabilities of this innovative concept.[10] The application is centered on the structuring of networks by means of topology. Topology seems to be a very promising concept: It refers to structural relations and can handle stretching or compressing but without losing the basic structure.[11]

In economics the introduction of a mesolevel has been proposed quite recently, but mostly on a descriptive level.[12]

In the following a microfoundation by realistic modeling of actions and interactions of individual agents that provide the "basis of economic reasoning"[13] also of the micro meso macro approach, will be presented. The hitherto prevailing attitude of modeling prices per se does not correspond to the principle that all economic reasoning should be based on the actions of individuals. *"Brownian motion* [to model prices OL] *has no economic significance whatsoever ... So in financial economics you have an analysis based on pattern recognition."*[14] Prices do not pertain to actions of individual human beings, at least not in a market economy. Prices are not generated by the action of an individual, but prices are generated by transactions, i.e. when two parties agree to exchange a given quantity of a specified good for a specified amount of money or for the specified amount of another good. Human actions refer to offers or acceptances of offers. It is a

---

7 Axtell (2007), p. 118.

8 Gallegati (2009), p. 14.

9 See Haken(1983a) and (1983b).

10 See e.g. Lozano e.a. (2008).

11 Edelsbrunner and Harer (2010) with examples for applications.

12 See e.g. Dopfer e.a. (2004), Foster and Potts (2007), Potts and Morrison (2007), Dopfer and Potts(2008), Elsner(2008).

13 Arrow (1994): "It is a touchstone of accepted economics that all explanations must run in terms of actions and reactions of individuals", p. 1.

14 Arrow (2004), p. 295.

shorty of the real situation when instead of offers the prices are modeled. The history of efficient markets shows, that omitting the real trading possibilities is in many situations very risky.

Until recently the investigation of offers to buy or to sell directly was quite difficult as data for prices only were available. Therefore such questions became neglected in academic research. But nowadays the complete set of offers at a stock exchange is available for research. Research should rediscover that orders are a very important issue in financial modeling. The orders are matched according to known pricing procedures, e.g. according to the well established "price-time priority". Furthermore, offers bear far more reliable signals of agents' reactions to new events than prices as recent investigations document.[15] Modeling individual agents' actions and reactions by means of order adjustment is preferable from the point of explanatory power too.

1.2 The Apocalyptic Error that Financial Markets are Efficient

In financial theory, however, the assumption that markets are in equilibrium has become the status of a generally accepted dogma, complete markets always exploit arbitrage opportunities automatically. According to the basic axiom there is no need to model either individual actions and reactions of individual agents or to investigate individual agents' motivation to place orders. Appropriate market opportunities automatically generate a riskless portfolio, e.g. the famous hedge portfolio of option pricing theory. The efficient market axiom enabled furthermore the replication of options by adequate positions in stocks (or stock index futures) and bonds, (or bond futures). But this replication concept has been disproved[16] during of the crash of 1987. The nice idea of portfolio insurance worked on paper but did not hold under real circumstances when it should have worked. The proponents claimed that the major mistake was the name chosen: *Insurance* mislead the investors. Even if it was a serious warning, the quants continued to produce synthetic contracts as if there had not been a big and dangerous lack of adjustment opportunities in reality.

To make a bad situation worse, the riskiness of these "weapons of mass destruction"[17] has been evaluated by procedures named "mark to model", effectively being an evaluation by "mark to myth".[18] Such a constellation provided a blank charter to fool inexperienced investors. Only "old fogeys"[19] like George Soros and Warren Buffett were capable to see through the investmentbankers greedy games.

The Black Scholes options pricing formula *"is based on such simple assumptions – unrealistically simple assumptions"*.[20] But these deficiencies did not bother the scientific community, the quants relied on consensus, not on empirical proof: *"In the end, a*

---

15 Kopp e.a. (2008a) and (2008b).

16 Kreps (1982): *"The property required for complete markets concernc the very delicate fine structure of the market."*

17 Buffett (2003), p. 15.

18 Buffett (2003), p. 13.

19 Soros (2008), p. 120. The author does not mention Buffett explicitly.

20 Black (1990), p. 11.

theory is accepted not because it is confirmed by conventional empirical tests, but because researchers persuade one another that the theory is correct and relevant."[21] No surprise, other economists reminded the fairy tale of the emperor's new clothes,[22] but the spoof has not been disclosed yet.

A critical market phase lead to the collapse of LTCM too, obviously enforced by the holdings high leverage:[23] The markets flight to quality closed every opportunity to obtain cash to fulfill margin calls.

Similar events happened further on. The banks produced ever more so called "structured investment vehicles". Their risks have been clearly calculated on paper, but no check has been performed, if the assumed trading facilities existed in reality. The bubble bursted into the last financial crisis leading the global economy at the abyss of an incomparable financial melt down. Neglecting the real market opportunities has been a major reason leading to the last crisis.[24] The efficient market model is entrenched in quantitative finance and quants are not ready to give up this beloved idea[25] and disregarded the warnings.

F.A. Hayek addressed the pretence of scientists to have analytical methods at hand to model economic issues appropriately in his Nobel lecture: They have had developed methods to handle problems of "disorganized complexity" but not of "organized complexity"[26] dominating in economics and finance: *"They adaptively change and self-organize. They display the strange behaviors of non-linearity, emergent behaviors that cannot be reduced to the intentions of the individuals that make them up. Power emerges as complex, adapting and nonlinear systems of human interactions on vast scales."*[27]

Risky assets are currently in most of the cases assessed by the expected value of utility, represented by means and variance of activities' outcomes, sometimes including higher moments. These expected utility models are not dealing with single actions and interactions at the level of individual agents and the choice among discrete individual activities.

---

21 Black (1986), p. 537. In consequence "Mathematization has promoted a kind of sterile armchair theorizing. Many theorists see little need to be acquainted with the details of real-world economies: almost exclusively, they study each other's models." Kohn (2004), p. 305.

22 Danielsson (2002) with explicit reference to risk modeling, Keen (2004) Subtitle *"The Naked Emperor of the Social Sciences"*.

23 Buffett (2006), p. 11: *"One of the derivatives instruments that LTCM used was total return swaps, contracts that facilitate 100% leverage in various markets, including stocks"*. Credit Default Swaps (CDS) bear obligations that surmounted the capabilities of the biggest corporations selling these CDS's by far.

24 Soros (2008), p. 74: The quants *"use scientific methods to manipulate reality, not to understand it"*. MacKenzie (2006) put it in plain language: "An engine, not a camera".

25 Solow (2005) p. 8: *"It can become very difficult ever to displace an entrenched model by a better one. Clever and motivated — including ideologically motivated – people can fight a reargard battle that would make Robert E. Lee look like an amateur."* See also Kuhn (1996) for a comprehensive analysis of scientific revolutions.

26 The differentiation has been introduced by Warren Weaver(1948) and reaffirmed by e.g. Klir (2006) recently.

27 Bella (1997), p. 977.

2 Doubly Stochastic Markov Processes to Model Individual Actions and Interactions

2.1 Modeling of Individual Agent's Decision Making by Discrete Choice

2.1.1 The Random Utility Models' Basic Structure

Modeling interactions among individual agents requires the assessment of single individual activities first, not the evaluation of many possible actions described by a probability distribution. The Random Utility Model's Discrete Choice is designed to evaluate individual actions and therefore appropriate.

McFadden's Discrete Choice approach has received very affirmative reactions.[28] It has been applied for quite a while successfully in fields like marketing, transportation or environmental issues, but not yet in finance until now. But individual actions and interactions have to be evaluated in finance too. Discrete Choice is a major variant of Random Utility Models (RUM), comprising both deterministic and stochastic components of individual alternatives. The deterministic components refer to quantifiable factors, the stochastic component refers to other components:

The approach has been mainly developed by McFadden (1974), (2001) with reference e.g. to Thurstone (1927) and Marschak (1960). Train (2003) gives a comprehensive description of the implications.

The Random utility function U_{ik} for the ith agent's action (e.g. placing or accepting an order) a_{ik}:

(1) $$U_{ik} = \underbrace{\varphi_{ik}}_{\substack{\text{deterministic component}\\ \text{(quantifiable)}}} + \underbrace{\varepsilon_{ik}}_{\substack{\text{stochastic component}\\ \text{(not quantifiable)}}}$$

2.1.2 The Actions' Probabilities according the Logit Approach

If the actions' stochastic components are independent and follow an extreme value distribution, then the choice probability for agent i to take action k is given by the simple Logit Choice *Probability, see (2).*

In finance, the assumption of an extreme value distributed stochastic component is justified. The probability to take action k is given by formula (2). Brock and Durlauf address interactions by referring to McFadden's (1984) Discrete Choice approach too but do not provide explicit applications.[29]

The Logit Choice model requires independence of irrelevant alternative (IIA). This assumption has been seen for a long time as a major restriction to the application of

28 See Manski (2001).

29 Brock and Durlauf (2001), p. 237.

the Logit approach. Huber e.a. (2004)[30] have shown that the DSMP (Chapter 2.2.1) approach fulfills the IIA requirement. Furthermore IIA seems in the current discussion not to be as much a problem as it was considered some years before.[31] But the basic philosophy of DSMP may be extended to nested logic structures too.

2.2 Integrating Discrete Choice into Markov Processes

2.2.1 The basic principle of DSMP

The modeling of individual interactions will be achieved by integrating Discrete Choice into a Markov Process that comprises the entire market's state of nature. The combined model will thus be named "Doubly Stochastic Markov Process" (DSMP).

The term DSMP has been proposed in analogy to Doubly Stochastic Poisson Processes introduced by Cox (1955).[32] DSMP combines two well known concepts: "Discrete Choice" and "Markov processes".[33] The high dimensional state space captures the market's state of nature under consideration. Any state's change is generated by the realization of a specific action feasible to a specific agent. The realization of a specific action out of the set of feasible actions is controlled by the concept of Discrete Choice. The action exhibiting the highest utility will be chosen. Furthermore, the Discrete Choice's utility figure determines also the probability to realize that individual action. This probability determines the Markov's state transition probability too. The control of the Markov state's transition probability by the corresponding discrete choice action's probability is DSMP's innovative idea. The following aspects characterise the model:

1. The relevant state's transition is caused by the single discrete action under consideration.
2. Furthermore, any action's utility is updated whenever any Markov state has changed to capture the utility impact of the new states' constellation.
3. This adjustment procedure enables thus modeling any agents' learning and interactions. The term DSMP refers to this causal structure.
4. During the last twenty years, many details have been worked out without any necessity to change DSMP's basic structure. Samanidou e.a. (2007)[34] refer to Landes and Loistl (1992), but do not mention the model's further development, especially not the capabilities of DSMPs to handle agents' interactions.
5. The basic DSMP approach *"is intrinsically dynamic, permits actions out of equilibrium, and treats such actions as occurring within networks."*[35]

---

30 Huber, e.a. (2004).

31 Train (2003) propose to mitigate the importance of IIA.

32 Kingman (2003), p. 65, refers to Cox (1955) when describing the history of Cox processes.

33 Huetl e.a. (2006), Loistl (2008).

34 Samanidou e.a. (2007), p7: "perhaps the first attempt at a microscopic approach with stochastic features guided by work in statistical physics is Landes and Loistl (1992)". Landes, Loistl and Reiss (1989) discuss the economic importance of individual interactions already.

35 This phrase is bought from Axtell (2007), p. 105, even if he does not refer to DSMP.

Formally, the description of the market assumes a time homogenous conservative Markov process $(Z_t)_{t\geq 0}$ in continuous time with values in the discrete countable set Z, the state space. The state vector $z \in Z$, called the market state, is a high-dimensional vector of variables capturing the information attached to the current market status including also variables bearing relevant information of the past:[36]

The description of the core DSMP feature in section 2.2.2 is valid for any specification of the utility function. The main DSMP is given in (6) and valid for any specification[37] of utility function $\phi(a_{ijk})$.

2.2.2 Markov State Transition Probabilities derived from an Action's Probability

Given the market's state of nature z and assuming the Logit approach[38] the probability for selecting action a_{ijk}, is given by

(2)
$$P\left(a_{ijk'} \middle| A_{ijk}\right) = \frac{e^{\Phi\left(a_{ijk'},z\right)}}{\sum_{a_{ijk} \in A_{ijk}} e^{\Phi\left(a_{ijk},z\right)}}$$

The probability of selecting action a_{ijk}, is proportional to the deterministic part $\Phi(a_{ijk'}, z)$ of the action's utility.[39] Starting from state of nature z, the probability $P(z, z')$ that the next state will be z' is proportional to the transition probability:

(3)
$$P(z,z') = \frac{\lambda(z,z')}{\sum_{z^*} \lambda(z,z^*)}$$

The Markov process transition probability therefore is controlled by the probability of executing that action that generates the state's factual transition. This connection justifies the term *"Doubly Stochastic Markov Process", DSMP,* for short. The probability of executing action $a_{ijk'}$ can be formulated as follows:

(4)
$$P(a_{ijk'} \text{ is the next action to be executed}) = \frac{\lambda_{a_{ijk'}}}{\sum_{a_{ijk} \in A_{ijk}} \lambda_{a_{ijk}}}$$

36 A description of the variables is given in Landes and Loistl (1992), p. 212 et seq., Loistl e.a. (2002), p. 194, and Loistl e.a. (2004), p. 331. These state variables are therefore capable of entering past events, even if the Markov property of having no memory remains valid.

37 An explicit specification is given by Loistl (2008).

38 Train (2003), pp. 38 et seq. provides a comprehensive discussion of the Logit model.

39 See Landes and Loistl (1992), pp. 214.

The probability, that a_{ijk}' is the next action to be carried out is given by the ratio of the action's $a_{ijk'}$ probability to the sum of all the actions' probabilities of all activities A_{ijk} feasible in the current market's state. The expected transition time of an action will be:

$$\lambda\left(z,z'(a_{ijk'})\right)^{-1} \tag{5}$$

The basic principle of DSMP may be expressed as follows: The greater the utility, the shorter the reaction time and the higher the probability that this action will be realized.[40]

The feasible actions are e.g., offers to buy or to sell or acceptance of such offers. The specific set of feasible actions depends on the market under consideration and the specific action and interaction' issues investigated. The individual actions bear generally the notation $a_{ijk'}$, the utilities $\phi(a_{ijk})$ of the action a_{ijk}, the relevant transition rates $\lambda_{a_{ijk}} = We^{\phi(a_{ijk})}$. For details see Landes and Loistl (1992).

The following relation links the Logit approach and the Markov process:

$$\lambda\left(z,z'(a_{ijk'})\right) = W \cdot e^{\Phi\left(a_{ijk'},z\right)} \tag{6}$$

The probability of selecting action $a_{ijk'}$ is (assuming the Logit model), proportional to $_{e}\Phi(a_{ijk'},z)$. This fundamental connection is possible since the expressions on both sides have the same structure:

As the transition probabilities govern the realization of activities, we are thus able to integrate the acting agents into the factors causing a change of the capital market's states of nature. It can be shown furthermore that the time span T(z) (during which the time-continuous and time-homogeneous Markov process remains in state z) is exponentially distributed.[41]

This procedure enables the time spans' endogenous and asynchronous modeling between two events, e.g. the submission of an order.[42] Furthermore, given the assumption that the transition probability for the transition from state z to state y at any time exists, it can be shown that the transition probabilities can be decomposed component by component. Consequently, the process has instantaneously independent transition components.[43] The DSMP's IIA property follows from this decomposition principle.[44] The following theorem is valid for DSMP:

The action's probability $P(z, z')$ **is proportional to the state's transition probability** $\lambda(z,z'(a_{ijk'}))$.

40 The following description is adapted from Loistl et al. (2001), pp. 275.

41 Breiman (1969), p. 211, Landes e.a. (1989), pp. 71.

42 The importance of timing specification has recently been affirmed by Henker and Wang(2006)

43 Landes e.a. (1989), pp. 106.

44 Huber e.a. (2004) But extensions to cover nested logic models are feasable.

The following basic relation between action's utility, waiting time till the action is taken can be proved:

The greater the utility obtained from taking an action, the faster is the trader's reaction and the shorter is the trader's expected reaction time for the implementation of that reaction.[45]

The specification of the transition probabilities of a Markov process with continuous time and discrete state space is generally achieved by means of a system of differential equations, the so called Master equation. The *master equation* represents one of the displacement equations which are usually employed for describing dynamic systems.[46] To draw up the master equation, all transition rates in the process must be given. The approach is capable of taking the specific rules and regulations of the stock market under consideration into account. The approach is furthermore capable of modeling mesoscopic views in general: The specific rules and regulations mediating actions and interactions at any type of market, may be structured by means of network topologies.

But this master equation is not solved analytically, but numerically. We do not rely on Itô's Lemma or on Stratonovich's Lemma. However, we assume analogously to Stratonovich that regularity conditions are given to enable the numerical solution. The relation between master equation, Itô and Stratonovich integration conditions is discussed comprehensively in van Kampen (2003).[47]

3 Implementation of DSMP and Mesoscopic View

3.1 Promotion by Network Topologies and XML Taxonomies

The individualistic analysis of single actions and interactions might seem to be an unrealistic project to people who are accustomed to deal with macrovariables provided by statistical averages and who are accustomed to the axiom of efficient markets. The huge data seems impossible to get, not to mention the big challenge to manage this database. Such a sceptical view might have been adequate with regard to the technical capabilities some years ago, but not with regard to the capabilities of today. Computers can now process some hundred thousands of events per second. The time time span between message arrival and processing (called latency) may be less than a millisecond. This technical progress has been achieved mainly due to message standardization. Tesfatsion[48] postulates already a new taxonomy to structure agent based modeling. XML (extensible markup language) provides the basis for these impressive data processing capacities.[49]

45 Loistl e.a. (2001), p. 279 and Landes and Loistl (1992), pp. 223.

46 Haken (1983a), p. 80ff; Van Kampen (2003), p. 96 ff.

47 Van Kampen (2003), pp. 232, see also Haken (1983b) pp. 143. The positioning of the weighting points makes the difference: Ito proposes weighting the argument at the beginning of the interval, Stratonocvich proposes weighting by averaging the arguments at the beginning and the end of the interval. Ito's *"feature is very useful when making mathematical transformations. On the other hand, it has turned out that in many applications this choice (i.e. Ito's formula, OL) does not represent the actual process well."* Haken (1983b), p. 145).

48 Tesfatsion (2007).

49 XML-standards are a very promising approach to realise this idea. XBRL e.g. has been successfully implemented into SEC-Edgar. Another promising approach might be FIX, see Freedman (2006). Currently, the tools will be shaped to cope with the new technologies enabling fast processing of informations. See Taylor e.a. (2009).

XBRL represents an example of a very efficient and helpful XML application. Starting only some 20 years ago, it is now permeating the entire spectrum of reporting, including SEC Edgar.

These capacities of data processing, data communication and hierarchical structuring have been already exploited. Topology and networks are already applied to manage mesoscopic problems in natural sciences, like physics, biology and nowadays social sciences too.[50] *"The last ten years have witnessed the fact that geometry, topology and algorithms form a potent mix of disciplines with many applications inside and outside academia"*.[51] The potent mix is indeed capable of handling the mesoscopic view in finance too.

The extension of McFadden's discrete choice into DSMP seems an appropriate tool. The Markov Process' high dimensional state space embodies the network of the entire set of possible actions of individual agents and their reactions to other agent's decisions. The random utiliy function may contain both aspects of networks: The nodes are the individual decision making entities. The links between the nodes reflect the intensity with which an agent under consideration reacts and takes into consideration other agent's activities. The degree of considering other's actions may be used to specify neighborhoods.

3.2 The Identification of Mesolevel Variables

The intentional description of mesoscopic view gives however not a precise guideline to bring the concept down to an operational level. That has to be postponed to future research. Mesoscopic entities might be something like companies, unions or political parties.[52]

A major characteristic of variables at the mesolevel is the coherence of individual agent's behavior and its change. The observation of such a change might provide a reliable forecasts of macrovariable changes. A statistical analysis of the aggegates alone does not indicate a trend's change appropriately, as the failing forecasts of the last crisis documented. Macrovariables do not reflect these causal movements at the microlevel correctly. From the macrolevel view such changes may seem to occur abruptly, thus leading to description by means of "black swans" or "power laws". Modeling the mesolevel activites and their continuous variation adequately will lead to better results.

The future research activities may benefit from a description provided by Hermann Haken, a pioneer at investigating micro- and macrovariables via performance at the mesolevel. *"According to our understanding, at the microlevel we are dealing with its individual atoms or molecules described by their positions, velocities and mutual interactions. At the mezoscopic level we describe the liquid by means of ensembles of many atoms or molecules. The mesoscopic level allows us to introduce concepts which refers to ensembles of atoms but cannot be defined with respect to an individual atom. Such a concept is e.g. temperature."*[53]

---

50 Above all recently Edelsbrunneer and Harer (2010). Scheinkman and Woodford (1994) discussed self-organized criticality already but did not explicitly implement interactions at a mesoscopic level. See also Nirei (2008).

51 Edelsbrunner and Harer (2010), p. xi.

52 Bella (1997) structures these core issues by analyzing the politics of tobacco industry.

53 Haken (1983b), p. 22.

The realizations of mesoscopic views in different fields[54] provide many ideas how to manage the realisation of the mesoscopic view in finance and economics. Coping with this challenge will be necessary to prevent the "efficient market engine" from producing "financial weapons of mass destructions" further on.

References

Arrow, K.J.: Methodological Individualism and Social Knowledge, The American Economic Review, Vol. 84, 1994, pp. 1-9.

Arrow, Kenneth J.: Interview in: David Colander, Richard P.F. Holt, and J.Barkley Rosser, Jr.: Tthe Changing Face of Economics. Conversations with Cutting Edge Economists. This interview was conducted at Kenneth Arrow's home in Stanford on August 10, 2003, University of Michigan Press Ann Arbor, 2004, pp. 291-307.

Axtell, Robert, L.: What economic agents do: How cognition and interaction lead to emergence and complexity, Rev. Austrian Econ, Vol. 20, 2007, pp. 105-122.

Bella, David, A.: Organized Complexity in Human Affairs: The Tobacco Industry, Journal of Bussiness Ethics, Vol 16, 1997, pp. 977-999.

Black, Fischer: Noise, Journal of Finance, Vol. 41,1986, pp. 529-543.

Black, Fischer: Living up to the Model, Risk, Vol. 3,1990 No 3, pp. 11-13.

Breiman, L.: Probability and Stochastic Processes: With a View Toward Applications. Houghton Mifflin Company, Boston,1969.

Bremmer, Ian, and Preston, Keat: The Fat Tail. The Power of Political Knowledge in an Uncertain World, Oxford University Press, Oxford 2010.

Brock, W. A., and Durlauf, S.,N.: Discrete Choice with Social Interactions, Review of Economic Studies, Vol. 68, 2001, pp. 235-260.

Buffett, Warren, E.: Letter to the Shareholders of Berkshire Hathaway Inc., Feb. 2003.

Buffett, Warren, E.: Letter to the Shareholders of Berkshire Hathaway Inc., Feb. 2006.

Burmeister, E., and Dobell, A.,R.: Mathematical Theories of Economic Growth. With a foreword by Robert M. Solow, and a contribution by Stephen J. Turnowsky, New York, MacMillan Second Printing 1971.

Colander, D., Holt, R.P.F., Rossler, J.B. jr.: The Changing Face of Economics. Conversation with Cutting Edge Economists, University of Michigan Press, Ann Arbor, 2004 Introduction, pp. 1-25.

Cox, D.,R.: Some statistical models related with series of events, Journal of the Royal Statistical Society, B 17, (1995), pp. 129-164.

Daniélsson, Jón: The emperor has no clothes: Limits to the risk modeling, Journal of Banking & Finance, Vol. 26, 2002 pp. 1273-1296.

54 See e.g. Zschaler e.a. (2009), Toivonen e.a. (2007), Delli Gatti e.a. (2007).

Delli Gatti, D., Gaffeo, E., Giulioni, Gallegatti, M., Kirman, A., Palestrini, A., Russo, A.: Complex dynamics and empirical evidence, Informaton Sciences: An International Journal, Vol. 177, issue 5, March 2007, pp. 1204-1221.

Dopfer, Kurt, and Potts, Jason: The General theory of Economic Revolution, Routledge London, 2008.

Dopfer, K., Foster, J., Potts, J.: Micro-meso-macro, Journal of Evolutionary Economics, Vol. 14, 2004, pp. 263-279.

Edelsbrunner, Herbert, and Harer, John L.: Computational Topology. An Introduction. American Mathematical Society, Providence RI, 2010.

Elsner, Wolfram: The Process and a Simple Logic of 'Meso'Economics: Emergence and the Co-Evolution of Institutions and 'Meso'Group Size, University Bremen, Faculty 7 Business Studies & Economics Department of Economics, Discussion-Papers Series No. 005-2008, Mai 2008.

Fisher, Irving: Mathematical Investigation in the Theory of Values and Prices. From Transactions of the Connecticut Academy, Vol IX, July 1982. The following memoir is in substance the writer's thesis for the degree of Ph.D. at Yale University, 1891, reprinted Yale University Press 1925, The works of Irving Fisher edited by William J. Barber Assisted by Robert W. Dimand and Kevin Foster, Consulting editor: James Tobin, Volume 1, The early personal works, London Pickering & Chatto 1997 [The first page number refers to the page number of the edited volume and the second to the dissertation's 1892 edition].

Foster, John, and Potts, Jason: A micro-meso-macro perspective on the mehtodology of evolutionary ecocnomics: integrating history, simulation and econometrics, Discussion Paper No. 343. January 2007, School of Economics,The Univesity of Queensland, Australia.

Freedman, Roy, S.: Introduction to Financial Technology, Elsevier 2006.

Gallegati, Mauro: Complex economics: Toward a new paradigm. Universita Politecnica delle Marche, Ancona, Italy and Istituto Sistemi Complessi, CNR Roma Keynote Speech ESHIA/WEHIA 2009, International Conference/Workshop on Economic Science with Heterogeneous Interacting Agents, Beijing China 2009, presentation slides.

Haken, Hermann: Synergetics. An Introduction. Nonequilibrium Phase Transitions and Self-Organization in Physics, Chemistry, and Biology, Third Revised and Enlarged Edition, Springer, Berlin 1983a.

Haken, Hermann: Advanced Synergetics. Instability Hierarchies of Self-Organizing Systems and Devices, Springer, Berlin 1983b.

Hayek, Friedrich A.: The Pretence of Knowledge, Prize Lecture. Lecture in the memory of Alfred Nobel, December 11, 1974, www.Nobelprize.org

Hayek, F., A.: The Economics of the 1930s as seen from London, lecture delivered by Hayek at the University of Chicago in October 1963, published in: The Collected Works of F.A. Hayek Volume IX, Contra Keynes and Cambridge. Essays, Correspondence, edited by Bruce Caldwell, The University of Chicago Press, 1995 pp. 49-73.

Henker, Thomas, and Wang Jian-Xin: On the importance of timing specifications in market microstructure research, Journal of Financial Markets, Vol 9, 2006, pp. 162-179.

Huber, S., Leisch, F., Loistl, O., Veverka, A.: Multidimensional Homogeneous Markov Processes with Logit Transition Probabilities: A General Framework for Market Microstructure Modelling, unpublished manuscript 2004.

Huetl, M., Loistl, O., Prix, J.: Financial Market Micro Jumps modeled by Doubly Stochastic Markov Process. Paper presented at AMAMEF Workshop on Financial Modeling with Jump Processes, Palaiseau France, 6 September - 8 September 2006.

Keen, Steve: Debunking Economics. The Naked Emperor of the Social Sciences, Zed Books, London & New York, Third impression 2004.

Kingman, F.F.C.: Poisson Processes, Oxford Studies in Probability 3, Oxford University Press, Oxford, reprinted 2003.

Klir, George L.: Uncertainty and Information. Foundations of Generalized Information Theory, Wiley Interscience, Hoboken, 2006.

Kohn, Meir: Value and Exchange, Cato Journal, Vol. 24 (Fall 2004), pp. 303-339.

Kopp, E., Huetl, M., Loistl, O., Prix, J.: Cross-Sectional Liquidity Interactions from Intraday Perspectives, paper prepaired for the EWGFM Meeting 2008a.

Kopp, E., Huetl, M., Loistl, O., Prix, J.: Systematic Liquidity in the Xetra Order Book: A Multi-Stage Approach, paper presented at the 11th Conference of the Swiss Society for Financial Market Research, April 11th 2008b, Zurich Switzerland.

Kreps, David M.: Multiperiod Securities and the Efficient Allocation of Risk: A Comment on the Black-Scholes Option Pricing Model, in: Call. J.J. (ed): The Economics of Information and Uncertainty, Chicago, University of Chicago Press, 1982, pp. 203-232.

Kuhn, Thomas S.: The Structure of Scientific Revolutions, 3rd edition, University of Chicago Press, 1996.

Landes, T., Loistl, O., Reiss, W.: The Market Microstructure and the Dynamic Pricing of Financial Assets, in: The Dynamic Pricing of Financial Assets, edited by O. Loistl and T. Landes, McGraw-Hill, Hamburg, 1989, pp. 53-108.

Landes, Thomas, and Loistl, Otto: Complexity Models in Financial Markets, Applied Stochastic Models and Data Analysis, Special Issue in Finance, Vol. 8, 1992, pp. 209-228.

Laughlin, Robert B.: A Different Universe. (Reinventing Physics from the Bottom Down), Basic Books, New York, 2005.

Loistl, Otto: Modeling of Agent Based Financial Markets. Combining the Paradigms of Exchange, Emergence and Organized Complexity. Paper presented at InterSymp 2008, 20th International Conference on Systems Research, Informatics & Cybernetics, July 24th 2008, Baden-Baden Germany.

Loistl, O., Schossmann, B., Vetter, O.: Xetra Efficiency Evaluation and Nasdaq Modeling by KapSyn, European Journal of Operational Research, Vol. 135, 2001, pp. 270-295.

Loistl, O., Schossmann, B.. Vetter, O., Veverka, A.: A Comparison of Transaction Costs on Xetra and on Nasdaq, Quantitative Finance, Vol 2, 2002, pp. 199-216.

Loistl, O., Schossmann, B., Veverka, A.: Tick Size and Spreads: The Case of Nasdaq's Decimalization, European Journal of Operational Research Vol.155, 2004, pp. 317-334.

Loistl, O., Huetl, M., Kopp, E., Prix, J.: Quantitative-Behavioral Capital Market Modeling by Means of Doubly Stochastic Markov Process, paper presented at The 37th European Mathematical Psychology Group Meeting, Brest (France), September 11th-13th, 2006.

Lozano, S., Arenas, A., Sánchez, A.: Mesoscopic Structure Conditions the Emergence of Cooperation in Social Networks, PLoS ONE I, www.plosone.org , April 2008, Volume 3 Issue 4 e1892, pp. 1-9.

MacKenzie, Donald: An Engine, Not a Camera. How Financial Models Shape Markets, MIT Press, Cambridge, Massachussetts, 2006.

Manski, Charles F.: Daniel McFadden and the Econometric Analysis of Discrete Choice, Scandinavian Journal of Economics, Vol. 103, 2001, pp. 217-229.

Marschak, J.: Binary choice constraints on random utility indications. in K. Arrow, ed.,Stanford Symposium on Mathematical Methods in the Social Sciences, Stanford University Press, Stanford, CA, 1960.

McFadden, Daniel: Conditional logit analysis of qualitative choice behavior. in P. Zarembka, ed., Frontiers in Econometrics, Academic Press, New York, 1974, pp. 105-142.

McFadden, Daniel: Economic Choices, The American Economic Review, Vol 91, 2001, pp. 351-378. This article is a revised version oft he lecture Daniel McFadden delivered in Stockholm, Sweden, on December 8, 2000, when he received the Bank of Sweden Prize in Economic Sciences in memory of Alfred Nobel, 2000.

Nirei, Makoto: Self-organized criticality in a herd behavior model of financial markets, Journal of Economic Interaction and Coordination, Vol. 3, 2008, pp. 89-97.

Potts, Jason, and Morrison Kate: Meso comes to markets: Comment on ‚Markets come to bits', Journal of Economic ‚Behavior & Organbisation, Vol. 63 2007, pp. 307-312.

Rothschild, Emma: Adam Smith and the Invisible Hand, The American Economic Review, Vol. 84, 1994 Papers and Proceedings of the Hundredth and Sixth Annual Meeting of the American Economic Association, pp. 319-322.

Rothschild, Emma: Economic Sentiments: Adam Smith, Condorcet and the Enlightment, Harvard University Press, 2001.

Samanidou, E., Zschischang, E., Stauffer, D., Lux, T.: Agent-based Models of Financial Markets, in: Reports on Progress in Physics, Vol. 70, 2007, pp. 409-450, pp. 1-65.

Scheinkman, J., A., and Woodford, M.: Self-Organized Criticality and Economic Fluctuations, The American Economic Review, Vol. 84, No.2 Papers and Proceedings of the Hundred and Sixth Annual Meeting of the American Economic Association, May 1994, pp. 417-421.

Schumpeter, Josef: Geschichte der ökonomischen Analyse, Göttingen Vandenhoek und Rupprecht 1965.

Smith, Adam: The Theory of Moral Sentiments, London: Printed for A. Millar, in the Strand; And A. Kincaid and J. Bell, in Edinburgh MDCCLIX. Diese Faksimile-Ausgabe erschien 1986 innerhalb der von Prof. Dr. Wolfam Engels, Prof. Dr. Herbert Hax,

Prof. Dr. Friedrich A. von Hayek und Prof. Dr. Horst Recktenwald herausgegebenen Faksimile-Edition „Klassiker der Nationalökonomie" im Verlag Wirtschaft und Finanzen GmbH, Düsseldorf/Frankfurt.

Smith, Adam: An Inquiry into the Nature and Causes of the Wealth of Nations in two Volumes, Vol. II, London. Printed for W. Strahan; and T. Cadell, in the Strand MDCCLXXVI. Faksimile-Ausgabe der 1776 in London erschienenen Erstausgabe. Die Handelsblatt Bibliothek „Klassiker der Nationalökonomie". Die Herausgeber: Horst Claus Recktenwald, Wolfram Engels, Herbert Hax, Friedrich August von Hayek; Verlag Wirtschaft und Finanzen Darmstadt 1986.

Solow, Robert M.: Foreword to Burmeister and Dobell,1971, l.c. pp. IV-VIII.

Solow, Robert M: How Did Economics Get That Way & What Way Did it Get?, Daedalus, Vol. 134, No. 4, Fall 2005, pp. 87-100, http:/www.accessmylibrary.com/coms2/summary 0286-12127143 ITM.

Soros, George: The new Paradigm for Financial Markets, The Credit Crisis of 2008 and what it means, Public Affairs, NewYork 2008.

Taylor, H., Yochem, A., Phillips, L., Martinez, F.: Event Driven Architecture. How SOA Enables the Real-Time Enterprise, Upper Saddler River, NJ, Addison Wesley, 2009.

Tesfatsion, Leigh: Agents come to bits: Towards a constructive comprehensive taxonomy of economic entities, Journal of Economic Behavior & Organization, Vol 63, 2007, pp. 333-346.

Thurstone, L., L.: The Law of Comperative Judgement, Psychological Review, No. 34, 1927, pp. 273-286.

Toivonen, R., Kumpala, J.M., Saramäki, J., Onnela, J-P., Kertész, J., Kaski, K.: The role of edge weights in social network modeling structure and dynamics, Proc. Of SPIE Vol. 6601 66010B-1, 2007.

Train, K., E.: Discrete Choice Methods with Simulation, Cambridge University Press, Cambridge, 2003.

Van Kampen, N., G.: Stochastic Processes in Physics and Chemistry, revised and enlarged edition, Amsterdam North Holland 4th impression 2003.

Von Neumann, John, and Morgenstern, Oskar: Theory of Games and Economic Behavior, Princeton, Princeton University Press 1944, Faksimile Ausgabe 2001innerhalb der von Karl-Dieter Grüske, Herbert Hax, Arnold Heertje, Friedrich August von Hayek und Horst Claus Recktenwald mitbegründeten Faksimile-Edition „Klassiker der Nationalökonomie" im Verlag Wirtschaft und Finanzen, Düsseldorf.

Weaver, Warren: A Quarter Century in the Natural Sciences, Public Health Reports, Vol. 76, No.1 January 1961, pp. 57-66. The material presented here is excerpted from his report which is included in "The President's review", a part of Rockefeller Foundation's annual report of 1958, originally published in: American Scientist, Vol 36, 1948, pp. 536-544.

Zschaler, G., Traulsen, A., Gross, T.: A Homoclinic Route to Full Cooperation in Adaptive Social Networks, arXiv:0910.0940v1 [physics.soc-ph] 6 Oct 2009 pp. 1-4.

Risk Management – Challenges and Limitations

by Michael Theobald

1 Introduction

The finance profession has developed analytically sophisticated ways of measuring and managing risk with optimisers and derivatives based strategies widely applied in the risk management area. And yet, in the recent credit crisis, severe problems were experienced in the risk area. In part this arose from the infamous "Black Swan" phenomenon, that is low probability, high impact events. However, at the same time there was a general feeling that risk management procedures were inadequate to the task at hand. When facing highly uncertain times in high risk environments, risk management, rather than the maximisation of expected return, assumes a central importance within the investment management process. It is also important in these market settings to develop more structured approaches and controls to decision making and risk management, and, in particular, it is essential to ensure that risk management systems are fully integrated within the decision making processes.

When analysing and managing risk it is essential to recognise that risk is both multidimensional in its nature and that it is a dynamic phenomenon; that is, it will change through time. This latter dimension had a number of critical impacts during the credit crisis; for example, correlations across asset classes and asset correlations within products, such as MBS's and CDO's, increased dramatically during the crisis period. Similarly the volatility based risk measures provided by Riskgrades and the VIX index manifested dramatic changes through the crisis period, even at the intradaily level.

In this chapter a number of risk management related issues will be discussed and assessed, focussing upon risk types and measures, the use of optimisers, derivative related issues and the implications for risk management deriving from the credit crisis.

2 Risk Types and Measures

2.1 Risk Measures

An effective risk management system will entail both the measurement of risk and the monitoring of risk through time. In measuring risk it is important to recognise that there is no one universally accepted and complete technique available. Indeed, one of the lessons of the credit crisis was the inadequacy of risk management procedures which relied upon a single risk estimate. From the early days of portfolio theory there has been a general acceptance of simple volatility measures of risk, such as variance or standard deviations of returns, as being suitable risk measures and a number of commercial providers also generate such measures. For example, the VIX index provides expected volatility estimates implied by option prices, while Riskgrades provide risk measures based upon volatilities, where a Riskgrade of 100 equals the risk, in normal market conditions, of a globally diversified equity portfolio. Volatility based risk measures relative to a benchmark are also widely used.

The *table 1* contains recent risk data for various volatility indices. As can be seen in the table, the levels of the indices in more recent times have declined from the unprecedented and historic highs that were observed during the highly volatile month of October, 2008.

Table 1: VIX VOLATILITY INDICES

		← 52 week →		October, 2008
	December 2009	**High**	**Low**	**High**
VIX (S & P500 index option volatility)	22.12	59.57	20.05	89.53
VXD (Dow Jones index option volatility)	19.62	53.76	16.67	80.24
VXN (NASDAQ index option volatility)	22.85	57.63	20.75	86.52
VDAX (DAX index option volatility)	24.22	47.52	21.50	47.52

The Riskgrades measures generated similarly high values in October, 2008 – the MSCI World Index had a Riskgrade of 279 in October, 2008, while the MSCI EMF Index had a high of 366 in that same period.

While volatility based risk measures are intuitively appealing they were also chosen due to the analytical tractability that they brought to optimisation procedures. However, it was recognised in the early days of MPT (Modern Portfolio Theory) that downside risk measures such as semi-variances had some considerable appeal by their focus upon losses; they were somewhat problematic from an analytic perspective, though. More recently downside risk measures have become more popular and Value at Risk (VaR) has found a wide acceptance in the profession and with regulators. There are, however, some technical problems associated with VaR in terms of it not being a coherent risk measure and its usage in optimisations is difficult. Although widely employed, the performance of VaR based procedures during the credit crisis was often found to be poor. This stems in part from its associated estimation problems and the availability of suitable distributional data. Risk management based upon VaR can often lead to the choice of larger exposures to risky assets and, as a consequence, such strategies lead to larger losses when the market outcomes fall into the loss domain. VaR also ignores low probability events below the cut-off probability which can have dramatic impacts upon the performance of portfolios. This latter problem can be overcome by the use of expected shortfall measures which also provide coherent measure of risk and are analytically more applicable.

2.2 Risk Types

Risks will be multidimensional in their nature, as already mentioned. One simple and effective decomposition of volatility (i.e. variance, standard deviation) based measures of risk is into market risk and firm specific risk which is achieved via the well known market model. This risk decomposition provides a convenient basis for the understanding of the risk diversification process in that firm specific risk is gradually reduced by the suitable inclusion of additional assets until, ultimately in large, well diversified portfolios the total risk of the portfolio equals the systematic, or market, risk. While this simple decomposition is quite insightful, and in certain contexts outperforms models which incorporate industry and other effects, more powerful multifactor models of risk are available. These models decompose the total risk into a set of systematic factors (rather than just a single market factor as in the market model) and a non-systematic, firm specific factor. For example, the systematic component of risk can be expressed in terms of macroeconomic factors such as inflation, GDP and various interest rate based spreads. Alternatively, the systematic risk can be decomposed into fundamentals based factors such as size related and book-to-market related factors. The use of multiple factors does enable the risk manager to be able to understand the impacts and importance of the various contributory sources of risk and, where necessary, to manage these differing risk factors.

One of the large limitations to the usefulness of the measures described to date is the fact that many risk applications employ static measures of these variables rather than reflecting their dynamic, changing natures through time as evidenced by, for example, the VIX risk measures reported earlier. Volatilities and comovements between assets will change through time due to information disclosures and changing market and firm conditions. By relying upon static, historical estimates the risk manager is operating in terms of risks experienced rather than risks taken when monitoring or evaluating risk. Dynamic volatility and cross-variance structures have been successfully modelled using processes such as GARCH and EGARCH processes and, with suitable care, these models can enhance portfolio performance.

Two specific types of risk became particularly important during the recent credit crisis – liquidity risk and credit risk. While specific derivative instruments were developed to hedge and manage credit risk, in particular credit default swaps (CDS's), these proved to be not wholly effective and, indeed, introduced a further dimension of risk – counterparty risk. As the credit crisis deepened liquidity risk became another important risk dimension to be handled. Within a multifactor risk based approach these risk dimensions could be incorporated by using spread based variables such as default spreads and LIBOR spreads, for example. Liquidity risk may be modelled via stress testing and incorporating potential market dislocations within the scenarios that are tested. These tests can also provide insights into the articulations between liquidity risk and capital adequacy.

3 Optimiser Limitations and Improvements

3.1 The problems

The problems associated with using MPT based optimisers for asset allocation have become readily apparent to investment and portfolio managers. While MPT provides a rigorous structure for obtaining the best combination of risk and return in asset allocation scenarios, in practice a number of unfortunate features have become frequently apparent. The results can be disappointing in that

1. Large positions are often taken in a relatively small number of assets or asset classes. This contradicts the intuition that, to attain risk reduction, investment in a wide range of diverse asset classes is best. Often the large asset positions are financed by significant short positions where short selling restrictions are not imposed.
2. The weights invested in particular asset classes tend to be very unstable through time, a further manifestation of the dynamic effects referred to earlier.

One approach to the problem of large asset positions has been to place constraints upon the optimising programme. That is, for example, there should be no investment in any single asset class greater than 5% (i.e. the number of asset classes invested in will be at least 20). The problem with this approach tended to be that the constraints drove the optimisations rather than the underlying properties of the individual asset classes (i.e. their risks and returns). The large asset positions often arose, in particular, when risks and returns were driven by just one factor. One strategy for handling the unstable weighting schemes was to introduce transactions costs into the optimisations since, clearly, transactions costs will inhibit changing asset allocations. In this type of approach one tends to work in terms of a target portfolio rather than an optimal portfolio.

When sensitivity analyses are conducted it is found that the optimal weighting schemes are highly sensitive to the mean returns fed into the optimisers. Given that it is difficult to predict mean returns with a high degree of accuracy the weights assigned to particular asset classes can, effectively, be determined by optimising in terms of the measurement errors in the means in such circumstances.

3.2 Overcoming the Problems in Mean Return Estimates

As a result of the problems that were referred to above, in that the optimal asset allocation was very sensitive to the mean return estimates, a number of approaches have been adopted in practice to try and overcome this problem. One popular approach has been to use Bayesian statistics in an attempt to remove the measurement errors that are present in the means and which the optimiser can reinforce. Effectively, Bayesian statistics combine the sample estimates with prior beliefs so that, in applying Bayesian methods, the estimated mean is shrunk towards some prior belief as to what the mean should be. This procedure has been found to lead to improvements in the use of MPT optimisers in practice.

A very popular approach that has been widely used in the asset management industry is the Black-Litterman modelling structure. In the Black-Litterman approach the traditional way of using optimisers is modified somewhat. In traditional optimisations the input variables are means, variances and covariances and the outputs are the asset allocations, or weights. In the Black-Litterman approach the input variables are variances, covariances and a weighting scheme and the output variable are the mean returns conditional upon these input variables. Effectively the mean returns are those that correspond to the particular weighting scheme and risk structure. In their work they use a value weighted input scheme – since the CAPM implies holding a value weighted portfolio (i.e. the market portfolio) the means that are output from this optimisation correspond to the CAPM based expectations or means. In a sense the model assumes that equilibrium pricing occurs in the long run and that markets are efficient in the long run processing of information. However, in the short run there may be deviations from this long run equilibrium and information processing efficiency. Thus, if these short run deviations can be identified, value is added to the portfolio management process. What the user then does to incorporate these short run deviations is to combine the mean returns which are generated from the value weighted optimisation with their own beliefs about what the returns might be in the light of their own information sets and analyses (the combinations can be achieved in a number of ways ranging from simple intuitive adjustments to rigorous Bayesian methods). So, effectively what is happening within this structure is the users are tilting the means away from a CAPM based mean towards their own beliefs. Again the application of this procedure in practice has led to considerable improvements in portfolio performance.

3.3 Dynamics Related Problems

A further problem with optimisation procedures is the dynamic nature of variances, covariances and the overall return distributions. The dynamics impact upon optimisation procedures which are framed in terms of variance/standard deviation measures and in terms of downside measures of risk such as VaR and expected shortfall. Utilising these latter risk measures will normally lead to more conservative asset allocations (for example shifting allocations away from equities towards bonds) than for variance based measures and they can be used as the basis of dynamic asset allocation strategies which closely simulate derivative based hedging and insurance strategies such as portfolio insurance.

The dynamic features of the variance/covariance structure may be modelled via a variety of procedures. As has already been noted in Section 2.2, GARCH and EGARCH models can be used to model the ways in which the variance changes through time. The dynamic covariance structure may be similarly modelled using a variety of procedures ranging from the simplest constant correlation model (wherein the dynamics will be driven by changes in variances only) to the full modelling of the changing covariance structure. Within the Black-Litterman approach described, above, the inputting of dynamic covariances will lead to dynamic estimates of the expected returns.

4 Derivative Usage and Limitations

Derivatives have very powerful risk management advantages in that they can provide targeted risk protection and can form the basis of dynamic risk based hedging strategies. Protective put (or portfolio insurance) strategies, which comprise a long asset and long put position, place a limit upon the downside risk of an asset and can also provide some upside participation. The use of reverse hedge strategies using futures contracts similarly provides risk management potential, though it is somewhat "blunter" than that provided by the protective put. Dynamic option hedging strategies can be conducted in terms of, for example, delta-gamma-theta strategies, while dynamic reverse hedge strategies can be developed by modelling the intertemporal futures-cash variance/covariance structure using similar procedures to those described in the previous section. That is, since the futures hedge ratio is equal to minus the ratio of the covariance of futures with cash returns to the variance of futures returns, there will be dynamic aspects to both of these components. By modelling the dynamics an improvement in the hedging performance may be achieved relative to a simple, static approach. However, there is always a danger of inducing large sampling fluctuations and "overfitting" into the process with the result that the ultimate choice of modelling approach will involve an assessment of the tradeoffs between these effects and incorporating the dynamics into the hedging procedures. For example, in a number of hedging contexts it is often found that using simple dynamic models of the covariance structure, such as in the constant correlation model, outperform more highly specified models in risk minimization terms.

Portfolio insurance strategies have proven to be popular strategies, although the associated products have been more common in Europe than in the US. In practice these strategies have generally employed synthesised rather than actual option instruments. This approach has been due to the implied volatility being normally higher than historical volatility, leading to actual option prices being higher than synthesised option prices. An alternative portfolio insurance strategy is "constant proportional portfolio insurance" where risky asset exposure is managed in terms of a protected floor value cushion and a multiplier. As indicated previously, portfolio insurance type protection can be provided by downside risk measure based dynamic strategies employing VaR or expected shortfall.

Analyses of the performance of the various portfolio insurance based strategies have indicated that there is no one best strategy for all circumstances and for all investors. Essentially, the strategy needs to be highly tailored to the needs of the individual client's circumstances. The protection afforded by portfolio insurance strategies does come at a cost in terms of both transaction costs and the returns foregone. In highly volatile market conditions the downside protection that is provided can decline considerably and the transaction costs can increase dramatically since put prices are a positive function of the volatility of the underlying asset. When experiencing market crises the big problem associated with portfolio insurance strategies is that they can be hugely vulnerable to large falls in prices occurring prior to the portfolio rebalancing having been achieved – the so-called "gap risk". These problem types can be magnified by the fact that in such crisis conditions all market participants may wish to be on the same side of the market, inducing excess supply or demand effects. A further problem that can occur during crisis periods is that, since portfolio insurance strategies effectively "buy high; sell low", such strategies could induce feedback effects which could exacerbate the adverse price movements. These feedback effects would be particularly likely to occur when markets are characterised by illiquidity.

5 "Credit Crisis" Implications and Impacts

The credit crisis since 2007 has had the consequence of moving risk management to the centre of the stage in financial institutions. In such highly volatile and uncertain times the focus of the investment firm is towards the risk management dimension and away from a return maximisation emphasis. In particular, an orientation towards enterprise risk management has occurred. That is, a firm wide risk management policy has been viewed as beneficial rather than dividing and compartmentalising risk across the market, credit and operational risk dimensions, for example. An enterprise risk management system would, then, identify all risks in all areas immediately and evaluate how the risks can potentially impact upon the various areas. As far as it is possible, the risks should be measured in a consistent fashion across all areas to enhance analyses and comparabilities. The introduction of a culture of risk management and the integration of risk systems into the overall decision making processes are, however, big challenges and will lead to exciting, and hopefully, effective future developments in the risk area. Going forward, there will be a need to increase the board level involvement in the risk process and to increase the incorporation of risk within the incentive structure.

The crisis furthermore highlighted a number of data related problems in terms of the timeliness, relevance and consistency of the data that underpinned risk analyses. For example, there was too much reliance upon data from the "golden period" from 1998 to 2007 in estimating the risk parameters that underpin risk management and there was also a "disaster myopia" i.e. the failure to incorporate the potentiality of extreme and unpleasant outcomes. Mortgage credit risk modelling which utilised datasets characterised by rising property prices would understate risk relative to a broader range of economic scenarios. While correlations can be low in normal market conditions, thereby affording high degrees of diversification, in extreme, disaster scenarios the correlation can rise rapidly and approach unity. For example, the correlations of world equity markets with other asset classes such as emerging markets, bonds, hedge funds and commodities all rose during the crisis. Insurers, such as AIG, looked upon their movement into the credit insurance markets as a diversification type strategy; however, in crisis periods, it is difficult to judge diversification effectiveness when new (and normally, high) correlations arise. Highly volatile conditions can dramatically impact upon the relative importance of total risk components, as well. The systematic, market risk may increase substantially due to the economy wide factors that drive the high volatile environment; this has the consequence of reducing the benefits from diversifying away firm specific risk, ceteris paribus. However, in the credit crisis the firm specific risks of certain sectors, such as banks and financials, were also very high.

The switch of strategy by a number of banking and financial institutions towards a "high risk, high return" orientation, often achieved by very high degrees of leverage, had a number of unfortunate consequences. For example, short CDS positions generate very high degrees of leverage. In developing effective enterprise risk management systems these risks must be very carefully modelled and incorporated and understood by the financial institution's management. Significant counterparty risks arose and these risks spread throughout the whole financial system such that counterparty risk became systemic. To manage such risk types there is a need for a careful assessment of collateral provision, capital adequacy and unwinding procedures on default, for example.

A further consequence of the crisis was the perceived need for an improvement of liquidity risk management procedures. These improvements would include the management of intradaily liquidity risks and collateral positions, together with the investment in cushions of high quality liquid assets. Crisis periods can exacerbate problems of liquidity and, as a consequence, such potential impacts should be included in risk modelling for example via stress testing across market dislocation scenarios. The need for the improvement of other internal (operating) risk controls was also recognised such as risk exposure measurement and reporting, maximum loss reviews, model risk assessments and controlling absolute versus net exposures. Greater emphasis needed to be placed upon the normal internal control phenomena such as the segregation of duties, authorisation controls and systems flowcharting.

The packaging up of securities into securitised products did appear to have a number of potential advantages within the risk domain via the spreading and transferring of risk across markets and market participants. Furthermore, with collateralised debt obligations (CDOs) there was the perceived advantage of reducing the impacts of high risk (toxic) debt by mixing with lower risk products. As we now know, however, it was the former risk types which became more dominant within the crisis. While securitisation does have undoubted benefits, the crisis has demonstrated the dangers of spreading risk across market participants who did not understand the inherent risks which were being taken on by investing in these products.

Stress testing could have provided very powerful risk management insights that should have mitigated the risk impacts of the crisis. Again, however, it was generally agreed that in the light of the crisis experience, stress testing procedures were in need of improvements to increase their efficacy. Stress testing had until then focussed upon idiosyncratic, or firm specific shocks. The credit crisis highlighted the need to stress test across market wide events. It has also become apparent that there is a need for a much stronger integration between stress testing and decision making to ensure that inappropriate investment in high risk products does not occur, for example. As indicated previously, it is also imperative to overcome "disaster myopia" and an excessive reliance upon the golden 1998/2007 period when conducting stress testing by simulating over more extreme investment scenarios and outcomes. Stress testing also has an important articulation with the modelling process. In developing risk models, it is normally the case that a number of simplifying assumptions need to be made in order that the modelling structure becomes tractable. Often there are a small set of assumptions that are critical to the model performance and it is important to assess this model type risk by stress testing in terms of these assumptions. The credit crisis has indicated that market stability and correlation assumptions should be very carefully tested within this context. Furthermore, the potential advantages of "reverse stress testing" have been now recognised. That is, institutions should identify, via stringent stress testing, the potential causal factors that could lead to the collapse of the institution. Once identified, the institution should iterate backwards from the failure outcome scenarios and determine how they should manage the associated risks in order to avoid such outcomes from occurring in the future.

6 Conclusions

The credit crisis has dramatically increased the importance of the risk management function with the consequence that risk management is of central concern to financial institutions. Personnel with expertise in the risk area occupy significant positions within such institutions, increasingly at board level. While the crisis has highlighted a number of the limitations of extant risk measurement and management procedures, the challenges that have been created will lead to exciting developments in the field, with considerable improvements in the effectiveness of risk management procedures. In particular, the dynamic and multidimensional nature of risk must be incorporated into risk measurement and management, together with a broader awareness and incorporation of the potentiality of extremum type scenarios occurring. Stress testing and improved downside risk measures are likely to figure significantly in these future developments.

Kapitel 7:

Ethik und Regulierung

Wirtschaft und Ethos

*von Jürgen Mittelstraß**

* Dieser Beitrag ist zuerst erschienen in: Frankfurter Allgemeine Zeitung, Freitag, 09. Oktober 2009, Nr. 234 / Seite 12.

© Alle Rechte vorbehalten. Frankfurter Allgemeine Zeitung GmbH, Frankfurt.
Zur Verfügung gestellt vom Frankfurter Allgemeine Archiv.

Ethik muss wieder ein integraler Bestandteil der ökonomischen Bildung und Ausbildung werden. Schließlich ist, was heute in vielen Business Schools gelehrt wird, Handwerk ohne Wissenschaft und Ethik. Und wenn dabei doch ethisches Territorium betreten wird, dann mit dem Hohelied auf den einzigen Wert Geld.

Die Aufregung um die Erschütterungen im Zuge der jüngsten Finanz- und Wirtschaftskrise hat sich gelegt. Zwar sind die Folgen noch längst nicht überwunden und dauern die politischen und wissenschaftlichen Bemühungen an, sie in den Griff zu bekommen, doch hat die Krise ihren eigentlichen Schrecken, der in ihrer anfänglichen Unberechenbarkeit und Unkontrollierbarkeit lag, verloren. Es wird analysiert und repariert. Die Frage ist nur: Haben wir wirklich aus dieser Krise gelernt? Und ziehen wir die richtigen, das heißt auch die wirklich wirksamen Konsequenzen? Immerhin hat die Krise ihren Ursprung ausgerechnet in dem, was uns stark gemacht hat: dem wirtschaftlichen Verstand. Das macht sie zugleich so gefährlich; sie bewegt sich nicht in Außenbezirken der modernen Gesellschaft, sondern, unter Gesichtspunkten des allgemeinen Wohls, in ihrem Kern. Wo Wirtschaft und Finanzen ihre Orientierung verlieren, verliert sie auch die Gesellschaft.

Die Wirtschaft, auch eine gutgehende, beruht auf Bedingungen, die sie nicht selbst herstellen kann. Diese Bedingungen sind gesellschaftlicher und kultureller Art. Probleme entstehen, wenn sich das wirtschaftliche System verselbständigt, seine eigenen Gesetzmäßigkeiten von den gesellschaftlichen und kulturellen abkoppelt, wenn es, wie zum Beispiel im Finanzbereich, innovativ auf Kosten der allgemeinen gesellschaftlichen und kulturellen Entwicklung wird oder diese als Bedingungen seines eigenen Gelingens missachtet.

Das bedeutet nicht, dass diese Bedingungen quasi gottgegeben und unveränderbar wären. Auch sie verdanken sich Entwicklungen, in denen die jeweiligen wirtschaftlichen Verhältnisse selbst wieder eine wesentliche Rolle spielen, und auch sie haben sich zu rechtfertigen – gegenüber einer Vernunft, die sich jeweils als gesellschaftliche, als kulturelle und dann auch als wirtschaftliche Vernunft zu erkennen gibt oder sich als solche Geltung verschafft. Die Wirtschaftswissenschaften sind, recht verstanden, der Ort, an dem sich diese Vernunft nicht nur in beschreibender, die Empirie erhebender Weise, sondern auch in normativer, auf das Wirtschaftsgeschehen Einfluss nehmender Weise theoretischen Ausdruck verschafft oder verschaffen sollte. Richtig ist allerdings auch, dass es um diese Vernunft nicht immer zum Besten bestellt ist. Dazu vier Stichworte.

Wachstum:

> Eine Wachstumsideologie beherrscht durch die Bank den wirtschaftenden und den wirtschaftspolitischen Verstand, als wäre auch eine Ordnung, in der sich alles auf Wachstum reimt, gottgegeben. Dabei sollte sich, wer predigt, dass Stillstand Rückschritt bedeutet, genau überlegen, wo dies gelten könnte und wo nicht. In der Wissenschaft, zum Beispiel der Naturwissenschaft, sicher ja. Angesichts der natürlichen Evolution – die Natur experimentiert Tag und Nacht – sichert allein sie den Bestand unserer Handlungs- und Reaktionsfähigkeiten. Aber gilt das so allgemein auch angesichts unserer Lebensformen, deren Teil die wirtschaftlichen Formen sind?

Risiko:

> Häufig – und darin besteht ein Teil der Lektion, die wir erhalten haben – stimmt das Verhältnis zwischen eingegangenem Risiko und gegebener Haftung oder ausreichender Kapitaldeckung nicht mehr, zumal dann nicht, wenn das Risiko nicht selbst getragen, sondern weitergegeben wird, also Geschäfte zu Lasten Dritter gemacht werden.

Rendite:

> Hier geht es häufig – und schon wieder hört man in Bankenkreisen von erwarteten Renditen von 20 oder mehr Prozent, als sei nichts passiert – um schnelles Geld mit einer sehr kurzfristigen Perspektive. Auf Dauer überwältigt hier der Erwartungsdruck die Realität – mit schlimmen Folgen. Dabei kommt es doch, auch und gerade in der Wirtschaft, auf eine längerfristige Perspektive an. Wer auf schnelle Erfolge, schnelles Geld setzt, hat oft nicht die Luft, um lange Distanzen zu gehen.

Shareholder Value:

> Eine Ideologie des Shareholder value, allein orientiert am Marktwert des Eigenkapitals und dessen Maximierung, zeugt von einem Tunneldenken, in dem die Orientierung am Wohl des Kunden, am längerfristigen Wohl des eigenen Unternehmens und am Allgemeinwohl, dem auch der wirtschaftende Verstand verpflichtet ist, verlorengeht. Wo die kurzfristige Wertsteigerung der dominante Maßstab ist, verliert eine nachhaltige Unternehmensführung, um die es doch eigentlich gehen sollte.

Nun ist in diesen Dingen vieles in erster Linie symbolisch, steht für etwas, was tiefer reicht und anders erklärt sein will. Doch unterschätze man das Symbolische, auch in der Wirtschaft, nicht. Dazu gehören zum Beispiel ein Managerversagen und ein Managerverhalten, wenn das Kind in den Brunnen gefallen ist. An ihm machen sich gegenwärtig die öffentliche Debatte um Finanz- und Wirtschaftskrise und der in ihr manifestierte Vertrauensverlust fest. Das ist zwar nur ein Teil der Wahrheit, aber ein in der öffentlichen Wahrnehmung sehr wirksamer. Mit den wirklichen Gründen für das Versagen eines Finanzsystems hat das wenig zu tun, doch ist es eben symbolisch äußerst aufgeladen und besitzt dann eine erhebliche soziale Sprengkraft. Dasselbe gilt für den an der Formel einer Privatisierung der Gewinne bei gleichzeitiger Sozialisierung der Verluste festgemachten Verdacht kalkulierter Verantwortungslosigkeit.

Das Ganze kulminiert an symbolischer Stelle im Stichwort Gier, wobei es schließlich auch die Anleger waren, deren Gier die Gier der professionellen Geldvermehrungsexperten kräftig steigerte, assistiert von der erwähnten Shareholder-Value-Mentalität, die in manchen Unternehmen alles über Bord werfen ließ, was ein zukunftsstarkes Unternehmen ausmacht. Doch auch hier ist das nur die halbe Wahrheit. Gierig sind Menschen, nicht Strukturen oder Systeme. Diese können allerdings der individuellen Gier Vorschub leisten, indem sie es ihr leichtmachen, erfolgreich (oder eben auch nicht) zu sein.

Die Wahrheit ist wohl, dass wir die Ursachen und Wirkmechanismen der gegenwärtigen Finanz- und Wirtschaftskrise im Einzelnen oder gar vollständig noch nicht überblicken. Wer hier alles auf den Faktor Gier zurückführt, hat sicher ein zutreffendes Element erkannt, aber wohl kaum das einzige. Zum Zusammenbruch von Strukturen und Systemen – das lässt sich auch an biologischen Beispielen zeigen – gehören stets mehrere Faktoren, und dies dürfte auch von der Wirtschaft gelten. Dazu zählen: das merkwürdige Verschwinden des Unternehmers, auch aus der Wirtschaftstheorie, zu dessen Wirklichkeit stets ein langfristiges und nachhaltiges Denken gehörte, und der gleichzeitige Aufstieg des eher an kurzfristigen Zielen orientierten Managers; die Wucherung von Finanzprodukten, deren Wirkungen im wirtschaftlichen Gesamtmechanismus immer unkontrollierbarer wurden; die Entkoppelung des Finanzsystems vom Wirtschaftssystem und des Wirtschaftssystems vom Gesellschaftssystem in dem Sinne, dass sie unterschiedliche Gesetzmäßigkeitenfür sich reklamierten. Dafür sind wiederum drei weitere Entwicklungen verantwortlich.

Erstens die Herauslösung der „ökonomischen Wissenschaften" aus dem Verbund der praktischen Philosophie, das heißt der „moralischen Wissenschaften", im 19. Jahrhundert und der damit verbundene Wille, zu empirischen Wissenschaften nach dem Beispiel der Naturwissenschaften zu werden: Sie bedeutet zugleich eine Abkoppelung von der Ethik oder einer ethischen Dimension, die bisher konstitutiv auch für das wirtschaftliche Handeln und dessen Institutionen war.

Zweitens der Rückzug der „moralischen" Wissenschaften, nunmehr in Form der Geisteswissenschaften, auf ein historisches und philologisches Paradigma: Mit ihm geht – mit Ausnahme der nichthistorischen Teile der Philosophie – die Urteilskraft in systematischen Dingen, auch solchen, die das Wirtschaftssystem betreffen, verloren.

Drittens die durch den Marxismus bewirkte Diskreditierung der sogenannten politischen Ökonomie, in der man auf Seiten der Wirtschaftswissenschaften den Verlust der Wissenschaftlichkeit und auf Seiten der Wirtschaft den Verlust einer gewollten Autonomie zu erkennen glaubte. Davon zeugen übrigens auch die Schwierigkeiten, in die gegenwärtig die Wirtschaftspolitik an deutschen Universitäten geraten ist.

In dieser Situation ist Folgendes zu sagen: Ein Wirtschaftssystem kann sich nicht außerhalb eines Gesellschaftssystems setzen und umgekehrt. Insofern geht es auch nicht darum, irgendwelche reinen Gesetze wirken zu lassen, seien es wirtschaftliche oder gesellschaftliche, sondern darum, der gesellschaftlichen und sozialen Entwicklung ihre wirtschaftlichen Dimensionen und der wirtschaftlichen Entwicklung ihre gesellschaftlichen und sozialen Dimensionen zurückzugewinnen. Ebendas ist die ordnungspolitische Idee der Sozialen Marktwirtschaft, wie sie die sogenannte Freiburger Schule vertrat und die noch immer die tragfähige Basis einer nachhaltigen und verantwortungsbewussten Wirtschaftsordnung sein dürfte. Sozial hier nicht im Sinne einer Wirtschaftsordnung, die sich irgendwie, je nach politischen Neigungen und Wünschen, sozial gebärdet oder sozial wird, sondern in Form des Modells einer Marktwirtschaft, die Gesichtspunkte der Freiheit, ohne die dieses Modell nicht denkbar ist, mit Gesichtspunkten der Gerechtigkeit, ohne die keine freie Gesellschaft möglich ist, ins Gleichgewicht bringen soll.

Der Missstand, der sich in der gegenwärtigen Finanz- und Wirtschaftskrise Ausdruck verschafft, liegt nicht in der Qualität eines gemeinsamen Kodex, wie ihn etwa der „Deutsche Corporate Governance Kodex" darstellt, sondern daran, dass dieser von seinen eigenen Vertretern nicht eingehalten wird, dass aus Theorie nicht gelebte Praxis, dass aus Ethik nicht Ethos wird. Was ist gemeint? Dazu einige kurze Bemerkungen über den Zusammenhang von Ethik, Moral und Ethos.

Die Ethik ist innerhalb der philosophischen Architektur Teil der praktischen Philosophie. In Form der angewandten Ethik befasst diese sich mit den ethischen Grundlagen einzelner Disziplinen, zum Beispiel in Form von Medizinethik, Bioethik, Technikethik oder auch Wirtschaftsethik.

Wichtig im Falle einer Wirtschaftsethik, nicht nur in theoretischer, sondern auch in praktischer Absicht, sind die begrifflichen Bestimmungen von Ethik, Moral und Ethos. Ethik ist kritische Theorie der Moral, insbesondere damit befasst, institutionelle, häufig miteinander konfligierende Moralen, das heißt gesellschaftlich implantierte Systeme von Handlungsregeln, Zwecken und Zielen, zu beurteilen und zwischen ihnen zu entscheiden oder Argumente bereitzustellen, die eine derartige Entscheidung ermöglichen. Dazu müssen diese Argumente allgemein gelten, muss die entsprechende Ethik also selbst universal sein, was wiederum bedeutet, dass sie universale Geltungsansprüche zu formulieren und zu begründen hat. Die Ethik Kants ist ein Beispiel für eine derartige universale Ethik. Ein Ethos wiederum konstituiert sich in der Orientierung an meist implizit wirkenden Regeln, die selbst und deren Befolgung als selbstverständlich und im Blick auf individuelle wie gesellschaftliche Handlungszusammenhänge als geboten gelten. Ethos ist Teil einer Moral und einer universalen Moral dann, wenn diese durch eine universale Ethik ausgezeichnet ist. Hier bezieht sich ein Ethos selbst auf eine universale Ethikkonzeption, das heißt, es „vertritt" deren Geltungsansprüche oder realisiert sie.

Was hier die Begrifflichkeit von universal betrifft, so gilt für eine universale (oder universalistische) Ethik, dass sie ihre Geltung nicht aus den Werten bestimmter (partikularer) Kulturen ableitet, sondern aus einem allgemeinen Willen, der wiederum am treffendsten durch eine Formulierung des kategorischen Imperativs Kants zum Ausdruck kommt: „Handle so, dass du die Menschheit, sowohl in deiner Person als in der Person eines jeden andern, jederzeit zugleich als Zweck, niemals bloß als Mittel brauchest." Gegenüber einer in diesem Sinne universalen Ethik sind alle Moralen, weil kulturabhängig, partikular, es sei denn, es handelte sich um eine Moral, die unmittelbar der Konzeption einer universalen Ethik folgt.

Doch damit wären wir auf den höchsten Höhen der Philosophie angelangt. Zu hoch eigentlich schon, um mit den üblichen Problemen pragmatisch umgehen zu können. Im Wirtschaftszusammenhang geht es denn auch nicht so sehr im theoretischen oder philosophischen Sinne um Ethik und Vernunft, sondern um das richtige Ethos: Ethos im Sinne von gelebter Moral, die ihrerseits ihren Ausweis in einer universalen Ethik findet. Mit der Wirksamkeit eines solchen Ethos ist es wiederum häufig schlecht bestellt. Das machen gerade wieder die gegenwärtigen Umstände deutlich, zum Beispiel wenn Boni, häufig in schwindelerregender Höhe, von denjenigen eingefordert werden, die ein finanzielles Desaster mit zu verantworten haben oder dieses sogar nachweislich verursacht haben. *Ethos: Fehlanzeige.* Wer wundert sich da noch über eine andauernde Vertrauenskrise?

Stichwort noch einmal: Bedeutung des Symbolischen. Dabei sind Bonusregelungen, recht verstanden, etwas Gutes, ein leistungsförderndes Stimulans. Nur wird mit ihnen häufig der kurzfristige und möglicherweise der vergängliche Erfolg, nicht der nachhaltige belohnt. Um den aber geht es, nicht nur in Stabilitätsdingen. Eintagsfliegen sind auch in der Wirtschaft eine vernachlässigbare Spezies; wer auf sie setzt, handelt sich nichts als Sterbliches ein.

Mit der edlen Absicht, hier mit institutionellen Mitteln gegenzusteuern, ist es leider auch nicht getan. Das gilt zum Beispiel für die Einrichtung einer UN-Organisation mit dem stolzen Namen „Principles for Responsible Management Education", der mittlerweile rund 250 Wirtschaftshochschulen beigetreten sind, oder gar für den formalen Akt eines hippokratischen Eides für Manager, wie er 2006 an der amerikanischen „Thunderbird School of Global Management" etabliert wurde, auch wenn, was er besagt, beherzigenswert ist, nämlich „verantwortungsvoll mit natürlichen Ressourcen umzugehen, niemanden auszubeuten, die Menschenrechte zu respektieren und Korruption zu bekämpfen".

Der Volksmund weiß es: Papier ist geduldig – und Prinzipien, die Teil von feierlichen Erklärungen und penibel ausgearbeiteten Regelwerken sind, sind es leider auch. Sie wollen gelebt werden, und das heißt: Auf das Tun und das richtige Bewusstsein, das richtige Ethos kommt es an. So ist es auch ein fundamentaler, in modernen Gesellschaften leider sehr verbreiteter Irrtum, zu glauben, alles lasse sich organisieren, auch das Ethik und Moral Betreffende oder gar diese selbst. Allenfalls lässt sich zwangsbewehrt, also mit gesetzlichen und juristischen Mitteln, ein Verhalten in seinen formalen Teilen, das man unzutreffenderweise häufig selbst als „moralisch" bezeichnet, herbeiführen.

Und doch betreten wir mit der Formulierung von Prinzipien und Regeln der genannten Art und der Betonung ethisch und moralisch bestimmter Haltungen auch im wirtschaftlichen Prozess den richtigen Weg. Ethik muss wieder ein integraler Bestandteil der ökonomischen Bildung und Ausbildung werden, sozusagen gegen den Strich der institutionellen Wirklichkeit gebürstet. Schließlich ist, was heute in vielen Business Schools in MBA-Studiengängen gelehrt wird, Handwerk ohne Wissenschaft und Ethik. Und wenn dabei doch ethisches Territorium betreten wird, dann mit dem Hohelied auf den einzigen Wert Geld und der vermeintlichen Einsicht, alle Tugenden ließen sich auf die Herrschaft des Egoismus reduzieren. Welch ein – auch anthropologisches – Missverständnis! Gewiss, Moral, und das Gleiche gilt für das Ethos, ist nicht lehrbar – dies wäre wohl so, als wollte man mit dem Lehrbuch in der Hand das Skifahren lernen –, sehr wohl aber die Einsicht in den konstitutiven Zusammenhang von ethisch begründeten Orientierungen und erfolgreichem Tun.

Konkret bedeutet das, die Soziale Marktwirtschaft aus den üblichen politischen Beschwörungsritualen zu befreien und sie wieder als ein wirtschaftliches Modell zu begreifen, das auf einer als ethisch begriffenen Grundlage die Tugenden der Freiheit und der Gleichheit, das heißt der Verpflichtung gegenüber dem allgemeinen Wohl, miteinander verbindet. Es geht darum, der Dialektik der Prinzipien Freiheit und Gleichheit – das heißt, dem Postulat „Sei frei!", „Sei verschieden!", „Verwirkliche den individuellen Willen!" und dem Postulat „Sei gleich!", „Verwirkliche den allgemeinen Willen!" – auch in der Wirtschaft wieder Geltung zu verschaffen. Diese Dialektik, auf der die bürgerliche Gesellschaft beruht, auszuhalten, ja sie immer wieder aufs Neue zur Wirkung zu bringen, darauf kommt es an. Und dies sollte das Ethos auch des wirtschaftenden Verstandes sein.

Bleibt zu hoffen, dass wir die richtigen Schlüsse aus der Krise gezogen haben oder noch ziehen werden. Bekanntermaßen ist es schwer – und das empfiehlt sich ja gelegentlich –, sein Leben zu ändern. Und was für das individuelle Leben gilt, gilt auch für das institutionelle, also auch das der Wirtschaft. Neue Situationen erfordern neue Initiativen, neue Ordnungen. Im Falle der wohl erst halb durchgestandenen Finanz- und Wirtschaftskrise könnte eine neue Ordnung im Wiederanschluss an das wohlbekannte, aber schlecht befolgte ältere Modell der Sozialen Marktwirtschaft liegen. Und wie wäre es in diesem Zusammenhang wieder mit einer Stärkung eigener Urteilskraft statt eines mehr oder weniger blinden Vertrauens auf die vermeintliche Weisheit von Ratingagenturen, das diese reich und einen selbst selten klüger macht? Entscheidend wird bei alledem sein, wieder zu lernen, dass ein Ethos im beschriebenen Sinne kein bloß privates Vergnügen und kein institutioneller Luxus, sondern das entscheidende Moment eines nachhaltigen und verantwortungsvollen, dem individuellen wie dem Gemeinwohl verpflichteten Wirtschaftens ist.

Ethik zwischen Verhaltenskodex und staatlicher Gesetzgebung

von Otto Graf Praschma

1 Einleitung

Das Thema „Ethik" hat einen besonderen Stellenwert in der Finanzbranche und ganz besonders bei den Finanzanalysten. So verwundert es nicht, dass sich auch die DVFA immer wieder mit der Reichweite und den Auswirkungen ethischer Standards in der Berufsausübung ihrer Mitglieder auseinandersetzen muss. Herrschen an den Finanzmärkten normale Verhältnisse, gibt es nur wenige Diskussion über die Anforderungen ethischen Verhaltens. Während den immer wieder auftauchenden sektoral oder regional begrenzten Krisen oder den selteneren globalen Krisen wie der jüngsten Finanzkrise, flammt die Diskussion über das ethische Verhalten bzw. den Mangel an ethischem Verhalten der Akteure in der Finanzbranche auf. Dies ist meist verbunden mit Forderungen nach Verschärfung gesetzlicher Regeln und der Einführung bzw. Durchsetzung von Verhaltenskodizes zur Steuerung des Verhaltens dieser Akteure. Dieser Beitrag versucht, die Bedeutung der „Ethik" im Spannungsfeld zwischen gesetzlicher Regelung des Verhaltens der Finanzanalysten und dem als Verbandsrecht gesetzten Verhaltenskodex der DVFA anzusprechen.

In diesem Zusammenhang reden wir von Ethik als praktischer Ethik. Sie ist die Gesamtheit von Normen, das heißt Anweisungen zu einem Handeln oder Unterlassen, die nicht durch staatliche Gesetzgebung, sondern durch andere Instanzen wie das Gewissen der einzelnen Akteure, religiöse Gebote (Moral), soziale Verbände, darunter eben auch Berufsverbände, gesetzt und normalerweise durch diesen eigentümliche Sanktionsmittel (schlechtes Gewissen als psychologischer Druck, Androhung von geistlicher Strafe, Privatstrafen bis zur Ausgrenzung aus dem betreffenden sozialen Verband) durchgesetzt werden.[1] Ihr materieller Inhalt ist für alle verständlich und vereinfacht in den schon seit Menschengedenken bekannten Katalogen religiöser und moralischer Gebote festgelegt. Eine auch für die heutige Zeit noch gültige Darstellung ist die Beichte in einem ägyptischen Totenbuch.[2] Die relevanten Sätze lauten:

- „Ich habe kein Unrecht gegen Menschen begangen.
- Ich habe niemandem ein Leid zugefügt.
- Ich habe nicht gestohlen.
- Ich war nicht habgierig.
- Ich habe nicht die Unwahrheit gesagt.
- Ich bin nicht aggressiv gewesen.
- Ich habe mich nicht aufgeblasen…"

Diese Normen machen neben anderen das Zusammenleben in einer zivilisierten Gesellschaft erst möglich. Sie gründen sich auf gemeinsame Wertvorstellungen, auf den Respekt vor dem Anderen und seiner Würde. Ihre Befolgung ist die Voraussetzung gegenseitigen Vertrauens. Ethische Normen und ihre Durchsetzung sind den staatlich

1 § 2 Absatz 1 Nr. 5 UWG definiert einen „Verhaltenskodex" als „Vereinbarungen oder Vorschriften über das Verhalten von Unternehmen, zu welchem diese sich im Bezug auf Wirtschaftszweige oder einzelne geschäftliche Handlungen verpflichtet haben, ohne dass sich solche Verpflichtungen aus Gesetzes- oder Verwaltungsvorschriften ergeben."

2 Siehe hierzu http://de.wikipedia.org/wiki/Zehn_Gebote

gesetzten Normen insoweit überlegen, als sie nicht einer äußerlich erzwungenen Akzeptanz und eines entsprechenden Durchsetzungs- und Sanktionsapparates bedürfen. Gehen jedoch die gemeinsamen Wertvorstellungen einer Gesellschaft verloren, stehen auch die ethischen Normen weitgehend auf verlorenem Posten. Sie werden durch die Gesetze eines ungehemmten Gewinnstrebens überlagert und weitgehend ausgeschaltet. Es bleibt dann nur eine verschärfte detaillierte Regelung des staatlichen Gesetzgebers, um die Interessen der an den Finanzmärkten Beteiligten auszutarieren.

Verhaltenskodices sind eines der Mittel, durch das Wirtschafts- und Berufsverbände die Anforderungen der Ethik an das Verhalten ihrer Mitglieder formulieren und in schriftlicher Form niederlegen. Sie stehen zwischen einer rein persönlichen Ethik und der staatlichen Gesetzgebung. Handelt es sich um Verhaltensvorschriften für Freiberufler und Berufsgruppen, die in staatlich verordneten Zwangskorporationen organisiert sind, kommen sie den gesetzlichen Vorschriften gleich. Denn ihre Verletzung führt letztendlich zu staatlichen Sanktionen, die nicht nur zur sozialen Ausgrenzung aus einer Peer Group führen, sondern in dem Verbot der weiteren Ausübung des Berufes gipfeln. Schwieriger gestaltet sich die Durchsetzung der Verhaltensregeln von Berufsgruppen, die auf freiwilliger Basis organisiert sind. Bei einer Verletzung dieser Regeln kann sich ein Verbandsmitglied den Sanktionen entziehen, wenn es rechtzeitig aus dem Verband austritt. Die Durchsetzbarkeit der Verhaltensvorschriften hängt demnach davon ab, welches Gewicht eine Verbandsmitgliedschaft für die Angehörigen der Berufsgruppe hat. Je bedeutsamer eine Verbandsmitgliedschaft ist, um so eher werden sich die Regeln durchsetzen lassen.

2 Die Verhaltensnormen der DVFA in jüngerer Zeit

Die Mitgliederversammlung der DVFA verabschiedete am15. Mai 1995 Standesrichtlinien, die für die Finanzanalysten, Portfoliomanager und Anlageberater Berufsgrundsätze festlegten. Sie erhoben den Anspruch, die „ethischen, rechtlichen und berufsständischen Anforderungen an die Berufsausübung“ zu formulieren. Ausdrücklich sollten die Richtlinien auch der Ausfüllung von Generalklauseln dienen, deren sich der Gesetzgeber in der Finanzmarktgesetzgebung bediente (Präambel). Die durch die Richtlinien festgelegten Grundsätze sollten auch internationalen Standards entsprechen, die insbesondere auf eine Allgemeingültigkeit und Harmonisierung innerhalb der Europäischen Union abzielten (Standesrichtlinien Nr. 1 Buchstabe f).[3] Die Standesrichtlinien der DVFA gliederten sich in:

1. Grundsätze ordnungsmäßiger Analyse und Anlageberatung.
2. Allgemeine Berufspflichten.
3. Spezielle Berufspflichten im Umgang mit Informationen und Analysen.
4. Pflichten gegenüber dem Arbeitgeber.
5. Verhalten gegenüber dem Berufsstand (repräsentiert durch die DVFA).

---

3 Unausgesprochen diente die Hervorhebung von Grundsätzen für die Länder der Europäischen Union auch der Abgrenzung und Behauptung gegenüber der US-amerikanischen Analystenorganisation, die für die von ihr gesetzten Verhaltensnormen globale Geltung über ihre jeweiligen nationalen Unterorganisationen beansprucht.

Die Richtlinien kündigten als Programm an, dass die DVFA ein Verhaltenshandbuch erarbeiten solle mit dem Ziel der Anpassung an veränderte Marktgewohnheiten und Praktiken, auf die der Gesetzgeber nur langsam reagieren könne (Standesrichtlinien Nr. 1 Buchstabe g).

Die DVFA hatte für 1998 eine Überarbeitung der Standesrichtlinien vorgesehen. Sie wurde jedoch zurückgestellt, da sich damals schon eine Regelung der Finanzanalyse im 4. Finanzmarktförderungsgesetz abzeichnete.[4]

Die Überarbeitung der Verhaltensregeln für Finanzanalysten wurde unerwartet dringlich, als sowohl in den USA als auch in Deutschland die Marktsegmente für Technologieaktien in den Jahren 2000/2001 zusammenbrachen. Bei der Aufarbeitung dieser Krise wurden Praktiken sogenannter Staranalysten in den USA bekannt, die von Geldgier und Zynismus gegenüber dem Anleger geprägt waren und ethischen Grundsätzen Hohn sprachen. Die Vorwürfe machten vor den Finanzanalysten in Europa und Deutschland nicht Halt, obwohl solche massiven Auswüchse wie in den USA in Deutschland nicht festgestellt werden konnten. Damit ging auch das Vertrauen in die Objektivität, Neutralität und fachliche Kompetenz der hiesigen Finanzanalysten verloren. Diese Entwicklung verlangte nach einer schnellen Reaktion der DVFA. Am 23. April 2001 trat die DVFA-Kommission für die Überarbeitung der Standesrichtlinien zusammen, an der neben den Vertretern der Finanzanalysten im Verband und Juristen auch zwei Vertreter der damaligen Aufsichtbehörde für den Wertpapierhandel beobachtend teilnahmen. Die Eckpunkte dieser Überarbeitung[5] enthielten:

- ein zeitlich begrenztes Verbot von Eigengeschäften der Finanzanalysten in den Werten, die Gegenstand der Berichterstattung sind;
- eine Darstellung potenzieller Interessenkonflikte multifunktioneller Institute im Researchbericht
- die Forderung an die Arbeitgeber der Finanzanalysten zur Einhaltung von Compliance-Richtlinien
- die Kontrolle von Researchberichten nach dem Vier-Augen Prinzip (peer review)
- die Öffnung der Verbandsgerichtsbarkeiten für Beschwerden oder Klagen von Außen (z.B. Anlegern).

Diese Überarbeitung rührte an mehrere neuralgische Punkte der Tätigkeit von Finanzanalysten. Unter den Verbandsmitgliedern war das Verbot der Eigengeschäfte äußerst umstritten. Die Transparenz von Interessenkonflikten sowie die Betonung der Compliance–Richtlinien rührte an das Spannungsverhältnis von Analysten und ihren Arbeitgebern. Mit der Öffnung der Verbandsgerichtsbarkeit nach außen war die Hoffnung verbunden, das Misstrauen der Öffentlichkeit abzubauen, die Verbandssanktionen litten an Vollzugsdefiziten.

Die Arbeiten an der Umsetzung der genannten Eckpunkte durch eine Neufassung detaillierter Verhaltensvorschriften der DVFA dauerten bis zum Ende des Jahres 2002. Der Anspruch, die Verhaltensnormen für sämtliche Mitglieder der DVFA in einem Re-

4 DVFA-Jahresbericht 2001, S. 48, Fn. 2.

5 Diese Eckpunkte wurden der Öffentlichkeit im Mai 20001 vorgestellt. Siehe Pressemitteilung der DVFA vom 14.5.2001.

gelwerk zu erfassen, wie es noch die Standesrichtlinien von 1995 versucht hatten, wurde aufgegeben. Die Situation der Portfolioverwalter, deren Tätigkeit gemäß der Europäischen Wertpapierdienstleistungsrichtlinie, der Vorgängerin der Finanzmarktrichtlinie, seit 1998 einem gesetzlichen Erlaubniszwang unterlag, war zu verschieden von der der Finanzanalysten, deren Tätigkeit als sogenannte nicht erlaubnispflichtige Nebendienstleistung nur indirekt durch die staatliche Aufsicht über die Arbeitgeber der Finanzanalysten erfasst wurde. Außerdem ergaben sich aus der direkten Beziehung des Portfolioverwalters zu den verwalteten Vermögen andere Regelungsprobleme als für die im Vorfeld der Anlageentscheidungen angesiedelte Researchtätigkeit der Finanzanalysten. Es war schon schwierig genug, die unterschiedlichen Interessenlagen der Sell- und Buy- Side- Analysten unter einen Hut zu bringen. Die antiquierte Bezeichnung „Standesrichtlinien“ wurde zu Gunsten der Bezeichnung DVFA-Kodex für Finanzanalyse“ aufgegeben. Dieser Bezeichnungswechsel beruhte auf der auch schon 1995 vorhandenen Erkenntnis, dass die Normen der DVFA, die das Verhalten der Finanzanalysten bestimmen sollten, nicht nur auf eine Wirkung innerhalb des Verbandes ausgelegt sind, sondern ganz wesentlich das Vertrauen der Anleger und der Kapitalmarktöffentlichkeit mitbestimmen. Die primäre Zielrichtung solcher Verbandsnormen ist deshalb das Interesse der Anleger bzw. der Kapitalmarktöffentlichkeit an ethischem Verhalten der Finanzanalysten.[6]

Das Ergebnis der Überarbeitung, der „DVFA-Kodex für Finanzanalyse“, wurde im Oktober 2002 der Öffentlichkeit vorgestellt und im Februar 2003 von der Mitgliederversammlung beschlossen. Er fand starke Beachtung in der Presse, wobei er überwiegend als eine Verbesserung der Situation begrüßt wurde. Aber dieser Kodex erfuhr auch Kritik. Nach wie vor war das von einigen Ausnahmen durchbrochene Verbot von Eigengeschäften der Analysten umstritten. Dieses Verbot sei nicht kontrollierbar und somit nicht umsetzbar.[7] Die Regelung durch Verbände sei vor allem symbolischer Natur.[8] Der Kodex wurde auch als Kompromiss zwischen den Interessen der Öffentlichkeit an möglichst konsequenter Kontrolle und dem Interesse der Mitglieder an schonender Regulierung gesehen.[9] Die Hauptkritik richtete sich dagegen, dass der DVFA-Kodex keine Trennung der Finanzanalysten von den Investmentbanken fordere,[10] – eine Forderung, die allerdings von der DVFA realistisch gar nicht umgesetzt werden könnte.[11]

Parallel zu den Arbeiten der DVFA an ihrem Verhaltenskodex hatte sich der Gesetzgeber der Finanzanalyse in den regulierten Finanzdienstleistungsinstituten angenommen. In der Folgezeit wurde es deshalb stiller um den Kodex. Die immer dichtere gesetzliche Regelung der Analystentätigkeit ließ dem Kodex allenfalls die Möglichkeit, gesetzliche Regelungen zu wiederholen, sich auf vom Gesetz nicht erfasste Sonderfälle

---

6 Ein gewisses Misstrauen des Gesetzgebers in Verbandsnormen, die auf die Wahrung von „Standes- oder ‚Gruppen‘“-Interessen gerichtet sind, manifestiert sich im Gesetz gegen Wettbewerbsbeschränkungen § 24, der die Anerkennung und Kontrolle von Wettbewerbsregeln vorsieht. Hierunter fallen auch „Verhaltenskodices“.

7 Börsenzeitung, 31.10.2002 „Neuer Analystenkodex des DVFA trifft auf Kritik“.

8 Neue Zürcher Zeitung 31.10.2002; Die Welt, 22.2.2003,“Aktionärsschützer bemängeln Durchsetzbarkeit.“

9 Handelsblatt, 30.10.2002, Kommentar: Wichtiger Schritt auf einem langen Weg.

10 Handelsblatt, 30.10.2002: „Verband stärkt Analysten den Rücken“ und Kommentar Fn. 9 .

11 Hierzu Handelsblatt, 30.10.2002: „Amerikanische Verhältnisse sind in Deutschland kein Thema.“

zu beschränken oder gesetzliche Regelungen durch Verbandsrecht auf die kleine Gruppe nicht an Investmentbanken gebundener Finanzanalysten auszudehnen. Diese Möglichkeiten waren nicht dazu angetan, große Energien unter den Mitgliedern zur Fortschreibung des Kodex freizusetzen.

Deshalb wurde im Jahr 2006 der Kodex erneut überarbeitet und im Mai 2007 in Kraft gesetzt. Er enthält einige wesentliche Grundsätze, die jeder Finanzanalyst an seinem Schreibtisch greifbar haben sollte und die ihn an die ethischen Grundregeln seiner Tätigkeit erinnern. Diese Fassung wird auch heute von der DVFA im Internet als Teil der DVFA-Standards präsentiert. Diese Grundsätze betreffen Unabhängigkeit, Objektivität und Integrität, den ethischen Umgang mit Interessenkonflikten, Kompetenz, die Beachtung von rechtlichen Vorschriften und Marktstandards, das Verhältnis zum Arbeit- oder Auftraggeber, die Werbung und die Dokumentation.

Die globale, von den USA ausgehende Finanzmarktkrise der letzten Jahre hat keinen neuen berufs- und tätigkeitsspezifischen Druck gegenüber der DVFA und den Finanzanalysten im Allgemeinen ausgelöst. Die Schuldigen oder Sündenböcke wurden nicht unter ihnen ausgemacht, sondern an anderen Stellen der Finanzmärkte verortet, so dass sich kein gesteigerter Regelungsbedarf für die Finanzanalysten und die Mitglieder der DVFA ergibt. In der jetzigen Form kann dem Kodex eine lange Lebensdauer vorhergesagt werden.

3 Verhaltenskodices außerhalb der DVFA

Der Kollaps des Neuen Marktes und der Vertrauensverlust der Anleger im Jahr 2000 rief die Politik auf den Plan. Das Bundesministerium für Wirtschaft gab ein Gutachten für den Entwurf eines „Kodex für anlegergerechte Kapitalmarktkommunikation in Auftrag". Dieses Gutachten wurde im Mai 2001 vorgelegt.[12] Das Gutachten sah einen Ehrenkodex vor, dem sich die Informationsintermediäre unterwerfen sollten. Davon wurden erfasst Analysten, Journalisten und sonstige Personen, die sich in der Öffentlichkeit zu den Anlageinstrumenten äußern, Finanzdienstleistungsunternehmen, Informationsdienste, Verlage, Sendeanstalten, Verbände von derartigen Intermediären und deren Mitglieder sowie Anbieter und Organisatoren von Internetforen, Chatrooms. Der Entwurf statuierte sodann Verschwiegenheits- und Informationspflichten sowie sonstige Sorgfaltspflichten. Die Einhaltung des Kodex sollte der Überwachung durch einen Beirat unterliegen, der bei dem damaligen Bundesaufsichtsamt für den Wertpapierhandel unter der Leitung eines von diesem Amt benannten Beamten hätte eingerichtet werden sollen. Als Sanktionen waren neben den aus den Berufsverbänden bekannten Verbandsstrafen (Verwarnung, Verlust von Verbandsbezeichnungen, Ausschluss aus einem Verband, Aberkennung der Benutzung des Kodex als Gütesiegel) auch Bußgelder und die Abschöpfung eines unredlich erzielten Gewinnes vorgesehen. Der Entwurf gründete auf dem allgemeinen Misstrauen, das den Regelungs- und Sanktionsmöglichkeiten der Berufsverbände entgegengebracht wurde. Er versuchte diesem Misstrauen mit der Einbindung quasistaatlicher Instrumente (Einbindung der Aufsichtsbehörde und Einführung von Bußgeldern) zu begegnen. Das Gut-

12 Von Rosen und Gerke, Kodex für anlegergerechte Kapitalmarktkommunikation.

achten und der Entwurf des Ehrenkodexes wurden in einer großen Runde im Juni 2001 im Bundeswirtschaftsministerium von allen Betroffenen diskutiert. Die Vermischung von freiwilliger Verpflichtung mit staatlichen oder quasistaatlichen Kontrollinstrumenten und Sanktionen erwies sich ohne gesetzliche Grundlage als undurchführbar.[13] Dieser bis dato ambitionierteste Versuch der Verbindung ethischer Verhaltensnormen mit quasistaatlichen Vollzugsinstrumenten auf freiwilliger Basis verlief auf Grund der Vernachlässigung der gesetzlichen Rahmenbedingungen im Sande.

Auch im Ausland löste der Zusammenbruch der Märkte für Technologiefirmen im Jahr 2000 vielfältige Aktivitäten zur Wiederbelebung der Ethik im Handeln der Akteure aus, die für die Überhitzung und den anschließenden Zusammenbruch der Märkte verantwortlich gemacht wurden.

In den USA legte die Securities Industry Association, der Zusammenschluss der wichtigsten Investmentbanken, einen Katalog der „Best Practices for Research" vor, der die zu Tage getretenen Missstände beseitigen sollte. Auch die Berufsorganisation der Finanzanalysten in den USA, die Association for Investment Management and Research,[14] legte im Sommer einen neuen Code of Ethics vor, der gegenüber dem Code von 1999 verstärkt eine Kontrolle und Sanktionierung der Einhaltung der Verhaltensvorschriften beinhaltete.[15]

Die Schweizer Bankiersvereinigung erließ im Dezember 2002 zur Sicherstellung der Unabhängigkeit der Finanzanalyse eine Verhaltensrichtlinie. Auch diese Richtlinie nahm sich als Hauptpunkte der Regelung die neuralgischen Problemfelder des Verhaltens von Finanzanalysten vor: Chinese Walls zwischen Research und anderen Unternehmensbereichen der Banken, Grundsätze zu Eigengeschäften der Finanzanalysten, Entkoppelung der Vergütung der Finanzanalysten von Transaktionserlösen des Investmentbanking waren zentrale Themen. Durch die Prüfung der damaligen Eidgenössischen Bankenkommission und die Aufnahme der Befolgung dieser Richtlinie in den Pflichtprüfungskatalog der aufsichtsrechtlichen Revisionsstellen erhielt diese Richtlinie, wenn auch keinen Gesetzesstatus, so doch aufsichtsrechtlichen Rückhalt.[16]

Das Vertrauen in die Selbstheilungskräfte der praktischen Ethik bei den Investmentbanken und den für sie tätigen Finanzanalysten und Asset Managern war jedoch verspielt. In den wichtigsten Finanzzentren, insbesondere den USA, hatten die Berufsverbände schon früher ethische Verhaltensrichtlinien für ihre Mitglieder erlassen. Dies hatte die Missstände mit dem anschließenden Zusammenbruch der Märkte nicht verhindert. Die Aufarbeitung der Missstände setzte eine Gesetzgebungsmaschinerie in Gang, die keine Rücksicht mehr auf den Appell an die freiwillige Beachtung durch

---

13 Hierzu Financial Times Deutschland, 07.06.2001: „Ehrenkodex für Analysten stößt auf Kritik, Zweifel an der Rolle des BAWe bei Sanktionen"; Handelsblatt, 18.06.2001: „Ehrenkodex für Analysten und Journalisten lässt noch viele Fragen offen".

14 Seit 2004 nennt sich die AIMR „CFA Institute".

15 Wie auch in Deutschland standen diese Maßnahmen als unzureichend oder unglaubwürdig in der Kritik. Börsenzeitung vom 29.05.2001: „Kontroverse um US Analysten verschärft sich. Initiative von SEC und Kongress erwartet: ‚Ob SIA oder AIMR jedoch wirklich daran interessiert sind, ausreichende Maßnahmen zu beschließen, wird von Kritikern bezweifelt. Befürchtet wird, dass bei der Selbstregulierung lediglich ein halbherziges Regelwerk zustande kommt.'"

16 Pressemitteilung der Schweizer Bankiersvereinigung vom 4. Dezember 2002.

Einzelpersonen oder über Berufsverbandsregelungen nahm. Alle Versuche der Berufsorganisationen, über die Neufassung und Verschärfung ihrer Verhaltenskodices die Öffentlichkeit zu beruhigen und die Initiative zur Normierung der Verhaltens zurückzugewinnen, wurden mit mehr[17] oder weniger[18] wohlwollender Skepsis der Gesetzgebungs- und Aufsichtsorgane zur Kenntnis genommen, aber letztendlich als Marginalie in der Neuordnung der Verhaltensvorschriften behandelt.

4 Gesetzgebung statt Ethiknormen

Das mangelnde Vertrauen der Gesetzgeber und der Aufsichtsbehörden in die Fähigkeit der Kapitalmarktakteure führte zu einer Reihe von Gesetzgebungsaktivitäten, die der eigenständigen Wirkung ethischer Normen, sei es als Individualnormen oder als institutioneller Normen auf Unternehmens- oder Verbandsebene, weitgehend den Boden entzog. Dieser Prozess dürfte sich auf Grund der tiefgreifenden Finanzkrise der letzten Jahre fortsetzen.

Treibende Kraft dieser Gesetzgebung waren die europäischen Institutionen, die zur Schaffung eines europäischen Kapitalmarktes als Binnenmarkt Richtlinien und Verordnungen zur Harmonisierung des Rechtes erließen. Zu nennen sind hier vorrangig die Marktmissbrauchsrichtlinie (2003/6/EG) und die Finanzmarktrichtlinie sowie deren Durchführungsbestimmungen. Erstere regelt das Verhalten von Insidern und verbietet Marktmanipulationen. Dies betrifft auch die ordnungsgemäße Erstellung von Finanzanalysen. Die Finanzmarktrichtlinie regelt das Verhalten der beaufsichtigten Finanzdienstleister. Umgesetzt wurden die beiden Richtlinien in deutsches Recht durch das Wertpapierhandelsgesetz. Aus dem genannten Katalog der ethischen Pflichten in einem ägyptischen Totenbuch könnten die folgenden als Grundlage der Gesetzgebung gedient haben: Ich darf kein Unrecht gegen Menschen begehen. Ich darf niemandem ein Leid zufügen. Ich darf nicht stehlen. Ich darf nicht habgierig sein. Ich darf nicht die Unwahrheit sagen. In der Sprache des deutschen Gesetzgebers wird dies als Pflicht zur Dienstleistung mit der erforderlichen Sachkenntnis, Sorgfalt und Gewissenhaftigkeit im Interesse der Kunden, zur Vermeidung oder Offenlegung von Interessenkonflikten und zu redlicher, eindeutiger und nicht irreführender Kommunikation umschrieben (§§ 31 Absätze 1 und 2 und 34b Wertpapierhandelsgesetz). Eine Kombination dieser ethischen Grundsätze schlägt sich in den gesetzlichen Normen nieder, die eine Ausnutzung von Informationsasymmetrien durch Dienstleister zu verhindern trachten.(§ 31 Absätze 3,4 und 6 Wertpapierhandelsgesetz oder § 3 Gesetz gegen den unlauteren Wettbewerb). Alle weiteren Bestimmungen sind Detailausprägungen dieser Generalklauseln, die grundsatzartig mit unbestimmten Rechtsbegriffen operieren und Lehrbüchern für Unternehmensethik entnommen sein könnten. Auf Grund der umfassenden Detailgesetzgebung verbleibt für institutionalisierte Verbandsregelungen bei Finanzdienstleistungen in Deutschland praktisch nur noch wenig Raum.

---

17 So die deutsche Aufsicht, siehe FAZ, 31.10.2002, Seite 31, und Finanztreff.de und vwd 31.10.2002: „DVFA will mit schärferem Analystenkodex Anlegervertrauen stärken."

18 So vor allem in den USA: Börsenzeitung 29.05.2001: Kontroverse um US-Analysten verschärft sich Initiative von SEC und Kongress erwartet, Handelsblatt, 15.06.2001 Rosige Analysten-Reports beschäftigen US-Kongress.

Welche Funktion hat unter diesen gesetzlichen Voraussetzungen die Ethik noch als Norm? Selbstverständlich bleibt sie die Grundlage einer jeden Gesetzgebung, die den Anspruch auf eine „gerechte" Regelung des Zusammenlebens erhebt. Aber man sollte darüber hinaus die Ethik auch in der Praxis nicht für überflüssig oder tot erklären und als Verhaltensanspruch gegenüber den Kapitalmarktakteuren aus der Diskussion verbannen. Es ist sehr schwierig und kostspielig, wenn nicht gar unmöglich, Gesetze nur über staatliche Sanktionen wie zum Beispiel Kriminal- und Ordnungsstrafen oder Schadensersatzpflichten durchzusetzen. Wie ethische Normen bedürfen auch staatliche Normen trotz aller Sanktionen primär der Einsicht der Adressaten in den Sinn der Regelungen und ihrer überwiegend freiwilligen Befolgung. Sonst gerät auch der staatliche Vollzugsanspruch trotz aller Sanktionsmöglichkeiten in Not. Ein Beispiel ist die in der jüngsten Finanzkrise sich offenbarende Stellung sogenannter systemrelevanter Institute, die wegen ihrer Größe zu einem Erpressungsfall für den Staat werden, den dieser aber mit den konventionellen staatlichen Mitteln nicht oder nur mit erheblicher Verzögerung bewältigen kann, ohne das staatliche und gesellschaftliche Gesamtgefüge ins Wanken zu bringen. Die Durchsetzung einer Gesetzgebung, die von ethischer Einsicht ihrer Adressaten mitgetragen wird, ist weniger kostspielig und effektiver als die primäre Durchsetzung mit Zwangsmitteln gegenüber widerspenstigen Adressaten..

Die ethischen Normen oder die Feststellung gegenüber einem Verhalten „So etwas tut man nicht" haben eine nicht zu unterschätzende Bedeutung für die Entwicklung und Auslegung der Gesetzgebung in der Praxis. Die Feststellung, dass ethische Normen verletzt wurden, sind häufig ein Indikator dafür, dass tatsächlich auch das Gesetz verletzt wurde und nicht nur ethische, sondern auch staatliche Sanktionen in Frage kommen. Ethik ist sozusagen ein Frühwarnsystem für die Ermittlung der Grenzen der staatlichen Gesetzgebung. Durch das Tor von Generalklauseln in den Gesetzen beziehungsweise durch generalklauselartig gefasste Normen des Strafrechts hält die Ethik im umstrittenen Einzelfall Einzug in das Gesetz. Die Ethik, die zeitverzögert ihren Niederschlag im Gesetz findet, ist es, die im konkreten Fall unsere ethisch neutral ausgerichtete Wettbewerbsgesellschaft im Sinne eines Ordoliberalismus bändigt. Die Gesetzgebung verschärft häufig die Gangart, wenn ethische Grundsätze, die noch nicht zweifelsfrei in Gesetze gefasst wurden, in Gesetze umgesetzt werden. Beispiele aus neuester Zeit sind die Verantwortung des Aufsichtsrates für die Angemessenheit von Bonuszusagen in Aktiengesellschaften[19] oder die Einführung der Verpflichtung zur Erstellung von Beratungsprotokollen im Falle der Anlageberatung.[20] Die Einführung von ethischen Grundsätzen über die Auslegung von Gesetzen belegt der Mannesmann-Prozess,[21] als dessen Ergebnis die Bewilligung überhöhter bzw. nutzloser Abfindungen an Vorstandsmitglieder als kriminelle Untreuehandlung der verantwortlichen Aufsichtsratsmitglieder eingestuft wurde. Damit hatten die beteiligten Aufsichtsräte vor Anklageerhebung wohl nicht gerechnet.

19 § 87 Aktiengesetz in seiner jetzigen Fassung.

20 § 34 Absatz 2a Wertpapierhandelsgesetz.

21 BGH 3 Str 470/04.

5 Vermittlung ethischer Grundsätze

Ethische Grundsätze werden, so hat es den Anschein, durch das Verhalten weniger, aber um so mehr in der Öffentlichkeit stehender Vertreter der Finanzbranche nicht mehr beachtet. Die Gründe hierfür sind vielfältig. Sie können in dem Versagen der Erziehung, der Komplexität der zu beurteilenden Sachverhalte oder Interessen,[22] dem Druck des Wettbewerbes oder des Arbeitgebers, der Befolgung des Herdentriebs oder der vermeintlichen Akzeptanz von Missständen durch die Gesellschaft oder die Peer Group liegen. Dieser Entwicklung gegenzusteuern ist eine unverzichtbare und lohnenswerte Aufgabe der Berufsverbände. Die DVFA bietet eine umfassendes Programm zur spezialisierten Aus- und Fortbildung von Kapitalmarktakteuren an. Dieses Programm erfolgreich zu absolvieren ist Voraussetzung zum Erwerb von begehrten Titeln, die durch die DVFA bzw. den europäischen und den internationalen Dachverband verliehen werden. In dem Maße, in dem die in Verhaltenskodices gefassten Ethiknormen durch die Gesetzgebung verdrängt werden, fließen diese Grundsätze im Gewand ihrer Gesetzesausprägung als Unterrichtsgegenstand in die Ausbildungsprogramme ein. Eine Erörterung dieser Grundsätze an Fallbeispielen hat wohl einen nachhaltigeren Einfluss als die Aufzählung von Grundsätzen in einem noch so wohlmeinenden Verhaltenskodex. Trotz der die Öffentlichkeit so intensiv beschäftigenden Skandale ist davon auszugehen, dass die ganz überwiegende Mehrzahl der Akteure am Kapitalmarkt ethische Grundsätze beachtet, auch ohne dass mit staatlichen Sanktionen gedroht werden muss.

Für die Wenigen, denen ethische Grundsätze und gesetzliche Anforderungen nur als Beschränkungen einer ungehemmten Einkommensvermehrung („Habgier“) lästig sind, müsste die Erörterung flankiert werden durch einen klaren Hinweis auf staatliche Sanktionen bei einer Missachtung dieser Grundsätze nicht nur gegenüber dem betroffenen Institut oder Arbeitgeber als anonymer Größe, sondern auch gegenüber der verantwortlichen Einzelperson. Ist auch die Aufsichtsbehörde bisher zurückhaltend in der Verhängung von Ordnungsstrafen gegenüber Individualpersonen, so bedeutet dies nicht, dass das bei einer Verbreitung von Missständen so bleibt. Das Gesetz sieht diese Sanktionen vor.[23] Das Bewusstsein des Risikos solcher Sanktionen mag die Gleichgültigkeit oder Habgier der Akteure zügeln. Es bleibt jedoch zu hoffen, dass die weit überwiegende Mehrzahl der Mitarbeiter, wie bisher, in positiverer Weise zur Beachtung ethischer Normen, insbesondere in ihrer gesetzlichen Ausprägung, motiviert werden kann.

---

22 Z. B. die Intransparenz bestimmter Finanzzertifikate.

23 Zur Anschauung sei die Lektüre des allerdings schwer lesbaren § 39 Wertpapierhandelsgesetz über die Bußgeldbestimmungen empfohlen .

Lehren der Finanzmarktkrise für Regulierung und Aufsicht

von Claus Döring

Vorwort

Warum in dieser Festschrift ein Aufsatz zur Finanzmarktkrise? Wo ist der Bezug zur Finanzanalyse im allgemeinen und zur DVFA im besonderen? Die Antwort: Kein anderes Ereignis in den 50 Jahren, die die DVFA inzwischen besteht, hat die Grenzen der ökonomischen Analyse, ja der ökonomischen Wissenschaft schlechthin, so dramatisch vor Augen geführt wie die Finanzmarktkrise, die als amerikanische Subprimekrise begann und beinahe in einer Kernschmelze des weltweiten Finanzsystems geendet hätte. Der Glaube an die – im ureigensten Wortsinn – Berechenbarkeit ökonomischer Prozesse und Beziehungen ist schwer erschüttert, die Bedeutung mathematischer Modelle und des klassischen Instrumentariums der Finanzanalyse relativiert worden. Weder hätte sich die Finanzkrise mit den Methoden der modernen Finanzanalyse berechnen oder prognostizieren lassen, noch hätte diese ein Frühwarnsystem zur Verfügung gehabt, um die Krise zu verhindern. Im Gegenteil, im Instrumentenkasten der Ratingagenturen hat sie sogar zur Krise beigetragen. Die Finanzwelt hat sich der Kontrollillusion hingegeben, verführt von Modellrechnungen aller denkbaren Szenarien, die die entscheidende Größe nicht berücksichtigt hatten: Vertrauen. Es geht in diesem Beitrag aber nicht darum, das Geschehen Revue passieren zu lassen und zu beschreiben. Das ist seit Ausbruch der Krise mannigfach geschehen. Im Folgenden soll es um die Lehren aus der Krise gehen, um die nötigen Veränderungen für Regulierung und Aufsicht. Denn schon der Philosoph Karl Popper schrieb: „Entwicklung gibt es nur, wenn nichts ewige Gültigkeit hat."

1 Ursachen der Finanzkrise

„Es ist eben nicht so, dass der Markt von alleine zu Gleichgewicht und Stabilität führt. Dafür braucht es auch in der Globalisierung staatlich oder supranational durchgesetzte Verkehrsregeln." Diese Schlussfolgerung aus der Finanzmarktkrise zog zum ersten Jahrestag der Lehman-Insolvenz der damalige Bundesfinanzminister Peer Steinbrück im Interview der Frankfurter Allgemeine Sonntagszeitung (vom 13. September 2009). Zwei Aspekte enthält dieses Zitat, die Kern und Ursache der größten Finanz- und Wirtschaftskrise seit der Großen Depression in den 30er Jahren des vorigen Jahrhunderts auf den Punkt bringen. Erstens die – nicht neue – Erkenntnis, dass Märkte bzw. Marktteilnehmer nicht per se rational und effizient agieren und somit gewisser Spielregeln bedürfen, und zweitens, dass im Zuge der Globalisierung die vorhandenen nationalen Spielregeln teils nicht mehr funktionierten und nicht mehr ausreichten, eine supranationale Regulierung aber gefehlt hat.

1.1 Die makroökonomische Ebene

Aus makroökonomischer Sicht sind es vor allem drei Bereiche, die bei der Betrachtung der Ursachen der Finanzkrise im Mittelpunkt stehen:

Erstens: Die systemische Bedeutung von Akteuren und Entwicklungen an den Finanzmärkten wurde unterschätzt. Dies gilt einerseits für den bislang regulatorisch nicht erfassten Schattenbankensektor und andererseits auch für die Größe und Systemrelevanz einzelner Finanzinstitute. Beim Schattenbankensektor handelt es sich vor allem um Hedgefonds und um jene Bankgeschäfte, die von den Banken ausgelagert wurden und nicht der Bankaufsicht unterlagen, insbesondere die Zweckgesellschaften zum Ankauf von Kreditverbriefungen.

In der Finanzkrise ist deutlich geworden, dass die notwendige Regulierung auf der Ebene einzelner Institute nicht hinreichend ist, um Finanzstabilität zu gewährleisten. Insofern waren die nationalen Bankenaufseher überfordert, denn sie hatten meist gar nicht den Auftrag und das Instrumentarium zur länderübergreifenden Regulierung und Aufsicht.

Zweitens: Das makroökonomische Umfeld vor Ausbruch der Krise hat, wie wir heute wissen, zur Entstehung der Übertreibungen und der groben Unterschätzung von Risiken beigetragen. Erinnert sei in diesem Zusammenhang an das starke Wachstum der Kredit- und Kreditrisikotransfermärkte durch das anhaltend günstige makroökonomische Umfeld. Ein jahrelang robustes Wachstum der Weltwirtschaft in Verbindung mit meist niedrigen Inflationsraten, mit niedrigem Zinsniveau, mit geringen Kreditausfallraten und mit steigenden Vermögenspreisen verschleierte den stetigen Anstieg des Verschuldungsgrades und ließ Warnungen der Zentralbanken und auch der Aufseher ins Leere laufen. Diese Warnungen nationaler Notenbanken wie auch der Bank für Internationalen Zahlungsausgleich (BIZ) in Basel hat es bekanntlich vor der Krise durchaus gegeben. Sie thematisierten die riesige Liquidität, die extrem niedrigen Risikoprämien und das hohe Bilanzwachstum der Banken.

Drittens: Bei der makroökonomischen Betrachtung spielen auch die globalen Ungleichgewichte eine Rolle. Zu erwähnen sind insbesondere das hohe Leistungsbilanzdefizit der USA und das dort gravierende Auseinanderklaffen von Konsum- und Sparquote. Auf die volkswirtschaftliche Analyse dieser Ungleichgewichte und ihren Beitrag zur Finanzkrise soll hier nicht weiter eingegangen werden, weil sie für die Betrachtung von Regulierung und Aufsicht untergeordnet sind.

1.2 Die mikroökonomische Ebene

Auf der mikroökonomischen Ebene sind es vor allem falsch gesetzte Anreize, die zum Entstehen der Finanzkrise beigetragen haben, sei es aufgrund von mangelnder Transparenz, unzureichenden regulatorischen Rahmenbedingungen oder dem vertrauten Phänomen des Moral Hazard. An prominenter Stelle stehen dabei die Entwicklungen am Verbriefungsmarkt, über den sich die Verwerfungen am US-amerikanischen Häusermarkt auf die weltweiten Finanzmärkte ausgeweitet haben. Alle drei genannten Ursachen für Fehlentwicklungen sind hier aufgetreten und haben in der Summe dazu geführt, dass die grundsätzlich positiven Effekte eines Kreditrisikotransfers durch eine massive Ausweitung des „originate-to-distribute"-Geschäftsmodells konterkariert wurden. So minderte die im Laufe des Verbriefungs- und Transferprozesses erfolgte Trennung zwischen Kreditvergabe und Risikoübernahme den Anreiz des ursprünglichen Kreditgebers, die Kreditnehmer ausreichend zu kontrollieren – ein typischer Fall des Moral Hazard.

Darüber hinaus fehlte die disziplinierende Wirkung markteigener Korrekturmechanismen aufgrund mangelnder Transparenz und regulatorischer Lücken. So wurde das den Verbriefungen zugrunde liegende Kreditrisiko sowohl von Geschäftspartnern als auch Aktionären der Kredithalter unterschätzt oder gar nicht erst wahrgenommen, da es in Zweckgesellschaften ausgelagert nicht mehr in den Bilanzen der Finanzinstitute erscheinen musste.

Falsche Anreize sind aber auch bei den Vergütungsstrukturen für Bankmanager und Händler zu Tage getreten. Diese begünstigten eine exzessive Risikoübernahme, indem sie kurzfristige Umsatz- und Gewinnsteigerungen anstelle von langfristiger Profitabilität der eingegangenen Investments belohnten. Schließlich wiesen auf der Einzelinstitutsebene auch das Risiko- und Liquiditätsmanagement zum Teil deutliche Mängel auf.

Auch bei den Ratingagenturen haben falsche Anreize eine entscheidende Rolle gespielt. Das Oligopol der drei internationalen Agenturen Standard & Poor's, Moody's und Fitch unterlag keiner staatlichen Überwachung. Die Selbstregulierung funktionierte nicht, es kam zum Interessenkonflikt aus der Bezahlung durch die Emittenten und der Beratung über die Strukturierung der Produkte. Banken und Investoren haben sich, auch ermuntert durch die Anerkennung externer Ratings durch Aufsichtsbehörden zur Eigenmittelberechnung nach Basel II, zu stark auf externe Ratings verlassen und ihren Charakter fehlinterpretiert. Ratings wurden als generelles Gütesiegel missverstanden, obwohl sie nur die Ausfallwahrscheinlichkeit, nicht aber Marktpreisänderungen oder Liquidität beurteilen. In der Krise haben dann die massenweisen, reaktiven Rating-Herabstufungen stark prozyklisch und somit krisenverschärfend gewirkt.

2 Konsequenzen aus der Finanzkrise

2.1 Makroprudenzielle Aufsicht

Um systemische Risiken im Finanzsystem erkennen zu können, müssen alle Finanzteilnehmer, Produkte und Märkte regulatorisch erfasst werden. Diese Überlegung stand im Mittelpunkt der wiederholten Treffen der Staats- und Regierungschefs der G-20. Sie beschlossen, dass zukünftig kein Finanzinstitut, kein Finanzmarkt und kein Finanzinstrument mehr ohne angemessene Regulierung und Aufsicht sein dürfe. Dieses sehr allgemeine Postulat gilt es mit Leben zu erfüllen. Denn die Beschlüsse der G-20 sind zunächst einmal politische Absichtserklärungen. Ihr Wert besteht darin, dass sie die Bereitschaft der Weltgemeinschaft unterstreichen, die notwendigen Maßnahmen zu ergreifen. Umgesetzt werden müssen die Maßnahmen aber von anderen Institutionen und auf anderen Ebenen.

Zu diesen Institutionen gehört das 1999 gegründete Finanzstabilitätsforum, das von den G-20 aufgewertet wurde und sich zu einem Finanzstabilitätsrat (Financial Stability Board, FSB) fortentwickeln soll. Es ist bei der BIZ in Basel angesiedelt und soll unter anderem die Koordination zwischen den für Finanzmarktstabilitätsfragen zuständigen Behörden verbessern, Schwachstellen des Finanzsystems aufdecken und neue Entwicklungen auf den Finanzmärkten im Hinblick auf notwendige regulatorische Konsequenzen untersuchen.

Konkret wird der FSB künftig zusammen mit dem Internationalen Währungsfonds

(IWF) zweimal jährlich Frühwarnübungen durchführen, um aus unterschiedlichen Perspektiven Schwachstellen zu identifizieren und Handlungsempfehlungen an die politisch Verantwortlichen zu geben.

Erste Ansätze aus den G-20-Treffen sind in der EU und in den USA Gesetzesinitiativen zur Einrichtung zentraler Kontrahenten für die Abwicklung von OTC-Derivaten (Over the counter, OTC). Damit soll mehr Transparenz in dieses bislang nicht erfasste Marktsegment kommen. Auch bei der Regulierung von Verbriefungen gibt es Fortschritte, indem eine Einbehaltspflicht bei deren Weiterreichung vereinbart wurde. Auch das auf den G-20-Gipfeln adressierte Thema der Vergütungsstrukturen im Finanzsektor hat inzwischen – neben unverbindlichen Selbstverpflichtungen – verschiedene Gesetzesinitiativen in einzelnen Ländern ausgelöst. Allerdings setzen diese gesetzgeberischen Initiativen an unterschiedlichen Stellschrauben an und treffen nur bedingt jene Anreizsysteme, die zu Kurzfristorientierung und übertriebener Risikofreude geführt haben.

Im Gegensatz zu den Reformen der mikroprudenziellen Aufsicht, die weitgehend an den bestehenden Strukturen ansetzen können, ist die Erfassung systemischer Risiken für Politik, Aufseher und Notenbanken Neuland. Deshalb mussten neue Institutionen geschaffen werden, wie beispielweise der Europäische Ausschuss für Systemrisiken (European Systemic Risk Board, ESRB). Der ESRB soll systemische Risiken frühzeitig erkennen, vor Risiken für die Finanzstabilität warnen und Handlungsempfehlungen ausarbeiten. Er wird bei der Europäischen Zentralbank (EZB) angesiedelt sein und dort über eigene personelle Ressourcen verfügen.

Entscheidungsgremium des ESRB soll ein General Board sein, dem neben dem Präsidenten und Vize-Präsidenten der EZB alle 27 Notenbankgouverneure des Europäischen Systems der Zentralbanken (ESZB), ein Vertreter der EU-Kommission sowie die Vorsitzenden der drei neuen europäischen Aufsichtsbehörden als stimmberechtigte Mitglieder angehören. Hinzu kommen ohne Stimmrecht je Mitgliedstaat ein Vertreter der nationalen Aufsichtsbehörden und der Vorsitzende des Wirtschafts- und Finanzausschusses der EU.

Die Mitgliedschaft aller Notenbanken in diesem Gremium wird damit begründet, dass dadurch die Expertise des gesamten ESZB auf dem Gebiet der Finanzstabilität eingebunden wird. Da das General Board sehr groß ist, wird einem weiteren Gremium, dem Lenkungsausschuss, für die praktische Arbeit erhebliche Bedeutung zukommen.

Ergänzend gibt es das Europäische System der Finanzaufsicht (European System of Financial Supervisors, ESFS), dessen Kern drei europäische Bankenaufsichtsbehörden (EBA) mit den Zuständigkeiten Banken-, Versicherungs- und Wertpapieraufsicht bilden. Sie werden durch Umwandlung aus den bisher eher beratenden EU-Ausschüssen für Banken, Versicherungen und Wertpapierregulierung hervorgehen. die im Fachjargon als „Level 3-Ausschüsse" bezeichnet werden. Diese „Level 3-Ausschüsse" haben die Aufgabe, die aufsichtlichen Regeln und Praktiken in der EU voran zu treiben sowie den Informationsaustausch und die Kooperation zwischen den Aufsehern in Europa zu stärken. Außerdem soll ihnen eine Schiedsrichterfunktion bei nationalen Meinungsverschiedenheiten zukommen.

Jede der drei Behörden soll als oberstes Entscheidungsorgan ein Board of Supervisors erhalten. Ihm sollen jeweils ein Vorsitzender, ein Vertreter der Kommission, der EZB, des ESRB und der beiden anderen Aufsichtsbehörden sowie als stimmberechtigte Mitglieder die Leiter der entsprechenden nationalen Aufsichtsbehörden angehören.

Sowohl ESRB als auch ESFS basieren auf Vorschlägen der Expertengruppe um Jacques de Larosière. Während der ESRB die europäische Antwort zur makroprudenziellen Aufsicht darstellt, spiegelt das ESFS die mikroprudenzielle Aufsicht der einzelnen Staaten auf EU-Ebene.

2.2 Mikroprudenzielle Aufsicht

Auch auf der mikroökonomischen Ebene gewinnt die internationale Dimension an Bedeutung. So stehen Anpassungen am regulatorischen Rahmenwerk Basel II an vorderster Stelle. In diesem Bereich werden einerseits Änderungen vorgenommen, die in der Krise zu Tage getretene Lücken im Aufsichtsrahmen schließen, Schwachstellen beim Liquiditätsmanagement beseitigen und Veröffentlichungspflichten ausweiten. Andererseits werden weitere Maßnahmen geprüft, die darauf zielen, die Widerstandsfähigkeit von Banken in zukünftigen Krisen zu steigern. Hierunter fallen beispielsweise die Überlegungen der im Baseler Ausschuss für Bankenaufsicht vertretenen Finanzaufseher zur engeren Definition des harten Kernkapitals (Core Tier 1), zur Leverage Ratio sowie zu antizyklischen Kapitalpuffern.

Die Regelungen zum so genannten harten Kernkapital, die bis Ende 2010 ausgearbeitet und ab Ende 2012 implementiert werden sollen, sehen vor, dass mehr als die Hälfte des Kernkapitals der „harten" Kategorie entsprechen soll. Allerdings ist die Definition dessen, was als hartes Kernkapital zu zählen ist, nicht zuletzt auf deutschen Druck generell auf verlusttragendes Eigenkapital erweitert worden, insbesondere auf stille Einlagen der Sparkassen und Genossenschaftsanteile.

Die so genannte Leverage Ratio, die als Kennziffer das System von Basel II ergänzen soll, misst das Verhältnis des Eigenkapitals zur nicht-risikogewichteten Bilanzsumme. Im System von Basel II werden sonst ja immer Risikogewichtungen vorgenommen, was heißt, dass Banken für das Halten von Aktiva mit geringerer Ausfallwahrscheinlichkeit weniger Eigenkapital vorhalten müssen. Bei der Leverage Ratio wird dieser Aspekt ausgeblendet. Dennoch wird ihr als ergänzender Kennzahl ein informativer Wert beigemessen, um beispielsweise in wirtschaftlichen Aufschwungphasen überhitztes Kreditvergabewachstum erkennen zu können. Solange es aber unterschiedliche Rechnungslegungsstandards gibt, also die Bilanzsumme nach US-GAAP deutlich anders berechnet wird als nach den internationalen Rechnungslegungsstandards IFRS, würde die Leverage Ratio als verbindliches Maß zu gravierenden Wettbewerbsverzerrungen zu Lasten von nicht nach US-GAAP bilanzierenden Banken führen.

Unter antizyklischen Kapitalpuffern ist der Aufbau von Rücklagen in guten Zeiten gemeint. Konkret umgesetzt werden könnte dies durch Eigenkapitalzuschläge für systemrelevante Banken, wie dies der deutsche Sachverständigenrat vorgeschlagen hat. Damit ließen sich, wie bei einer Pigou-Steuer, negative externe Effekte internalisieren. Die Banken würden eine systemadäquate Risikoabgabe in einen Stabilitätsfonds einzahlen, der zugleich als Sicherungsfonds im Fall einer Krise dienen könnte. Letzteres steht allerdings nicht im Vordergrund, das Entscheidende ist der Effekt der Regulierung über den Preis. Dieser Gedanke liegt ja auch Basel II zugrunde.

3 Krisenprävention jenseits von Institutionen und Gesetzen

Die Finanzkrise hat nicht nur das Versagen der Geldpolitik, Schwächen in der Regulierung und der internationalen Zusammenarbeit der Aufsichtsbehörden aufgedeckt, sie hat auch erhebliche Defizite in der Verfassung des kapitalistischen Modells offen gelegt. Das eingangs schon erwähnte Moral-Hazard-Problem und die in der Krise gemachte Erfahrung, dass Gewinne privatisiert und Verluste weitgehend sozialisiert wurden, haben das Vertrauen vieler Menschen in die marktwirtschaftliche Ordnung erschüttert. Dabei hätte sich die Finanzkrise vermeiden lassen, wenn man sich an die Grundprinzipien der Sozialen Marktwirtschaft gehalten hätte – in Deutschland, vor allem aber auch in den USA.

Ein Grundprinzip der Marktwirtschaft besagt, dass derjenige, der Entscheidungen trifft, auch die Konsequenzen seiner Entscheidungen tragen soll, und zwar sowohl im Falle eines Erfolgs als auch bei Verlusten. Nur dann ist gewährleistet, dass das Streben des Einzelnen nach Reichtum nicht zu Lasten anderer geht. Die „too–big-to-fail"-Problematik hat gezeigt, dass gegen diesen Grundsatz verstoßen wurde. Es müssen deshalb Strukturen geschaffen werden, auch bei den Banken und Versicherern, die es erlauben, dass einzelne Institute aus dem Markt ausscheiden können.

Etliche Banken, aber auch andere Unternehmen, haben sich als wenig krisenfest erwiesen, weil die Eigenkapitaldecke zu gering war. Banken nutzen aus Wettbewerbsgründen jedes regulatorische Schlupfloch, um mit weniger Eigenkapital auszukommen. Auch das Geschäftsmodell der Hedge Fonds beruht darauf, mit hohen Verschuldungsgraden zu arbeiten. Extreme Hebel sind Ausdruck kurzfristiger Orientierung und genügen nicht einer auf Nachhaltigkeit angelegten Wirtschaftsweise. Nur völlige Transparenz solch gehebelter Finanzierungen führt zu angemessenen Risikoaufschlägen durch den Markt. Überall dort, wo diese Transparenz aus wettbewerbs- oder sonstigen Gründen nicht hergestellt werden kann, sind Hebel regulatorisch zu begrenzen.

Vor allem in der Bankenwelt wurde in den vergangenen Jahren die Eigenkapitalrendite als Erfolgsmaßstab verwendet. Dabei ist empirisch belegt, dass ein Mehr an Rendite nicht unbedingt Mehrwert für Eigentümer und Unternehmen schafft. Hohe Renditen sind selten zu erzielen ohne zugleich auch hohe Risiken einzugehen, die von den Stakeholdern getragen werden müssen. Die Stakeholder sollten deshalb Geschäftsstrategien hinterfragen, die allein auf die Steigerung der Eigenkapitalrendite ausgerichtet sind.

Wettbewerbs- und Erfolgsdruck verleiten vor allem im Finanzbereich dazu, kurzfristig Risiken einzugehen. Während nämlich die Risikoprämie zu Beginn anfällt, schlagen sich die Risiken oft erst später – möglicherweise sogar erst nach dem Ausscheiden des verantwortlichen Managers – in der Ertragslage nieder. Dem ist durch geänderte Bilanzierung vorzubeugen. Die geplante Einführung des Expected-Loss-Modells ist ein Schritt in die richtige Richtung.

Anleger möchten ihr Geld meist so anlegen, dass es kurzfristig verfügbar ist, Schuldner benötigen aber langfristige Kredite. Eine wichtige Aufgabe von Banken ist es, die Transformation der unterschiedlichen Fristigkeitswünsche zu bewerkstelligen. Wer die Fristentransformation jedoch nicht als notwendige volkswirtschaftliche Aufgabe der

Banken begreift, sondern zum Geschäftsmodell erhebt, um damit Ertragsschwächen im Kerngeschäft zu überdecken, verursacht in unverantwortlicher Weise systemische Risiken. Das Beispiel Hypo Real Estate hat gezeigt, dass sich auf Fristeninkongruenz beruhende Refinanzierungsprobleme schnell zu einem Flächenbrand ausweiten, wenn das Vertrauen in die Bank erst einmal erschüttert ist.

Die Motivation der Menschen ist für die Leistungsfähigkeit eines Wirtschaftssystems entscheidend. Anreizsysteme sind daher notwendig, um Manager zu guten Leistungen anzuspornen. Wenn Anreize so gestaltet sind, dass der Manager von Erfolgen zwar profitiert, bei Fehlern aber kaum in die Pflicht genommen wird, sind nicht Leistungen, sondern Fehlleistungen programmiert, denn der Manager wird sich im Zweifel immer für die riskantere Strategie entscheiden. Die Boni-Regelungen bei manchen Investmentbanken haben das bewiesen. Bei der Festlegung von Vergütungssystemen haben Aufsichtsräte und Vorstände versagt. Bei der Gestaltung der Anreizsysteme sollte darauf geachtet werden, dass der erfolgsabhängige Teil nicht höher als die Fixvergütung ausfallen kann. Außerdem sollten eine Verlustbeteiligung und eine langfristige Erfolgskomponente vereinbart werden. Die meisten Ansätze zur Neugestaltung von Vergütungsstrukturen bei Banken bleiben leider hinter diesen Grundsätzen zurück.

Nachwort

Die Frage, wie Aufsicht global und national, makro- und mikroprudenziell am besten zu organisieren sei, welche Institutionen für die Wahrnehmung der Aufsicht und die Kontrolle der Teilnehmer auf dem Finanzmarkt am besten geeignet wären, ist bewusst nicht behandelt worden. Dies wäre ein separates Thema und würde den Rahmen des Aufsatzes sprengen, zumal die diesbezügliche Debatte noch voll im Gange ist. Für die künftige Krisenvermeidung ist es allerdings ganz entscheidend, welche Institutionen die Aufsicht wahrnehmen und welche Kompetenzen sie erhalten. Denn, um es mit Erich Kästner zu formulieren: „An allem Unfug, der passiert, sind nicht etwa nur die schuld, die ihn tun, sondern auch die, die ihn nicht verhindern."

Compliance-Organisation zur Steuerung von Interessenkonflikten in der Finanzanalyse

von Dieter Eisele

1 Verhaltensregeln und Organisationspflichten der Wertpapierdienstleister und Finanzanalysten

Mit der Einführung des Wertpapierhandelsgesetzes 1994 nahm *Compliance* als Inbegriff für organisatorische Vorkehrungen zur Einhaltung von Verhaltensregeln seinen Einzug ins deutsche Bank- und Börsenwesen. Seit Gründung der *DVFA* als Berufsvereinigung der Analysten waren schon drei Jahrzehnte vergangen, und diese Zeit hatte es gebraucht, um die damals in Deutschland erstmals aufgestellten Forderungen nach Qualitätssicherung in der Anlageberatung, nach einem Anlegerschutzrecht und einer Kapitalmarktaufsicht durchzusetzen.[1] 1974 drängte in den USA die amerikanische Wertpapieraufsichtsbehörde SEC die Investmentbanken zu Maßnahmen zur Begrenzung des internen Informationsflusses.[2] Doch erst viel später zwang die Verschärfung der Wertpapiergesetze in den USA (1988) und in Europa mit dem Erlass der europäischen Richtlinien zum Insiderrrecht und für Wertpapierdienstleistungen die Banken und Wertpapierhäuser, interne Organisationsregelungen zur Steuerung von Interessenkonflikten im Wertpapiergeschäft zu entwickeln, die populär unter der Bezeichnung „Chinese-Wall-Verfahren" firmieren.[3] Zur traditionellen betriebswirtschaftlichen Organisationslehre, die den effizienten zielorientierten Informationstransfer im Unternehmen im Blick hat, trat damit als neuer Gedanke das Management der Informationsbeschränkung.

Inzwischen wird der *Compliancebegriff* vielfach über dieses engere kapitalmarktrechtliche Verständnis der Konfliktsteuerung in Investmentbanken hinaus sehr viel breiter gebraucht, erweitert um die so genannte Emittenten-Compliance (§§ 15, 15a, 15 b WpHG) und ausgedehnt auf andere Rechtsgebiete (die Geldwäsche, das Kartellrecht, die Korruptionsbekämpfung). Compliance wird inzwischen schlicht verstanden als die Lehre von den Methoden und Verfahren, um regelgerechtes Verhalten im Unternehmen sicherzustellen. Das Verständnis der rechtlichen Rahmenbedingungen ist dabei Voraussetzung für die Wahrnehmung der *Compliancefunktion*; im Kern handelt es sich jedoch um eine Managementfunktion. Das Management rechtlicher und regulatorischer Risiken durch Compliance-Konzepte ist ein wesentlicher Teil unternehmerischer Corporate Governance.

Für die „Wertpapier-Compliance" oder kapitalmarktrechtliche Compliance bestanden zwar seit den 1970er Jahren freiwillige Insiderrichtlinien mit Händler- und Beraterregeln, jedoch fehlte es an einer unabhängigen Überwachung der Wertpapiergeschäfte des Eigenhandels und einer neutralen Kontrolle des Empfehlungsverhaltens der Ana-

---

1 Als prominente Beiträge aus dieser Zeit seien hier zwei Vertreter aus Wirtschaftswissenschaft und Rechtswissenschaft genannt: Stützel, Aktienrechtsreform und Konzentration, in: Arndt (Hrsg.), Die Konzentration in der Wirtschaft, 2. Bd., 1960, S. 907, insb. S. 946 ff.; Hopt, Der Kapitalanlegerschutz im Recht der Banken, 1965. Zur Entwicklung des Kapitalmarktrechts in Deutschland: Hopt, 50 Jahre Anlegerschutz und Kapitalmarktrecht, WM-Mitteilungen 2009, S. 1873; Assmann/Schneider, WpHG, 5. Aufl. 2009, Einleitung.

2 Nach dem Rechtsfall Slade v. Shearson, Hamill & Co. wegen Insidergeschäften in Tidal Marine Aktien.

3 Grundlegend ein Untersuchungsbericht der SEC, Broker Dealer Policies and Procedures designed to segment the Flow and prevent the Misuse of Material nonpublic Information, 1990.

lysten und Wertpapierberater sowie an Transparenz über die Mitarbeitergeschäfte. Erstmals wurde in Deutschland 1992 diese Überwachung von einzelnen Häusern auf Institutsebene mit der Einführung von Mitarbeiterleitsätzen und der Etablierung von Compliance-Abteilungen verwirklicht[4] und dies 1994 mit dem Wertpapierhandelsgesetz als Organisationspflicht gefordert.

Die *DVFA* hat frühzeitig die Herausforderungen des neuen Kapitalmarktrechts aufgenommen und die Rezeption des Compliancegedankens im Wertpapiergeschäft in zahlreichen Konferenzen und Seminaren,[5] in ihren Ausbildungsprogrammen und nicht zuletzt mit den erstmals 1995 veröffentlichten *DVFA-Standesregeln* und deren Weiterentwicklungen[6] aktiv begleitet und durch Konkretisierung gesetzlicher Vorschriften Orientierung gegeben. Der *DVFA-Kodex* und die *Grundsätze und Mindeststandards* beschreiben die Berufspflichten der Analysten, sie haben auch Eingang gefunden in die Ausformulierung der Sorgfaltspflichten in der Finanz-Anlage-Verordnung (FinAnV von 2004 / 2007) und verwirklichen mit den *Mindeststandards für Finanz-Research (MSFR)* „Best Practice".[7] Der Anspruch an die Finanzanalysten, für Anlageentscheidungen objektiv geeignete Anlageempfehlungen bereitzustellen, und die Qualitätssicherung in der Finanzanalyse waren zentrales Anliegen der *DVFA* seit Anbeginn, wofür stellvertretend der *„DVFA-Gewinn-pro-Aktie"* stehen mag, der bis Anfang der 90er Jahre die Marke *DVFA* repräsentierte.[8]

Es liegt in der Natur der Sache, dass sich die Standards der *DVFA* als Berufsvereinigung der Finanzanalysten und Asset Manager in erster Linie an die Analysten richten und Verhaltensregeln für den einzelnen Mitarbeiter aufstellen. Die *DVFA*-Standards verweisen gleichwohl auf das Verhältnis zu Arbeitgebern und Auftraggebern und betonen die Pflicht der Ersteller von Finanz-Research, innerbetrieblich für geeignete Organisations- und Komunikationsregeln zu sorgen, um Interessenkonflikte zu bewältigen.

2 Ein Rückblick: Auslegungsfragen zur Rolle der Analysten

Mit dem Erlass des WpHG bestand erhebliche Unsicherheit über die Auslegung der neuen Gebote und Verbote, die über die Jahre konkretisiert wurden, sei es durch Richtlinien und Rundschreiben der Aufsichtsbehörde, durch Entscheidungen der Gerichte, durch ergänzende Verordnungen[9] und mehrere Novellierungen des Gesetzes selbst.[10] Rückblickend waren es die folgenden Themen, welche die Diskussion be-

---

4 Eisele, Insiderrecht und Compliance, WM 1993, S. 1021 f.; Eisele, Verhaltensregeln und Compliance, Bankrechts-Handbuch, 3.Aufl 2007, RdNr. 2.

5 Claussen/Loistl (Hsg.), Das neue Kapitalmarktrecht in Frage und Antwort, DVFA, Beiträge zur Wertpapieranalyse Nr.31, 1995; Diehl/Loistl/Rehkugler, Efiziente Kapitalmarktkommunikation, 1998.

6 DVFA-Kodex für Finanzanalyse von 2003; DVFA-Verhaltenskodex von 2007; Deutsche Grundsätze für Finanz-Research von 2006 und Mindeststandards für Finanz-Research von 2006.

7 Schreiben der BaFin vom 6. April 2006.

8 Busse von Colbe, Ergebnis je Aktie nach DVFA, 3. Aufl. 2000.

9 Einschlägig für die Finanzanalyse: FinAnV von 2004, MaKonV von 2005, WpDVerOV von 2007.

10 3. FFG 1998, 4. FFG 2002, AnSVG 2004, FRUG 2007.

stimmten: Analysten als Primärinsider oder Sekundärinsider; der Grundsatz gleichberechtigter Kapitalmarktinformation; die Kurserheblichkeit von Researchveröffentlichungen; die Bedeutung einer Freistellung der Bewertung von einer Insiderinformation; Anerkennung der Vertraulichkeitsbereiche; die Interessenkonflikte der Analysten.[11]

2.1 Primär- oder Sekundärinsider

Zu den Finanzanalysten, die regelmäßig im Anlegerinteresse Wertpapiere beobachten und Empfehlungen abgeben, zählen die so genannten *Buy-Side-Analysten*, die im Auftrag der Asset Manager tätig werden, und die so genannten *Sell-Side-Analysten*, die Analysen erstellen, die durch externe Kunden genutzt werden sollen. Nach dem beruflichen Selbstverständnis beider beruhen die Recherche und Analysearbeit auf professioneller Zusammenführung allgemein zugänglicher Quellen und daraus abgeleiteten fachgerecht erstellten Prognosen, aber nicht basierend auf von Emittenten erlangten Informationsvorsprüngen – im Unterschied zur Tätigkeit der transaktionsbegleitenden, die Emittenten gutachterlich beratenden Analysten, die planmäßig in Projekte der Corporate-Finance-Abteilung einbezogen werden und in diesem Zusammenhang bestimmungsgemäß Insiderinformationen erhalten (*Primärinsider* gemäß § 38 Abs. 1 Nr. 2 WpHG). Dem Leitbild der anlageorientierten Analysten entsprechend waren diese in Deutschland bis zur Änderung durch das AnSVG von 2004 (in Umsetzung der Marktmißbrauchs-Richtlinie) richtigerweise als *Sekundärinsider* vom Vorfeldtatbestand des Empfehlungsverbots freigestellt (§ 14 Abs. 2 WpHG a.F.). Ein Research-Analyst sollte nicht an der Veröffentlichung seiner Studie und Empfehlung gehindert werden, wenn er in nicht bestimmungsgemäßer Weise, sei es durch Zufall, unbeabsichtigt oder gar aufgedrängt, eine Information erlangt, deren Insiderqualität (hinsichtlich Kurserheblichkeit und/ oder Öffentlichkeit) er als Sekundärinsider nicht verifizieren kann. Die Freistellung des Sekundärinsiders vom Empfehlungsverbot konnte allerdings nicht vor Reputationsschäden bewahren (dazu später zum Konfliktmanagement). Andererseits ist die Verbreitung einer Researchstudie nicht verboten, wenn ein Analyst aufgrund allgemein bekannter Informationen zu einer Empfehlungsaussage gelangt, auch wenn er über eine Insiderinformation verfügt, sofern diese nicht in die Einschätzung einfließt, die Insiderinformation also nicht ursächlich für das Ergebnis der Studie ist.[12]

Nunmehr sind von Analysten als Sekundärinsider begangene Verstöße gegen das *Empfehlungsverbot* gemäß § 39 Abs. 2 Nr. 4 als Ordnungswidrigkeit ahndbar. Mehr Rechtssicherheit für die Tätigkeit der Analysten musste daher von der Herkunftsseite der Informationen besorgt werden, ohne dass dies mit Informationszurückhaltung auf Seiten der Emittenten erkauft wird.

11 Diese Fragestellungen prägten – trotz unterschiedlichem rechtsdogmatischem Hintergrund – vergleichbar auch die damalige US-amerikanische Diskussion, vgl. SIA Compliance and Legal Seminar 1997, Research: Ongoing Concerns and Recent Developments.

12 Assmann, in: Assmann/Schneider, § 14 RdNr. 120 mit weiteren Nachweisen.

2.2 Informationelle Gleichbehandlung

Die größte Verunsicherung und den meisten „Lernbedarf" in der Vergangenheit betraf die Kommunikation zwischen Emittenten und Analysten. Denn im Glauben an das Level-Playing-Field eines nunmehr international harmonisierten Insiderrechts und die informationelle Gleichbehandlung waren die deutschen Analysten oft überrascht, wenn die amerikanischen Analysten im Vorfeld von kursrelevanten Unternehmensveröffentlichungen erstaunlich treffsicher erschienen, um dann gewahr zu werden, dass die SEC-Regulierung eine bevorzugte selektive Informationsweitergabe der Unternehmen gegenüber Finanzanalysten zuließ.

Die deutsche, auf Rechtsauslegung fußende, das heißt *„prinzipienbasierte", Rechtsauffassung* entsprach offenbar nicht der damaligen „regelbasierten" lückenhaften Insiderauslegung der SEC, die es erlaubte, den Finanzanalysten seitens der Emittenten privilegierte Informationen vorab zur Verfügung zu stellen. Inzwischen ist diese Diskussion vertieft und für die Finanzanalyse geklärt, durch geordnete Publizitätsregeln und Transparenzpflichten (§§ 15 ff. WpHG, § 4 ff. WpAIV, §§ 21 ff WpHG, Emittentenleitfaden der BaFin) sowie durch die internationale Harmonisierung, insbesondere die Anerkennung des strikten Weitergabeverbots auch in den USA durch die 2001 verabschiedete „Regulation Fair Disclosure",[13] schließlich auch dank der Erfahrungen der Emittenten in ihrer Unternehmenspublizität und der spiegelbildlichen Beschreibung der Erwartungen der Analysten an die Investor Relations der Emittenten.[14]

2.3 Potenzielle Kurserheblichkeit von Researchempfehlungen

Werden aus öffentlich bekannten Informationen durch eigene Analyse ausgefeilte Studien abgeleitet, noch dazu von fachlich renommierten Analysten, so kann die gewonnene Bewertung geeignet sein, den Kurs im Fall der Veröffentlichung der Analyse zu beeinflussen, und möglicherweise erheblich, auch wenn die einzelnen in der Studie enthaltenen Informationen für sich genommen nicht kursrelevant sein mögen.[15] Die ausdrückliche freistellende Bestimmung in § 13 Abs. 2 WpHG, wonach eine auf Grund öffentlich bekannter Umstände erstellte Bewertung keine Insiderinformation ist, erlaubt zwar der Analysefirma, die *Studie als selbst geschaffene Information* weiterzugeben und sie zu veröffentlichen, damit auf deren Grundlage beraten und gehandelt werden kann. Vor der Veröffentlichung kann jedoch das Wissen um die Empfehlungsaussage bzw. die baldige Veröffentlichungsabsicht eine potenziell kursrelevante Information

---

13 SEC, Regulation FD Final Rule: Selective Disclosure and Insider Trading, 2000. Vgl. Fleischer, Investor Relations und informationelle Gleichbehandlung im Aktien-, Konzern- und Kapitalmarktrecht, ZUG 2009, S. 506.

14 DVFA-Grundsätze für Effektive Finanzkommunikation, 2006 und 2008. Den Ratingagenturen ist auch nach deutschem Recht nach wie vor der selektive Zugang zu Insiderinformationen gewährt, vgl. Emittentenleitfaden der BaFin, S. 41. Gebauer, im DIRK (Hrsg.), Handbuch Investor Relations, S. 517. Zum Stand eines europäischen Verordnungsvorschlags über Ratingagenturen s. Deipenbrock, Mehr Licht, WM 2009, S. 1165.

15 Die Compliance-Richtlinie von BaWe/BaFin von 1998 nannte Researchstudien als compliancerelevante Regelbeispiele; § 13 Abs. 1 S. 4 enthält als Regelbeispiele für nicht emittentenbezogene Marktinformationen die Kenntnis über Orders und über Derivate.

sein;[16] ein Vorpositionieren des Handels im Wissen um die bevorstehende Veröffentlichung (Scalping) erfüllt auch unterhalb der Erheblichkeitsschwelle den Tatbestand der Marktmanipulation (Interessenkonflikt gem. § 31 Abs.1 Nr.2 WpHG); bei erheblicher Kursrelevanz und Verwendung der Information durch Dritte handelt es sich um Insiderhandel;[17] *Mitarbeitergeschäfte* von in den Researchprozess involvierten Personen – diese sind Primärinsider – sind daher zu unterbinden (§ 33 b Abs. 5 Nr. 1 WpHG).

2.4 Vertraulichkeitsbereiche

Aufgrund der Mittlerrolle der Analysten zwischen Emittenten und Investoren kommen die Finanzanalysten mit einer Vielzahl öffentlicher und – gegbenenfalls auch unbeabsichtigt – nichtöffentlicher Informationen in Berührung und stellen anderen Geschäftsbereichen sowohl allgemein bekannte Informationen als auch eigene Expertise zur Verfügung. Der Researchbereich ist daher zur Errichtung *organisatorischer Informationssperren* verpflichtet und bildet einen *eigenständigen Chinese-Wall-Bereich*, der anderen Vertraulichkeitsbereichen, der Investment-Banking-Abteilung oder dem Handel und Distribution (Sales) gegenübersteht.[18] Die Wirksamkeit und Glaubwürdigkeit der Vertraulichkeitsbereiche wurde indessen vielfach bezweifelt, nicht nur, weil erkenntnislogisch nicht bewiesen werden kann, dass etwas nicht geschehen ist, das verhindert werden soll (*Popper*). Vielmehr musste die Beschreibung der Organisationsverfahren zur Informationsbeschränkung für Viele außerhalb der Investmentbanken und deren Complianceabteilungen relativ allgemein und abstrakt bleiben, zumal es auch hier bei der Vielgestaltigkeit auf den Einzelfall ankommt.[19] *Ereignisstudien* zu potenziellen Kurswirkungen von Wertpapieranalysen und vermuteten Verstößen gegen Interessenkonflikte erbrachten allerdings kaum signifikante Aussagen, da sich Unternehmensmeldungen, originäre Researcherkenntnisse und allgemeines „Marktrauschen" regelmäßig überlagern, und nicht zwischen *reaktivem Research* nach Unternehmensveröffentlichungen und *originärem Research* aufgrund eigener Erkenntnisse des Analysten unterschieden wurde.[20] Die Untersuchungen zeigten vielmehr das Dilemma, dass durch funktionierende organisatorische „Chinese Walls" und trotz korrekter Behandlung auch gravierende Interessenkonflikte, die zwischen verschiedenen Bereichen und Kundengruppen aufkeimen, nicht erkannt werden, diese später aber im Falle ihres Öffentlichwerdens auch bei korrekter Behandlung den Anschein einer Verletzung von Kundeninteressen aufkommen lassen und erheblichen Reputationsschaden anrichten können.

---

16 Zur Kursrelevanz und Insiderqualität von Researchempfehlungen vgl, Assmann, in: Assmann/Schneider, § 13 RdNr. 76, 77 und Schneider/Burgard, Scalping als Insiderstraftat, ZIP, 1999, S. 381.

17 Koller, in: Assmann / Schneider, § 31 RdNr. 9; Eisele, RdNr. 59.

18 Vgl. die Kommentierung zu § 33 WpHG bei Koller, in: Assmann/Schneider, § 33, RdNr. 10 ff.; Kölner Kommentar zum WpHG, 2007, RdNr. 68 ff.; Fuchs, WpHG Kommentar, München 2009, RdNr. 91 ff.; Eisele, 2009, § 109 RdNr. 136 ff., Gebauer, Compliance-Organisation in der Banken- und Wertpapierdienstleistungsbranche, in: Hauschka, Handbuch Compliance, 2007, S. 651; Marbeiter, in: Brinkmann, Compliance-Konsequenzen aus der MiFID, 2008, 50 ff.

19 Beispielhaft die Äußerung von Koller, in: Assmann/Schneider, § 33 RdNr. 11, „Wie die Voraussetzungen für das Überschreiten der Vertraulichkeitsbereiche im Einzelnen aussehen, ist nicht ganz klar".

20 Vgl. die empirische Studie von Gerke/Oerke, Marktbeeinflussung durch Analystenempfehlungen, ZfB Ergänzungsheft 2/98, S. 1; weitere Hinweise auf Eventstudien s. Fleischer, S. 516.

2.5 Interessenkonflikte bei der Finanzanalyse

Die Auslegungsdebatte zum WpHG befasste sich anfangs schwerpunktmäßig mit dem Insiderhandel und dem Begriff der *Insiderinformation* (§ 13 WpHG), dem speziellen Fall eines Interessenkonfliktes ausgelöst durch einen Informationsfluss mit erheblichem Kurspotenzial. Im WpHG 1994 fehlte noch eine Befugnis der Wertpapieraufsicht zur Verfolgung der in § 88 BörsG geregelten Marktmanipulation und eine umfassende Adressierung der *Interessenkonflikte.*[21] Erst die intensive Diskussion[22] der „Agency"-Konflikte nach dem Einbruch der Aktienmärkte zu Anfang des Jahrtausends führte zu allgemeinen rechtlichen Anforderungen an

1. die *Veröffentlichung von Interessenkonflikten in Verbindung mit Research* (§ 34 b Abs. 1 Nr. 2 WpHG und § 5 Abs. 2 und 3 FinAnV) und
2. *Organisationsverfahren* zur Behandlung von Interessenkonflikten (§ 13 WpDVerOV) mit der Pflicht zur *Identifizierung von Interessenkonflikten* (Abs. 1), zu internen *Grundsätzen der Konfliktbehandlung* (Abs. 2), den *organisatorischen Maßnahmen* (Abs. 3) sowie entsprechenden *Aufzeichnungspflichten* (§ 14 WpDVerOV).

Dabei hebt § 13 Abs. 3 Nr. 1 WpDVerOV allgemein auf jeden Informationsaustausch ab, der einen Kunden beeinträchtigenden Interessenkonflikt begründen könnte. Für Researchfirmen gelten entsprechende spezifische Organisationspflichten zur Steuerung und Kontrolle von Interessenkonflikten („Chinese Walls") in § 34 b Abs. 5 WpHG und § 5 a Abs. 1 Nr. 1 FinAnV, der nahezu wortgleich der Formulierung in § 13 Abs. 3 Nr. 1 WpDVerOV i.V.mit § 33 Abs. 1 Nr 3 WpHG entspricht und in dessen Kontext die Organisationspflichten für multifunktionale Wertpapierhäuser zu sehen sind.[23, 24]

---

21 Dem umfangreichen Gutachten von Rosen und Gerke, Kodex für eine anlegergerechte Kapitalmarktkommunikation, 2001 war abgesehen von der überlagernden EG-Regulierung und der Entwicklung in USA u.a. deswegen keine Umsetzung beschieden, weil die Interessenkonfliktlagen der Analysten nicht angemessen identifiziert wurden. Vgl. Repke, Finanzanalysten und Interessenkonflikte, 2008, S. 191.

22 SIA, Best Practise for Research, 2001; NASD, Guide to Understanding Securities Analyst Recommendations, 2002; Forum Group, Financial Analysts: Best Practises in an integrated European financial market – Recommendations, 2003; FSA, Conflicts of Interest: Investment research and issues of securities, 2003; IOSCO, Statement of Principles for Adressing sell-side Securities Analyst Conflicts of Interest 2003; CFA, Best Practice Guidelines Governing Analyst/Corporate Issuer Relations 2004. Eine ausführliche rechtsvergleichende Monographie zur Situation in den USA und der BRD nach dem Stand von 2003: s. Göres, Die Interessenkonflikte von Wertpapierdienstleistern und -analysten bei der Wertpapieranalyse, 2004.

23 Eisele, 2007, RdNr. 155. Gebauer, RdNr. 19 ff.

24 Während die Kommentarliteratur zum WpHG die Beobachtungsliste und Verbotsliste als Mittel des Interessenkonfliktmanagements inzwischen allgemein rezipiert hat, wird die Konfliktliste trotz ihrer rechtlichen Verankerung in § 14 WpDVerOV i.V.m. § 13 Abs. 3 Nr. 1 WpDVerOV noch sehr zurückhaltend erwähnt, vgl. z. B. Koller, in: Assmann/Schneider, § 33 RdNr. 11, Fuchs, WpHG Kommentar, RdNr. 131. In Anbetracht der Schwierigkeiten, die Kurserheblichkeit einer Information ex ante zu bestimmen, kommt man in der Praxis nicht umhin, Compliance-Verfahren der Informationsbeschränkung bereits dann einzusetzen, wenn der Informationsaustausch zu einem potenziell nachteiligen Konflikt führen kann. Die Maßnahmen zur Konfliktbewältigung (Verhinderung und Kontrolle) sind daher gemäß § 13 Abs. 3 Nr. 1 für jeglichen konfliktbegründenden Informationsaustausch zu treffen.

3 Die Abbildung der Researchprozesse in Produktionsüberwachung und Compliance-Monitoring

3.1 Von Listen und Verzeichnissen zur Datenbank

Der retrospektive Blick vermag nicht nur den Lernprozess in Regulierung und Rechtsauslegung, sondern auch die parallelen Entwicklungsschritte im Innovationsprozess von internen *Steuerungs- und Monitoringverfahren* zu veranschaulichen:[25] Ausgehend von der Kontrolle von Handelsgeschäften (Eigenhandel und Mitarbeitergeschäfte) anhand der Geschäftsdaten, die im Rahmen des Meldeverfahrens nach § 9 WpHG anfallen, waren für das Monitoring der Vorfeldtatbestände „Empfehlung" und „Mitteilung" in den Wertpapierfirmen erst noch systematische Verzeichnisse zu etablieren: Über den Aufbau einer Research-Empfehlungsliste (ex ante und ex post) und systematische Insider-Verzeichnisse zur Erfassung des Informationsflusses bei der Bereichsüberschreitung durch Analysten („Wall Crossing") sowie die beobachtende Begleitung durch Compliance („Chaperoning") reichen die Verfahren heute bis zu einem automatischen Monitoring des E-Mail-Verkehrs der Mitarbeiter.[26] Die Praxis der deutschen Universalbanken, die Research erstellen und/oder verbreiten, hatte bereits vor der Schaffung spezieller gesetzlicher Organisationsregeln für Finanzresearch einen Instrumentenkasten entwickelt, der zur administrativen Produktionsunterstützung des originären Researchprozesses dient (Erstellung mit Recherche und Analyse, Qualitätsprüfung, Freigabe und Verbreitung) und zugleich das Chinese-Wall-Konzept zur Verhinderung oder Kontrolle eines konfliktbegründenden Informationsaustauschs verwirklicht,[27] das nunmehr in Umsetzung der Finanzmarktrichtlinie gesetzlich verortet ist.

1. Öffentlich bekannt ist die *Empfehlungsliste* (Universum, Coverageliste). Die Entscheidung, ein Wertpapier in das Universum aufzunehmen bzw. die *„Coverage"* zu beenden, unterliegt der allgemeinen Sorgfaltspflicht bei Aufnahme neuer Geschäfte („Due Diligence"), ähnlich der Prüfung von Innovationen, neuen Märkten und Handelsplätzen. In der Coverageentscheidung liegt bereits ein möglicher Interessenkonflikt, da sie nicht allein von Erwägungen der Analysten, sondern Wünschen anderer Geschäftsabteilungen (Emissionsgeschäft, Eigenhandel) beeinflusst sein kann.

2. Intern wird für das Universum eine *Produktionsliste* geführt, die zur administrativen Planung und Terminüberwachung für den Verwaltungsleiter („Operating Officer") und die Qualitätsüberwachung dient.

---

25 Vgl. Eisele, 2009, § 109, RdNr. 166; Repke, S. 245 ff.

26 Repke, S. 249.

27 Eisele, § 109, RdNr. 136 ff.; Marbeiter, in: Brinkmann, Compliance-Konsequenzen aus der MiFID, 2008, S. 50 ff.; Best-Practice-Leitlinien für Wertpapier-Compliance, Bundesverband deutscher Banken, 2008, xx; Koller, in: Assmann/Schneider, § 33 RdNr. 10; Meyer/Paetzel, in: Kölner Kommentar, § 33 RdNr. 70 ff.; Fuchs, Wertpapierhandelsgesetz, 2009, § 33 RdNr. 106-139; Gebauer, Compliance-Organisation in der Banken- und Wertpapierdienstleistungsbranche, in: Hauschka, Compliance-Handbuch 2007; S. 651.

3. Das *Beurteilungssystem* mit seinen *Bewertungskategorien* liefert zugleich Indizien für die Prognose potenzieller Kursrelevanz von Studien und Einschätzungsänderungen (Kategorien der Empfehlungen sind z. B. Halten-Kaufen-Verkaufen-Liste, Neutral-Übergewichten-Untergewichten, Marketperform-Outperform-Underperform).

4. Die *Beobachtungsliste („Watch List")* wird von der Complianceabteilung zur Kontrolle der Informationsverbreitung und der Funktionsfähigkeit der „Chinese Walls" geführt. Die bereichsweise Researchliste ist zugleich Teil der konzernweiten Beobachtungsliste; die Notiz erfolgt mit Aufnahme der Recherche , sodann bei einer beabsichtigten Aktualisierung bzw. Einschätzungsänderung, bei Auftragsresearch mit Mandatierung der Transaktionen, sowie bei Berührung mit Insiderinformationen; eine Aufnahme erfolgt ferner bei einem „Wall Crossing", sei es bei Einbeziehung von Analysten in andere Vertraulichkeitsbereiche oder bei Einweihung der Mitarbeiter anderer Geschäftsbereiche in Researcherkenntnisse (bei Transaktionsbezug), soweit nicht lediglich allgemeine öffentliche Marktinformationen erörtert werden.[28]

5. Die Aufnahme in die *Verbotsliste („Restricted List")* kann zu einem Verbot von Eigenhandels- und Mitarbeitergeschäften und einem Verbreitungsstopp von Research führen. Die Aufnahme erfolgt bei akuten, öffentlich bekannten Konfliktlagen,[29] etwa bei unmittelbar bevorstehender Veröffentlichung einer Studie, bei Involvierung in ein konkurrierendes Investmentbank-Mandat, während einer Schweigeperiode in der Marketingphase von Emissionen („Blackout Period").

6. Die *Konfliktliste* dient der vorgelagerten Erfassung potenzieller Konflikte, um frühzeitig auftretende konfligierende Interessenlagen zu identifizieren, sodann für den erkannten Interessenkonflikt, um auf übergeordneter Managementebene eine Entscheidung über die Art der Konfliktlösung herbeizuführen. Erfasst werden sowohl dauerhafte Konfliktlagen (Investmentbank-Mandate, Marktbetreuung im Handel, wesentliche Kundenverbindungen und Kreditbeziehungen, Beteiligungsverhältnisse, Aufsichtsratsmandate) als auch konkrete transaktionsbezogene Konflikte.

Mit der Konfliktliste als logischer Fortentwicklung verschmelzen die genannten Überwachungslisten in der Praxis zu einer integrierten *Compliance-Datenbank*, die zugleich der *Aufzeichnungspflicht über Interessenkonflikte* gem. § 14 Abs. 5 WpDVerOV nachkommt (Umsetzung von Art. 23 der MiFID-Durchführungsrichtlinie, „Recording"). In der Praxis sind die Compliancelisten (Konfliktliste, Watch List, Restricted List) mit den Daten für das öffentlich bekannte Universum („Coverageliste") und die administrative Über-

---

28 Der Eintrag auf der Watch List beinhaltet neben dem betreffenden Wertpapier zugleich die Erfassung der jeweils involvierten Mitarbeiter bzw. Vertraulichkeitsbereiche, im Falle von Research somit den verantwortlichen Analysten, dessen Mitarbeiter und sonstige involvierte Supportfunktionen (vgl. § 33b Abs. 5 WpHG). Auch für börsennotierte Emittenten ist mit der Pflicht zur Führung von Insiderverzeichnissen (§ 15b WpHG) inzwischen eine materiell entsprechende Beobachtungsliste verbindlich, allerdings ohne die für Wertpapierdienstleistungsunternehmen explizit geforderten internen Kontrollmaßnahmen.

29 Da der Eintrag auf die Verbotsliste voraussetzt, dass die zugrundeliegenden Konfliktsituationen und Transaktionen bereits öffentlich bekannt sind, sind die in der Kommentarliteratur gelegentlich geäußerten Befürchtungen um eine Signalfunktion der Verbotsliste bei sachgerechter Handhabung nicht überzeugend, vergleiche Eisele, § 109, RdNr. 154.

wachung (interne Produktionsliste, Veröffentlichungsliste) vernetzt. Es handelt sich bei den verschiedenen „Listen" oder „Verzeichnissen" um umfangreiche Datensätze, die – um Wertpapierdaten und Mitarbeiterdaten ergänzt – Teil eines multilateralen, mehr oder weniger integrierten Datenbanksystems bilden, das mit jeweils unterschiedlichen Zugriffsberechtigungen sowohl der Qualitätsüberwachung durch den „Supervisory Analyst" als auch der administrativen Verfolgung des Erstellungs- und Verbreitungsprozesses durch den „Operating Officer" und dem Monitoring des Compliancebeauftragten dient.

3.2 Research-Clearing und Überwachung

Die Klärung potenzieller Konflikte hat zum Ziel, frühzeitig in Wertpapierfirmen aufkommende Konflikte zu erkennen, die trotz der organisatorischen Trennung aus rechtlichen oder Reputationsgründen einer übergeordneten Beachtung bedürfen.[30] Eines *Konfliktmanagements* im Research[31] bedarf es, um gesetzliche Anforderungen zu erfüllen (beispielsweise das Gebot zur Offenlegung von Regeltatbeständen von Interessenkonflikten, § 5 Abs.3 FinAV) oder weil bindende vertragliche Verpflichtungen gegenüber Kunden an der Veröffentlichung einer Studie hindern (Stillhalteperiode für Research während Mandatsbetreuung). Auch bei organisatorischer Unabhängigkeit der Researchabteilung gibt es Situationen, in denen es sinnvoll sein kann, eine Analyse nicht oder erst verspätet und in überarbeiteter Form zu veröffentlichen, wenn später Kunden und Öffentlichkeit, sobald sie der Konfliktlage gewahr werden, auch nur den Anschein eines Fehlverhaltens vermuten könnten. Kommt ein Analyst aufgrund öffentlich zugänglicher Quellen zu einer Aussage, die widersprüchlich zu einer in der Bank vorhandenen Insiderinformation ist, könnte späterhin der Vorwurf der Fehlberatung erhoben werden oder der Eindruck der Marktmanipulation oder gar eines Verrats von Kundeninteressen entstehen. Aussagen des Analysten, die sich im Nachhinein nach Bekanntwerden von Transaktionen bestätigen, an denen die Bank beraten hatte, könnten den Anschein der Verwendung von Insiderinformationen erwecken oder gar den Vorwurf nähren, eine Kapitaltransaktion durch Indiskretion behindert oder gefördert zu haben. Hieraus können Haftungsrisiken aus Rechtsstreitigkeiten, zusätzliche Auflagen der Aufsichtsbehörde wegen ungenügender Chinese Walls und erheblicher Reputationsschaden aufgrund von öffentlichen Zweifeln an der Handhabung von Interessenkonflikten entstehen.

Die eigentliche *Konfliktklärung im Research* erfordert die folgenden Schritte:[32]

1. Zunächst die Identifizierung von Konflikten durch Abgleich der im Researchentwurf besprochenen Wertpapiere mit der Konfliktdatenbank (Konflikt-, Beobachtungs- und Verbotsliste),
2. Bei einem entdeckten Zusammenhang („Treffer") sind die Aussagen des Researchreports anhand der Angaben in der Konfliktdatenbank über laufende Transaktionen zu überprüfen und das Konfliktpotenzial zu bewerten.

---

30 § 33 Abs. 1 Nr 3 WpHG, § 13 Abs. 1 WpDVerOV. Zur Begründung des Konfliktinformations- oder Konfliktmanagementsystems: Eisele, § 109, RdNr. 155.

31 § 34 b Abs. 5 WpHG, § 5 FinAnV; ausführlich zum Research-Clearing als besonderer Form des Konflikt-Clearings s. Repke, 135, 214 ff.

32 Vgl. Repke, aaO., S. 138, 255 ff.

3. Danach kann eine Entscheidung über das weitere Vorgehen getroffen werden: Freigabe der Studie zur Veröffentlichung, gegebenenfalls Freigabe unter Streichung konfligierender Aussagen, Verhinderung der Weitergabe bzw. Aufschub, wenn das Wertpapier auf der Verbotsliste steht. Der Klärungsprozess muss über eine unabhängige, *„supra Chinese Wall"* stehende Stelle geschehen, um zunächst zu vermeiden, dass die Analysten durch den Prozess unnötig befangen werden oder mit Insiderwissen in Berührung kommen.

Als Clearingstelle fungiert die den Konflikt identifizierende Complianceabteilung, die jedoch gegebenenfalls den überwachenden Analysten („Senior Analyst" oder „Supervisory Analyst") hinzuzieht, um dem Researchbereich den Grund eines Eingriffs in dessen unabhängige Entscheidungsfindung zu erläutern; im Zweifel muss die Entscheidung zu übergeordneten Management-Personen eskaliert werden. Die Clearingstelle hat hierbei nur das Recht, die Veröffentlichung der Studie oder eines Passus zu untersagen (Kassationsrecht), darf jedoch keinen Einfluss darauf nehmen, bestimmte Informationen oder Empfehlungen aufzunehmen.

Die neutrale Klärung von Interessenkonflikten über Compliance gewährleistet die Unabhängigkeit von Research, sorgt für das rechtzeitige Erkennen von potenziellen oder aktuellen Interessenkonflikten, veranlasst die gesetzlich erforderlichen Offenlegungen, vermeidet die Verletzung möglicher Insiderlagen und bewahrt vor Haftungsfolgen aus möglicher Wissenszurechnung bei fehlerhafter Beratung.[33]

4 Die konfliktsteuernden Organisationspflichten für die Finanzanalyse

Die Organisationspflichten für die Wertpapieranalyse betreffen sowohl den Erstellungsprozess als auch die Weitergabe, Veröffentlichung und Verbreitung. Die researchspezifische Konkretisierung in § 34b Abs. 5 WpHG und § 5 a FinAV entspricht materiell weitgehend den internationalen Prinzipien und Standards.[34] Wertpapierfirmen haben die „internen organisatorischen und regulativen Vorkehrungen zur Prävention oder Behandlung von Interessenkonflikten in allgemeiner Weise anzugeben (§ 5 Abs. 4 Nr. 1 FinAnV, Konfliktsgrundsätze).[35]

4.1 Unabhängigkeitsprinzip durch Aufbauorganisation

Die Integrität des Wertpapierresearch ist *aufbauorganisatorisch* durch einen eigenen *Vertraulichkeitsbereich* sicherzustellen, der von den Geschäftsbereichen, mit denen regelmäßig erhebliche Interessenkonflikte auftreten können, disziplinarisch unabhängig

33 Zur Wissenszurechnung sei hingewiesen auf Buck-Heeb, Informationsorganisation im Kapitalmarktrecht, CCZ 2009, 18.

34 Vgl NASD-NYSE, Research Analysis and Research Report, 2002; SEC/NYSE Rule 472 v. 2002; SEC/NASD Rule 2711 v. 2002; FSA Handbook Conduct of Business Rules 7.16.; SEC, Global Settlement to Firm Research and Investment Banking Conflicts of Interest, 2004. Vgl. Eisele, § 109 RdNr. 156 ff.; Koller, in: Assmann/Schneider, WpHG, § 34 b RdNr. 74 ff.

35 Ein Beispiel einer bankinternen Konfliktmanagement-Richtlinie für Wertpapier-Research ist abgedruckt bei Repke, Anlage 1, S. 307 ff.

ist: das Prinzip der *organisatorischen Unabhängigkeit* (§ 5 a Abs. 1 FinAV). Die Betonung der Eigenverantwortlichkeit des Analysten umschließt ein Eskalationsrecht bzw. die Meldepflicht bei unzulässiger Einflussnahme auf das Analyseurteil. Unabdingbar ist eine von der Abteilung Corporate Finance, der Beteiligungsabteilung und dem Wertpapiereigenhandel *getrennte Berichtslinie zur Geschäftsleitung*. Personalpolitisch dürfen die *Vergütungsregelungen* und Anreizsysteme für Analysten nicht abhängig sein von den Ergebnissen einzelner Bereiche und nicht direkt beeinflusst von Einzeltransaktionen, Handelsergebnissen und Anlageprovisionen (§ 5 a Abs. 1 S. 2 Nr. 2 FinAnV und § 5 a Abs. 2 Nr. 3 FinAnV, „Zuwendungen"). Die subjektive innere Unabhängigkeit in der Person des Analysten ist durch die Überwachung und Beschränkung der *Mitarbeitergeschäfte* zu gewährleisten (§ 5a Abs. 2 Nr. 1 in Verbindung mit § 33 b Abs. 5 WpHG), insbesondere sind Mitarbeitergeschäfte involvierter Mitarbeiter, die nicht mit der veröffentlichten Empfehlungsaussage kompatibel sind, nur ausnahmsweise mit Genehmigung durch autorisierte Compliancepersonen zulässig (§ 33 b Abs. 5 Nr. 2 WpHG).

4.2 Ablauforganisation und Kommunikationsregeln

4.2.1 Laufende Researchbetreuung eines Wertpapiers durch den Researchbereich

Für Wertpapiere, die ständiger Teil des so genannten „Universums" der Researchfirma sind, ist eine unmittelbare *externe Kommunikation* mit dem analysierten Unternehmen auf Initiative des Analysten im Rahmen seiner Recherche zulässig. Denn es ist gerade der Sorgfaltspflicht immanent, bei der Erstellung einer Resarchstudie sachdienliche Informationen und Erläuterungen einzuholen, die vom Emittenten befugt weitergegeben werden dürfen. Auch der *bankinterne bereichsübergreifende Informationsaustausch* zwischen Analysten und den kundenbetreuenden Geschäftsbereichen, insbesondere Corporate Finance, über Marktkommentare, Branchenbeurteilungen und öffentliche Informationen über einzelne Gesellschaften ist unter Beachtung der allgemeinen Vorschriften zum Verbot des Insiderhandels und der Marktmanipulation zulässig. Die Emittenten haben ihrerseits ergänzend zum grundsätzlichen Verbot selektiver Information im Umgang mit Finanzanalysten Fairnessregeln zu beachten, insbesondere dürfen sie keinen Einfluss auf „gewogene" Researchreports nehmen und haben sich Diskriminierungen und Informationsverweigerung gegenüber Analysten zu enthalten.[36]

Für beide Informationsbeziehungen ist jedoch sicherzustellen, dass der Informationsaustausch des Researchbereichs mit den Emittenten bzw. der den Kunden betreuenden Corporate-Finance-Abteilung sachlich beschränkt und eng überwacht wird (§ 5 a Abs. 1 S. 2 Nr. 1 FinAnV), dies um Interessenkonflikte zu vermeiden und der Gefahr manipulativer Beeinflussung zu entgehen. Research-Entwürfe, die Einschätzungen des Analysten (Empfehlungen oder Zielkurs) direkt oder indirekt erkennen lassen (§ 5 a Abs. 2 Nr. 4 FinAnV) oder aus denen der beabsichtigte oder wahrscheinliche Zeitpunkt

---

36 Ausführlich für die USA der gemeinsam von AIMR (Association for Investment Management and Research) und NIRI (National Investor Relations Institute) erarbeitete Standardvorschlag „Best Practice Guidelines Governing the Analyst/Corporate Issuer Relationship", 2004; DVFA-Grundsätze für Effektive Finanzkommunikation, 2006 und 2008.

der Veröffentlichung hervorgeht, dürfen externen Dritten, insbesondere den *Emittenten* nicht zugänglich gemacht werden. Die Durchsicht von Research-Entwürfen ist daher nur zur partiellen Überprüfung von Fakten zulässig, ohne dass die Einschätzung erkennbar ist.[37] Denn vor ihrer allgemeinen Veröffentlichung ist eine Weitergabe solcher potenziell kursrelevanter Informationen außerhalb des Researchbereichs nicht erforderlich („need-to-know-Prinzip") und daher unzulässig.[38] Werden Finanzanalysen vor deren Weitergabe oder Veröffentlichung dem Emittenten zugänglich gemacht und danach geändert, ist dies nach § 4 Abs. 2 S. 2 WpHG in den Finanzanalysen anzugeben.

Eine Vorabinformation des Reports ist auch *innerhalb der Bank,* insbesondere gegenüber Corporate Finance, nur zulässig, wenn der Researchinhalt auf sachliche Richtigkeit überprüft und potenzielle Interessenkonflikte der Investmentbank im Rahmen des Research-Clearingprozesses identifiziert und geklärt werden sollen. Selbstredend wird auch bei interner Kommunikation vorausgesetzt, dass der Entwurf nur zum Tatsachenabgleich durchgesehen werden darf und keinerlei Hinweise auf die Empfehlungsaussage und nähere Umstände der Veröffentlichung enthält. Nach der US-amerikanischen Regelung muss der Informationsaustausch außerdem durch die Rechtsabteilung oder Compliance unmittelbar zeitgleich begleitet und überwacht werden (Monitoring durch persönliche Anwesenheit, das „Chaperoning" als eine Art „just-in-time-Monitoring", oder mittels schriftlicher Unterrichtung).

Die Weitergabe unveröffentlichter Finanzanalysen an die Handelsabteilung, die Anlageberatung oder das Vermögensverwaltungs- und Fondsgeschäft ist unzulässig, um Interessenkonflikte zu verhindern (§ 31 Abs. 1 Nr. 2 WpHG, § 34 b Abs. 1 Nr. 1 WpHG, § 5 a Abs. 1 Nr. 1 FinAnV), denn das Vorpositionieren des Handels („Scalping") ist ein Verstoß gegen Interessenkonflikte oder bei erheblicher Kursrelevanz gegen das Insiderhandelsverbot.

4.2.2 Transaktionsbezogenes Research

Die transaktionsbezogene, fallweise Einbeziehung des Analysten in *Investmentbankdienstleitungen* auf Initiative *anderer Geschäftsbereiche* (im Wege des „Wall Crossing" bei Transaktionen wie Kapitalmaßnahmen und Emissionen, Fusionen und Übernahmen, Mitarbeit bei Fairness Opinions) sollte grundsätzlich immer dann unterbleiben, wenn der Eindruck der Befangenheit entstehen kann; unsachgemäße Einflussnahmen auf Research-Mitarbeiter sind zu verhindern (§ 5 a Abs. 1 S. 2 Nr. 3 FinAnV). Eine Überprüfung der Research-Berichte durch Corporate Finance sollte daher bei transaktionsbegleitendem Research nur dann geschehen, wenn bereits ein *Mandat für Investmentbankgeschäfte* besteht, das mit Hilfe der bankweiten Konfliktdatenbank identifiziert wurde.

In der vorangehenden *akquisitorischen Vorphase* vor einer Mandatierung („Pitchphase") sollte dagegen zur Wahrung der Unbefangenheit des Analysten eine Vorabprüfung

---

37 Vgl NASD Rule 2711, 2002; NYSE Rule 472, 2002; DVFA-Kodex von 2003, Ziff. C 1.2.; AIMR/NIRI, 2004; § 5 a Abs. 2 Nr. 3 FinAnV.

38 Um Investor Relations des analysierten Emittenten Gelegenheit für eine reaktive Stellungnahme auf neues Research zu geben, ist eine nachbörsliche Information des Emittenten vor der Veröffentlichung zulässig.

von zur Veröffentlichung bestimmtem Research durch Corporate Finance generell unterbleiben; ebenso sollten die Analysten nicht an vorbereitenden Kundengesprächen teilnehmen und kein Musterresearch erstellen. Zusagen gegenüber Firmenkunden für positive Analyseaussagen sind generell unzulässig;[39] Anfragen gegenüber den Analysten oder Compliance für eine ständige Durchsicht jeglicher Researchentwürfe, die seitens Corporate Finance oder des Emittenten an die betreffenden Personen herangetragen werden, sind abzulehnen. Die gemeinsame (aktive) Teilnahme von Analysten an Investorenkonferenzen und Präsentationen (Road Shows) als Vertreter der Emittenten ist auszuschließen.

Während der *Vor- oder Initiierungsphase* vor einer Kundenansprache ist es *bankintern* zulässig, gegenseitig bereichsüberschreitend zu kommunizieren über Marktkommentare, Branchenbeurteilungen, Bewertungsmodelle des Analysten und öffentliche Informationen über einzelne Gesellschaften sowie über mögliche Geschäftsideen des Bankbereichs („Brainstorming") oder Überlegungen zur Aufnahme des Research-Coverage. Denn der fachliche Gedankenaustausch in multifunktionalen Banken auf der Grundlage der Expertise der Analysten soll nicht unterbunden werden. Dabei dürfen aber weder Research-Entwürfe mit Corporate Finance diskutiert werden noch vorab Zusagen für eine (günstige) Research-Abdeckung gemacht werden (§ 5 a Abs. 2 Nr. 3 FinAnV). Bei transaktionsbezogenem Research sind gutachterliche Äußerungen des Analysten zu Platzierungsmöglichkeiten und möglichen Angebotsbedingungen, die nach einer Bereichsüberschreitung („Wall Crossing") des Analysten im Auftrag von Corporate Finance erstellt wurden, gegenüber den Firmenkunden als Meinung der Bank zu übermitteln; eine *gutachterliche Durchsicht einer Projektstudie* des Investmentbanking durch einen Analysten ist zur Wahrung der Unabhängigkeit auf die partielle Prüfung des Analyseteils zu beschränken, ohne den Analysten befangen zu machen.

5 Compliance-Standards und Selbstregelung

Die Organisationspflichten für die Werpapieranalyse sind in den vergangenen Jahren regulatorisch exemplarisch ausformuliert worden und über die allgemeinen Konfliktregelungen des WpHG (§§ 31, 33WpHG und §§ 12, 13 WpDVerOV) hinaus als Nebendienstleistung speziell geregelt worden (34b Abs. 5WpHG und § 5 Abs. 4 FinAV). Dies entspricht gewiss der Bedeutung und den Besonderheiten der Finanzanalyse als Dienstleistung auf dem Gebiet der Anlageberatung und Instrument zur Verbesserung der Markteffizienz.

Für die Finanzanalyse gefundene Präzisierungen der Chinese-Wall-Verfahren sind indessen auch auf analoge Situationen in anderen Vertraulichkeitsbereichen entsprechend übertragbar, was in den amtlichen Regelauslegungen für das Investment Banking, den Eigenhandel und das Asset Management konkretisiert und in den internen Verfahrensbeschreibungen der Häuser explizit umgesetzt werden sollte. So ist etwa zur Wahrung der unabhängigen Entscheidungsfindung auch bei Fondsgesellschaften die überwachende Begleitung („Chaperoning") der unabhängigen Compliance-Abteilung zu empfehlen, wenn mit der Konsortialabteilung bzw. deren Emissionskunden über

39 Vgl FSA, Handbook, COB Rule 2.2.4; § 5 a Abs. 2 Nr. 3 FinAV in Umsetzung von Art. 25 Abs. 2 d der EG-Organisationsrichtlinie.

Übernahmetransaktionen und das Abstimmungsverhalten bei Hauptversammlungen kommuniziert wird.[40]

Weit offensichtlicher ist allerdings der analoge Regelungsbedarf für die Interessenkonflikte der Ratingagenturen! Bei der grundlegenden Regulierung der Finanzanalyse,[41] die nach den Marktverwerfungen der Internetkrise in Europa[42] und den USA[43] erfolgte, wurden Ratingagenturen mit ihren Kreditrisiko-Einschätzungen ausdrücklich ausgenommen[44] – entgegen vieler Warnungen und Standardvorschläge – auch der *DVFA*.[45] Nur wenige Jahre später hat die globale Finanzkrise weit stärkere Turbulenzen angerichtet und erneut gravierende Schwachstellen in der Kapitalmarktregulierung offenbart: Sind doch die Ratingeinstufungen der führenden Ratingagenturen durch ihre Berücksichtigung in Aufsichtsregeln unmittelbar bewertungserheblich und damit kursrelevant. Dennoch wurde gegen das Postulat konsequenter Trennung von gutachterlicher Beratung der Emittenten von Finanzkonstrukten und der Bewertung im Investoreninteresse verstoßen und damit die Unabhängigkeit der Ratingverfahren unterlaufen sowie die unredliche Handhabung von Interessenkonflikten ermöglicht. Die schöpferische Suche nach Finanzinnovationen und der intensive Wettbewerb der Finanzinstitutionen mit der jeweils nächsten Generation hybrider Finanzprodukte pervertierte zu einer Erscheinungsform der Aufsichtsarbitrage in einem der Überwachung nicht zugänglichen Marktsegment.[46]

Aus dem breiten und vielfältigen Literaturstrom zur Aufarbeitung der globalen Finanzkrise erscheinen zwei ökonomische Erklärungen für deren Ursachen wesentlich: Die moderne *Informationsökonomie* und die *Verhaltensökonomie*;[47] beide vermögen die

---

40 Der Corporate Governance-Kodex für Asset Management-Gesellschaften von 2005 verweist lediglich allgemein auf adäquate Compliance-Maßnahmen zur Vermeidung von Interessenkonflikten.

41 Einschlägig für die Finanzanalyse: FinAnV von 2004, MaKonV von 2005, WpDVerOV von 2007

42 Richtlinie über Marktmissbrauch (MAD) und Finanzmarktrichtlinie (MiFID) nebst Durchführungsrichtlinie zur MiFID.

43 In den USA die Regulierung Fair Disclosure der SEC, Final Rule 2000, und die Regeln für Research Reports (NASD Rule 472 und NYSE Rule 2711).

44 Vgl. Erwägungsgrund 10 der europäischen Interessenkonfliktrichtlinie zur Umsetzung der Marktmissbrauchsrichtlinie MAD 2003.

45 Bereits 2001 legte die DVFA-Kommission erste Vorschläge für Rating-Standards vor. In den DVFA-Rating Standards und DVFA-Valuierungsstandards von 2006 werden unter den Grundprinzipien ethischen Wohlverhaltens (Ziff. 1.2.2.) u.a. verlangt, „Einrichtung von Organisationsstrukturen zur Vermeidung von Interessenkonflikten; Verpflichtung zur Einhaltung von Compliance-Vorschriften“ und „Beachtung der Unvereinbarkeit von Beurteilungs- und Beratungstätigkeit“; DVFA-Anforderungen an Structured Finance Ratings 2010. Siehe auch die unverbindlichen Verhaltensanforderungen der IOSCO, Code of Conduct Fundamentals for Credit Rating Agencies, 2004; CESR, Possible Measures concerning Credit Rating Agencies, 2004.

46 Eindrucksvoll hat der Investor Warren Buffet in seinem „Letter to the Shareholders of Berskhire Hathaway“ 2003 auf die fehlende Kontrolle und Überwachung komplexer derivativer Produkte hingewiesen.

47 Aus der Fülle der Beiträge zur Finanzmarktkrise seien hier folgende Ökonomen und Publizisten genannt: Akerlof, Shiller, Krugman, Stieglitz. Aus deutscher Sicht seien statt vieler genannt: Hellwig, Systemic Risk in the Financial Sector, 2008; Sinn, Kasino-Kapitalismus, 2009; Welfens, Transatlantische Bankenkrise, 2009.

Bedeutung von Complianceprogrammen zu unterstreichen:[48] Erstere verweist auf unvollkommene und asymmetrisch verteilte Informationen, die in bisher nicht regulierten Bereichen in unredlicher Weise Wissensvorsprünge auszunutzen erlaubt. Verhaltensökonomische Erklärungsversuche deuten, warum Kontrollen in den Unternehmen und Institutionen versagen und auch die Risikomanager in den vergangenen Jahren Versuchungen unterlagen, kritische Zeichen auszublenden. Wohl verstandene und konsequent umgesetzte Complianceprogramme können im Zusammenwirken mit den anderen Governancefunktionen (Controlling und Risikomanagement) dafür sorgen, Interessenkonflikte angemessen und fair zu steuern und „Animal Spirits" zu bändigen, damit nicht Sorgfaltspflichten außer Acht gelassen werden und Fehlentscheidungen Einzelner sich zu gefährlichen Krisen auswachsen.

Die Entwicklung des deutschen Kapitalmarkts und des Kapitalmarktrechts in den letzten 50 Jahren hat die *DVFA* eng begleitet, durch Fortbildung der Qualitätsstandards, durch Ausbildungsmaßnahmen und die mitprägende Teilnahme an der Rechtsentwicklung. Nach den jüngsten Erfahrungen, angesichts des stürmischen Wandels der Finanzmärkte, rascher Produktinnovationen und technischen Fortschritts in der Finanzbranche, gilt *Hayeks* These vom Markt als Entdeckungsverfahren[49] wohl auch für Kapitalmarktrecht und Complianceprogramme. Die inzwischen erreichte Ausformung staatlichen Anlegerschutzes und Aufsichtsrechts macht daher die vorausschauende Selbstregelung nicht weniger wichtig.[50]

Auch in Zukunft gehört es zu den vornehmsten Aufgaben der *DVFA*, als Berufsvereinigung und selbst regulierende Organisation die Compliance ihrer Mitglieder zu fördern, die innere Unbefangenheit der Analysten zu stärken und sie in ihrer äußeren Unabhängigkeit zu stützen – im Interesse der Anleger und eines funktionierenden Kapitalmarkts.

---

48 Zur Kapitalmarktkrise aus der Sicht von Compliance siehe Eisele, Compliance nach Umsetzung der Finanzmarktrichtlinie und Securisierungskrise – zum Verhältnis von Geschäftsentscheidung, Sorgfaltspflichten, Verhaltensregeln und Organisationspflichten, in: Serfling/Nagel (Hrsg.), Banken, Performance und Finanzmärkte, 2009, S. 43.

49 Von Hayek, Die Verfassung der Freiheit, 2. Aufl., Tübingen 1983.

50 Vgl. auch Schneider, Ethik im Bank- und Kapitalmarkt, ZIP 2010, S. 601.

Rating und Finanzanalyse

von Carsten P. Claussen

1 Die Rating-Agenturen

1.1 Einführung in die Tätigkeit der Rating-Agenturen

Die Rating-Agenturen[1] starteten am Anfang mit einem quasi-legislativen Anspruch: Obwohl sie selbst in einer eigentümlichen Form von Understatement behaupten, bei ihren Ratings handle es sich nur um „Meinungen" („Opinions"), erhoben sie den Anspruch, mit endgültiger Wirkung über die Bonität von Aktiengesellschaften und Staaten zu entscheiden. Sie entwickelten ein System des Zustandekommens von Ratings, das anfangs nicht voll transparent war und deshalb nicht überall überzeugte. Die Agenturen stellten für ihre Ratings den Anspruch quasi-rechtskräftiger Urteile, ohne die Möglichkeit der Berufung oder sonstiger Rechtsmittel vorzusehen, sondern mit endgültiger Wirkung.

Diese Ratings wurden rund um die Welt verbreitet und so auch in Deutschland, wo sie zu dem wichtigsten Verkaufsargument für die von den Rating-Agenturen mit AAA bewerteten Kreditkörben, den Asset-Backed-Securities (ABS) wurden. Diese ABS-Papiere haben auch deutsche Banken als „Kreditersatz" angekauft und sind derart in die größte Bankkrise nach 1931 hineingeschliddert.[2]

Diese drei Rating-Agenturen sind privatrechtlich geordnete Aktiengesellschaften nach US-amerikanischem Recht. Sie sind also keine öffentlich-rechtlichen Einrichtungen, etwa Anstalten im Sinne des deutschen Rechtes, die einer ständigen staatlichen Aufsicht unterliegen. Es gibt nur die drei großen Rating-Agenturen, die alle in den USA ihren Sitz haben. Ein offener Wettbewerb ist wegen des betriebenen Geschäftes schwer möglich, es gibt auch keine Wettbewerbskontrolle, wie etwa eine Anti-Trust-Behörde, die für einen Wettbewerb zwischen den Agenturen sorgte. Es gibt auch sonst keine überzeugende Einbindung in justiznahe Kreise, die den Ergebnissen der Agenturen, nämlich den Ratings, ein geordnetes Berufungs- oder Beschwerdeverfahren eröffnete. Die drei Rating-Agenturen werden von den Bestellern – sprich den Benutzern ihrer Voten – bezahlt. Es gibt nur eine Aufsicht durch die Nationally Recognize Statistical Rating (NRSR) und partiell durch die SEC.[3]

Diese, von den Rating-Agenturen abgegebenen Urteile – die Ratings – erfreuten sich über Jahrzehnte hoher Reputation. Sie wurden Teil der weltweit, von vielen Staaten anerkannten Basel-II-Regelung, die Ratings als externe Kreditvoten zu quasi-gesetzlicher Akzeptanz verhalfen. Eine weitere gesetzliche Anerkennung erfuhren die Rating-Agenturen in den USA dadurch, dass sie im Sarbanes-Oxly-Act von 2002 angesprochen wurden und damit gleichsam die Qualität einer Gesetzesäußerung erhielten. Diese Vorgaben nebst der dominanten Marktstellung und der Abhängigkeit der „gerateten" Wertpapieremittenten hinterließen in der interessierten Öffentlichkeit einen nachhaltigen Eindruck und verliehen den Rating-Agenturen ihre herausragende Reputation, wobei nicht allzeit und allseits bei allen Rating-Anwendern bewusst war, dass diese Agenturen private Aktiengesellschaften sind, die auf Profitmaximierung

---

1 Vor allem Moody's Investors Services Inc.; Standard & Poor's Rating Services und Fitch Inc.

2 Jochen Sanio, Präsident der BaFin, sagte im Mai 2009 auf dem Bankenkongress: „Für mich sind sie – die Rating-Agenturen – die Hauptschuldigen an der Misere". Alan Greenspan sagte in seiner Anhörung vor Kongressabgeordneten im April 2010, die Ratings wären „übertrieben positiv" gewesen.

3 Vergleiche Credit Rating Agency U.S.C., S. 3850 aus 2006; Securities Act 1988 C. 5-42.2.

eingestellt sind. Die Rating-Agenturen erfreuten sich dennoch des Nimbus der Unfehlbarkeit, ihre Voten – die Ratings – erfreuten sich einer weltweit ungeteilten Akzeptanz. Soviel zur Vergangenheitsbeschreibung.

1.2 Die Rating-Agenturen in der Finanzkrise ab 2007

Mit Ausbruch der Finanzkrise im Sommer 2007, insbesondere nach dem Zusammenbruch von Lehman Brothers im September 2008 wurde deutlich, dass diese Rating-Agenturen nicht belastbare Ratings über die Collateralized Debt Obligations – CDO – abgegeben haben, nämlich zu positive Voten. Diese Erkenntnis, dass die Voten mit ihren dominierenden AAA-Ratings falsch waren, führte zum Kollaps des ABS-Marktes, auf dem keine Verkäufe mehr getätigt werden konnten, weil es keine Käufer mehr gab. Diesen Zusammenhang von ihren zu hohen Ratings und der schwindenden Existenz des ABS-Marktes – also die Finanzkrise – weder vorhergesehen noch bewältigt zu haben, wird den Agenturen vorgehalten.[4] Den Ratings wird auch eine prozyklische Wirkungsweise unterstellt, was die staatliche Beeinflussung der Konjunktur erschwert.[5] Diese Bewertung ist einheitliche Meinung, allerdings wohl weniger präzise in den USA als in Europa.[6]

1.3 Die Rating-Agenturen in der „Vorkrisenzeit" von 2008

Neben den Rating-Fehlurteilen von Asset Backed Securities durch die Rating-Agenturen, die einen gigantischen Vermögensverlust von 100 Billionen US-Dollar mit verursachten, gibt es kleinere Versäumnisse, die sich die Rating-Agenturen auf ihr Konto schreiben lassen müssen. Diese Defizite sind zwar nicht in so gigantische Dimensionen vorgestoßen, wie es die Versäumnisse und Fehlurteile bei den Verbriefungsgeschäften erreichten, sie haben aber dennoch an der Glaubwürdigkeit der Rating-Agenturen Spuren hinterlassen. Da ist zunächst auf das Jahr 2001 zu verweisen, in dem die Rating-Agenturen Moody's und Standard & Poor's vier Tage vor dem Zusammenbruch der Firma Enron dieser den Investmentgrad bestätigt haben.[7] Das Ergebnis dieser Fehlleistung war der Sarbanes-Oxly Act von 2002. Mit dieser Gesetzgebung wurden den Rating-Agenturen einige Geschäftsmöglichkeiten verschlossen, auch verboten, Empfehlungen in speziellen Lagen auszusprechen. Jeder Broker muss sowohl die eigenen Analysen als auch die der neutralen Konkurrenz den Nachfragenden zustellen, ein-

---

4 Zustimmend der Präsident des ifo-Institutes für Wirtschaftsforschung, Sinn, der in seinem Buch „Kasinokapitalismus" 2009 ab S. 140 schreibt: Die Rating-Agenturen haben auf der ganzen Linie versagt. Diese Agenturen wären die Einzigen gewesen, die Licht in das Dunkel der wirtschaftlichen Verflechtungen der Verbriefungsgeschäfte und die Konstruktionen der Collateralized Debt Obligations – auch CDO-Securities genannt – hätten einbringen können.

5 Bank for International Settlements, BIS Working Paper, von Amato/Furfine „Are credit ratings procyclical?"

6 Der International Währungsfonds IWF hat festgestellt, dass die Rating-Agenturen bei den ABS-CDOs „als Merkmal für die Qualität der Wertpapiere völlig versagt habe", so Focus-Money 50/2009 S. 90; Claussen DB 2009 S. 1003; Flossbach & von Storch Jahresbericht 2009 S. 11.

7 Paper from Joan Hunt vom 26. Juni 2008, Berkeley Law University of California unter dem Titel „The SEC proposed rating agencies' rules: Unresolved Conflicts."

schließlich der Rating-Agenturen. Die Konflikte aus der Interessenlage der Rating-Agenturen einmal als Dienstleister in einer hochverantwortungsvollen Funktion, sodann als Gehaltsempfänger von ihren Auftraggebern, wurde vielfach den Agenturen vorgehalten. Die Agenturen haben aus diesen Fällen Enron und WorldCom nichts gelernt, sie haben die Weltbevölkerung nicht vor dem Debakel der Finanz- und Wirtschaftskrise bewahrt.[8]

Ältere Studien belegen die Besonderheit, dass die Rating-Agenturen mehr Aufwertungen – also Höherbewertungen – vorgenommen haben als nachträgliche Abwertungen – also Niedrigerbewertungen. Auch wurde die statistische Feststellung nicht sehr ernst genommen, dass ein Non-Investment-Momentum auf die Qualität der Ratings nur eine geringe Strahlungswirkung ausübte.[9] Die Beeinflussung des Marktes für festverzinsliche Wertpapiere durch die Rating-Agenturen, insbesondere durch Veränderungen des Ratings, sind als relativ unbedeutend in der Erinnerung und eher als weiche Reaktionen zu bezeichnen.[10] Dass die Rating-Agenturen schon 2008 mit einer Fülle von ungelösten Problemen konfrontiert waren, ergibt eine Studie von Hunt[11] von der Berkeley Law School.

1.4 Konsequenzen für die Rating-Agenturen

Wie dargestellt, ist neben kleineren Beanstandungen oder Anmerkungen zur Tätigkeit der Rating-Agenturen vor allem der Vertrauensverlust herauszustellen, der aus der Fehlbewertung von Zweckgesellschaften und deren Emissionen resultiert. Aus diesen Fehlurteilen ergab sich der Zusammenbruch des ABS-Marktes. Dieser ABS-Markt hat nach der Verbreitung der Kenntnisse über die Fehlurteile der Rating-Agenturen seine Existenz eingestellt, weil die früheren Käufer dieser ABS-Wertpapiere von weiteren Käufen Abstand nahmen und neue Käufer nicht gewonnen werden konnten. Der außerhalb der Börsen[12] stattfindende ABS-Markt stellte seine Tätigkeit ein. Wie auch immer die Quoten des Verschuldens, der Verursachung der Krise um die Zweckgesellschaften auf die Akteure verteilt wird, den Rating-Agenturen sind massive Vorwürfe nicht erspart geblieben, wie oben bereits ausgeführt. Ihnen wurde Verletzung der unerlässlichen Unabhängigkeit vorgeworfen, Vernachlässigung der eigenen Organisationsstandards in der Bewertung von ABS-Produkten und schließlich Täuschung oder Missachtung von vorhandenen Negativ-Nachrichten über ihre Auftraggeber, nämlich die Zweckgesellschaften und die diese Zweckgesellschaften tragenden Banken oder Finanzkreise. Aus allem folgte die Täuschung der Investoren. Das Ergebnis aus alledem ist bekannt: Die Volkswirtschaften der westlichen Welt haben nach vorläufigen

---

8 Mit akribischen Details Paper University of Saskatchewan, College of Law, 22. März 2008, von Benjamin Kormos: „Revisiting Rating Agencies Regulation", March 2008.

9 Vergleiche Wulin Suo, Queens University, Paper from January 2005: Empirical Study und Credit Rating Chance Behaviour.

10 So Paper von Ory und Raimborg, Universität Paris „Credit Rating Agencies Function & Bond Markets" vom November 2008.

11 Hunt, Berkley Law University of California, Paper from June 26, 2008: „The SEC's proposed Rating Agency Rules: Unresolved Conflicts".

12 Nur bei den Börsen in Luxemburg und Irland wurden Produkte, die den Charakter von ABS trugen, gehandelt. Dort wurden auch Zulassungen praktiziert, die auf Prospekten basierten.

Schätzungen des Internationalen Währungsfonds zwischen drei und vier Billionen Dollar verloren. Das ist eine Zahl mit zwölf Nullen, nicht recht vorstellbar. Wie hoch der Verschuldensanteil, der auf die Rating-Agenturen entfällt, an diesem Verlustpotenzial ist, ist wissenschaftlich nicht untersucht, wohl auch methodisch sehr schwierig, jedenfalls kaum praktikabel zu untersuchen.

Diese Misserfolge der Rating-Agenturen erzeugten weltweite Aktivitäten: Zunächst einmal stellte die SEC eine Untersuchung über die Verantwortung der Rating-Agenturen an.[13] Danach wurde festgestellt, dass seit 2002 die zu bewertenden Finanzinstrumente sich extrem vervielfacht haben und die Rating-Agenturen diesem Wachstum nicht, weder organisatorisch noch personell, gerecht wurden. In der Dokumentation von Analysen über ABS- und CDO-Produkte wurden Mängel festgestellt. Über allem lastet der Vorwurf des permanenten Interessenkonfliktes. In der Anhörung vor dem Kongress wurde von einem Ratingbediensteten eingeräumt, dass diese Mängel gesehen und bekundet wurden und dennoch weiter „geratet" wurde. Aus diesen Erkenntnissen wurden erste Folgerungen gezogen.[14]

Neben diesen Aktivitäten der SEC stehen die Aktivitäten der Europäischen Union, die am 16. September 2009 eine neue Verordnung zu Rating-Agenturen veröffentlichte, die am 17. November 2009 verabschiedet wurde.[15] Ein wesentlicher Inhalt dieser neuen Verordnung ist die Pflicht der Rating-Agenturen zur Registrierung bei den zuständigen Behörden der Mitgliedsstaaten der EU und Unterstellung unter deren Aufsicht. Voraussetzung für diese Registrierung ist, dass die Rating-Agentur in mindestens einem Land der Europäischen Union niedergelassen ist und den IOSCO-Verhaltenskodex einhält.[16] Es gilt das Nationalitätsprinzip: Nach der Registrierung der Rating-Agenturen wird deren Aufsicht von den zuständigen nationalen Aufsichtsbehörden in den Mitgliedstaaten wahrgenommen. In Deutschland übernimmt die Bundesanstalt für Finanzdienstleistungsaufsicht BaFin diese Aufgabe. Sind Rating-Agenturen in mehreren Mitgliedstaaten der EU tätig, werden „Colleges of Supervisors" für sie zuständig – Ratings von nicht registrierten Agenturen können für aufsichtsrechtliche bedeutende Bereiche nicht verwendet werden, z.B. zur Bestimmung der Kapitalunterlegung von Risikopositionen.[17]

Nach diesem Regelwerk dürfen Rating-Agenturen keine Beratungsdienstleistung mehr erbringen. Sie dürfen Finanzinstrumente nur dann bewerten, wenn sie hierfür über genügend fundierte Informationen verfügen. Bei Zweckgesellschaften heißt dies, dass sie über den Inhalt der Kreditkörbe informiert sein müssen. Sie müssen ihre Modelle, Methoden und grundlegenden Annahmen, auf die sie ihr Rating stützen, bekanntgeben. Sie müssen die Ratings von komplexen Produkten mit einer speziellen Kennzeichnung versehen. Sie müssen alljährlich einen Transparenz-Bericht veröffentlichen. Sie müssen eine interne Kontrollstelle einrichten, die über die Qualität der Ratings wacht. Die Unabhängigkeit soll weiter durch zwei unabhängige Verwaltungs- oder Aufsichtsratsmitglieder gesichert werden. Ob diese Maßnahmen ausreichen,

13 „Knowledge Center USA plus SEC", abrufbar unter www.audit-committee-institute.de

14 Release no. 34-59342 und release no. 34-59343 vom 2. Februar 2009 und 10. April 2009.

15 Amtsblatt der Europäischen Union vom 17.11.2009 L302/1.

16 So Verordnung Nr. 1060 / 2009 ABL. der UV L 302. IOSCO steht für die Internationale Organisation der Börsenaufsichtsbehörden in der Europäischen Union.

17 Siehe § 52 SolvabilitätsVo; auch Horn, Kölner Schrift zum Wirtschaftsrecht, 2010 S.74.

wenn sie nach zwei oder möglicherweise drei Jahren eingeführt werden, um das geschwundene Vertrauen in die Rating-Agenturen wieder herzustellen, ist zweifelhaft.

Die dritte Aktivität besteht darin, dass Klagen vor Zivilgerichten gegen Rating-Agenturen von Anlegern geführt werden.[18] Im Einzelnen sind die Sammelklagen von geschädigten Aktionären gegen Morgan Stanley, Standard & Poor's und Moody's vom 2. September 2009 zu erwähnen. Auch klagt die große kalifornische Pensionskasse Calpers in San Francisco gegen die drei großen Rating-Agenturen auf Schadensersatz. Der Ausgang dieser Prozesse ist ungewiss.

Im politischen Feld hat der G-20-Gipfel beschlossen, die Rating-Agenturen strenger zu überwachen, den Interessen- und Loyalitätskonflikt zwischen dem zahlenden Kunden und dem zu Begutachtenden einzugrenzen. Auch aus dieser Aktivität der zwei G-20-Weltfinanz-Gipfel, einmal in Washington im November 2008 und in London im April 2009, sind keine konkreten Ergebnisse über das Referierte hinaus feststellbar.

2 Finanzanalysten

Wenn wie dargelegt der Vertrauensverlust in die amerikanischen Rating-Agenturen so groß ist, dass sie nicht mehr mit Glaubwürdigkeit arbeiten können, stellt sich die Frage, ob Reformansätze aus anderen Quellen zu schöpfen sind. Daher stellt sich aus deutscher Sicht der Blick auf die Finanzanalysten als interessant dar. Denn die Finanzanalysten stellen sich im Vergleich zu den Rating-Agenturen anders dar. Insbesondere ist der als Hauptübel der Agenturen herausgestellte Interessenkonflikt zwischen objektiver Analyse und Entgegennahme von Entlohnung bei den Finanzanalysten nur rudimentär und theoretisch gegeben. Die Finanzanalysten sind nicht verpflichtet, Analysen zu erstellen über Aktiengesellschaften, die ihnen in besonderer Weise nahestehen, was ein erstes Hindernis für Interessenkonflikte ist. Das zweite Hindernis gegen Interessenkonflikte ist die große Vielzahl finanzanalytischer Meinungen: die marktbreiten DAX-Gesellschaften werden von einer Vielzahl von Analysten – das können je Wert bis zu 50/60 alleine auf der sell-side sein – begutachtet, die alle im Wettbewerb miteinander stehen, und zwar im Wettbewerb um die Richtigkeit ihrer Analyse und im Wettbewerb um die Akzeptanz der Analysen in der Gemeinschaft der Anleger. Dies ist ein weiteres wirksames Mittel gegen Gefälligkeitsanalysen. Diese Analysen werden miteinander verglichen, Durchschnittswerte und Mehrheitszahlen ermittelt und diese werden publiziert. Wer auffällig wird durch eine stark abweichende Meinung, wird Aufmerksamkeit in der Branche erzielen.

Auch die Finanzanalysten sind natürlich nicht fehlerfrei. Sie haben weder den Zusammenbruch des Marktsegmentes vom Neuen Markt in 2000 und 2001 vorhergesagt, noch haben sie aus der stürmischen Entwicklung der Bilanzsummen der Banken seit Anfang dieses Jahrhunderts Folgerungen auf die Seriosität des eingeworbenen Geschäftes, also die Bonität des Kreditersatzgeschäftes gezogen. Aber immer war es ein breites Feld von Analysten, die die Finanzdienstleistung der Analysen erbrachten und sich so gegenseitig kontrollierten. Es gab niemals nur drei Analysten, die ein DAX-Un-

18 Wildmoser/Schiffer/Langoth, Haftung von Rating-Agenturen gegenüber Anlegern? Recht der internationalen Wirtschaft, Oktober 2009, S. 657 ff.

ternehmen analysierten. Unabhängigkeit wird nicht zuletzt auch durch Meinungsvielfalt erreicht.

Die Fragestellung, die sich heute auftut, ist die, inwieweit man aus der Finanzanalyse und deren Erfolgen in den letzten 50 Jahren in Deutschland Schlussfolgerungen ziehen kann, die für die Rating-Agenturen und die Wiederherstellung von Vertrauen von Nutzen sind. Im Vordergrund steht dabei die relativ höhere Unabhängigkeit der Analysten im Vergleich zu den Rating-Agenturen, manifestiert in dem Gedanken, dass es keine zahlenden Auftraggeber für Finanzanalysen gibt und deswegen keine direkte Entlohnung von Finanzanalysten durch etwaige Auftraggeber. Diesen elementaren Vorteil gilt es für ein anzustrebendes neues System zu bewahren und auszubauen.

3 Folgerungen

Zieht man die Konsequenzen aus dem bisher Gesagten, dann sind die mannigfaltigen und hier geschilderten Bemühungen um eine Reform der bestehenden Rating-Systeme nicht sehr verheißungsvoll. Dies gilt besonders für die Reform-Bemühungen der SEC, die das Problem der Unabhängigkeit zwar angesprochen, aber nicht gelöst haben. Dies gilt auch für die EU-Verordnung mit dem Verbot von Beratungsmandaten und der Transparenz-Regelung. Ob die Unterwerfung der Rating-Agenturen innerhalb der EU unter die Aufsicht der nationalen Aufsichtsbehörden viel bringt, ist im Prinzip zu bezweifeln, weil hier eine internationale Organisation durch eine nationale Aufsicht kontrolliert werden soll, was Umgehungen ermöglicht, trotz der internationalen Commitees.

Auch der IOSCO-Verhaltenskodex kann das von den Rating-Agenturen heraufbeschworene Defizit der Interessenkonflikte nicht abarbeiten, wie wir aus mancherlei Beispielen wissen,[19] und wie uns die Reaktion der interessierten Öffentlichkeit deutlich macht, die mit der Einrichtung der „IOSCO" keine plastische Vorstellung verbindet.

Ob die Sammelklagen von geschädigten Aktionären oder großen Kapitalsammelstellen und Pensionskassen, wie Calpers, zu Erfolgen führen, ist offen. Immerhin kann man nicht davon ausgehen, dass die amerikanische Justiz, wo diese Prozesse anhängig sind, nicht wie bei manchen politischen Prozessen in den USA von Lobbyisten vom rechten Weg abgedrängt wird. Dennoch ist es nicht möglich, über den Ausgang dieser Prozesse eine Aussage zu machen. Eine erste Klage haben die geschädigten Aktionäre bereits verloren. Aber dieser Vergleich der Wertpapieranalysten mit den Rating-Agenturen macht deutlich, dass die Analysten alleine das Problem nicht lösen können. Zwar haben die Analysten den Nachteil, aus vielen Einzelpersonen zu bestehen. Für

19 So wurde z.B. die Bonität der Lehmann Brothers Holding Inc. bis zum Tag der Eröffnung des Gläubigerschutzverfahrens nach Chapter 11 am 15.9.2008 von Standard & Poor's mit A, von Moody's mit A2 und von Fitch mit A+ geratet, also eine gute Zahlungsfähigkeit – investment grade – ausweisend. Erst im Laufe des 15.9.2008 – dem Tag der Insolvenzeröffnung – wurden alle Ratings herabgestuft, Wildmoser/Schiffer/Langoth, in Recht der Internationalen Wirtschaft, 2009, S. 660. Auch wird im Markt eine Verbriefungsemission besprochen, die Anfangs mit AAA bewertet wurde. Aus besserer Einsicht wurde korrigierend die Bewertung auf die letzte Stufe des Investmentgrades, nämlich BBB minus abgewertet. Nach Intervention des Emittenten und Protesten wurde die Emission von Standard & Poor's wieder auf AAA hochgestuft.

gemeinsame Aktionen und für die Vertretung ihres Berufsstandes haben sie Verbände gegründet, wie die DVFA. Sie ist eine Berufsorganisation mit Kompetenz und hohem Sachverstand. Aber Ressourcen personeller und sachlicher Art sind begrenzt, also ohne ausreichende Basis für die Bildung eines nationalen oder gar internationalen Ratingsystems.

Wenn dieses Resümee zutrifft, ist mit den bisher vorgeschlagenen Mitteln eine Reform des Rating-Systems nach amerikanischem Muster nicht sehr wahrscheinlich. Es muss mit größerer Münze bezahlt werden.

4 Eigener Ansatz für eine Installation eines europäischen Rating-Systems

Ausgehend von der Erkenntnis, dass man Menschen in ihrem Grundverhalten nur durch zwingende Rechtsvorschriften ändern kann und nicht durch gutes Zureden, durch Apelle an das Berufsethos oder bald vergessene schlechte Erfahrungen, wird hier eine neue, eine europäische Rating-Agentur vorgeschlagen. Diese Europäische Rating-Agentur – ERA genannt – sollte unabhängig arbeiten. Dafür empfiehlt es sich, sie als Stiftung nach europäischem Recht zu organisieren, die bei der Europäischen Kommission ihren Sitz und ihren Träger hat. Diese Europäische Rating-Agentur wäre mit sachlichen und finanziellen Ressourcen auszustatten, die über das hinaus geht, was Standard & Poor's und die anderen amerikanischen Wettbewerber aufzubieten haben. Eine solche europäische Stiftung – folgend EU-Recht – sollte der Träger der Europäischen Rating-Agentur sein, also keine auf Profitmaximierung ausgerichtete privatrechtliche AG, sondern eine öffentlich-rechtliche Non-Profit-Stiftung. Sie sollte über ein rechtlich verbindlich festgelegtes Ordnungs- und Wirkungssystem verfügen, das in der Satzung, der Stiftungsurkunde und Arbeitsanweisungen niedergelegt ist, die im Einzelnen die Strategie und die Arbeitsweise der ERA festlegen. Die Stifter der Europäischen Rating-Agentur könnten die EU-Mitgliedstaaten sein und zwar entweder direkt oder, wenn dies zweckmäßiger erscheint, als Zustifter unter dem Dach der Europäischen Kommission. Die Kommission würde über das Stiftungskuratorium die Führungskräfte einsetzen, die die Europäische Rating-Agentur leiten.

Um diese Stiftung von übermäßigen und belastenden Kosten freizuhalten – die Agentur nimmt kein Geld für ihre Analysen, sondern leistet Gratisdienste, die nach Stiftungsrecht vorgegeben sind –, übernimmt jeder Mitgliedsstaat in der EU Delegationspflichten für die Abstellung von qualifiziertem Personal aus den Kreisen der nationalen Analysten. Beispielhaft ist das Muster, wie die sachkundigen Mitarbeiter der Deutschen Rechnungslegungsprüfstelle rekrutiert werden, allerdings mit dem Unterschied, dass die Bezahlung bei den entsendenden Nationen bleibt und nicht von der Stiftung ERA übernommen wird.

Dieses Modell ist nicht neu, sondern überhöht die früheren Gedanken, in Deutschland eine Rating-Agentur unter dem Dach des Bertelsmann-Verlages zu installieren – eine Idee, die sich nicht verwirklichen ließ und, wie wir heute wissen, auch höchstens suboptimal hätte wirken können, weil die Nähe zur Medienlandschaft, die ein Teil der ökonomischen Landschaft ist, zu groß gewesen wäre und nicht das Maß an vertrauensbildender Neutralität und Unabhängigkeit gebracht hätte, das nach dieser Finanzkrise geboten und unerlässlich ist.

5 Schlussbemerkung

Neben dieser organisatorischen Neuordnung des Rating-Systems durch die Installierung einer Europäischen Rating-Agentur, die für 400 Millionen Menschen ihre Dienste anbieten kann und für alle vorhandenen und potentiellen Investoren sprechen kann und damit das Oligopol der drei amerikanischen Agenturen aufbricht, muss jedoch eine Grundsatzüberlegung in den Gehirnen der deutschen Wertpapierkäufer und anderer Wertpapierkäufer einziehen, nämlich, dass es nicht sinnvoll ist, Geld zu investieren in Anlagen, die man nicht kennt, die man nicht selbst geprüft oder zumindest die Prüfungshandlungen überprüft hat. Das blinde Vertrauen in Rating-Agenturen ist vielleicht strafrechtlich nicht ahnbar, aber ökonomisch ein zu verhängnisvollen Konsequenzen führender Vorgang. Blindes Vertrauen in fremder Leute Arbeit ist nicht ratsam. Denn von Thomas Mann wissen wir: „Es gibt keine Vermögensanlage, die Nachlässigkeit verträgt“. Dies ist ebenso schädlich wie die Gier nach kurzfristiger Renditemaximierung. Beidem gilt es zu begegnen. Vielleicht ist der aufgezeigte Weg ein solcher, der zu einem vernünftigen Ergebnis führt.

Regulierung von Ratingagenturen, die DVFA als Plattform und Impulsgeber

von Paul Markus Konrad und Jens Leker

1 Einleitung

Ratingagenturen kommt bei der Risikoeinschätzung auf den Finanzmärkten seit langem eine zentrale Bedeutung zu. Ratingurteile beeinflussen etwa Refinanzierungskosten, Risikoprämien oder das Verhalten ganzer Investorengruppen. Schon im Zuge der Skandale um Enron wurde den Agenturen eine Mitschuld an der Krise bescheinigt, auf eine weitreichende Regulierung wurde jedoch verzichtet. Die Subprimekrise und die Turbulenzen am Markt für strukturierte Finanzprodukte sorgen nun seit einiger Zeit erneut für Diskussionen über Ratingagenturen und ihren teils erheblichen Einfluss auf die internationalen Finanzmärkte. Seither beschäftigt das Thema nicht nur die Marktteilnehmer, sondern auch wieder verstärkt Banken- und Wertpapieraufseher auf nationaler und internationaler Ebene.

Verschiedene Akteure haben besonderen Einfluss auf die nationalen und internationalen Regulierungsaktivitäten. Die erste ratinggerichtete Regulierung wurde durch die US-amerikanische Wertpapieraufsichtsbehörde *Securities and Exchange Commission* (SEC) eingeführt, die bis heute international maßgeblichen Einfluss auf das Regulierungsgeschehen hat. Die *International Organization of Securities Commissions* (IOSCO) ist ein Zusammenschluss der weltweit bedeutendsten Börsenaufsichten, beschränkt sich jedoch größtenteils auf die Verabschiedung von Standards ohne gesetzliche Grundlage. Auf europäischer Ebene haben der *Financial Services Action Plan* (FSAP) der Europäischen Kommission und das *Committee of European Securities Regulators* (CESR) Einfluss auf die Bestrebungen und die Umsetzung von ratinggerichteter Regulierung genommen.

Die DVFA begleitet diesen Prozess auf nationaler Ebene seit ihrer Gründung mit Kommissionsarbeit, Stellungnahmen im Rahmen der Verhandlungen auf internationaler Ebene, Förderung der öffentlichen Diskussion und der Veröffentlichung von Artikeln. Es ist somit die DVFA, die den nationalen Finanzmarktakteuren die Möglichkeit zum Gedankenaustausch und zur Formulierung abgestimmter Empfehlungen gibt.

Im Folgenden werden zunächst internationale Entwicklungen und Bestrebungen hinsichtlich der Regulierung von Ratingagenturen dargestellt, um den Handlungsrahmen der DVFA in diesem Bereich aufzuzeigen. Anschließend werden die Aktivitäten der DVFA auf nationaler und internationaler Ebene in dieses Gerüst eingebettet.

2 Internationale Regulierungsaktivitäten

2.1 United States Securities and Exchange Commission (SEC)

Die Ursprünge der Ratingagenturen gehen zurück auf die Unsicherheit bei der Bewertung von Handelspartnern kurz vor der Wirtschaftskrise 1837. Die sogenannten Commercial Credit Rating Agencies waren darauf spezialisiert, Tauschpartner im Handelsgeschäft zu bewerten. Insbesondere die Entwicklung der Eisenbahnen, bei denen bisher unbekannte Risiken aus zum Teil unerschlossenen Teilen Amerikas platziert wurden, ließ die Bedeutung der Agenturen rasant steigen. Nach der Insolvenz einiger großer Industrie- und Eisenbahnunternehmen ab 1893 kam der Anleihenmarkt zeitweilig zum Erliegen. Da sich jedoch Industrieunternehmen relativ besser halten konnten, rückte dieses Segment stärker in den Blickpunkt der Investoren. In dieser Zeit entstanden Ratingagenturen wie Moody's, Fitch und Standard and Poor's (S&P). Rechtsstreitigkeiten, insbesondere über Haftungsregeln, führten bereits in dieser Phase zu ersten Ansätzen einer Regulierung, jedoch war diese nicht nachhaltig und von kurzer Dauer.

Weltwirtschaftskrise

Als Reaktion auf die Weltwirtschaftskrise 1930 wurde die US-Wertpapieraufsichtsbehörde SEC gegründet. Diese regulierte die Agenturen jedoch zunächst nicht, sondern griff zu Regulierungszwecken aufgrund fehlender eigener Informationen auf die Urteile der Agenturen zurück. So wurde Banken etwa ab 1936 verboten, Anleihen zu halten, die nicht mindestens mit BBB von S&P oder Moody's bewertet waren.

Zu einer Gesetzesneuerung, die direkt die Agenturen selbst betraf, kam es das erste mal 1975 in Folge der SEC *Rule 15c3-1* (17 CFR 240.15c3-1), die den Begriff *Nationally Recognized Statistical Rating Organisation* (NRSRO) einführte. Diese verpflichtete Händler, beim Wertpapierkauf einen gewissen Prozentsatz des Marktwertes als Sicherheitsreserve zurückzulegen. Dieser Anteil verringerte sich jedoch, falls das betreffende Papier von mindestens zwei NRSROs mit *investment grade* bewertet wurde. Die als NRSRO identifizierten Agenturen wurden dadurch fundamental aufgewertet. Die Kriterien zur Festlegung dieses Status waren jedoch weder klar definiert noch nachprüfbar. Sie konnten lediglich unscharf in den *no action letters* identifiziert werden, die den Agenturen auf Anfrage die Übereinstimmung mit der Rule 15c3-1 mitteilten. Der Status als NRSRO wurde zunächst nur Moody's, S&P sowie Fitch zuerkannt.

Da der Begriff NRSRO immer stärkeren Einfluss erlangte, versuchte die SEC in den 90er Jahren, dem Fehlen von formalen Mechanismen für die Festlegung dieses Status zu begegnen. Die bis 1997 vorgeschlagenen gesetzlichen Änderungen, die insbesondere auf die Unabhängigkeit des Ratinganbieters vom bewerteten Unternehmen sowie auf den Umgang mit nicht-öffentlichen Informationen abzielten, wurden jedoch zunächst nicht umgesetzt.

New Economy Krise

Erst nach einer Serie von spektakulären Firmenpleiten wie Enron (USA), Parmalat (Italien), Worldcom (USA) und Vivendi (Frankreich) in der New Economy Krise zu Beginn des 21. Jahrhunderts gerieten Ratingagenturen verstärkt in die Kritik. Unter anderem war man vielfach der Meinung, die Ratingagenturen hätten diese Zusammenbrüche in irgendeiner Form erkennen müssen. Daher wurde die SEC im Jahr 2002 beauftragt, eine Studie zur Rolle und Funktion von Ratinggesellschaften durchzuführen, die folgende Problemfelder analysierte:

1. Interessenkonflikte zwischen dem Ratingobjekt und den Analysten,
2. die Kontrolle von Ratingunternehmen,
3. die Oligopol-ähnliche Marktstruktur sowie die hohen Eintrittsbarrieren für neue Ratingagenturen,

4. die Verwendung von Insiderinformationen,
5. die Veröffentlichung der Ratings und
6. die Methoden der Ratinggesellschaften.

Im Juni desselben Jahres wurde ein Konzeptpapier veröffentlicht, das sich mit Fragen hinsichtlich der generellen Regulierung von Ratingunternehmen, der Einführung formeller Vorgehensweisen zur Nutzung von Ratings und der Art der Aufsicht für die Agenturen beschäftigte.

Der *Credit Rating Agency Reform Act of 2006* novellierte den *Securities and Exchange Act* von 1934. Rechtlich umgesetzt wurde er durch die Rules 17g-1 bis 17g-6. Insbesondere wurden durch dieses Gesetz Kriterien für die Registrierung als NRSRO festgelegt. Ratingagenturen müssen dazu mindestens drei Jahre in Folge geschäftlich tätig gewesen sein, und sogenannte Qualified Institutional Buyers (QIBs) müssen der Agentur bescheinigen, dass sie deren Ratings in den letzten drei Jahren auch durchgehend genutzt haben. Weiterhin muss im Rahmen der Registrierung eine Liste der zwanzig größten Emittenten und Unterzeichner vorgelegt werden, die Ratings der Agentur benutzen. Weiterhin wurden Offenlegungspflichten gewisser für Investoren oder das öffentliche Interesse relevanter Informationen verfügt, etwa Statistiken zu Performancemessung, Methoden, Ethikkodex oder möglicher Interessenkonflikte. Neben diesen Offenlegungspflichten schreiben diese Rules der SEC vor, Richtlinien zu Interessenkonflikten und unfairen oder missbräuchlichen Geschäftspraktiken zu erlassen. *Tabelle 1* gibt einen Überblick über die eingeführten Rules.

Tabelle 1: Gemäß Credit Rating Agency Reform Act eingeführte Rules 17g-1 bis 17g-6.

Rule	Inhalt
Rule 17g-1	legt den Informationsbedarf für die Registrierung fest.
Rule 17g-2	beschreibt die Geschäftsberichte, die Ratingagenturen nach erfolgreicher Registrierung aufzubewahren haben.
Rule 17g-3	fordert NRSROs auf, in vertraulicher Weise detaillierte Finanzreporte zu erstellen.
Rule 17g-4	verpflichtet NRSROs dazu, Maßnahmen zu ergreifen, um insbesondere folgenden Missbrauch von nicht-öffentlichen Informationen zu verhindern: (1) die Weitergabe vertraulicher Informationen, (2) Insiderhandel von Mitarbeitern und (3) den Missbrauch von Informationen in schwebenden Ratingverfahren.
Rule 17g-5	verlangt von NRSROs, jegliche möglichen Interessenkonflikte beim Erstellen von Ratings sowie zwischen den beteiligten Parteien aufzudecken und zu handhaben.
Rule 17g-6	handelt von unfairem oder missbräuchlichem Geschäftsverhalten von NRSROs, gerade in Bezug auf die Zusicherung eines bestimmten Ratings beim Kauf anderer Produkte der Agentur.

Obwohl die Gesetzesänderung Grundlagen für ein transparentes Registrierungssystem für Ratingagenturen schuf, bleibt umstritten, ob die Maßnahmen nicht andererseits die ohnehin bestehenden Markteintrittsbarrieren weiter erhöhen und dadurch den Wettbewerb in dieser Branche nachhaltig stören.

Subprimekrise

Anfang des Jahres 2007 löste der Beginn der Subprimekrise eine weltweite Finanzkrise mit Liquiditätsengpässen auf den globalen Finanz- und Kapitalmärkten aus. Insbesondere Ratings, die in Verbindung mit strukturierten Finanzprodukten wie *Residential Mortgage Backed Securities* (RMBS) und *Collateralized Debt Obligations* (CBO) standen, rückten damit in den Fokus der Betrachtung. In einer Untersuchung zur Rolle von NRSROs bei der Bewertung der strukturierten Finanzprodukte stellte die SEC in mehreren Bereichen Handlungsbedarf fest. Daher veröffentliche sie im Juni 2008 die *Proposed Rules for NRSROs*, die sich insbesondere mit der Bewertung von strukturierten Finanzprodukten durch Ratingunternehmen befassten und am 10. April 2009 als *Amendments to Rules for Nationally Recognized Statistical Rating Organizations* in Kraft traten. Hauptbestandteil dieser Regeländerungen sind vier zentrale Vorgaben, die Ratingagenturen verpflichten, (1) ihre Statistiken im Bereich Kennzahlenmanagement von strukturierten Finanzprodukten offen zu legen, (2) ergänzende Aufzeichnungen zur Richtlinie 17g-2 zu führen und aufzubewahren, (3) auf ihrer Website eine zufällige Zusammenstellung von 10 % der erstellten Ratings zu veröffentlichen, deren Erstellung entweder der Schuldner oder Herausgeber bezahlt hat (jedoch nur, wenn die Agentur in der entsprechenden Ratingklasse 500 oder mehr Bewertungen durchgeführt hat) und (4) der Kommission einen zusätzlichen jährlichen Report vorzulegen.

In weiteren Beratungen ist die SEC seither zu dem Ergebnis gekommen, dass Ratings für Investoren eine maßgebliche Rolle bei der Auswahl der Finanzprodukte spielen. Im Oktober 2009 wurden daher Vorschläge veröffentlicht, die die Informationsbedürfnisse der Investoren innerhalb der Regularien stärker berücksichtigen. So spielen beim Rating komplexer Finanzprodukte im Gegensatz zu traditionellen Anleihen neben der Kreditwürdigkeit des Schuldners weitere Faktoren wie Liquidität eine bedeutende Rolle, ohne dass dies dem Investor immer klar ist. Weiterhin wird die Gefahr der Verzerrung von Ratings durch Interessenkonflikte nach wie vor kontrovers diskutiert (s. Rule 17g-5). Außerdem besteht die Gefahr des Cherry Picking bei Ratings, bei dem von einem Unternehmen unterschiedliche Ratings eingeholt werden, um anschließend das beste zu veröffentlichen. Potenziellen Investoren fehlen dadurch möglicherweise entscheidungsrelevante Informationen, so dass Offenlegungspflichten der Agenturen weiterhin im Fokus der Aufsichtsbehörden bleiben werden.

2.2 Die Internationale Organisation der Wertpapieraufsichtsbehörden (IOSCO)

Die Internationale Organisation der Wertpapieraufsichtsbehörden (IOSCO) ist ein Zusammenschluss der weltweit bedeutendsten Wertpapieraufsichtsbehörden mit rund 170 Mitgliedern und Partnern, etwa der SEC oder der BaFin. Gegründet 1983 hat sie bis heute eine führende Rolle bei der Aufstellung internationaler Standards auf dem Gebiet der Wertpapieraufsicht entwickelt. Erklärte Hauptziele sind:

1. die Verbesserung der Effizienz und Transparenz der Wertpapiermärkte,
2. der Investorenschutz sowie
3. die Erleichterung der Kooperation zur Bekämpfung von Finanzkriminalität.

Wie in vielen Bereichen der internationalen Finanzmärkte legt die IOSCO auch im Bereich der globalen Kreditmärkte und Ratingagenturen Standards fest.

New Economy Krise

In Folge der New Economy Krise rief das Technische Komitee der IOSCO 2003 die *Chairmen's Task Force on Credit Rating Agencies* (auch: CRA Task Force) ins Leben, um das Verhalten der Ratingunternehmen in diesem Zusammenhang zu untersuchen.[1] Als Ergebnis veröffentlichte die Task Force 2003 einen Report über die Aktivitäten von Ratingagenturen, der sich mit folgenden zentralen Themen beschäftigte:

1. Interessenkonflikte auf Grund der Eigentumsverhältnisse bei Finanzaktivitäten,
2. der notwendige Grad der Regulierung, der gleichzeitig den Wettbewerb nicht behindert,
3. Offenlegungspflichten,
4. Transparenz und Qualität der Ratings im Allgemeinen,
5. Prävention von Missbrauch und unerlaubter Weitergabe nicht-öffentlicher Informationen und
6. Anforderungen der Aufsichtsbehörden an Ratingunternehmen.

Auf Grundlage dieser Studie veröffentlichte die IOSCO am 25. September 2003 das *Statement of Principles regarding the Activities of Credit Rating Agencies.* Um diese Empfehlungen weiter zu spezifizieren und Marktteilnehmern und Ratinggesellschaften eine Reihe von verlässlichen und praktischen Maßstäben zur Implementierung der Prinzipien in ihre operativen Geschäftsvorgänge zur Verfügung zu stellen, entwickelte die IOSCO einen Verhaltenskodex (*Code of Conduct Fundamentals for Credit Rating Agencies),* der am 23. Dezember 2004 veröffentlicht wurde. Der Kodex stellt lediglich eine Empfehlung hinsichtlich der freiwilligen Selbstregulierung dar, ist jedoch bisher nicht durch ein Gesetz geregelt.

IOSCO Code of Conduct

Der IOSCO Code of Conduct folgt weitestgehend der Argumentationslinie der Empfehlungen vom September 2003, legt jedoch größeren Wert auf praktische Maßnahmen für Ratingagenturen, die die Integrität ihrer Geschäftsprozesse sicherstellen sollen. Er unterteilt sich in *vier Abschnitte*:

1. Um die Qualität und Integrität des Ratingprozesses zu gewährleisten, wird im *ersten Teil* auf die Notwendigkeit einer strengen und systematischen Methodik hingewiesen. Außerdem sollen die Agenturen die Bereitstellung hinreichender Ressourcen sicherstellen, insbesondere bezüglich der Qualifikation der Ratinganalysten. Ein ständiges Monitoring soll ermöglichen, alle für Marktteilnehmer relevanten Vorkommnisse zeitnah zu veröffentlichen.

---

1 Die SEC gab bereits 2002 eine Studie in Auftrag, auf die jedoch erst 2006 der Credit Agency Reform Act of 2006 folgte. Siehe oben.

2. Der *zweite Teil* behandelt Interessenkonflikte und die Unabhängigkeit der Agenturen, sowohl intern als auch extern. Alle potenziellen Beziehungen zum bewerteten Objekt sollen identifiziert, offen gelegt und, wenn nötig, beseitigt werden. Dies beinhaltet sowohl die Art der externen Entgeltvereinbarungen als auch die interne Abgrenzung des Ratings von anderen Geschäftsbereichen.

3. Um den Informationsanforderungen der Investoren und Emittenten gerecht zu werden, wird im *dritten Teil* gefordert, dass Ratingentscheidungen zeitnah veröffentlicht werden und angemessene Informationen über Vorgehensweisen, Methoden und Annahmen beinhalten. Vertrauliche Informationen sollen vor Betrug geschützt und daher weder teilweise veröffentlicht noch intern oder extern weitergegeben werden, solange es nicht unbedingt notwendig ist.

4. Jede Agentur hat einen individuellen Verhaltenskodex aufzustellen. Dabei sollen die Vorgaben der IOSCO in diese Verhaltenskodizes überführt und Mechanismen etabliert werden, die eine Einhaltung in der Agentur garantieren. Der individuelle Kodex ist zu veröffentlichen und jegliche Abweichung gegenüber den Vorgaben der IOSCO zu beschreiben und zu erklären.

Im Februar 2007 überprüfte das Technische Komitee die veröffentlichten Verhaltenskodizes der Ratingagenturen, um einen Überblick über den Grad der Implementierung des IOSCO Kodex von 2004 zu erhalten. Als Ergebnis stellte man fest, dass die drei großen Ratinggesellschaften (Moody's, Fitch und S&P) grundsätzlich den IOSCO Verhaltenskodex übernommen und Abweichungen vermerkt und erklärt hatten. Im Gegensatz dazu hatte eine große Gruppe mittlerer Ratingagenturen lediglich Teile des Verhaltenskodex übernommen, und die größte Gruppe der Agenturen hatte entweder gar keine Kodizes veröffentlicht oder die IOSCO Vorgaben nur minimal umgesetzt.

Subprimekrise

Im Zuge der Subprimekrise setzte das Technische Komitee gezielt eine Arbeitsgruppe zur umfassenden Untersuchung der Rolle von Ratingunternehmen in strukturierten Finanzmärkten ein, insbesondere in Bezug auf RMBS und CDO. In enger Zusammenarbeit mit der *CRA Task Force* und der anläßlich der Krise gegründeten *Subprime Crisis Task Force* veröffentlichte das Technische Komitee im Mai 2008 einen Bericht zur Rolle der Ratingagenturen in strukturierten Finanzmärkten. In Folge eines öffentlichen Beratungsprozesses mit Ratingagenturen, Finanzmarktteilnehmern und Regulierungsbehörden präsentierte der Bericht Modifikationen zum IOSCO Kodex von 2004. Diese beinhalteten im ersten Teil (Qualität und Integrität, siehe oben) für strukturierte Finanzprodukte die Beschränkung bestimmter Ratings sowie die Offenlegung dieser Beschränkungen, im zweiten Teil (Interessenkonflikte) die Gehaltspolitik und Nebentätigkeiten und im dritten Teil (Verantwortung) die Offenlegung und Erklärung, was ein Rating – insbesondere strukturierter Finanzprodukte – genau darstellt und welche Methoden zur Erstellung genutzt wurden.

Im September 2008 veröffentlichte die IOSCO Maßnahmen, um die Einhaltung des überarbeiteten Verhaltenskodex besser kontrollieren zu können, und forderte gleichzeitig eine verstärkte internationale Koordinierung der Aufsicht von Ratingagenturen. Die CRA Task Force überprüfte 2009 erneut die Implementierung des Verhaltenskodex und der Änderungen bei 21 Ratingagenturen. Dabei stellte sich heraus, dass sieben

Agenturen die Neuerungen nahezu vollständig in die firmeneigenen Kodizes übernommen hatten, unter ihnen auch die großen Drei. Im Gegensatz zur Untersuchung von 2007 hatte mit 11 Unternehmen jedoch eine Mehrheit der untersuchten Agenturen den IOSCO Kodex von 2004 implementiert. Zur weiteren Kontrolle der Ratinggesellschaften und zur Überwachung der Entwicklung von firmeneigenen Kodizes wurde die CRA Task Force am 12. März 2009 in eine ständige Kommission überführt.

2.3 Der Financial Services Action Plan der Europäischen Kommission

1999 stellte die Europäische Kommission den *Financial Services Action Plan* (FSAP) mit der Absicht vor, bis 2005 einen offenen, integrierten und effizienten Finanzmarkt in den Mitgliedsstaaten zu gestalten. Drei der 42 im Rahmen des FSAP entwickelten Direktiven betreffen direkt Ratingagenturen. Dies sind die *Market Abuse Directive* (MAD), die *Capital Requirements Directive* (CRD) und die *Markets in Financial Instruments Directive* (MiFID).

Market Abuse Directive

Die MAD fordert Ratinggesellschaften auf, ihre Geschäftspolitik und Vorgehensweisen auf eine angemessene Präsentation, Objektivität, Unabhängigkeit und Genauigkeit ihrer Ratings auszurichten. Nach Direktive 2003/6/EC des Europäischen Parlaments ist es Ratingunternehmen und ihren Angestellten untersagt, Insiderinformationen zu benutzen, deren Erwerb und Verwendung in Zusammenhang mit den untersuchten Finanzprodukten stehen. Folglich müssen Ratingagenturen nach Artikel 6(3) eine regelmäßig aktualisierte Liste mit allen Mitarbeitern führen, die Zugang zu Insiderinformationen besitzen. Als Novellierung der Direktive 2003/6/EC geht die *Commission Directive* 2003/125/EC auf die angemessene Präsentation von Investmentempfehlungen und die Offenlegung jeglicher Interessenkonflikte ein. Obwohl Ratings nicht als Empfehlungen, sondern als Meinungen zur Kreditwürdigkeit eines Emittenten oder Finanzinstruments zu sehen sind, werden Ratingunternehmen verpflichtet, die Adäquanz, Genauigkeit und Aktualität ihrer Ratings sicherzustellen.

Capital Requirements Directive

Die CRD wird zur Zeit durch die Direktiven 2006/48/EC und 2006/49/EC repräsentiert, die am 30. Juni 2006 im offiziellen Journal der Europäischen Union veröffentlicht wurden. Sie spiegelt den 2004 vom Basel Komitee entwickelten Rahmen für Banken und Aufsicht wider (Basel II). Um die Risikolast für den Kapitalbedarf von Banken oder Investmentfirmen nach Basel II zu bestimmen, müssen Kreditbewertungen von anerkannten *External Credit Assessment Institutions* (ECAI) genutzt werden. Im Januar 2006 veröffentlichte die Kommission für europäische Bankenaufsicht (CEBS) ihre *Richtlinien zur Anerkennung Externer Kreditbewertungsinstitutionen*, denen zufolge mehrere Kriterien erfüllt sein müssen, damit eine Ratingagentur von sachverständigen Behörden als ECAI anerkannt werden kann. z. B. müssen die veröffentlichten Ratings objektiv und unabhängig entstanden sein, laufend überprüft werden und die verwendeten Bewertungsmaßstäbe angemessen transparent sein. Obwohl sich die CRD klar auf die Bestimmung von Kapitalbedarf bezieht und nicht auf die Regulierung von Ratingagenturen, ist das System der Anerkennung als ECAI von großer Bedeutung für die Gesetzgebung.

Financial Instruments Directive

Die MiFID, wie sie durch die Direktiven 93/22/EEC und 2004/39/EC eingeführt und durch Direktive 2008/10/EC geändert wurde, legt allgemein Regulierungsvorschriften für Firmen fest, die bestimmte Investmentdienstleistungen anbieten. Die Hauptziele sind hierbei, den Wettbewerb zu stärken und für Finanzdienstleistungen einen Konsumentenschutz zu etablieren. Da jedoch die Herausgabe eines Ratings im Sinne der MiFID keine „Investmentempfehlung" darstellt, trifft sie nur auf Ratingunternehmen zu, die zusätzlich klassische Investmentdienstleistungen auf professioneller Basis anbieten. In diesem Fall greifen die Vorgaben zu Interessenkonflikten, zum Geschäftsverhalten und zu organisatorischen Anforderungen. z. B. fordert die MiFID einen angemessenen Grad der Trennung zwischen dem Ratingprozess und übrigen Investmentprozessen, so dass jegliche Beeinflussung der Objektivität und Qualität des Ratings vermieden wird.

2.4 Der Ausschuss der europäischen Wertpapierregulierungsbehörden (CESR)

Um die Ziele des FSAP schneller umzusetzen, schlug der *Lamfalussy Report* von 2001 ein vierstufiges Regulierungsvorgehen zur effizienteren Organisation der europäischen Wertpapieraufsicht vor. Stufe eins setzt sich aus Gesetzen durch den Rat und das Europäische Parlament zusammen, Stufe zwei betrifft Maßnahmen zur Implementierung. Bei CESR handelt es sich um eine Institution auf Stufe drei, die seit Juni 2001 hochrangige Repräsentanten der nationalen Behörden in den EU Mitgliedsstaaten versammelt. CESR soll die einheitliche und zeitnahe Umsetzung der Stufen eins und zwei gewährleisten und zusammen mit der Kommission an der Vorbereitung von Maßnahmen der Stufe zwei arbeiten. Stufe vier schließlich treibt die Durchsetzung der EU-Gesetze durch die Kommission und die Mitgliedsstaaten voran.

New Economy Krise

In Folge des Zusammenbruchs von Enron und der wachsenden Skepsis gegenüber der Rolle von Ratingunternehmen verabschiedete das Europäische Parlament im Februar 2004 eine Resolution über die *Rolle und Methoden von Ratingagenturen* (2003/2081 (INI)). In der Folge wurde die Europäische Kommission beauftragt, eine Bewertung über den gesetzgeberischen Handlungsbedarf in diesem Bereich abzugeben. Im März 2004 identifizierte die Kommission folgende vier Hauptthemen:

1. mögliche Interessenkonflikte,
2. die Transparenz der verwendeten Methoden,
3. den rechtmäßigen Umgang mit Insiderinformationen und
4. den Mangel an Wettbewerb unter den Ratinggesellschaften.

Im Juli 2004 trat die Kommission daher an den CESR heran, um eine fachspezifische Analyse und Hilfe bei der Ermittlung des Bedarfs einer Überarbeitung der europäischen Gesetzgebung zu erhalten. Zu diesem Zweck rief der Ausschuss eine Expertenkommission für Ratingagenturen ins Leben, die eng mit CEBS, IOSCO und der SEC zusammenarbeitet.

Am 30. März 2005 veröffentlichte der CESR seine *Ratschläge für die Europäische Kommission zu möglichen Maßnahmen in Betreff auf Ratingagenturen* (CESR/05-139b). Obwohl Maßnahmen aufgezeigt wurden, konnte man sich nicht auf eine Meinung bezüglich ihrer Effizienz einigen. Diskutiert wurden etwa die wettbewerblichen Konsequenzen eines EU-weiten Registrierungssystems, vergleichbar dem der SEC. Die Markteintrittsbarrieren könnten entweder durch den erhöhten Regulierungsaufwand steigen, oder durch Aufwertung kleiner Agenturen durch den Registrierungsprozess sinken. In einer 2006 veröffentlichten Mitteilung wurde daher empfohlen, die Effekte der Implementierung des IOSCO Kodex durch die Agenturen abzuwarten und von einer weiteren Regulierung der Ratingagenturen zunächst abzusehen.

Subprimekrise

Im Dezember 2006 präsentierte der CESR dann seine ersten Ergebnisse im Zusammenhang mit der Einführung des IOSCO Verhaltenskodex mit dem Schluss, dass Ratingunternehmen den Kodex grundsätzlich erfüllen. Lediglich in den Bereichen Unsolicited Ratings, zusätzliche Dienstleistungen und strukturierte Finanzprodukte wurden zusätzliche Untersuchungen eingeleitet. Mit den Auswirkungen der Subprimekrise auf die globalen Finanzmärkte 2007 dehnte die Kommission ihre Anfrage ausdrücklich auf die Rolle der Ratinggesellschaften im Bereich strukturierter Finanzprodukte aus und veröffentlichte ein Konsultationspapier zur *Rolle von Ratingagenturen bei strukturierten Finanzprodukten* (CESR/08-36).

In seinem zweiten Bericht, veröffentlicht im Mai 2008, hob der CESR erneut die Bedeutung der folgenden Aspekte hervor:

1. Transparenz, insbesondere in Bezug auf kritische Modellannahmen und Methoden,
2. Qualifikations- und Entlohnungsstrukturen,
3. das Problem der effektiven Kontrolle und
4. die Interessenkonflikte durch das Entlohnungssystem.

Als Minimalstandard für den Handlungsrahmen von Ratingunternehmen empfahl der CESR daher den Verhaltenskodex der IOSCO, obwohl zusätzliche Regelungen bezüglich Neben- und Beratungstätigkeiten als notwendig erachtet wurden. Weiterhin schlug der CESR vor, eine internationale Plattform für Vertreter von Investoren, Emittenten und Investmentfirmen zu schaffen, um Kontrollstandards festzulegen und Ratingagenturen im Bereich der Standardisierung mit einzubinden. Lediglich im Falle des Versagens dieses Zusammenschlusses sollten Aufsichtsbehörden – wenn nötig durch Regulierung – einschreiten, um die Qualität des Ratingprozesses zu gewährleisten.

Nach weiteren Konsultationen wurde als Reaktion auf den weiteren Verlauf der Krise am 17. November 2009 die EU *Regulation (EC) No 1060/2009* im *Official Journal of the European Union* veröffentlicht. Am 7. Dezember 2009 trat damit ein Regulierungsrahmen in Kraft, der auf EU-Ebene gesetzlich umsetzte, was zum großen Teil bereits in den freiwilligen Kodizes und in der US-Gesetzgebung verankert war. Um die Qualität von Credit Ratings sicherzustellen, wurden verschiedene Bedingungen an die Veröffentlichung von Credit Ratings geknüpft und Regeln für die Agenturen bezüglich ihrer Organisation herausgegeben, die ihre Unabhängigkeit fördern und Interessenkonflikte verhindern sollen. Insbesondere wurde geregelt, dass

1. für regulatorische Zwecke bis auf wenige Ausnahmen nur Ratings von Agenturen genutzt werden dürfen, die bei der EU registriert sind;
2. eine Registrierung bei CESR notwendig ist, die etwa Details zu Prozessen und Methoden oder zum Umgang mit Interessenkonflikten enthält;
3. die Veröffentlichungspflichten ausgedehnt werden, unter anderem bezüglich der Methodik und der zentralen Modellannahmen, bezüglich Strukturierter Finanzprodukte oder bezüglich weiterer Informationen in Form eines jährlichen Transparenzberichts, der unter anderem Informationen zu möglichen Interessenkonflikten enthält;
4. die Unabhängigkeit gewährleistet sein muss, etwa durch das Einrichten eines Aufsichtsrats, der die Unabhängigkeit prüft, durch das Verbot von Beratungsaktivitäten durch die Agenturen, oder durch Aufzeichnung aller Aktivitäten.

Die Details zur Umsetzung der Regulierung wurden CESR übertragen, so etwa der genaue Registrierungsprozess oder die Bewertung der systemischen Relevanz einzelner Agenturen. Konsultationen zu diesen Themen laufen bereits und werden sicher weitere Debatten über die verschiedenen Regulierungsgebiete hervorrufen.

3 Initiativen der DVFA

Gegründet im Jahr 1960, handelt es sich bei der Deutschen Vereinigung für Finanzanalyse und Asset Management um ein Mitglied der *European Federation of Financial Analysts Societies* (EFFAS), die derzeit mehr als 400 Investmentfirmen, Banken, Vermögensverwalter, Berater und Beratungsfirmen repräsentiert. Innerhalb des Ressorts Fixed Income beschäftigt sich das Committee Rating mit Fragestellungen im Bereich Kreditanalyse und Rating.

Das Committee Rating wurde kurz nach Beginn der New Economy Krise im Jahr 2001 gegründet. Als Reaktion auf die Empfehlungen des zweiten Baseler Akkords war das vorrangigste Ziel die Entwicklung von Standards, die die am Markt angebotenen Ratingsysteme trotz ihrer divergierenden Methoden vergleichbar machen sollten. Nach ausführlichen Beratungen wurden im November 2001 die DVFA Rating Standards publiziert und so die Diskussion in der Öffentlichkeit forciert.[2] Ziel war dabei nicht die Bewertung der am Markt oder in Banken eingesetzten Systeme, sondern die möglichst exakte Definition von allgemeingültigen Transparenzstandards und die Erstellung eines Fragenkatalogs, der es allen Finanzmarktteilnehmern ermöglichen sollte, eine kritische Evaluierung der zum Einsatz kommenden Systeme vorzunehmen.[3]

---

2 Auf die internationale Tagesordnung kam dieses Thema erst 2003 mit der CRA Task Force der IOSCO. Vgl. S. 5.

3 Die DVFA Rating Standards wurden veröffentlicht im FINANZBETRIEB 11, Beilage 4, November 2001.

DVFA Rating Standards

Im Gegensatz zu den meisten internationalen Ansätzen präsentieren sich die DVFA Rating Standards als ein Katalog von 93 Fragen, die sich in vier Bereiche untergliedern:

1. allgemeine Informationen über das Rating,
2. Informationsgrundlage des Ratings (Inputqualität),
3. Informationsverwendung und
4. Informationen über die Ratingergebnisse (Outputqualität).

Die DVFA Rating Standards stellen dabei keine Empfehlungen dar, sondern sollen Investoren als Hilfe dienen, die richtigen Fragen zu stellen und anhand der ermittelten Antworten zu einem eigenständigen Urteil über die Güte des betrachteten Ratingsystems zu kommen.

Der *erste Abschnitt* beschäftigt sich mit allgemeinen Fragestellungen zur Ratingagentur, zum Ratingobjekt und zum Ratingprozess, wie z. B. der Überlegung, ob die Ratinggesellschaft primär Bewertungen erstellt oder zu welchem Zweck der Auftraggeber das Rating erstellen lässt. In Bezug auf die verwendeten Informationen stellen die Standards Fragen nach der Herkunft der Daten (externes Rechnungswesen / Klienten / Informationen Dritter), den Methoden zur Informationsbeschaffung (Beteiligung des Ratingobjektes) und nach dem zeitlichen Rahmen (Vergangenheitsdaten oder Zukunftsprojektionen), der durch das Rating abgedeckt wird. Um die Integrität und Unabhängigkeit der Ratingagentur zu gewährleisten, betont die DVFA die Bedeutung von ethischen Grundsätzen, nach denen Agenturen und Analysten handeln sollten. In diesem Zusammenhang werden unterschiedliche Verhaltensprinzipien erwähnt, wie z. B. umfangreiche und nachgewiesene Kompetenz der Analysten, Vorbeugung jeglicher Interessenkonflikte, strikte Vermeidung von gleichzeitiger Beratung und Bewertung oder der gewissenhafte Umgang mit vertraulichen Informationen.

Der *zweite Abschnitt* erweitert die allgemeinere Diskussion des ersten Teils durch Vorstellung möglicher Kriterien zur Bewertung der im Ratingprozess verwendeten Inputdaten. Hauptthemen sind hier z. B. die einheitliche Auswahl relevanter Informationen, das Ausmaß und der Zeitpunkt der Datenerhebung, die Glaubhaftigkeit von externen, internen oder prognostizierten Daten sowie der Umgang mit fehlerhaften oder abweichenden Datensätzen. Ergänzt werden diese Bereiche durch detaillierte Unterkategorien zur Identität des Ratingobjekts, Buchhaltungsdaten, nicht-finanziellen Indikatoren und zur Integration des Risikomanagements.

Im *dritten Abschnitt* wird die Analyse des eigentlichen Ratings behandelt. Zur Bewertung des Prozesses dienen dabei folgende Hauptkriterien:

1. Transparenz, in dem Sinne, dass Außenstehende die Dokumentation der Bewertung verstehen sollten,
2. Genauigkeit,
3. Sicherheit in Bezug auf die Fehlerwahrscheinlichkeit,
4. Verlässlichkeit, unter dem Gesichtspunkt, dass bei gleichen Inputdaten ein gleiches Ergebnis wiederholt werden kann, und
5. angemessene Auflösung des Ratings in Bezug auf das Inputvolumen.

Bei der Behandlung empirischer Modelle wird besonderer Wert auf spezielle Anforderungen an die Modelle, z. B. in Bezug auf den Algorithmus oder die verwendeten Datensätze gelegt. Für ausgewählte einzelne Ratingmodelle (mathematisch-statistische Modelle, Bepunktungsmodelle, Expertensysteme und neuronale Netzwerke) werden charakteristische Kriterien identifiziert. Abschließend gewährt der Abschnitt einen Überblick über die Bewertung qualitativer Ratingmodelle.

Der *letzte Abschnitt* beleuchtet die Ergebnisse, die von Ratingagenturen erzeugt werden, wobei Hauptschwerpunkte die Transparenz des Ratings (der Zusammenhang zwischen den verwendeten Daten und dem Ergebnis muss erkennbar sein) und die regelmäßige Kontrolle der Resultate durch die Ratinggesellschaft darstellen. Abschließende Überlegungen behandeln schließlich die Aktualität und das zeitliche Blickfeld des Ratingergebnisses, Spezifikationen zum Ausmaß des Ratings, Vorgaben im Verzugsfall sowie den Verwendbarkeitsrahmen des Ratings in Bezug auf Firmengröße, Region oder Branche.

Die Pionierleistung der DVFA hat sich in verschiedenster Weise auf den Markt und die dort handelnden Akteure für Ratingleistungen ausgewirkt. Wenn auch nicht unmittelbar belegbar, ist doch augenscheinlich, dass viele Aspekte des Rating Standards in der Ratingpraxis Eingang gefunden haben. Insbesondere hat sich die Transparenz der Berichterstattung auf Seiten der handelnden Akteure erheblich erhöht.

Ausbildungsprogramm Certified Credit Analyst

Neben den Ratingstandards wurde seit 2001 über mögliche Qualifizierungskonzepte für die mit den neuen Ratinganforderungen konfrontierten Analysten und Berater diskutiert. Im Oktober 2001 wurde erstmalig das Qualifizierungsprogramm *DVFA Certified Credit Analyst* angeboten. Damit sollte einerseits Kredit- und Finanzierungsexperten die Möglichkeit gegeben werden, ihr Wissen zertifizieren zu lassen und so der Kritik bezüglich mangelnder Qualifikation von Analysten zu begegnen. Analysten wollten eine fundierte und qualitativ hochwertige Ausbildung für den gesamten Bereich des Unternehmensratings erhalten. Inhalte des Kurses erstrecken sich z. B. auf Basel II spezifische Aspekte des Risikotransfers, die Analyse qualitativer und quantitativer Informationen, Validierungsverfahren, kapitalmarktorientierte Verfahren bis hin zu modernen Ratingmethoden wie neuronalen Netzen. Diese Qualifizierungsoffensive kann als richtungsweisend für den europäischen Finanzraum bezeichnet werden. Im April 2010 startet bereits der 16. Jahrgang dieses Ausbildungsprogramms. 2009 wurde in diesem Zusammenhang das Buch Credit Analyst herausgegeben, das einerseits zur Vorbereitung der Teilnahme am Graduiertenkurs dienen soll, andererseits als Ergänzung der Ausbildung von Kredit- und Kapitalmarktspezialisten verstanden werden soll.[4]

New Economy Krise

Die DVFA nimmt im Rahmen der Konsultationen der EU Kommission und der EFFAS regelmäßig durch Stellungnahmen an der internationalen Diskussion teil. So stimmte die DVFA im August 2004 als Reaktion auf die Ergebnisse der Untersuchungen durch CESR im März 2004 den vier Hauptpunkten zu, wobei sie besonderen Wert auf eine

4 Everling, Holschuh, Leker (Hrsg.), Credit Analyst, Oldenbourg Verlag München, 2009.

Verbesserung der oligopolähnlichen Marktstruktur legte (vgl. Abschnitt 2.4). Als Maßnahme wurde vorgeschlagen, bestehende Equity-Firmen zu ermutigen, sich in der Ratingbranche zu betätigen. Im Rahmen ihres europäischen Dachverbands nahm sie am 8. November 2004 zu den Vorschlägen der IOSCO Stellung, indem sie zwar grundsätzlich dem Verhaltenskodex zustimmt (es werden Parallelen zu den DVFA Rating Standards gezogen), in einigen Bereichen jedoch Verbesserungen vorschlägt (für den IOSCO Code of Conduct vgl. Abschnitt 2.2). Zum einen wurden die hohen Markteintrittsbarrieren für kleine Ratingunternehmen kritisiert, die dazu führen, dass sich der Ratingmarkt nicht nennenswert vergrößern kann. Daher forderte die DVFA, den Verhaltenskodex in Abhängigkeit der Unternehmensgröße zu interpretieren, da gerade kleine Gesellschaften kein Budget für komplexe Kontrollinstitutionen besitzen. Zum anderen führte die DVFA an, dass der Verhaltenskodex in einigen Passagen zu allgemein gehalten sei.

Subprimekrise

Im August 2006 veröffentlichte die Arbeitsgruppe Credit Derivatives die *Standards zur Bewertung von Kreditderivaten*, um Best-Practice Standards aus der Perspektive von Analysten und Investoren für die Bewertung von Kreditderivaten, insbesondere Credit Default Swaps (CDS) vorzustellen. Auf eine detaillierte Analyse der für CDS standardmäßig verwendeten Bewertungsmodelle folgte die Umsetzung des Bewertungsmodells in eine Open Source Excel Applikation, die von der DVFA kostenfrei auf ihrer Internetseite angeboten wurde.[5]

Nach der ersten Untersuchung von CESR hinsichtlich der Anwendung des IOSCO Code of Conduct (vgl. Abschnitt 2.4) nahm die DVFA im Mai 2007 zu den Ergebnissen Stellung und stimmte dabei mit der IOSCO überein, dass gerade die großen Agenturen Verhaltenskodizes veröffentlicht haben. Kritisiert wurde jedoch, dass lediglich die Veröffentlichung von Kodizes, nicht jedoch deren Befolgung durch die Kommission kontrolliert wird und die Richtlinien größtenteils so allgemein gehalten sind, dass wirkungsvolle Änderungen nur schwer nachzuvollziehen sind.

Nach den Änderungen des IOSCO Code of Conduct im Jahr 2008 (vgl. Abschnitt 2.2) reagierte die DVFA mit dem Hinweis auf die Bemühungen der europäischen Aufsichtsbehörden und forderte die IOSCO auf, Ratingagenturen im Bereich von strukturierten Finanzprodukten nicht von Regulierungen auszunehmen, da nicht von einer Selbstregulierung der Unternehmen ausgegangen werden könne. Sie forderte daher eine direkte Regulierung und eine Offenlegung der Performance von Ratinggesellschaften.

In Reaktion auf den zweiten Bericht zur Anwendung des IOSCO Verhaltenskodex vom Mai 2008 (vgl. Abschnitt 2.4) führte die DVFA an, dass Ratings für viele Investoren eine zentrale Grundlage ihrer Investitionsentscheidung darstellen und daher Ratinggesellschaften im Bereich von Offenlegungspflichten und der Verwendung von Insiderinformationen stärker reguliert werden müssten. Im Vergleich zum amerikanischen Registrierungssystem wies die DVFA weiterhin auf ein Fehlen solcher Zulassungskontrollen in Europa hin, das somit zu Oligopolstrukturen führt.

5 DVFA-Finanzschriften, Nr. 06/07, Standards zur Bewertung von Kreditderivaten.

Dieses Jahr legen die Arbeitsgruppen *Ratingmethoden für strukturierte Produkte* und *Interpretation und Bedeutung von Ratingskalen* Studien vor. Angesichts der Diskussion um Ratingnoten im Bereich strukturierter Produkte beschäftigen sie sich mit der Bedeutung von Ratingsymbolen und den Unterschieden im Rating von Corporate Ratings und dem Rating für strukturierte Produkte.[6]

4 Zusammenfassung und Ausblick

Nach dem Enron-Zusammenbruch 2001 begannen die Aufsichtsbehörden, weltweit die Rolle von Ratingagenturen im Zusammenhang mit dem Skandal zu untersuchen. Die Ergebnisse waren jedoch begrenzt, nur geringe Änderungen in der Regulierung wurden durchgesetzt, und die existierenden Initiativen waren auf Grund mangelnder Implementierung wirkungslos. Die DVFA Rating Standards dienten zwar als Plattform in Deutschland, ihre Umsetzung blieb jedoch freiwillig. Auch trotz einiger Initiativen im Rahmen des FSAP bezüglich Ratinggesellschaften wurden die besonderen Probleme der Ratingbranche nicht direkt angegangen. Der IOSCO Verhaltenskodex von 2004 war die erste wirkungsvolle Bestrebung, internationale Rahmenbedingungen für Ratingunternehmen zu etablieren, litt jedoch ähnlich der DVFA Standards unter Problemen bei der Umsetzung, da er freiwillig blieb und sich eine Kontrolle als schwierig erwies. 2006 dann brachte die SEC als erste Regulierungsbehörde Zulassungsbestimmungen in die nationale Gesetzgebung der Vereinigten Staaten ein, deren Effekt auf die Ratingbranche jedoch noch immer kontrovers diskutiert wird. Der Zusammenbruch der Märkte für strukturierte Finanzprodukte und die Krise des internationalen Finanzsystems unterstreichen die möglichen Folgen mangelnder Regulierung und Aufsicht. Die jetzt kürzlich in den Vereinigten Staaten und in Europa verabschiedeten Direktiven haben das Potenzial, den Wertpapiermarkt umfangreich zu verändern.

Obwohl sich Regulierungs- und Standardisierungsaktivitäten weitestgehend auf eine internationale Ebene verschoben haben, dient der Ansatz der DVFA als eine Kommunikationsplattform für alle am Ratingprozess beteiligten Marktteilnehmer und Experten. Der Vorschlag, Marktteilnehmer durch gezielte Fragestellungen anstelle von direkten Empfehlungen – wie im Falle des IOSCO Verhaltenskodex – zu unterstützen, kann wertvolle Einsichten zur Verbesserung von Richtlinien und Standards für Ratingagenturen liefern. Die DVFA hat sich in diesem Zusammenhang als wichtiger Akteur und Impulsgeber etabliert. Es ist ihr und den Finanzmärkten zu wünschen, dass dies auch in Zukunft so bleibt.

6 Die Veröffentlichung der Arbeitspapiere ist für das Jahr 2010 vorgesehen. Eine erste Information der Presse erfolgt am 18. Februar 2010.

Tabelle 2: Internationale und nationale Aktivitäten bezüglich der Regulierung von Ratingagenturen

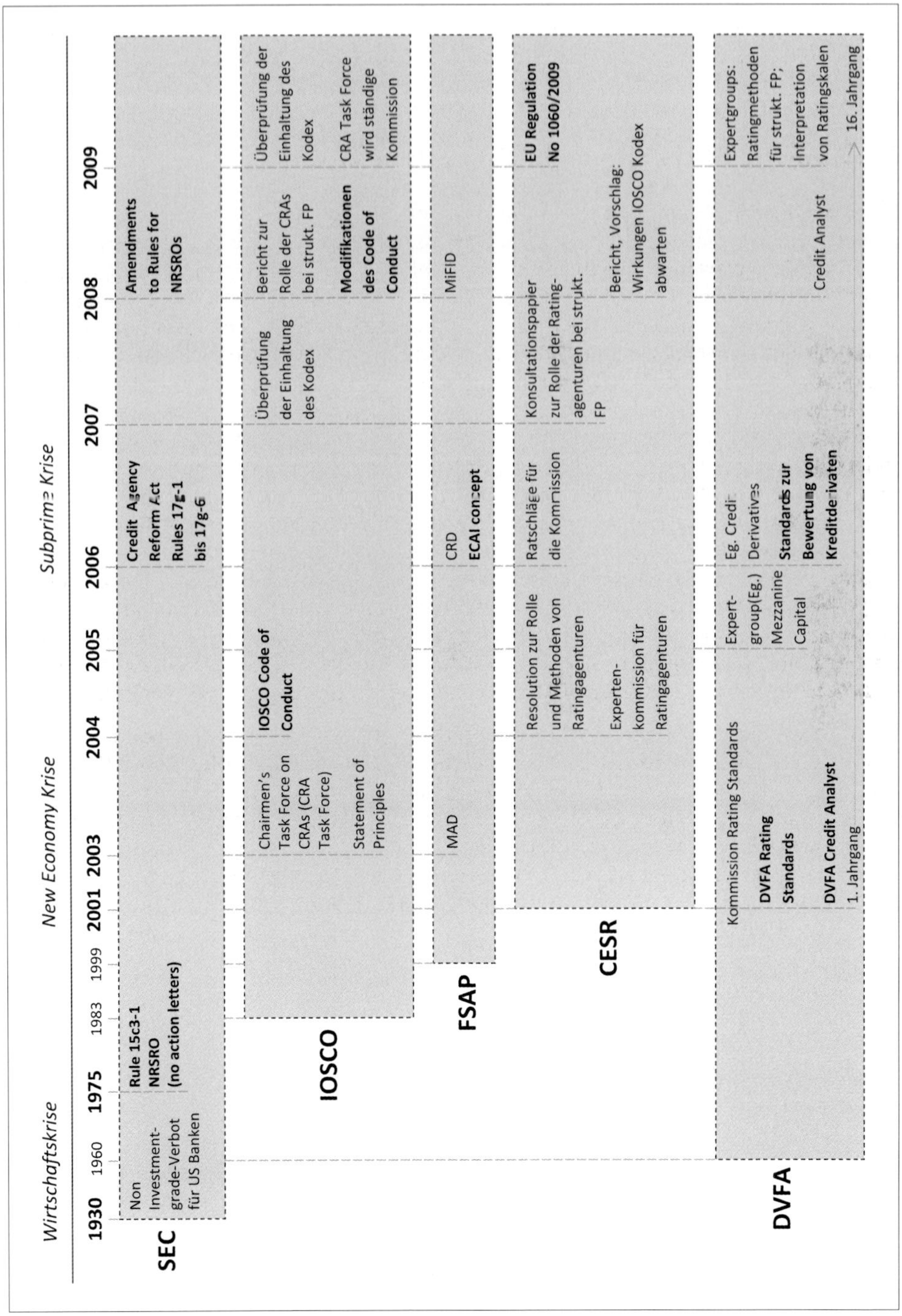

Kapitel 8:

Corporate Governance

Der Aufsichtsrat im Rampenlicht – eine Reform jagt die andere!

von Uwe H. Schneider und Claudia Nowak

Einleitung

Der Aufsichtsrat kommt nicht aus dem rechtspolitischen Rampenlicht. Ist nicht schon alles durchdacht, diskutiert, geschrieben und geregelt? Was sind das für Erfahrungen in jüngster Zeit, die zum Einschreiten des Gesetzgebers geführt haben und die trotz zahlreicher Änderungen des geltenden Rechts die Diskussion nicht zu einem Ende bringen? Dafür gibt es viele Gründe:

Erstens

wird eine der Ursachen für die Bankenkrise in Deutschland – und anderswo – in der unzulänglichen Überwachung der Geschäftsleitung gesehen. Und dies wiederum soll seine Ursache darin haben, dass die Mitglieder des Aufsichtsrats ihren Aufgaben nicht gewachsen gewesen seien. Die Aufsichtsratsmitglieder hätten das neue Geschäftsmodell und die Aktivitäten ihres Instituts nicht verstanden und seien auch nicht um fachkundigen Rat bemüht gewesen. Viele Aufsichtsratsmitglieder könnten keine Bilanz lesen und deshalb die geschäftlichen Vorgänge des Unternehmens nicht nachvollziehen. Nicht einmal der Vorsitzende des Prüfungsausschusses hätte über den notwendigen „Sachverstand auf den Gebieten Rechnungslegung oder Abschlussprüfung" verfügt. Das klingt nicht gut.

Zweitens

seien in der Vergangenheit Interessenkonflikte bei Aufsichtsratsmitgliedern die Ursache für fehlerhafte Entscheidungen gewesen. Die zur Überwachung der Geschäftsführung verpflichteten Organmitglieder hätten häufig geschäftliche oder familiäre Beziehungen zu den Geschäftsleitern unterhalten, die eine objektive und unabhängige Entscheidung verhindert hätten. Zudem seien ehemalige Vorstandsmitglieder unmittelbar nach ihrer Amtszeit in den Aufsichtsrat gewechselt, hätten dessen Vorsitz übernommen und dort die Geltendmachung von Schadensersatzansprüchen der Gesellschaft aus früheren eigenen Pflichtverletzungen sabotiert. Das klingt nicht gut.

Drittens

wird dem Aufsichtsrat vorgeworfen, er hätte versäumt, die Gehaltsstrukturen für die Vorstände so auszugestalten, dass die Geschäftsleitung an einem langfristigen Erfolg des Unternehmens interessiert sei. Genau das Gegenteil sei der Fall gewesen: Boni und andere Gehaltsbestandteile seien Anreize für kurzfristiges Denken gewesen. Und weiter: Die Aufsichtsräte hätten ihre Pflichten verletzt, weil sie den exzessiven Forderungen nach hohen Gehältern der Mitglieder der Geschäftsleitung nachgegeben hätten. Auch das klingt nicht gut – zumal weitere Vorwürfe erhoben werden.

Das *50jährige Jubiläum des DVFA e.V.* ist eine wahre Erfolgsgeschichte. Begründen muss man dies hier nicht. Das ist in dieser Festschrift bereits an anderer Stelle geschehen. In diesen 50 Jahren hat die Rechtspolitik nicht geruht. Was ist da alles geschehen! Reformen des Aktienrechts, Reformen des Gesellschaftsrechts, Reformen des Bilanzrechts, fortwährende Reformen des Steuerrechts und nicht zuletzt das Entstehen des wachsenden Kapitalmarktrechts. Hinzu kommen vielfältige Einflüsse durch die internationalen Erwartungen, den Basler Ausschuss, IOSCO, die Europäische Kommission und andere mehr.[1] Die Reformen feiern fröhliche Urständ. Das hat seine Gründe in den schnellen Veränderungen der Wirklichkeit, in den gesammelten Erfahrungen und in neuen Wertungen.

---

1 Grundlegend *Mülbert*, BKR 2006, 349.

Im Folgenden sollen die jüngsten Reformen zum Recht des Aufsichtsrats etwas näher beleuchtet und analysiert werden. Das ist unsere Gabe zum Jubiläum.

1 Anforderungen an die fachliche Eignung der Aufsichtsratsmitglieder

1.1 Aktiengesetzlich geforderter Sachverstand in Rechnungslegung oder Abschlussprüfung

Der Erlass des *Bilanzrechtsmodernisierungsgesetzes* (BilMoG)[2] war nur der Anfang einer Reihe gesetzlicher Änderungen, die zur Verbesserung und Stärkung des unternehmensinternen Kontrollsystems beitragen sollten. Dabei lag der Ursprung dieser Gesetzesänderung nicht in der aktuellen Banken- und Finanzkrise, sondern wurzelte vielmehr im Zusammenbruch des amerikanischen Energieriesen *Enron* Ende des Jahre 2001. Die Reaktionen des US-amerikanischen Gesetzgebers auf den Unternehmensskandal inspirierten auch die europäische Legislative zum Erlass zahlreicher Änderungen,[3] die im Folgenden nur in ihren Grundstrukturen dargestellt werden können.

Seit dem 29.05.2009 gelten für kapitalmarktorientierte Aktiengesellschaften[4], in Umsetzung der europäischen Vorgaben, die Voraussetzungen des § 100 Abs. 5 und § 107 Abs. 4 AktG, § 12 Abs. 4 EGAktG. Bei Aufsichtsratswahlen nach diesem Termin muss die Besetzung des Aufsichtsrats mit mindestens einem Mitglied erfolgen, das über Sachverstand auf den Gebieten Rechnungslegung oder Abschlussprüfung verfügt. Hat der Aufsichtsrat aus seiner Mitte einen Prüfungsausschuss gebildet, dann muss der unabhängige Finanzexperte auch in diesem vertreten sein, § 107 Abs. 4 AktG.

Den erforderlichen Sachverstand spricht die Gesetzesbegründung[5] den Angehörigen der steuerberatenden oder wirtschaftsprüfenden Berufe zu. Aber auch bei anderen Berufsausbildungen ist die geforderte Qualifikation nicht von vornherein abzusprechen. Voraussetzung ist vielmehr, dass das betreffende Mitglied beruflich mit Rechnungslegung oder Abschlussprüfung befasst ist oder war. Damit erfüllen auch Finanzvorstände, fachkundige Angestellte aus den Bereichen Rechnungswesen und Controlling, Hochschullehrer aus den Bereichen Rechnungslegung und Wirtschaftsrecht, aber auch Betriebsräte, sofern sie sich diese Fähigkeiten durch Weiterbildung angeeignet haben, die gesetzliche Forderung*. Es ist somit nicht ausgeschlossen, dass der Finanzexperte auch aus den Reihen der Arbeitnehmervertreter stammt.

---

2 Gesetz zur Modernisierung des Bilanzrechts (Bilanzrechtsmodernisierungsgesetz – BilMoG) v. 25.5.2009, BGBl. I S. 1102.

3 Richtlinie 2006 / 43 / EG des Europäischen Parlaments und des Rates vom 17.5.2006 über Abschlussprüfungen von Jahresabschlüssen und konsolidierten Abschlüssen, zur Änderung der Richtlinie 78 / 660 / EGW und 83 / 249 / EWG des Rates und zur Aufhebung der Richtlinie 84 / 253 / EWG des Rates, ABl. EU Nr. L 157 v. 9.6.2006, S. 87.

4 Legaldefinition von „Kapitalmarktorientierter Kapitalgesellschaft" in § 264d HGB. Über § 52 Abs. 1 GmbHG gilt diese Voraussetzung auch für den Aufsichtsrat einer kapitalmarktorientierten GmbH.

5 Begr. RegE, BilMoG, BT-Drucks. 16 / 10067, S. 102.

* Vgl. LG München I v. 05.11.2009 – 5HKO 15312 / 09, BB 2010, 885.

Im Bezug zur fachlichen Eignung kann § 100 Abs. 5 AktG als gesetzgeberische Konkretisierung des bis dahin geltenden Rechts verstanden werden.[6] Jedes einzelne Aufsichtsratsmitglied musste zwar schon bisher nur bestimmte Mindestkenntnisse besitzen, die erforderlich sind, um alle normalerweise anfallenden Geschäftsvorgänge ohne fremde Hilfe verstehen und sachgerecht beurteilen zu können.[7] Für die Erfüllung der Überwachungsaufgaben kam es entscheidend auf die fachliche Kompetenz des Gesamtorgans an,[8] so dass bei einem Teil der Aufsichtsratsmitglieder spezielle unternehmensspezifische Kenntnisse zu verlangen waren. Da der Aufsichtsrat seine gesetzliche Prüfungspflicht aus § 171 Abs. 1 AktG aber nicht bloß mit dem „Abnicken" des Prüfungsergebnisses des Abschlussprüfers erfüllen kann, sondern vielmehr eigenständig den Jahresabschluss prüfen muss, war auch schon vor der Änderung durch das *BilMoG* die Besetzung des Aufsichtsrats mit mindestens einem Finanzexperten zwingend.[9] Neu ist, dass diese Anforderungen nun konkretisiert sind und sich die Praxis nicht darauf berufen kann, die allgemeinen Prinzipien seien zu unbestimmt.

1.2 Spezielle Anforderungen für Aufsichtsräte in Banken und Versicherungsunternehmen

Die teilweise in den Landesbank und Sparkassengesetzen[10] geregelten Anforderungen an die erforderliche Sachkunde der Aufsichts- und Verwaltungsratsmitglieder wurden im Lichte der Hertie-Entscheidung des Bundesgerichtshofs[11] nur dahingehend ausgelegt, dass keine über ein „gehobenes Grundwissen hinausgehenden (branchenspezifischen) Kenntnisse und Fähigkeiten"[12] von jedem einzelnen Organmitglied gefordert werden könnten. Ausschlaggebend sollte auch hier die Gesamtkompetenz des Überwachungsorgans sein.

Die Finanzkrise offenbarte jedoch, dass auch letztere nicht gegeben war.[13] Dies nötigte den Bundesgesetzgeber, mit dem *Aufsichtsstärkungsgesetz*[14] regulierend einzugreifen. Hierbei handelt es sich nicht um gesellschaftsrechtliche Organisationsnormen, sondern um aufsichtsrechtliche Anforderungen. Die Mitglieder des Verwaltungs- bzw.

6 So auch: *Hingst/Himmelreich/Krawinkel*, WM 2009, 2016 (2019); *Hasse*, VersR 2010, 18 (23).

7 BGHZ 85, 293 (Hertie) = NJW 1983, 991; vgl. OHG v. 31.05.1977 – 5 Ob 306/76, m. Anm. Semler, AG 1983, 81.

8 *Semler/Wagner* in: Semler/v. Schenck, Arbeitshandbuch Aufsichtsratsmitglieder, § 2 Rn. 81 ff.; *Spindler* in: Spindler/Stilz, AktG 2008, § 100 Rn. 29; *Säcker*, AG 2004, 180 (181); *Lutter*, ZIP 2003, 417 (418); *Hommelhoff*, ZGR 1983, 551 (572 f.).

9 Vgl. *Lutter*, ZIP 2003, 417 (418).

10 Bspw. § 12 Abs. 1 SpkG NRW; § 11 Abs. 1 SpkG MV; Art. 10 Abs. 1 BaySpkG; § 9 Abs. 2 LBWG.

11 BGHZ 85, 293 (Hertie) = NJW 1983, 991.

12 *Hingst/Himmelreich/Krawinkel*, WM 2009, 2016 (2018); *Fischer*, ZIP 2004, 2169 (2170).

13 Vgl. Sonderbericht des Sächsischen Rechnungshofes zur Landesbank Sachsen Girozentrale v. 16.03.2009, Az.: 120308/64, S. 51: „Inwieweit die VR-Mitglieder die notwendige Fachkompetenz im Bankensektor aufwiesen, war für den SRH nicht in jedem Fall erkennbar"; auch: *Peltzer*, NZG 2009, 1041.

14 Gesetz zur Stärkung der Finanzmarkt- und der Versicherungsaufsicht (Aufsichtsstärkungsgesetz) v. 29.7.2009, BGBl. I S. 2305.

Aufsichtsorgans eines Instituts, einer Finanzholding-Gesellschaft bzw. von Versicherungsunternehmen, Pensionsfonds, Versicherungs-Holdinggesellschaften oder gemischten Finanzholding-Gesellschaften müssen nunmehr „die zur Wahrnehmung der Kontrollfunktion sowie zur Beurteilung und Überwachung der Geschäfte, die das Unternehmen betreibt, erforderliche Sachkunde[15] besitzen", § 36 Abs. 3 Satz 1 KWG, § 7a Abs. 4 Satz 1 VAG. Eine Übergangsfrist sieht der Gesetzgeber nicht vor, da unzuverlässige und fachlich ungeeignete Verwaltungs- bzw. Aufsichtsratsmitglieder keine schützenswerte Vertrauensposition hätten.[16] Die BaFin kann also gleich nach Inkrafttreten des Gesetzes[17] die Abberufung[18] eines sachunkundigen oder unzuverlässigen Aufsichtsratsmitglieds vom Unternehmen verlangen und / oder der betreffenden Person gegenüber ein Tätigkeitsverbot aussprechen, §§ 36 Abs. 3 Satz 3 KWG, § 87 Abs. 8 VAG. Ob das Tätigkeitsverbot wie die Abberufung nur gegenüber dem Unternehmen geltend gemacht werden kann oder ob eine unmittelbare Eingriffsbefugnis der BaFin gegenüber der betreffenden Person besteht, ist umstritten.[19] Die Begründung zur Beschlussempfehlung geht jedenfalls, im Einklang mit dem Gesetzeswortlaut („zu untersagen"), davon aus, dass die Tätigkeitsuntersagung nur gegenüber dem Unternehmen erfolgt.[20] Im Falle unzuverlässiger oder sachunkundiger Aufsichts- oder Verwaltungsratsmitglieder verbleibt der BaFin als direkte Sofortmaßnahme[21] dann nur noch die Möglichkeit, die Organfunktionen einzelner Mitglieder oder des Gesamtorgans auf einen geeigneten Sonderbeauftragten zu übertragen, § 36 Abs. 1a KWG, § 83a Abs. 1 Nr. 4 VAG.

Durch das *Aufsichtsstärkungsgesetz* ist es im Gegensatz zur Erweiterung der aufsichtsrechtlichen Eingriffsbefugnisse der BaFin hinsichtlich der Anforderungen an die Sachkunde der Aufsichts- bzw. Verwaltungsratsmitglieder beim bisherigen Zustand geblieben.[22] Der Gesetzgeber ist im Angesicht der jüngsten Finanz- und Wirtschaftskrise aber vermehrt dazu übergegangen, die Auslegung unbestimmter Rechtsbegriffe nicht lediglich der Verwaltung oder der Rechtsprechung zu überlassen, sondern diese selbst gesetzlich einzugrenzen. So hat die BaFin bei der Prüfung der erforderlichen Sachkunde die Eigenheiten des konkreten Unternehmens,[23] bei der die betreffende Person Organmitglied ist oder als solches bestellt werden soll, zu berücksichtigen, § 36 Abs. 3 Satz 2 KWG, § 7a Abs. 4 Satz 2 VAG. Das bedeutet aber nicht, dass sämtliche Mitglieder des Aufsichtsorgans über gesteigerte Fachkenntnisse verfügen müssen.[24] Vielmehr kommt

15 Im Regierungsentwurf ist noch von „fachlicher Eignung" die Rede.

16 Begr. RegE Aufsichtsstärkungsgesetz, BT-Drucks. 16 / 12783, S. 16, 20.

17 Inkrafttreten des Gesetzes am 01.08.2009.

18 Vgl. auch BaFin, Merkblatt zur Kontrolle von Mitgliedern von Verwaltungs- und Aufsichtsorganen gem. KWG und VAG v. 22.02.2010 (Größe, Komplexität und systemische Relevanz des Unternehmens).

19 Für letzteres *Hingst / Himmelreich / Krawinkel,* WM 2009, 2016 (2021).

20 Beschlussempfehlung Aufsichtsstärkungsgesetz, BT-Drucks. 16 / 13684, S. 30f.

21 *Fischer* in: Boos / Fischer / Schulte-Mattler, KWG, 3. Aufl. 2008, § 36 Rn. 38; *Bähr* in: Fahr / Kaulbach / Bähr, VAG, 4. Aufl. 2007, § 83a Rn. 9.

22 *Hasse,* VersR 2010, 18 (23); *Hingst / Himmelreich / Krawinkel,* WM 2009, 2016 (2019).

23 BaFin, Merkblatt (o. Fußn. 18).

24 Zur Abgrenzung der Anforderungen an Geschäftsleiter wurde die Änderung des noch vom RegE vorgeschlagenen Wortlauts von „fachlicher Eignung" auf „Sachkunde" angeregt, BT-Drucks. 16 / 13113, S. 2; *Bähr,* VW 2009, 1401; *Weber-Rey,* „Klassengesellschaft im Bankenaufsichtsrat?", Börsenzeitung v. 16.02.2010, Nr. 31, S. 4.

es auch hier auf die Gesamtkompetenz des Überwachungsorgans an.[25] Gehobene branchenspezifische Kenntnisse und Fähigkeiten sind demnach nur von Funktionsträgern zu fordern. Die übrigen Mitglieder, und das gilt auch für die Arbeitnehmervertreter,[26] müssen ausweislich der Beschlussempfehlung nur über „ausreichende Sachkunde verfügen, um die vom jeweiligen Ausschuss für das gesamte Verwaltungs- und Aufsichtsorgan erstellten Berichte nachvollziehen und eigenständig beurteilen zu können."[27]

Geeignet sind damit Personen, die über Erfahrungen im Bereich Rechnungslegung oder Abschlussprüfung verfügen, die bereits als Organmitglied oder an anderer herausgehobener Stelle in einem vergleichbaren Unternehmen derselben Branche tätig waren.[28] Aber auch bei Tätigkeiten in anderen Branchen,[29] der öffentlichen Verwaltung[30] oder bei politischen Mandaten ist die erforderliche Sachkunde gegeben, sofern sie maßgeblich auf wirtschaftliche oder rechtliche Fragestellungen ausgerichtet war.[31] Selbst wenn keine dieser Voraussetzungen erfüllt ist, kann noch durch unternehmensadäquate Fortbildung die gesetzliche Anforderung erfüllt werden, soweit diese die „grundlegenden wirtschaftlichen und rechtlichen Abläufe im Tagesgeschehen entsprechender Unternehmen, das Risikomanagement sowie die Funktion und die Verantwortung der Mitglieder des Verwaltungs- oder Aufsichtsorgans auch in Abgrenzung zur Geschäftsleitung umfassen (und) auf die Grundzüge der Bilanzierung sowie des Aufsichtsrechts" eingeht.[32] Bei der Abberufung eines neu bestellten sachunkundigen Organmitglieds ist dies zu berücksichtigen. Die BaFin sieht hier eine Frist von sechs Monaten nach der Wahl für die Nachholung der entsprechenden Fortbildungsmaßnahmen als angemessen an,[33] so dass erst nach dieser Zeit eine Abberufung des sachunkundigen Aufsichts- bzw. Verwaltungsratsmitglieds rechtmäßig sein wird.

Darüber hinaus droht der betreffenden Person auch die Abberufung, wenn „wesentliche Verstöße des (Unternehmens) gegen die Grundsätze einer ordnungsgemäßen Geschäftsführung wegen sorgfaltswidriger Ausübung ihrer Überwachungs- und Kontrollfunktion verborgen geblieben sind" oder sie „nicht alles Erforderliche zur Beseitigung festgestellter Verstöße veranlasst hat und dieses Verhalten trotz Verwarnung der Organe des Unternehmens durch die Bundesanstalt / Aufsichtsbehörde fortgesetzt wird", § 36 Abs. 3 Satz 4, § 87 Abs. 8 Satz 2 VAG. Jedoch sind diese Vorschriften auch nur als gesetzliche Konkretisierung der Eingriffsmöglichkeit wegen Unzuverlässigkeit bzw. fehlender Sachkunde zu bewerten und haben keinen darüber hinausgehenden Regelungsgehalt.[34]

---

25 Aufsichtsstärkungsgesetz BT-Drucks. 16 / 13113, S. 2.

26 Begr. RegE Aufsichtsstärkungsgesetz, BT-Drucks. 16 / 12783, S. 16; BaFin, Merkblatt (o. Fußn. 18).

27 Beschlussempfehlung Aufsichtsstärkungsgesetz, BT-Drucks. 16 / 13684, S. 30.

28 Beschlussempfehlung Aufsichtsstärkungsgesetz, BT-Drucks. 16 / 13684, S. 29; BaFin, Merkblatt (o. Fußn. 18).

29 Eine allgemeine wirtschaftliche Expertise ist danach bei Kaufleuten i.S.d. §§ 1 ff. HGB und buchführungspflichtigen Land- und Forstwirten sowie Unternehmern i.S.v. § 140 AO anzunehmen, BaFin, Merkblatt (o. Fußn. 18).

30 Bürgermeister, Landräte, Kämmerer oder Beschäftigte in vergleichbarer Funktion, BaFin, Merkblatt (o. Fußn. 18).

31 Beschlussempfehlung, Aufsichtsstärkungsgesetz, BT-Drucks. 16 / 13684, S. 29; BaFin, Merkblatt (o. Fußn. 18).

32 BaFin, Merkblatt (o. Fußn. 18).

33 BaFin, Merkblatt (o. Fußn. 18).

34 So auch: *Hingst / Himmelreich / Krawinkel*, WM 2009, 2016 (2021) (konkretisierende Regelbeispiele).

2 Anforderungen an die „Unabhängigkeit" der Aufsichtsratsmitglieder

Als Paradigmenwechsel ist die Anforderung der „Unabhängigkeit" in § 100 Abs. 5 AktG bei mindestens einem sachverständigen Aufsichtsratsmitglied zu werten. Vor der Einführung der Vorschrift durch das *Bilanzrechtsmodernisierungsgesetz*[35] war im Aktienrecht keine Regelung zu finden, die das Gebot einer unabhängigen, das heißt einflussfreien, Entscheidung des Aufsichtsrats tatsächlich absicherte.[36] Die Entstehung von Interessenkonflikten bei den Organmitgliedern wurde nicht, wie dies bei anderen Entscheidungsträgern der Fall ist, gesetzlich verhindert,[37] sondern hingenommen. Der Nebenamtscharakter des Aufsichtsratsmandats, die Möglichkeit von Mehrfachmandaten, satzungsmäßige Entsenderechte, aber auch die Arbeitnehmermitbestimmung drängten die Aufsichtsratsmitglieder häufig in Interessenkonflikte, die diese unter Abgrenzung ihrer verschiedenen Rollen auflösen mussten. Taten sie das nicht und verletzten dabei ihre gegenüber der Gesellschaft bestehenden Pflichten, hafteten sie nach § 116 i.V.m. § 93 Abs. 1 AktG.[38]

Lediglich der Deutsche Corporate Governance Kodex (DCGK), der zwar als soft law keine verbindlichen Regelungen treffen, aber über § 161 AktG dennoch normative Wirkung entfalten konnte, empfahl in Ziff. 5.4.2, dass dem Aufsichtsrat börsennotierter Aktiengesellschaften eine ausreichende Anzahl unabhängiger Mitglieder angehören sollte. Bis zum Inkrafttreten des *BilMoG* fand sich nur in § 6 Abs. 2a InvG eine spezialgesetzliche Regelung, die für Kapitalanlagegesellschaften die Besetzung des Aufsichtsrats mit mindestens einem unabhängigen Mitglied vorsah.[39]

Nach der Enron-Krise bedurfte es aber zur Wiederherstellung des Vertrauens in die Finanzmärkte einer grundsätzlichen Stärkung des unternehmensinternen Kontrollsystems. Zu diesem Zweck wurde die Besetzung des Aufsichtsrats mit mindestens einem unabhängigen Finanzexperten vorgeschrieben, der die Richtigkeit und Verlässlichkeit von veröffentlichten Finanzinformationen einer Gesellschaft garantieren sollte.[40] Die Kommissionsempfehlung vom 15. Februar 2005,[41] die bis dahin nur teilweise im Deutschen Corporate Governance Kodex berücksichtigt wurde,[42] findet nun

35 BilMoG (o. Fußn. 2).

36 Über § 125 Abs. 1 Satz 5 AktG mussten der Hauptversammlung nur „Angaben zu ihrer Mitgliedschaft in vergleichbaren in- und ausländischen Kontrollgremien von Wirtschaftsunternehmen" mitgeteilt werden. Dazu: *Mülbert / Bux*, WM 2000, 1665.

37 Vgl. §§ 41 ff. ZPO, §§ 22 ff. StPO, § 54 Abs. 1 VwGO i.V.m. §§ 41 ff. ZPO.

38 BGH, Urt. v. 21.12.1979 – II ZR 244 / 78 (Schaffgotsch), NJW 1980, 1629 (1630).

39 Über § 106a InvG gilt das auch für Investmentaktiengesellschaften.

40 Mitteilung der Kommission an den Rat und das europäische Parlament – Modernisierung des Gesellschaftsrechts und Verbesserung der Corporate Governance in der Europäischen Union – Aktionsplan v. 21.05.2003, KOM(2003) 284.

41 Empfehlung der Kommission vom 15. Februar zu den Aufgaben von nicht gechäftsführenden Direktoren / Aufsichtsratsmitgliedern / börsennotierter Gesellschaften sowie zu den Ausschüssen des Verwaltungs- / Aufsichtsrats (2005 / 162 / EG), ABl. EU Nr. L 52 v. 25.2.2005, S. 51.

42 Insbesondere die Übernahme des Kriteriums zur Unabhängigkeit vom Kontrollaktionär wurde mit Hinweis auf den konzernrechtlichen Minderheitenschutz abgelehnt, vgl. *Cromme*, Vortrag über den Stand und die Entwicklung von Corporate Governance in Deutschland, Rede v. 23.06.2006, S. 8 f., abrufbar unter: www.corporate-governance-code.de.

über die (europarechtskonforme) Auslegung[43] des unbestimmten Rechtsbegriffs der „Unabhängigkeit" ihren Weg ins geltende Recht.

Unabhängigkeit, verstanden als die „Abwesenheit jeglicher signifikanter Interessenkonflikte",[44] wird durch die detaillierten Profilanforderungen in Anhang II der Empfehlung konkretisiert. Die Einhaltung dieser kann, wenngleich der Aufsichtsrat bei seiner Beurteilung auch davon abweichen darf,[45] als „sicherer Hafen" für die Auswahl des unabhängigen Mitglieds im Aufsichtsrat verstanden werden; denn der Vorschlag eines unabhängigen Finanzexperten, der diesen Kriterien nicht entspricht, birgt die Gefahr von vermehrten Anfechtungsklagen. Um diesen zu begegnen, sollte der Aufsichtsrat seine Entscheidung in jedem Fall der Hauptversammlung begründen.

Die Kommissionsempfehlung behandelt im Wesentlichen Gefahren, die sich aus geschäftlichen, familiären und sonstigen Beziehungen zur Gesellschaft, ihrer Geschäftsführung oder einem Mehrheitsaktionär für die Entscheidungsfreiheit des sachverständigen Mitglieds ergeben können.[46] Die Profilanforderungen zielen damit auf die finanzielle, emotionale und vor allem strukturelle Unabhängigkeit des Finanzexperten ab.

2.1 Die finanzielle Unabhängigkeit

Geschäftliche Verbindungen können die Urteilsfreiheit eines Aufsichtsratsmitglieds beeinträchtigen, wenn finanzielle Anreize bestehen, nicht im Interesse der Gesellschaft, sondern im Eigen- oder Drittinteresse zu handeln. Die Kommissionsempfehlung sieht daher *Geschäftsverhältnisse* des Aufsichtsratsmitglieds zur Gesellschaft bzw. zu ihren Konzernunternehmen (Anhang II Nr. 1 lit. e) und *erfolgsabhängige Vergütungen*, die das Aufsichtsratsmitglied von der Gesellschaft erhält (Anhang II Nr. 1 lit. c), als gefährlich für die Unabhängigkeit an. Die Abhängigkeit des betreffenden Aufsichtsratsmitglieds wird aber nicht schon mit dem bloßen Vorliegen einer geschäftlichen Verbindung zur Tochtergesellschaft oder dem Bezug von erfolgsabhängigen Vergütungsbestandteilen begründet, sondern anhand des finanziellen Umfangs ermittelt. Beim unabhängigen Finanzexperten ist deshalb darauf zu achten, dass er weder direkt noch indirekt, als Anteilseigner oder Organmitglied einer Gesellschaft, bedeutende Geschäftsverhältnisse[47] zur Gesellschaft oder zu verbundenen Unternehmen pflegt und dass die erfolgsabhängige Vergütung auf einen Höchstbetrag[48] begrenzt wird.

2.2 Die strukturelle Unabhängigkeit

Als sonstige Beziehungen können insbesondere solche eingeordnet werden, die eine strukturelle Abhängigkeit des Aufsichtsratsmitglieds zum Überwachungssubjekt oder zu anderen Interessenvertretern auslösen können. Im Fokus steht hier die Beziehung

---

43 Begr. RegE BilMoG, BT-Drucks. 16 / 10067, S. 101; Erwägung 24, Abschlussprüferrichtlinie (2006 / 43 / EG), (o. Fußn. 3).

44 Erwägung 7 der Empfehlung (2005 / 162 / EG), (o. Fußn. 41).

45 Ziff. 13.2 der Empfehlung (2005 / 162 / EG), (o. Fußn. 41).

46 Ziff. 13.1 der Empfehlung (2005 / 162 / EG), (o. Fußn. 41).

47 Dazu: *Nowak*, Die Unabhängigkeit des Aufsichtsratsmitglieds nach § 100 Abs. 5 AktG, (im Druck).

zum Geschäftsführungsorgan (Anhang II Nr. 1 lit. a). Verhindert werden sollen vor allem Interessenkonflikte, die dadurch entstehen, dass der Überwachende seine frühere eigene Entscheidung kontrollieren muss. Für *ehemalige Vorstandsmitglieder*, die als unabhängiger Finanzexperte in den Aufsichtsrat gewählt werden sollen, sieht die Kommissionsempfehlung eine Cooling-Off-Periode von fünf Jahren vor. Aber auch bei den übrigen Aufsichtsratsmandaten wurde der unmittelbare Wechsel vom Vorstand in den Aufsichtsrat der Gesellschaft erheblich eingeschränkt. Der Gesetzgeber reagierte mit § 100 Abs. 2 Nr. 4 AktG[49] auf die mangelnde Akzeptanz des Deutschen Corporate Governance Kodex in diesem Bereich[50] und sieht nunmehr eine zweijährige Wartefrist für alle Vorstandsmitglieder börsennotierter Gesellschaften vor, wenn die Wahl nicht auf Vorschlag von mehr als 25 % der stimmberechtigten Aktionäre erfolgt.* Für Banken und Versicherungsunternehmen hat der Gesetzgeber zusätzlich die in Ziff. 5.4.2 Satz 3 DCGK geregelte Empfehlung festgeschrieben.[51] Hiernach kann ein ehemaliger Geschäftsleiter nur dann in das Kontrollorgan wechseln, wenn noch nicht zwei ehemalige Geschäftsleiter des Unternehmens dort Mitglied sind, § 36 Abs. 3 Satz 5 KWG, § 7a Abs. 4 Satz 3 VAG.

Aber auch *Arbeitnehmervertreter* sind grundsätzlich abhängig, wenn sie außerhalb der in Anhang II Nr. 1 lit. b geregelten Fiktion in den Aufsichtsrat gewählt wurden. Als unabhängige Aufsichtsratsmitglieder sind daher nur die nach den Mitbestimmungsgesetzen gewählten Arbeitnehmer zu qualifizieren, nicht hingegen die Gewerkschaftsvertreter und auch nicht die leitenden Angestellten, die unmittelbar auf der dem Vorstand nachgeordneten Führungsebene mit Führungsaufgaben beschäftigt sind.[52]

Gegen die Abhängigkeit von *Vertretern des Kontrollaktionärs* (Anhang II Nr. 1 lit. d) wurde hierzulande eingewandt, dass der Schutz der Minderheitsaktionäre über das aktienrechtliche Ausgleichssystem ausreichend gegeben sei.[53] Für den Vertragskonzern ist dies zu bejahen, da die Vermögensinteressen der außenstehenden Aktionäre durch §§ 304 ff. AktG gewahrt sind. Anders ist das aber im faktischen Konzern zu sehen, wo die Einflussnahme auf das abhängige Unternehmen häufig mittels personeller Verflechtungen geschieht und die Minderheitsaktionäre den Umfang der Beeinflussung, mangels Publizität des Abhängigkeitsberichts, nicht selbst einschätzen können. Die Vertreter des Kontrollaktionärs im faktischen Konzern sollten daher, zur Vermeidung von Aktionärsklagen, nicht als unabhängige Finanzexperten gewählt werden.[54]

Des Weiteren sind auch Beziehungen zum derzeitigen oder früheren *Abschlussprüfer* (Anhang II Nr. 1 lit. f) und *Überkreuzverflechtungen*, die jedoch über den Anwendungsbereich des § 100 Abs. 2 Nr. 3 AktG hinaus auch mit anderen Organisationsformen bestehen können (Anhang II Nr. 1 lit. g), für die Unabhängigkeit des Betreffenden aus-

48 z. B. 120.000 US-Dollar innerhalb von 12 Monaten, Sec. 303A.02 NYSE, Listed Company Manual.

49 Gesetz zur Angemessenheit der Vorstandsvergütung (VorstAG) v. 31.07.09, BGBl. I S. 2509.

50 Begr. RegE VorstAG, BT-Drucks. 16 / 13433, S. 17; vgl. *Seibert*, WM 2009, 1489 (1492f.).

* Kritisch dazu: *Sünner*, AG 2010, 111; für Verlängerung der Wartezeit: Möllers / Christ, ZIP 2009, 2278.

51 Begr. RegE Aufsichtsstärkungsgesetz, BT-Drucks. 16 / 12783, S. 16, 18; BT-Drucks. 16 /13684, S. 30.

52 *Nowak*, Die Unabhängigkeit des Aufsichtsratsmitglieds nach § 100 Abs. 5 AktG, (im Druck).

53 *Hüffer*, ZIP 2006, 637 (642); *v. Werder / Wieczorek*, DB 2007, 297 (302).

54 Zum Ganzen siehe: *Nowak*, Die Unabhängigkeit des Aufsichtsratsmitglieds nach § 100 Abs. 5 AktG, (im Druck); a. A. *Bürgers / Schilha*, AG 2010, 221 (229).

schlaggebend. Abhängig ist nach der Einschätzung der Kommission ebenfalls derjenige, der länger als 12 Jahre sein *Aufsichtsratsmandat* bekleidet (Anhang II Nr. 1 lit. h) oder Organfunktionen bei wesentlichen Wettbewerbern übernommen hat.[55]

2.3 Die emotionale Unabhängigkeit

Insbesondere persönliche Beziehungen können eine objektive Entscheidung im Unternehmensinteresse behindern. Die Kommissionsempfehlung sieht daher auch *Familienangehörige* von Vorstandsmitgliedern als abhängig an (Anhang II Nr. 1 lit. i). Ausgeweitet wird dies auf Familienangehörige anderer nach dem Profilkatalog abhängiger Personen. Der Begriff des nahen Familienangehörigen[56] ist dabei weniger nach dem Verwandtschaftsgrad als vielmehr anhand der persönlichen und emotionalen Bindung zu ermitteln.

3 Anforderungen an die Ausgestaltung der Vergütungsmodelle

3.1 Die aktiengesetzlichen Änderungen

Die trotz Krise und drohender Insolvenz der Unternehmen ungeschmälerten Managergehälter veranlassten den Gesetzgeber nunmehr auch zum Eingriff in die Ausgestaltung der unternehmensinternen Vergütungssysteme. Von zu kurzfristig ausgerichteten Vergütungsinstrumenten seien falsche Verhaltensanreize ausgegangen, die letztendlich die Finanzmarktkrise mit verursacht hätten.[57] Das *Gesetz zur Angemessenheit der Vorstandsvergütung (VorstAG)*[58] konkretisiert daher nicht nur die Auslegung des Angemessenheitsbegriffs in § 87 Abs. 1 AktG. Es wird bei börsennotierten Gesellschaften auch eine Ausrichtung der Vergütung am nachhaltigen Unternehmenserfolg festgeschrieben. Verletzt der Aufsichtsrat diese Pflicht, macht er sich gegenüber der Gesellschaft schadensersatzpflichtig (§ 116 Satz 3 AktG). Verschlechtert sich die Lage der Gesellschaft nach der Festsetzung, so soll der Aufsichtsrat die Bezüge anpassen. Abgerundet wird das „neue" gesetzliche Vergütungssystem mit der zwingenden Vereinbarung eines Selbstbehalts für abgeschlossene D&O-Versicherungen für Vorstandsmitglieder (§ 93 Abs. 2 Satz 3 AktG) und einem Votum der Hauptversammlung zum Vergütungssystem, § 120 Abs. 4 AktG.

Letztendlich sind die meisten dieser Regelungen vor allem als politische Signale des Gesetzgebers zu werten. Der Subsumtion unbestimmter Rechtsbegriffe wird durch Hinzufügen von gesetzlichen Auslegungskriterien die Richtung gewiesen, die sie nach den Grundprinzipien des Aktienrechts eigentlich schon hätte haben sollen. Zu nennen

---

55 Vgl. Erwägung 7 der Empfehlung (2005 / 162 / EG), (o. Fußn. 41).

56 Vgl. Empfehlung der Kommission v. 16.05.2002 zur Unabhängigkeit des Abschussprüfers in der EU – Grundprinzipien (2002 / 590 / EG), ABl. EU Nr. L 191 v. 197.2002, S. 46.

57 Begr. RegE VorstAG, BT-Drucks. 16 / 12278, S. 5.

58 VorstAG (o. Fußn. 49).

ist hier die Ausrichtung der Vorstandsvergütung an einer nachhaltigen Unternehmensentwicklung, die grundsätzlich schon aus der Bindung der Gesellschaftsorgane an das Unternehmensinteresse resultiert und damit auch die Ausgestaltung der Vergütungsstrukturen erfasst. Die Gesetzesbegründung stellt jetzt aber klar, dass Gratifikationen und Boni nicht so angelegt werden dürfen, dass die Erfüllung ihrer Parameter zu einem Stichtag möglich ist.[59] Vielmehr muss die variable Vergütung an eine mehrjährige Bemessungsgrundlage geknüpft werden, die auch eine Beteiligung an negativen Entwicklungen zulässt.[60] Dazu knüpft das Gesetz nunmehr an einen Betrachtungszeitraum von vier Jahren,[61] der auch durch die Verlängerung der Haltefrist für Aktienoptionen deutlich wird, § 193 Abs. 2 AktG.

In „Vergessenheit" war auch § 87 Abs. 2 AktG a.F. geraten, so dass sich der Gesetzgeber genötigt sah, durch eine gesetzliche Änderung erneut auf die Möglichkeit zur Herabsetzung der Vorstandsbezüge in Krisenzeiten „aufmerksam" zu machen. Die Ausgestaltung der Regelung als „Soll"-Vorschrift täuscht aber darüber hinweg, dass der Aufsichtsrat zur Herabsetzung der Bezüge verpflichtet ist, wenn keine besonderen Umstände vorliegen, die die Unbilligkeit der hohen Vergütung ausschließen.[62] Befindet sich die Gesellschaft in einer Krise und werden Arbeitnehmer entlassen, Lohnkürzungen vorgenommen oder keine Gewinne mehr ausgeschüttet und ist diese Krise dem Vorstand zurechenbar,[63] ist stets eine Kürzung der Vorstandsvergütung zu prüfen. § 116 Satz 3 AktG verpflichtet die Aufsichtsratsmitglieder ausdrücklich zwar nur bei pflichtwidrig unangemessener *Festsetzung* der Bezüge nach § 87 Abs. 1 AktG zu Schadensersatz. Die Vorschrift stellt jedoch die ohnehin schon nach § 116 Satz 1 i.V.m. § 93 Abs. 1 Satz 1 AktG bestehende Verpflichtung der Aufsichtsratsmitglieder klar[64] und schließt nicht die Haftung wegen Verstoß gegen § 87 Abs. 2 AktG aus.

Nähere Konkretisierung, aber auch Verschärfung erfuhr der Begriff der Angemessenheit in § 87 Abs. 1 AktG. Die vom Aufsichtsrat festzusetzenden Gesamtbezüge der einzelnen Vorstandsmitglieder sind jetzt nicht nur an deren Verantwortungsbereich und der Lage der Gesellschaft auszurichten, sondern müssen auch die Leistungen der einzelnen Vorstandsmitglieder beachten und dürfen in ihrer Höhe nicht die „übliche Vergütung" übersteigen. Mit dem Merkmal der Leistungsadäquanz sind nunmehr auch vergangene Leistungen eines Vorstandsmitglieds bei Neufestsetzung der Bezügehöhe, etwa bei Verlängerung des Anstellungsvertrages, zu beachten.[65] Daneben muss sich die Vergütung an den Bezügen von Vorstandsmitgliedern vergleichbarer Branchenunternehmen messen lassen können. Der Gesetzgeber verwehrt hierbei aber den Blick auf ausländische Unternehmen und stellt in seiner Begründung ausdrücklich auf die „Landesüblichkeit"[66] ab. Neben der horizontalen Vergleichbarkeit ist ebenfalls das

---

59 Begr. RegE VorstAG, BT-Drucks. 16 / 12278, S. 5.

60 Begr. RegE VorstAG, BT-Drucks. 16 / 13433, S. 10.

61 Begr. RegE VorstAG, BT-Drucks. 16 / 12278, S. 5 (Vierjahresfrist als Auslegungshilfe für die Formulierung langfristiger Verhaltensanreize).

62 Begr. RegE VorstAG, BT-Drucks. 16 / 13433, S. 10; *Koch*, WM 2010, 49 (56).

63 Begr. RegE VorstAG, BT-Drucks. 16 / 12278, S. 6.

64 Begr. RegE VorstAG, BT-Drucks. 16 / 12278, S. 6.

65 Begr. RegE VorstAG, BT-Drucks. 16 / 12278, S. 5.

66 Begr. RegE VorstAG, BT-Drucks. 16 / 13433, S. 10.

Lohn- und Gehaltsgefüge im Unternehmen (vertikale Vergleichbarkeit) zu berücksichtigen.[67] Hier kann es ratsam sein, die Vorstandsvergütung im Verhältnis zum Brutto-Durchschnittseinkommen im Unternehmen festzulegen.

Die herrschende Meinung geht davon aus, dass D&O-Versicherungen hauptsächlich im Interesse der Gesellschaft abgeschlossen werden und keinen Bestandteil der Vorstandsvergütung darstellen.[68] Damit bleibt gesellschaftsintern der Vorstand für den Versicherungsabschluss zuständig. Der Aufsichtsrat hat jedoch aus seiner Überwachungsaufgabe heraus darauf zu achten, dass der Vorstand den in § 93 Abs. 2 Satz 3 AktG geregelten Selbstbehalt von mindestens 10 Prozent pro Schadensfall und das 1,5 fache der jährlichen Festvergütung pro Schadensjahr vereinbart.[69] Das bedeutet aber nicht, dass der Selbstbehalt nicht seinerseits versicherungsfähig wäre.[70] Für die D&O-Selbstbehalt-Versicherung ist jedoch, wenn das Vorstandsmitglied sie nicht persönlich abschließt, der Aufsichtsrat zuständig, da die Versicherungsprämie, sofern sie die Gesellschaft übernimmt, Teil der Vorstandsvergütung ist.[71] Dem Abschluss der Versicherung durch die Gesellschaft steht die Vorschrift nicht entgegen,[72] da auch in diesem Fall das Vorstandsmitglied die Versicherungsprämie wirtschaftlich trägt, so dass die bezweckte verhaltenssteuernde Wirkung[73] dadurch nicht konterkariert wird.

3.2 Reform im Aufsichtsrecht

Die durch das *VorstAG* eingeführten Regelungen sollen zukünftig um weitere Anforderungen im Banken- und Versicherungsrecht ergänzt werden.[74] Das geplante Gesetz soll im letzten Schritt eines dreistufigen Regulierungsansatzes[75] die vom Rat für Finanzmarktstabilität (Financial Stability Board – FSB) und vom Ausschuss der europäischen Bankenaufsichtsbehörden (CEBS) erarbeiteten Prinzipien für solide Ver-

67 Begr. RegE VorstAG, BT-Drucks. 16 / 13433, S. 10.

68 *Fleischer*, Handbuch des Vorstandsrechts, § 12 Rn. 10 m.w.N.; siehe auch Schreiben BMF IV C5 – S 2332-8 / 02 v. 24.2.2002, Erlass FinMin. Niedersachsen v. 25.1.2002 – S 2332 – 161 – 35 / S 2245 – 21 31 2, DB 2002, 399 (nicht einkommensteuerpflichtig).

69 Begr. RegE VorstAG, BT-Drucks. 16 / 13433, S. 11.

70 *Thüsing*, Stellungnahme zum VorstAG; *Goette*, Stellungnahme zum VorstAG, *Hirte*, Stellungnahme zum VorstAG, alle abrufbar unter: www.bundestag.de; *v. Kann*, NZG 2009, 1010 (1012); *Koch*, AG 2009, 637 (645f.); *Thüsing*, AG 2009, 517 (526) (bewusstes Schweigen des Gesetzgebers).

71 Vgl. *Goette*, Stellungnahme zum VorstAG (o. Fußn. 70): „Zu bedenken ist jedoch, dass dieser Selbstbehalt seinerseits wieder versichert werden könnte, was es notwendig macht sicherzustellen, dass die dafür erforderlichen Prämien wirklich von dem Manager selbst getragen und nicht etwa in die Gesamtvergütung „eingepreist" werden."

72 Wohl auch: *Thüsing / Traut*, NZA 2010, 140 (141); a.A. *Koch*, AG 2009, 637 (645f.), der darin eine Umgehung von § 93 Abs. 2 Satz 3 AktG sieht; *Dauner-Lieb / Tettinger*, ZIP 2009, 1555 (1557).

73 Begr. RegE VorstAG, BT-Drucks. 16 / 13433, S. 11.

74 Entwurf eines Gesetzes über die aufsichtsrechtlichen Anforderungen an die Vergütungssysteme von Instituten und Versicherungsunternehmen v. 12.02.2010, BR-Drucks. 74 / 10, S. 6.

75 RegE (o. Fußn. 74), BR-Drucks. 74 / 10, S. 5 f. (1. Selbstverpflichtungserklärung 11 deutscher Kreditinstitute und Versicherungsunternehmen [Wortlaut: BT-Drucks. 17 / 454], 2. BaFin Rundschreiben 22 / 2009 [BA] und 23 / 2009 [VA]).

gütungspraktiken gesetzlich verankern und der erwarteten EU-Richtlinie[76] entsprechen. Im Einzelnen wird die Implementierung angemessener, transparenter und auf nachhaltige Entwicklung ausgerichteter Vergütungssysteme in Banken- und Versicherungsunternehmen vorgeschrieben, § 25a Abs. 1 Nr. 4 KWG-E, § 64b Abs. 1 VAG-E. Die nähere Ausgestaltung dieser Systeme kann durch das Bundesministerium der Finanzen durch Rechtsverordnung geregelt werden, § 25a Abs. 5 KWG-E, § 64b Abs. 5 VAG-E. Daneben wird der BaFin bei Unterschreitung oder drohender Unterschreitung der vorgeschriebenen Eigenmittelausstattung die Befugnis eingeräumt, die Auszahlung variabler Vergütungsbestandteile zu untersagen oder auf einen bestimmten Anteil des Jahresergebnisses zu beschränken, § 45 Abs. 1 Nr. 4 KWG-E, § 81b Abs. 1a VAG-E.

4 Konkretisierung der Überwachungsaufgaben und der Haftung

Durch das *BilMoG*[77] wurde zudem der gesetzliche Überwachungsauftrag des Aufsichtsrats näher konkretisiert. § 107 Abs. 3 Satz 2 AktG benennt ausdrücklich die „Überwachung des Rechnungslegungsprozesses, der Wirksamkeit des internen Kontrollsystems, des Risikomanagements und des internen Revisionssystems sowie der Abschlussprüfung, hier insbesondere die Unabhängigkeit des Abschlussprüfers und der vom Abschlussprüfer zusätzlichen erbrachten Leistungen". Diese Aufgaben können entweder ganz oder teilweise dem Prüfungsausschuss übertragen oder durch das Gesamtorgan erfüllt werden;[78] denn § 107 Abs. 3 Satz 2 AktG soll keine Pflicht zur Einrichtung eines Prüfungsausschusses konstatieren.[79] Demgegenüber wurde das Selbstorganisationsrecht aber durch das *VorstAG*[80] im Bezug auf die Delegation von Vergütungsentscheidungen auf (beschließende) Ausschüsse eingeschränkt. Im Katalog des § 107 Abs. 3 Satz 3 AktG ist nun auch § 87 Abs. 1 und Abs. 2 Satz 1 und 2 AktG zu finden. Die Entscheidung über die Vorstandsvergütung ist damit zwingend dem Aufsichtsratsplenum vorbehalten, so dass Ausschüsse hier nur noch eine vorbereitende Funktion erfüllen dürfen.[81]

Im Unterschied zum aktienrechtlichen Aufsichtsratsmandat[82] wird im aufsichtsrechtlichen Bereich eine Intensivierung der Überwachungstätigkeit angestrebt. Der Gesetz-

---

76 Vorschlag für eine Richtlinie des Europäischen Parlaments und des Rates zur Änderung der Richtlinien 2006 / 48 / EG und 2006 / 49 / EG im Hinblick auf die Eigenkapitalanforderungen für Handelsbuch und Weiterverbriefung und im Hinblick auf die aufsichtsrechtliche Überprüfung der Vergütungspolitik (Dokument Nr. 14732 / 09 des Rates der Europäischen Union vom 28.10.09).

77 BilMoG (o. Fußn. 2): daneben wurde auch die Erklärungspflicht zum DCGK in § 161 AktG verschärft, indem nun die Nichteinhaltung bestimmter Empfehlungen begründet werden muss.

78 Begr. RegE BilMoG, BT-Drucks. 16 / 10067, S. 102.

79 Begr. RegE BilMoG, BT-Drucks. 16 / 10067, S. 102.

80 VorstAG (o. Fußn. 49).

81 Begr. RegE VorstAG, BT-Drucks. 16 / 12278, S. 6.

82 Siehe zur Ablehnung des Antrags „Professionalität und Effizienz der Aufsichtsräte deutscher Unternehmen verbessern", der auch eine Verkleinerung der Aufsichtsräte vorschlug (BT-Drucks. 16 / 10885), BT-Drucks. 16 / 13433, S. 2.

geber hat für Aufsichtsrats- bzw. Verwaltungsratsmitglieder in Banken und Versicherungen in Abweichung von § 100 Abs. 2 Nr. 1 AktG eine Inkompatibilität bei mehr als fünf unternehmensexternen[83] Kontrollmandaten geregelt (§ 36 Abs. 3 Satz 6, § 7a Abs. 4 Satz 4 VAG); denn in diesem Bereich müssen Aufsichtsrats- bzw. Verwaltungsratsmitglieder ihren Pflichten jederzeit und sorgfältig nachkommen, so dass die Vorbereitung und die Teilnahme an den Sitzungen des Kontrollorgans nicht zur Erfüllung der Überwachungsaufgabe genügen.[84]

Zusätzlich wurde durch das *VorstAG* die Haftung der Aufsichtsratsmitglieder für die Festsetzung unangemessener Vorstandsbezüge verdeutlicht, § 116 Satz 3 AktG. Dieser Pflicht können sich die Aufsichtsratsmitglieder auch nicht durch einen billigenden Hauptversammlungsbeschluss entziehen, da das Votum der Hauptversammlung nach § 120 Abs. 4 AktG ausdrücklich keine Auswirkungen auf die Schadensersatzansprüche der Gesellschaft wegen Verletzung des § 87 AktG hat.

5 Zusammenfassung

BilMoG, VorstAG und das Aufsichtsstärkungsgesetz[85] enthalten Regelungen, die die Aufsichtsratsmitglieder beachten müssen. Selbst wenn es sich dabei hauptsächlich um die Konkretisierung gesetzlicher Begriffe bzw. die Kodifizierung bereits geltenden Rechts handelt, sind doch einige Neuerungen darunter zu finden. Insbesondere die Forderung nach Unabhängigkeit stellt einen Paradigmenwechsel im Recht des Aufsichtsrats dar, der mit Blick auf die Klagen räuberischer Aktionäre möglicherweise ein neues Betätigungsfeld eröffnet. Kapitalmarktorientierten Aktiengesellschaften ist daher zu empfehlen, die Anforderungen der Kommission einzuhalten oder Abweichungen der Hauptversammlung zu begründen. Auch die Anforderungen für die Festsetzung der Vorstandsvergütung wurden verschärft. Nicht mehr nur die „Aufgaben" des Vorstandsmitglieds und die „Lage der Gesellschaft" säumen den Gestaltungsspielraum des Aufsichtsrats ein. Die Vergütung muss auch „üblich" sein, wobei der Blick nicht nur auf vergleichbare Unternehmen im Inland geworfen werden darf, sondern auch das Vergütungsgefüge im eigenen Unternehmen herangezogen werden muss.

Im aufsichtsrechtlichen Bereich sind die neu geschaffenen Befugnisse der BaFin bei unzuverlässigen und sachunkundigen Verwaltungs- bzw. Aufsichtsratsmitgliedern zu beachten und die Verringerung der zulässigen Mandatszahl auf fünf Kontrollmandate. Hier werden auch noch Regelungen im Bereich der zu implementierenden Vergütungssysteme erwartet, die über die aktienrechtlichen Bestimmungen hinausgehen.

Der Aufsichtsrat kommt demnach nicht so schnell aus dem Rampenlicht heraus, und die Reformenjagd dauert weiter an.

---

83 Mandate in Unternehmen, die demselben institutsbezogenen Sicherungssystem bzw. derselben Versicherungs- oder Unternehmensgruppe unter Aufsicht der BaFin angehören, bleiben anrechnungsfrei. Bei wirtschaftlicher und rechtlicher Abhängigkeit: Begr. RegE Aufsichtsstärkungsgesetz, BT-Drucks. 16 / 13684, S. 30.

84 Merkblatt BaFin (o. Fußn. 18); vlg. *Fischer/Lepper*, BB 2009, 962 (963).

85 Am Rande enthalten auch MoMiG und ARUG Änderungen für das Recht des Aufsichtsrats, siehe dazu im Überblick: Werner, Der Konzern 2009, 336; vgl. auch: Knapp, DStR 2010, 56.

Literaturverzeichnis

Bähr, Gunne W.: „Stärkung der Finanzmarkt- und Versicherungsaufsicht wirkt übereilt", VW 2009, 1401.

Boos, Karl-Heinz / Fischer, Reinfrid / Schulte-Mattler, Hermann: „Kreditwesengesetz, Kommentar zu KWG und Ausführungsvorschriften", 3. Aufl., München 2008.

Bürgers, Tobias / Schilha, Ralph: „Die Unabhängigkeit des Vertreters des Mutterunternehmens im Aufsichtsrat der Tochtergesellschaft", AG 2010, 221.

Dauner-Lieb, Barbara / Tettinger, Peter W.: „Vorstandshaftung, D&O-Versicherung, Selbstbehalt", ZIP 2009, 1555.

Fahr, Ulrich / Kaulbach, Detlef / Bähr, Gunne W.: „Versicherungsaufsichtsgesetz mit Finanzdienstleistungsaufsichtsgesetz", 4. Aufl., München 2007.

Fischer, Anne / Lepper, Barbara: „Krisenbedingte Verschärfung der Befugnisse der BaFin – Entwurf des Gesetzes zur Stärkung der Finanzmarkt- und Versicherungsaufsicht", BB 2009, 962.

Fleischer, Holger: „Handbuch des Vorstandsrechts", München 2006.

Hasse, Andreas: „Auswirkungen des Gesetzes zur Stärkung der Finanzmarkt- und Versicherungsaufsicht auf die Corporate Governance von Versicherungsunternehmen", VersR 2010, 18.

Hingst, Kai-Michael / Himmelreich, Thomas / Krawinkel, Arne C.: „Neue rechtliche Rahmenbedingungen für die Kontrollorgane von Banken und Sparkassen", WM 2009, 2016.

Hommelhoff, Peter: „Die Autarkie des Aufsichtsrats. Besprechung der Entscheidung BGHZ 85, 293 ‚Hertie'", ZGR 1983, 551.

Hüfner, Uwe: „Die Unabhängigkeit von Aufsichtsratsmitgliedern nach Ziff. 5.4.2 DCGK", ZIP 2006, 637.

V. Kann, Jürgen: „Zwingender Selbstbehalt bei der D&O Versicherung – Gut gemeint, aber auch gut gemacht?", NZG 2009, 1010.

Knapp, Christoph: „Die Entwicklung des Rechts des Aufsichtsrats – Aktuelle Gesetze und Rechtsprechung für die Praxis", DStR 2010, 56.

Koch, Robert: „Einführung eines obligatorischen Selbstbehalts in der D&O-Versicherung durch das VorstAG", AG 2009, 637.

Koch, Jens: „Die Herabsetzung der Vorstandsbezüge gemäß § 87 Abs. 2 AktG nach dem VorstAG", WM 2010, 49.

Lutter, Marcus: „Auswahlpflichten und Auswahlverschulden bei der Wahl von Aufsichtsratsmitgliedern", ZIP 2003, 417.

Möllers, Thomas M. J. / Christ, Dominique: „Selbstprüfungsverbot und die zweijährige Cooling-off-Periode beim Wechsel eines Vorstandsmitglieds in den Aufsichtsrat nach dem VorstAG", ZIP 2009, 2278.

Mülbert, Peter O.: „Bankenaufsicht und Corporate Governance – Neue Organisationsanforderungen im Finanzdienstleistungsbereich“, BKR 2006, 349.

Mülbert, Peter O. / Bux, Regina: „Dem Aufsichtsrat vergleichbare in- und ausländische Kontrollgremien von Wirtschaftsunternehmen (§ 125 Abs. 1 Satz 3 2. Halbs. AktG n.F.)“, WM 2000, 1665.

Peltzer, Martin: „Trial and Error – Anmerkungen zu den Bemühungen des Gesetzgebers, die Arbeit des Aufsichtsrats zu verbessern“, NZG 2009, 1041.

Nowak, Claudia: „Die Unabhängigkeit des Aufsichtsratsmitglieds nach § 100 Abs. 5 AktG“, Diss. 2010 (erscheint demnächst).

Säcker, Franz-Jürgen: „Rechtliche Anforderungen an die Qualifikation und Unabhängigkeit von Aufsichtsratsmitgliedern“, AG 2004, 180.

Seibert, Ulrich: „Das VorstAG – Regelungen zur Angemessenheit der Vorstandsvergütung und zum Aufsichtsrat“, WM 2009, 1489.

Semler, Johannes / V. Schenck, Kersten: „Arbeitshandbuch für Aufsichtsratsmitglieder“, 3. Aufl., München 2009.

Spindler, Gerald / Stilz, Eberhard: „Kommentar zum Aktiengesetz“, München 2007.

Sünner, Eckart: „Die Wahl von ausscheidenden Vorstandsmitgliedern in den Aufsichtsrat“, AG 2010, 111.

Thüsing, Gregor: „Das Gesetz zur Angemessenheit der Vorstandsvergütung“, AG 2009, 517.

Thüsing, Gregor / Traut, Johannes: „Angemessener Selbstbehalt bei D&O Versicherungen – Ein Blick auf die Neuregelungen nach dem VorstAG, NZA 2010, 140.

V. Werder, Axel / Wieczorek, Bernd J.: „Anforderungen an Aufsichtsratsmitglieder und ihre Nominierung“, DB 2007, 297.

Werner, Rüdiger: „Die Entwicklung des Rechts des Aufsichtsrats im Jahr 2008“, Der Konzern 2009, 336.

Scorecard-Monitoring für bessere Corporate Governance

von Christian Strenger

1 Das Ziel: bessere Governance-Qualität durch effizientes Governance-Monitoring

- Dass die Verfolgung guter Corporate Governance für Investoren, aber auch für Unternehmen aufgrund der Kapitalkostenrelevanz wichtig ist, wird immer wieder durch konkrete Ergebnisse unterstrichen: So zeigt eine kürzlich von der Universität St. Gallen durchgeführte Analyse von 6.600 Unternehmen in großen Kapitalmärkten einen signifikant positiven Zusammenhang zwischen guter Governance-Qualität und Unternehmensbewertung.[1]
- Die internationalen und die deutschen Governance-Regelwerke sind inzwischen eine gute Grundlage für anspruchsvolle Governance-Verhältnisse der Unternehmen: der aktuelle Deutsche Corporate Governance Kodex (Fassung vom Juni 2010[2]) zusammen mit den wesentlichen internationalen Governance-Prinzipien – wie den OECD Principles[3] und den ICGN Corporate Governance Principles[4] – bilden das wesentliche Fundament.
- Die gelebte Governance-Qualität und das Verständnis hierüber bleiben aber noch deutlich verbesserungswürdig: Gute Governance-Qualität kann nicht nur durch Befolgung schriftlicher Vorgaben erreicht werden. Zu oft gibt es lediglich ein Bekenntnis zur formalen Erfüllung der Mindestanforderungen (nämlich der „Soll-Empfehlungen" des Kodex). Erhebliche Unterschiede zeigt auch die jährliche Studie[5] zur Befolgung des deutschen Kodex durch 200 börsennotierte Gesellschaften. Während die DAX 30 Unternehmen immerhin 96 % der erklärungspflichtigen „Soll-Empfehlungen" akzeptierten, waren dies nur 78 % der im General Standard notierten Unternehmen. Insbesondere bei den oft weniger beachteten „Sollte-Anregungen" des Kodex ist der Unterschied groß: 85 % der DAX-, aber nur 53 % der General Standard-Unternehmen akzeptieren diese. Gerade die „Sollte-Anregungen" sind jedoch für eine qualitativ hochwertige Governance von erheblicher Bedeutung. Aber selbst hohe Akzeptanzquoten können in vielen Fällen nicht über teilweise eklatante Mängel in der gelebten Governance hinwegtäuschen:

  Beispiele wie
  - intransparentes Anschleichen zu Lasten uninformierter Minderheitsaktionäre (Porsche/VW, Schaeffler/Continental)
  - Inanspruchnahme von „Entsenderechten" (ThyssenKrupp, VW)
  - Korruptions- und Kartellvergehen (Siemens, MAN)

zeigen, wie wichtig eine intensive Analyse der Governance-Verhältnisse des einzelnen Unternehmens nicht nur für Analysten und Investoren, sondern auch für alle anderen Stakeholder ist.

---

1 Ammann/Oesch/Schmid (2009): „Corporate Governance and Firm Value: International Evidence', März 2009, Unternehmen, die ihre Corporate Governance gegenüber dem Durchschnitt verbesserten, erfuhren je Verbesserungsschritt eine Erhöhung ihrer Marktkapitalisierung um mindestens 4,2% (gemessen an Tobins Q). Weitere Studien zur Performancefrage siehe Anhang.

2 Kodex vom Juni 2009, www.corporate-governance-code.de.

3 OECD Principles of Corporate Governance 2004, www.oecd.org.

4 ICGN Global Corporate Governance Principles 2009, www.icgn.org.

5 Von Werder/Talaulicar: Kodex Report 2010, DER BETRIEB, Heft 16, April 2010.

2 Das Konzept der Governance-Scorecard

Ein guter Weg zu einer ersten Einschätzung der Governance-Situation der einzelnen Gesellschaft ist eine Analyse des Ist-Zustands der Befolgung anspruchsvoller Governance-Maßstäbe. Diese sollte in leicht nachvollziehbarer, standardisierter Form erfolgen, um Unternehmen und Analysten sowie Investoren einen effizienten Zugang zur Detailsituation zu ermöglichen.

Für deutsche börsennotierte Gesellschaften gibt es für diesen Ansatz bisher nur die DVFA-Scorecard.[6] Hauptziel dieser kostenfrei verfügbaren Scorecard ist es, die jeweilige Governance-Qualität anhand der Compliance mit dem Deutschen Corporate Governance Kodex (DCGK), der Einhaltung international akzeptierter Best-Practice-Standards und bindender Verpflichtungen zu qualitätsvoller Governance zu erfassen.

Die Scorecard wird dafür in Anlehnung an die Hauptkapitel des DCGK durch fünf Teilbereiche mit 60 Einzelfragen abgebildet:

- Aktionäre und Hauptversammlung
- Vorstand
- Aufsichtsrat
- Transparenz
- Rechnungslegung und Abschlussprüfung.

Durch Feststellung des jeweils zutreffenden Erfüllungsgrades der einzelnen Governance-Punkte erfolgt die Errechnung der Einzelscores in den Teilbereichen. Der Gesamtscore errechnet sich dann aus den gewichteten und addierten Teilergebnissen. So wird durch die auf der zusammenfassenden Seite dargestellten Ergebnisse eine Einstufung der jeweiligen Governance-Verhältnisse möglich:

Bei der vorgegebenen „Standard-Gewichtung“ der einzelnen Fragen erzielen Unternehmen, die alle „Soll-Empfehlungen“ des DCG-Kodex erfüllt haben und ein aktives Governance-Commitment aufweisen, ein Gesamtergebnis von mindestens 75 Punkten. Durch vollständige Erfüllung der „Sollte-Anregungen“ des Kodex sowie weiterer „Best Practice“-Vorgaben ist das Maximal-Ergebnis von 100 Punkten erreichbar. Unternehmen mit anspruchsvollen Governance-Verhältnissen sollten ohne weiteres 80–90 Punkte erreichen beziehungsweise übertreffen.

Alternativ zur Standard-Gewichtung kann auch eine individuelle Gewichtung der einzelnen Fragen vorgenommen werden, um unterschiedliche Bewertungsmaßstäbe und unternehmensspezifische Besonderheiten zu berücksichtigen. Die individuelle Gewichtung der jeweiligen Governance-Fragen wird dann in einer separaten Spalte festgehalten.

6 DVFA-Scorecard, Version mit Standard-Gewichtung (auch im Anhang) und Version mit Individual-Gewichtung unter www.dvfa.de.

3 Anwendungserfahrungen in Deutschland und international

Bislang gibt es in Deutschland noch keine breite Unterstützung für den Scorecard-Ansatz, obwohl auch weitere, kommerziell angebotene Scoring-Modelle entwickelt worden sind.[7] Bei Letzteren dürfte dies auch daran liegen, dass die Einzelkriterien nicht veröffentlicht werden und die Analyse mit zum Teil erheblichen Kosten verbunden ist.

Viele Unternehmen sind gegenüber einer systematischen Bewertung kritisch eingestellt: sie verweisen auf die vermeintliche Unmöglichkeit der Bewertung ihrer individuellen Verhältnisse. Dabei übersehen sie, dass der Kapitalmarkt angesichts der hohen Zahl von investierbaren Unternehmen eine Vergleichsanalyse in Form einer standardisierten Bewertung der Governance-Verhältnisse verlangt. Gerade internationale Investoren nehmen eine derartige Vorauswahl der grundsätzlich in Frage kommenden Firmen vor. Unternehmen, die in solchen Vergleichen nicht einen Mindest-Governance-Standard erreichen, kommen dann erst gar nicht in die engere Wahl.

International hat das von der DVFA-Kommission entwickelte Scorecard-Modell mittlerweile zahlreiche Verwendung gefunden: es hat sich insbesondere in Schwellenländern etabliert und wird dort von Regulierungsbehörden und Börsen aktiv unterstützt beziehungsweise als Börsennotierungsvoraussetzung gefordert:

- Die Börsen der Schwellenländer Indonesien[8] und Philippinen[9] empfehlen beziehungsweise verlangen eine Governance-Analyse und Berichterstattung mittels Scorecard.[10]
- Die an der Bulgarian Stock Exchange[11] (BSE) notierten Unternehmen sollen zur Darstellung ihrer Governance-Verhältnisse die Governance-Scorecard veröffentlichen.
- Das Global Corporate Governance Forum der IFC/Weltbankgruppe entwickelt auf Basis des bulgarischen Musters ähnliche Scorecard-Modelle in Mazedonien, Montenegro und Serbien.

---

7 Der Proxy Voting Service Anbieter IVOX überprüft für institutionelle Investoren die DAX 30Unternehmen anhand von 100 gewichteten Governance-Kriterien; der Asset Manager zCapital mit Fokus auf Schweizer Small- und Mid Cap Unternehmen untersucht Unternehmen auf festgelegte Corporate-Governance-Kriterien in vier Hauptkategorien. Ähnlich wie die DVFA Scorecard vergibt dieses Scoring-System maximal 100 Punkte für 55 gewichtete Kriterien. Die Rating Agenturen Standard & Poor's, Moody's und Fitch verwenden ebenfalls diskretionäre Scoring-Ansätze für ihre Governance-Analyse.

8 www.idx.co.id.

9 Philippine Stock Exchange: www.pse.com.ph.

10 Siehe für weitere Länder: www.ifc.org.

11 www.bse-sofia.bg.

4 Zusammenfassende Bewertung

Die umfassende Beurteilung der unternehmensspezifischen Governance ist auch für Analysten und Investoren eine komplexe Aufgabe. Die Governance-Scorecard ermöglicht eine erste Einordnung der jeweiligen Governance-Situation. Mit der Erfassung der grundsätzlichen Governance-Situation durch die 60 Fragen der fünf wesentlichen Teilbereiche wird auch die Möglichkeit zum Branchenvergleich geschaffen.

Allerdings erfordert die für eine tiefergehende Beurteilung erforderliche Einschätzung der „weichen" Governance-Faktoren die intensive Auseinandersetzung mit den einzelnen Unternehmen.

Die Scorecard bietet Unternehmen und Investoren eine objektivierte Diskussionsgrundlage zur kosteneffizienten Identifikation des Ist-Zustandes der Governance-Verhältnisse und damit auch von Verbesserungspotenzialen. Die dadurch mögliche Transparenz der Governance-Situation in der Unternehmenspräsentation erhöht die Dialogfähigkeit zwischen Unternehmen und Investoren.

Auch wenn mit der Scorecard nicht eine tiefe Detailanalyse der individuellen Governance-Qualität erreicht werden kann, hat sie erhebliche Vorteile für die Darstellung der Governance-Verhältnisse von börsennotierten Unternehmen. Sie bietet:

- ein transparentes Scoring-Modell,
- ist universell anpassbar,
- erlaubt die weitgehende Selbstevaluierung,
- ist kostengünstig (via MS Excel-Spreadsheet) und allgemein zugänglich.

Die Praxistauglichkeit hat sich bereits in zahlreichen Ländern erwiesen. Auch in Deutschland kann die DVFA-Scorecard vielen Stakeholdern eine klarere Erkenntnis der Anliegen und des Nutzens guter Governance vermitteln.

Literaturverzeichnis

Ammann, Manuel / Oesch, David / Schmid, Markus: „Corporate Governance and Firm Value: International Evidence", März 2009.

Drobetz, Wolfgang / Schillhofer, Andreas / Zimmermann, Heinz: „Corporate Governance and Expected Stock Returns: Evidence from Germany", in: European Financial Management, Ausgabe 10, 2004.

Governance Metrics International: „Well Governed Companies Far Better in a Downturn: The 2008 Experience", Februar 2009.

Governance Metrics International: „What's Happened Since?", Januar 2007.

Grant, Gavin: „Beyond the numbers: Corporate Governance in Europe", Deutsche Bank AG (Ed.), Global Equity Research – Strategy Focus, März 2005.

Jahn, Daniel / Rapp, Steffen / Strenger, Christian / Wolff, Michael: „Der Deutsche Corporate Governance Kodex: Compliance- und Performanceerfahrungen 2002-2008", August 2010.

Spellman, Kevin / Watson, Robert: „GMI Ratings and Corporate Performance: 2003 to 2008", Januar 2009

Von Werder, Axel / Talaulicar, Till: „Kodex Report 2010", in: DER BETRIEB, Heft 16, April 2010.

Anhang:

Studien zum Einfluss von Corporate Governance auf die Börsenperformance

- Deutsche Gesellschaften mit gutem Governance-Rating zeigten gegenüber Unternehmen mit schlechtem Rating zwischen 1998 und 2002 eine um 12 % p.a. bessere Performance.[12]
- Von 2000 – 2005 hatten FTSE 350 Unternehmen, die zu den besten 20 % bei der Umsetzung von Corporate-Governance-Prinzipien zählten, eine 32 % höhere Performance als die schlechtesten 20 % (Deutsche Bank Research).[13]
- Der auf Schweizer Small- und Mid Cap Unternehmen mit guter Governance setzende zCapital Swiss Small & Mid Cap Fund mit ca. 70 Millionen Euro (104 Millionen CHF) hat seine Benchmark in 2008 um 4,5 % p.a. und in 2009 um 10,6 % p.a. übertroffen.[14]
- S&P-500-Unternehmen mit gutem Governance-Rating von 2003 bis 2006 hatten eine Performance von 13,46 % p.a., Unternehmen mit schlechter Governance von 10,53 % p.a. Die Performance der Firmen, die ihr Rating in dieser Zeit verbesserten, belief sich auf 12,5 % p.a., Unternehmen, die ihr Rating in der Zeit verschlechterten, auf –0,69 % p.a. (GovernanceMetrics International).[15]
- Ein Investment in die 50 S&P-500-Unternehmen mit den besten Governance-Ratings zeigte von 2006 bis 2008 einen positiven Performanceunterschied von insgesamt 24 %.[16]
- Unternehmen im Prime Standard der Deutsche Börse AG, die von 2002 bis 2008 die „Soll-Empfehlungen" des Deutschen Corporate Governance Kodex erfüllen, honorierte der Kapitalmarkt signifikant.[17]

---

12 Drobetz / Schillhofer / Zimmermann: Corporate Governance and Expected Stock Returns: Evidence from Germany, in: European Financial Management, 10, 267-293, 2004.

13 Grant (2005): Beyond the numbers – Corporate Governance in Europe; Deutsche Bank AG (Ed.), Global Equity Research – Strategy Focus, www.dbresearch.de.

14 zCapital: Unternehmenspräsentation, Oktober 2009, www.zcapital.ch.

15 GovernanceMetrics International: GMI Ratings: What's Happened Since?, Januar 2007, www.gmiratings.com.

16 Governance Metrics International: „Well Governed Companies Far Better in a Downturn: The 2008 Experience", Februar 2009, Vergleiche auch: Governance Metrics International: „GMI Ratings and Corporate Performance: 2003 to 2008, Januar 2009, www.gmiratings.com.

17 Jahn / Rapp / Strenger / Wolff: Der Deutsche Corporate Governance Kodex: Compliance- und Performanceerfahrungen 2002-2008, August 2010.

Scorecard for German Corporate Governance©

DVFA-Evaluierungsschema basierend auf dem Deutschen Corporate Governance Kodex (DCGK) in der Fassung vom Juni 2010

Prof. Dr. Alexander Bassen, Christian Strenger, Kommission Corporate Governance Scorecard DVFA

Unternehmen:

Datum:

Methodische Hinweise:

Basis ist der offizielle Deutsche Corporate Governance (DCG)-Kodex in der Fassung vom 26. Mai 2010.
Die Teilkriterien der Scorecard entsprechen den Kapiteln des Kodex. Die relevanten Kodex Ziffern, §§ des Aktiengesetzes (AktG) sowie zusätzlich die DVFA Best Practice sind vor jedem Einzel-Kriterium angegeben:
E = DCGK "Soll-Empfehlung", A=DCGK "Sollte-Anregung", *DVFA = Zusätzliches Kriterium der DVFA-Kommission (kursiv dargestellt)*
Die Erfüllungsgrade der Einzelfragen erfolgt durch Ankreuzen "X" in der Spalte (1)
Gesamtscore: Zusammenfassung der einzelnen Teilkriterien in der Ergebnisübersicht auf Seite 3.
Informationsquelle: Die jeweilige Quelle der einzelnen Punkte sollte in der Spalte (6) festgehalten werden.

	Quelle: DCGK / AktG / DVFA		Erfüllung (1)			Standard Gewichtung	Punktzahl (4) = (1) × (2)	Informationsquelle (6)
			1	0,5	0			
			Ja	Teilweise	Nein			
I.		**Aktionäre und Hauptversammlung**				**15 Prozent**		
! I.1	*DVFA*	*Gibt es ein Commitment der Gesellschaft für jederzeitige aktive Kommunikation mit den Aktionären*				1	0,0	
! I.2	§ 121 AktG	Werden die HV-Unterlagen zusammen mit der Tagesordnung und der Geschäftsbericht unverzüglich auf der Internet-Seite der Gesellschaft veröffentlicht?				1	0,0	
! I.3	A (Ziff. 2.3.4) / § 118 Abs.4	Ermöglicht die Gesellschaft die Verfolgung der gesamten HV über moderne Kommunikationsmedien (z.B. Internet)?				1	0,0	
! I.4	E (Ziff. 2.3.3) / § 118 Abs. 2 / *DVFA*	Ermöglicht die Gesellschaft die weisungsgebundene Stimmrechtsausübung durch einen Vertreter *(auch via Internet bis zum Beginn der Abstimmungen der jeweiligen HV-Tagesordnungspunkte)*?				1	0,0	
! I.5	*DVFA*	*Bleiben die bis Beginn der jeweiligen Abstimmungen eingelangten Stimmrechtsweisungen von Aktionären nur einem von der Gesellschaft unabhängigen Vertreter oder Treuhänder zugänglich? Falls anders gehandhabt wird, veröffentlicht die Gesellschaft börsentäglich die bereits eingegangenen Stimmrechtsweisungen über die jeweiligen TOPs?*				2	0,0	
! I.6	*§ 120 / E 2.2.1*	*Beschließt die Hauptversammlung über die Billigung des Vergütungssystems der Vorstandsmitglieder?*				1	0,0	
! I.7	*A (Ziff. 3.7 Abs. 3)*	Gibt es bei 'bona fide' und substantiellen Übernahmeangeboten ein Commitment für eine Einberufung einer HV ?				1	0,0	
							0,0 *0,00*	
II.		**Vorstand**				**20 Prozent**		
! II.1	E (Ziff. 4.2.5) / *DVFA*	Erläutert der Vergütungsbericht die verschiedenen Vergütungskomponenten verständlich *und zusammengefasst?*				1,5	0,0	
! II.2	§ 193 Abs.2 / *DVFA*	Existieren variable Vergütungsprogramme (Aktienoptionen, etc.) für die Mitglieder des Vorstandes mit einer angemessenen langfristigen Anreizwirkung von mindestens 3 Jahren mit anspruchsvollen Erfolgszielen, die nicht zu *unternehmensspezifischen* Risiken verleiten?				2	0,0	
! II.3	E (Ziff. 4.2.3 Abs.2) / § 87 Abs.2	Wird bei der Ausgestaltung der variablen Vergütung sowohl positiven als auch negativen (i.e. Bonus/ Malus System) Entwicklungen Rechnung getragen?				1,5	0,0	
! II.4	E (Ziff. 7.1.3)	Werden die ausschlaggebenden Parameter der Aktienoptionsprogramme und ähnlicher wertpapierorientierter Anreizsysteme für Vorstandsmitglieder im Corporate Governance Bericht veröffentlicht?				1	0,0	
! II.5	E (Ziff. 4.2.3 Abs.3) / DVFA	Kam es in den letzten 3 Jahren zu **keiner** nachträglichen Absenkung der Erfolgsziele für Anreizprogramme ?				1	0,0	
! II.6	E (Ziff. 4.3.5) / § 88 / *DVFA*	Werden die Nebentätigkeiten von Vorstandsmitgliedern vom AR genehmigt und *detailliert veröffentlicht?*				1	0,0	
! II.7	A (Ziff. 5.1.2 Abs.2)	Erfolgt die Erstbestellung von Vorständen i. d. R. für weniger als 5 Jahre?				1	0,0	
! II.8	§ 93 Abs.2 / *DVFA*	*Existiert eine D&O-Versicherung für den Vorstand?*				1	0,0	
							0,0 *0,00*	

	Quelle: DCGK / AktG / DVFA		Erfüllung (1) 1	0,5	0	Standard Gewichtung	Punktzahl (4) = (1) × (2)	Informationsquelle (6)
III.		**Aufsichtsrat**				**35 Prozent**		
! III.1	*DVFA*	*Besitzt der Vorsitzende des Aufsichtsrats langjährige relevante Branchenkenntnisse und Managementerfahrung?*				1,5	0,0	
! III.2	*DVFA*	*Wird bei den Wahlvorschlägen für neue Aufsichtsratsmitglieder ein aussagefähiges Qualifikationsprofil veröffentlicht?*				0,5	0,0	
! III.3	*E (Ziff. 5.4.1 Abs.4)*	Nimmt der Aufsichtsrat die für seine Aufgaben erforderlichen Aus- und Fortbildungsmaßnahmen eigenverantwortlich wahr und wird dabei von der Gesellschaft unterstützt?				1,5	0,0	
! III.4	E (Ziff. 5.4.3)	Erfolgt eine Einzelwahl der AR-Mitglieder?				1	0,0	
! III.5	*DVFA*	*Ist die Einzelentlastung der AR-Mitglieder regelmäßige HV-Praxis?*				1	0,0	
! III.6	E (Ziff. 5.4.2)	Gehören dem Aufsichtsrat zwei oder weniger ehemalige Mitglieder des Vorstandes an?				0,5	0,0	
! III.7	*DVFA*	*Sieht die Satzung kein Entsenderecht von Aufsichtsräten (durch einen Mehrheitsaktionär) vor?*				1	0,0	
! III.8	E (Ziff. 5.4.5)	Haben Vorstände der Gesellschaft nicht mehr als drei externe Aufsichtsratsmandate inne?				0,5	0,0	
! III.9	A (Ziff. 3.6)	Gibt es regelmäßig getrennte Vorsitzungen der Aktionärs- und Arbeitnehmervertreter im Aufsichtsrat?				1,5	0,0	
! III.10	A (Ziff. 3.6 Abs.2)	Tagte der Aufsichtsrat im letzten Jahr ohne den Vorstand?				1	0,0	
! III.11	A (Ziff. 5.4.6 Abs. 2) / § 87 Abs.1	Existieren auf den langfristigen Unternehmenserfolg bezogene Vergütungsbestandteile für AR Mitglieder?				1,5	0,0	
! III.12	E (Ziff. 5.4.6 Abs. 3)	Werden die Aufsichtsratsbezüge im Corporate Governance-Bericht individualisiert veröffentlicht?				0,5	0,0	
! III.13	E (Ziff. 5.6)/ *DVFA*	Führt der Aufsichtsrat regelmäßig Effizienzprüfungen durch und *berichtet er darüber aussagefähig (i.e. Art der Prüfung (extern/intern))*?				1	0,0	
! III.14	*DVFA*	*Wird die Anzahl der Teilnahmen an den Sitzungen individualisiert veröffentlicht?*				0,5	0,0	
! III.15	A (Ziff. 5.1.2 Abs.1)	Ist ein AR-Ausschuss zur Bestellung und Vergütung von Vorstandsmitgliedern eingerichtet?				1	0,0	
! III.16	E (Ziff. 5.4.1 Abs.2 und 3)	Nennt der Aufsichtsrat bei seiner Zusammensetzung ausreichende Diversity als konkretes Ziel und berichtet er regelmäßig darüber und über den Stand der Umsetzung bei der Berücksichtigung von Frauen?				1,5	0,0	
! III.17	E (Ziff. 3.8, Abs. 2)	Existiert bei einer D&O Versicherung für den AR ein dem VorstAG entsprechender Selbstbehalt?				1	0,0	
! III.18	E (Ziff. 5.3.3)	Existiert ein ausschließlich mit Anteilseignervertretern besetzter Nominierungsausschuss für Wahlvorschläge an die HV?				1	0,0	
! III.19	A (Ziff. 5.2 Abs.2) / § 100 Abs.2	Der Vorsitzende des Prüfungsausschusses ist nicht der AR-Vorsitzende und kein ehemaliges VS Mitglied, dessen Bestellung vor weniger als zwei Jahren endete? (trifft zu = 1; trifft nicht zu = 0)				1	0,0	
! III.20	*DVFA*	*Besteht die Mehrheit des Prüfungsausschusses aus unabhängigen Mitgliedern mit nachweislicher Finanzexpertise?*				1,5	0,0	
! III.21	*DVFA*	*Erhalten Mitglieder von Audit-, Compliance- und Risikoausschuss hierfür keine vom Erfolg des Unternehmens abhängige Vergütung?*				1	0,0	
							0 ***0,00***	

	Quelle: DCGK / AktG / DVFA		Erfüllung (1): 1	Erfüllung (1): 0,5	Erfüllung (1): 0	Standard Gewichtung	Punktzahl (4) = (1) × (2)	Informationsquelle (6)
IV.		**Transparenz und Governance Commitment**				**20 Prozent**		
! IV.1	*DVFA*	*Gibt es auf dem DCG-Kodex basierende eigene Corporate Governance-Grundsätze, die veröffentlicht werden?*				1	0,0	
! IV.2	*DVFA*	*Gibt es ein Commitment zur zukünftigen und stetigen Anpassung an CG Best Practices?*				0,5	0,0	
! IV.3	*DVFA*	*Werden wesentliche Ertrags- und Strategieziele von der Gesellschaft veröffentlicht (z.B. zu Beginn des Finanzjahres oder Quartals), insbesondere wird eine Abweichungsanalyse wesentlicher, früher genannter Ertrags- und Strategieziele veröffentlicht?*				0,5	0,0	
! IV.4	E (Ziff. 6.6)	Wird der Aktienbesitz oder sich darauf beziehende Finanzinstrumente einzelner VS- und AR-Mitglieder angegeben, sofern er direkt, indirekt oder im Gesamtbesitz 1% der ausgegebenen Aktien der Gesellschaft übersteigt?				1	0,0	
! IV.5	*DVFA*	*Werden regelmäßig, d.h. mindestens 2x jährlich, generell zugängliche Analysten- und Investorenkonferenzen durchgeführt?*				1,5	0,0	
! IV.6	E (Ziff. 6.7)	Existiert ein Finanzkalender mit Terminen wesentlicher wiederkehrender Veröffentlichungen?				1	0,0	
! IV.7	E/A (Ziff. 6.8)	Existiert eine übersichtliche Website (auch in Englisch) zur Information der Aktionäre?				1	0,0	
! IV.8	A (Ziff. 3.10)	Werden Abweichungen von "Sollte-Anregungen" erläutert?				1,5	0,0	
! IV.9	*DVFA*	*Werden branchengeeignete Key Performance Indicators für Environmental Social Governance (ESG KPIs) im Geschäftsbericht veröffentlicht?*				1,5	0,0	
! IV.10	*DVFA*	*Ist die Satzung der Gesellschaft im Internet veröffentlicht?*				1,5	0,0	
							0,0	
							0,00	
V.		**Rechnungslegung**				**10 Prozent**		
! V.1	E (Ziff. 7.1.2)	Werden die Veröffentlichungsfristen von der Gesellschaft eingehalten?				1	0,0	
! V.2	*DVFA*	*Existieren vollständige Quartalsberichte mit Bilanz, Cashflow Rechnung, Segmentberichterstattung und EK-Veränderung?*				1,5	0,0	
! V.3	E (Ziff. 7.1.2)	Werden Zwischenberichte vor der Veröffentlichung vom Aufsichtsrat mit dem Vorstand erörtert?				1,5	0,0	
! V.4	E (Ziff. 7.1.4)	Veröffentlicht die Gesellschaft eine Liste von Drittunternehmen, an denen sie eine bedeutende Beteiligung hält?				1	0,0	
! V.5	E (Ziff. 7.2.1)	Holt der Aufsichtsrat bzw. der Prüfungsausschuss vor Unterbreitung des Vorschlags zur Bestellung des Wirtschaftsprüfers an die HV eine Unabhängigkeitserklärung des vorgesehenen Prüfers ein?				1	0,0	
							0,0	
							0,00	
						0	***0,00***	

Quelle: Scorecard for German Corporate Governance© – Standard DVFA Evaluation Method for CG

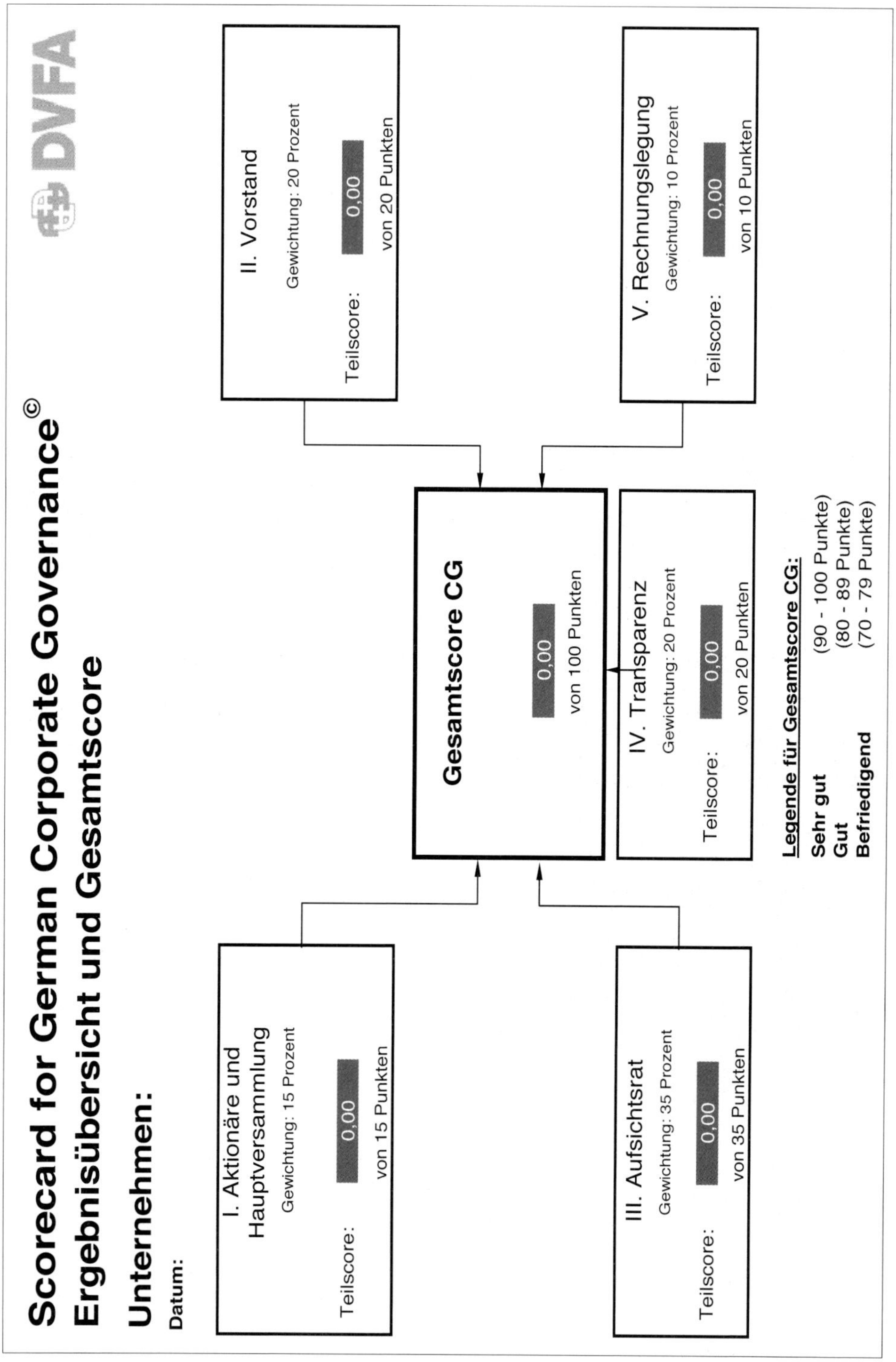
DVFA
Scorecard for German Corporate Governance©
Ergebnisübersicht und Gesamtscore
Unternehmen:
Datum:
I. Aktionäre und Hauptversammlung
Gewichtung: 15 Prozent
Teilscore: 0,00 von 15 Punkten
II. Vorstand
Gewichtung: 20 Prozent
Teilscore: 0,00 von 20 Punkten
III. Aufsichtsrat
Gewichtung: 35 Prozent
Teilscore: 0,00 von 35 Punkten
IV. Transparenz
Gewichtung: 20 Prozent
Teilscore: 0,00 von 20 Punkten
V. Rechnungslegung
Gewichtung: 10 Prozent
Teilscore: 0,00 von 10 Punkten
Gesamtscore CG
0,00 von 100 Punkten
Legende für Gesamtscore CG:
Sehr gut (90 - 100 Punkte)
Gut (80 - 89 Punkte)
Befriedigend (70 - 79 Punkte)

Kapitel 9:

Finanzmarktkommunikation

Finanzkommunikation aus Sicht von Investment Professionals

von Alexander Bassen

1 Einleitung

Die Messung des Erfolgs von Finanzkommunikation beschäftigt sowohl die Wissenschaft als auch die Praxis seit vielen Jahren. Es liegt eine Reihe empirischer Befunde vor, die zum Teil deutlich divergierende Ergebnisse ausweisen. Die DVFA arbeitet deshalb bereits seit vielen Jahren an dem Thema Finanzkommunikation. 1998 hat der Arbeitskreis „Effiziente Kommunikation – Investorengerechte Unternehmenskommunikation" in dem Buch *Diehl/Loistl/Rehkugler:* „Effiziente Kapitalmarktkommunikation" das Thema erstmalig umfassend dargestellt. Im Jahr 2009 existieren zwei Kommissionen, die an der Fragestellung der Messung der Finanzkommunikation innerhalb des Ausschusses für Finanzkommunikation arbeiten: Die Kommission „Effektive Finanzkommunikation" und die Kommission „Non Financials". Die Ergebnisse der beiden Kommissionen werden nachfolgend vorgestellt.

2 Kommission Effektive Finanzkommunikation

2.1 Grundsätzliches Vorgehen

Kriterien der Erfolgsmessung können in unterschiedlicher Weise abgeleitet werden. In der Arbeit der Kommission wurde auf das aus der Konsumentenforschung abgeleitete Verfahren der „Critical Incidents" zurückgegriffen. Hierfür wurden Beispiele für gute und schlechte Investor Relations durch Expertenbefragungen in den Häusern der Mitglieder der DVFA-Kommission „Effektive Finanzkommunikation" abstrahiert. Insgesamt wurden in der vorliegenden Untersuchung über 100 solcher Beispiele gewonnen, die in einem mehrstufigen Prozess mit einem erweiterten Kreis von Investment Professionals systematisiert und zu Empfehlungen verdichtet wurden.

Daraus ergeben sich die Kriterien der Erfolgsmessung in Form der Grundsätze für Effektive Finanzkommunikation[1]. Diese umfassen somit Erwartungen institutioneller Anleger und Finanzanalysten an die Finanzkommunikation von Unternehmen und erläutern, wie unter Umständen Abweichungen von diesen Erwartungen von den Adressaten interpretiert werden. Die Grundsätze und Handlungsempfehlungen beinhalten 30 Leitsätze, Erklärungen und praktische Beispiele. Diese verdeutlichen, wie kommunikativ missverständliches Verhalten, das sich zum Nachteil des Emittenten auswirken könnte, durch sachkundige und an den Erwartungen der Zielgruppe orientierte Investor Relations vermieden werden kann. Die Grundsätze verstehen sich bewusst lediglich als Empfehlungen an Vorstände, IR-Manager und interessierte Kreise und stellen somit keine Vorschriften dar.

2.2 Glaubwürdigkeit als übergeordnetes Ziel

Effektive Finanzkommunikation beruht auf der Glaubwürdigkeit des Managements von Unternehmen und glaubwürdig vorgetragener Kommunikation.

---

1 Vgl. DVFA (2008), URL: http://www.dvfa.de/pdf/grundsaetze_effektive_finanzkommunikation.pdf

Glaubwürdigkeit entsteht aus Erfahrungen der Kapitalmarktteilnehmer, insbesondere der Investment Professionals (Institutionelle Investoren und Finanzanalysten). Weiß man von einem Unternehmen, dass es frühere Aussagen und Prognosen eingehalten bzw. mögliche Abweichungen frühzeitig kommuniziert hat, vertraut man darauf, dass dies auch in Zukunft geschieht. Glaubwürdigkeit fungiert wie ein Vorschuss auf zukünftig zu erbringende Leistungen in Form von Vertrauen. Als vertrauenswürdig gilt ein Unternehmen dann, wenn der Wille sichtbar ist, sich auf die Interessen der Kapitalmarktteilnehmer einzulassen und in ernsthafter und fairer Weise über Ziele, Strategien und Geschäftsverlauf zu informieren. Hierzu gehört es, Szenarien zu entwickeln, die zugrunde liegenden Annahmen offen zu legen und Änderungen der Prognoseparameter frühzeitig und proaktiv in den Markt zu kommunizieren. Die Informationsstände von Management und Kapitalmarktteilnehmern werden so angeglichen.

Die Komplexität von Unternehmen als Zusammenspiel von Strategien, Plänen, Produkten, Märkten und Segmenten erschließt sich letztlich nur durch verbindliche und glaubwürdige Kommunikation und kann nicht vollständig aus der Gewinn- und Verlustrechnung, der Bilanz oder der Kapitalflussrechnung eines Unternehmens abgeleitet werden. Da sich Erwartungen an eine Investition auf zukünftige und damit unsichere Leistungen und Resultate des Unternehmens beziehen, bildet die Herstellung von Glaubwürdigkeit und die Sicherung von Vertrauenswürdigkeit ein wesentliches Ziel von effektiver Finanzkommunikation. Nur wenn die Kommunikation von Unternehmen an Investoren und Finanzanalysten glaubwürdig, das heißt, als authentisch und wahrhaftig, wahrgenommen wird, werden Investoren auch langfristig in ein Unternehmen investieren.

2.3 Struktur der Grundsätze

Die Grundsätze bestehen aus 3 Dimensionen, 6 Verhaltensmaximen und 30 Leitsätzen. Das grundsätzliche Verständnis dieser Grundsätze ist wie folgt definiert:

Abbildung 1: Struktur der Grundsätze

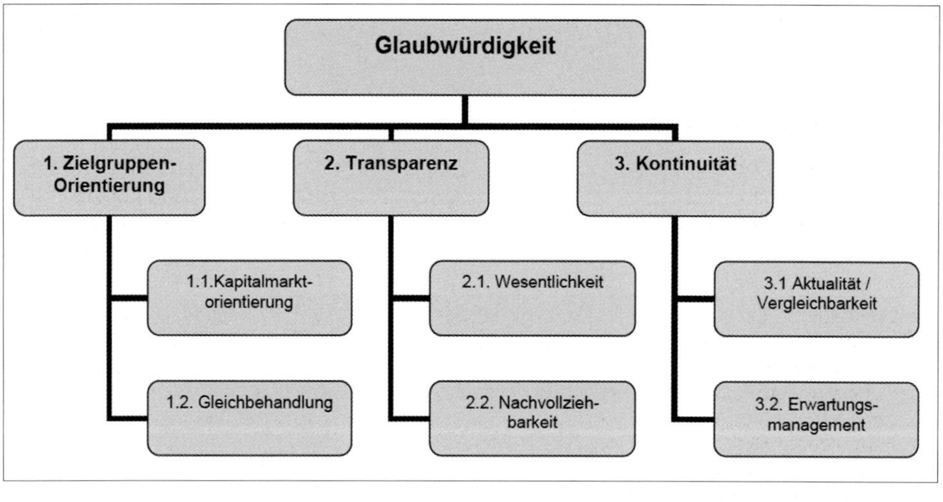

1.1 Kapitalmarktorientierung:

Bedürfnisse der Zielgruppen der Finanzkommunikation werden vom Top-Management adäquat beantwortet. Das Unternehmen sucht aktiv das Gespräch mit Investoren und Analysten.

1.2 Gleichbehandlung:

Kapitalmarktteilnehmer werden in punkto Informationen gleich behandelt. Positive oder negative Kommentierungen werden nicht mit einer selektiven Versorgung „belohnt" oder „bestraft".

2.1 Wesentlichkeit:

Die berichteten Informationen orientieren sich an der Relevanz für die Adressaten und entsprechen in punkto Umfang, Tiefe, Frequenz und Vollständigkeit den Erwartungen von Investoren und Finanzanalysten.

2.2 Nachvollziehbarkeit:

Unternehmensberichte sollten konsistent und nachvollziehbar sein. Finanzielle Informationen sollten quantifiziert sein und ausreichend begründet werden.

3.1 Kontinuität und Aktualität:

Zur Verfügung gestellte Informationen sind stets aktuell; kommunizierte Bestandteile und Inhalte werden der Entwicklung fortlaufend angepasst. Unternehmensberichte weisen einen lückenlosen Zusammenhang auf. Abrupte und sprunghafte Veränderungen werden vermieden.

3.2 Erwartungsmanagement:

Ein intelligentes Erwartungsmanagement zielt darauf ab, den Investment Professionals so viel Orientierung wie rechtlich möglich zu ermöglichen. Dadurch ergibt sich eine erhöhte Vorhersagbarkeit und damit Sicherheit gegenüber dem Investment.

2.4 Nutzung der Kriterien

Die Kriterien werden bisher sowohl für den Capital-Investor-Relations-Preis als auch für die später weiter auszuführenden „Perception Profiles" genutzt.

2.4.1 Capital-Investor-Relations-Preis

Der Capital-Investor-Relations-Preis wird von der Zeitschrift Capital seit 14 Jahren verliehen. Die DVFA führt dabei die Erhebung unter Investment Professionals durch und konzipiert Erhebungs- und Auswertungsverfahren. Die Kriterien für den Capital-Investor-Relations-Preis umfassen Zielgruppenorientierung, Transparenz, Track Record und Extra Financial Reporting.[2]

2 Die Kriterien für den Capital-Investor-Relations-Preis wurden im Jahr 2006 grundlegend überarbeitet. Im Zuge dessen wurde das Kriterium Extra Financial Reporting zusätzlich in den Kriterienkatalog aufgenommen. Die Kriterien sind folgendermaßen definiert: (1) Zielgruppenorientierung: Vorstand und IR informieren proaktiv alle Kapitalmarktteilnehmer (Institutionelle Investoren / Analysten). (2) Transparenz: Alle relevanten Informationen werden in nachvollziehbarer Form bereitgestellt. (3) Track Record: Berichte weisen im Zeitablauf Kontinuität auf, sind aktuell und ermöglichen eine Erhöhung der Prognosequalität (Erwartungsmanagement). (4) Extra Financial Reporting: Das Unternehmen kommuniziert nicht-finanzielle Informationen wie z. B. Corporate Governance, Intangible Assets, soziale, umwelt- und gesellschaftliche Themen qualitativ und quantitativ überzeugend und nachvollziehbar.

Die DVFA mailte im Frühjahr 2010 einen Fragebogen an fast 300 Finanzinstitute im In- und Ausland. Über 400 Analysten und Fondsmanager, die überwiegend Analyse- oder Anlageteams repräsentieren, gaben rund 14.000 Einzelurteile ab. Zudem musste für jedes Unternehmen eine Mindestanzahl an Bewertungen vorliegen, um in die Gesamtbewertung aufgenommen zu werden. Die befragten Finanzanalysten konnten die Kriterien im Rahmen des Capital-Investor-Relations-Preises individuell gewichten und so ihren Präferenzen Ausdruck verleihen. Jede Bewertung eines Unternehmens geht mit dieser individuellen Gewichtung der Finanzanalysten in die Gesamtbewertung ein. Somit ergibt sich eine Bewertung, die sowohl die Erfüllung der Kriterien berücksichtigt als auch die zum Teil deutliche unterschiedliche Bedeutung, die den Kriterien von den Finanzanalysten beigemessen wird. Die Gewichte der einzelnen Teilkriterien betragen 27,7 % für Zielgruppenorientierung, 27,8 % für Transparenz, 26,2 % für Track Record und 18,3 % für Extra Financial Reporting.

Der Capital-Investor-Relations-Preis ermöglicht den IR Professionals eine Messung des Erfolgs der IR auf stark aggregiertem Niveau. Dieses ermöglicht zwar einen Vergleich mit den Wettbewerbern anhand der vier Kriterien, erlaubt aber nur bedingt, den Unternehmen Verbesserungspotenziale aufzuzeigen.

Abbildung 2: Perception-Profile-Verbindung zu Grundsätzen und Capital-Investor-Relations-Preis

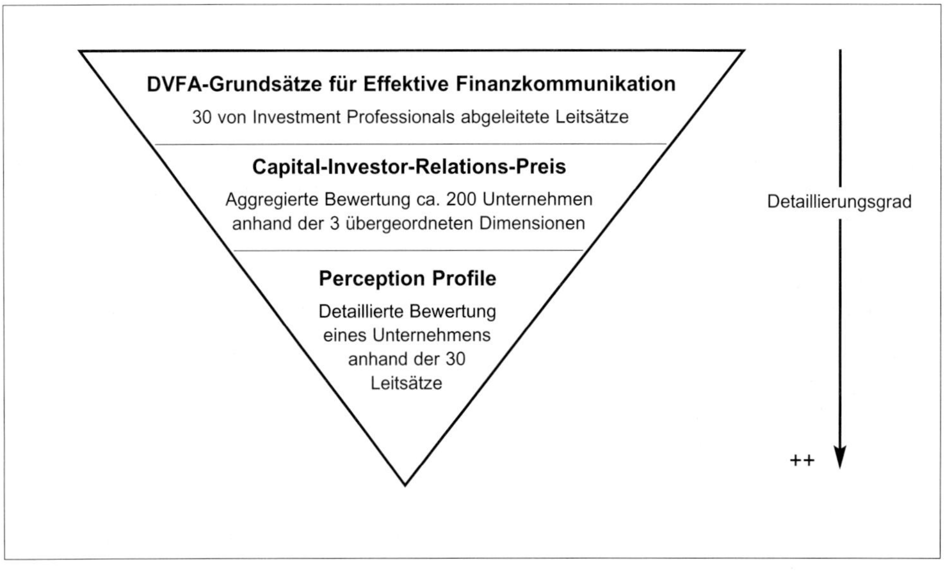

2.4.2 Perception Profiles

Auf Basis der Leitsätze hat die DVFA ein Verfahren entwickelt, mit dem Unternehmen messen können, in welchen Bereichen Verbesserungspotenzial für ihre IR-Arbeit besteht. Dafür hat die DVFA die 30 Leitsätze operationalisiert und in ein online-basiertes Erhebungsverfahren überführt. Das Ergebnis der Messung der IR-Arbeit durch diese Online-Erhebung unter Investment Professionals ist ein Perception Profile. Hierunter wird eine Verdichtung der wahrgenommenen Performance in einem Kennzahlensystem verstanden.

Erhebungen, die messen, wie Investment Professionals Unternehmen wahrnehmen – so genannte Perception Studies – galten schon immer als wichtige IR-Management-Instrumente. Die DVFA hat Perception Studies zu „Perception Profiles" weiterentwickelt. Letztere besitzen drei zentrale Vorteile:

1. Die 30 Leitsätze mit ihrer hohen Kapitalmarktrelevanz geben eine große inhaltliche Tiefe, um detaillierte und aussagekräftige Stärken-Schwächen-Profile zu erstellen, aus denen konkrete Handlungsempfehlungen für die Unternehmen abgeleitet werden können.
2. Die klare Struktur, die Onlinebasierung und die Anwendung des Multiple-Choice-Verfahrens ermöglichen es, die notwendigen Informationen in einem vertretbaren Zeitaufwand zu erfassen, und fördern so maßgeblich die Akzeptanz.
3. Die Normierung und Standardisierung der Erhebung ermöglicht den Aufbau von umfangreichen Datensätzen und damit einer Benchmark, die eine kontinuierliche Beurteilung der IR Arbeit eines Unternehmens im Zeit- und Wettbewerbsvergleich ermöglicht.

Die „Perception Profiles" liefern quantifizierbare und damit messbare Ergebnisse und ermöglichen dem Unternehmen einen dezidierten inhaltlichen Vergleich mit seinen Wettbewerbern. Darüber hinaus können Entwicklungen im Zeitablauf verglichen werden – der Erfolg von gezielten Maßnahmen zur Verbesserung der IR-Arbeit kann so schlüssig überprüft werden. Die Daten werden durch die Möglichkeit für Investment Professionals gestützt, differenzierende qualitative Statements abzugeben.

Investment Professionals schätzen Erhebungen über ihre Wahrnehmung von Emittenten, denn sie geben ihnen die Möglichkeit, dem Unternehmen gegenüber sensible Kritikpunkte auf diskrete und anonyme Weise zu äußern. Entscheidend für die Akzeptanz einer Erhebung sind die Methodik, die Kapitalmarktrelevanz sowie der mit der Beantwortung verbundene Zeitaufwand. Während die Methodik die Basis legt für die Vergleichbarkeit der Daten, entscheiden Zeitaufwand und Kapitalmarktrelevanz über die Rücklaufquoten bei Investment Professionals. Klassische Perception Studies bestehen häufig aus einer Sammlung von Statements von Investment Professionals zu vorgegebenen Fragen, die durch telefonische Interviews gewonnen werden. Was fehlt, ist die Vergleichbarkeit mit anderen Unternehmen und die Messbarkeit der Erfolgsgrößen. Telefonische Interviews sind zudem zeitaufwändig und in der Finanzwelt nicht sonderlich beliebt.

Die „Perception Profiles" der DVFA beruhen auf einer akzeptierten Methodik. Das Multiple-Choice-Erhebungsverfahren liefert vergleichbare und quantifizierte Ergebnisse. Der nutzerfreundliche Online-Fragebogen sichert die Akzeptanz bei den sorgfältig ausgewählten Investment Professionals.

Abbildung 3: Beispiel für das Perception Profile eines DAX30-Unternehmens im Vergleich mit dem DAX30-Benchmark sowie dem Best-in-Index-Unternehmen

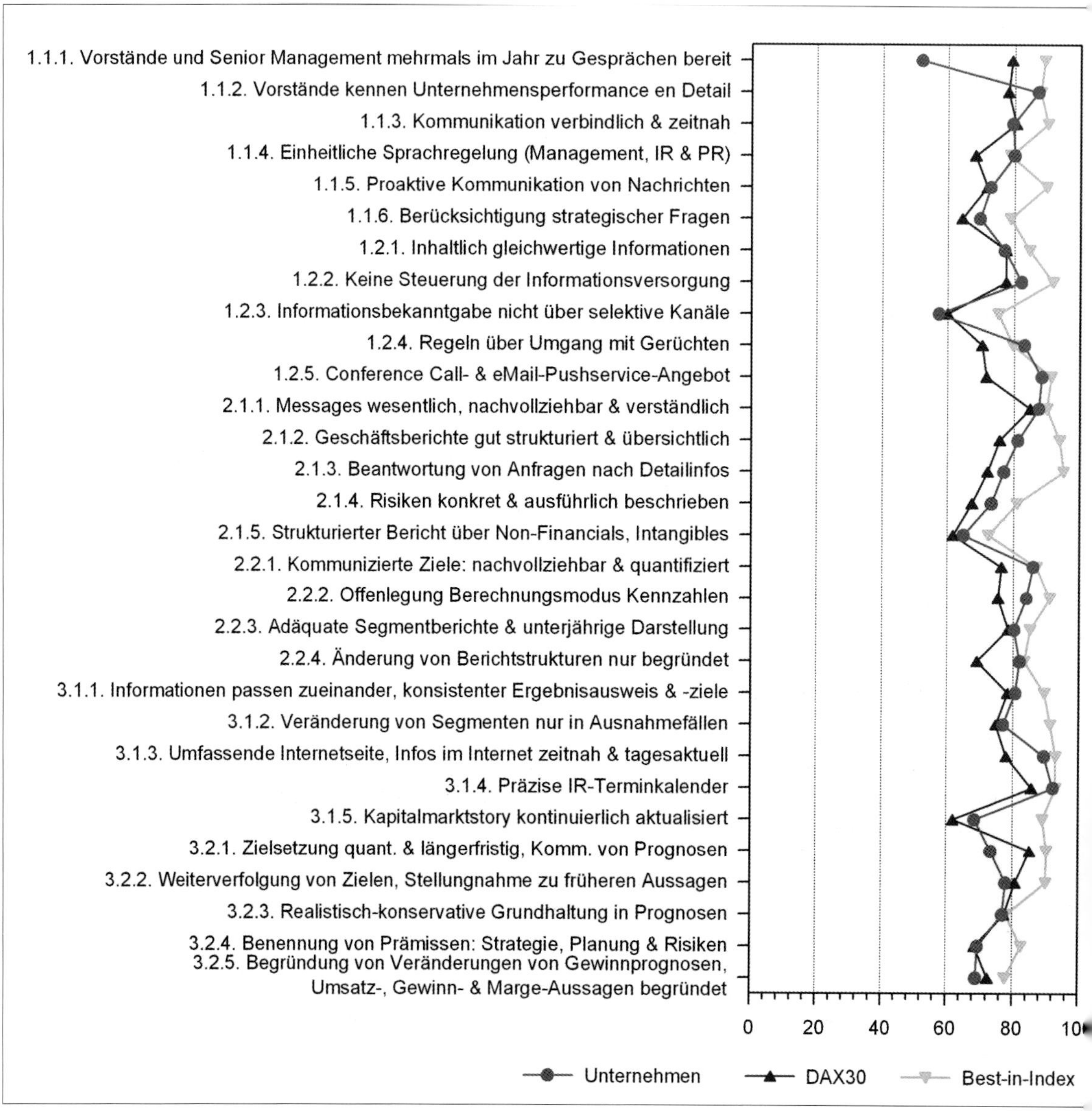

3 Kommission Non Financials

3.1 Grundsätzliches Vorgehen

Die Kommission Non Financials hat ein umfassendes Rahmenwerk zur Berichterstattung von nichtfinanziellen Vermögensgegenständen ausgearbeitet. Ziel der „KPIs for ESG" genannten Arbeit der DVFA ist es, einheitliche Reporting Standards zu entwickeln, an denen Unternehmen sich bei der Nachhaltigkeitsberichterstattung orientieren können und die genau festlegen, wie die zu berichtenden Werte zu berechnen sind. Die Arbeit der Kommission hat in der Zwischenzeit das Endorsement der EFFAS erhalten und fließt in die Standardsetzung der EU-Kommission ein.

Ähnlich den ökologischen, gesellschaftlich / sozialen und ökonomischen Faktoren der GRI, werden die Bereiche *environmental, social and governance* (ESG) *issues* herausgegriffen und im Zuge der ständigen Aktualisierung und Weiterentwicklung des Rahmenwerkes um die Kategorie *longterm viability* erweitert. In der Einleitung des Leitfadens wird explizit darauf hingewiesen, dass es sich um konkrete Empfehlungen für Unternehmen handelt. Die DVFA hat Leistungsindikatoren entwickelt, anhand derer ein Unternehmen berichten kann, welche Leistungen es im ESG-Bereich erbracht hat. Das Rahmenwerk umfasst Empfehlungen für 114 spezifische Branchen. Die Berichterstattung ist freiwillig und die Frage der Angemessenheit kann von jedem Unternehmen individuell beantwortet werden. Dennoch gibt es eine konkrete Empfehlung der DVFA / EFFAS, welche ESG-Faktoren, abhängig von der jeweiligen Branche, berichtet werden sollen.

3.2 Ausgestaltung der KPIs

Die Berichtstandards der DVFA / EFFAS werden in einen allgemeinen und einen spezifischen (auf einzelne Branchen angepasste) Berichtteil untergliedert. Aus einer Vielzahl von Leistungsindikatoren wurden die wichtigsten ausgewählt und werden in weiterer Folge mit *Key Performance Indicators* (KPIs) bezeichnet. KPIs liefern messbare und damit bewertbare Größen zu einzelnen ESG-Themen. Zugunsten der Übersichtlichkeit und Durchführbarkeit wurde die Anzahl der ESG-Faktoren begrenzt. Durch die Verwendung der KPIs wird eine unternehmensinterne Steuerung und Kontrolle der ESG-Faktoren ermöglicht. Die DVFA hat für alle Branchen spezifische Empfehlungen für die Nachhaltigkeitsberichterstattung festgelegt. So sind für alle Branchen nach dem Dow Jones Industry Classification Benchmark (ICB) die jeweils wichtigsten KPIs ausgewählt worden. Diese KPIs sind darauf ausgelegt, dass sie, in Beachtung der signifikanten Besonderheiten jeder Branche, eine aussagekräftige Berichterstattung im ESG-Bereich ermöglichen.

Durch die regelmäßige Berichterstattung kann ein Unternehmen nachweisen, sich in bestimmten Bereichen verbessert zu haben. Ein anschauliches Beispiel ist das Berichtthema Energieverbrauch. Die allgemeinen *Key Performance Indicators* sind der gesamte Energieverbrauch (E0101) und der spezifische Energieverbrauch je Umsatzeinheit (E0102). Für die Darstellung der Key Performance Indikatoren können eindeutige Messgrößen identifiziert werden (zum Beispiel Kilowatt pro Stunde). Hat ein Unternehmen Energie im Laufe der Zeit effizienter genutzt, wird dies durch diese Form der

Darstellung sichtbar. Gleichzeitig kann der Energieverbrauch mit anderen Unternehmen verglichen werden, die genau die gleichen KPIs berichten. Es wird von der DVFA daher empfohlen, Vergleichswerte der vergangenen Jahre und anderer Unternehmen in den eigenen Bericht aufzunehmen. Durch die regelmäßige Veröffentlichung steht das Unternehmen zunehmend unter Druck, einzelne ESG-Bereiche zu verbessern, um für Investoren attraktiv zu sein.

Das Konzept der sektorspezifischen KPIs soll nun anhand der Automobilbranche veranschaulicht werden. Die sektorspezifischen KPIs dienen als Vorschlag. Die Unternehmensleitung bestimmt, welche dieser Indikatoren die Leistung des Unternehmens am getreuesten abbilden und daher berichtet werden sollen. Themen wie der Anteil des recycelten Abfalls (E0501) geben dabei ebenso Auskunft über die Nachhaltigkeitsleistung eines Unternehmens wie auch die Frage nach den durchschnittlichen CO_2-Emissionen der verkauften Fahrzeuge (E3701).

Abbildung 4: Sektorspezifische ESG-Faktoren (Automobilbranche) der DVFA / EFFAS

E Environmental	**S Social**	**G Governance**	**E Longterm Viability**
E01 Energy efficiency	S01 Staff turnover	G01 Contributions to political parties	V01 Litigation risks
E02 GHG emissions	S02 Training & qualification	G02 Dimensions of pending legal proceedings	V02 Corruption
E03 Emissions to Air	S03 Maturity of workforce		V03 Revenues from new products
E04 Waste	S04 Fatalities & Injuries		V04 Innovation
E09 End-of-Product-Lifecycle	S05 Health & safety aspects of products		V05 Customer retention
E13 Eco-Design	S07 Certification of Facilities		V06 Customer satisfaction
E28 Water Consumption	S08 Remuneration		V07 Human resource management
E33 Environmental Compatibility	S11 Restructuring-related relocation of jobs		V12 Environmental CapEx
E36 Subcontracting	S13 Intermodality		V13 Utilisation
E37 CO_2 emission of product	S15 NCAP Ratings		V17 Vertical range of manufacturing
			V24 Brand value
			V28 Supply chain

Quelle: The European Federation of Financial Analysts Societies, KPIs for ESG 3.0

Die wichtigsten Kriterien für die Auswahl von *Key Performance Indicators* werden von der DVFA / EFFAS wie folgt definiert:[3]

3 The European Federation of Financial Analysts Societies (2009), S. 6.

Sie sollen:

- mit Risiko- oder Erfolgsfaktoren des Unternehmens korrelieren,
- signifikant und relevant für Investitionsentscheidungen sein,
- fest im Unternehmensmanagement System verankert sein,
- über den Zeitablauf, beispielsweise als Vergleich mit Vorjahreszahlen, dargestellt werden und
- eine handhabbare Anzahl nicht übersteigen, beispielsweise 50 maximal.

Der Vorteil bei der Verwendung von einheitlichen ESG Reporting Standards ist die Möglichkeit der Überprüfung durch Dritte. Werden ESG-Berichte in die Geschäftsberichte integriert, kann die Überprüfung im Zuge der standardmäßigen Jahresabschlussprüfung abgehandelt werden.

4 Zusammenfassung

Die Bewertung der Qualität von Investor Relations hat sich in den letzten Jahren wesentlich weiterentwickelt. Mit den „Perception Profiles" erfährt die Qualitäts- und Erfolgsmessung der IR-Arbeit von Unternehmen jetzt weitere signifikante Verbesserungen: Die 30 Leitsätze basieren auf den Anforderungen und Erfahrungen der Kapitalmarktteilnehmer, welche in der DVFA-Kommission für Effektive Finanzkommunikation in Form von guten und schlechten Beispielen gesammelt, systematisiert und aggregiert wurden. Die Praxis- und Kapitalmarktrelevanz in Kombination mit dem standardisierten, online-basierten und damit wenig zeitaufwendigen Verfahren sorgt für eine hohe Akzeptanz in der Zielgruppe. Ausgewählte Investment Professionals werden für die Bewertung eines Unternehmens mittels der „Perception Profiles" auf Basis der 30 Leitsätze angesprochen. Die aussagekräftigen Ergebnisse im Wettbewerbs- und Zeitvergleich ermöglichen sehr detaillierte Handlungsempfehlungen für die Unternehmen, um die Kommunikation zwischen Unternehmen und Kapitalmarktteilnehmern weiter zu verbessern.

Durch den *KPIs for ESG*-Ansatz der DVFA ist es möglich, Unternehmensinformationen zu veröffentlichen, die messbar sind und allein durch die Möglichkeit der Vergleichbarkeit mit den Werten der vergangenen Jahre Auskunft darüber geben können, ob das jeweilige Unternehmen sich im Zeitablauf entsprechend des Nachhaltigkeitskonzepts entwickelt hat. Zusätzlich bietet dieser Ansatz die Möglichkeit zu vergleichen, ob das jeweilige Unternehmen verantwortungsvoll im Vergleich zu Konkurrenzunternehmen gehandelt hat. Für das darauf folgende Berichtsjahr können Zielvorgaben für einzelne KPIs, entsprechend der Unternehmensstrategie, angegeben werden. Die ESG-Faktoren werden durch den KPI-Ansatz zu lenkbaren Größen und ermöglichen dadurch eine wertorientierte Steuerung des Unternehmens. Zudem werden hierdurch die ESG-Faktoren auch für Mainstream-Analysten leichter zugänglich gemacht.

Literaturverzeichnis

Bassen, A. / R. Frank / S. Levermann / M. Plümer: „Messung des Erfolgs von Finanzkommunikation mit Perception Profiles der DVFA", in: Finanz Betrieb, 8. Jg. 2006, S. 689-694.

Bassen, A. / R. Frank: „Messung des Erfolgs von Finanzkommunikation mit Perception Profiles der DVFA", in: K. Möller / M. Piwinger / A. Zerfaß (Hrsg.): Immaterielle Vermögenswerte: Bewertung, Berichterstattung und Kommunikation, Stuttgart 2009, S. 273-290.

Bassen, A. / M. Kovac: „Environmental, Social and Governance Key Performance Indicators from a Capital Market Perspective", in: Zeitschrift für Wirtschafts- und Unternehmensethik (zfwu), 9. Jg. 2008, S. 182-192 (ssrn.com/abstract=1307091).

Diehl, U. / O. Loistl / H. Rehkugler: Effiziente Kapitalmarktkommunikation, Stuttgart 1998.

DVFA: DVFA-Grundsätze für Effektive Finanzkommunikation, Dreieich 2008.

The European Federation of Financial Analysts Societies (2009): „KPIs for ESG. A Guidline for the Integration of ESG into Financial Analysis and Corporate Valuation." Online verfügbar unter http://www.effas-esg.com/wp-content/uploads/2010/04/effas_kpis_for_esg_3_0.pdf

Taking Sustainability Seriously: The Time Has Come for Integrated Reporting

by Robert G. Eccles and Michael P. Krzus

Over the last few decades, the view of the corporate and investment communities regarding sustainability has changed dramatically. It has gone from being perceived as a fringe issue being pushed by activist NGOs, to being the politically correct thing to support, to becoming a mainstream issue in investment decisions, both inside the company and in the capital markets. Companies are working hard to truly embed sustainability into their corporate strategies and operations. They see this as imperative for both delivering on performance today and for ensuring their own long-term sustainability as an organization. Although somewhat behind the corporate community, the investment community is beginning to incorporate environmental, social and governance (ESG) issues into decisions about asset allocation and investments in specific companies. Investors now see that tremendous value can be gained and lost by how well a company is managing ESG issues.

Concomitant with sustainability now being taken seriously, we have seen an increasing number of companies issuing voluntary sustainability or corporate social responsibility reports. These reports vary in the quality of the information they provide. Some are largely public relations or marketing documents filled with pretty pictures and earnest words affirming a company's commitment to the environment, social diversity and concern for all of its stakeholders. The better ones provide quantitative information on ESG (also called nonfinancial) performance, sometimes using standards developed by such groups as the European Federation of Financial Analysts Society or the Global Reporting Initiative. A social consensus has not been reached on standards for reporting on nonfinancial information that will provide the same degree of rigor and relevance that accounting standards seek to do for financial information.

While clearly a positive development, the reporting of nonfinancial information in a separate document should be regarded as simply the first step in developing a corporate reporting process that supports a true commitment to sustainability. Separate reporting of financial and nonfinancial performance needs to be combined into a single integrated report in which the company presents its view regarding how nonfinancial performance and financial performance are related to each other, along with well-defined metrics for both. The nonfinancial performance measures should also be subject to the same degree of rigor in assurance by a third-party auditor, ideally the auditor of the company's financial statements. Company claims about their commitment to sustainability and their belief that good ESG performance contributes to good financial performance while reporting on them separately will soon ring false if not backed up by credible information. Thus the need for integrated reporting.

The question then becomes what will it take to make this happen? This question can be answered in terms of actions that need to be taken by companies, analysts and investors, standard setters for nonfinancial information, accounting firms, NGOs and the government.

1 Companies

The ultimate responsibility for integrated reporting obviously lies with companies because they make the decision of what to report and how within the legislative and regulatory mandates of the countries in which they operate. Today few countries require integrated reporting, with South Africa being a notable exception and France considering legislation in this regard. At the same time, we are not aware of a single country that prohibits integrated reporting. Thus every company can simply make the decision to do so. Some already are, including such well-known companies as BASF in Germany, Philips in the Netherlands, and United Technologies Corporation in the United States.

Producing a single integrated report is not a simple exercise, but the benefits of doing so are many. These include greater clarity about the relationships between financial and nonfinancial performance and the commitments the company is making to both, better internal resource allocation decisions, deeper engagement with shareholders and other stakeholders and lower reputational risk. Simply put, the internal use of an integrated report will result in a better managed company. Since this report should also be made available to the board of directors, it will also contribute to better corporate governance.

Integrated reporting is not an event but a process of continuous improvement in a company's corporate reporting practices. As a first step, it requires a clear articulation of the relationship between financial and nonfinancial outcomes based on the company's strategy. This will identify what nonfinancial performance measures are needed and where internal measurement methodologies need to be developed, with an explicit choice being made about the standards to be used. Often the company will find that it needs to make improvements to its internal control and measurement systems for nonfinancial information to bring them up to par with, the ones it has for producing financial information.

Since nonfinancial information is typically spread across a number of functional groups, a collaborative process needs to be designed for bringing all the relevant information together. The CEO needs to clearly designate who will have responsibility for leading this process, such as the CFO, the head of investor relation, or the head of corporate communications. Equal attention needs to be made to using the company's website to provide more detailed information of interest to particular stakeholders. Integrated reporting is not simply the issuance once a year of an integrated annual report, but an ongoing process that includes dialogue and engagement with all stakeholders in order to ensure that their information needs are being met. Finally, analysts and investors will generally need to be educated about the importance of nonfinancial information and other stakeholders will need guidance on how to interpret nonfinancial information in the context of financial performance.

2 Analysts and Investors

One of the common experiences of companies that have started issuing a single integrated report is the marked indifference of many sell-side analysts and institutional investors. While there is a clear trend in the investment community towards paying greater attention to ESG issues, this is by no means universal. The degree of interest varies by type of fund (e.g., pension funds generally being more interested than hedge funds) and investment strategy (e.g., value investors generally being more interested that day traders). However, the external benefits of integrated reporting will not be realized if analysts fail to incorporate this information in their reports and investors fail to use it in their investment decisions. They need to do so. They also need to go further and start demanding integrated reporting from all of the companies they follow or in which they invest. If companies know the market cares about integrated reporting, this will be a very real incentive for them to do so.

3 Standard Setters for Nonfinancial Information

There are a number of groups working to develop standards for nonfinancial information including the European Combined Reporting Alliance (made up of the Society of Investment Professionals in Germany, the Prince of Wales Accounting for Sustainability Project, Eurosif, the World Intellectual Capital Initiative, and the International Corporate Governance Network as an observer), the Global Reporting Initiative, and the Climate Disclosure Standards Board. The amount and quality of work being done by these groups is impressive and should be lauded, particularly since none of them are receiving any government financial support and many of the people involved are essentially contributing their time. However, there is a risk that these different groups will end up producing different standards for the same measure and then start competing with each other about whose standards are best. Such a result would make a mockery of the term "standard." It would also be an ironic outcome while the world is going to a single set of accounting standards, through the convergence of International Financial Reporting Standards (IFRS) and U.S. Generally Accepted Accounting Principles (U.S. GAAP), after years of country-specific generally accepted accounting principles. All of these nonfinancial standard-setting groups need to find ways to collaborate with each other.

4 Accounting Firms

Many, although certainly not all, companies that produce Corporate Social Responsibility (CSR) or sustainability reports have some form of assurance provided on the information they contain. In some cases they use one of the Big Four accounting firms, although not necessarily the same one that audits their financial statements. In other cases they use a small boutique firm. In no case is the same level of rigor applied, with the obvious implications for cost, as with financial information. One of the reasons for this is the lack of well-defined and required standards for which audit methodologies can be developed. While this would seem like an enormous opportunity for accounting firms – both from a commercial and from a fiduciary perspective – they have been reluctant to make this a priority. The biggest concern is liabilities that could result from providing an audit opinion on this information. While a legitimate concern, this is simply an excuse if the accounting firms are not actively engaged with the groups attempting to develop standards for measuring and reporting on nonfinancial performance. Thus the large accounting firms need to make the development of "accounting" and auditing standards for nonfinancial information a high priority and be actively engaged in the work being done by these standard-setting groups. They also need to develop true audit methodologies and should reasonably expect to be compensated for the effort and risk being taken in doing true audits of nonfinancial information. Ultimately, high quality integrated reporting will require integrated auditing and thus a single firm will need to be used to audit both the financial and the nonfinancial information.

5 NGOs

The last few decades have seen an explosion in the number of NGOs that are addressing a large number of important environmental, social and governance issues. All of them are demanding greater accountability by companies to issues that affect society, as well as investors, and some investors are actively supporting the efforts of the NGOs on matters that are important to them. The challenge for companies is that most NGOs are very issue specific and often indifferent to the issues of others. Each one is focused on ensuring that its issue gets addressed, often being indifferent to the economic costs and how their issue may be in conflict with those of other NGOs. A truly sustainable society requires the recognition that trade-offs have to be made. Thus NGOs need to embrace integrated reporting as a way of seeing their issue in the broadest context of a company's financial and nonfinancial performance and pay equal attention to both.

6 The Government

The impact integrated reporting can have on creating a sustainable society will be greatest if all companies are required to report in this manner, including private ones. Because companies are the largest consumers of our finite global resources – financial, human and natural – they have an enormous impact on whether we will create a sustainable society or not. Having some prominent global companies leading the way through voluntary adoption of integrated reporting will clearly encourage other companies to follow suit. But it is only through government mandate that all companies will adopt this process and do so quickly. The sustainability challenges facing the world are urgent ones and require an urgent response so governments all over the world must act quickly. They must also act sensibly. Regulation or legislation which results in empty check-list compliance will do more harm than good. The best approach is to issue broad principles-based guidelines that can become more specific as companies gain experience with integrated reporting and best practices emerge. Exactly which governmental body should issue this mandate will vary by country. In some cases this may require new legislation. In others a mandate can be issued by the securities regulator or even a major stock exchange. Whatever form this takes, the appropriate mechanisms need to be put in place to ensure proper compliance.

7 Conclusion

Any company that claims it is truly committed to sustainability for both itself and society needs to demonstrate this by issuing a high quality single integrated report. Analysts and investors need to demand that companies do so and commit themselves to giving equal attention to financial and nonfinancial performance measures. Those groups involved in setting standards for nonfinancial information need to collaborate with each other in order to create standards for nonfinancial information that are of the same quality as financial information. Accounting firms need to develop audit methodologies that can provide the same degree of assurance rigor for nonfinancial information as they do for financial information and provide integrated audits for their clients. NGOs need to recognize that the issue of particular interest to them needs to be seen in the broader context of the entire set of issues a company is facing from its shareholders and other stakeholders. Finally, governments should mandate integrated reporting and ensure that effective enforcement mechanisms are in place. We all must do whatever we can to speed the broad adoption of integrated reporting. Our society depends upon it. As a first step, please log on to www.integratedreporting.org and join the integrated reporting social movement.

Autorenverzeichnis

Prof. Dr. Dr. h. c. Jörg Baetge

ist seit seiner Emeritierung im Jahr 2002 Leiter eines Forschungsteams an der Westfälischen Wilhelms-Universität Münster. Davor war er ordentlicher Professor für Betriebswirtschaftslehre an den Universitäten Frankfurt/Main, Wien und Münster. Er ist Honorarprofessor der Universität Wien. Sein Forschungsteam arbeitet vor allem auf den Gebieten der nationalen und internationalen Rechnungslegung, der Bilanzanalyse, der Unternehmensbewertung, des Bilanzratings, der Beurteilung der Qualität von Geschäftsberichten und der Unternehmensführung/Unternehmenskultur.

Norbert Barth

studierte von 1983 bis 1987 Volks- und Betriebswirtschaftslehre an der Universität Mannheim und war im Anschluss als Aktienanalyst zunächst bei der Commerzbank AG, Frankfurt, und später bei verschiedenen nationalen und internationalen Banken jeweils mit Führungsfunktionen tätig. Seit 2008 hat er die Position des Executive Director, Equity Research, bei der WestLB inne. Norbert Barth ist Mitglied im Plenum und in der Methodenkommission der DVFA, außerdem im Deutschen Standardisierungsrat, Berlin, sowie im IFRS Advisory Council, London.

Prof. Dr. Alexander Bassen

Univ.-Prof. Dr. Alexander Bassen ist seit 2003 Inhaber der Professur für Betriebswirtschaftlehre, insbesondere Kapitalmärkte und Unternehmensführung (W3) an der Universität Hamburg. Prof. Bassen ist u.a. Sprecher der Kommissionen Effiziente Finanzkommunikation und Corporate Governance sowie wissenschaftlicher Berater der Deutschen Vereinigung für Finanzanalyse und Asset Management. Seine Forschungsschwerpunkte liegen in den Bereichen Bewertung von Extra-Financial Information (ESG), Nachhaltigkeit und kapitalmarktorientierte Unternehmensführung.

Winfried Becker

hat sein betriebswirtschaftliches Studium 1986 als Diplom-Betriebswirt abgeschlossen und kann heute auf eine über 20-jährige Berufserfahrung als Finanzanalyst zurückblicken. Er begann seine berufliche Tätigkeit bei der damaligen Schröder Münchmeyer Hengst Research GmbH; weitere Stationen in seiner Laufbahn waren die Société Générale, die Commerzbank sowie zuletzt die Oppenheim Research GmbH. Dabei betreute er insbesondere Unternehmen des Maschinen- und Anlagenbaus, des Stahlsektors sowie der Luft- und Raumfahrt und wirkte bei mehreren Neuemissionen mit. 1991 wurde Winfried Becker Mitglied der DVFA, für die er auch als Referent zum Thema Kennzahlenanalyse tätig war, und später Mitglied der Methodenkommission der DVFA. Von 2003 bis 2010 gehörte Winfried Becker dem Vorstand der DVFA an.

Prof. Dr. Wolfgang Bessler

ist Inhaber der Professur für Finanzierung und Banken an der Justus-Liebig-Universität in Gießen. Zuvor war er Professor am Rensselear Polytechnic Institute, New York, der Syracuse University und der Universität Hamburg. Er ist Mitherausgeber des European Journal of Finance, des Journal of International Financial Markets, Institution & Money, und von Financial Markets & Portfolio Management. Seine Forschungsschwerpunkte sind Corporate Finance, Asset Management sowie Banken und Börsen. Er hat in den führenden internationalen Journals publiziert.

Uwe Burkert

Direktor, Abteilungsleiter Credit Research, studierte nach Abitur und Bankausbildung Wirtschaftswissenschaften an der Universität Hohenheim. 1995 begann er bei der SüdwestLB, einem Vorgängerinstitut der Landesbank Baden-Württemberg (LBBW), im strategischen Controlling und betreute dort unter anderem den externen Rating-Prozess. 1997 übernahm Burkert im Research der Bank die Zuständigkeit für Konjunktur-, Zins- und Währungsprognosen für europäische Länder. Seit Dezember 1999 verantwortet er das Credit Research der LBBW, das er zu einem der führenden Teams in Deutschland ausgebaut hat. Dabei konzentriert sich das Analysespektrum auf Investment Grade-Anleihen, Covered Bonds/Pfandbriefe und Kreditderivate. Zugleich leitet er das Rating Advisory in der LBBW. Uwe Burkert nimmt zahlreiche Gremienmandate wahr und ist Autor einer Vielzahl von Publikationen und Beiträgen.

Prof. Dr. Dr. h. c. Carsten Peter Claussen (†)

Rechtsanwalt, war seit 1992 Partner der Anwaltssozietät Hoffmann Liebst Fritsch & Partner in Düsseldorf. Er trug langjährig Vorstandsverantwortung im deutschen Bankwesen, war Präsident der Niedersächsischen Wertpapierbörse und Honorarprofessor an der Universität Hamburg mit jahrzehntelanger Erfahrung im Bankrecht und zahlreichen Veröffentlichungen dazu. Schwerpunktmäßig befasste er sich mit Gesellschaftsrecht, Kapitalmarktrecht, Bankrecht und Bankaufsichtsrecht.

Professor Carsten Peter Claussen ist am 29. Juni 2010 verstorben. Er gehörte zu den Teilnehmern der Gründungsversammlung der DVFA und begleitete bis zuletzt aktiv und beratend den Verband. Sein Interesse galt der Gestaltung ethischer Grundsätze und der Integrität der Berufsangehörigen. Die DVFA verdankt Professor Claussen eine beständige Vertretung des Verbandes in der Öffentlichkeit sowie eine Vielzahl von Denkanstößen und Hilfestellungen. In Anerkennung seiner Verdienste für die DVFA wurde ihm im September 1995 die Ehrenmitgliedschaft verliehen.

Claus Döring

ist Chefredakteur der Börsen-Zeitung, Frankfurt. Nach dem Studium der Volkswirtschaftslehre und Politikwissenschaft mit Abschluss als Diplom-Volkswirt begann er seine journalistische Laufbahn 1983 mit einem Redaktionsvolontariat und anschließender Tätigkeit als Wirtschaftsredakteur bei der Tageszeitung „Die Rheinpfalz“ in

Ludwigshafen. 1988 wechselte er zur Börsen-Zeitung nach Frankfurt in das Ressort Unternehmensberichterstattung. 1990 übernahm er die Leitung des Ressorts. 1998 wurde Döring zum Mitglied der Chefredaktion ernannt, im Jahr 2000 zum Chefredakteur. Zu seinen Themenschwerpunkten gehören neben der Unternehmensberichterstattung Fragen der Bilanzierung, der Kapitalmarkt- und Börsenentwicklung sowie Corporate Governance. Döring gehört dem Kuratorium der Gesellschaft für Kapitalmarktforschung e.V. in Frankfurt an.

Robert G. Eccles

is a Senior Lecturer of Business Administration at Harvard Business School. He first joined the Harvard Business School faculty in 1979 and received tenure in 1989, leaving in 1993 to work in the private sector. He rejoined the faculty in September of 2007. He has co-written three books on improving corporate reporting: *The Value Reporting Revolution: Moving Beyond the Earnings Game* (with Robert H. Herz, E. Mary Keegan and David M. H. Phillips), *Building Public Trust: The future of Corporate Reporting* (with Samuel A. DiPiazza Jr.), and *One Report: Integrated Reporting for a Sustainable Strategy* (with Michael P. Krzus). He is also a founder of the social movement Web site http://integratereporting.org.

Dr. Dieter Eisele

war nach Banklehre und betriebswirtschaftlichem Studium in Stuttgart und München Wissenschaftlicher Assistent an der Technischen Universität Berlin. 1971 erfolgte die Promotion. Anschließend war er Referent im betriebswirtschaftlichen Ressort des Bundesverbands deutscher Banken. Von 1974 bis 1982 arbeitete er im zentralen Rechnungswesen der Deutsche Bank AG, zuletzt verantwortlich für das externe Konzernrechnungswesen, und war von 1983 bis 1991 Direktor für den Bezirk Freiburg und seit 1991 globaler Leiter Compliance und Aufbau der konzernweiten Complianceabteilung der Deutschen Bank. Veröffentlichungen zu Bankpolitik und Rechnungswesen sowie zu Compliance in Wertpapierfirmen.

Ralf Frank MBA

Geschäftsführer DVFA GmbH, ist seit 2002 bei der DVFA und verantwortet die Themengebiete Finanzkommunikation, Accounting Standards, Financial & Business Reporting, XBRL und Corporate Governance. Er ist Mitglied in Gremien wie CRUF Corporate Reporting User Forum, EFFAS Commission Extra-Financials, XBRL Deutschland, XBRL Advisory Council der International Accounting Standards Committee (IASC) Foundation, Arbeitskreisen des DRSC (Accounting Standards Committee Germany). Frank ist Autor diverser Publikationen zu Financial Reporting, Investor Relations, Finanzanalyse und Nachhaltigkeit. Zuvor war er in diversen Senior Management Positionen bei einem US-amerikanischen Investitionsgüterhersteller und einer Europäischen Unternehmensberatung tätig. Frank studierte in Brüssel, Essen und Manchester. Er hat einen MA in Kommunikationswissenschaften der Universität Essen und einen MBA der Sheffield Hallam University/UK.

Dr. Christoph Heumann

ist seit 2007 bei B. Metzler seel. Sohn & Co. KGaA im Applied Research Team tätig. Zu seinen Aufgabenschwerpunkten gehört die Entwicklung von dynamischen Wertsicherungsansätzen und weiteren quantitativen Investmentstrategien sowie die Unterstützung der Portfoliomanager in Fragen des Risikomanagements und der Portfoliokonstruktion. Dr. Christoph Heumann studierte Wirtschaftswissenschaften an der Universität Hannover und promovierte anschließend am Lehrstuhl für Finanzierung der Universität Mannheim bei Prof. Dr. Wolfgang Bühler zum Thema Liquidität und Asset Pricing.

Bruno Hidding

absolvierte nach dem Abitur 1958 eine Banklehre bei der Deutschen Bank Schwelm und legte daneben die Prüfung zum Englisch-Korrespondenten ab. Anschließend studierte er Betriebswirtschaftslehre in München und Köln und machte nebenher bei Capital in Köln seine ersten journalistischen Gehversuche. Von 1965 bis 1971 setzte er als Kapitalanlageredakteur bei der Zeitschrift Wertpapier in Düsseldorf seine journalistische Tätigkeit fort, von 1972 bis 1976 als Redakteur für Banken, Versicherungen und Investment bei Hoppenstedt in Darmstadt. 1976 (bis 1992) wurde er Ressortleiter Kapitalmarkt der Börsen-Zeitung in Frankfurt, von 1992 bis 2002 Researcher bei Hoppenstedt und ist heute freier Finanzjournalist. Seit dem Start der Tele-Börse 1987 stand er etwa 700mal verschiedenen TV-Stationen als Gastkommentator zur Verfügung. Bruno Hidding ist seit über 35 Jahren Mitglied der DVFA und des Internationalen Clubs Frankfurter Wirtschaftsjournalisten.

Klaus Holschuh

studierte Volkswirtschaftslehre in Heidelberg und Mannheim und war zwölf Jahre Leiter des Fixed-Income-Research der Commerzbank, bevor er 1999 zur genossenschaftlichen Zentralbank kam. Bei der DZ Bank leitete er bis zu seinem Ruhestand 2010 als Chefvolkswirt den Bereich Research und Volkswirtschaft. Zudem gehörte er von 2006 bis 2010 den Vorständen der Takarekbank, der ungarischen Genossenschafts-Zentralbank, der DVFA und des Instituts für bankhistorische Forschung an.

Dr. Thomas Kaiser

studierte Betriebswirtschaftslehre an der Universität Saarbrücken; danach mehrjährige Tätigkeit als Assistent am Lehrstuhl für allgemeine BWL bei Prof. Karlheinz Küting; von 1996 bis 1999 als Berater, Gutachter und Referent am Institut für Wirtschaftsprüfung, Saarbrücken; seit Mai 2000 bei der Landesbank Baden-Württemberg (LBBW) in Stuttgart, dort verantwortlich für den Bereich Accounting & Valuation. Dr. Kaiser ist Associate Professor an der Hochschule für Wirtschaft und Umwelt Nürtingen und seit 2001 ständiger Referent bei der Deutschen Vereinigung für Finanzanalyse und Asset Management (DVFA). Er ist Autor zahlreicher Veröffentlichungen sowie Referent von Fachvorträgen. Dr. Kaiser ist darüber hinaus Mitglied des Corporate Reporting User Forum (CRUF), der Arbeitsgruppe „Finanzinstrumente" beim DRSC sowie des EFRAG User Panel, Brüssel.

Dr. Alexander Gabriel Kerl

studierte von 2001 bis 2005 Internationale Betriebswirtschaftslehre an der Eberhard-Karls-Universität in Tübingen und promovierte dort anschließend als Stipendiat im Graduiertenkolleg. Von 2008 bis 2010 war er bei der Allianz Investment Management SE, München, im Bereich Investment Strategy / CFO Office tätig. Seit April 2010 ist Dr. Alexander Gabriel Kerl Habilitand am Lehrstuhl für Finanzdienstleistungen der Justus-Liebig-Universität, Gießen.

Frank Klein

absolvierte eine Ausbildung zum Bankfachwirt in Köln und Frankfurt. Von 1992 bis 1995 war er als Aktienfondsmanager für internationale institutionelle Kunden bei der Deutschen Asset Management (DBAM) in Frankfurt am Main tätig. Danach wechselte er zu Sal. Oppenheim, wo er unter anderem für den Aufbau des Buyside Aktienresearchs der KAG und des Private Bankings (2000-2003) verantwortlich war. Im Jahr 2003 übernahm er die Leitung des Bereichs Portfolio Management Mid und Small Caps für europäische Aktien. Er wechselte 2007 zur Deutschen Asset Management Investment GmbH, Frankfurt, als Globaler Leiter des institutionellen Produktmanagements. Seit Januar 2009 ist er im institutionellen Vertrieb mit Schwerpunkt Investment Solutions Europe tätig.

Dr. Peter König

ist seit 2004 Geschäftsführer der DVFA GmbH. Er ist dort verantwortlich für die Finanzakademie und für die Aktivitäten im Bereich Finanzmarktregulierung und Standards. Zuvor war Dr. Peter König von 1999 bis 2003 Executive Director und Head of Central Europe von Morgan Stanley Investment Management und von 1990 bis 1998 im Asset Management der Commerzbank in verschiedenen Funktionen tätig. Er ist auch in mehreren übergreifenden Gremien der Branche aktiv, so ist er Chairman der Training and Qualification Commission von EFFAS und Mitglied des Fachbeirats der Bundesanstalt für Finanzdienstleistungsaufsicht (BaFin).

Paul Markus Konrad

forscht an der Westfälischen Wilhelms-Universität Münster im Bereich quantitative Methoden im Corporate Rating. Neben seinem betriebswirtschaftlichen Studium mit den Schwerpunkten Betriebliche Finanzwirtschaft und Internationale Wirtschaftsbeziehungen studierte er in Spanien als zusätzlichen Schwerpunkt Marketing und erwarb in Frankreich am renommierten IEP Lyon einen einjährigen politikwissenschaftlichen Abschluss (CEP). 2008 graduierte Paul Markus Konrad bei der DVFA als Certified Credit Analyst.

Michaela Krahwinkel

leitet die Abteilung Performance-Analyse bei Union Investment, einer der größten deutschen Fondsgesellschaften. In den letzten zehn Jahren hat sie das Fondscontrolling auf Basis von Performance- und Wettbewerbsanalysen konsequent aufgebaut. Mit ihrem Team arbeitet sie kontinuierlich an der Weiterentwicklung von Analysemethoden. Sie hat ihre Karriere im Asset Management 1983 bei einem schweizerischen Versicherungsunternehmen begonnen. Im Anschluss waren Tätigkeiten im Family Office der Harald Quandt Vermögensverwaltung und als Abteilungsleiterin Performance Messung bei der Deutschen Asset Management prägend. Seit vielen Jahren arbeitet Michaela Krahwinkel in nationalen und internationalen Gremien, unter anderem leitet sie den Arbeitskreis „Performance" des BVI und das für Kapitalmarktstandards zuständige Komitee „Investment Performance Standards" des GAMSC.

Sigrid Krolle

begann im Anschluss an das Studium der Volkswirtschaftslehre in Bonn ihre berufliche Karriere als Finanzanalyst bei der Commerzbank in Frankfurt. Über Stationen der Vertragsverhandlung bei der Treuhandanstalt in Dresden und der Bankenanalyse beim Prüfungsverband Deutscher Banken in Köln ging sie 1998 in die Unternehmensberatung von PriceWaterhouseCoopers in Frankfurt. Aus gesundheitlichen Gründen schied sie 2006 aus dem Berufsleben aus. Sigrid Krolle ist Mitglied verschiedener Arbeitskreise der DVFA-Methodenkommission und Autorin verschiedener Beiträge zur Unternehmensbewertung und Realoptionen.

Michael P. Krzus

is a partner with Grant Thornton LLP. He is Grant Thornton's global expert on improving business reporting. His work is focused on revamping the corporate reporting model to integrate financial and sustainability reporting. Michael P. Krzus and Robert G. Eccles of the Harvard Business School wrote the first book on this subject, *One Report: Integrated Reporting for a Sustainable Strategy* (John Wiley & Sons, Inc., March 2010). Michael P. Krzus is a founder (with Bob Eccles and Kyle Armbrester) of the social movement Web site http://integratereporting.org. He is a member of the 2010 Sustainable Asset Management Faculty and the board of directors of XBRL-US.

Prof. Dr. Karlheinz Küting

promovierte 1973 an der Ruhruniversität Bochum und habilitierte 1979 an der Universität Duisburg. 1981 erfolgte der erste Ruf an die Universität Kaiserslautern, 1983 übernahm er den Lehrstuhl für Wirtschaftsprüfung an der Universität des Saarlandes. Im April 2009 ist er aus dem Hochschuldienst ausgeschieden und führt seitdem seine Forschungstätigkeiten über das Centrum für Bilanzierung und Prüfung an der Universität des Saarlandes fort. Schwerpunkte seiner wissenschaftlichen Arbeit sind die Bilanzierung und Prüfung, Bilanzanalyse und Konzernrechnungswesen. Er ist Herausgeber und Autor von nahezu 1000 Werken, darunter zwei Standardkommentare zum Einzel- und Konzernabschluss, und Referent zahlreicher Vortrags- und Seminarveranstaltungen zum nationalen und internationalen Bilanzrecht. Seit Januar 2000 ist er Träger des Dr. Kausch-Preises der Universität St. Gallen und seit Januar 2009 Mitglied des Kuratoriums des Dr. Kausch-Preises (Jury).

Prof. Dr. Jens Leker

ist Geschäftsführender Direktor des Instituts für betriebswirtschaftliches Management im Fachbereich Chemie und Pharmazie an der Westfälischen Wilhelms-Universität Münster. Schwerpunkte seiner Forschung liegen im Bereich des Innovationsmanagements und im Unternehmensrating. Er ist erster Vorsitzender der DVFA-Kommission Rating Standards und wissenschaftlicher Leiter der Ausbildung zum DVFA-Credit Analyst.

Prof. Dr. Dr. h. c. Otto Loistl

Emeritus, studierte Betriebswirtschaftslehre an der Ludwig-Maximilians-Universität in München. 1965-1975 erfolgten Promotion und Habilitation bei Professor Scheidl an der TU Berlin. Von 1975 bis 1991 war er o. Professor für Banken und Finanzierung an der Universität GH Paderborn, von 1991 bis 2008 o. Univ.-Prof. an der Wirtschaftsuniversität in Wien sowie Vorstand des zuletzt Investmentbanking und Katallaktik gewidmeten Institutes. Von 1993 bis 2003 wirkte Prof. Otto Loistl als wissenschaftlicher Leiter der DVFA Aus- und Weiterbildung maßgeblich mit an der Etablierung mehrerer berufsqualifizierender Ausbildungsprogramme, z.B. CEFA (Certified EFFAS Financial Analyst) und CIIA (Certified International Investment Analyst), außerdem arbeitete er in dieser Zeit in weiteren DVFA-Gremien mit.

Ingo Mainert

Diplom-Kaufmann, zertifizierter Investmentanalyst (DVFA), ist seit 2009 Managing Director im Portfoliomanagement der Allianz Global Investors/RCM. Er studierte Betriebswirtschaftslehre an der Universität Frankfurt und begann seine berufliche Laufbahn 1988 in der Commerzbank AG, wo er nach einer Wertpapier-Traineeausbildung zunächst als Aktienmarktanalyst und Referent in der volkswirtschaftlichen Abteilung tätig war und danach unterschiedliche Aufgaben im Asset-Management wahrnahm. Von 2004 bis 2008 war er Leiter der Vermögensverwaltung und verantwortete gleichzeitig seit 2006 als CIO das gesamte Portfolio Management in der Geschäftsführung der cominvest, die 2009 im Zuge der Übernahme der Dresdner Bank durch die Commerzbank in der Allianz Global Investors KAG aufging.

Eva-Maria Mann

absolvierte eine Lehre zum Bankkaufmann bei der Commerzbank AG und arbeitete danach bei der Großbank als Aktien- und Rentenhändlerin. Nach dem Studium der Betriebswirtschaftslehre in Frankfurt baute sie 1978 das Rentenmarkt-Research der Commerzbank auf, das sie bis 1987 leitete. Anschließend wechselte sie zur Deutschen Bank zunächst als stellvertretende Leiterin Fixed Income Research (FIR), Frankfurt, und nach Eingliederung des FIR in die Deutsche Bank Research hatte sie die Leitung Europäische Hartwährungsländer inne. 1994 übernahm sie die Leitung Fondsmanagement Spezialfonds bei Deka Investment Management. Ab 1999 war sie als Jounalistin bei Börse Online tätig und ist seit 2004 selbstständige Finanzjournalistin.

Prof. Dr. Raimond Maurer

ist Inhaber des Lehrstuhls für Investment, Portfolio Management und Alterssicherung an der Goethe-Universität Frankfurt am Main. Nach einer Banklehre studierte er an der Universität Mannheim Betriebswirtschaftslehre. Dort promovierte und habilitierte er auch mit Arbeiten zum Thema Spezialfonds und Asset Liability Management. Seine Forschungsinteressen liegen in den Bereichen Asset- und Risikomanagement, Portfolio-Management sowie der kapitalgedeckten Alterssicherung. Hierzu hat er fünf Bücher und mehr als fünfzig referierte Fachartikel publiziert. Raimond Maurer ist Akademischer Leiter des Programms zum Certified International Investment Analyst (CIIA) bei der DVFA und Mitglied im International Examination Committee (IEC) der Association of Certified International Investment Analysts (ACIIA).

Dr. Peter Merk

studierte Wirtschaftswissenschaften und Politische Wissenschaften in Freiburg. Nach der Promotion sowie Tätigkeiten als Assistent an der Universität Tübingen und als Lektor in renommierten Fachverlagen begann er 1988 als Analyst bei der SüdwestLB. Dr. Merk ist heute Chefvolkswirt der Landesbank Baden-Württemberg und leitet den Bereich Research. Er ist als Hochschuldozent tätig und stv. Vorsitzender des Vorstands der DVFA, Vorsitzender des AK Wirtschaftspolitik der IHK Region Stuttgart und Mitglied des Beirats des IAW Institut für Angewandte Wirtschaftsforschung in Tübingen. Er schreibt regelmäßig Kolumnen in Finanz- und Wirtschaftszeitungen.

Gunnar Miller

Managing Director, is the Global Co-head of Research and the Head of European Research and Sector Fund Management. He joined the firm in 2003. Prior to joining RCM, he spent one year covering European semiconductors at Goldman Sachs in Frankfurt, and four years at Goldman Sachs in New York as an analyst covering U.S. semiconductor capital equipment. Prior to joining Goldman Sachs, he spent five years as an analyst covering U.S. semiconductor capital equipment and electronics distribution at PaineWebber and Kidder, Peabody. He graduated Phi Beta Kappa with a B.A. (Magna Cum Laude) in Economics from Lehigh University in 1987. He is also a member of the board of directors of the DVFA-Society of Investment Professionals in Germany, including involvement in the Corporate Reporting Users' Forum (CRUF), and is member of the board of directors of XBRL International Inc. (XII).

Prof. Dr. Jürgen Mittelstraß

ist emeritierter Professor für Philosophie und Wissenschaftstheorie in Konstanz und Direktor des Konstanzer Wissenschaftsforums. Außerdem leitet der 1936 in Düsseldorf geborene Philosoph den österreichischen Wissenschaftsrat. Prof. Jürgen Mittelstraß hat sich als Wissenschaftsmanager einen Namen gemacht, seit langem streitet er mit radikalen Vorschlägen für weitreichende Reformen der Universitäten. Ausgezeichnet unter anderem mit dem Leibniz-Preis der Deutschen Forschungsgemeinschaft, gilt sein Interesse der allgemeinen Wissenschaftstheorie, Erkenntnistheorie, Philosophie- und Wissenschaftsgeschichte und der Kulturtheorie.

Claudia Nowak

studierte von Oktober 1999 bis Januar 2005 Rechtswissenschaften an der Technischen Universität Dresden. Nach dem abgeschlossenen Referendariat im Gerichtsbezirk des OLG Dresden nahm sie im Juli 2007 die Tätigkeit als wissenschaftliche Mitarbeiterin am Lehrstuhl von Prof. Dr. Dr. h.c. Uwe H. Schneider an der Technischen Universität Darmstadt auf. Dort promovierte sie im Dezember 2009 zu einem aktiengesetzlichen Thema.

Dr. Otto Graf Praschma

studierte Rechtswissenschaften in München und Saarbrücken. Nach dem ersten juristischen Staatsexamen 1965 wechselte er zu weiterführenden Studien nach Bordeaux, Frankreich, und an die University of Chicago, wo er den Master of Comparative Law erwarb. 1971 legte er nach dem juristischen Vorbereitungsdienst die zweite juristische Staatsprüfung ab und promovierte 1972 zum Dr. jur. in Saarbrücken. 1971 und 1972 war er Prüfungsassistent bei der Wirtschaftsprüfungsgesellschaft Artur Andersen in Frankfurt. Seit Sommer 1972 ist Graf Praschma Rechtsanwalt in Frankfurt am Main mit dem Schwerpunkt Kapitalmarktrecht, zuletzt als Partner der Graf Praschma, Hess & Rottloff Rechtsanwaltsgesellschaft mbH.

Nader Purschaker

studierte an der Philipps-Universität Marburg Betriebswirtschaftslehre und erwarb dort seinen Abschluss als Diplom-Kaufmann. Seit 1997 ist er bei B. Metzler seel. Sohn & Co. KGaA tätig und seit 2003 in der Geschäftsführung der Metzler Asset Management. In dieser Funktion verantwortet er das Rentenportfoliomanagement, den Bereich Alternative Investments & Quantitative Strategies sowie das Applied Research Team. Zudem ist er Mitglied des Investment Policy Committees von Metzler und von Metzler/Payden. Vor seinem Eintritt bei Metzler war Nader Purschaker vier Jahre lang bei der Commerz International Capital Management GmbH in Frankfurt am Main beschäftigt. Hier war er Portfoliomanager für internationale institutionelle Kunden und für das Risikomanagement im Rentenbereich zuständig.

Fritz H. Rau

studierte Betriebswirtschaft an der Universität Mannheim mit einem Abschluss als Diplom-Kaufmann. Für rund 35 Jahre war er bei der Commerzbank als Leiter Wertpapier-Research tätig. Seine Verantwortungsbereiche waren neben Primär- und Sekundär-Research für Aktien auch Research für festverzinsliche Wertpapiere. Seit 1986 ist er in den DVFA Vorstand gewählt, dessen Vorsitzender er seit 1998 ist. Als Chairman des Council von ACIIA® – Association of Certified International Investment Analysts fungierte er von 2000 bis 2004 und wieder seit 2008. Fritz H. Rau war Chairman von EFFAS (European Federation of Financial Analysts Societies), der Dachorganisation der 26 Verbände der Kapitalmarktexperten in Europa von 2000 bis 2008.

Prof. Dr. Heinz Rehkugler

ist wissenschaftlicher Leiter des Center for Real Estate Studies (CRES) Berlin/Freiburg, Studienleiter der Deutschen Immobilien Akademie an der Universität Freiburg (DIA) und Leiter der Expertengrppe „Immobilien" der DVFA. Zudem ist er Aufsichtsratsvorsitzender der Fair Value REIT AG. Bis September 2009 war Prof. Heinz Rehkugler Inhaber des Lehrstuhls für Finanzwirtschaft und Banken an der Universität Freiburg, zuvor Gesellschafter-Geschäftsführer einer Unternehmensberatungsgesellschaft und Professor für Finanzwirtschaft an den Universitäten Bremen und Bamberg.

Prof. Dr. Markus Rudolf

ist Prorektor der WHU – Otto Beisheim School of Management und seit 1998 Ordinarius und Inhaber des Dresdner Bank Stiftungslehrstuhls für Finanzwirtschaft an der WHU. Außerdem ist er Leiter des WHU Center of Private Banking. Zuvor promovierte er und habilitierte sich an der Universität St. Gallen. Seine jüngsten Publikationen beschäftigen sich mit Private Banking, Asset Management und Risk Management. Er ist Mitglied des Redaktionsausschusses der Zeitschrift „Financial Markets and Portfolio Management" und Aufsichtsratsvorsitzender des Campus for Finance e.V. Er ist wissenschaftlicher Leiter bei der DVFA – Deutsche Vereinigung für Finanzanalyse und Asset Management. Zudem hat er Aufsichtsratspositionen bei Black Rock Asset Management Deutschland AG und bei der Brain Capital GmbH inne.

Andreas Schmidt

Diplom-Kaufmann, hat an den Universitäten Frankfurt am Main und München Betriebswirtschaftslehre studiert. Seit 2007 ist er wissenschaftlicher Mitarbeiter im Forschungsteam von Prof. Dr. Dr. h.c. Jörg Baetge an der Westfälischen Wilhelms-Universität Münster. Seine Forschungsschwerpunkte liegen in der nationalen und internationalen Rechnungslegung, der Bilanzanalyse und der Unternehmensbewertung.

Prof. Dr. Dr. h. c. Uwe H. Schneider

ist Direktor des Instituts für deutsches und internationales Recht des Spar-, Giro- und Kreditwesens an der Johannes-Gutenberg-Universität Mainz. Er ist Mitglied mehrerer Aufsichtsräte von Versicherungsunternehmen und leitet den Pensionsfonds eines deutschen Teilkonzerns. Ferner ist er Mitglied des Wissenschaftlichen Beirats des Deutschen Aktieninstituts. Zu seinen rund 300 wissenschaftlichen Veröffentlichungen zum deutschen und internationalen Gesellschafts-, Konzern-, Bank- und Kapitalmarktrecht zählen unter anderem Kommentare zum GmbH-Recht, zum Wertpapierhandelsgesetz, zum Wertpapiererwerbs- und Übernahmegesetz sowie Handbücher zur Konzernfinanzierung und Managerhaftung.

Prof. Dr. Bernhard Schwetzler

ist Inhaber des Lehrstuhls für Finanzmanagement an der HHL Leipzig Graduate School of Management. Neben Forschungsaufenthalten an der Purdue Universität als Research Fellow und am INSEAD in Fontainebleau hatte er Gastprofessuren an der EADA, Barcelona, sowie der Concordia University, Montreal, inne. Prof. Bernhard Schwetzlers Forschungsschwerpunkte liegen auf den Gebieten Unternehmensbewertung und Mergers & Acquisitions. Er ist Co-Editor der Zeitschrift „Finanzbetrieb“, Mitglied im wissenschaftlichen Beirat des Bundesverbandes der Kapitalanlagegesellschaften BVK e.V. und Vorsitzender der Expert Group „Corporate Transactions and Valuation“ der DVFA. Darüber hinaus leitete er die DVFA Expert Groups „Neue Märkte/ Innovative Unternehmen“ und „Fairness Opinions“.

Dr. Matthias Stanzel

ist Risikomanager bei der Universal-Investment-Gesellschaft mbH in Frankfurt. Davor war er mehrere Jahre als Managing Consultant bei der Ernst & Young AG im Bereich Asset Management Advisory tätig. Er ist Bankkaufmann, Diplom-Kaufmann und zertifizierter Financial Risk Manager (GARP). Er hat mit einer Arbeit zur „Qualität des Aktienresearch von Finanzanalysten“ an der Justus-Liebig-Universität Gießen promoviert. Dr. Matthias Stanzel ist Autor zahlreicher Artikel und Konferenzbeiträge.

Christian Strenger

ist Mitglied der Regierungskommission „Deutscher Corporate Governance Kodex“ und der „Börsensachverständigenkommission“, Deputy Chairman des IFC Global Corporate Governance Forums (World Bank), Direktor des HHL Corporate Governance Centers sowie Aufsichtsrat der DWS Investment GmbH, Evonik Industries AG und Fraport AG. Ab 1972 bekleidete er leitende Positionen im Deutsche Bank-Konzern in Frankfurt, London und New York, von 1991 bis 1999 war er Sprecher der Geschäftsführung der DWS Investment GmbH.

Prof. Michael Theobald

has around seventy publications, publishing in leading academic journals such as the Journal of Finance, the Journal of Financial Economics and the Journal of Financial and Quantitative Analysis and applied journals such as the Journal of Derivatives, Journal of Portfolio Management and the Journal of Futures Markets. He has served as a consultant to a number of organizations and institutions, as an expert witness, trustee and member of investment committees, and has been the chairman of a consulting company, deputy chairman of a trust and board member of a variety of institutions and companies.

Andreas Utermann

kam im Oktober 2002 als Global CIO zu RCM und ist Mitglied des Vorstands der Allianz Global Investors AG. Zudem ist er Mitglied der Geschäftsführung der Allianz Global Investors Deutschland Holding. In seiner Funktion als Global CIO bei RCM leitet er die Firma als Co-Head und leitet zudem den Global Policy Council. Nach seiner Bankausbildung bei der Deutschen Bank in Dortmund absolvierte Utermann ein Studium der Wirtschaftswissenschaften an der London School of Economics (B.Sc) und an der Katholieke Universiteit Leuven (MA), Belgien. Nach 1990 arbeitete er für Merrill Lynch Investment Managers, London, und deren Vorgänger-Gesellschaften Warburg Asset Management und Mercury Asset Management.